TECHNISCHE UNIVERSITÄT
CHEMNITZ
Fakultät für Wirtschaftswissenschaften
Lehrstuhl BWL IV bzw. Finanzwirtschaft
und Bankbetriebslehre
09107 CHEMNITZ

D1664736

Sadowski / Czap / Wächter
Regulierung und Unternehmenspolitik

Professor Dr. Dieter Sadowski lehrt Betriebswirtschaftslehre, insbesondere Dienstleistungsökonomie und -politik, an der Universität Trier.

Professor Dr. Hans Czap lehrt Betriebswirtschaftslehre, insbesondere Wirtschaftsinformatik, an der Universität Trier.

Professor Dr. Hartmut Wächter lehrt Betriebswirtschaftslehre, insbesondere Arbeit, Personal und Organisation, an der Universität Trier.

Dieser Band wurde unterstützt durch:
Caritas Trägergesellschaft Trier (ctt), Trier
Wollert-Elmendorff Deutsche Industrietreuhand GmbH, Wirtschaftsprüfungsgesellschaft, Luxemburg

Die Deutsche Bibliothek - CIP-Einheitsaufnahme

> **Regulierung und Unternehmenspolitik** : Methoden und
> Ergebnisse der betriebswirtschaftlichen Rechtsanalyse
> / Dieter Sadowski ... (Hrsg.) - Wiesbaden : Gabler, 1996
>   ISBN 3-409-12157-9
> NE: Sadowski, Dieter:

Der Gabler Verlag ist ein Unternehmen der Bertelsmann Fachinformation.

© Betriebswirtschaftlicher Verlag Dr. Th. Gabler GmbH, Wiesbaden 1996
Lektorat: Annegret Heckmann

Das Werk einschließlich aller seiner Teile ist urheberrechtlich geschützt. Jede Verwertung außerhalb der engen Grenzen des Urheberrechtsgesetzes ist ohne Zustimmung des Verlages unzulässig und strafbar. Das gilt insbesondere für Vervielfältigungen, Übersetzungen, Mikroverfilmungen und die Einspeicherung und Verarbeitung in elektronischen Systemen.

Höchste inhaltliche und technische Qualität unserer Produkte ist unser Ziel. Bei der Produktion und Auslieferung unserer Bücher wollen wir die Umwelt schonen: Dieses Buch ist auf säurefreiem und chlorfrei gebleichtem Papier gedruckt.

Die Wiedergabe von Gebrauchsnamen, Handelsnamen, Warenbezeichnungen usw. in diesem Werk berechtigt auch ohne besondere Kennzeichnung nicht zu der Annahme, daß solche Namen im Sinne der Warenzeichen- und Markenschutz-Gesetzgebung als frei zu betrachten wären und daher von jedermann benutzt werden dürften.

Druck und Buchbinder: Lengericher Handelsdruckerei, Lengerich/Westf.
Printed in Germany

ISBN 3-409-12157-9

Dieter Sadowski / Hans Czap /
Hartmut Wächter (Hrsg.)

Regulierung und Unternehmenspolitik

Methoden und Ergebnisse
der betriebswirtschaftlichen Rechtsanalyse

Vorwort

Die Pfingsttagung der Hochschullehrer für Betriebswirtschaft 1995 in Trier und Luxemburg

Der vorliegende Band bezeugt die gegenwärtige Leistungsfähigkeit betriebswirtschaftlicher Analysen für die rechtspolitische Diskussion. Neben Aufsätzen, die sich aktuellen und konkreten unternehmenspolitischen Fragen der deutschen Wiedervereinigung, der Finanznot öffentlicher Haushalte, der Herausbildung eines supranationalen Rechtsregeln unterworfenen Europäischen Wirtschaftsraums und des wachsenden internationalen Wettbewerbs auf den Produkt-, Kapital- und Arbeitsmärkten widmen, haben wir Beiträge gestellt, die das Verhältnis von Betriebswirtschaftslehre und Rechtspolitik grundsätzlich erörtern und die Bedingungen für fruchtbare Grenzüberschreitungen entfalten. Unabhängig von der Nützlichkeit der einzelnen Analysen für die in Unternehmen und Politik Verantwortlichen sowie von ihrem Streitwert in der wissenschaftlichen Diskussion wollen wir fortgeschrittenen und forschungsorientierten Studierenden eine Textsammlung bieten, die zur Nachahmung – und Verbesserung – der heutigen rechtsökonomischen Argumentation anregt und befähigt.

Wenn hier auch rechts- und institutionenökonomische Analysen von Kapitalmarkt- und Finanzierungsproblemen akzentuiert werden, so sind die Analyseverfahren doch im wesentlichen unabhängig von den Anwendungen auf einzelne betriebliche Funktionen. Ebenso können die normativen Elemente der Diskussion um das angemessene Verhältnis von Privatautonomie und öffentlicher Ordnung und darum, was funktionsfähige Unternehmen ausmacht, zwar in den dargebotenen speziellen Sachverhalten studiert, aber ohne große Anstrengung auch verallgemeinert werden.

Der Band enthält eine Auswahl der Vorträge, die anläßlich der Jahrestagung des Verbandes der Hochschullehrer für Betriebswirtschaft 1995 in Trier und Luxemburg gehalten wurden. Das Verhältnis von Recht und ökonomischem Handeln ist ein Beispiel für die sozialwissenschaftliche Orientierung des Forschungs- und Studienprogramms der Trierer Betriebswirte. Sie haben gemeinsam das Tagungsthema und den „Call for Papers" an die Mitglieder des Verbandes entworfen, der ein authentisches, wenngleich verdichtetes Bild von den Schwerpunkten der gegenwärtigen Forschung hervorgebracht hat. Gezielte Bitten, vor allem an Juristen, Politiker und Manager, haben die spontanen Einladungsergebnisse ergänzt, um methodologische Probleme, politische Interessenvielfalt, die Sicht multinationaler Unternehmen von der Standortkonkurrenz zwischen Rechtsregimen und schließlich die offenbar gegenwärtig vernachlässigten Fragen öffentlicher Betriebswirtschaft stärker in das Blickfeld zu rücken.

Wir haben in den Kommissionen des Verbandes eine stete Unterstützung unserer Tagung erfahren. Besonders möchten wir dem Vorsitzenden des Verbandes, Herrn Kollegen HERIBERT MEFFERT, danken, der die Regulierung der betriebswirtschaftlichen Ausbildung und den Wettbewerb zwischen den Hochschulen zu einem zusätzlichen Thema der Tagung gemacht und so die Selbstreflexion angeregt hat. Dank gilt aber auch für die wohlwollende Begleitung unserer Anstrengungen dem stellvertretenden Vorsitzenden, Herrn Kollegen JÖRG BAETGE, der daran erinnert hat, daß die industrielle Revolution und die Regulierungen Preußens in der Rheinprovinz die ehemalige Weltstadt Trier in eine Lage gebracht hatten, welche die weltbewegenden Ideen von KARL MARX, des bekanntesten Sohnes der Stadt, gewiß beeinflußt haben. BAETGEs Hypothese, Betriebswirte seien beinahe naturgemäß vielen Regulierungsversuchen gegenüber feindselig eingestellt, bietet einen guten Einstieg in das Spannungsverhältnis zwischen einzelwirtschaftlicher und gesamtgesellschaftlicher Rationalität.

Die wissenschaftliche Diskussion rechtspolitischer Fragen findet legitimerweise in Hörsälen und Seminarräumen statt. Wir wollten mit der Tagung aber auch der Öffentlichkeit zeigen, daß wir in Trier nicht nur die historische, sondern auch die aktuelle inter- und supranationale Dynamik von Rechtsentwicklungen besonders gut spüren: in der Standortkonkurrenz und -kooperation mit Luxemburg und durch das Entstehen europäischen Rechts, das durch den Sitz des Europäischen Gerichtshofs in Luxemburg einerseits, den Sitz der Europäischen Rechtsakademie in Trier andererseits versinnbildlicht wird. Wir waren deshalb besonders froh, die Tagung mit einem Vortrag des Premierministers von Luxemburg, Herrn JEAN-CLAUDE JUNCKERs, eröffnen zu können. Wer die Grenzen des Nationalstaates intellektuell und politisch überwinden will, der tut gut daran, Wege und Sichtweisen eines Landes zu betrachten, das seit Jahrzehnten Erfahrungen im Benelux-Pakt gesammelt hat und in dem beinahe ein Drittel der Arbeitnehmer Ausländer sind. Symbolischer Höhepunkt unserer grenzüberschreitenden europäischen Zusammenarbeit war der Besuch Ihrer Königlichen Hoheiten, des ERBGROSSHERZOGS HENRI und der ERBGROSSHERZOGIN MARIA TERESA, anläßlich des abschließenden Plenums im Hémicycle, dem Sitz des Europäischen Parlaments in Luxemburg.

Aus Raumgründen können wir die dortige Podiumsdiskussion leider nicht wiedergeben, in der sich die Kollegen HORST ALBACH, KARL OETTLE und EBERHARD WITTE unter der

Leitung von GUY KIRSCH auf unsere Einladung hin über die Beachtung betriebswirtschaftlichen Rats bei der Reform von Bundesbahn, Bundespost und des kommunalen Haushaltsrechts auseinandergesetzt haben. Deren große Erfahrungen und Einsichten in die Bedingungen betriebswirtschaftlicher Erfolge und Mißerfolge in der Beratung von Politikern und Richtern müssen unsere Leser also in den Originalquellen suchen.

Wir danken im Namen der Kollegen der Betriebswirtschaft an der Universität Trier all denen, die durch tatkräftige Mithilfe diesen Band zum Stand betriebswirtschaftlicher Rechtsanalyse gefördert, und zudem denjenigen, die ihn auch bezahlbar gemacht haben.

Dieter Sadowski
Hans Czap
Hartmut Wächter

Inhaltsverzeichnis

Dieter Sadowski
  Programm und Stand der betriebswirtschaftlichen Rechtsanalyse 1

TEIL I
DAS VERHÄLTNIS VON NORMATIVER REFLEXION UND POSITIVER ANALYSE

W. Rainer Walz
  Rechtspolitik und Betriebswirtschaftslehre 23

Reinhard H. Schmidt
  Betriebswirtschaftslehre und Rechtspolitik 51

TEIL II
SELBSTREGULIERUNG VERSUS FREMDREGULIERUNG

Michael Kleinaltenkamp
  Entwicklungsbegleitende Normung 81

Ursula Hansen
  Das Informationsrecht des Verbrauchers 103

Gerd Rainer Wagner
  Regulierungswirkungen aktueller Umweltschutzgesetze und -verordnungen 125

Friedrich Thießen
  Covenants: Durchsetzungsprobleme und die Folgen 143

Renate Albach / Horst Albach
 Die Auswirkungen von Kollektivverträgen und Einzelarbeitsverträgen
 auf die Beschäftigung von Frauen 161

TEIL III
DIE EFFIZIENZ DER VERRECHTLICHUNG UNTERNEHMENSINTERNER ENTSCHEIDUNGEN

Thomas R. Fischer
 Gläubigerschutz durch eigenkapitalersetzende Gesellschafterdarlehen?............. 179

Ekkehart Böhmer
 Die Auswirkungen von konsolidierter Kontrolle auf den
 Unternehmenserfolg.. 197

Akihiro Koyama
 Der Einfluß der Bankregulierung auf die Profitabilität von Unternehmen.......... 219

Bernd Frick
 Mitbestimmung und Personalfluktuation 233

Axel v. Werder
 Unipersonale Führung der Europäischen Aktiengesellschaft? 257

TEIL IV
DIE REGULIERUNG UND DEREGULIERUNG DES WETTBEWERBS ZWISCHEN UNTERNEHMEN

Klaus Nittinger
 Deregulierung im Luftverkehr 281

Wolfgang Schüler / Ulrike Settnik
 Zur Deregulierung des Versicherungsmarktes.. 293

Michael J. Dowling
 Deregulierung und Liberalisierung der Telekommunikationsbranche
 in Europa und den USA 321

Inhaltsverzeichnis XI

E. Jürgen Zöllner
    Die Überwindung von Anreizschwächen in Universitäten
    und Universitätsklinika 343

TEIL V
EINZEL- UND GESAMTWIRTSCHAFTLICHE KONSEQUENZEN DER TRANSFORMATION VON VOLKSWIRTSCHAFTEN

Rainhart Lang / Ramona Alt
    Handlungsspielräume des ostdeutschen Managements im Umbruch 355

Constanze Cehic / Rainer Schwarz
    Die Regulierung der Transformation 379

Franz W. Wagner / Ekkehard Wenger
    Theoretische Konzeption und legislative Transformation eines
    marktwirtschaftlichen Steuersystems in der Republik Kroatien 399

TEIL VI
REGULIERUNGSTHEORIEN

Ekkehard Wenger
    Kapitalmarktrecht als Resultat deformierter Anreizstrukturen 419

Rainer Elschen
    Taxation by Regulation und die Kosten der Staatsverbindung
    von Unternehmungen 459

Autorenverzeichnis 481

Schlagwortverzeichnis 493

Dieter Sadowski[*]

Programm und Stand der betriebswirtschaftlichen Rechtsanalyse

Der Kontext und die Komposition des Bandes

Im ersten Teil wird die aktuelle politische Diskussion um das Wirtschafts- und Unternehmensrecht in die gesellschaftstheoretische Auseinandersetzung über das Verhältnis von Wirtschaft und Recht eingeordnet. Einer Übersicht und Charakterisierung der Ansätze, die privatrechtlichen und die öffentlichrechtlichen Institutionen der Wirtschaft einzelwirtschaftlich zu analysieren, folgen Überlegungen zur normativen Einseitigkeit der sogenannten ökonomischen Analyse des Rechts.

Im zweiten Teil werden die Aufsätze dieses Bandes entlang der Hauptfragen der betriebswirtschaftlichen Rechtsanalyse vorgestellt und methodisch gekennzeichnet: Normative versus positive Analyse; Selbstregulierung versus Fremdregulierung; Effizienzfolgen der Regulierung einzelner betrieblicher Funktionen und des Wettbewerbs zwischen Unternehmen; Unternehmen im Transformationsprozeß. Im Schlußteil werden je eine politikökonomische positive und eine eigentumsrechtliche normative Analyse als Ansätze allgemeiner Theorien staatlicher Regulierung präsentiert; die beiden Beiträgen eigene Mischung aus Analyse und Plädoyer offenbart auch, daß die Grenzen von normativen und sachlichen Urteilen nicht leicht zu wahren sind.

---

[*] Univ.-Prof. Dr. rer. pol. Dieter Sadowski, Universität Trier, Fachbereich IV-Betriebswirtschaftslehre, insbesondere Dienstleistungsökonomie und -politik, 54286 Trier. Zugleich Direktor des Instituts für Arbeitsrecht und Arbeitsbeziehungen in der Europäischen Gemeinschaft (IAAEG), Postfach 181230, 54263 Trier.

1. Zum Verhältnis von Wirtschaft und Recht

Unternehmen sind die wichtigsten korporativen Akteure unserer Wirtschaft, und ihnen gelten auch große Teile des Wirtschaftsrechts. Ohne die Rechtsinstitutionen „Eigentum", „Vertrag", „juristische Person" ist unsere Wirtschaft undenkbar. Das Recht gegen Wettbewerbsbeschränkungen, das Gesellschafts- und Unternehmensrecht, aber ebenso das Arbeits- und Sozialrecht enthalten Freiheitsgarantien, Schutzrechte und Ermächtigungen. Im demokratischen Rechtsstaat entwickeln sich Ordnungen in der Auseinandersetzung von mehrheitsfähigen Interessen, rechtlichen Möglichkeiten, aber auch von rechtsdogmatischen und sozialwissenschaftlichen Überlegungen. Einzelne Leitvorstellungen, wie das ordoliberale Wettbewerbs- und Unternehmensmodell, haben großen Einfluß auf die politische Praxis der sozialen Marktwirtschaft sowie die wirtschafts- und rechtstheoretische Entwicklung in Deutschland gehabt (vgl. KÜBLER 1994: 369f.). Wenn das ordoliberale Leitbild auch im einzelnen umstritten ist und gewiß kein Monopol für die Interpretation unserer Wirtschaftsverfassung beanspruchen darf, so ist sein Bemühen einerseits um Konsistenz und andererseits um regulative Zurückhaltung wohl zumindest insofern vernünftig, als es Rechtssicherheit und Planungssicherheit für die Rechts- und Wirtschaftssubjekte fördert. Die Frage, ob darüber hinaus auch die Beziehung zwischen allokativer Effizienz und sozialer Kohäsion in vielen der aktuellen, vergleichsweise deregulativen Programme (vgl. etwa DEREGULIERUNGSKOMMISSION 1991) hinreichend gut verstanden wird, ist allerdings kontrovers, und zwar in jedem Falle kontroverser als die Einsicht, daß einzel- und gesamtwirtschaftliche Rationalitäten auseinanderfallen können.

1.1 Gesellschaftstheoretische Reflexionen über die Bedeutung rechtlicher Eingriffe in die Vertragsfreiheit

Der Entwicklung des Verhältnisses von Recht und Wirtschaft in der Neuzeit und in der Gegenwart gilt gegenwärtig eine große gesellschaftstheoretische Aufmerksamkeit. Systemtheoretisch bemerkt LUHMANN (1993: 463f.): „Mit der Institutionalisierung der Vertragsfreiheit erhält die strukturelle Kopplung von Wirtschaft und Recht ihre moderne (um nicht zu sagen: perfekte) Form. Die Wirtschaft kann Transaktionen arrangieren, ohne dabei ein enges Netz möglicher Vertragstypen in Betracht zu ziehen." Und sie kann dies unter dem folgenreichen Rechtsprivileg tun, „das vorsätzliche Schädigungen anderer erlaubt, wenn sie im Rahmen wirtschaftlicher Konkurrenz erfolgen" (ebd.: 465). Allerdings wurden und werden um erhoffter wirtschaftlicher Effekte willen Eigentumsgebrauch und Vertragsfreiheit rechtlich immer stärker eingeschränkt. Eine solche instrumentelle Nutzung des Rechts durch die Politik gefährde „die selbstregenerative Kraft sowohl des Geldes als auch des Rechts" (ebd.: 468). Gleichwohl ist sie dem Prinzip der „Rechtsstaatlichkeit" inhärent, das einerseits die juristische Fesselung politischer Gewalt meine, andererseits die politische Instrumentalisierung des Rechts einschließe (ebd.: 422). Gesetze verfolgten kaum noch ein Interesse an Konsistenz, die vorherrschenden Einzelnormen könnten leicht geändert werden. Mit der Aufweichung traditioneller Dogmatik, der Zunahme unbestimmter Rechtsbegriffe und Abwägungsformeln erreichten die Gerichte geeignet erscheinende ad hoc Lösungen, aber eben keine durchgehende Rechtspraxis (ebd.: 279). So werde die Ordnungsfunktion von Recht – „zu wissen, was man berechtigterweise von anderen (und von sich selbst!) erwarten kann" (ebd.: 151) – beeinträchtigt. LUHMANN zeigt sich dann auch nicht verwundert darüber, daß erhebliche Bereiche der Wirtschaft zusammenbrächen, wenn das Recht hier durchgesetzt würde (Schwarzarbeit, Steuerhinterziehung). „Vor allem aber würden zahlreiche Möglichkeiten individueller Selbstsinngebung abgeschnitten werden, wenn Bürokratie mit ihren Rechtsdurchsetzungsprogrammen durchkäme." (ebd.: 569).

Auch für HABERMAS (1992: 468ff.) ist die Materialisierung des Privatrechts eine bedeutende, allerdings befürwortete Entwicklung. Die Überlagerung und Ablösung des liberalen durch das sozialstaatliche Rechtsmodell macht aus dem Gegensatz von privatwirtschaftlicher und staatsbürgerlicher Autonomie einen gegenseitigen Verweisungszusammenhang. In den im 19. und 20. Jahrhundert neu entstandenen Rechtsgebieten, wie dem Arbeits-, Sozial- und Wirtschaftsrecht, und auch durch die Materialisierung des Vertrags-, Delikts- und Eigentumsrechts ist das klassische Privatrecht gründlich verändert worden. Prinzipien, die bis dahin entweder dem privaten oder dem öffentlichen Recht zugeordnet werden konnten, verbanden und vermischten sich. „Damit gewinnt auch im Privatrecht die Gewährleistung der Existenz der Rechtsgenossen und der Schutz des Schwächeren gleichen Rang wie die Verfolgung der eigenen Interessen" (HESSE 1988: 34, zitiert nach HABERMAS 1992: 480). Die intervenierende Regulierung ist nicht problemlos. „Das Spektrum der Rechtsformen ist um Maßnahmegesetze, experimentierende Zeitgesetze und prognoseunsichere Lenkungsgesetze erweitert worden; und das Eindringen von Blankettverweisungen, Generalklauseln, überhaupt unbestimmten Rechtsbegriffen in die Sprache des Gesetzgebers hat jene Diskussion über die ‚Unbestimmtheit des Rechts' ausgelöst, die die amerikanische wie die deutsche Jurisprudenz gleichermaßen beunruhigt." (ebd.: 520f.) Wenn Verwaltungen sich selbst programmieren könnten, sei ein normativ neutraler Umgang mit gesetzlichen Vorgaben nicht mehr möglich (ebd.: 522), der Gesetzgeber werde marginalisiert, Fragen der Normanwendung und Normbegründung würden unter Effektivitätsgesichtspunkten in eigener Regie von der

Verwaltung, aber nicht im Hinblick auf unverfügbare Rechte der Rechtspersonen entschieden (ebd.: 526).

Den Gefahren nun des „sozialstaatlichen Paternalismus", „... mit seinen penetranten Vorgaben eben die Autonomie zu beeinträchtigen, um derentwillen er doch die faktischen Voraussetzungen für eine chancengleiche Nutzung negativer Freiheiten erfüllen soll" (ebd.: 490), könnte vielleicht durch prozedurales Recht begegnet werden, das die Privatautonomie des Einzelnen durch „eine Sozialautonomie von Verfahrensteilnehmern" (ebd.: 496) ersetzte oder ergänzte. Jedenfalls sei dringend der rationale Umgang mit normativen Argumenten rechtsstaatlich zu institutionalisieren.

1.2   Rechts- und Institutionenanalysen in der Betriebswirtschaftslehre

In dieser Literatur – die hier bei weitem nicht vollständig dokumentiert werden kann – findet eine methodische Reorientierung der Betriebswirtschaftslehre insgesamt statt, die sie mit der neueren mikroökonomischen Theorie des Unternehmens teilt und die sie für empirische Analysen im Stile der jüngeren Industrieökonomik öffnet. In der neueren Organisations- und Institutionenökonomik ist nämlich die Interdependenz von institutioneller Ordnung und dem Handeln von Organisationen, wie Unternehmen oder Gewerkschaften, und von Individuen zentrales Thema. Unter den verschiedensten Bezeichnungen: Property-Rights-Theory, Verfügungsrechtstheorie, Economic Analysis of Law, Law and Economics, Transaktionskostentheorie, Public Choice Theory, Neue Politische Ökonomie, Nichtmarktökonomik, Verhandlungstheorie, Kontrakttheorie – und mit je unterschiedlichen Perspektiven mehren sich Arbeiten, die Institutionen nicht mehr nur als Teil des unvermeidlichen Datenkranzes des „eigentlichen" ökonomischen, markttheoretisch erfaßbaren Geschehens begreifen wollen, sondern die Entstehung und die Entwicklung von Institutionen und Allokationsmechanismen selbst ökonomisch, d. h. hier als Ergebnis unter Unsicherheit getroffener rationaler Wahlentscheidungen, zu rekonstruieren versuchen. RICHTER, unter dessen Ägide aus der Zeitschrift für die gesamte Staatswissenschaft als Journal of Institutional and Theoretical Economics eines der wichtigsten internationalen Referenzorgane für die Institutionenökonomie wurde, hat 1994 einen Überblick über diese Literatur gegeben, ohne allerdings ausführlich auf die Unternehmenstheorie einzugehen, der er 1991 schon eine Übersicht gewidmet hatte. Hilfreich ist auch der Abriß von EGGERTSON (1990).

Das Verhältnis von „ökonomischem Gesetz" und Recht – Rechtsetzung, Rechtsprechung, Rechtsvollzug durch Verwaltungen und Rechtsinterpretation durch die Rechtswissenschaft, schließlich Rechtspolitik – ist auch in der Betriebswirtschaftslehre nicht nur von klassischer, sondern von großer aktueller Bedeutung. Die Bewältigung der Transformationsprobleme nach der deutschen Wiedervereinigung und in Osteuropa, die Schwierigkeiten von Privatisierung und Sanierung, das schmerzliche Fehlen funktionsfähiger staatlicher Verwaltungen und das Ringen um eine Investitionen förderliche Gesetzgebung markieren unabweisbar die gegenseitige Funktionsabhängigkeit von Wirtschaft und Recht und damit verbunden den Bedarf an Auseinandersetzungen über Regulierungen. Die europäische Kartellgesetzgebung und -rechtsprechung macht weiterhin beispielhaft deutlich, daß in der Rechtsgemeinschaft der Europäischen Union nicht mehr nur nationales Recht für die Unternehmen belangvoll ist, sondern daß sie sich auch supranationalen Kriterien genügendem Recht stellen müssen. Und die Bemühungen von Daimler-Benz, an der New York Stock Exchange notiert zu werden, sind ein Indiz dafür, daß Unternehmen nicht immer nur in Regimes vergleichsweise schwächeren Rechts ausweichen, sondern es sich sogar einiges kosten lassen, in einem Wirtschaftsraum mit höheren Rechtsanforderungen, Publizitätsauflagen etwa, aktiv werden zu dürfen – gewiß ein kontraintuitiver Befund für alle die, welche im Wettbewerb der Regime nach einer Art Greshamschen Gesetz vor allem das Verschwinden stärkerer Schutzregeln und, auf Arbeitsmärkten, die Gefahr sozialen Dumpings fürchten.

Die Rechts- und Institutionenanalyse hat in der Theorie des Unternehmens und in vielen Abhandlungen zu ganz praktischen betrieblichen Problemen einen festen Platz. HEIGL (1979: 19-28) zog im Bericht von der wissenschaftlichen Tagung des Verbandes der Hochschullehrer für Betriebswirtschaft 1978 in Nürnberg zum Thema „Betriebswirtschaftslehre und Recht" eine damalige Zwischenbilanz, er erhoffte sich für die Zukunft vor allem methodische Fortschritte. Auch die Tagungen in Regensburg zur Unternehmensverfassung (BOHR ET AL. 1981) und zum Verhältnis von Betriebswirtschaftslehre und ökonomischer Theorie in Frankfurt (ORDELHEIDE ET AL. 1991) haben unter den Augen der gesamten Fachöffentlichkeit zum Fortschritt der betriebswirtschaftlichen Institutionenökonomik beigetragen, wie auch die Tagung des Vereins für Socialpolitik 1983 in Basel über die verfügungsrechtliche Theorie (NEUMANN 1984). Hier insbesondere finden sich nicht nur Rechtsfolgenabschätzungen oder Kosten-Nutzen-Analysen von Rechtsregeln, sondern auch ökonomische Erklärungen für das Zustandekommen – und Nichtzustandekommen – von institutionellen Arrangements, von langfristigen Verträgen, Geschäftsbeziehungen, Märkten und Unternehmen selbst.

Frühe Lehrbücher haben die Rechtsregeln zusammengestellt (BACKHAUS / PLINKE 1986) oder in wirtschaftliche Entscheidungssachverhalte eingebettet und Rechtsalternativen erörtert (ALBACH / ALBACH 1989; im Hinblick auf europäisches Recht ähnlich GERUM 1993). Ein Sammelband von BUDÄUS ET AL. (1988) prüft das theoretische Potential des verfügungsrechtlichen Ansatzes nacheinander für die einzelnen betrieblichen Funktionsfelder, aber auch für die Regulierung öffentlicher Unternehmen. Mit ihrem Lehrbuch, das vornehmlich mit stilisierten Institutionen argumentiert, haben sich MILGROM / ROBERTS (1992) international durchgesetzt.

Aktuelle forschungsnahe deutschsprachige Literatur gibt es zu einer Reihe von Themen. Die betriebswirtschaftliche Steuerlehre (vgl. ELSCHEN ET AL. 1995), die Rechnungslegung (vgl. WAGNER 1993), die Finanzwirtschaft (vgl. DRUKARCZYK 1993 oder KRAHNEN 1993), die Theorie der Unternehmensverfassung (vgl. OTT / SCHÄFER 1993), die Theorie der Personalwirtschaft (vgl. SADOWSKI ET AL. 1993) bilden jedes für sich große Felder, die deutlich nicht im rechtsfreien Raum der alten Mikroökonomie, sondern in einem institutionellen Kontext entwickelt werden. Auch in konkrete Gesetzgebungsverfahren, etwa die Insolvenzrechtsreform oder die Kleine Aktiengesellschaft, ist jüngst betriebswirtschaftlicher Rat eingeflossen. Weitere Hinweise enthalten die Aufsätze dieses Bandes. Dem Autorenindex am Ende ist deutlich zu entnehmen, daß sich die zitierten Arbeiten auf viele Verfasser verteilen; nach der Häufigkeit der Zitationen jedenfalls sind kaum klassische, allseits anerkannte Referenzen auszumachen.

All diese Ansätze können hier nicht im einzelnen aufgezählt, charakterisiert oder gar bewertet werden, sie sind bei genauerem Hinsehen einander recht ähnlich und machen mehr einen Denk- und Analysestil aus, als daß sie als säuberlich trennbare theoretische Ansätze verstanden werden sollten. Gemeinsam ist ihnen oft auch eine ideologische Voreingenommenheit, nämlich eine „liberale" normative wohlfahrtsökonomische Orientierung: Je näher sie sich der neoklassischen Tradition der Chicago School verbunden fühlen – die in den vergangenen Jahren durch Nobelpreise an HAYEK, STIGLER, COASE, BECKER, FOGEL, aber auch an BUCHANAN eine besondere Anerkennung gefunden hat – um so eher nähren sie den generellen Verdacht, daß rechtliche Regulierungen die wirtschaftliche Entwicklung behinderten und auch klassische Marktversagenstatbestände wegen der großen Wahrscheinlichkeit von Politikversagen noch keine Rechtfertigung für rechtliche Korrekturen bildeten. Die bewußte Vernachlässigung von Verteilungsfragen und die Negierung eines Zusammenhangs von Verteilungs*gerechtigkeit* und Allokationseffizienz entsprechen dieser Tradition. Wenig behandelt wurden in der „engeren" ökonomischen Rechtsanalyse bislang auch Sachverhalte von der Natur des Gefangenendilemmas oder allgemeiner: Situationen, in denen sich strategisch handelnde Akteure gegenüberstehen (vgl. HOVENKAMP 1995; aushandlungstheoretisch PULL 1996).

Für diese im engeren Sinn als „ökonomische Analyse des Rechts" bezeichneten Denkansätze haben ASSMANN ET AL. (1993) eine Aufsatzsammlung wiederherausgegeben, die erstmals 1978 erschienen ist. Inzwischen sind viele der damals ausgesuchten Beiträge wirkliche Klassiker geworden. Das wichtigste deutsche Lehrbuch der ökonomischen Analyse des Zivilrechts, eine interdisziplinäre Leistung, liegt in zweiter Auflage vor

(SCHÄFER / OTT 1995); auch NAGEL hat sein wirtschaftsrechtliches Lehrbuch mit einer – von EGER verfaßten – Einführung in die ökonomische Rechtsanalyse „durchsetzt". Besondere Erwähnung verdient das von BACKHAUS und STEPHEN seit 1994 herausgegebene European Journal of Law and Economics, weil es explizit versucht, europäische Rechtstraditionen und Wirtschaftsmentalitäten zu reflektieren.

1.3 Normative Einseitigkeiten in der „ökonomischen Analyse des Rechts"

Die Beurteilung der Angemessenheit staatlicher Regulierung der Wirtschaftssubjekte ist vielleicht kulturbedingt zwischen amerikanischen und europäischen Autoren verschieden[1], und es scheint zusätzlich auch professionelle Einstellungsdifferenzen zwischen Juristen und Ökonomen zu geben. Die amerikanische ökonomische Analyse des Rechts hat eine deutliche Vorliebe für privatrechtliche, in der Rechtsprechung des Common Law entstehende Fragen. Öffentlichrechtliche, die Aktivität des Staates betreffende Fragen finden viel weniger Aufmerksamkeit (zum Beleg ROSE-ACKERMAN 1994). Eine in jeder Hinsicht vermittelnde, luzide Darstellung der Regulierungsproblematik gibt neuerdings ein britischer Jurist mit großem ökonomischem Verständnis: OGUS (1994).

Die Kritik LUHMANNs an der ökonomischen Analyse des Rechts, zu wenig Auskunft über die Gesellschaft zu geben, in der sie praktiziert werden müsse (LUHMANN 1993: 25), wird derzeit auch von einigen Ökonomen geteilt, so etwa von SCHMIDTCHEN (1993), der mehr als die dogmatische eine gewisse methodische Selbstbeschränkung kritisiert und dazu auffordert, den Analysen „mehr Körper" zu geben. Die sozialwissenschaftliche Öffnung der Rechtswissenschaft zu Ökonomie, Soziologie, Politikwissenschaft ist vielleicht eine Modeerscheinung und noch unzureichend, aber sie ist, wie TEUBNER (1984: 311) treffend bemerkt, mit dem Verrechtlichungsphänomen selbst verknüpft: „Denn regulatorisches Recht versteht sich als instrumentales Recht, als Mittel der Sozialgestaltung, das bestimmte soziale Veränderungen hervorrufen will und dazu soziales Wissen benötigt."

Vor zu viel Ökonomie im Recht, d. h. auch vor einer ökonomischen Analyse des Rechts, die Effizienz schon für Gerechtigkeit hält, warnen HABERMAS (1992) als gefährlich und LUHMANN (1993: 455, passim) als angesichts der Geschlossenheit beider

---

[1] Vgl. das Themenheft „Is There a European Economics?" Kyklos 48(1995)2, in dem verschiedene Autoren die Sensibilität für institutionelle Varietät als eine relative Stärke der europäischen Wirtschaftswissenschaften betrachten.

Systeme analytisch irreleitend (und wohl auch schädlich). HABERMAS (1992: 12) beklagt, daß bei aller Betonung des Eigensinns einer über Märkte gesteuerten Ökonomie und der Vorsicht gegenüber der Macht staatlicher Bürokratien „eine auch nur annähernd ähnliche Sensibilität für die eigentlich gefährdete Ressource (fehle) – eine in rechtlichen Strukturen aufbewahrte und regenerationsbedürftige gesellschaftliche Solidarität". GEPHART (1995) versucht wissenschaftstheoretisch, die Wirklichkeitskonstruktionen und Normorientierungen der verschiedenen Wissenschaften zu unterscheiden; seine Interpretation der auch für die ökonomische Institutionenanalyse nachwirkenden Ansätze von MARX, DURKHEIM und MAX WEBER hatte er schon früher ausführlich entfaltet (GEPHART 1993).

Kooperation deutet sich an, wenn Juristen bemerken: „Die ökonomische Analyse des Rechts ist damit keine wohlfeile und unmittelbar umsetzbare Theorie für den grauen Alltag der Gerichte, sondern eher Urmaterial für leuchtende Erkenntnisse der Wissenschaft", so TAUPITZ 1995 in einem Vortrag auf der Tagung der Zivilrechtslehrervereinigung in Heidelberg[2]. Und Weisheit scheint auf, wenn ASSMANN / KIRCHNER / SCHANZE (1993: XIV) in einem Rückblick auf anderthalb Jahrzehnte rechtsökonomischer Forschung feststellen: „Rückblickend hätten wir uns gewünscht, daß die Diskussion sich weniger auf die vielfach glaubensmäßig vertretenen Bekenntnisse zur Autonomie der Jurisprudenz oder zur Überlegenheit der Ökonomie bezogen, sondern sich der schlichten Mühe unterzogen hätte, die Ansätze in den einzelnen Rechtsbereichen auf ihre heuristische Brauchbarkeit zu überprüfen."

2. Eine Übersicht über die Aufsätze des Bandes

2.1 Soll und Haben

Im vorliegenden Band soll das Verhältnis von Privatautonomie und öffentlicher Ordnung im Hinblick auf die Funktionsfähigkeit von Unternehmen und Märkten in durchaus heuristischer Absicht neu überdacht werden. Dem dienen die Auseinandersetzung von Juristen und Ökonomen über die grundsätzlichen Probleme eines rechtspolitisch vielleicht hilfreichen interdisziplinären Dialogs, der konkrete Effizienzvergleich deut-

---

[2] JOCHEN TAUPITZ: Ökonomische Analyse und Haftungsrecht – Eine Zwischenbilanz. Die noch unveröffentlichte Langfassung soll erscheinen im: Archiv für die civilistische Praxis.

scher mit ausländischen Regelungen, vor allem aber die Analyse einzelner Rechtsregeln und -institute – wobei die Analysemethoden von ethischen Erörterungen über ordnungspolitische Konsistenzprüfungen und Zweckmäßigkeitserwägungen bis hin zu netzplantechnischen Rekapitulationen der Unternehmenssanierung im Transformationsprozeß reichen.

Die Aufsätze geben ein Bild von dem heutigen Stand der einzelwirtschaftlichen Rechtsanalyse in deutscher Sprache. Zu einem großen Teil beruhen sie auf einem Call for Papers zu der wichtigsten wissenschaftlichen Jahrestagung deutschsprachiger Betriebswirte, wobei die Vortragsangebote anonym nach Kriterien thematischer Vielfalt und methodischer Qualität begutachtet worden sind. Die grundsätzlichen Erwägungen im ersten Teil sowie die politischen und praktischen Vorträge sind auf Einladung präsentiert worden. Auch die Beiträge von Wissenschaftlern weisen eine recht unterschiedliche Ausdrücklichkeit normativer Überzeugungen und Appelle auf, die analytischen Methoden reichen von qualitativen Abwägungen über entscheidungstheoretische Modellierungen bis zu multivariaten statistischen Analysen internationaler Mikrodatensätze. Die Heterogenität in Themen und Methoden ist authentisch – und also informativ. Sie erlaubt auch, die Fruchtbarkeit der verschiedenen Herangehensweisen zu vergleichen.

Dieser Band ist selbstverständlich weder in Themen noch ausgewiesenen Autoren auch nur annähernd vollständig. Einige wichtige Fragen werden in diesem Band nicht behandelt, weil dazu keine Vortragsangebote gemacht worden sind. Dafür mag es verschiedene Gründe geben. Leider ist nicht auszuschließen, daß manchen Fragen in der deutschsprachigen Forschung tatsächlich wenig Aufmerksamkeit gewidmet wird. Wir hatten vermutet, daß das Agieren multinationaler Unternehmen in unterschiedlichen Rechtsräumen (vgl. z. B. WEBER-FAHR 1996) und die Wirtschaftskriminalität (vgl. aber MÜLLER / WABNITZ 1995) bearbeitet worden wären. Insbesondere aber hatten wir eine Flut von Beiträgen zur öffentlichen Wirtschaft erwartet, zur Privatisierung von Bahn und Post, zur Arbeit der Treuhandanstalt, zur Medienökonomie – aber natürlich auch zur „Modernisierung" der öffentlichen Verwaltung, der traditionellen Justiz- und Finanzverwaltung ebenso wie der öffentlichen Dienstleistungen in Schulen und Krankenhäusern. Angesichts einer Staatsquote von rund 50 % in Deutschland handelt es sich hier um eine wohl authentische, aber merkwürdige Verzerrung der offenbarten Präferenzen der zeitgenössischen betriebswirtschaftlichen Forscher.

Wegen der üblicherweise großen Offenheit vieler Betriebswirte für verhaltenswissenschaftliche und soziologische Forschung waren wir auch überrascht, weder die Wirksamkeit rechtlicher Argumente in der Unternehmensführung, „the legalistic organization" (SITKIN / BIES 1993), untersucht zu finden noch Bezüge zu den institutionen- und organisationstheoretischen Arbeiten COLEMANs (1990) zu entdecken.

Gerade sofern diese Lücken hier unvermeidbar waren, regen sie zu genuiner Forschung an. Das aber tun, so hoffen wir, die für diesen Band ausgewählten Arbeiten in noch größerem Maße, weil sie nicht Leere, sondern Referenz, wenn nicht Vorbild bieten.

2.2 Die Aufsätze im einzelnen

Das Verhältnis von normativer Reflexion und positiver Analyse

Im ersten Teil des Buches wird das Verhältnis von rechts- wie wirtschaftswissenschaftlicher Analyse und Politikkritik und -empfehlung grundsätzlich erörtert.

Die zentralen rechtspolitischen Fragen, wieviel und welches Recht wir brauchen, überantworten Wissenschaftler, und zwar Rechts- wie Wirtschaftswissenschaftler, offiziell gerne den Politikern. RAINER WALZ zeigt aber am Beispiel der mitunter gar mit chauvinistischem Unterton geführten Debatte darum, ob eher angelsächsischen Rechnungslegungsprinzipien, welche die Publizität zugunsten der Kapitalanleger fördern, gegenüber deutschen Bilanztraditionen, welche die Kapitalerhaltung und den Gläubigerschutz betonen, vorzuziehen seien, daß trotz der programmatischen Wertzurückhaltung kulturelle Vorverständnisse die aktuellen „unternehmenstheoretischen Vorfelddiskussionen" unter Wissenschaftlern weitgehend bestimmen. Die Frage, ob das Konzept des Unternehmens an sich, als eines korporativen Akteurs, gegenüber der Auffassung von Unternehmen als rechtlich fiktiven Einheiten, die eigentlich *nur* Netze von Verträgen und Quasiverträgen zwischen natürlichen Personen seien, als Unternehmensleitbild vorzuziehen sei, ist Ausdruck des Streits darüber, ob bilaterale Tausch- und Konkurrenzbeziehungen ausreichend Kooperation herstellen können – und sie spiegelt nicht nur gewisse amerikanisch–deutsche Traditionsdifferenzen in den Ansichten von der Vorteilhaftigkeit von Korporatismus wider, sondern auch den Unterschied von ökonomischem Kontraktualismus und (bestimmten Ansätzen) soziologischer Organisationstheorie. Damit die europäische Betriebswirtschaftslehre in der rechtspolitischen Diskussion, die nach den Regeln von Recht und Politik ablaufe, hilfreich sein könne, ohne einfach nur Anbieter auf dem „Market for Excuses" zu sein, sollte sie ökonomietheoretisch konsistente und international anschlußfähige Lösungen von Problemen vor Ort anstreben. Die konsequente Trennung von allgemeiner ökonomischer Einsicht und kultur- und institutionenspezifischen Umständen gilt WALZ als essentiell für alle rechtskritischen Stellungnahmen, die sich als wissenschaftliche Rechtspolitik, etwa zugunsten konsensorientierten Interessenausgleichs „im deutschen Modell", legitimieren wollen.

Mit seiner Abhandlung gibt WALZ ein exzellentes Beispiel für die von REINHARD H. SCHMIDT geforderte Kooperation von Juristen und Ökonomen, die nicht nur auf der Anerkennung der Legitimität der je andersartigen Perspektive und Bescheidenheit gegenüber den eigenen Wissensbeständen beruhen müsse, um fruchtbar zu sein, sondern die auch Verständlichkeit für den jeweils Fachfremden voraussetze. SCHMIDT veranschaulicht seine Überlegungen wie WALZ auf den Feldern des Bilanzrechts, der Unternehmensverfassung und der Kapitalmarktorganisation, und er zeichnet die großen Etappen der betriebswirtschaftlich belangvollen Institutionenanalyse nach.

Die folgenden Detailanalysen offenbaren, in welchem Maße die Betriebswirtschaftslehre verständliche Argumente nicht nur für die rechtswissenschaftliche, sondern auch für die rechtspolitische Debatte bieten kann, ohne die methodische Bedingtheit und damit nicht selten auch Komplexität ihrer Argumente zu unterschlagen – eine Forderung, der auch prominente Betriebswirte nicht immer genügen, wie SCHMIDT zu zeigen versucht.

Selbstregulierung versus Fremdregulierung

Den Analysen des zweiten Teils liegt die Frage zugrunde, wie groß das Lösungspotential privatautonomer, von den Wirtschafts- und Rechtssubjekten selbst geschaffener Ordnung ist, und zwar unabhängig davon, ob sie explizit auf Verträgen beruht oder eher „emergent", unbeabsichtigt und vielleicht überraschend, entsteht.

MICHAEL KLEINALTENKAMP untersucht, ob die übliche, allmähliche Normung von Hochtechnologien durch die Anbieter und Nachfrager der Techniken, also zunächst durch Marktabstimmung, danach durch „normierende" Festschreibung der Marktergebnisse, einer Normung technischer Leistungsmerkmale *vor* der Markteinführung weichen solle. Er wägt die Konsequenzen von Risikoreduktion und Beschleunigung der Markteinführung gegen den Verzicht auf den Einfallsreichtum der Anwender ab und findet, daß Vorklärungen von Terminologien und Spezifikationen nützlich sein können, solange sie keinen bindenden Charakter haben, sondern nur ein Angebot für die Wirtschaftssubjekte darstellen.

Es ist denkbar und wird demoskopisch illustriert, daß die Verbraucher zunehmend ökologische Erwägungen in ihre Kaufentscheidungen einfließen lassen und deshalb von den und über die Unternehmen glaubwürdige „sozialökologische" Informationen fordern. URSULA HANSEN glaubt trotz sich mehrender Anzeichen einer zunehmenden Akzeptanz sozialökologischer Verantwortung nicht daran, daß sich ein neues Rollenverständnis von Unternehmen und Verbrauchern angesichts struktureller Informationsdefizite ohne die rechtliche Verpflichtung der Unternehmen auf erweiterte Verbraucheraufklärung wird durchsetzen lassen. Sie stellt einen „Unternehmenstest" vor, in dem Dritte das sozial und ökologisch verantwortliche Handeln von Unternehmen prüfen und das Prüfergebnis veröffentlichen.

Die gegenwärtige nationale wie europäische Umweltschutzregulierung scheint dagegen immer stärker auf die unternehmerische Selbstverantwortung zu setzen. GERD RAINER WAGNER untersucht das eigentümliche Gemisch von scheinbar die bloße Freiwilligkeit der Unternehmen ansprechenden Vorgaben, von eindeutig ordnungsrechtlichen Vorstellungen sowie von konkreten Eingriffen bis tief in die Interna der Unternehmen genauer. Am Beispiel des deutschen Kreislaufwirtschaftsgesetzes von 1994 und der EG-Verordnung zum Umwelt-Auditing von 1993 gibt er zu bedenken, daß die Rücknahme von externer Regulierung auch erhöhte Transaktionskosten und -risiken für die Unternehmen und die Gefahr der Kartellierung umweltschutzrelevanter Märkte mit sich bringt. Der volkswirtschaftlichen Abwägung der Folgen von Markt- und Politikversagen enthält sich WAGNER.

Die Analyse und betriebswirtschaftliche Bewertung eines neuen finanzwirtschaftlichen Instruments, der Covenants, unternimmt FRIEDRICH THIESSEN. Covenants sind Nebenklauseln in Kreditverträgen, die oberhalb bestimmter Schwellenwerte, des Cashflows etwa, normale Gläubigeransprüche nach sich ziehen, unterhalb der Schwellenwerte wichtigere Transaktionen des Managements jedoch von der Zustimmung der Gläubiger abhängig machen, ihnen also das unternehmerische Sagen geben. Im Unterschied zum geltenden Konkursrecht haben nach THIESSEN so ermöglichte „private Insolvenzverfahren" den Vorteil, daß sie ohne starre Konkursauslösetatbestände auskommen. In jedem Einzelfall können sich die Parteien die projektspezifischen Tatbestände auswählen, die das beabsichtigte Ziel einer Verhinderung von Vermögensvernichtung durch unfähige Entscheider am besten erfüllen, Covenants seien also flexibel, situationsspezifisch und anreizeffizient – wenn auch das geltende deutsche Konkursrecht dazu führen könne, daß covenant-geschützte Gläubiger eine Maximierung des Unternehmenswertes verhinderten.

Obwohl Tarifverträge für die betroffenen Unternehmen und Arbeitnehmer Mindeststandards setzen, die einzelvertraglich nicht abdingbar sind, kann die Tarifautonomie, die Vertragsfreiheit für Interessenverbände der Arbeitsvertragsparteien, als ein Element einer privatautonomen Wirtschaftsordnung verstanden werden. RENATE ALBACH und HORST ALBACH stellen in ihrem Beitrag die Hypothesen auf, daß der Schutz von Frauen in Kollektivverträgen und durch das Betriebsverfassungsgesetz zu einer Benachteiligung der Frauen gegenüber Männern führe, und zwar insbesondere der qualifizierten weiblichen Arbeitskräfte, die ihre Interessen auch durch Einzelarbeitsverträge sichern könnten, wie empirisch veranschaulicht wird. Die mit unterschiedlichen Vertragstypen verbundenen Transaktionskosten und Produktivitätsfolgen werden erörtert und im Hinblick auf die Wettbewerbsfähigkeit der Unternehmen beurteilt; die Analyse der Betriebsratspolitik erfolgt in einem Public-Choice-Ansatz. RENATE ALBACH und HORST ALBACH schließen mit einem Plädoyer dafür, den Härtefall der Diskriminierung von Frauen nicht als Ausnahmetatbestand von Kollektivverträgen, sondern den Mißbrauch als Ausnahmetatbestand vom Einzelarbeitsvertrag vorzusehen und den Kollektivorganen die Mißbrauchsaufsicht zuzuweisen.

Die Effizienz der Verrechtlichung unternehmensinterner Entscheidungen

Im dritten Teil dieses Sammelbandes werden einzelne rechtliche Interventionen in betriebliche Funktionen untersucht. Solche Untersuchungen instrumenteller Effektivität und Effizienz der Regulierungsinstrumente sind in gewisser Weise nachrangig gegenüber der grundsätzlicheren Frage, ob eine Intervention in die Privatautonomie überhaupt angezeigt sei. Die Anwendungen beziehen sich auf das Finanzierungsdesign, die Organisation von Unternehmen und schließlich die Rechnungslegung.

THOMAS R. FISCHER untersucht eine Bestimmung des GmbH-Gesetzes, wonach Gesellschafterdarlehen im Konkursfalle dann als Eigenkapital zu behandeln seien, wenn sie zu einem Zeitpunkt gewährt worden sind, „in dem die Gesellschafter als ordentliche Kaufleute Eigenkapital zugeführt hätten". Da betriebswirtschaftliche Kriterien für diesen Tatbestand fehlten, sind die in der Rechtsprechung entwickelten Ersatzkriterien der Konkursreife und der Kreditunwürdigkeit zu beurteilen. FISCHERs Analyse, die sich auf numerische Modellvarianten stützt, kommt zu dem skeptischen Schluß, daß die Gesetzesabsicht nur unter restriktiven Bedingungen erreicht wird und daß gleichzeitig durch die Vorschrift Fremdgläubiger geschädigt und Sanierungsversuche vereitelt werden können.

Die erste statistische institutionenökonomische Analyse dieses Bandes stammt von EKKEHART BÖHMER. Er untersucht die Konsequenzen der Ausgabe von Aktien, die so stark mit Mehrstimmrechten ausgestattet sind, daß eine sehr kleine Gruppe von Aktionären die Mehrheitskontrolle über das Unternehmen ausübt, für die Investoren und für die Unternehmen selbst. Die Studie gilt der US-amerikanischen Praxis, sie kann aber auf die in Deutschland steigende Zahl von Unternehmen übertragen werden, die sowohl Stammaktien als auch Vorzugsaktien ohne Stimmrecht ausgeben. Der statistische Vergleich von Dual-Class-Unternehmen mit Unternehmen, die nur Stammaktien emittieren, ergibt für jene eine deutlich höhere Aktienrendite. Die agency-theoretische Vermutung, daß die höhere Stimmrechtskonzentration zu verschärften Interessenkonflikten und damit einem schlechteren Ergebnis für die stimmrechtlich benachteiligten Aktionäre führen sollte, wird nicht bestätigt. Die theoretische Erklärung dieses Phänomens steht noch aus.

AKIHIRO KOYAMA bietet eine Charakterisierung des Verhältnisses von „Mainbank" (Hausbank) und Unternehmen in Japan. Wegen der Mängel des japanischen Aktiengesetzes kann faktisch niemand das Management erfolgreich überwachen. Innerhalb des Unternehmensverbundes (Keiretsu) überwacht ein von der Bank entsandtes Vorstandsmitglied das Unternehmen und greift in Notfällen ein. In einer Replikation der Studie CABLEs (1985) an verschiedenen Stichproben japanischer Großunternehmen zeigt KOYAMA, daß die Rolle der japanischen Mainbanks von der deutscher Hausbanken verschieden ist und sich im Zeitablauf auch geändert hat. Er formuliert die Hypothese, daß die von den Unternehmen versuchte Loslösung von den Banken über erhöhte Eigenkapitalanteile sich nachteilig auf die Gewinne ausgewirkt hat und daß personelle Verflechtungen die Profitabilität der Unternehmen erhöht. Der Autor warnt nachdrücklich vor einer Deregulierung der Unternehmensverbünde, also vor einer Einschränkung personeller Verflechtungen.

Eine weitere ökonometrische Studie auf der Basis von Unternehmensdatensätzen zielt auf einen explizit quantitativen, internationalen Institutionenvergleich, und zwar auf Erkenntnisse über die Wirtschaftlichkeit der Mitbestimmungsrechte deutscher Betriebsräte bei Personaleinstellungen und -kündigungen. BERND FRICK zeigt, daß Betriebsräte bzw. Betriebsgewerkschaften im Vergleich von Deutschland, Großbritannien und Australien nicht nur die Zahl von Entlassungen, sondern auch die arbeitnehmerseitigen Kündigungen reduzieren, und daß dabei aber weder die Schrumpfung von Betrieben noch die Neueinstellungen in wachsenden Betrieben aufgehalten werden. FRICK interpretiert seine Befunde mit Hilfe der Organisationstheorie HIRSCHMANs und neuerer Arbeiten über Betriebsräte als kollektive Informationsagenturen, die gerade in Krisenzeiten gegenüber Arbeitnehmern eine besondere Glaubwürdigkeit hätten.

Die Effizienz eines seit langem de lege ferenda diskutierten Vorschlages zur Verfassung einer Europäischen Aktiengesellschaft, Societas Europaea, steht in dem Beitrag AXEL V. WERDERs zur Diskussion. Er konzentriert sich auf die Option, die Führung der Europäischen Aktiengesellschaft in die Hand einer einzigen, nicht einmal professionell überwachten Person zu legen, einer Option also, die in doppeltem Widerspruch zum deutschen Aktiengesetz steht. Die Beurteilung von Entscheidungsqualität und -aufwand orientiert sich an verschiedenen Maßstäben, die in entscheidungslogische und verhaltenswissenschaftliche gegliedert werden. Angesichts des theoretischen Trade-offs einer tendenziell höheren Entscheidungsqualität der mehrköpfigen Leitung und der tendenziell geringeren Zeit- und Ressourceneinsätze einer unipersonalen Leitung votiert V. WERDER wegen der oft gravierenden Implikationen von Führungsentscheidungen für die verschiedenen Stakeholder von Unternehmen dafür, die unipersonale Unternehmensleitung zumindest bei einem einheitlichen Board zu verbieten.

Die branchenspezifische Regulierung und Deregulierung des Wettbewerbs zwischen Unternehmen

Selbst gut gemeinte nationale Marktverfassungen resultieren leicht in Marktzugangsbeschränkungen für neue Wettbewerber, wofür öffentliche Versorgungsmonopole ein extremes Beispiel bieten. Auch Kommissionen oder Verwaltungsräte, die eine mißbräuchliche Nutzung von staatlich verliehener Marktmacht kontrollieren sollen, wandeln sich, wie die positive Regulierungstheorie oft gezeigt hat, leicht zu Interessenvertretern für die Regulierten. Angesichts der hier ausgewählten Branchen ist es daher nicht verwunderlich, wenn die Deregulierung der Banken- und Versicherungsaufsicht und der Telekommunikation sowie die Unternehmenspolitik teilöffentlicher, „nationaler" Unternehmen oder der „Managed Competition" in den in Deutschland traditionell der staatlichen Leistungsverwaltung zugehörigen Universitäten untersucht wird.

KLAUS NITTINGER, Mitglied des Vorstands der Deutschen Lufthansa AG, fragt, warum die Deregulierung in den USA und die Liberalisierung in Europa die Ergebnisse der Fluglinien nicht stabilisiert hätten, und er findet in den großzügigen Entschuldungsmöglichkeiten nach amerikanischem Sanierungsrecht – Chapter 11 – und in nationalstaatlichen Subventionsverzerrungen die Ursache. Außerdem behinderten europäische und amerikanische Eigentumsquoten für Inländer den Ausleseprozeß, der angesichts amerikanischer Vormacht leicht zu einem Verdrängungswettbewerb werde. Strategische Allianzen seien der Versuch eines Auswegs. Innerhalb Europas sei etwa bei dem wichtigen Kostenblock „Bodenverkehrsdienste" auf vielen Flughäfen kein Wettbewerb zugelassen, die staatliche Bevorzugung des Schienenverkehrs verursache weitere Probleme. Der globale Wettbewerb zwinge die Lufthansa, auch Kosten zu internationalisieren, worunter etwa die Rekrutierung von regionalen Flugbegleitern und ihre Entlohnung nach ortsüblichen Tarifen verstanden wird.

Den Konsequenzen der Deregulierung des zuvor streng regulierten deutschen Versicherungsmarktes in der Europäischen Gemeinschaft widmen sich WOLFGANG SCHÜLER und ULRIKE SETTNIK, indem sie den Folgen der materiellen Aufsicht zugunsten des Verbrauchers den Schutz des Verbrauchers vor den Folgen mangelnden Wettbewerbs nach unterschiedlichen Leistungsmerkmalen gegenüberstellen. SCHÜLER und SETTNIK zeigen ökonometrisch, daß es jenseits einer mindesteffizienten Betriebsgröße keine positiven Skalenerträge von Versicherungsunternehmen gibt, daß also keine natürliche Monopolisierungsgefahr Markteingriffe begründen könnte. Auch Verbunderträge scheinen nicht so bedeutend zu sein, daß Mehrproduktunternehmen rentabler als spezialisierte Anbieter wären. Den Autoren zufolge könnte und sollte die deutsche Versicherungsaufsicht sogar im Interesse der Unternehmen weiter dereguliert werden, weil der Wettbewerb der Aufsichtssysteme in Europa nach dem Herkunftsland- und gerade nicht nach dem Gastlandprinzip gestaltet werde und deshalb auf längere Sicht deutschen Anbietern also Nachteile aus dem erhöhten Schutz in Deutschland erwüchsen.

Globale Deregulierungprozesse und ihre Wirkungen auf die großen Unternehmen der Telekommunikation zeichnet MICHAEL J. DOWLING für die USA und Deutschland nach. Dezentralisierung, Privatisierung und Marktöffnung haben die Entscheidungsfelder für die Unternehmen stark verändert und verlangen wohl nach neuen Unternehmensstrategien. Einige Empfehlungen werden als Hypothesen formuliert, ihre Stichhaltigkeit bleibt der zukünftigen Forschung – oder dem Praxistest – vorbehalten.

JÜRGEN E. ZÖLLNER, Minister für Bildung, Wissenschaft und Weiterbildung des Landes Rheinland-Pfalz, sucht die Modernisierung der staatlichen Universitäten nicht so sehr durch Privatisierung, als durch erhöhte Autonomie und Anreize zu forcieren. Mehrproduktunternehmen mit nennenswerten, grundgesetzlich garantierten Freiheiten in wichtigen Entscheidungsbereichen (einschließlich des Rechts auf eine angemessene Sach-, Raum- und Personalausstattung) bieten besondere Steuerungsprobleme. Ressourcenzuweisungen müßten daher, jenseits der Grundausstattung, an Belastung und Leistung gekoppelt werden. Dafür ebenso wie für die Selbstbewirtschaftung der Mittel durch die Hochschulen werden konkrete Erfahrungen dargestellt. Das Fehlen von Personalbemessungsregeln sei besonders schmerzlich. Die Führungsstrukturen der Hochschulen sollten ebenfalls modernisiert werden zugunsten von Kollegialleitungen und zeitlich befristeten Bestellungen von Kanzlern, die nicht mehr obligatorisch Juristen sein sollten. Ohne Evaluation über Forschungs- und Lehrberichte und ohne den Nachweis der Ressourcennutzung, typische Aufgaben eines Controllers, könnte der Leistungswettbewerb zwischen Universitäten nicht verstärkt werden. Besonders große und komplexe „Betriebsstätten", wie sie Universitätskliniken darstellen, sollten aus dem Fakultätsverband ausgegliedert und als Anstalt rechtlich verselbständigt werden. Soweit die Hauptaufgabe Krankenversorgung um Leistungen für Forschung und Lehre ergänzt würde, sollten zwischen dem Klinikum und der Medizinischen Fakultät wohlspezifizierte Verträge abgeschlossen werden. Der Beamtenstatus der Hochschullehrer, so Minister ZÖLLNER, sei für ihn unter Effizienzgesichtspunkten ebenso nebensächlich wie die Einführung von Studiengebühren.

Einzel- und gesamtwirtschaftliche Konsequenzen der Transformation von Volkswirtschaften

Der fünfte Teil dieses Buches stellt die institutionellen Umwälzungen in den Mittelpunkt, welche die Transformation von Plan- in Marktwirtschaften für die Unternehmen mit sich bringt. Eine solche Umbruchphase kann die Bedeutung institutioneller Selbstverständlichkeiten und die Schwierigkeit, sie herzustellen, klar werden lassen. Sie bietet zudem die Möglichkeit, Experimente zu versuchen, die in etablierten Wirtschaften auf zu großen Widerstand stoßen.

REINHART LANG und RAMONA ALT versuchen zu klären, welche Handlungsspielräume ostdeutsche Manager in den Entwicklungen hatten, die dem Einigungsvertrag folgten. Sie vermuten neben den „objektiven" Bedingungen von Handlungsgrenzen, die in ökonomischen Ressourcen, rechtlichen Regulierungen und den sozialen Normen des Umfeldes beruhen, die Deutungsschemata der Führungskräfte als handlungsbestimmend. Die soziologische, mikropolitischen Prinzipien verpflichtete Studie beruht auf Befragungen von Führungskräften vor und nach der Wende, die eine drastische Veränderung in der legitimen Ordnung, aber auch in den Herrschaftsverhältnissen bedeutete. Wenn Führungspositionen behauptet wurden, war die Sachkompetenz wesentliche Ressource. Ostdeutsche Führungskräfte seien durchgängig unzufriedener mit ihren Gestaltungsspielräumen als westdeutsche Manger, die Führungsfunktionen in ostdeutschen Unternehmen übernommen hätten, nicht zuletzt wegen der als gravierend betrachteten Abhängigkeiten von Konkurrenzunternehmen, der Treuhandanstalt sowie eigenen Wissensdefiziten. Sie reagieren auf die erhöhte Unsicherheit sehr unterschiedlich: entweder bürokratisch-tayloristisch oder durch eine verstärkte Beteiligung der Mitarbeiter an der Lösung der neuen Herausforderungen. Wie sehr die Wahrnehmung von Lösungsmöglichkeiten von den konkreten rechtlichen und organisatorischen Vollmachten abhing, im Unterschied etwa zur ökonomischen Lage der Unternehmen oder zur Biographie der Führungskräfte, bleibt noch zu untersuchen.

Im zweiten Beitrag zur Transformation betrachten CONSTANZE CEHIC und RAINER SCHWARZ die rechtliche Umgestaltung aus Unternehmenssicht als Privatisierungsprojekte, deren Ablauf netzplantechnisch erfaßt wird. Den wesentlichen Aktivitäten der innerbetrieblichen Reorganisation werden die wichtigsten rechtlichen Regulierungen beigefügt: Klärung der Eigentumsrechte und gegebenenfalls Restitution, Privatisierung, Produktgenehmigung, Baugenehmigung und Umweltverträglichkeitsprüfung. Die Daten für den GERT-Netzplan über die minimalen und maximalen Vorgangsdauern und die Wahrscheinlichkeit von Verzweigungen und Rückkoppelungen wurden aus Fallstudien gewonnen und zu einem Basisszenario zusammengefügt. Am Ende der Umwandlung stand entweder die Liquidation, die Privatisierung oder die Kommunalisierung. Durch Simulation werden unterschiedliche Szenarien, wie etwa der Verzicht auf Restitution oder die Beschleunigung von Genehmigungen, berechnet.

Der letzte Beitrag zum Systemwechsel berichtet von den Erfahrungen zweier Betriebswirte in der Politikberatung in Osteuropa, insbesondere Kroatien. FRANZ W. WAGNER und EKKEHARD WENGER haben eine Reihe von Finanzministerien bei Steuerreformvorhaben unterstützt, um ein neutrales, die zu schaffenden Marktprozesse nicht verzerrendes Steuersystem zu schaffen. Sie machen das betriebswirtschaftliche Leitbild ihrer steuerlichen Rechtskritik klar: die Zielsetzung ihrer Idee einer neutralen Unternehmensbesteuerung beruhe ausschließlich auf gesamtwirtschaftlichen Effizienzvorstellungen und die Unternehmen würden als Glieder einer marktwirtschaftlichen Ordnung betrachtet. Ihr Vorschlag will ausschließlich den Konsum von Individuen besteuern und die Unternehmen nur erhebungstechnisch beteiligen. Aus erfassungstechnischen, steuerpsychologischen und Gründen der antizipierten EG-Harmonisierung wird das theoretische Ideal mit Hilfe verschiedener Abrechnungssysteme angenähert. Trotz solcher Abweichungen vom Ideal sollten Steuersysteme wie das deutsche, das keiner konzeptionell konsequenten Entwicklung folge, nicht präferiert werden.

Ansätze von Regulierungstheorien

Der sechste und letzte Teil dieses Sammelbandes präsentiert zwei Beispiele zur Theorie der Regulierung, die nennenswert politisch anmuten.

Zunächst betrachtet EKKEHARD WENGER die deutsche Kapitalmarktgesetzgebung im Stil einer Public-Choice-Analyse. Er versucht – unter Nennung von Roß und Reitern – den Nachweis zu führen, daß die Interessen der Eigentümer im deutschen Kapitalmarktrecht zu kurz kämen und daß durch eine geschickte, auch die Rechtsprechung erfassende Lobby und Einflußnahme anderer Interessenten, insbesondere der Banken, effizientere Kontrollstrukturen verhindert würden. WENGER ist mitunter sarkastisch, wenn nicht verletzend, und bleibt selbst angreifbar. Er beklagt sich sehr über viele Behinderungen seiner Forschungen durch offizielle Stellen, weshalb er hier nicht auch noch dazu gedrängt wurde, seine Vermutungen und Kritik auf das für die anderen Autoren geltende Maß zu kürzen.

RAINER ELSCHEN untersucht im letzten Aufsatz die Austauschbarkeit von Steuern und direkter Regulierung als zwei Formen der Staatsverbindung – in Analogie zum Begriff der „Bankverbindung" – von Unternehmen. Aufbauend auf einer Überlegung POSNERs, daß „Regulierungen Steuercharakter und Deregulierungen Subventionscharakter" hätten, fragt er, ob nicht diese Nettogesamtbelastung eines Unternehmens durch die Staatstätigkeit bei Standortvergleichen heranzuziehen sei. ELSCHEN faßt die Arbeiten zur Bürokratieüberwälzung und zu regulierungsbedingten Folgeproblemen für Unternehmen zusammen: Innovationsverzögerung, Risikoerhöhung durch Rechtsunsicherheit, Anpassungsprobleme bei Rechtsänderungen. Er untersucht POSNERs These für verschiedene Lenkungssteuern, so Umweltsteuern, mit Hilfe der Property-Rights-Theorie und kommt für Steuern wie für Subventionen zu dem Schluß, daß die von POSNER behauptete Äquivalenz und die Umrechnung der mittelbaren Folgen staatlicher Tätigkeit in finanzielle Be- und Entlastungsgrößen fragwürdig seien. Statt monetärer Wertmaßstäbe hebt EL-

SCHEN Vorhersehbarkeit und Vertrauen als qualitative Kriterien der Staatsbeziehung und Standortwahl hervor. Einfachheit und Klarheit von Regulierungen seien bedeutungslos, wenn inhaltliche Willkür herrsche.

So endet dieser Band zur betriebswirtschaftlichen Rechtsananlyse mit einem Plädoyer für Rechtssicherheit durch eine dauerhafte Wirtschaftsverfassung, Marktordnung und Unternehmensverfassung.

Literaturverzeichnis

ALBACH, HORST; RENATE ALBACH (1989): Das Unternehmen als Institution. Wiesbaden.
ASSMANN, HEINZ-DIETER; CHRISTIAN KIRCHNER; ERICH SCHANZE (1993): Einleitung zur Neubearbeitung 1992. In: DIES. (Hg.) (1993): Ökonomische Analyse des Rechts. Tübingen.
BACKHAUS, KLAUS; WULF PLINKE (1986): Rechtseinflüsse auf betriebswirtschaftliche Entscheidungen. Stuttgart.
BOHR, KURT ET AL. (Hg.) (1981): Unternehmensverfassung als Problem der Betriebswirtschaftslehre. Regensburg.
BUDÄUS, DIETRICH ET AL. (Hg.) (1988): Betriebswirtschaftslehre und Theorie der Verfügungsrechte. Wiesbaden.
CABLE, JOHN (1985): Capital Market Information and Industrial Performance: The Role of West German Banks. Economic Journal 95(1985): 118-132.
COLEMAN, JAMES S. (1990): Foundations of Social Theory. Cambridge, Mass.
DEREGULIERUNGSKOMMSISSION (1991): Marktöffnung und Wettbewerb. Stuttgart.
DRUKARCZYK, JOCHEN (1993): Theorie und Politik der Finanzierung. 2. Aufl. München.
EGGERTSON, THRÁINN (1990): Economic Behavior and Institutions. Cambridge, Mass.
ELSCHEN, RAINER ET AL. (Hg.) (1995): Unternehmenstheorie und Besteuerung. Festschrift für Dieter Schneider. Wiesbaden.
GEPHART, WERNER (1993): Gesellschaftstheorie und Recht – Das Recht im soziologischen Diskurs der Moderne. Frankfurt / M.
GEPHART, WERNER (1995): Gesellschaftstheorie und ökonomische Analyse des Rechts. In: Zeitschrift für Rechtssoziologie 2(1995): 156ff.
GERUM, ELMAR (Hg.) (1993): Handbuch Unternehmung und Europäisches Recht. Stuttgart.
HABERMAS, JÜRGEN (1992): Faktizität und Geltung – Beiträge zur Diskurstheorie des Rechts und des demokratischen Rechtsstaats. Frankfurt / M.
HEIGL, ANTON (1989): Einleitung. In: ANTON HEIGL, PETER UECKER(Hg.) (1989): Betriebswirtschaftslehre und Recht. Wiesbaden: 19-28.
HESSE, KONRAD (1988): Verfassungsrecht und Privatrecht. Heidelberg.
HOVENKAMP, HERBERT (1995): Law and Economics in the United States: A Brief Historical Survey. Cambridge Journal of Economics 19(1995): 331-352.
KRAHNEN, JAN PIETER (1993): Finanzwirtschaftslehre zwischen Markt und Institution. Die Betriebswirtschaft 53(1993): 793-805.

KÜBLER, FRIEDRICH (1994): Wirtschaftsrecht in der Bundesrepublik. Versuch einer wissenschaftshistorischen Bestandsaufnahme. In: DIETER SIMON (Hg.) (1994): Rechtswissenschaft in der Bonner Republik. Frankfurt / M.: 364-389.
LUHMANN, NIKLAS (1993): Das Recht der Gesellschaft. Frankfurt / M.
MILGROM, PAUL; JOHN ROBERTS (1992): Economics, Organization, and Management. Englewood Cliffs.
MÜLLER, RUDOLF; HEINZ-BERND WABNITZ (1995): Wirtschaftskriminalität – Eine Bedrohung für Staat und Gesellschaft. Aus Politik und Zeitgeschichte B 23(1995): 28-35.
NAGEL, KURT; THOMAS EGER (1993): Wirtschaftsrecht II – Eigentum, Delikt, Vertrag mit einer Einführung in die ökonomische Analyse des Rechts. 2. Aufl. München, Wien.
NEUMANN, MANFRED (Hg.) (1984): Ansprüche, Eigentums- und Verfügungsrechte. Berlin.
OGUS, ANTHONY I. (1994): Regulation – Legal Form and Economic Theory. Oxford.
ORDELHEIDE, DIETER ET AL. (Hg.) (1991): Betriebswirtschaftslehre und ökonomische Theorie. Stuttgart.
OTT, CLAUS; HANS-BERND SCHÄFER (Hg.) (1993): Ökonomische Analyse des Unternehmensrechts. Heidelberg.
PULL, KERSTIN (1996): Übertarifliche Entlohnung und freiwillige betriebliche Leistungen – Personalpolitische Selbstregulierung als implizite Verhandlung. München, Mering.
RICHTER, RUDOLF (1994): Institutionen ökonomisch analysiert. Tübingen.
RICHTER, RUDOLF (1991): Institutionenökonomische Aspekte der Theorie der Unternehmung. In: ORDELHEIDE, DIETER ET AL. (Hg.) (1991): Betriebswirtschaftslehre und ökonomische Theorie. Stuttgart: 395-429.
ROSE-ACKERMAN, SUSE (1994): The Economic Analysis of Public Law. European Journal of Law and Economics 1(1994): 53-76.
SADOWSKI, DIETER ET AL. (1993): Vollzugsdefizite des Schwerbehindertengesetzes. Bonn.
SCHÄFER, HANS-BERND; CLAUS OTT (1995): Lehrbuch der ökonomischen Analyse des Zivilrechts. 2. Aufl. Berlin.
SCHMIDTCHEN, DIETER (1993): Time, Uncertainty, and Subjectivism: Giving More Body to Law and Economics. International Review of Law and Economics 13(1993): 61-84.
SITKIN, SIM B.; ROBERT J. BIES (Hg.) (1993): The Legalistic Organization. Organization Science 4(1993)3: 345-512.
TEUBNER, GUNTHER (1985): Verrechtlichung – Begriffe, Merkmale, Grenzen, Auswege. In: KÜBLER, FRIEDRICH (Hg.) (1985): Verrechtlichung von Wirtschaft, Arbeit und sozialer Solidarität. Frankfurt / M.: 289-344.
WAGNER, FRANZ W. (Hg.) (1993): Ökonomische Analyse des Bilanzrechts. Sonderheft 32 der Zeitschrift für betriebswirtschaftliche Forschung. Düsseldorf, Frankfurt.
WEBER-FAHR, MONIKA (1996): Die Lohnpolitik multinationaler Unternehmen – Personal- und industrieökonomische Analysen. München, Mering.

Teil I

Das Verhältnis von normativer Reflexion und positiver Analyse

W. Rainer Walz[*]

Rechtspolitik und Betriebswirtschaftslehre
Eine juristische Perspektive

Wie können Betriebswirtschaftslehre und Rechtswissenschaft ihrem eigenen methodischen Bezug treu bleiben und dennoch in ein fruchtbares, sowohl theoretisch wie praktisch relevantes Gespräch über zentrale rechtspolitische Weichenstellungen kommen? Die <u>inner</u>disziplinäre Forschung bedarf einer Bestätigung oder Infragestellung ihrer Realitätsentwürfe im <u>inter</u>disziplinären Vorfeld, um auf einschneidende soziale Veränderungen so zu antworten, daß andere Wissenschaften die gegebenen Impulse aufnehmen können. In diesem Sinn wird nach dem Unternehmensleitbild der Betriebswirtschaftslehre und seiner grundlegenden Bedeutung für Rechtspolitik und Rechtskritik der Betriebswirtschaftslehre gefragt.

---

[*] Univ.-Prof. Dr. iur. W. Rainer Walz, LL.M., Universität Hamburg, Fachbereich Rechtswissenschaft II, Edmund-Siemers-Allee 1, Pavillon Ost, 20146 Hamburg.

1. Einleitung

Wer als Jurist über Rechtspolitik und Betriebswirtschaftslehre nachdenken will, muß sich über seine begrenzte Kompetenz klar sein. Als Jurist ist er nicht zuständig, in betriebswirtschaftlichen Streitfragen eine Position als die rechtspolitisch richtige auszuzeichnen. Juristen können allenfalls in ihrer Funktion als Berater von Politikern negativ dazu Position beziehen, ob etwas „rechtlich geht" oder „nicht geht" oder wie betriebswirtschaftliche Vorschläge gesetzestechnisch formuliert und in ein geltendes Gesetz eingearbeitet werden könnten. Davon wird hier nicht die Rede sein. Vielmehr will ich mich auf die Suche machen, ob es – von außen gesehen – eigenständige betriebswirtschaftliche Kriterien dafür gibt, welche Rolle Recht übernehmen soll. Welche betriebswirtschaftlich-normativen Anknüpfungspunkte gibt es, bessere Regeln von schlechteren zu unterscheiden?

Ich stelle diese Frage nicht als Betriebswirt, sondern von außen, als Jurist. Mein eigenes fachwissenschaftliches Interesse an dieser Fragestellung ist, wie die Betriebswirtschaftslehre und die Rechtswissenschaft ihrem eigenen methodischen Bezug treu bleiben und dennoch in ein fruchtbares, sowohl theoretisch wie praktisch relevantes Gespräch über zentrale rechtspolitische Weichenstellungen kommen können. Ein solches interdisziplinäres Gespräch muß voraussetzen, daß die eigenen Positionen in der anderen Disziplin ein Echo finden. Es geht also um ein rechtswissenschaftliches Echo auf betriebswirtschaftliche Rechtspolitik.

2. Rahmensetzung

Das mir aufgetragene Thema steht im Spannungsfeld von Rechtspolitik, Betriebswirtschaftslehre und Rechtswissenschaft. Es erscheint mir sinnvoll, mich meiner Aufgabe von diesen drei Eckpunkten her zu nähern. Als rechtspolitischen Eckpunkt greife ich die Frage heraus, wie das deutsche Bilanzrecht auf die offenbar nahezu unaufhaltsame Invasion angelsächsischer, insbesondere amerikanischer Rechnungslegungsphilosophie reagieren soll. Als juristischen Eckpunkt wähle ich die Frage, wie die Rechtswissenschaft auf die rasch voranschreitende Europäisierung und generell Internationalisierung ihres Arbeitsbereichs reagieren soll. Als dritten Eckpunkt möchte ich kurz auf das Selbstverständnis der Betriebswirtschaftslehre zu sprechen kommen, ihr ökonomisches Fundament und ihre Interdisziplinarität, um daraus Kriterien für normative betriebswirtschaftliche Maßstäbe zu gewinnen.

2.1 Rechtspolitik: Friedliche Anpassung an oder kampfbereite Koexistenz mit angelsächsischer Rechungslegungspraxis?

Es handelt sich um eine Fragestellung von weitreichender Bedeutung für die Rechts- und Wirtschaftsordnung. Ihre politische Substanz springt sofort in die Augen, wenn man auch nur wenig Literatur dazu liest (BIENER 1993; KLEBER 1993; LÖHR 1994; KÜTING 1993a,b): der Ton erinnert an rhetorische Glanzleistungen EDMUND STOIBERs, wenn er begründet, warum die CSU mit den Grünen keine Koalition eingehen kann. Die Frontlinie verläuft angeblich zwischen zwei unterschiedlichen Bilanzkulturen, wenn man das Wort Kultur nicht gar für Deutschland reservieren und den Angelsachsen nur eine Bilanzzivilisation zugestehen möchte. Wer zuviel Verständnis für die andere Seite aufbringt, sich etwa wie Daimler-Benz unter Inkaufnahme angelsächsischer Rechnungslegungspraxis an der New Yorker Börse notieren läßt, wird rasch zum Verräter an deutschen Interessen gestempelt. Alle Ingredienzen einer recht eigentlich politischen Auseinandersetzung sind also versammelt.

Hören wir die Gegenseite: Mit Bezug auf die Notierung von Daimler Benz in New York schreibt der Economist am 17. Sept. 1994: „Why have other German companies been so loth to list? They are less keen than their American counterparts to disclose detailed information that is at all useful. German accounts are still a mystery to many. American accounting standards would force German companies to disclose much more. So would IASC standards. German firms are obscssed with conservative accounting and their standards allow managers to hide huge reserves on balance sheets without telling shareholders. They fear, greater disclosure and less conservative accounting will expose them to increased pressure from disgruntled investors. Most German managers prefer the quiet life. American investors are wary of such practices."

Von den Verteidigern „deutscher Bilanzkultur" (HAVERMANN 1993: 19) werden diese Vorwürfe eigentlich nicht bestritten; vielmehr wird eine Gegenrechnung aufgemacht. Das amerikanische Bilanzrecht vernachlässige den Gläubigerschutz, es sei auf kurzfristige Gewinnmitnahmen von spekulativen Anlegern eingestellt und verhindere langfristige Unternehmensplanung (z. B. BIENER 1993: 355).

Die US-amerikanische Rechnungslegung orientiert sich in der Tat stärker als die deutsche Bilanzierung an der Vermittlung von kapitalmarktrelevanten Informationen (z. B. KÜTING 1993a: 36). Im Mittelpunkt steht der Kapitalanleger. Die Rechnungslegung soll also ein geeignetes Instrument darstellen, um Entscheidungen über Beginn und Beendigung, Ausweitung oder Eingrenzung eines Kapitalengagements beim Unternehmen zu stützen. Es geht in der amerikanischen Rechnungslegung um eine möglichst marktnahe

Beurteilung der Chancen und Risiken des Unternehmens. Der Ausweis von Chancen und Risiken soll dabei mit ihrer erwarteten Entwicklung korrelieren.

Die kontinental-europäische, speziell deutsche Tradition ist eine ganz andere. Sie ist bekannt und braucht deshalb nur durch die Stichworte Gläubigerschutz und Kapitalerhaltung, die daraus abgeleiteten Prinzipien des Realisations- und des Imparitätsprinzips und der intimen Verbindung von Handels- und Steuerbilanz in Erinnerung gerufen zu werden.

Unterschiedlich ist schon die Art der angelsächsischen Regelbildung (TWEEDIE / WHITTINGTON (1990). Als die britischen Berufsstände der Rechnungsleger und Abschlußprüfer anläßlich der Beitrittsverhandlungen von GB zu den EG erkannten, daß die im anglo-amerikanischen Bereich übliche Normung der Rechnungslegung durch berufsständische oder mit Berufsangehörigen besetzte Gremien in der EG durch rechtsverbindliche Richtlinien ersetzt werden sollte, mißtrauten sie dieser Verrechtlichung (BIENER 1993: 345). Hier scheint mir ein für betriebswirtschaftliche Rechtspolitik zentrales Problem aufzutauchen. Wieviel Recht brauchen wir (HAX 1988)? Um ein berufsständisches Gegengewicht zu schaffen, wurde 1973 das IASC mit Sitz in London gegründet. Seine Aufgabe sollte sein, international anwendbare und akzeptable Rechnungslegungsgrundsätze und Regeln zu entwickeln sowie deren weltweite Akzeptanz und Einhaltung zu fördern (BIENER 1993). In der Organisation setzten sich, wie auch in der weltweiten Praxis der großen internationalen Wirtschaftsprüfungsgesellschaften, rasch sowohl prozedural wie inhaltlich überwiegend angelsächsische Rechnungslegungsprinzipien durch (HALLER 1993: 700). Über die Zusammenarbeit mit der International Organization of Securities Commissions, kurz IOSCO, gewinnen die dort erarbeiteten Grundsätze für die internationale Börsenzulassung an Gewicht.

Auch in der Europäischen Union kommt das überkommene deutsche Bilanzverständnis unter Druck, so daß manche von einem Zangengriff sprechen[1]. Die EU-Kommission sitzt seit 1990 als Beobachter im Board des IASC und hat klar zum Ausdruck gebracht, dessen Arbeit unterstützen und nutzen zu wollen. In Brüssel deutet einiges auf einen bevorstehenden Konflikt mit dem deutschen Bilanzrecht hin.

---

[1] KÜTING (1993a). Auch in andern Rechtsgebieten stehen wir vor ähnlichen Problemen. Vgl. ein Zitat zum Umweltrecht von HOFFMANN-RIEM (1994: 74): „Auf angelsächsische Importe und deren Bepackung mit europäischem Harmonisierungszoll wird sich das deutsche Verwaltungsrecht zunehmend einrichten müssen. Mitbestimmend für die Durchsetzungskraft der angelsächsischen Rechtsprodukte auf dem gemeineuropäischen Rechtsmarkt sind der Pragmatismus des angelsächsischen Rechtsdenkens, der Startvorteil einer Weltsprache und der wachsende Einfluß angelsächsisch geprägter consulting firms auf die Arbeit der EG-Kommission".

2.2 Rechtswissenschaft und die Internationalisierung des Rechts

Ich komme nun zum zweiten, dem juristisch-methodischen Eckpunkt, nämlich zu der Frage, wie die Rechtswissenschaft auf die rasch voranschreitende Europäisierung und generell Internationalisierung ihres Arbeitsbereichs reagieren soll. Interdisziplinarität ist nicht das Normale; sie hat sich stets durch Defizite der disziplinären Forschung zu legitimieren. Disziplinäre Forschung in der kontinental-europäischen Rechtswissenschaft heißt in erster Linie Rechtsdogmatik. Um aus gegebenen Prämissen methodenkontrolliert Schlußfolgerungen abzuleiten, vertraut unsere kontinental-europäische Rechtstradition nicht allein auf kodifizierte Gesetzestexte, sondern auch auf ein inneres System dieses Rechts, auf Grundsätze, Leitprinzipien, Werthierarchien und höchstrichterliche Auslegungen, deren Zusammenhänge durch eben die Dogmatik erschlossen werden. Rechtsdogmatik ist selbst-referentiell.[2] Sie bezieht sich auf das Gesetz, Gerichtsentscheide und sich selbst.

Die Internationalisierung des Rechts und die fortschreitende europäische Einigung verändern die dogmatischen Arbeitsbedingungen (GÖTZ 1994; BLAUROCK 1994). Im europäischen Kontext liegt nur selten eine abgeschlossene Gesetzgebung vor. Die nationale Praxis steht in wachsendem Maße einem wenig integrierten Gefüge einzelstaatlicher wie supranationaler Normen gegenüber. Das Bilanzrecht ist ein gutes Beispiel. Angeglichenes Recht geht mit national gebliebenem Recht Verbindungen unterschiedlicher Art und Intensität ein. Eine transnationale Dogmatik, die bei allem Spielraum für Kontroversen auf bestimmte Grundkonsense angewiesen ist, entwickelt sich auf rein rechtsdogmatischer Basis nur schwer. In dieser Situation muß die Rechtswissenschaft lernen, nationale Differenzen in ihrem jeweiligen wirtschaftlich-sozialen Kontext zu begreifen. Um zu grenzüberschreitenden gemeinsamen Ansatzpunkten zu kommen, gibt es keinen anderen Weg, als die wissenschaftliche und professionelle Integration der Juristen durch international anschlußfähige sozialwissenschaftliche Fundierung juristischer Forschung und Lehre zu fördern (KÜBLER 1993; FRIEDMAN / TEUBNER 1986).

2.3 Das methodische Selbstverständnis der Betriebswirtschaftslehre

Was das Recht für die Betriebswirtschaftslehre und umgekehrt die Betriebswirtschaftslehre für die Fortentwicklung des Rechts bedeutet, hängt maßgeblich von ihrem Selbst-

---

[2] Zur operativen Geschlossenheit des Rechtssystems und seiner Dogmatik LUHMANN (1993: 38ff., 338ff., 440ff.; 496ff.).

verständnis als Wissenschaft ab. Will man darüber etwas erfahren, muß man folgende Fragen stellen: Welche Problemstellungen leiten die Disziplin? Welche Zugänge der Erkenntnis öffnet sie? Welche Methoden bildet sie aus und macht sie der Forschung verfügbar?[3]

Blickt man von außen auf die Betriebswirtschaftslehre, erscheint sie überwiegend als ein Teil der Wirtschaftswissenschaften, häufig mit den gleichen Rationalitätsannahmen und mit Modellen, die auf den Einzelwirtschaftsbereich zugeschnitten sind. Im Vordergrund steht die Untersuchung rationalen wirtschaftlichen Handelns einzelner Personen und Institutionen mit anderen Personen und Institutionen oder innerhalb von einzelwirtschaftlichen Institutionen im Angesicht von Einkommensunsicherheiten (SCHNEIDER 1993a: 152). Als Forschungsbereich der Wirtschaftswissenschaften nimmt sie an jenen methodischen Aspektverschiebungen teil, die im modernen zentralen ökonomischen Theoriebereich vor sich gehen. Die BWL übernimmt Ansätze sowohl von HAYEK wie aus der Neoklassik, der Property Rights Theory, der New Institutional Economics und der Public Choice-Ansätze (z. B. KRAHNEN 1993; SCHNEIDER 1993b).

Man kann auch die BWL als interdisziplinäre Managementwissenschaft etablieren, die neben ökonomischen auch soziologische und psychologische Ansätze zuläßt, die sie integrieren will. Das führt bei einem und demselben Forscher zur Koexistenz unterschiedlicher Ansätze, die nebeneinander stehen. Wird die Kompatibilität der Ansätze nicht gründlich abgeklärt, entsteht allerdings die Gefahr einer unwissenschaftlichen Collage.

Für Politiker ist die Wahl zwischen konkurrierenden ökonomischen oder soziologischen Problemlösungsangeboten keine wissenschaftliche Frage, sondern eine rein praktische oder eben eine der rechtspolitischen Konsensbildung. Hier kommen wir in den Forschungsbereich der Positive Accounting Theory, die den Markt für wissenschaftliche Theorien analysiert als Market for Excuses[4]. Theorien haben nicht nur Anleitungs-, sondern auch Bestätigungsfunktion für eine aus anderen Gründen politisch favorisierte Lösung. Theorien werden von Wissenschaftlern angeboten und von Politikern je nach Bedarf abgenommen und mit Geld und praktischer Anerkennung bezahlt. Aus dieser, am ökonomischen Public Choice Ansatz orientierten Sicht wird ein kritischer Zugriff auf den Einfluß der Lobby möglich.[5]

---

[3] SCHMIDT-ASSMANN (1995).

[4] Grundlegend WATTS / ZIMMERMAN (1979).

[5] Die Aufgabe der betriebswirtschaftlichen Steuerlehre, lobbyistische Bemühungen bloßzulegen und zur Verminderung polit-populistischer Maßnahmen beizutragen, wird sowohl von WÖHE (1988: 26ff.) wie KUSSMAUL (1995: 10) als wichtige Legitimation ihres Wissenschaftszweigs herausgestellt. Vgl. auch die Erfahrungen von CHMIELEWICZ (1988); KAHN (1990).

3. Historische Interpretation der Ausgangslage

Am Ende der tour d'horizon zwischen den drei Eckpunkten Rechtspolitik, Rechtswissenschaft, BWL möchte ich nach dem interdisziplinären Ort fragen, wo sie miteinander ins Gespräch gebracht werden können. Da es sich beim Recht der Rechnungslegung nicht um ein neues Problemfeld handelt, brauchen wir noch eine, wenn auch knappe, historische Selbstvergewisserung, ohne die die Ausgangslage nicht bestimmt werden kann.

Wir haben in Deutschland ein umfangreiches, technisch anspruchsvolles nationales Bilanzrecht, das im wesentlichen durch Gesetz geregelt ist. Es geht ursprünglich auf den Code Napoléon und das darauf aufbauende ADHGB von 1866 zurück. Regelungsziel war der Schutz von Gläubigern insbesondere vor Vermögensverlusten im Insolvenzfall. Vollständige Dokumentation und die Regel, daß der Kaufmann sich nicht reicher rechnen dürfe als er sei, also das Vorsichtsprinzip, standen bereits am Anfang (STEIN 1994: 658ff.). Später erfolgte die Inthronisierung des Kapitalerhaltungsgrundsatzes: Anschaffungskostenprinzip, Herstellungskostenprinzip und Realisationsgrundsatz wurden in Rechtsregeln transformiert. Die große Bedeutung, die im traditionellen deutschen Bilanzrecht nicht anders als im sonstigen Gesellschaftsrecht der Kapitalgesellschaften dem Gläubigerschutz beigemessen wird, ist international zum Stein des Anstoßes geworden, weil er auf niedrige Gewinne, niedrige Ausschüttungen, niedrigen Eigenkapitalausweis zugeschnitten ist, die Möglichkeit zur Bildung extrem hoher stiller Reserven enthält und damit zu kapitalmarktpolitisch bedenklichen, unkontrollierten Ermessensspielräumen der Unternehmensverwaltungen führt.

Die Gründe dafür liegen in Besonderheiten der deutschen Wirtschaftsgeschichte: der früh einsetzende dominante Einfluß der ohnehin informierten Hausbanken[6], der damit einhergehende geringe Einfluß, der eine vorteilhafte Selbstdarstellung begünstigenden Eigenkapitalbeschaffung über Börsen, die starke wechselseitige Kapitalverklammerung deutscher Unternehmen, die die Unternehmen der Kontrolle des Kapitalmarkts weitgehend entzog und dazu führte, daß sich befreundete Unternehmen gegenseitig kontrollieren (WAGNER 1994: B3; ADAMS 1994). Der deutsche Kapitalmarkt hat mehr als vier Jahrzehnte lang, vom Beginn des ersten Weltkriegs bis in die fünfziger Jahre, nahezu keinen Beitrag zur Unternehmensfinanzierung geleistet; auch die börsennotierten Gesellschaften waren ganz überwiegend auf Kredit- und auf Selbstfinanzierung angewie-

---

6   MUELLER / GERNON / MEEK (1994: 4) führen die überstarke Stellung des Gläubigerschutzes in Deutschland auf Bankeneinfluß zurück. Vgl. auch BÖHM (1992); BALLWIESER / KUHNER (1994: 84).

sen (KÜBLER 1995: 369). Dafür waren stille Reserven gewiß geeignet. Solange von den Aktionären kein zusätzliches Kapital (Kapitalerhöhung) erwartet wurde, war die Verringerung des ausschüttbaren Gewinns kein Problem. In denselben wirtschaftsgeschichtlichen Zusammenhang gehört jedoch auch die hohe Akzeptanz des seit Ende des letzten Jahrhunderts geltenden Grundsatzes der Maßgeblichkeit der Handelsbilanz für die Steuerbilanz. Seine nicht unbedingt am Allgemeinwohl orientierte politische Stoßkraft bezieht der Grundsatz daraus, daß er das Interesse aller am Unternehmen Beteiligten an geringer Steuerbelastung mit dem Interesse des Managements an schwer kontrollierbaren Spielräumen der Innenfinanzierung auf eine Linie bringt. Daß das Steuerrecht diese Anbindung trotz des dort grundlegenden, mit Ermessensspielräumen nach unten unvereinbaren Leistungsfähigkeitsprinzips weitgehend akzeptiert hat, ist nicht selbstverständlich (STEIN 1994: 658, 660), sondern das Mentalitätsprodukt einer durch gemeinwirtschaftlich-korporatistische Vorstellungen geprägten Geschichte des Verhältnisses von Staat und Wirtschaft in Deutschland[7]. Daß dieses gleiche Denken, dieses Vertrauen in die Konzertierung zwischen gesellschaftlichen Großverbänden, auch der Mitbestimmungsbewegung in Deutschland besonders förderlich war, läßt sich schwerlich bestreiten.

Um diesen wichtigen Hintergrund ohne lange Nachweise kurz plausibel zu machen, sei auf eine Parallele im Staatsrecht hingewiesen, nämlich auf das für einen demokratischen Rechtsstaat erstaunlich intransparente Verfahren der untergesetzlichen Regulierung in Deutschland[8]. Art 80 GG enthält zwar Grenzen, die eine Delegation von Regulierungsmacht an die Ministerialexekutive einhalten muß, die aber in der Praxis wenig Zähne hat. Bei der Gesetzesvorbereitung, der Gesetzesimplementation, der Findung von Standards oder der Aushandlung von Grundsätzen ordnungsmäßiger Buchführung versichert sich das zuständige Ministerium der Stellungnahme der speziell interessierten und organisierten Gruppen und der Verwaltungsexekutive der Länder. Es kann Experten beiziehen, Beratungsgremien befragen, die fast stets durch die interessierten Gruppen einerseits und die an effizienter Verwaltung andrerseits interessierten Beamten dominiert sind. Das Verfahren der Willensbildung der obersten Behörde, ob im Finanzbereich, im Umweltbereich, im Justizbereich, entbehrt der notwendigen prozeduralen Sicherungen gegen eine Vereinnahmung des Verhandlungsprozesses durch einseitige Interessen, und es ist häufig undurchsichtig. Allgemeine, zu den Lobby- und Verwaltungsinteressen quer liegende Belange haben nur zufälliges Gewicht. Es gibt zum großen Erstaunen amerikanischer Kollegen kein um demokratische Transparenz bemühtes Regulierungs-

---

[7] Dazu immer noch sehr aufschlußreich SHONFIELD (1980).
[8] Dazu eindrucksvoll ROSE-ACKERMAN (1995: 1287ff.).

verfahrensgesetz und wenig griffige Verfassungsgrundsätze, sondern offenbar auch hier das Vertrauen, daß ein kleiner Kreis verantwortungsvoll denkender Männer aus Staat und Wirtschaft die schwierigen Policy-Fragen besser ohne allzuviel Publizität und Rechenschaft lösen kann. Das deutsche Verwaltungsrecht schützt den Bürger gegen Einzeleingriffe in seine subjektiven Rechte. Zur Korrektur des Demokratiedefizits im Verwaltungsverfahren reichen seine Instrumente nicht aus.

Die Gegensätze zwischen deutschem und angelsächsischem Bilanzverständnis beruhen also auf geographisch-kulturellen und wirtschaftsgeschichtlichen Aspekten und auf unterschiedlichen Voraussetzungen der Kapitalbeschaffung über Banken oder Börsen. Sie konnten solange nebeneinander existieren als die Kapitalmärkte weitgehend national organisiert waren; durch die Globalisierung der 80er Jahre sind sie miteinander in Wettbewerb getreten. Marktkräfte, die einmal losgelassen sind, sind aber schwer zu bändigen, und es stellt sich heute die Frage, ob sie nicht im Bereich der Wirtschaft den Anforderungen einer zunehmend komplexen, fragmentierten und offenen Gesellschaft eher entsprechen als unsere traditionell eher oligarchisch paternalistische Ordnung, die weitgehend auf der Entscheidungsautonomie und Kooperation wichtiger Institutionen basiert (WUFFLI 1988).

4. Rechtspolitik im interdisziplinären Kontext: Sozialmodell des Rechts und Unternehmensleitbilder

4.1 Dezentrale Rechtspolitik

Angesichts der Internationalisierung der Wirtschaft, der Liberalisierung der Kapitalmärkte und der wachsenden Bedeutung der Eigenkapitalfinanzierung über Börsen zu Lasten traditioneller Bankendienste scheint sich die deutsche Rechnungslegung als zu wenig informativ zu erweisen; ihr Zahlenwerk schützt die Gläubiger und schützt vor dem Fiskus, aber es ist für den Eigenkapitalinvestor nicht ausreichend entscheidungserheblich. Selbst die Bannerträger deutscher Bilanzkultur geben Schwächen zu und raten zum Kompromiß. Eine wissenschaftlich überzeugende Globalbereinigung auf gesetzlicher Ebene scheint freilich weitgehend utopisch, weil das Gesetzgebungsverfahren sich teils ins Europäische verlagert und sowohl auf europäischer wie auf nationaler Ebene von vielfältigen, schwergewichtigen Interessenkonflikten beherrscht wird. Das Konfliktgeschehen läßt sich gewiß nicht als Streit zwischen Juristen und Betriebswirten rekonstruieren[9], sondern ist Teil eines gesellschaftspolitischen Prozesses, an dem viele teilnehmen: sicher die europäische und die nationale Gesetzgebung, eine Verbandspolitik, die der Gesetzgebung durch vereinbarte freiwillige Regelungsgsysteme zuvorzukommen versucht, die nationale und europäische richterliche Rechtsfortbildung im Gesellschafts- und Steuerrecht sowie diejenigen, die diese Rechtsfortbildung wissenschaftlich aufbereiten. Das wächst sich aus zu einer dezentralisierten Rechtspolitik der kleinen Schritte von Akteuren, die weitgehend unabhängig voneinander operieren (KÜBLER 1994: 143).

Solcher Art Rechtspolitik ist nicht auf das Instrument umfassender Kodifikation angewiesen. Sie kann in schrittweisen Veränderungen auf unterschiedlichen Ebenen bestehen. Sollen diese Prozesse wissenschaftlich durch unterschiedliche Disziplinen begleitet werden, so bedarf es gemeinsamer grundsätzlicher Orientierungen über die allgemeine Richtung, die das Ganze nehmen soll. Diese Orientierungen müssen wissenschaftlich international anschlußfähig sein. Eine Akzeptanz auf rein nationaler Ebene ist nicht mehr genügend. Aber vielleicht ist eine gemeinsame Orientierung schon zu viel verlangt: Minimum wäre, überhaupt erst einmal im Vorfeld der je eigenen Disziplin ins Streiten zu geraten, ohne aneinander vorbeizuhören.

4.2 Rechtliches Sozialmodell

Der wissenschaftliche Status solcher Vorfeldorientierungen ist ungewiß: sie grenzen zum einen an die Wirtschaftspublizistik in der Rolle als Beiträger zur demokratischen Meinungsbildung, sie können Wissenschaftsgeschichte umfassen in der Frage, wie bestimmte Wissenschaftsepochen zu bestimmten Zeiten die Wirklichkeit rekonstruiert haben[10]. Gegenwarts- und zukunftsbezogen wird die Frage verdächtig unscharf, und ich beschränke mich zur Explikation zunächst auf Ansätze meiner eigenen Disziplin: es geht dort um die impliziten Bilder, die Juristen von der eigenen Gesellschaft haben. Solche Bilder geben der Praxis der Rechtssetzung und Rechtsanwendung eine situationsbezogene Perspektive. WIEACKER sprach vom Sozialmodell der großen Privatrechtskodifikationen und vom Wandel eines rein liberalen zu einem sozialstaatlich materiellen Sozialmodell (WIEACKER 1974). Andere sprechen in diesem Zusammenhang von einem Rechtsparadigma (HABERMAS 1992: 468) oder von Privatrechtstheorie (KÜBLER 1975;

---

9 Zur Parallele im Umweltbereich vgl. HOFFMANN-RIEM (1994).
10 Eindrucksvoll HIRSCHMAN (1982).

vgl. auch KAHN-FREUND 1966). Es handelt sich um ein professionell repräsentatives Konglomerat aus Allgemeinbildung, rechtspolitischer Einstellung und wissenschaftlichem bzw. praktisch-methodischem Selbstverständnis. Dieses professionelle Hintergrundverständnis hat Einfluß darauf, in welcher Weise Gesetze verstanden und ausgelegt werden; es legt fest, ob, wann und wie das Gesetzesrecht durch Dogmatik und Richterrecht zu ergänzen und zu modifizieren ist. Damit diese Vorfeldorientierung nicht undurchschaut-naiv bleibt, muß sich die Rechtswissenschaft mit den Vorfeldorientierungen anderer Sozialwissenschaften interdisziplinär ins Benehmen setzen.

4.3 Betriebswirtschaftliche Unternehmensleitbilder

Der hier einschlägige Streit im Vorfeld von Betriebswirtschaft und Recht betrifft die Frage nach dem richtigen Unternehmensleitbild. Innerhalb der Betriebswirtschaftslehre scheinen verschiedene Unternehmensleitbilder miteinander zu konkurrieren, die ich der Einfachheit halber zu einem Gegensatzpaar polarisiere. Sie reagieren auf die Frage, wem ein Unternehmen Rechnungslegung schuldet, in wessen Interesse das Unternehmen geführt werden soll, wer über Gewinnverteilung und das Ausmaß der Innenfinanzierung bestimmen sollte (HELLWIG 1994). Geht es im wesentlichen um Wertsteigerung der Shareholder Value oder geht es als Kern eines selbständigen Unternehmensinteresses um das Überleben des Unternehmens als einer Institution, die nicht nur Renditeinteressen der Aktionäre bedient, sondern auch im Dienst von Gläubigern, Kunden, Lieferanten, Mitarbeitern und kommunalen bzw. regionalen Gemeinschaften steht? Neudeutsch gefragt: Stehen Shareholder-Interessen im Mittelpunkt oder Stakeholder-Interessen?

Die wissenschaftlichen Stellungnahmen sind maßgeblich durch den gewählten theoretischen Ausgangspunkt mitbestimmt.[11] Wer als Betriebswirt die Betriebswirtschaftslehre als integralen Bestandteil der Ökonomie auffaßt und sich von deren Theoriehaushalt bestimmen läßt, wird aus kapitalmarkt- und investitionstheoretischen Erwägungen das Interesse der Aktionäre ganz in den Vordergrund stellen müssen. Dieser Position wird von einzelnen Betriebswirten, die eher soziologischen Theorieansätzen verpflichtet sind, eine zu abstrakt-modelltheoretische Argumentation vorgeworfen, die von einem falschen Menschenbild ausgehe, die voraussetze, die Wirklichkeit entspreche zumindest

---

[11] Grundlegend zur Bedeutung von Unternehmensleitbildern für die betriebswirtschaftliche kritische Rechtspolitik WAGNER (1995): dort „Verständnis von der Theorie der Unternehmung" genannt.

ungefähr den kapitalmarkttheoretischen Modellannahmen[12], und die insbesondere über die konkreten kulturell-gesellschaftlichen Rahmenbedingungen zu wenig informiert sei. Aus dieser Sicht ist der Unternehmer und Manager nicht nur Vollstrecker ökonomischer Effizienzanforderungen, sondern zwar marktorientierter, aber auch sozialbewußter Vermittler oft widersprüchlicher Anforderungen der verschiedenen Stakeholder. Eine ausschließliche Orientierung an der Rendite der Aktionäre opfere Werte der hiesigen Wirtschaftskultur, die langjährige wirtschaftliche Identifikation der Mitarbeiter mit dem Unternehmen, Grundlagen des Arbeitsfriedens und der Bindung besonders wertvollen Humankapitals. Als Generalvorwurf dahinter steht wohl die Behauptung einer weiteren Beförderung der Entsolidarisierung der Gesellschaft im Namen ökonomischer Effizienz.

5. Ökonomisches und soziologisches Unternehmensleitbild im Widerstreit

5.1 Die ökonomische Analyse des Gesellschafts- und Unternehmensrechts

Zum Nachweis der internationalen Anschlußfähigkeit beider bisher angesprochener Unternehmensleitbilder und ihrer gleichzeitigen Eignung als interdisziplinäre Vorfeldorientierung soll nun auf die amerikanische Entwicklung der ökonomischen Analyse des Gesellschaftsrechts eingegangen und ihr die soziologisch begründete Gegenposition gegenübergestellt werden.

Seit ungefähr 15 Jahren ist das amerikanische Unternehmensrecht, insbesondere das Recht der Corporation, durch eine Revolution gegangen (ROMANO 1993: V). Mitten in einer Zeit außergewöhnlicher Umwälzungen in der Organisation und Umschichtung von weltbekannten, großen Gesellschaften, der spektakulären geglückten und der versandeten feindlichen Übernahmen wurde die juristische Lehre und Forschung an den führenden amerikanischen Law Schools verwandelt durch den Einfluß wirtschaftswissenschaftlicher Sichtweisen und die Umstellung der rechtswissenschaftlichen Argumentation auf einen neuen analytischen Apparat, den Mikroökonomie, Organisationsökonomie und moderne Finanzwissenschaft der Rechtswissenschaft anboten. Diese Öffnung hin zur Ökonomie hatte Auswirkungen sowohl auf die gesellschaftsrechtliche Praxis wie auf

---

[12] Beispielhaft RÜHLI (1994: 14).

die Art, wie über Probleme nachgedacht wird. Die Entwicklung einer gesellschaftsrechtlichen Literatur auf der Basis ökonomischer Theorie- und Argumentationsansätze spiegelte, wenn auch durch die Fachgrenzen mehr oder weniger deutlich gebrochen, eine wirtschaftswissenschaftliche Literatur zu Markt, Organisation und Hierarchie sowie zu interner und externer Steuerung unternehmerischer Aktivitäten nach innen und außen (HANSMANN 1995: 5). Diese wirtschaftswissenschaftliche Literatur hatte bereits erheblich früher eingesetzt und wächst weiter. Ihre Rezeption in der Rechtswissenschaft ist bis heute nicht zum Stillstand gekommen, aber sie hat doch ihre methodische Naivität verloren. Sie ist inzwischen auch auf theoretisch anspruchsvolle Kritik gestoßen.

Zwei literarische Arbeiten der dreißiger Jahre stehen am Anfang. In ihrem Buch „The Modern Corporation and Private Property" stellen BERLE und MEANS im Jahr 1934 heraus, daß große Kapitalgesellschaften nicht einfach überdimensionierte Eigentümerunternehmen sind, sondern gekennzeichnet sind durch Nichtidentität von „Ownership and Control", von Eigentümerposition und unternehmerischer Verfügungsgewalt[13]. Sie zeigen, daß die Unternehmensleiter, das Management, typischerweise nicht ausschließlich die Interessen der Aktionäre verfolgen, sondern eigene. Und wenn die Manager der großen Gesellschaften nicht Aktionärsinteressen verfolgen, so dürfte die alte gemeinwirtschaftliche oder genossenschaftliche Ideologie, daß sie als treue Bürger Gemeinwohlziele verfolgen, noch ferner liegen. Die Nicht-Identität der Interessen des Managements mit denen der Eigenkapitalinvestoren, die Handlungsautonomie des Managements, die asymmetrische Informationsverteilung und das Ungenügen von Kontrollmechanismen wurden später in Anlehnung an das aus dem Common Law übernommene Begriffspaar von Prinzipal und Agent, wörtlich übersetzt als Geschäftsherr und Stellvertreter, als Agency-Problem gefaßt und von der ökonomischen Theorie in vielfältiger Weise modelliert. Ökonomisches Ziel des Gesellschaftsrechts sei die Senkung der Kosten, die durch den Interessengegensatz von Prinzipal gleich Gesellschafter und Agent gleich Unternehmensverwaltung entstehen (EASTERBROOK / FISHEL 1991: 34). Diejenige Organisationsform, die im Wettbewerb gegen andere diese Kosten am effektivsten senkt, werde überleben.

Ein anderer Ansatz entwickelte sich unter dem Stichwort Transaktionskostenökonomie (DAINES / HANSON 1992: 581). Beginnend mit einem berühmten Artikel von COASE im Jahr 1937 wurde gefragt, warum bestimmte ökonomische Leistungen nicht direkt durch freien Tausch und Preisbildung über den Markt, sondern durch Einrichtung von Hierarchien innerhalb von komplexen Produktionsorganisationen gesteuert werden (COASE 1937). COASES Antwort war, daß Unternehmen sich so weit ausdehnen, bis die Kosten

---

[13] Dazu informativ BÖHM (1992: 111ff.); BRATTON (1989 und 1993).

der internen Produktionsorganisation die Kosten einer Organisation der Produktion über den Markt übersteigen. Die wichtigsten Transaktionskosten, die durch Hierarchie eingespart werden können, sind nach COASE Informationskosten, Verhandlungskosten, Kontroll- und Vertragsdurchsetzungskosten. Freilich hat die Konzentration von Autorität ihre eigenen Kosten, insbesondere solche der Entscheidungsferne, der Erstarrung und Bürokratisierung. Die gedanklich darauf aufbauende *Theory of the Firm* (WILLIAMSON / WINTER 1991) geht der Frage nach, warum und wann sich wirtschaftliche Arbeitsteilung als Tauschprozeß über den Markt oder über mehr oder weniger komplexe hierarchische Organisation vollzieht, was natürlich Auswirkungen auf die Frage hat, wann Unternehmen fusionieren und wann sie sich wieder aufspalten, ob mehr partnerschaftliche oder mehr korporationsrechtlich-straffe Organisationsformen gewählt werden oder wann auf Netzwerke zwischen Markt und Hierarchie zurückgegriffen wird, wie z. B. bei Franchise-Systemen.

Beide Ansätze werden intelligent vereinigt durch das als Markstein zu würdigende Buch von EASTERBROOK / FISHEL „The Economic Structure of Corporate Law" (1991): Die Besonderheit der Corporation bestehe in der Art und Weise der Unternehmensfinanzierung durch die Ausgabe von Aktien als die Verbriefung von Ansprüchen auf künftige Gewinne der Gesellschaft. Der Vorzug dieser Methode bestehe in der Trennung zwischen der Unternehmerfunktion (dem angestellten Manager) und der Tragung der Unternehmensrisiken durch Aktionäre, die ihr Risiko durch Anlagestrategien am Kapitalmarkt diversifizieren können. Kapitalgesellschaftsrecht sei das Studium der Grenzkosten und Grenzerträge dieser Art von Finanzierung. Diese Agency Costs genannten Grenzkosten repräsentieren die Kosten günstiger Selbstdarstellung der Manager, Kosten der Überwachung der Eigner und der verbleibenden Residualkosten aus den unüberbrückbaren Interessendivergenzen zwischen Managern und Eignern. Kurz: Gesellschaftsrecht besteht darin, die Agency Costs, die mit der Kapitalansammlung durch Ausgabe von Aktien verbunden sind, möglichst weitgehend zu senken (DAINES / HANSON 1992). Über die angemessene Zuordnung von Handels- und Kontrollrechten innerhalb der Gesellschaft lasse sich wenig Begründetes sagen, ohne intensiv zu studieren, wie welche Regel auf die Senkung von Agency Costs wirkt.

Die Transaktionskosten ihrerseits werden dadurch gesenkt, daß das Gesellschaftsrecht eine große Anzahl dispositiver Organisationsregeln zur Verfügung stellt, auf die Investoren und Manager immer dort zurückgreifen können, wo die Kosten der Einzelaushandlung der wechselseitigen Rechtsbeziehungen zu teuer geworden wären (WALZ 1993). Gleichzeitig soll möglichst wenig zwingendes Recht die Flexibilität individueller Arrangements beeinträchtigen. Verschiedene Formen des Wettbewerbs auf verschiedenen Ebenen, insbesondere der Karrieremarkt für Manager und der Kapitalmarkt als

Market for Corporate Control, sorgen dafür, daß im wesentlichen nur die wohlfahrtsfördernden Arrangements überleben, während andere scheitern und angepaßt werden müssen. Der Wettbewerb um Kapital zwinge Manager von Anfang an, die Satzungsregeln zu finden, die die Rendite der Eigenkapitalinvestoren maximieren. Neue Investoren werden durch die Kursbildung auf einem effizienten, alle relevanten Informationen verarbeitenden Kapitalmarkt gegen Fehlengagements geschützt.

Abgeleitet wird diese Sicht aus einer Theorieposition, die prominent von den Finanzwissenschaftlern JENSEN und MECKLING (1976) vertreten und von vielen ökonomisch argumentierenden Juristen übernommen wurde, daß die rechtliche Einheit des Unternehmensträgers und seines Unternehmens als rechtliche Fiktion zu begreifen ist, die verdeckt, daß in der ökonomischen Wirklichkeit nur ein Netz von vertraglichen und quasivertraglichen Beziehungen zwischen natürlichen Personen (Ressourcenträgern) besteht, die im Unternehmen miteinander oder aus dem Unternehmen mit dritten Personen um wechselseitiger Vorteile willen abgeschlossen werden (BRATTON 1989b). Ein verselbständigtes Unternehmensinteresse kann unter diesen Umständen nicht gedacht werden und hat keine Existenzberechtigung. Der Machtunterschied zwischen Management und Aktionär reduziert sich auf das Problem einer ex ante Bepreisung von Leistung und Gegenleistung bei Gesellschaftsgründung oder späterem Gesellschafterbeitritt.

Neben COASE und dem ökonomischen Kontraktualismus spielte ab den 70er Jahren das Werk von OLIVER WILLIAMSON eine Rolle als bedeutsames Reservoir für juristische und rechtspolitische Diskussion.[14] WILLIAMSON betont die Bedeutung von transaktionsspezifischen Investitionen im Unterschied von an anderer Stelle nutzbaren Investitionen für die Entstehung von Unternehmen, und er modelliert das Gesellschaftsrecht aus den Besonderheiten eines wechselseitigen Eingeschlossenseins im Rahmen langfristiger Verträge. Anders als bei den Kontraktualisten wird der Unternehmensträger als nutzenmaximierende Einheit ernster genommen. Auch wenn die vertragliche Grundlage dieser Einheit betont wird, unterscheidet sich das Konzept einer hierarchisch gegliederten „Governance Structure" von bloßen Austauschverträgen auf dem Markt. WILLIAMSONs Ressourcenträger handeln dabei opportunistisch, ja sogar tückisch und nur begrenzt rational, was häufiger als in den extrem regulierungsfeindlichen kontraktualistischen Ansätzen zur Annahme von Markt- oder Organisationsversagen führt. Bei den klassischen Kontraktualisten lautet die rechtspolitische Botschaft: Der Investor kann sich selbst schützen. Die Märkte erzwingen ein investorfreundliches Verhalten des Managements. Es gibt wenig Regelungsbedarf. Der Ansatz von WILLIAMSON hingegen erweitert vor-

---

[14] WILLIAMSON (1975; 1981; 1983; 1985); WILLIAMSON / WINTER (1991).

sichtig die Rechtfertigung für staatliche Regelung. Einigkeit besteht jedoch darin, daß die Selbststeuerung der relevanten Märkte Vorrang vor rechtlichen Regeln haben sollte, daß Recht nur dann gerechtfertigt ist, wenn diese Märkte versagen, und daß diese Märkte deshalb sowohl vor staatlichen Eingriffen wie vor paternalistischen Absprachen wie vor der durch Märkte nicht ausreichend eingebundenen Macht einzelner geschützt werden sollten.

Auf dem von COASE, den Finanzwissenschaftlern JENSEN, MECKLING und FAMA, den Ökonomen ALCHIAN, DEMSETZ und WILLIAMSON gelegten theoretischen Grund läßt sich ein vom jeweils geltenden positiven Recht weitgehend unabhängiger, spezifisch ökonomietheoretischer Zugang für alle zentralen Probleme des Gesellschaftsrechts bzw. des Unternehmensorganisationsrechts finden. Dieser Eindruck wird bestätigt, wenn man den von ROBERTA ROMANO von der Yale Law School 1993 für Unterrichtszwecke herausgegebenen Reader (Economic) „Foundations of Corporate Law" zur Hand nimmt. In einem ersten Abschnitt finden sich ökonomische Zugänge zur Theory of the Firm, wie ich sie gerade beschrieben habe und zur Theorie der Kapitalmärkte. Ein zweiter Abschnitt beschäftigt sich mit dem ökonomischen Sinn der begrenzten Haftung, wobei im Gegensatz zum geltenden Recht stark auf Unterschiede zwischen vertraglicher und außervertraglicher Haftung abgestellt wird. Im Abschnitt über die Unternehmensfinanzierung geht es um die optimale Lösung des Konflikts zwischen Eigen- und Fremdkapitalinteressen. Dabei interessiert sowohl die Frage, ob und wieviel gesetzliche Regelung man braucht wie das optimale vertragliche Design unter verschiedenen Annahmen. Unter der Überschrift „Internal Governance Structure" werden vertragliche und gesetzliche Leitungsstrukturen und Kontrollmechanismen thematisiert, etwa die Notwendigkeit von Audit-committees, Auskunftsrechten und Rechtsbehelfen der Eigenkapitalinvestoren; hierher gehört auch die Anreizstruktur von Managerverträgen, die Frage, an wen Paketzuschläge zu zahlen sind, die Rolle der Institutional Investors und die Effizienz kollektiver Entscheidungsprozeduren. Hier können Informationsverhalten (Incentives, Credible Threats and Bluffs) des Managements sowie Wahlstrategien konkurrierender Blocks informationsökonomisch wie spieltheoretisch analysiert werden. Es folgen Ausführungen über die sogenannten „External Governance Structures": Empirisches und Theoretisches zum Managerkarrieremarkt, zur Bedeutung von Reputation und zum Market for Corporate Control sowie zu den Rechten und Pflichten des Managements bei Versuchen feindlicher Übernahme. Das Buch wird abgeschlossen durch eine ökonomische Analyse von Börsenpublizität und Insider Trading.

5.2 Die soziologische Gegenposition

Ökonomische Denkansätze sind freilich keineswegs die einzigen Anreger der unternehmenstheoretischen Vorfelddebatte. Vermehrt warnen akademische Stimmen vor einer völligen Vereinnahmung der gesellschaftsrechtlichen Diskussion durch die ökonomische Theorie und beschwören die Gefahren einer intellektuellen Monokultur (JOHNSON 1992: 2163). Der Blick wendet sich damit Autoren zu, die juristisch die öffentlich-gemeinwohlorientierte Funktion der Corporation neben ihrer privatrechtlichen Bedeutung betonen, die politisch Gemeinschafts- und Solidarwerte neben der individuellen Nutzenverfolgung einfordern und die wissenschaftlich regelmäßig von der Soziologie und nicht von der Ökonomie herkommen. Neben den ungenau als Communitarians etikettierten amerikanischen Autoren, deren gesellschaftsrechtliche Thesen dem amerikanischen Soziologen AMITAI ETZIONI nahestehen[15], ist hier vor allem der systemtheoretische Ansatz von TEUBNER (1989; 1993; 1994a) von der London School of Economics hervorzuheben. Alle diese Autoren reiben sich an der etablierten ökonomischen Sichtweise, indem sie eine Verlustliste aufmachen: Daß Kapitalmarkt und Wettbewerb das Gesellschaftsrecht maßgeblich bestimmten, sei unbestreitbar, aber es fehle die andere Seite der Medaille, in welcher Weise Wettbewerb, Risikoverhalten und Präferenzbildung durch überkommene Rechtsvorstellungen und kulturell internalisierte Normen beeinflußt werden. Die Abneigung gegen oligarchische Machtzusammenballungen im Finanzsektor ist im angelsächsischen Empfinden viel stärker ausgeprägt als in Deutschland; hingegen hat der soziale Konsens zwischen Kapital und Arbeit in Deutschland tiefere Wurzeln als anderswo. Dieser nur soziologisch-historisch erfaßbare Unterschied wirke sich unmittelbar auf Verhalten und Institutionenbildung aus. Die Vorzüge individueller ökonomischer Entfaltung werden, wie bei osteuropäischen Wirtschaftsreformen zu studieren ist, durch das Vorhandensein von Institutionen (z. B. unabhängige Justiz) (WEDER 1993; COULANGES 1994) und Mentalitäten (wie z. B. Pünktlichkeit, Sparsamkeit, Vertragstreue) gestützt, aufgefangen oder begrenzt, die aus jeweiligem historischen Kulturgut und Potential wachsen müssen (GIERSCH 1994). Die Frage „wieviel Markt und wieviel zwingendes Recht" habe eine kulturell-soziale Dimension, die nach Zeit und Ort nicht einheitlich zu beantworten sei. Ökonomisches Verhalten sei eingebettet in ein weites Netz von sozialen Beziehungen und die diesen Beziehungen innewohnende kultursoziologische Sinnstruktur beeinflusse das, was nach außen als individuelle Investitions-, Produktions- oder Konsumentscheidung in Erscheinung trete.

---

[15] JOHNSON (1990; 1988; 1986); JOHNSON / MILLON (1989); LIPTON (1987); MITCHELL, (1992); BRATTON (1989a; 1989b; 1992).

Der Vorwurf, daß die Reduktion des Unternehmensrechts auf Gesichtspunkte der Kosten-Nutzen-Effizienz diesen Bereich eines wichtigen Teils seiner sozialen Realität beraube, wird von TEUBNER gegen WILLIAMSON und den ökonomischen Kontraktualismus präzisiert (TEUBNER 1989: 156ff.): die ökonomischen Ansätze privilegierten bestimmte Grundformen sozialen Handelns, nämlich Tausch und Konkurrenz gegenüber Kooperation; Kooperation tauche nur noch als Kompensation bei Marktversagen auf. Das sei eine drastische Unterschätzung von Voraussetzung und Folgen strategischer Kooperation. Ausgeblendet würde damit die Zielorientierung der Akteure auf einen überindividuellen Organisationszweck und die Mitgliedschaft in der Organisation als Kombination von Zugehörigkeit und Regelunterwerfung. Die kontraktualistische Sicht unterschätze systematisch die Rolle des Corporate Actor und damit die Bedeutung der sozialen Handlungszurechnung (Präferenzbildung, Planung, Verantwortung und Haftung) auf kollektive Akteure. Die juristische Konstituierung von handlungsfähigen juristischen Personen basiere auf sozialen Zurechnungsprozessen überpersönlicher Art, die sich nicht auf die Aggregation individueller Präferenzen zurückführen lassen, sondern die davon unabhängige, spezifisch kollektive eigene Präferenzen ausbilden. Daraus entstehe auch eine kollektive Verantwortung. Plastisch lassen sich solche sozialen Mechanismen kollektiver Zuordnung daran aufzeigen, daß heute noch deutsche Konzerne von den Opfern nazistischer Zwangsarbeit in Anspruch genommen werden. Rehabilitiert wird von TEUBNER das Kriterium des Unternehmensinteresses als eigenständiger normativer Maßstab der Konfliktschlichtung. Die richterliche Berufung auf ein von den Beteiligten unabhängiges Unternehmensinteresse bedeute mehr und anderes als ein bloßer Interessenausgleich vor dem Hintergrund realer oder fiktiver Marktmechanismen.

5.3   Die Leitbildkonkurrenz bei den Stakeholder-Schutzgesetzen

Gewissermaßen zum Schwur zwischen beiden Auffassungen kommt es bei der Beurteilung der sogenannten „Stakeholder Schutzgesetze"[16]. Ungefähr die Hälfte aller Bundesstaaten der USA gestatten dem Management über sogenannte Stakeholder Gesetze großzügig, sich über verschiedene Abwehrmaßnahmen gegen feindliche Übernahmen auch dann zu wehren, wenn die Ablehnung des Übernahmeangebots den bisherigen Aktionären empirisch nachweisbar finanzielle Vorteile vorenthält. Das steht im Widerspruch zu dem theoretisch zentralen Ausgangspunkt des amerikanischen Gesellschaftsrechts, daß das Management primär die Interessen der Aktionäre zu wahren hat. Die Realität dieser

---

[16]   Dazu und zum Folgenden DEBOW / LEE (1993).

Gesetzgebung zeigt, daß die deutsche Diskussion, die von einer Polarisierung zwischen amerikanischer Aktionärsphilosophie und deutscher Unternehmens-Koalitionstheorie ausgeht[17], die bestehenden Gegensätze übertreibt. Das läßt sich auch an der neueren amerikanischen Rechtsprechung zur gesellschaftsrechtlichen Zulässigkeit von Abwehrmaßnahmen gegen feindliche Übernahmen nachweisen. Die wichtige Delaware Supreme Court Entscheidung in Paramount Communications, Inc. v. Time Inc. 571 A2d 1140 (DEL 1990), unterscheidet klar zwischen den Gesellschafts- und den Gesellschafterinteressen und betont, daß das Management jedenfalls in Take Over-Situationen seine Treuepflichten dem „Metaphysical Body", der Einheit schuldet. Das scheint inzwischen zu einer Common Law Basis für die Anerkennung eines von den Aktionärsinteressen zu unterscheidenden Unternehmensinteresses geworden zu sein.

Während diese Entwicklung von den Communitarians als „More Socialized Vision of the Corporate Entity" ausdrücklich begrüßt wird, ist sie für Ökonomen und ökonomisch argumentierende Universitätsjuristen eher eine Verlegenheit, zumal der gesetzliche Schutz der Manager vor Übernahmen mit zunehmenden Zweifeln über die Effizienz der Kursbildung an Kapitalmärkten einhergeht (BRATTON 1992). Zuviel haben diese Wissenschaftler auf die These gestellt, der Market for Corporate Control sei zumindest einigermaßen funktionsfähig. Die Anschaulichkeit des kontraktualistischen gegenüber institutionellen Ansätzen hing für den Juristen an der ihm von Ökonomen nahegebrachten Vorstellung, daß die Position mächtiger Industriemanager durch einfache Verträge auf dem Kapitalmarkt zu erschüttern war. Ist sie es nicht, spielt der Machtaspekt seine alte Rolle. Die Vorstellung, daß Investoren sich selbst schützen können und vom Markt geschützt werden, hängt daran, daß schlechte Manager durch den Kapitalmarkt bestraft werden. Der Glaube, daß große Teile des Gesellschaftsrechts reif für Deregulierung seien, stützt sich ebenfalls auf einen funktionierenden Kapitalmarkt. Hier ist Skepsis nachgewachsen.

---

[17] Der Begriff Koalitionstheorie wird in mindestens zwei verschiedenen Bedeutungen verwandt. Wird er in dem Sinn verwandt, daß das Unternehmen im gleichberechtigten Interesse aller Stakeholder mit dem dazu notwendigen Ermessensspielraum der Verwaltungen geführt wird, widerspricht er dem amerikanischen Ansatz. Wird die Koalitionstheorie aber im Hinblick auf die Adressaten der externen Rechnungslegung formuliert, gibt es keinen Widerspruch: auch wenn man die Renditeinteressen der Aktionäre in den Vordergrund stellt, muß das Management gesetzliche oder vertragliche Restriktionen gegenüber Gläubigern und anderen einhalten, was für diese überprüfbar sein muß. Dies erfordert jedoch kein Versteckspiel mit stillen Reserven.

6. Plädoyer für eine theoretisch konsistente Rechtspolitik

6.1 Bilanzrechtsreform als Teil einer makroinstitutionellen Wandlung?

MICHEL ALBERT, Mitglied des Rats für Geldpolitik bei der Banque de France, hat die hier beim Streit um die richtige Rechnungslegungsphilosophie erheblich gewordene internationale Entwicklung zur Verstärkung der Position der Aktionäre und Kapitalmarktinvestoren als Revolution im Kapitalismus bezeichnet (ALBERT 1994). Diese Entwicklung, die von Ländern mit traditionell schwacher Aktionärsposition schwerlich wird aufgehalten werden können, sei nicht allein für die Aktiengesellschaften, sondern für die europäischen Gesellschaften insgesamt einschneidend. Das angelsächsische Modell sei politisch attraktiv, weil es sich auf Ideen der Wirtschaftsdemokratie berufen könne, und es führe unbezweifelbar zu mehr ökonomischer Effizienz: an die Stelle opaker und zweideutiger Managementautonomie trete Transparenz und Rechenschaft gegenüber Aktionären und Finanzmärkten. Was dabei aber möglicherweise, insbesondere in Ländern wie Japan und Deutschland, verloren gehe, sei der Glaube, man könne über korporatistische Verflechtungen und sozial verantwortungsbewußte Korporationsoligarchien eine Harmonie zwischen ökonomischem und solidarisch-sozialem Fortschritt herstellen. Mitgemeint sind damit die in Deutschland sowohl betriebswirtschaftlich[18] wie juristisch (BRINKMANN 1983: 17) wirksam gewordenen Ideen der Gemeinwirtschaft, aus der sich in der älteren Betriebswirtschaftslehre der Substanzschutz bestehender Unternehmen, in der Rechtswissenschaft das Unternehmensinteresse hergeleitet hat, das in letzter Konsequenz zu der Idee des Unternehmens an sich geführt hat. Es ist kein Zufall, daß diese Ideen der stärker kollektivistisch geprägten Gedankenwelt traditionell deutschen Staats- und Wirtschaftsverständnisses mehr zu verdanken haben als individualistisch geprägter ökonomischer Theorie. Die Auseinandersetzung um die bilanzrechtlichen Ermessensspielräume deutscher Manager erweist sich als ein wichtiges Kapitel in dieser von ALBERT gleichzeitig begrüßten wie befürchteten Entwicklung vom „modèle rhénan" oder deutschen Modell zur „Corporate Governance" oder angelsächsischen Modell. Es gibt noch andere Kapitel in dieser Entwicklung, die rechtsintern stimmig gemacht werden müßten, in erster Linie kapitalmarkt- und gesellschaftsrechtliche, steuerrechtliche, aber auch Fragen der Mitbestimmung und der unternehmensbezogenen Altersversorgung. Bezogen auf diesen makroökonomischen, makroinstitutionellen Wandlungspro-

---

[18] Dazu eindrucksvoll WAGNER (1995).

zeß stellt sich zum Schluß noch einmal die Frage: Welche rechtspolitische Rolle übernimmt die BWL?

6.2 Die Forderung nach wissenschaftlich konsistenter Rechtspolitik

Während man sich auf die Aufgabe der wissenschaftlichen Aufklärung von Politik und demokratischer Öffentlichkeit abstrakt wird schnell einigen können, wird die Frage nach der rechtspolitischen Strategie, der Funktion und des Inhalts von Recht innerfachliche Kontroversen auslösen. Angesichts der Einschätzung, daß sich Rechtspolitik heute dezentral vollzieht und nicht mehr allein bei einem überforderten nationalen Gesetzgeber, wäre es aber sicher wichtig, eine wissenschaftlich-methodisch kreditfähige, sowohl interdisziplinär wie international anschlußfähige Position herauszubilden, die den verschiedenen rechtspolitischen Akteuren national wie international als abgesicherte Leitbildorientierung dienen könnte. KÜBLER (1994: 143) hat als Grundlage dafür die Ansätze aus der ökonomischen Analyse des Gesellschaftsrechts vorgeschlagen, die oben skizziert wurde. Aus juristischer Sicht wäre ein Zusammenwirken mit der Betriebswirtschaftslehre auf diesem Gebiet attraktiv, insofern sie ökonomietheoretisch und international anschlußfähige Erkenntnisse produziert und doch stärker als die Volkswirtschaftslehre und insoweit parallel zur Rechtswissenschaft an konkret vor Ort umsetzbaren Problemlösungen arbeitet. Eine dabei wichtige, vielfach unterschätzte Aufgabe der europäischen BWL wäre es, das von den USA übernommene Ideengut daraufhin zu untersuchen, was allgemeine ökonomische Einsicht ist und was kultur- und institutionenspezifisch amerikanisch (FREY 1988: 129).

Für eine solche Fragestellung geeignet und zugleich international anschlußfähig wären freilich auch soziologische Ansätze. Sie sind auch rechtspolitisch von großem Interesse, weil sich auf ihrer Basis viele der nationalen Besonderheiten und rechtlichen Eigenheiten weit besser verteidigen lassen als aus der universalen Perspektive der Ökonomie. Allerdings bleibt theoretische Konsequenz essentiell für rechtskritische Stellungnahmen, die sich als wissenschaftliche Rechtspolitik legitimieren wollen[19]. Bei den vielen heftigen Stellungnahmen gegen die Übernahme amerikanischer Rechnungslegungsgrundsätze mischen sich das ökonomische Bekenntnis zum Markt und quasi-soziologische Positionen zum möglichst weitgehenden Erhalt einer deutschen Sonderkultur. Dabei wird häufig um des Ergebnisses willen wenig Rücksicht darauf genommen, ob die Theoriewelten, aus denen die Argumente kommen, zueinander passen. Das

---

[19] In diesem Sinn auch WAGNER (1995).

Argument wird dann zu einem rein rechtspolitischen, das die Maßstäbe seiner angeblichen Vernünftigkeit nicht deutlich macht und deshalb auf gleicher Stufe steht wie ein Lobby-Argument, das es ja vielleicht auch ist. Die Verteidigung deutscher korporatistischer Traditionen ist auf der Basis einer individualistischen Ökonomie wohl kaum aufrechtzuerhalten.

Wenn etwa vorgebracht wird, in der angelsächsischen und in der deutschen Rechnungslegungstradition spiegelten sich unterschiedliche Kulturen; keine der beiden Auffassungen sei besser oder schlechter als die andere, so mag die erste Aussage soziologisch korrekt, die zweite an Hand näher zu erläuternder Maßstäbe soziologisch begründbar sein. Es fehlt aber der ökonomische Bezug zu Investitions- und Kapitalmarkttheorie. Wenn gesagt wird, dem angelsächsischen Rechenschaftsgedanken dürfe kein größeres Gewicht beigemessen werden als dem deutschen Kapitalerhaltungsgedanken, so kann man rechtspolitisch damit sympathisieren, soll doch damit begründet sein, daß es sich lohnt, gegenüber dem Ansturm angelsächsischer Ideen die eigene Fahne hochzuhalten. Es bleibt aber dabei ungefragt, ob nicht die überaus starke Stellung des unternehmenssubstanzbezogenen Kapitalerhaltungsgedankens mehr mit der gemeinwirtschaftlichen oder korporatistischen Denktradition in Deutschland und der in dieser Tradition bewährten Praxis zu tun hat als mit ökonomischer Theorie. Man kann mit dem Argument reagieren, das angelsächsische Bilanzrecht sei auf sofortige Gewinnmitnahme angelegt, verhindere deshalb längerfristige Investitionen in Anlagen, Ausbildung und Qualität, die nicht sofort ertragswirksam sind; es sichere deswegen die langfristigen Interessen der Gläubiger, Arbeitnehmer und Anteilseigner nicht ausreichend. Aber dafür muß man Theorie nachliefern und sich mit dem Gegenvorwurf auseinandersetzen, daß, wer solche Behauptungen aufstelle, ganz offensichtlich seine ökonomischen Hausaufgaben nicht gemacht habe (CLARK 1986: 18 Fußn. 46). Das bisherige deutsche Konzept schützt Gläubiger und letztlich auch Anleger wie Nutznießer wirtschaftlicher Abläufe, die sie nicht zu durchschauen vermögen und über die sie deswegen nicht allzu genau aufgeklärt zu werden brauchen. Ob die Gläubiger angesichts ihrer sonstigen Sicherungs- und Kontrollmöglichkeiten diesen gesetzlichen Schutz wirklich brauchen, ist rechtspolitisch mehr als zweifelhaft. Auch ist es schwer zu verstehen, wie ein auf Vorenthaltung von Information beruhender Gläubigerschutz sich mit dem Modell von rationaler individueller Entscheidung auf informierten Märkten vereinbaren läßt[20].

---

20 KÜBLER (1993b: 130; 1995: 373); anders wohl BALLWIESER / KUHNER (1994: 81).

6.3 Die juristische Relevanz unterschiedlicher Sozialwissenschaften

Die theoretische Konsequenz eines betriebswirtschaftlichen rechtspolitischen Vorschlags ist allerdings keine Erfolgsgarantie – weder rechtlich noch politisch. Politiker und Juristen sind nicht auf ökonomische Theorie verpflichtet. Effizienz, demokratische Legitimität und die Unterscheidung von Recht und Unrecht sind im juristischen Referenzsystem nicht dasselbe. Nun sind die Widerstände gegen die Übernahme finanzmarktbezogener Bilanz- und Gesellschaftsrechtsregeln beträchtlich. Und diese Widerstände können nicht lediglich auf das Eigeninteresse der betroffenen Unternehmensleitungen und ihrer Verbündeten in Bundesministerien und an Universitätslehrstühlen zurückgeführt werden. Es gibt unbestritten tiefsitzende Ängste, daß einer unkritischen Übernahme des auf Renditemaximierung hinzielenden Unternehmensleitbildes grundlegende Werte der deutschen Wirtschaftskultur geopfert würden (WUFFLI 1988). Und es scheint politisch und juristisch plausibel, daß der Rekurs auf ökonomische Theorie für sich allein nicht den Rahmen dafür schaffen kann, solche Ängste adäquat abzuarbeiten. Es bleibt also genügend Raum für soziologische und sozialpsychologische Arbeitsansätze, deren theoretischer Status im Verhältnis zur ökonomischen Theorie jedoch zumindest dann erläutert werden muß, wenn die Autoren aus der BWL kommen. Bevor soziologische Ansätze von Betriebswirten in rechtspolitischer Absicht übernommen und ausgebaut werden, müßte geklärt sein, daß sie nicht an ökonomischen Funktionsbedingungen scheitern oder aus sonstigen Gründen von der ökonomischen Theorie nicht akzeptiert werden können[21].

6.4 Schlußbemerkung

KARSTEN SCHMIDT hat jüngst in einem Vortrag über das Verhältnis von Rechts- und Wirtschaftswissenschaft im Unternehmensrecht gemeint: „Die Betriebswirtschaftslehre ist von Nutzen für die Praxis des Rechts. Rechtswissenschaftliche Erträge dürfen wir uns demgegenüber von volkswirtschaftlichem Denken erwarten." (SCHMIDT 1994) Diese Aussage wird dem heutigen Stand der Betriebswirtschaftslehre sicherlich nicht gerecht. Auch für betriebswirtschaftliche Argumente ist es im Rahmen wissenschaftlicher

---

[21] Vgl. den Kommentar von GORDON in Macaulay, Macneil and the Discovery of Power in Contract Law, 1985 WISCONSIN L. Rev. 565, 575: „a social world of semi-autonomous contracting cultures, governed by relations of cooperative organic solidarity and of pervasive hierarchical domination is deeply upsetting to the core premises of our liberal social order."

Rechtspolitik entscheidend, ob sie sich theoretisch ableiten lassen. Ob sich solche Argumente freilich im rechtspolitischen oder justiziellen Raum durchsetzen, richtet sich nach den Konsensbildungsmechanismen dort, also nach politischen oder rechtlichen. Im übrigen erwarten wir zu viel vom interdisziplinären Diskurs, wenn wir verlangen, daß eine Wissenschaft die Probleme der anderen soll unmittelbar lösen können. Viel ist aber schon dann erreicht, wenn grundlegende Fragestellungen so aneinander angeglichen werden, daß die Übertragbarkeit von Forschungsergebnissen im disziplinären Vorfeld wissenschaftlich vernünftig, und das heißt auf angemessenem theoretischen Niveau, diskutiert werden kann.

Literaturverzeichnis

ADAMS, M. (1994): Die Usurpation von Aktionärsbefugnissen mittels Ringverflechtung in der „Deutschland AG". Die Aktiengesellschaft (1994): 148.

ALBERT, M. (1994): L'irruption du „corporate governance". Le Monde, Beilage „L'économie" (11.10.1994): V.

BALLWIESER, W.; C. KUHNER (1994): Rechnungslegungsvorschriften und wirtschaftliche Stabilität.

BERLE, A.; G. MEANS (1934): The Modern Corporation and Private Property. New York.

BIENER, H. (1993): Die Rechnungslegungsempfehlungen des IASC und deren Auswirkungen auf die Rechnungslegung in Deutschland. Betriebswirtschaftliche Forschung und Praxis (1993): 345.

BLAUROCK, U. (1994): Europäisches Privatrecht. Juristenzeitung (1994): 270.

BÖHM, J. (1992): Der Einfluß der Banken auf Großunternehmen.

BRATTON, W. (1989a): The Economic Theory of the Firm: Critical Perspectives From History. Stanford Law Review 41(1989): 1471ff.

BRATTON, W. (1989b): The Nexus of Contracts Corporation: a Critical Appraisal. Cornell Law Review 74(1989): 407ff.

BRATTON, W. (1992): The Economic Structure of the Post-contractual Corporation. North Western University Law Review 87(1992): 180.

BRINKMANN, T. (1983): Unternehmensinteresse und Unternehmensrechtsstruktur.

CHMIELEWICZ, K. (1988): Die Kommission Rechnungswesen und das Bilanzrichtliniengesetz. In: DOMSCH, M. ET AL. (Hg.) (1988): Unternehmenserfolg, Planung, Ermittlung, Kontrolle: 53ff.

CLARK, R. C. (1986): Corporate Law. Boston.

COASE, R. (1991): The Nature of the Firm. Economica N. S. 4(1937): 386 (Reprint).

COULANGES, P. (1994): Institutions et développements économiques. Journal des économistes et des études humaines (1994): 125.

DAINES, R. M.; J. B. HANSON (1992): The Corporate Law Paradox: The Case for Restructuring Corporate Law. Yale Law Journal 102(1992): 577ff.

DeBow, M. E.; D. R. Lee (1993): Shareholders, Nonshareholders and Corporate Law: Communitarianism and Resource Allocation. Delaware Journal of Corporate Law 18(1993): 393ff.

Easterbrook, F. H.; D. R. Fishel (1991): The Economic Structure of Corporate Law. Cambridge/Mass., London: Harvard University Press.

Friedman, L.; G. Teubner (1986): Legal Education and Legal Integration: European Hope and American Experience. In: Capelletti et al. (1986): Integration Through Law: 345ff.

Götz, V. (1994): Auf dem Wege zur Rechtseinheit in Europa. Juristenzeitung (1994): 265.

Giersch, H. (1994): Die Moral als Standortfaktor. Frankfurter Allgemeine Zeitung (31.12.1994).

Habermas, J. (1992): Faktizität und Geltung. Beiträge zur Diskurstheorie des Rechts und des demokratischen Rechtsstaats.

Haller, A. (1993): Das International Accounting Standards Committee. Die Betriebswirtschaft 53(1993): 699.

Hansmann, H. (Januar 1995): Worker Participation and Corporate Governance. Yale: Yale Law School (Program in Law and Organization), Working Paper 174.

Hax, H. (1988): Rechnungslegungsvorschriften – Notwendige Rahmenbedingungen für den Kapitalmarkt? In: Domsch, M. u. a. (Hg.) (1988): Festschrift für Walter Busse von Colbe: 187.

Hellwig, M. (1994): Wem ist ein Unternehmen verpflichtet? Neue Zürcher Zeitung (26.11.1994)265: 16.

Hirschman, A. O. (1982): Rival Interpretations of Market Society: Civilizing, Destructive, or Feeble? Journal of Economic Literature 20(1982): 1463.

Hoffmann-Riem, W. (1994): Immissionsschutzrechtliche Genehmigungsverfahren mit UVP. In: Koch, H. J.; R. Lechelt (Hg.): Zwanzig Jahre Immissionsschutzgesetz: 74.

Jensen M.; W. Meckling (1976): Theory of the Firm, Managerial Behavior, Agency Costs and Ownership Structure. Journal of Financial Economics (1976)3: 305-360.

Johnson, L. (1986): Corporate Take-overs and Corporations: Who are they for? Washington and Lee Law Review 43(1986): 781.

Johnson, L. (1988): State Take-over Statutes: Constitutionality, Community and Heresy. Washington and Lee Law Review 45(1988): 1051.

Johnson, L. (1990): The Delaware Judiciary and the Meaning of Corporate Life and Corporate Law. Texas Law Review 86(1990): 865.

Johnson, L. (1992): Individual and Collective Sovereignty in the Corporate Enterprise. Columbia Law Review 92(1992): 2163.

Johnson L.; D. Millon (1989): The Case Beyond Missing the Point About State Take-over Statutes. Michigan Law Review 87(1989): 846.

Kahn, P. (1990): The Politics of Unregulation: Public Choice and Limits on Government. Cornell Law Review 75(1990): 280.

Kahn-Freund, O. (1966): Das soziale Ideal des Reichsarbeitsgerichts. In: Ramm, T. (Hg.) (1966): Arbeitsrecht und Politik: 149.

Kleber, H. (1993): Amerikanische Rechnungslegungsgrundsätze: Vorbild für Europa? (BASF). Betriebswirtschaftliche Forschung und Praxis (1993): 380.

KRAHNEN, J. P. (1993): Finanzwirtschaftslehre zwischen Markt und Institution. Die Betriebswirtschaft (1993)53: 793.
KÜBLER, F. (1975): Über die praktischen Aufgaben zeitgemäßer Privatrechtstheorie.
KÜBLER, F. (1993a): Traumpfade oder Holzwege nach Europa? Oder: Was wir uns von der Rechtsgeschichte wünschen sollten. Rechtshistorisches Journal (1993): 307ff.
KÜBLER, F. (1993b): Azioni, Finanziamento Delle Imprese E Mercato Finanziario. In: ABBADESSA, P.; A. ROJO (Hg.): Il Diritto Delle Società Per Azioni: Problemi, Esperienze, Progetti. Milano: 117ff.
KÜBLER, F. (1994): Aktienrechtsreform und Unternehmensverfassung. Die Aktiengesellschaft (1994): 141.
KÜBLER, F. (1995): Vorsichtsprinzip versus Kapitalmarktinformation, FS Budde: 361.
KÜTING, K. (1993a): Europäisches Bilanzrecht und Internationalisierung der Rechnungslegung. Der Betriebsberater (1993): 30ff.
KÜTING, K. (1993b): US-Amerikanische und deutsche Bilanzierung – unter besonderer Berücksichtigung der Konzernrechnungslegung und des Daimler-Benz-Listing in New-York. Betriebswirtschaftliche Forschung und Praxis (1993): 357.
KUSSMAUL, H. (1995): Die betriebswirtschaftliche Steuerlehre als steuerliche Betriebswirtschafts-lehre. StuW (1995): 3.
LIPTON, M. (1987): Corporate Governance in the Age of Finance Corporatism. University of Pennsylvania Law Review 136(1987): 1.
LÖHR, H. (1994): Börsenzulassung in den USA für deutsche Unternehmen. Wertpapier-Mitteilungen (1994): 148.
LUHMANN, N. (1993): Das Recht der Gesellschaft.
MCBARNETT, D. (1988): Law, Policy, and Legal Avoidance: Can Law Effectively Implement Egalitarian Policies. Journal of Law and Society (1988): 113.
MITCHELL, A. (1992): Critical Look at Corporate Governance. Vanderbilt Law Review 45(1992): 1263.
MUELLER, G. G.; H. GERNON; G. MEEK (1994): Accounting – An International Perspective.
ROMANO, R. (Hg.) (1993): Foundations of Corporate Law. Interdisciplinary Readers in Law.
ROSE-ACKERMAN, S. (1995): American Administrative Law Under Siege: Is Germany a Model? Harvard Law Review 107(1995): 1279.
RÜHLI, E. (1994): Shareholder- oder Stakeholder-Interessen? Neue Zürcher Zeitung (16.11.94) 267: 14.
SCHMIDT, K. (1994): Rechtswissenschaft und Wirtschaftswissenschaften im Unternehmensrecht. In: KOTSIRIS (Hg.): Law at the Term of the 20th Century: 339.
SCHMIDT-ASSMANN, E. (1995): Zur Situation der rechtswissenschaftlichen Forschung. Juristenzeitung (1995): 2ff.
SCHNEIDER, D. (1993a): Betriebswirtschaftslehre. Band 1.
SCHNEIDER, D. (1993b): „Unsichtbare Hand"-Erklärungen für die Institution Unternehmung. Zeitschrift für Betriebswirtschaft (1993): 179.
SHONFIELD, A. (1980): Modern Capitalism – The Changing Balance of Public and Private Power. London: Oxford University Press.
STEIN, H.-G. (1994): Die deutsche Bilanzierung vor neuen Herausforderungen. Schmalenbachs Zeitschrift für betriebswirtschaftliche Forschung (1994): 658ff.
TEUBNER, G. (1989): Recht als autopietisches System.

TEUBNER, G. (1993a): Den Schleier des Vertrags zerreissen? Kritische Vierteljahresschrift für Gesetzgebung und Rechtswissenschaft (1993): 367.
TEUBNER, G. (1993b): Piercing the Corporate Veil: Social Responsibility and Contractual Networks. In: WILHELMSSON, TH. (Hg.) (1993): Perspectives of Critical Contract Law. London.
TEUBNER, G. (1994a): Die unsichtbare „Cupola": Kausalitätskrise und kollektive Zurechnung. In: LÜBBE, W. (Hg.) (1994): Kausalität und Zurechnung: Über Verantwortung in komplexen kulturellen Prozessen.
TEUBNER, G. (1994b): Enterprise Corporatism: New Industrial Policy and the Essence of the Legal Person. American Journal of Comparative Law 36(1994): 130-155.
TWEEDIE, D.; G. WHITTINGTON (1990): Financial Reporting: Current Problems and their Implications for Systematic Reform. Accounting and Business Research 21(1990): 87ff.
WAGNER, F. (1994): Die Geduld der Aktionäre ist bald am Ende. Handelsblatt (21.4.1994): B 3.
WAGNER, F. (1995): Leitlinien steuerlicher Rechtskritik als Spiegel betriebswirtschaftlicher Theoriegeschichte. In: ELSCHEN, R. ET AL. (Hg.) (1995): Unternehmenstheorie und Besteuerung, Festschrift für Dieter Schneider. Wiesbaden.
WALZ, W. R. (1993): Privatautonomie oder rechtliche Intervention bei der Ausstattung und Änderung von Gesellschafterrechten? In: OTT C.; H.-B. SCHÄFER (Hg.) (1993): Ökonomische Analyse des Unternehmensrechts.
WATTS, R. L.; J. L. ZIMMERMAN (1979): The Demand for and Supply of Accounting Theories: The Market for Excuses. The Accounting Review (1979): 273.
WEDER, B. (1993): Wirtschaft zwischen Anarchie und Rechtsstaat.
WIEACKER, F. (1974): Das Sozialmodell der klassischen Privatrechtsgesetzbücher und die Entwicklung der modernen Gesellschaft. In: DERS. (1974): Industriegesellschaft und Privatrechtsordnung: 5.
WILLIAMSON, O. (1975): Markets and Hierarchies. New York: Free Press.
WILLIAMSON, O. (1981): The Modern Corporation: Origins, Evolution, Attributes. Journal of Economic Literature 19(1981): 1537.
WILLIAMSON, O. (1983): Organization Form, Residual Claimants, and Corporate Control. Journal of Law and Economics 24(1983): 351.
WILLIAMSON, O. (1985): The Economic Institutions of Capitalism. New York: Free Press.
WILLIAMSON, O. E.; S. WINTER (1991): The Nature of the Firm: Origins, Evolution, Development. New York: Free Press.
WÖHE, G. (1988): Betriebswirtschaftliche Steuerlehre. Band I/1.
WUFFLI, P. A. (1988): Wertsteigerung oder Überleben als Institution? Zukunftsstrategie im Zeichen eines veränderten Unternehmensverständnisses. Neue Zürcher Zeitung (17.11.1988): 21.

Reinhard H. Schmidt[*]

Betriebswirtschaftslehre und Rechtspolitik
Eine ökonomische Perspektive

Der Beitrag untersucht aus betriebswirtschaftlicher Sicht, welche Rolle betriebswirtschaftliche Erkenntnisse, Aussagen, Theorien und Argumente in rechtspolitischen Überlegungen spielen können. Nach Meinung des Autors kann und sollte nach der weitgehenden Rezeption der neuen Institutionenökonomie der Anspruch der Betriebswirtschaftslehre auf Beachtung in rechtspolitischen Überlegungen mit größerer Entschiedenheit gestellt werden als vor einigen Jahren. Dieser Anspruch muß aber mit größter Bescheidenheit verbunden sein. Der wichtigste Grund dafür ergibt sich aus der spezifischen Art, wie in der neuen Institutionenökonomie – und allgemein in der Mikroökonomie – Theorien „konstruiert" werden. Diese zwei gegenläufigen Tendenzen werden zuerst anhand von drei Grundformen der Zusammenarbeit von Betriebswirtschaftlern und Rechtspolitikern, dann anhand praktischer Erfahrungen auf drei spezifischen Themenbereichen und schließlich anhand methodologischer Überlegungen dargestellt.

---

[*] Univ.-Prof. Dr. rer. pol. Reinhard H. Schmidt, Wilhelm Merton-Professor an der Johann Wolfgang Goethe-Universität Frankfurt, Sophienstr. 44, 60487 Frankfurt/Main.

1. Einleitung und Problemstellung

Betriebswirtschaftslehre und Rechtspolitik hängen eng zusammen. Die Betriebswirtschaftslehre befaßt sich mit wirtschaftlichem Handeln von und in Unternehmen, und dieses Handeln ist in starkem Maße durch Rechtsnormen bestimmt, die das Ergebnis von Rechtspolitik sind. Wie Recht und Wirtschaft als *reale Phänomene* oder soziale Sphären sind auch Rechts- und Wirtschafts*wissenschaften* allein schon über die Tradition der Staatswissenschaften eng verbunden, und diese Verbindung hat in letzter Zeit durch das Aufkommen der sogenannten neuen Institutionenökonomie eine Renaissance erfahren.[1] Schließlich ist es so gut wie unmöglich, überhaupt eine begriffliche Trennlinie zwischen Rechts*politik* und Wirtschafts*politik* zu ziehen. Rechts- bzw. Wirtschaftspolitik sind eine Form sozialen Handelns.

Daß sie offensichtlich existieren, bedeutet aber keineswegs, daß die Zusammenhänge zwischen Wirtschaft und Recht einfach wären. Im Gegenteil, sie sind komplex und vielfältig. Der Reiz meines Themas besteht nun darin, daß es die Betriebswirtschaftslehre, also eine Wissenschaft, mit der Rechtspolitik als einer sozialen Aktivität in Verbindung setzen soll.[2]

Um zu klären, wovon die Rede sein soll, muß ich mich zuerst der Abgrenzungsfrage zuwenden und darlegen, was die Objekte sind, zwischen denen Beziehungen hergestellt und analysiert werden sollen. Danach ist anzugeben, welche der vielfältigen Beziehungen zwischen Betriebswirtschaftslehre und Rechtspolitik untersucht werden sollen.

Die *Betriebswirtschaftslehre* betrachte ich als einen Zweig einer einheitlichen Wirtschaftswissenschaft. Als Ökonomie ist sie eine Sozialwissenschaft und eine Erfahrungswissenschaft. Sie untersucht reale Phänomene, teils mit der Absicht, sie zu erklären, und teils mit der Absicht, sie zu gestalten. Kennzeichnend für die Ökonomie und damit auch für die Betriebswirtschaftslehre ist, daß sie die Realität durch eine bestimmte Brille ansieht.[3] Die Brille – oder die „methodologischen Vorentscheidungen" – der „Denkstilgemeinschaft" der Ökonomen ist dadurch gekennzeichnet, daß Ökonomen dem Konzept

---

[1] Sie wird vor allem an den jährlich erscheinenden Tagungsbänden des Journal of Institutional and Theoretical Economics, der ehemaligen Zeitschrift für die gesamte Staatswissenschaft, deutlich. Ebenso relevant sind die Jahrbücher für Neue Politische Ökonomie. In beiden Publikationsreihen sind Betriebswirte regelmäßig vertreten.

[2] So ungewöhnlich ist diese Verbindung im übrigen nicht. Sie entspricht nämlich weitgehend dem Wissenschaftsprogramm, das man als „ökonomische Analyse des Rechts" bezeichnet. Die „economic analysis of law" ist zwar nicht das Hauptthema dieses Beitrags, siehe dazu aber unten Abschnitt 2.2.

[3] Oder auch durch mehrere, aber jedenfalls nicht unmittelbar so, „wie sie halt mal ist".

des methodologischen Individualismus folgen, weitgehend rationales Verhalten der Wirtschaftssubjekte unterstellen und den Aspekt von Einkommenserzielung und -verwendung bei der Untersuchung wirtschaftlichen Verhaltens und wirtschaftlicher Verhältnisse hervorheben (Vgl. dazu ausführlich SCHNEIDER 1993a: 185f., 144f.).

Recht sei im folgenden gleichgesetzt mit gesetzten Rechtsnormen, die über bestimmte legitimierende Verfahren zustande gekommen sind (Vgl. dazu LUHMANN 1969). Zum Recht gehören aber auch ehemals, woanders oder möglicherweise in der Zukunft geltende Rechtsnormen.

Rechtswissenschaft ist die wissenschaftliche Beschäftigung mit dem so definierten Recht, namentlich die Befassung mit seinem Inhalt, seiner Geltungskraft und seinen Auswirkungen. Rechtswissenschaft ist damit auch mehr als die Auslegung des aktuell geltenden Rechts.

Rechtspolitik ist in erster Linie Politik, also Gestaltung sozialer Realität. Damit Politik Rechtspolitik ist, muß sie sich darauf ausrichten und auch darauf auswirken, wie das geltende Recht formuliert ist, was es besagt und wie es verstanden wird. Rechtspolitik machen alle, die Recht gestalten. Das sind in erster Linie Regierungen und Parlamente. Es können auch Richter sein, soweit sie Recht fortbilden, sowie Lobbyisten bzw. die von ihnen vertretenen Interessengruppen und Hochschullehrer, die rechtspolitischen Einfluß suchen und gewinnen.

Rechtspolitik betrifft fast immer außerrechtliche reale Sachverhalte. In rechtspolitische Prozesse sind deshalb im Prinzip immer zwei Gruppen von Fachleuten involviert: einerseits die Juristen als die Fachleute für das „Gesetze-Schreiben" oder „Urteile-Fällen" und andererseits die Fachleute für die realen Regelungsmaterien, auf die sich die Rechtspolitik bezieht. Beispielsweise wird Sozialrecht auch von Fachleuten der Sozialpolitik im Arbeits- und Sozialministerium entworfen, von Sozialexperten der Parteien im Parlament beraten, von Sozialexperten aus der Sozialpraxis, von Soziallobbyisten und Sozialwissenschaftlern kommentiert und damit vielleicht verändert. Entsprechendes müßte auch für das Recht gelten, das vor allem Unternehmen betrifft und das uns als betriebswirtschaftliche Hochschullehrer besonders interessiert. Unter Betriebswirten scheint es die Besorgnis zu geben, daß sie als Experten in die Rechtspolitik dort zu wenig eingreifen, wo es um ihr ureigenes Feld geht, also bei der die Unternehmen, ihre internen Strukturen und ihre Außenbeziehungen betreffenden Rechtspolitik – und mehr noch: daß die Juristen sie nicht genügend eingreifen lassen, vielleicht weil sie glauben, bei solchen Regelungsmaterien selbst genug Experte in der Sache zu sein.

Diese Überlegung führt zur eigentlichen Problemstellung dieses Beitrags. Im Mittelpunkt soll die Frage stehen, welche Rolle betriebswirtschaftliche Erkenntnisse, Aussagen, Theorien und Argumente in der Rechtspolitik spielen, soweit diese die Gebiete betrifft, auf denen Betriebswirte arbeiten. Welche Rolle *sollten* sie spielen? Welche Rolle *können* sie spielen? Angesichts der Heterogenität der Betriebswirtschaftslehre einerseits und der Vielfältigkeit und Komplexität rechtspolitischer Zusammenhänge andererseits ist es natürlich fraglich, ob eine allgemeine Antwort auf diese Fragen überhaupt möglich ist bzw. welcher Art eine allgemeine Antwort gegebenenfalls sein könnte.

Die wirkliche, die mögliche und die sinnvolle Rolle der Betriebswirtschaftslehre für die Rechtspolitik dürfte davon abhängen, wie Betriebswirtschaftslehre und Recht, Rechtswissenschaft und Rechtspolitik zusammenwirken. Es scheint mir sinnvoll, drei Muster oder Modelle der Interaktion zu unterscheiden, die sich auch in der Literatur nachweisen lassen. Sie werden im Abschnitt 2 gekennzeichnet.

Sozusagen als ein empirisches Fundament werden dann im Abschnitt 3 einige Themen herausgegriffen, die vor kurzem oder derzeit Gegenstand rechtspolitischer Bemühungen waren oder sind und bei denen der Beitrag der Betriebswirtschaftslehre erkennbar, aber nicht unumstritten war bzw. ist. Die dabei zu untersuchende Frage ist, wie rechtspolitisch relevante Kooperation zwischen Juristen und Betriebswirten wirklich stattfindet. Ich werde versuchen, für diese Fälle Anhaltspunkte zu finden, wie stark betriebswirtschaftliche Erkenntnisse rechtspolitisch wirksam werden konnten bzw. warum sie es werden oder auch nicht werden konnten.

Meine These ist, daß zwar der Anspruch der Betriebswirtschaftslehre auf Beachtung in rechtspolitischen Prozessen mit größter Entschiedenheit gestellt werden sollte, weil vermutlich rechtspolitische Entscheidungen zu besseren Ergebnissen führen, wenn betriebswirtschaftliche Erkenntnisse einbezogen werden, daß dieser Anspruch aber zugleich mit größter Bescheidenheit verbunden sein muß: Die Betriebswirtschaftslehre – und allgemein die Mikroökonomie – ist nämlich, wenn sie ihren Ansprüchen an wissenschaftliche Seriosität gerecht werden will, in ihrem Anspruch auf rechtspolitische Relevanz sehr beschränkt. Das liegt nicht nur daran, daß alle Erfahrungswissenschaften immer nur vorläufige Wahrheiten zu bieten haben, sondern an der spezifischen Art, wie gerade in der rechtspolitisch besonders relevanten neuen institutionenökonomischen Richtung der Ökonomie Theorien „konstruiert" werden. Diese und andere Grenzen und Probleme der Interaktion von Betriebswirtschaftslehre und Rechtspolitik werden im Abschnitt 4 diskutiert.

2. Modelle der Interaktion von Betriebswirtschaftslehre und Recht

Im folgenden sollen drei Modelle der Interaktion von Betriebswirtschaftslehre und Recht unterschieden und kurz gekennzeichnet werden. Das erste Modell nenne ich das Austauschmodell, das zweite das Belehrungsmodell und das dritte das Kooperationsmodell.[4] Dabei geht es hier vor allem um die Frage, was die Ökonomen den Juristen zu bieten haben und welche Relevanz betriebswirtschaftliche Aussagen bei dem jeweiligen Interaktionsmodell für rechtspolitische Belange haben könnten. Zugleich will ich auf eine inhaltliche Entsprechung zwischen den drei Interaktionsmodellen einerseits und drei Ausprägungen oder Richtungen der Betriebswirtschaftslehre – und allgemeiner: der Ökonomie – andererseits hinweisen.

2.1 Das Austauschmodell

Bei der Tagung des Vereins für Socialpolitik im Jahre 1963 wurde „das Verhältnis der Wirtschaftswissenschaft zur Rechtswissenschaft ..." behandelt. Der Volkswirt OTTO VEIT formulierte in seinem Koreferat zu dem Eröffnungsreferat des Juristen LUDWIG RAISER wie folgt:

> „Das Rechtsleben setzt der Wirtschaftswissenschaft Daten; die Rechtswissenschaft erfährt von der Wirtschaftswissenschaft, was ‚über die Natur der Sache' zu wissen ist." (VEIT 1964: 9)

Damit ist ein Austauschmodell der Interaktion beschrieben. Beide Seiten beziehen von der anderen das, was sie gerade benötigen. Dabei wird weitgehend als problemlos unterstellt, daß die andere Seite das Benötigte auch zu bieten vermag. Im Rahmen der Austauschbeziehung behandeln die Juristen die Betriebswirtschafter als Experten und zugleich als „Hilfswissenschaftler" (so ausdrücklich SCHMIDT, K. 1994: 3). Wie weitgehend Betriebswirte Rechtstatsachen und Wirkungen von getroffenen oder zu treffenden Maßnahmen rechtspolitischer Art feststellen bzw. abschätzen können, läßt sich wohl nicht allgemein sagen. Man darf aber wohl unterstellen, daß der Expertenrat der Wirtschaftswissenschaftler um so nötiger ist, je schwieriger die betrachtete Regelungsmate-

---

[4] Speziell für den Bereich der Finanzierung wird diese Typologie diskutiert in SCHMIDT, R. H. (1994).

rie ist, und daß er um so besser und um so stärker rechtspolitisch relevant ist, je eindeutiger und unumstrittener ihre einschlägigen Theorien sind.

Politiker beginnen in neuerer Zeit immer stärker Unternehmensverhalten rechtlich zu normieren. So gibt es z. B. Vorstellungen über rechtlich verbindliche „Grundsätze ordnungsmäßiger Organisation", „Grundsätze ordnungsmäßiger Unternehmensfinanzierung" usw. Die Juristen stellen sich darunter etwas vor, was wie die „Grundsätze ordnungsmäßiger Bilanzierung" gestaltet und in ähnlicher Weise verbindlich zu machen wäre, und schauen auf die Betriebswirtschaftslehre mit der Erwartung, solche allgemeinen Regeln zu finden.[5]

Es gibt auch die „Zulieferung" von Fachwissen in der Gegenrichtung, von den Juristen zu den Betriebswirten. Gerade die allgemein festzustellende zunehmende Verrechtlichung des Wirtschaftslebens (vgl. KÜBLER 1984) zeigt, wie wichtig für Betriebswirte in der Praxis und in der Forschung die Kenntnis der relevanten rechtlichen Rahmenbedingungen der Unternehmenstätigkeit ist. Diese Kenntnis „beziehen" die Ökonomen von den Juristen als den Experten für geltendes Recht. Ein solcher Umgang der Betriebswirtschaftslehre mit Recht und Rechtswissenschaft paßt zu der „entscheidungsorientierten" Richtung der Betriebswirtschaftslehre.[6]

Im Rahmen des Austauschmodells der Interaktion werden von Betriebswirten typischerweise die rechtlichen Institutionen, auf die sich gegebenenfalls die Fragen der Juristen beziehen, nicht erklärt und nicht bewertet. Man fragt beispielsweise nach Grundsätzen der Konzernfinanzierung, ohne den gedanklichen Umweg über die Frage, was die ökonomische Funktion des Konzerns als Institution ist, zu stellen oder zumindest ohne sie zu diskutieren.[7] Damit hängt zusammen, daß bei dieser Art der Interaktion auch die Denkweise des Partners nicht in Frage gestellt wird, im Beispiel: daß Ökonomen den Sinn der Suche nach Finanzierungsregeln im Konzern und deren rechtlicher Normierung nicht in Frage stellen. So respektvoll die Interaktion in der Form des Austausches von Expertenrat ist, sie ist inhaltlich durch zu viel Distanz geprägt. Sie verschenkt ein Potential der möglichen Kooperation, das daraus erwachsen könnte, daß die jeweils „liefernde" Seite der anderen Seite fundierte Ratschläge zu der Frage gibt, ob ihr die geäußerte Nachfrage überhaupt sinnvoll erscheint. Zumindest hinsichtlich dessen, was die Be-

---

5 Vgl. für die Konzernfinanzierung SCHNEIDER, U. H. (1984), für die Grundsätze ordnungsgemäßer Überwachung THEISEN (1993) und dazu kritisch SPINDLER (1995).

6 Siehe zum sogenannten „entscheidungsorientierten Ansatz der Betriebswirtschaftslehre" insb. HEINEN (1976) und zu einer Behandlung von Recht aus einer so verstandenen betriebswirtschaftlichen Perspektive BACKHAUS / PLINKE (1986).

7 Vgl. SCHNEIDER, U. H. (1984) und THEISEN (1992) und dazu kritisch SPINDLER (1995).

triebswirtschaftslehre zu bieten vermag, scheint mir diese Art der Interaktion auch zu optimistisch und mitunter geradezu naiv zu sein. Diese Schwächen des Austauschmodells der Interaktion beschränken seine praktische Nützlichkeit.

2.2 Das Belehrungsmodell

Das zweite Modell der Interaktion von Recht und Wirtschaftswissenschaft kann man als Belehrungsmodell bezeichnen. Es stützt sich inhaltlich auf die neoklassische Wirtschaftstheorie und steht methodisch der „Economic Analysis of Law" der Chicago-Schule nahe. Diese ökonomische Analyse des Rechts ist Wirtschaftswissenschaft, angewandt auf den Gegenstandsbereich des Rechts.[8] Es wird mit dem ökonomischen Instrumentarium der Preistheorie und der Wohlfahrtstheorie untersucht, wie Recht wirkt. Diese Ausrichtung herrscht jedenfalls bei COASE, dem Vater dieser Richtung, vor.[9] Bei POSNER, der diese Gedanken fortgeführt hat und als rechtswissenschaftliches und rechtspolitisches Programm radikalisiert hat, kommt eine normative und rechtspolitische Komponente hinzu: Das Recht sollte ausschließlich an der Norm der wirtschaftlichen Effizienz ausgerichtet werden.[10]

Die Interaktion bei diesem „Belehrungsmodell" ist einseitig. Im Zentrum steht die Methodenkritik, die die Ökonomen und einige ökonomisch ausgebildete Juristen an den anderen Juristen üben. Diesen wird vorgehalten, daß sie die elementare Markttheorie und die „einfache" Wohlfahrtstheorie nicht verstanden haben, daß sie aus ökonomischer Sicht unsystematisch und dadurch letztlich falsch denken und Scheinprobleme mit Scheinlösungen angehen. Wer als Ökonom diesem Interaktionsmodell folgt, scheint viel Zutrauen in die Leistungsfähigkeit der ökonomischen Wissenschaften zu haben. Der harschen, von Ökonomen der Chicago-Schule stammenden Ideologie- und Methodenkritik, wird man nicht immer vorbehaltlos zustimmen können. Deren Sicht wirtschaftlicher Zusammenhänge ist oft zu einfach und zu marktfreundlich.

---

[8] So ausdrücklich STIGLER (1992) in einem Rückblick auf die Entstehung der „Economic Analysis of Law" an der University of Chicago.

[9] Vgl. vor allem COASE (1960), den wohl grundlegendsten und stilbildenden Aufsatz auf diesem Gebiet.

[10] Vgl. POSNER (1972, 1992). In der neuesten Auflage von 1992 mildert POSNER die Programmatik allerdings etwas ab.

Die Beurteilung der einfachsten Variante der ökonomischen Analyse des Rechts als „ökonomistisch", unkooperativ, unbescheiden und imperialistisch[11] bedeutet jedoch nicht, daß die ökonomische Kritik nicht häufig sachlich gerechtfertigt ist. Es stimmt einfach, daß in juristischen Argumentationen und im rechtspolitischen Handeln häufig elementare Markt- und Ausgleichsmechanismen übersehen werden. Und hier kann die ökonomische Theorie auch durchaus praktisch werden, indem sie die Rechtspolitiker davor warnt, Maßnahmen zu ergreifen, deren Wirkungen nicht überschaubar sind oder die anders wirken als gedacht.

2.3   Das Kooperationsmodell

Das Kooperationsmodell als das dritte Modell der Interaktion schließt an die neo-institutionalistischen Ansätze der mikroökonomischen Theorie an. Die Juristen bringen in die Kooperation ein umfassendes Wissen über Kontrakttechnologien und Konflikt- bzw. Kooperationsmöglichkeiten ein, das für die Ökonomen eine Herausforderung darstellt, adäquate Erklärungen und Beurteilungen zu erarbeiten, die ihrerseits in die Rechtswissenschaft und die Rechtspolitik – wie auch in die kautelarjuristische Gestaltung von Institutionen und rechtlichen Verhältnissen[12] – eingehen können. Wichtig zur Differenzierung gegenüber dem POSNERschen „Belehrungsmodell" ist, daß Staat und Recht nach neo-institutionalistischer Sicht mehr sind als die Schaffung, Zuweisung und Durchsetzung einfacher Property Rights. Auf der sachlichen Ebene sind Transaktionskosten, asymmetrische Informationsverteilung und Agency-Beziehungen Gründe, warum Recht und andere Institutionen komplex sind und wohl auch sein müssen. Auf der methodischen Ebene sind sie Gründe, warum den ökonomischen Erklärungen und Beurteilungen ein hohes Maß an Willkür anhaftet. Das zwingt zu Vorsicht und Bescheidenheit im Geltungsanspruch. Die „Economic Analysis of Law" im Stile POSNERs ist sehr klar und eindeutig in ihren Aussagen. Genau deshalb kann sie vielleicht auch beanspruchen, die Interaktionspartner zu „belehren". Markt- und Institutionenanalyse im Stile von STIGLITZ' Information Economics (vgl. STIGLITZ 1985), HOLMSTRÖMs Agency-Theorie (vgl. HART / HOLMSTRÖM 1987) oder WILLIAMSONs „Comparative Analysis of Institutions" (vgl. WILLIAMSON 1985) ist so bewußt selektiv in der Modellbildung und so erkennbar

---

[11] Vgl. etwa BEHRENS (1986) und EIDENMÜLLER (1995) zu vorsichtig kritischen Einschätzungen und BERNHOLZ / RADNITZKY (1987) zu dem – nicht geteilten – Vorwurf des „Imperialismus".

[12] Vgl. SCHANZE (1993), der die Fruchtbarkeit der kooperativen Interaktion auf dem Gebiet der Rechtsgestaltung hervorhebt.

„künstlich" in der Herleitung von Ergebnissen, daß sie allein deshalb nicht anmaßend und belehrend auftreten kann.

Gestützt auf die Theorien des Marktversagens, der Transaktionskosten und der Agency-Beziehungen können Ökonomen gleichwohl differenzierte Analysen von Regelungsnotwendigkeiten und Abschätzungen von Regelungswirkungen vornehmen. Sie können den Juristen mit ihren funktionalistischen Analysen von Institutionen auch helfen, Regelungsprobleme besser zu verstehen und zu lösen. Mit der Hilfe zum Verständnis ist durchaus verbunden, daß die Ökonomen den Juristen ihre Denk- und Sichtweise nahebringen wollen, aber wegen der inhaltlichen und methodischen Uneinheitlichkeit zwischen den einzelnen Varianten des Neo-Institutionalismus und weil eine Welt mit Transaktionskosten, Informations- und Anreizproblemen im Vergleich zu einer neoklassischen Modellwelt viel größere Freiheitsgrade aufweist und aufweisen muß (vgl. insbesondere TERBERGER 1994: 27ff.), bedeutet das Anbieten einer Sichtweise nicht, daß damit den Juristen zugleich bestimmte inhaltliche Positionen aufgezwungen werden sollen. Diese inhaltliche Offenheit macht die fachübergreifende Interaktion zwar schwieriger, aber auch ausgewogener und letztlich ergiebiger.

3. Erfahrungen mit Interaktion

Im folgenden soll anhand von drei Beispielen der Frage nachgegangen werden, wie Betriebswirtschaftslehre auf Rechtspolitik einwirkt. Es wäre sehr interessant, diese Untersuchung in systematischer Form vorzunehmen. Man könnte dabei versuchen, erst die Innenbeziehungen der Unternehmen einschließlich der Unternehmensverfassung, dann die Außenbeziehungen zu Arbeits-, Güter- und Finanzmärkten und schließlich die Unternehmensgrenzen selbst zu untersuchen. Jeweils wäre zu fragen, was wie geregelt wurde, wird oder geregelt werden soll, welche betriebswirtschaftlichen Vorstellungen es darüber gibt, wie die betreffende Materie aus ökonomischer Sicht richtiger- oder sinnvollerweise geregelt werden sollte und wie sich schließlich betriebswirtschaftliche oder allgemein ökonomische Erkenntnisse tatsächlich im Prozeß der Schaffung von Recht durchsetzen. Das wäre eine gewaltige, aber derzeit auch unlösbare Aufgabe. Wir wissen für viele der unternehmensinternen und unternehmensexternen und vor allem für die Grenzen der Unternehmung bestimmenden Phänomene und Probleme nicht, wie sie ökonomisch sinnvoll zu regeln wären. Und wir wissen in den meisten Fällen auch nicht, wie faktisch Rechtspolitik erfolgt und welche Kanäle es gibt und welche relevant sind, über die betriebswirtschaftliche Erkenntnisse in die Rechtspolitik einfließen könnten und wirklich einfließen. Man muß also wohl exemplarisch vorgehen, auch um dabei zu zeigen, wo die Wissenslücken sind.

3.1 Das Beispiel Bilanzrecht

Bilanzierung ist eines der traditionellen Arbeitsgebiete der Betriebswirtschaftslehre. Gleichzeitig ist die Rechnungslegung jedenfalls in Deutschland seit langem ein Gegenstand intensiver rechtlicher Normierung. Bilanzrechtspolitik ist eine Domäne der Juristen, und zwar einerseits der ausdrücklich rechtspolitisch arbeitenden Juristen im Justizministerium, wo zuletzt das Bilanzrichtliniengesetz vorbereitet wurde, und andererseits der Juristen am Bundesfinanzhof (BFH), die von sich selbst behaupten, daß sie nur Rechtsauslegung betreiben (vgl. GROH 1989). Die Grenze zwischen obergerichtlicher Rechtsauslegung, Rechtsfortbildung und Rechtspolitik ist allerdings so wenig deutlich, daß sie hier nicht relevant erscheint. Sowohl bei der Entstehung des Bilanzrichtliniengesetzes als auch bei der Aktivität des BFH gibt es eine erkennbare Geschichte von „aktiver Beeinflussung" der Rechtspolitik durch die Betriebswirtschaftslehre. Diese beiden Fälle seien kurz betrachtet.

Das wahrscheinlich markanteste Beispiel für einen Versuch betriebswirtschaftlicher Hochschullehrer, rechtspolitisches Gehör zu finden, ist die langjährige Tätigkeit der Kommission Rechnungswesen des betriebswirtschaftlichen Hochschullehrerverbandes. Diese Kommission hat versucht, auf die Umsetzung der 4., 7. und 8. EG-Richtlinie in deutsches Recht einzuwirken. CHMIELEWICZ (1988) hat diesen Versuch sehr eindringlich geschildert. Die folgenden Ausführungen beziehen sich im wesentlichen auf seinen Bericht.

Wo lagen die wesentlichen inhaltlichen Punkte der Arbeit der Kommission Rechnungswesen? CHMIELEWICZ formuliert hier sehr zurückhaltend. Es kam ihm und wohl auch anderen vor allem darauf an, daß die Betriebswirte als Gruppe Gehör finden, und deshalb hat man auf gemeinsame Positionen Wert gelegt. Was nicht konsensfähig war, wurde ausgegrenzt.

Das betrifft zum Beispiel die Frage, welche Ziele, welchen Zweck, welche Aufgabe Bilanzen überhaupt haben. Der eher semantische Konsens, daß sie für Anleger nützlich sein sollten, ist wohl als ein sehr vorsichtiges Votum für eine Art von „dynamischer" Bilanzauffassung zu werten. Aber mehr und insbesondere eine Auseinandersetzung mit der Frage, wieviel „Decision Usefulness" dynamische Bilanzen überhaupt haben können, ist kaum zu finden.

Ausgegrenzt wurde auch die Frage, wieviel Regulierung der Informationsversorgung des Kapitalmarktes nötig und sinnvoll ist. Wie HAX (1988) kritisch kommentiert, hat die Kommission hier die politischen Vorgaben mit einer Unmittelbarkeit übernommen, die sachlich nicht zwingend war. Es könnte sein, daß sie sich aus der politischen Absicht, gehört zu werden, erklären läßt.

Zu zahlreichen Einzelpunkten hat die Kommission Rechnungswesen wertvolle Anregungen und Anstöße gegeben. Doch alles in allem stehen nicht die Grundsatzfragen, sondern Detailprobleme und Organisationsfragen im Vordergrund. Organisationsfragen wie die, ob es einen Financial Accounting Standards Board (FASB) auch in Deutschland geben sollte, sind nun aber gerade Fragen, zu deren Beantwortung an Bilanzierungsthemen interessierte betriebswirtschaftliche Hochschullehrer nicht besonders berufen sind.

Der absolute Einfluß, den die Kommission Rechnungswesen auf den Prozeß der Umsetzung der EG-Richtlinien hatte, ist nicht abzuschätzen. Dazu fehlt der Zugang zu den relevanten Quellen. Selbst wenn es diesen gäbe, könnte man die Frage der Kausalität kaum beantworten. Die Abhängigkeit einer Kommission von der internen Konsensbildung und der weitgehende Verzicht auf grundsätzliche – und in diesem Sinne theoretische – Positionen scheint ihrer Wirksamkeit eher abträglich gewesen zu sein.

Deshalb ein kurzer Blick auf die andere, eher kontroverse Diskussion zwischen dem BFH und „der Betriebswirtschaftslehre". Sie betrifft die Grundsatzfrage nach der Methode der Rechtsauslegung im Bereich des Bilanzrechts und dem Verhältnis zwischen Betriebswirtschaftslehre und Rechtspolitik. Auf der einen Seite stehen die Richter des BFH mit ihrer Befürwortung einer sogenannten „wirtschaftlichen Betrachtungsweise" (vgl. BEISSE 1981; GROH 1989) und MOXTER, der die Arbeit des BFH eher freundlich leitet und seine Auffassungen im Kern unterstützt (vgl. beispielsweise MOXTER 1989). Auf der anderen Seite der Kontroverse findet man die sehr markanten und sehr kritischen Stellungnahmen von SCHNEIDER (1983) und MELLWIG (1983), die eine betriebswirtschaftliche Betrachtungsweise empfehlen.

Natürlich geht es auch um die Sache, d. h. um eine Bilanzauffassung mit Wirkung für Steuer- und Handelsrecht im Sinne der deutschen Tradition von viel Vorsicht, viel Objektivierung, viel Gläubigerschutz und im Ergebnis viel Managerfreiheit. Aber im Vordergrund stehen Methodenfragen: Wie sind Gesetze auszulegen und im Rahmen des geltenden Rechts fortzuentwickeln? Der Bundesfinanzhof vertritt eine methodische Position, die er „wirtschaftliche Betrachtungsweise" nennt (vgl. namentlich BEISSE 1981: 1). Das ist Hermeneutik in dem neuen Gewand der Teleologie: Das Gesetz hat einen objektiven Zweck, der aber nicht explizit formuliert ist. Er ist aus den Einzelnormen und –

ganz wesentlich – aus deren Systemzusammenhang zu erschließen. Allerdings ist er nicht statisch, gegeben und unwandelbar oder mit dem historischen Gesetzeszweck gleichzusetzen.

Der Gesetzeszweck und damit der Inhalt der „wirtschaftlichen Betrachtungsweise" ist, deshalb heißt sie ja so, an die Realität des Wirtschaftslebens gekoppelt. Juristen meinen diese Realität so gut zu kennen, daß sie sich dazu von anderen nichts sagen zu lassen brauchen und erst recht keiner ökonomischen Theorie bedürfen. Die Arbeit des Bilanzrechtlers und des Bilanzrechtstheoretikers besteht darin, sowohl das System von Einzelnormen und Obernorm oder Gesetzeszweck analytisch zu präzisieren als auch Einzelnormen systemkonform zu gestalten bzw. auszulegen und schließlich das Gesamtgefüge mit der wirtschaftlichen Realität in einer gewissen Übereinstimmung zu halten.

SCHNEIDER hat dagegengehalten (vgl. SCHNEIDER 1983: 142f.). Er hat nicht nur die internen Eigenwilligkeiten dieser nach außen hin eher hermetisch abgeriegelten Position kritisiert, sondern auch massiv die Berücksichtigung von ökonomischen Argumenten und Theorien eingefordert. Er verlangt auch eine explizitere Ankoppelung der Rechtsauslegung an die Realität und, da diese nicht unmittelbar zugänglich ist, an gute ökonomische Theorien.

Den Ausgangspunkt und die generelle Stoßrichtung der Kritik SCHNEIDERs finde ich überzeugend. Aber was bedeutet sie im interdisziplinären Austausch? Solche Theorien, wie SCHNEIDER sie als Grundlage der Rechtsfortbildung fordert, gibt es nicht und kann es meines Erachtens, wenn man SCHNEIDERs an vielen anderen Stellen geäußerten sehr strikten Ansprüchen an ökonomische Theorien folgt, wohl auch nicht geben. Dies hindert ihn nicht an seiner Kritik und nimmt dieser auch nicht die sachliche Berechtigung. Es macht aber die praktische und damit auch rechtspolitische Relevanz einer Kritik zweifelhaft, wenn sie von einer Position her vorgetragen wird, von der den Kritisierten nicht erkennbar ist, daß sie tragfähig ist, und wenn der kritisierten Position auch nicht zugute gehalten wird, wie zweifelhaft die Basis der Kritik ist.

Eine solche Konfrontation führt zu gegenseitiger Ablehnung und nicht zu Kooperation. Es scheint mir auch fraglich, ob sie eine Verbesserung der Rechtspolitik bewirken kann.[13] Ob der Bundesfinanzhof beispielsweise seine Gleichsetzung von betriebswirtschaftlicher Bilanzanschauung mit einer kruden Version der SCHMALENBACHschen dynamischen Bilanztheorie nun beibehält oder aufgibt, erscheint mir wissenschaftlich und

---

[13] Damit soll nicht unterstellt werden, daß die Verbesserung der Bilanzrechtspolitik SCHNEIDERs Ziel war, und es soll erst recht nicht behauptet werden, daß das einzige legitime Ziel einer wissenschaftlichen Kontroverse rechtspolitischer Natur zu sein hätte.

praktisch belanglos. Praktisch wichtig ist nur, ob er im geltenden Bilanzrecht „dynamische" Elemente anerkennt oder nicht.

Vielleicht kann man bei diesem Schlagabtausch ein „Abwehrverhalten" (vgl. SCHNEIDER 1983: 145) auf der Seite der Juristen sehen, aber auch das ist in diesem Zusammenhang nicht so wichtig. Bedeutender erscheint mir, daß es bei den Juristen als Gesprächspartnern Vorstellungen davon zu geben scheint, daß wirtschaftswissenschaftliche Argumentationen in ihren Aussagen- und Verwendungszusammenhang irgendwie ankoppelbar sein müssen. Das findet man nicht nur bei den genannten juristischen Autoren, die wohl eher dazu neigen, ökonomisch-theoretische Argumente generell abzulehnen, sondern auch bei anderen, die ihnen wesentlich offener gegenüberstehen. Ich vermute allerdings, daß sich diese Forderung darauf reduzieren läßt, daß Juristen in der Lage sein wollen zu überschauen, was sie mit den Argumenten anfangen können, die ihnen die Ökonomen bieten.

Das Beispiel Bilanzrecht scheint mir, von MOXTERs Arbeiten abgesehen,[14] ein gutes Beispiel für einen wenig erfolgreichen Versuch, betriebswirtschaftstheoretische Argumente in den rechtspolitischen Prozeß einzubringen. Das betrifft beide aufgegriffenen Diskussionszusammenhänge. Ich bezweifle, daß die Kommunikationsschwierigkeiten nur an persönlichen Stilen liegen. Eher könnte das, was den Juristen an sachlichem Gehalt angeboten wurde, sie nicht so ganz überzeugt haben. Weder eine Kooperation nach dem „Austauschmodell", wie sie – wenn auch ohne eine ausdrückliche „Nachfrage" der Juristen – im Falle der Arbeit der Kommission Rechnungswesen versucht worden ist, noch eine, die man eher dem „Belehrungsmodell" zurechnen kann, scheint rechtspolitisch wirksam zu sein.

3.2 Das Beispiel Insiderhandel und Kapitalmarktorganisation

Seit 1.1.1995 ist das Kapitalmarktförderungsgesetz in Kraft, und mit ihm ein gesetzliches Verbot von Insidergeschäften. Das deutsche Gesetz ist eine fast wörtliche Übernahme der entsprechenden EG / EU-Richtlinie (vgl. HOPT 1994), und insofern könnte man sagen, daß hier – mehr als im Falle des Bilanzrechts – die europäische Rechtsangleichung und nicht etwa betriebswirtschaftliche oder ökonomische Argumente eine rechtspolitische Rolle gespielt haben. Aber die wirtschaftswissenschaftliche Diskussion

---

14 Der Einfluß von MOXTER auf das deutsche Bilanzrecht wird in den verschiedenen Beiträgen im 1. Teil von BALLWIESER ET AL. (1994) eindrucksvoll dargestellt.

zum Thema Insiderhandel scheint mir doch relevant, und sei es nur für den hypothetischen Fall, daß es nicht wegen der europäischen Integration zu einem deutschen Insiderhandelsverbot gekommen wäre. Wie berühren und beeinflussen sich juristisches und ökonomisches Denken zu diesem Thema?

1. Insiderhandel ist eines der ersten Themen, die einer „Economic Analysis of Law" unterzogen wurden. Bekanntlich hat sich HENRY MANNE, einer der Pioniere auf diesem Gebiet, sehr heftig gegen das in Amerika sehr strenge und schon recht alte Insiderhandelsverbot gewandt (vgl. insb. MANNE 1966). Deutsche Kapitalmarktrechtler wie KLAUS HOPT, die sich mit dem Thema beschäftigt haben, haben immer die entsprechende ökonomische Literatur verfolgt (vgl. beispielsweise HOPT 1991). Von einer vehementen, methodologisch motivierten Abwehr habe ich in der einschlägigen (deutschen) juristischen Literatur nichts gemerkt, auch wenn die Juristen etwa MANNEs Argumentation nicht akzeptiert haben.

2. Die Grundsatzfrage, ob Insiderhandel erlaubt oder verboten sein sollte, ist streng wissenschaftlich nicht entscheidbar. Es gibt Pro- und Contra-Argumente, und allenfalls die sind jeweils für sich streng methodisch herleitbar. Aber die rechtspolitisch relevante Frage ist natürlich, wie man aus den Einzelargumenten ein Fazit ableiten kann. Das geht nicht „more geometrico", und m. W. hat das auch nie jemand vorgetäuscht. Vielleicht gerade deshalb ist der offene, nicht autoritäre Diskussionsprozeß so weitgehend einvernehmlich verlaufen. Sein Ergebnis ist, daß die Argumente für ein gesetzliches Verbot als überwiegend angesehen werden,[15] aber dieses Urteil ist eben nicht als „streng wissenschaftlich" einzuordnen und wird auch so nicht präsentiert. Wenn die Juristen es nicht akzeptieren würden, könnte man ihnen jedenfalls nicht vorwerfen, daß sie nur uneinsichtig sind.

3. Zum Thema Insiderhandel liegen auch modelltheoretische Untersuchungen vor.[16] Sie beanspruchen nicht rechtspolitische Relevanz, aber sie haben sie doch, denn der Nachweis, daß sich ein Argument, welches im Streit um das Insiderhandelsverbot geäußert wird, auch wirklich präzise formulieren und explizieren läßt, verleiht ihm in der rechtspolitischen Diskussion Gewicht.

4. Es gibt zu diesem Thema ökonomische und juristische „Theorien" oder rechtspolitische Grundvorstellungen wie die Gegenüberstellung von Personenschutz und Funktio-

---

[15] Vgl. RUDOLPH (1994); PICOT / DIETL (1994); DENNERT (1991); aber beispielsweise SCHNEIDER (1993b) mit einer gegenteiligen Ansicht.

[16] EWERT hat gerade in der Festschrift für DIETER SCHNEIDER eine solche vorgelegt; vgl. EWERT (1995).

nenschutz oder die verschiedenen Fairnessdoktrinen, aus denen in Amerika das Insiderrecht hergeleitet wird. Die methodischen Ansätze von Ökonomen und Juristen sind offenbar verschieden, aber sie sind nicht unvereinbar. Vermutlich hilft es der Verständigung, daß Ökonomen sich die Mühe machen, die juristischen Konzepte explizit aufzunehmen und sie auf die Vereinbarkeit mit ihren ökonomischen Argumenten hin zu untersuchen.[17]

Die Grundsatzdiskussion ist abgeschlossen; wir haben das Insiderhandelsverbot als geltendes Recht. Die Juristen haben offenbar den Eindruck gewonnen, daß es sich lohnt, mit den Ökonomen im Gespräch zu bleiben. Dazu besteht Anlaß. Das neue Recht ist so voller unbestimmter Rechtsbegriffe, daß es dringend der Auslegung bedarf.[18] Dazu braucht man eine inhaltliche, funktionsbezogene Leitlinie. Nicht die Auslegung im Detail, wohl aber die Leitlinie zu finden, ist eine Aufgabe der interdisziplinären Kooperation.

Alles in allem stimmt dieses Beispiel optimistisch. Das liegt wohl wieder nicht so sehr am Stil der Beteiligten, sondern an der Sache: Wenn die Argumente gegen Insiderhandel notwendigerweise auch letztlich nicht zwingend sind, können sie doch überzeugend sein. Die in diesem Beispiel als recht erfolgreich einzustufende Interaktion von Betriebswirtschaftslehre und Rechtswissenschaft und Rechtspolitik entspricht dem oben beschriebenen „Kooperationsmodell".

3.3   Das Beispiel Unternehmensverfassung

Das letzte Beispiel ist die Unternehmensverfassung. Wie der Tagungsband der Regensburger Tagung unseres Verbandes im Titel treffend formuliert, ist die Unternehmensverfassung ein „Problem der Betriebswirtschaftslehre" (vgl. BOHR 1981). Sie ist auch ein Dauerthema der Rechtspolitik, wie unter anderem der jüngste Gesetzentwurf der SPD[19] und der für den Herbst 1995 angekündigte Gesetzentwurf der Bundesregierung deutlich machen.

Ich will mit einem Blick auf die Situation um 1980 beginnen. Damals war gerade der stark von traditionell juristischem Denken bestimmte Bericht der Unternehmensrechtskommission vorgelegt worden (vgl. BUNDESMINISTERIUM DER JUSTIZ 1980), und das

---

[17]   Vgl. hierzu DENNERT (1991) sowie LAHMANN (1994).
[18]   Vgl. hierzu beispielsweise HAPP (1994).
[19]   Vgl. BUNDESTAGSDRUCKSACHE Nr. 13/367 vom 30.1.1995.

Bundesverfassungsgericht hatte gerade die Klage gegen das Mitbestimmungsgesetz abgewiesen. Die Unternehmensrechtskommission hielt an einer Vorstellung vom „Unternehmen an sich" fest. Diese Auffassung hat in der Rechtswissenschaft eine lange Tradition. Die Sicht der Unternehmensrechtskommission war offen für eine Vorstellung von Großunternehmen als quasi-öffentlichen Institutionen, in denen eine Pluralität von Interessen zu beachten ist und auch berücksichtigt werden sollte. Diese Position ist der recht ähnlich, die in dem Gutachten von KAPPLER im Verfahren vor dem Bundesverfassungsgericht zur Mitbestimmung vertreten worden ist.[20] Interessenpluralismus, Interessenvertretung und damit eben die Mitbestimmung auf Unternehmensebene waren die beherrschenden Themen der Unternehmensverfassungsdiskussion nicht nur in der Rechtspolitik, sondern auch in der Betriebswirtschaftslehre.

In jener Zeit nahmen die Rechtswissenschaft und die Rechtspolitik sozialwissenschaftliche Impulse auf. Aber das waren eher soziologische, verhaltenswissenschaftliche und sozialphilosophische und nicht solche, die man einer ökonomischen Tradition zurechnen kann. Warum gerade diese Anleihen? Erstens weil sie in die juristische und politische Diskussion hineinpaßten, also „anknüpfbar" waren, und zweitens weil es geeignetes und einschlägiges originär betriebswirtschaftliches oder ökonomisches Gedankengut nicht zu geben schien.

Gleichzeitig begannen in Deutschland Wirtschaftswissenschaftler, der amerikanischen ökonomischen Diskussion entstammende Denkansätze zu rezipieren: HORST ALBACH griff auf der schon genannten Regensburger Tagung die Theorie der Unternehmung von ALCHIAN und DEMSETZ auf, ARNOLD PICOT die Property Rights- und Transaktionskosten-Literatur und WOLFGANG BALLWIESER und ich die Take-over-Diskussion und die Agency-Theorie (vgl. ALBACH 1981; PICOT 1981; BALLWIESER / SCHMIDT 1981). Die rezipierten Theorien sind in ihren Ausrichtung nicht neutral. Hinter ihnen steht eine Vorstellung von Unternehmung und Unternehmensverfassung, die wesentlich stärker als die deutsche Tradition kapitalgeber- und kapitalmarktbezogen ist.

Auch als Folge dieser Rezeption wurde in der wissenschaftlichen Diskussion sowohl bei Ökonomen als auch bei Juristen die eher enge rechtliche Sicht von Unternehmensverfassung als der Spitzenverfassung der Unternehmung, der Kompetenzverteilung der Organe in der Großunternehmung und der Interessenrepräsentation überlagert von der Corporate Governance-Perspektive. Corporate Governance ist die Gesamtheit der institutionellen und organisatorischen Vorkehrungen und Gegebenheiten, die bestimmen, wie in einem Unternehmen die wesentlichen Entscheidungen getroffen werden. Dazu gehören

---

20 Vgl. den Bericht in KAPPLER (1981).

auch die Märkte, in welche die Unternehmen eingebunden sind. Diese intellektuelle Umorientierung hat bis heute angehalten. Ich möchte fünf Anmerkungen machen, was dies für den heutigen Diskussionsstand bedeutet:

1. Betrachtet man den SPD-Gesetzentwurf – stellvertretend für viele andere aktuelle rechtspolitische Tendenzen – genauer, dann erkennt man darin die Tendenz, die Position von Eigenkapital und Eigentümern oder Aktionären aufzuwerten und sie vor allem gegenüber Management und Banken zu stärken. Dahinter steht die Idee der Kontrolle der Verwaltung von Großunternehmen durch den Kapitalmarkt. Sie stützt sich auf die theoriegeleitete Diskussion in Amerika, wie sie in der ersten Hälfte der 80er Jahre geführt worden ist. Dieses Theoriegebäude, das Kapitalmarktsteuerung über den „Market for Corporate Control" mit der These bzw. Annahme der Informationseffizienz des Kapitalmarktes verbindet, hat damals und dort einen wissenschaftlichen Siegeszug sondergleichen erlebt.[21]

2. Die neo-institutionalistischen Arbeiten der vergangenen zwanzig Jahre haben sehr klar und deutlich *einzelne* Agency-Beziehungen analysiert. Die Denkfigur der Agency-Beziehung ist für die Unternehmensverfassungsdiskussion ohne Zweifel interessant. Frühe Arbeiten im Stil von JENSEN / MECKLING paßten sehr gut zu einer Weltsicht, in der Kapitalmarktsteuerung sehr leistungsfähig ist, und legten damit rechtspolitisch eine Stärkung von Marktkräften und Eigentümerpositionen als effizient nahe.

3. Aber diese frühen Arbeiten waren immer partialanalytisch; sie bauten Agency-Beziehungen, vor allem die zwischen Managern und Aktionären, in ein gedachtes Umfeld vollkommener Kapitalmärkte ein. Rechtspolitisch hat man es aber nicht mit einzelnen Agency-Beziehungen zu tun, sondern mit sehr komplexen Netzen aus mehreren Agency-Beziehungen, und dazu kann die Theorie bisher viel weniger sagen. Was es bisher gibt, ist erstens auffallend selektiv hinsichtlich der untersuchten Aspekte. Zweitens sind die Ergebnisse der Modellanalysen wenig stabil gegenüber Änderungen von Annahmen und Modellstrukturen (vgl. LAUX 1995; TERBERGER 1994). Drittens ist eine weniger partielle Sicht der Informationsprobleme geeignet, die Annahme, einzelne Agency-Probleme seien durch Marktmechanismen auflösbar, als problematisch erscheinen zu lassen.[22] All dies erweckt Zweifel, ob sich die rechtspolitisch naheliegenden Lehren aus der Analyse einzelner Agency-Beziehungen bruchlos auf den Fall komplexer Netze von

---

21 Zum „Market for Control" vgl. insbes. JENSEN (1988).

22 Vgl. z. B. SHLEIFER / SUMMERS (1988), die die zerstörerische Wirkung eines aktiven Take-over-Marktes auf den Abschluß impliziter Verträge der Unternehmung zeigen. Allgemeiner gesprochen wird hier gezeigt, daß in einer unvollkommenen Welt die Lösung eines einzelnen Problems durchaus die Gesamtwohlfahrt mindern kann.

Agency-Beziehungen übertragen lassen. Hinzu kommt, daß in letzter Zeit zunehmend wissenschaftlich seriöse Zweifel an der These von der Informationseffizienz des Kapitalmarktes aufgekommen sind[23] und damit einer der Grundpfeiler, auf denen zumindest die JENSEN-Richtung der neueren Corporate Governance-Diskussion aufbaut, ins Wanken geraten ist.

4. Die Forschung der letzten Jahre hat im Ergebnis die Position, die sich derzeit in Deutschland rechtspolitisch immer mehr durchzusetzen beginnt, eher geschwächt. Im Vergleich dazu hat eine Position, die WILLIAMSON folgt, an Boden gewonnen.[24] Sie räumt einer guten „governance structure" stärkeres Gewicht ein. Ein wichtiger Teil einer solchen Struktur ist, daß Regelungen für den möglichen Konfliktfall vorgesehen sein müssen. Es muß *vorweg* die Möglichkeit geschaffen werden, *später* trotz Konflikten miteinander zu sprechen. Unsere deutsche Unternehmensverfassungstradition steht dieser Auffassung wesentlich näher als die reine Lehre der Kapitalmarktkontrolle.

5. International vergleichende Untersuchungen über Finanzsysteme und Corporate Governance-Systeme lassen das angelsächsische System keineswegs als das einzig sinnvolle und beste erscheinen (vgl. FITZROY 1991; CHARKHAM 1994; MAYER 1994). Insbesondere die Beschäftigung mit Japan und Deutschland hat zu dem Eindruck geführt, daß diese Länder vielleicht recht gute Corporate Governance-Systeme haben könnten. Aber mehr als ein Eindruck ist das noch nicht, denn diese Art von Netzwerken entzieht sich bisher einer scharfen modelltheoretischen Analyse. Damit ist die ökonomische Theorie – wieder – offen gegenüber der Frage, was das beste Corporate Governance-System ist.

Eine Abkehr von der Gleichsetzung von ökonomischer Betrachtungsweise mit der Forderung nach einer einseitig kapitalmarktorientierten Ausgestaltung der Unternehmensverfassung erscheint geboten. Die Ökonomie oder gar die Betriebswirtschaftslehre kann nicht sagen, wie die „sachlich richtige" Unternehmensverfassung aussehen sollte. Das macht sie aber rechtspolitisch nicht irrelevant und legt auch keine Rückkehr zu überwundenen Vorstellungen wie der der „Unternehmung an sich" nahe. Die in den letzten Jahren von Ökonomen erarbeiteten Einsichten sind für eine sachgerechte Rechtspolitik zum Komplex der Unternehmensverfassung wichtig, hilfreich und vielleicht sogar unverzichtbar, auch wenn sie sich nicht zu einem eindeutigen Fazit verdichten lassen. So verstehe ich auch den sehr durch seine regelmäßige Lehrtätigkeit in Amerika geprägten

---

23 Vgl. zum Überblick HAUGEN (1995).
24 Vgl. zu einer auf WILLIAMSON aufbauenden formalen Analyse von Eigentumsstrukturen GROSSMAN / HART (1986).

Gesellschaftsrechtler FRIEDRICH KÜBLER, wenn er für die Weiterentwicklung der Unternehmensverfassung der AG in Deutschland einen rechtspolitischen „Generalplan" fordert. Dazu bedürfe es, so schreibt er,

> „einer breiten Übereinstimmung im Grundsätzlichen, die nur aus der langfristigen Verständigung der Beteiligten hervorgehen kann. Zumindest die Vorentwürfe hat die Wissenschaft zu leisten. Die Juristen allein werden dazu kaum in der Lage sein; die Aktienrechtsreform bedarf – wie viele andere Vorhaben – der Zusammenarbeit mit den Ökonomen." (KÜBLER 1994a: 148)

Dies ist nicht nur ein Plädoyer für eine Zusammenarbeit mit Ökonomen, sondern auch für eine Art der Zusammenarbeit, die genau dem „Kooperationsmodell" entspricht: Nicht die „Anlieferung" von Erkenntnissen der Ökonomen, sondern die Zusammenarbeit mit ihnen wird als aussichtsreich und rechtspolitisch relevant angesehen.

4. Grenzen und Grundprobleme der Interaktion

4.1 Allgemeine Beobachtungen

Die drei Beispiele für Interaktionen zwischen Betriebswirtschaftslehre und Recht / Rechtswissenschaft und Rechtspolitik lassen naturgemäß nur extrem vorsichtige Verallgemeinerungen zu. Trotzdem wage ich, angeregt durch diese Beispiele und andere, die hier aus Raumgründen nicht ausgeführt werden konnten,[25] vier allgemeine Thesen zum Verhältnis von Betriebswirtschaftslehre bzw. Ökonomie und Recht:

1. Die Rezeption ökonomischer Vorstellungen in der rechts*wissenschaftlichen* Diskussion ist weit vorangeschritten. In Deutschland ist das zwar weniger der Fall als in den USA, aber auch hier gehört die kategorische Ablehnung ökonomischer Argumente (z. B. FEZER 1986) inzwischen der Vergangenheit an (vgl. dazu KIRCHNER 1991).

2. Die Rezeption ökonomischer Vorstellungen in der rechts*politischen* Diskussion verläuft über mehrere Schienen. Davon ist die Diskussion und die Aktivität deutscher Be-

---

[25] Ein weiteres Beispiel einer fruchtbaren Interaktion nach dem kooperativen Modell ist die Diskussion um die Insolvenzrechtsreform; vgl. dazu statt vieler HAX (1995). Allgemeine Information findet man bei KIRCHNER (1991) und SCHANZE (1991).

triebswirtschaftsprofessoren vermutlich nicht die wichtigste. Eine andere, wohl bedeutendere ist die auf Rechtsvergleichung gestützte Arbeit der Juristen und dabei vor allem die Auseinandersetzung mit dem amerikanischen Gesellschafts- und Kapitalmarktrecht und seiner inzwischen fast uneingeschränkt ökonomischen Fundierung.[26] Ein dritter, ebenfalls vermutlich wichtigerer Einflußfaktor ist die europäische Integration, in der angelsächsische institutionelle *und* theoretische Strukturen erstaunlich viel Gewicht haben.

3. Wie rechtspolitisch relevant ökonomische oder betriebswirtschaftliche Aussagen sein können, hängt davon ab, wie sachlich eng begrenzt das betreffende zu regelnde Gebiet ist und wie stark die betroffenen außerwissenschaftlichen Interessen sind. Daß im Beispielfalle des Insiderhandelsverbots ökonomische Argumente einflußreicher erscheinen als beim Bilanzrecht oder bei der Unternehmensverfassung, liegt auch daran, daß es sich hier um ein Thema handelt, das *relativ* enger begrenzt ist und weniger ausgeprägte bzw. gesellschaftlich weniger akzeptierte Interessen berührt, als die Themenbereiche Bilanzierung und Unternehmensverfassung.

4. Ökonomische Überlegungen bekommen um so eher rechtspolitischen Einfluß, je klarer und einfacher, je gehaltvoller, je überzeugender, also je besser begründet und belegt, und je weniger fachintern kontrovers sie sind. Wenn eine Position fachintern kontrovers ist, haben Juristen und Rechtspolitiker Grund, vor einer Übernahme zurückzuschrecken. Was sollen sie sonst tun? Aber die angesprochenen Fachfremden sind nicht so ignorant, und Ökonomie ist auch nicht so schwierig, daß man ihnen einen ggf. vorhandenen fachinternen Dissens verheimlichen kann. Und man sollte es auch nicht tun!

Allzu verblüffend sind diese Thesen sicher nicht. Ich möchte deshalb abschließend drei Grundprobleme der Interaktion von Betriebswirtschaftslehre und Rechtswissenschaft bzw. Rechtspolitik aufgreifen.

4.2 Autonomie und Rezeptionsbarrieren

Man findet immer wieder bei Juristen und Rechtspolitikern die Forderung, daß ökonomische Aussagen an juristische Systeme ankoppelbar sein müssen, um rechtspolitisch relevant zu sein. Steht dahinter die verständliche Forderung, daß Juristen in der Lage sein wollen, mit dem, was ihnen die Ökonomen anbieten, etwas anzufangen und zu überschauen, was sie da ggf. übernehmen, oder weist diese Formulierung auf eine kate-

---

[26] Vgl. dazu die ausschließlich ökonomischen Aufsätze in dem für die Juristenausbildung gedachten Sammelband von ROMANO (1993a).

goriale Unvereinbarkeit hin? Stellungnahmen, die letzteres vermuten lassen, gibt es natürlich immer wieder, so etwa die oben zitierten Äußerungen von BEISSE. Sie werden aber mitunter nicht nur Ökonomen entgegengehalten, sondern auch Juristen, wenn diese sachbezogene Argumente statt juristisch dogmatischer Argumente verwenden. Die Anhängerschaft einer rechtstheoretischen Position, die auf einer strikten Autonomie des Rechts beharrt, nimmt jedoch im Zeitablauf deutlich ab.

Es gibt bei Juristen Vorbehalte gegen ein Verständnis von „Law and Economics", das POSNERs enger ursprünglicher Konzeption folgt. Die Vorbehalte erscheinen manchmal als generelle Vorbehalte gegen ökonomisches Denken im Recht. Ich sehe sie eher als Vorbehalte gegen zu einfache ökonomische Modellvorstellungen und ein zu verkürztes Effizienzverständnis.[27] Die Fortentwicklung der ökonomischen Theorie unter dem Einfluß der neuen Institutionenökonomie müßte uns als Wirtschaftswissenschaftlern eigentlich allen Grund geben, solche Vorbehalte gegen eine zu einfache ökonomische Theorie zu verstehen!

Man muß aber anerkennen, daß in unterschiedlichen Lebenszusammenhängen unterschiedliche Vorstellungen darüber vorherrschen, was ein gültiges oder legitimes Argument ist. Wissenschaftliche und praktische Diskurse haben unterschiedliche Zwecke und damit auch unterschiedliche Geltungskriterien. Mir scheint – und juristische Freunde haben diese Einschätzung bestätigt – daß Juristen auch als Wissenschaftler praktischer ausgerichtet sind als die meisten betriebswirtschaftlichen Hochschullehrer. Sie denken eher daran, was sie in der Rolle des Richters, des Anwalts oder des Rechtspolitikers tun und wie sie ein Argument beurteilen würden. Das schafft natürlich Vorbehalte gegen allzu wirklichkeitsfremde Annahmen und allzu kühne Modelle und Spekulationen. Die Juristen sind hier in derselben Position wie Manager, die sich auch immer wieder fragen, was sie mit „theoretischen" Aussagen der ökonomischen Wissenschaft anfangen können. Wesentliche, spezifische Rezeptionsbarrieren der Juristen und Rechtspolitiker gibt es also – jenseits der Psychologie – nicht.

4.3 Geltungsgrenzen betriebswirtschaftlicher / ökonomischer Theorie

Die angeführte pragmatisch-kritische Ausrichtung der Juristen kann durchaus die Interaktion grundlegend in Frage stellen: Haben wir als Ökonomen überhaupt Aussagen zu bieten, gegen die sich der Einwand, die ihnen zugrundeliegende Theorie sei *abstrakt*

---

[27] So etwa die Position von EIDENMÜLLER (1995) im Gegensatz etwa zu der von FEZER (1986).

oder *fiktiv*, also der bekannte Einwand „unrealistischer Annahmen", nicht erheben ließe? Vieles von dem, was die Ökonomie an logischen und begrifflichen Klärungen, an Entscheidungskalkülen und an sozialtechnologischen Kenntnissen zu vermitteln hat, kommt zwar ohne „unrealistische Annahmen" aus, aber gerade das ist nicht der Kern der Wirtschaftswissenschaft, sondern Vorarbeit und Beiwerk (ähnlich SCHNEIDER 1993a: 120ff.). Unsere positiven Theorien sind nie voraussetzungsfrei, sie sind deshalb immer dem juristischen oder rechtspolitischen Verwendbarkeitsvorbehalt ausgesetzt. Wie sollten wir damit umgehen?

Natürlich wäre es gut, wenn wir *ceteris paribus* realistischere Theorien hätten. Darum sollten wir uns bemühen, aber nicht um jeden Preis, denn realistische Annahmen sind oft ein Merkmal oberflächlicher Theorien, und eine einseitige Fixierung auf die Forderung nach „realistischen Theorien" behindert den Erkenntnisprozeß und letztlich auch die Entstehung von Theorien, die praktisch nützlich sein können (vgl. dazu vor allem SCHOR 1991).

Wenn wir unsere Wissenschaft ernst nehmen, bleibt uns nichts anderes übrig, als die Juristen und die Rechtspolitiker über die Bedingtheit ökonomischer Aussagen und über die Unvermeidbarkeit von „unrealistischen" Modellen und Theorien aufzuklären. Wenn wir glauben, daß tiefe Theorien uns mehr über die Realität sagen und auch unser praktisches Handeln besser anleiten können als oberflächliche, rein empirische Generalisierungen, dann sollten wir dabei bleiben, solche Theorien zu entwickeln und sie auch den Juristen und Rechtspolitikern anbieten. Die Alltagstheorien, die sie sonst verwenden würden, sind allemal voraussetzungsreicher und vermutlich auch viel „unrealistischer"!

Der immer mögliche Einwand, ökonomische Theorien – und gehaltvolle betriebswirtschaftliche Theorien nicht minder – seien „unrealistisch" im Sinne von abstrakt und/ oder fiktiv und vereinfachend, ist in meinen Augen also kein grundlegendes Hindernis für eine fruchtbare Zusammenarbeit und kein fundamentaler Einwand gegen den Anspruch auf rechtspolitische Relevanz solcher Theorien.

Der Einwand, sie beruhten auf „unrealistischen Annahmen", wird vor allem gegenüber den Theorien erhoben, die man gewöhnlich als neoklassisch bezeichnet. Aber wir kommen in der Zusammenarbeit mit den Juristen nicht mit den neoklassischen Theorien aus. Wie allgemein bekannt ist, sind diese gegenüber institutionellen Problemen und Phänomenen blind. In der strikten Modellwelt der Neoklassik gibt es keinen Raum für die Institutionen, deren (rechtliche) Gestaltung Anlaß für rechtspolitische Überlegungen ist. Wir brauchen andere Theorien, die wir unseren Gesprächspartnern zur Beachtung und ggf. zur Verwendung darbieten können. Das müßten „neo-institutionalistische Theorien" sein, d. h. ökonomische Theorien über die Funktion und die Wirkungsweise alternativer institutioneller Gestaltungen in einer Welt mit Informations- und Anreizproblemen und unvollkommenen Märkten. Und da beginnen *unsere* Probleme (als Ökonomen) und m. E. auch die Probleme der interdisziplinären Zusammenarbeit bzw. des rechtspolitischen Anspruchs: Die institutionellen Probleme, für die die Juristen und Rechtspolitiker Regelungen finden wollen, sind wesentlich komplexer als das, was unsere Theorien bisher zu erfassen vermögen. Ein Beispiel habe ich oben angegeben: Die ökonomische Theorie kann nicht sagen, welche Corporate-Governance-Struktur am besten ist.

Wenn wir im Rahmen neo-institutionalistischer Theorien, d. h. von Theorien mit den Bausteinen Rationalität und Gleichgewicht, aber auch asymmetrische Informationsverteilung und Transaktionskosten, eine modellmäßige Erklärung oder Beurteilung für eine bestimmte institutionelle Gestaltung gefunden haben, dann wären wir sehr vermessen, wenn wir den Gesprächspartnern dieses Ergebnis unserer Erkenntnisbemühungen als – wegen unvermeidlicher Abstraktheit und Idealisierung – unvollkommen, aber doch recht verläßlich präsentieren wollten. Sie sind nämlich nicht verläßlich! Die neuere theoretische Arbeit zeigt als ein durchgängiges Phänomen, daß die meisten Modellergebnisse gegenüber Variationen der Annahmen und der Modellstrukturen sehr empfindlich sind.[28] POLINSKY hat in einer ersten und sehr bekannt gewordenen Besprechung von POSNERS „Economic Analysis of Law" ein massives „caveat emptor" formuliert (vgl. POLINSKI 1974), obwohl dieses Buch sehr neoklassisch ausgerichtet ist und seine Analysen dadurch wenig sensitiv gegenüber Annahmenvariationen sind. Für eine inhaltlich reichere und m. E. letztlich allein relevante neo-institutionalistisch geprägte „Economic Analysis of Law" gilt diese Warnung noch weitaus stärker.

Welche Konsequenzen soll man als Ökonom daraus ziehen? Es sind im Prinzip dieselben, die ich oben bei der Diskussion des Einwands „mangelnder Realismus der Annahmen" genannt habe, nur sind sie viel entschiedener zu formulieren: Abgesehen von den vermutlich zahlreichen und durchaus wichtigen Detailproblemen ist das Austauschmodell nicht relevant. Wir haben zu wenig zu bieten, was wir anderen guten Gewissens für eine weitgehend unbesehene Verwendung anbieten können. Wir wissen viel weniger über die Folgen von Rechtssetzung oder institutioneller Gestaltung, als die Juristen gern von uns wüßten. Und das liegt an der Art von ökonomischen Theorien, die man nach dem Stand der Wissenschaft einsetzen muß, um rechtspolitisch relevante Aussagen machen zu können.

---

[28] Vgl. dazu im allgemeinen TERBERGER (1994) und im speziellen bzgl. der Kapitalstruktur von Unternehmen HARRIS / RAVIV (1991) und LAUX (1995).

Also nur Vorsicht und Resignation? Keineswegs! Betrachten wir, was Juristen, offenbar mit einem beträchtlichen Interesse, von ökonomischen neo-institutionalistischen Theorien übernehmen. Es sind weitgehend nicht Modell*ergebnisse* im Sinne von Erklärungen oder Bewertungen. Diese Modellergebnisse wären gefährlich, weil sie so annahmenabhängig sind. Juristen, die sich mit der ökonomischen Theorie auseinandersetzen, um auch ihre rechtspolitische Arbeit anzureichern, suchen und übernehmen vielmehr Denkformen, auch Bilder und Metaphern wie die Konzepte der Agency-Konflikte, der Transaktionskosten, der Anreizkompatibilität, der beschränkten Effizienz. Daß sie diese zu übernehmen bereit sind – und zwar immer mehr bereit sind – ist ermunternd. Das m. E. gewichtigste Argument gegen das traditionelle Austauschmodell der Interaktion spricht also nicht generell gegen eine Interaktion nach dem Kooperationsmodell und gegen den Anspruch auf rechtspolitische Relevanz neuerer ökonomisch-betriebswirtschaftlicher Erkenntnisse.

4.4 Rechtspolitik und Regulierungswettbewerb

Eine letzte Bemerkung betrifft die Frage, ob eine betriebswirtschaftliche oder ökonomische Beratung der Rechtspolitik überhaupt sinnvoll und nötig ist. Zweifel daran kann man haben, wenn man die realen Verhältnisse ansieht: Sind nicht die Internationalisierung oder Globalisierung der Märkte Mechanismen mit einer enormen Wirksamkeit, die im nationalen Rahmen ohnehin keine Alternative dazu lassen, als effiziente, wirtschaftlich sinnvolle rechtliche Regelungen wirtschaftlicher Aktivitäten einzuführen? Und ist nicht vielleicht die europäische Integration mit ihrer möglichen Folge einer Dualität von nationaler und übernationaler, europäischer Rechtssetzung ein Mechanismus, der, ähnlich wie es ROBERTA ROMANO (1993b) für die USA behauptet, dazu führt, daß sich das bessere Recht durchsetzt? Die Beurteilung der Stimmigkeit von ROMANOs Theorie der Rechtssetzungskonkurrenz als eines „Race to the Top" statt des früher befürchteten „Race to the Bottom" und die Übertragbarkeit ihrer Idee auf Europa sollte ich Kompetenteren überlassen (vgl. KÜBLER 1994). Doch die Fortführung des oben entwickelten Gedankens, daß die ökonomischen Wirkungen institutioneller (und damit auch rechtlicher) Gestaltungen sehr stark von „kleinen" Details abhängen, ist für diese Frage relevant: Es scheint wenig plausibel, bezüglich des vorstellbaren Wettbewerbsprozesses von Rechtsgestaltungen damit zu rechnen, daß sich quasi naturwüchsig das bessere Recht auch durchsetzt. Nicht nur weiß man ja eigentlich nicht, was das bessere Recht ist, sondern es scheint auch so starke „Pfadabhängigkeiten" bei der marktmäßigen Evolution von Institutionen zu geben, daß sich in der Evolution – der internationalen Konkurrenz und der „föderalen Konkurrenz" zwischen europäischer Zentrale und dezentraler nationaler Gesetzgebung – sehr wohl ein Recht durchsetzen könnte, das sogar in erkennbarer Weise nicht optimal ist. Recht ist zu wichtig, als daß man es dem Markt überlassen könnte. Also sollten wir es zu verbessern versuchen. Wenn wir das derzeit noch nicht können, weil unsere Theorien dazu nicht gut genug sind, dann sollten wir uns um so stärker auf unsere eigentliche Aufgabe konzentrieren. Sie besteht darin, bessere ökonomisch-betriebswirtschaftliche Theorien zu schaffen. Die rechtspolitische Akzeptanz kommt dann schon noch – irgendwann.

Literaturverzeichnis

ALBACH, HORST (1981): Verfassung folgt Verfassung. Ein organisationstheoretischer Beitrag zur Diskussion um die Unternehmensverfassung. In: BOHR, KURT (1981): 53-79.
ASSMANN, HEINZ-DIETER; CHRISTIAN KIRCHNER; ERICH SCHANZE (Hg.) (1978 und 1993): Ökonomische Analyse des Rechts. 1. Auflage Kronberg (1978), 2. Auflage Tübingen (1993).
BACKHAUS, KLAUS; WULFF PLINKE (1986): Rechtseinflüsse auf betriebswirtschaftliche Entscheidungen. Stuttgart.
BALLWIESER, WOLFGANG; REINHARD H. SCHMIDT (1981): Unternehmensverfassung, Unternehmensziele und Finanztheorie. In: BOHR, KURT (1981): 645-677.
BALLWIESER, WOLFGANG ET AL. (Hg.) (1994): Bilanzrecht und Kapitalmarkt. Festschrift für Adolf Moxter. Düsseldorf.
BEHRENS, PETER (1986): Die ökonomischen Grundlagen des Rechts. Tübingen.
BEISSE, HEINRICH (1981): Die wirtschaftliche Betrachtungsweise bei der Auslegung der Steuergesetze in der neueren deutschen Rechtsprechung. Steuer und Wirtschaft 58(1981)11: 1-14.
BERNHOLZ, PETER; GERARD RADNITZKY (Hg.) (1987): Economic Imperialism: The Economic Approach Applied outside the Field of Economics. New York.
BOHR, KURT ET AL. (Hg.) (1981): Unternehmensverfassung als Problem der Betriebswirtschaftslehre. Berlin.
BUNDESMINISTERIUM DER JUSTIZ (Hg.) (1980): Bericht über die Verhandlungen der Unternehmensrechtskommssion. Köln.
CHARKHAM, JONATHAN P. (1994): Keeping Good Company. Oxford.
CHMIELEWICZ, KLAUS (1988): Die Kommission Rechnungswesen und das Bilanzrichtliniengesetz. In: DOMSCH, MICHEL ET AL. (Hg.) (1988):Unternehmenserfolg. Planung – Ermittlung – Kontrolle. Festschrift für Walther Busse von Colbe. Wiesbaden: 53-87.
COASE, RONALD H. (1960): The Problem of Social Cost. Journal of Law and Economics (1960)3: 1-44.
DENNERT, JÜRGEN (1991): Insidertrading. Kyklos 44(1991): 181-202.

DEUTSCHER BUNDESTAG (1995): Bundestagsdrucksache Nr. 13/367 vom 30.1.1995 („Entwurf eines Gesetzes zur Verbesserung von Transparenz und Beschränkung von Machtkonzentration in der deutschen Wirtschaft").

EIDENMÜLLER, HORST (1995): Effizienz als Rechtsprinzip. Tübingen.

EWERT, RALF (1995): Unternehmenspublizität und Insiderhandel. In: ELSCHEN, RAINER; THEODOR SIEGEL; FRANZ W. WAGNER (Hg.) (1995): Unternehmenstheorie und Besteuerung. Festschrift für Dieter Schneider. Wiesbaden: 231-265.

FEZER, KARL-HEINZ (1986): Aspekte einer Rechtskritik an der Economic Analysis of Law und am Property Rights Approach. Juristenzeitung 41(1986): 817-824.

FITZROY, FELIX (1991): The Modern Corporation: Efficiency, Control, and Comparative Organization. Kyklos 41(1991): 239-262.

GROH, MANFRED (1989): Die wirtschaftliche Betätigung im rechtlichen Sinne. Steuer und Wirtschaft 66(1989)19: 227-231.

GROSSMAN, SANFORD J.; OLIVER D. HART (1986): The Costs and Benefits of Ownership: A Theory of Vertical and Lateral Integration. Journal of Political Economy 94(1986): 691-719.

HAPP, WILHELM (1994): Zum Regierungsentwurf eines Wertpapierhandels. Juristenzeitung 49(1994): 240-246.

HARRIS, MILTON; ARTUR RAVIV (1991): The Theory of Capital Structure. Journal of Finance 46(1991): 297-355.

HART, OLIVER D.; BENGT HOLMSTRÖM (1987): The Theory of Contracts. In: BEWLEY, T.F. (Hg.) (1987): Advances in Economic Theory. Cambridge: 71-155.

HAUGEN, ROBERT A. (1995): The New Finance. The Case Against Efficient Markets. New Jersey.

HAX, HERBERT (1988): Rechnungslegungsvorschriften – Notwendige Rahmenbedingungen für den Kapitalmarkt? In: DOMSCH, MICHEL ET AL. (Hg.): Unternehmenserfolg. Planung – Ermittlung – Kontrolle. Festschrift für Walther Busse von Colbe. Wiesbaden: 187-201.

HAX, HERBERT (1995): Die ökonomischen Aspekte der neuen Insolvenzordnung. In: KÜBLER, BRUNO (Hg.) (1995): Neuordnung des Insolvenzrechts. Köln: 21-39.

HEINEN, EDMUND (1976): Grundfragen der entscheidungsorientierten Betriebswirtschaftslehre. München.

HOPT, KLAUS J. (1991): Europäisches und deutsches Insiderrecht. Zeitschrift für Unternehmens- und Gesellschaftsrecht 20(1991): 17-73.

HOPT, KLAUS J. (1994): Rechtsprobleme des europäischen und deutschen Insiderrechts. Betriebswirtschaftliche Forschung und Praxis 46(1994): 85-98.

JENSEN, MICHAEL C. (1988): Takeovers: Their Causes and Consequences. Journal of Economic Perspectives (1988)2: 21-48.

KAPPLER, EKKEHARD (1981): Zur ökonomischen Argumentation des Bundesverfassungsgerichts in Fragen der Unternehmensverfassung. In: BOHR, KURT (1981): 263-290.

KÜBLER, FRIEDRICH (1984): Verrechtlichung von Unternehmensstrukturen. In: DERS. (Hg.): Verrechtlichung von Wirtschaft, Arbeit und sozialer Solidarität. Baden-Baden: 167-228.

KÜBLER, FRIEDRICH (1994a): Aktienrechtsreform und Unternehmensverfassung. Die Aktiengesellschaft 39(1994): 141-148.

KÜBLER, FRIEDRICH (1994b): Rechtsbildung durch Gesetzgebungswettbewerb? Überlegungen zur Angleichung und Entwicklung des Gesellschaftsrechts in der Europäischen Gemeinschaft. Kritische Vierteljahresschrift für Gesetzgebung und Rechtswissenschaft 77(1994): 79-89.

LAHMANN, KAI (1994): Insiderhandel. Ökonomische Analyse eines ordnungspolitischen Dilemmas. Berlin.

LAUX, CHRISTIAN (1995): Kapitalstruktur und Verhaltenssteuerung. Diss. Frankfurt / M.

LUHMANN, NIKLAS (1969): Legitimation durch Verfahren. Berlin.

MANNE, HENRY G. (1966): Insider Trading and the Stock Market. New York.

MAYER, COLIN (1994): The Assessment: Money and Banking: Theory and Evidence. Oxford Review of Economic Policy (1994)10: 1-13.

MELLWIG, WINFRIED (1983): Bilanzrechtsprechung und Betriebswirtschaftslehre. Betriebsberater 38(1983): 1613-1620.

MOXTER, ADOLF (1989): Zur wirtschaflichen Betrachtungsweise im Bilanzrecht. Steuer und Wirtschaft 66(1989)19: 232-241.

PICOT, ARNOLD (1981): Der Beitrag der Theorie der Verfügungsrechte zur ökonomischen Analyse von Unternehmensverfassungen. In: BOHR, KURT (1981): 153-197.

PICOT, ARNOLD; HELMUT DIETL (1994): Informations(de-)regulierung am Kapitalmarkt aus institutionenökonomischer Sicht. Jahrbuch für Neue Politische Ökonomie 13(1994): 113-138.

POLINSKY, A. MITCHEL (1974): Economic Analysis as a Potentially Defective Product: A Buyer's Guide to Posner's Economic Analysis of Law. Harvard Law Review 87(1974): 1655-1681.

POSNER, RICHARD A. (1992): Economic Analysis of Law. Boston.

ROMANO, ROBERTA (Hg.) (1993a): Foundations of Corporate Law. Oxford, New York.

ROMANO, ROBERTA (1993b): The Genius of American Corporate Law. Washington, D.C.

RUDOLPH, BERND (1994): Betriebswirtschaftliche Beurteilung des Insiderhandelsverbots. Betriebswirtschaftliche Forschung und Praxis 46(1994): 114-123.

SCHANZE, ERICH (1993): Legalism, Economism, and Professional Attitudes Toward Institutional Design. Journal of Institutional and Theoretical Economics (1993)149: 122-140.

SCHMIDT, KARSTEN (1994): Rechtswissenschaft und Wirtschaftswissenschaften im Unternehmensrecht. Manuskript. Hamburg.

SCHMIDT, REINHARD H. (1994): Unternehmensfinanzierung und Kapitalmarkt. In: OTT, CLAUS; HANS-BERND SCHÄFER (Hg.) (1994): Ökonomische Analyse des Unternehmensrechts. Würzburg, Wien: 170-191.

SCHNEIDER, DIETER (1983): Rechtsfindung durch Deduktion von Grundsätzen ordnungsmäßiger Buchführung aus gesetzlichen Jahresabschlußzwecken? Steuer und Wirtschaft 60(1983)13: 141-160.

SCHNEIDER, DIETER (1993a): Betriebswirtschaftslehre. Band 1: Grundlagen. München, Wien.

SCHNEIDER, DIETER (1993b): Wider Insiderhandelsverbot und die Informationseffizienz des Kapitalmarkts. Der Betrieb 46(1993): 1429-1435.

SCHNEIDER, UWE H. (1984): Das Recht der Konzernfinanzierung. Zeitschrift für Unternehmens- und Gesellschaftsrecht 13(1984): 497-537.

SCHOR, GABRIEL (1991): Zur rationalen Lenkung ökonomischer Forschung. Frankfurt.

SHLEIFER, ANDREI; LAWRENCE H. SUMMERS (1988): Breach of Trust in Hostile Takeovers. In: AUERBACH, ALAN (Hg.) (1988): Corporate Takeovers: Causes and Consequences. Chicago: 33-56.

SPINDLER, GERALD (1995): Organisationspflichten des Unternehmens. Unveröffentl. jurist. Habilitationsschrift. Frankfurt / M.
STIGLER, GEORGE J. (1992): Law or Economics. The Journal of Law and Economics (1992)35: 455-469.
STIGLITZ, JOSEPH E. (1985): Information and Economic Analysis: A Perspective. Economic Journal 95(1985)Suppl.: 21-42.
THEISEN, MANUEL RENÉ (1992): Rücklagenbildung im Konzern. Zeitschrift für das gesamte Handels- und Wirtschaftsrecht 156(1992): 174-184.
THEISEN, MANUEL RENÉ (1993): Haftung und Haftungsrisiko des Aufsichtsrats. Die Betriebswirtschaft 53(1993): 295-318.
TERBERGER, EVA (1994): Neo-institutionalistische Ansätze. Wiesbaden.
VEIT, OTTO (1964): Wirtschaftswissenschaften und Rechtswissenschaft. In: RAISER, LUDWIG; HEINZ SAUERMANN; ERICH SCHNEIDER (Hg.) (1964): Das Verhältnis der Wirtschaftswissenschaft zur Rechtswissenschaft, Soziologie und Statistik. Berlin: 8-11.
WILLIAMSON, OLIVER E. (1985): The Economic Institutions of Capitalism. New York.

Teil II

Selbstregulierung versus Fremdregulierung

Michael Kleinaltenkamp[*]

Entwicklungsbegleitende Normung
Beschleunigung der Diffusion neuer Technologien oder schädlicher Eingriff in den Marktprozeß?

Aus den aktuellen Entwicklungen vieler Hochtechnologiemärkte ergeben sich auch neue Herausforderungen für die Normungsarbeit, speziell im Hinblick auf ihre Beschleunigung und Flexibilisierung. Um diesen Anforderungen gerecht zu werden, wurde seitens der verschiedenen nationalen und internationalen Normungsinstitutionen die Konzeption der „Entwicklungsbegleitenden Normung" erarbeitet. Mit ihr werden im wesentlichen drei Aufgabenstellungen verfolgt: eine Verbesserung der Informationsverteilung im Markt, eine Art „Normen-Monitoring" sowie industriepolitische Zielsetzungen. Vor dem Hintergrund einer marktprozeßbezogenen Analyse der Funktionen von Normen wird im vorliegenden Beitrag untersucht, ob und inwieweit die jeweiligen Aufgaben der Entwicklungsbegleitenden Normung mit regulierenden oder deregulierenden Wirkungen verbunden sind und inwieweit die Konzeption damit zur Beschleunigung der Diffusion neuer Technologien beitragen kann oder als schädlicher Eingriff in den Marktprozeß anzusehen ist.

---

[*] Univ.-Prof. Dr. rer. oec. Michael Kleinaltenkamp, Freie Universität Berlin, Institut für Allgemeine Betriebswirtschaftslehre, Altensteinstr. 48, 14195 Berlin-Dahlem.

1. Marktentwicklungen als Ursache für die Konzeption der Entwicklungsbegleitenden Normung

Auf vielen Hochtechnologiemärkten ist ein steigender Trend zur internationalen Arbeitsteilung, ein sich beschleunigender technologischer Wandel und eine zunehmende Integration von Technologien und Branchen zu beobachten. Eine Konsequenz dieser Entwicklungen ist, daß viele Problemlösungen zunehmend komplexer gestaltet sind und sich nur noch mit steigenden Aufwendungen für Forschung und Entwicklung realisieren lassen. Gleichzeitig unterliegen die Produkte aber auch einem erhöhten Erfolgsrisiko, da die Märkte von einer Vielzahl unvorhersehbarer Diskontinuitäten geprägt sind und die Nachfrager im Zusammenhang mit dem Einsatz neuer Technologien eine Fülle von Risiken empfinden, die sich in vielfältigen Widerständen gegen die Beschaffung und Implementierung der entsprechenden Hard- und Software niederschlagen. So verwundert es nicht, daß Innovationsprozesse auf seiten der Anbieter häufig von hohen Mißerfolgsraten bei der Einführung neuer Produkte gekennzeichnet sind. Zusätzlich wird die Situation noch durch die Tatsache verschärft, daß sich die Produktlebenszyklen in vielen Sektoren der Wirtschaft gleichzeitig verkürzen, so daß den Unternehmen auch bei erfolgreichen Produkteinführungen ein immer kürzerer Zeitraum zur Amortisation ihrer für Forschung und Entwicklung getätigten Aufwendungen zur Verfügung steht (vgl. Abbildung 1). Ganz dramatisch zeigt sich diese Entwicklung im Bereich der Mikroelektronik, in der seit Mitte der achtziger Jahre mittlerweile sogar die Produktentwicklungszeiten länger sind als die Dauer der betreffenden Produktlebenszyklen (vgl. BULLINGER / WASSERLOOS 1990: 16).

Die geschilderten Zusammenhänge sind der Grund dafür, daß viele Hersteller bestrebt sind, eine Verbesserung der Erfolgschancen neuer Produkte gerade in Hochtechnologiebereichen zu erreichen. Dabei wird aber immer wieder angemerkt, daß sich einer schnellen Verbreitung neuer Technologien u. a. eine fehlende bzw. unzureichende Normung der Produkte, Systeme und Schnittstellen-Spezifikationen entgegenstellt. Dies gelte vor allem für alle Problemlösungen im Bereich der Systemtechnologien,[1] die ihren vollen Nutzen erst dann entfalten können, wenn die verschiedenen Systemkomponenten,

---

[1] Systemtechnologien sind dadurch gekennzeichnet, daß in ihnen serien- und einzelgefertigte Produkte sowie Dienstleistungen auf der Basis einer bestimmten Systemphilosophie miteinander kombiniert werden. Während zentrale Netzwerke vor allem die notwendigen Sammel- und Verteilfunktionen übernehmen, erfolgt die eigentliche Nutzung der Systeme häufig dezentral mit Hilfe von Peripheriegeräten. Vgl. BACKHAUS (1992: 225ff.); BACKHAUS (1993: 74); BACKHAUS / AUFDERHEIDE / SPÄTH (1994: 10).

die in ihnen zusammenwirken sollen, miteinander vernetzt werden können, was aber wiederum eine Abstimmung der entsprechenden Schnittstellen voraussetzt.

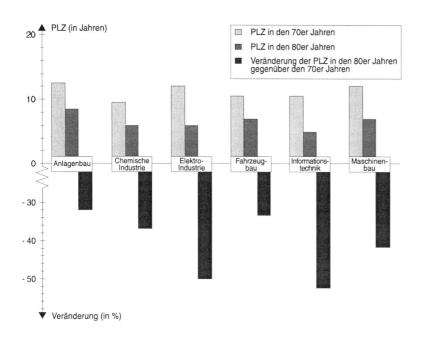

Abbildung 1: Verkürzung der Produktlebenszyklen
Quelle: DROEGE / BACKHAUS / WEIBER (1993: 54)

Hinzu kommt, daß durch die zunehmende Internationalisierung des Geschäftsverkehrs eine immer größere Anzahl von Anbietern auf bestimmte Märkte drängt. Dabei sind einige europäische oder amerikanische Märkte in der Vergangenheit durch den Eintritt neuer, vor allem japanischer und anderer ostasiatischer Anbieter, völlig verlorengegangen, da die etablierten Anbieter nicht auf das z. T. aggressive Auftreten der neuen Konkurrenten vorbereitet waren und keine entsprechenden Konzepte bereithielten bzw. schnell genug entwickeln konnten. Auch in diesem Zusammenhang wird oft auf den „negativen" Einfluß der Normung verwiesen, die diese Entwicklung, aus nationaler bzw. europäischer Sicht, nicht verhindert habe. Andererseits seien sogar entsprechend frühzeitige und beispielsweise mit Unterstützung des japanischen MITI durchgeführte Normungsaktivitäten für den Erfolg der asiatischen Anbieter mitverantwortlich.

Schließlich wird die skizzierte Situation aus der Perspektive vieler Betroffener noch dadurch verschärft, daß gerade die internationale Normungsarbeit durch eine Reihe von Einschränkungen und Mängeln geprägt ist:

So können die Normenausschüsse den an sie gestellten Anforderungen hinsichtlich der Menge der zu bearbeitenden Normungsvorhaben gar nicht nachkommen. Daraus resultiert gleichsam ein „Normenstau", der sich beispielsweise darin zeigt, daß bei der INTERNATIONAL ELECTRONICAL COMMISSION (IEC), die für die weltweite Normung im Bereich Elektrotechnik und Elektronik zuständig ist, z. Zt. 3.500 Normungsvorhaben in Bearbeitung bzw. projektiert sind. Pro Jahr können aber nur etwa 300 Normen verabschiedet werden, mit dem Effekt, daß die „Durchlaufzeit" für eine Norm bei ca. fünf Jahren liegt.[2]

Zudem sind viele, den internationalen Normungsinstitutionen von den nationalen Sekretariaten vorgelegte Normenentwürfe, sogenannte „Draft International Standards" (DIS), formal oder inhaltlich unzulänglich, wodurch sich ihre Bearbeitungszeit gleichfalls verlängert (vgl. GISSEL 1995: 4).

Angesichts der skizzierten Situation verwundert es nicht, daß von verschiedenster Seite die Forderung erhoben worden ist, die technische Normung gerade für Hochtechnologiebereiche müsse flexibler gestaltet und schneller durchgeführt werden und, sofern möglich, bereits parallel zur technischen Entwicklung erfolgen, wenn sie ihr nicht sogar vorauseilen sollte.[3]

2. Die Konzeption der Entwicklungsbegleitenden Normung

2.1 Der Grundgedanke der Entwicklungsbegleitenden Normung

Um dieser Anforderung gerecht zu werden, wurde seitens der internationalen, der europäischen sowie verschiedener nationaler Normungsinstitutionen die Konzeption der

---

[2] Vgl. GISSEL (1995: 4). Bei dem COMITÉ EUROPÉEN DE COORDINATION DE NORMALISATION (CEN) werden z. Zt. sogar über 10.000 Normungsvorhaben gezählt.

[3] Vgl. FRIEBE (1981: 675ff.); TSCHERMAK VON SEYSEGG (1987); MCKNIGHT (1987: 420); PFAU (1991: 67) sowie speziell für den CIM-Bereich in der Bundesrepublik Deutschland: DEUTSCHES INSTITUT FÜR NORMUNG E. V. (1987: 27).

„Entwicklungsbegleitenden Normung" erarbeitet. Sie besteht im Kern aus dem Versuch, neue Wege und Vorgehensweisen der Normungsarbeit zu finden, durch die schon bereits in der Entwicklungsphase innovativer Technologien eine Festlegung relevanter technischer Spezifikationen[4] erreicht werden soll. Eine genaue Charakterisierung der Entwicklungsbegleitenden Normung wird allerdings dadurch erschwert, daß die Konzeption zumeist mittels der durch sie zu erreichenden Ziele und der dabei einzusetzenden Mittel beschrieben wird, während eine klare Definition, wie sie im Bereich der konventionellen Normung existiert,[5] nicht vorliegt.

Ein wesentliches Element der Konzeption ist allerdings, daß in einem verkürzten und vereinfachten Verfahren „Vornormen" erarbeitet und veröffentlicht werden können, die zunächst nur eine zeitlich begrenzte Gültigkeit besitzen.[6] Solche Vornormen werden lediglich zur vorläufigen Anwendung empfohlen und müssen nach Ablauf von maximal zwei Jahren, wobei eine optionale Verlängerung um dreimal je ein Jahr möglich ist, nicht zwingend in eine endgültige Norm münden. Zudem entsteht bei der Veröffentlichung einer Vornorm keine Stillhalteverpflichtung für andere Normungsinstitutionen in Europa, und es resultiert daraus auch kein Zwang, daß von der Vornorm tangierte anders lautende Normen zurückgezogen werden müssen (vgl. DEUTSCHES INSTITUT FÜR NORMUNG E. V. 1991a: 14; DEUTSCHES INSTITUT FÜR NORMUNG E. V. 1991b: 5ff.). Durch diese Vorgehensweise soll eine bessere und schnellere Umsetzung von Forschungsergebnissen in marktfähige Produkte und damit eine Erhöhung der Chancen für eine erfolgreichere Vermarktung neuer Technologien gewährleistet werden (vgl. HÜLSMANN 1992: 1).

---

[4] Unter einer technischen Spezifikation wird in Anlehnung an die Richtlinie des RATES DER EUROPÄISCHEN GEMEINSCHAFTEN eine Beschreibung der Merkmale eines Erzeugnisses verstanden. Vgl. EUROPÄISCHE GEMEINSCHAFTEN (1983, Art.1 Satz 1).

[5] Die ECONOMIC COMMISSION FOR EUROPE definiert eine Norm als „eine technische Beschreibung oder ein anderes Dokument, das für jedermann zugänglich ist und unter Mitarbeit und im Einvernehmen oder mit allgemeiner Zustimmung aller interessierter Kreise erstellt wurde. Sie beruht auf abgestimmten Ergebnissen aus Wissenschaft, Technik und Praxis. Sie erstrebt einen größtmöglichen Nutzen für die Allgemeinheit. Sie ist von einer auf nationaler, regionaler oder internationaler Ebene anerkannten Organisation gebilligt worden." Aus: DIN 820, Teil 3, Anhang A. In: DEUTSCHES INSTITUT FÜR NORMUNG E. V. (1982).

[6] Vgl. DEUTSCHES INSTITUT FÜR NORMUNG E. V. (1987); HARTLIEB / RIXIUS (1989). In Deutschland lautet die Bezeichnung „DIN-Vornorm", im Rahmen der europäischen Normung „EN-V" (European Norm / Vornorm).

2.2 Nationale und internationale Aktivitäten der Entwicklungsbegleitenden Normung

Die ersten Überlegungen zur Entwicklungsbegleitenden Normung wurden in Deutschland Mitte der achtziger Jahre angestellt. Sie haben u. a. dazu geführt, daß mit Unterstützung aus Förderprogrammen des damaligen BUNDESMINISTERIUMS FÜR FORSCHUNG UND TECHNOLOGIE (BMFT) sowie des heutigen „Zukunftsministeriums" beim DEUTSCHEN INSTITUT FÜR NORMUNG E. V. (DIN) Kommissionen für Dünnschichttechnologie, Integrierte Optik und Lasertechnik sowie für Schnittstellen in der rechnerintegrierten Fertigung (CIM) und in der Qualitätssicherung gegründet wurden. Ihre Funktion war und ist es, für die betreffenden Bereiche die nationalen Aktivitäten der Entwicklungsbegleitenden Normung aufeinander abzustimmen, Anregungen für die Normungsarbeit aufzunehmen und an die Normenausschüsse weiterzuleiten sowie wissenschaftliche Forschungsprojekte zur Unterstützung der Normungsarbeit zu koordinieren. Zudem wurde 1993 der SONDERAUSSCHUSS DES DIN-PRÄSIDIUMS ZUR ENTWICKLUNGSBEGLEITENDEN NORMUNG geschaffen, dessen Aufgabe darin besteht (vgl. HARTLIEB 1993: 332ff.),

- eine Abstimmung mit den entsprechenden internationalen Gremien herbeizuführen,
- für die Entwicklungsbegleitende Normung relevante Themen und Fachleute zu identifizieren,
- Empfehlungen zur Durchführung der Entwicklungsbegleitenden Normung zu erarbeiten,
- den Gedanken der Entwicklungsbegleitenden Normung in der Öffentlichkeit zu fördern sowie
- Anregungen und Hinweise zu geben, wie mögliche Anschubfinanzierungen für Projekte der Entwicklungsbegleitenden Normung gefunden werden können.

Da auch in anderen Ländern Europas, zunächst vor allem in Frankreich, Aktivitäten der Entwicklungsbegleitenden Normung ergriffen wurden, entstand die Notwendigkeit einer Koordination der verschiedenen nationalen Vorhaben. Zu diesem Zweck hat die 1992 von der europäischen Normungsinstitution, des COMITÉ EUROPÉEN DE COORDINATION DE NORMALISATION (CEN), gegründete Arbeitsgruppe STANDARDIZATION AND RESEARCH AND DEVELOPMENT (CEN STAR) im Jahre 1993 einen Bericht vorgelegt, der einen Leitfaden für entsprechende Maßnahmen enthält. Dabei handelt es sich im wesentlichen um Anregungen für die Identifizierung von Koordinationsbedarfen sowie für die Initiierung und Intensivierung von Kontakten zwischen bestehenden Normungsgremien und F&E-Projektgruppen, die auf den Ebenen der strategischen Planung, des Kon-

Entwicklungsbegleitende Normung 87

sens- und Kooperationsmanagements sowie der operativen Projektarbeit angesiedelt sind (vgl. RIXIUS 1994: 52).

Auch auf internationaler Ebene hat man sich bereits seit 1986 mit der Problematik der Entwicklungsbegleitenden Normung beschäftigt.[7] Dies hatte zur Konsequenz, daß 1987 durch die INTERNATIONAL STANDARDS ORGANIZATION (ISO) und die INTERNATIONAL ELECTRONICAL COMMISSION (IEC) mit dem ISO / IEC PRESIDENTS ADVISORY BOARD ON TECHNOLOGICAL TRENDS (ABTT) und der ISO / IEC AD HOC GROUP ON LONG-RANGE PLANNING (LRPG) zwei Arbeitsgruppen mit den folgenden Aufgaben eingerichtet wurden (vgl. PFAU 1991; RIXIUS 1994: 52):

Das ABTT sollte ISO und IEC in bezug auf weltweite Technologieentwicklungen und die daraus resultierenden Anforderungen an die internationale Normung beraten. Als Ergebnisse der Konsultationen wurde ein dringender Bedarf an entwicklungsbegleitenden Normungsaktivitäten in den Bereichen Luft- und Raumfahrt, Automobiltechnik, Biotechnologie, Elektronik, Produktionsautomatisierung, Robotik, High Definition Television (HDTV), Informationstechnik und Umweltschutz festgestellt.

Die LRPG führte eine weltweite schriftliche Befragung bei Normungsinstitutionen, Verbänden und Unternehmen durch, aufgrund deren Ergebnisse Schwerpunkte der zukünftigen Normungsarbeit identifiziert werden sollten. Von den auf der Grundlage einer Studie der japanischen SCIENCE AND TECHNOLOGY AGENCY vorgegebenen 149 Sachgebieten wurden auf die Normung bezogen 55 als „wichtig" und zehn als „dringend" eingestuft. Sie gehören vor allem zu den Bereichen Information, Elektronik und Software, Biotechnologie, Gesundheitsschutz und medizinische Versorgungstechnik sowie Umweltschutz und Sicherheit.

Die Ergebnisse und Empfehlungen beider Arbeitsgruppen, die im wesentlichen auf eine Intensivierung der Anstrengungen der Entwicklungsbegleitenden Normung auf den als wichtig und dringend angesehenen Technologiefeldern hinauslaufen, wurden 1990 gemeinsam von ISO und IEC veröffentlicht.[8]

---

[7] Im englischsprachigen Raum werden dafür die Begriffe „prenormative research", „development accompanied standardization" oder „standardization accompanied R&D" verwendet. Vgl. RIXIUS (1994: 52).

[8] Vgl. DEUTSCHES INSTITUT FÜR NORMUNG E. V. (1991a); PFAU (1991). Bei der IEC wird in diesem Zusammenhang die Einrichtung eines ADVISORY COMMITTEE ON NEW TECHNOLOGIES (ACNT) als einer ständigen Beratergruppe vorbereitet. Vgl. RIXIUS (1994: 52). Demgegenüber wurde die Arbeit des ABTT 1994 eingestellt. Vgl. INTERNATIONAL STANDARDS ORGANIZATION (1994).

2.3 Aufgabenfelder der Entwicklungsbegleitenden Normung

Betrachtet man die skizzierten nationalen und internationalen Aktivitäten, wird deutlich, daß mit der Entwicklungsbegleitenden Normung unterschiedliche Zielsetzungen verbunden werden:

Der erste wesentliche Aspekt betrifft dabei das frühzeitige Überprüfen laufender Forschungs- und Entwicklungsprojekte in Hinblick darauf, ob sich ein Normungsbedarf erkennen läßt.[9] Notwendige Voraussetzung hierfür ist, daß entsprechende Forschungsergebnisse in die Normungsgremien eingebracht werden. In der Bundesrepublik Deutschland wird dies vor allem dadurch versucht, daß innerhalb der vom Bund geförderten „Verbundprojekte"[10] ein Normenkoordinator benannt wird, der die normungsrelevanten Sachverhalte der Forschungsarbeiten aus den Ergebnissen des Projektes extrahiert und über die betreffende Kommission des DIN in den jeweiligen Normenausschuß weiterleitet. Gleichzeitig soll der Normenkoordinator als Fachmann aus dem Projekt bei der Arbeit des Normenausschusses mitwirken. Zudem sind diese Normungsbedarfe in den Abschlußberichten der Forschungsprojekte festzuhalten. Durch diese frühzeitige Beteiligung der „interessierten Kreise" soll ein möglichst schneller und effizienter Wissens- bzw. Technologietransfer der Forschungsergebnisse, insbesondere im Bereich der „komplexen und innovativen Technologien" (vgl. DEUTSCHES INSTITUT FÜR NORMUNG E. V. 1991c: 6), in die Praxis und damit in marktfähige Anwendungen erreicht werden (vgl. DEUTSCHES INSTITUT FÜR NORMUNG E. V. 1991b: 8).

Ein zweiter Aufgabenschwerpunkt der Entwicklungsbegleitenden Normung besteht darin, im Rahmen einer Art „Normen-Monitoring" frühzeitig Mängel existierender Normen und sonstiger Regelungen, die sich der Einführung neuer Technologien möglicherweise entgegenstellen, zu erkennen und sie durch rechtzeitige Aktivitäten der Normenausschüsse abzubauen. Die folgenden Beispiele aus dem Bereich der Lasertechnik sollen diesen Sachverhalt veranschaulichen:

- Durch den Einsatz von Lasern beim Schweißen von Druckbehältern können wirtschaftliche Vorteile bei ihrer Herstellung erzielt werden. Da es sich hierbei allerdings um sicherheitsrelevante Teile handelt, existieren in technischen Richtlinien genaue

---

[9] Vgl. in Anlehnung an DEUTSCHES INSTITUT FÜR NORMUNG E. V. (1991c: 6).

[10] Verbundprojekte sind vom Bund geförderte Forschungsvorhaben, die gemeinsam von wissenschaftlichen Forschungseinrichtungen und Unternehmen durchgeführt werden, wobei der von den Unternehmen zu erbringende Anteil maximal mit 50 % der entstehenden Aufwendungen öffentlich gefördert wird.

Entwicklungsbegleitende Normung 89

Vorschriften hinsichtlich der Beschaffenheit der Schweißnaht. Die Anwendung eines Lasers verändert zwar nicht die Belastbarkeit der Druckbehälter, es entstehen jedoch andere Nahtbreiten und -strukturen. Dadurch ist der Einsatz dieser Technologie in diesem Bereich faktisch unmöglich, da die Behälter nur mit der Erfüllung der Norm abgenommen werden.[11]

- Eine ähnliche Wirkung, die allerdings nicht direkt mit der Normung zusammenhängt, kann aus den Bereichen der Medizin angeführt werden: Zwar steigen die Kosten operativer Eingriffe durch den Einsatz der Lasertechnologie, sie verkürzen jedoch wesentlich die Liegezeiten der Patienten, da sich der Aufwand für die postoperative Pflege drastisch vermindert. Ein verstärkter Einsatz von Lasern könnte hier somit insgesamt Einsparungspotentiale freisetzen. Die Krankenkassen ersetzen allerdings nur die Kosten der herkömmlichen Operation, weshalb u. a. kaum Interesse für die Anschaffung und den Einsatz dieser Technologie besteht (vgl. PFEIFFER 1992: 45).

- Auch findet der Laser beim Schiffsbau u. a. deshalb keine Verwendung, weil Laser-Schweißnähte von einigen großen Versicherungen nicht akzeptiert werden. Da die Schiffseigner aber von der Gewährung des entsprechenden Versicherungsschutzes abhängig sind, wird auch hier die Verwendung des Lasers de facto ver- bzw. behindert.

In allen genannten und ähnlichen Fällen existieren somit Ansatzpunkte für eine frühzeitige Anpassung des bestehenden Normenbestandes.

Schließlich und drittens werden mit der Entwicklungsbegleitenden Normung aber auch industriepolitische Zielsetzungen verknüpft. Dabei ist allerdings zunächst zu beachten, daß die Normungsarbeit sowohl national als auch international privatwirtschaftlich organisiert ist und keinerlei staatlichen Vorgaben unterliegt.[12] Gleichwohl wird von politischer Seite immer wieder geäußert, daß die Förderung der Aktivitäten der Entwicklungsbegleitenden Normung deshalb geschieht, um dadurch die internationale Wettbewerbsfähigkeit der deutschen bzw. der europäischen Wirtschaft u. a. durch die Ermöglichung eines früheren Markteintritts zu stärken.[13] Diese zumindest indirekte staatliche

---

[11] Vgl. IFO-INSTITUT FÜR WIRTSCHAFTSFORSCHUNG (1990: 103).

[12] So ist beispielsweise das DEUTSCHE INSTITUT FÜR NORMUNG E. V. mit Sitz in Berlin ein eingetragener Verein, der aufgrund eines Vertrages mit der Bundesrepublik Deutschland alleiniger Träger der nationalen Normung ist.

[13] Besonders deutlich wird die industriepolitische Ausrichtung der Entwicklungsbegleitenden Normung in dem Ausspruch „Wer die Normen hat, hat die Märkte!" des damaligen Bundesministers für Forschung und Technologie, HEINZ RIESENHUBER, bei der Vorstellung des ersten Förderprogramms (1987). Vgl. o. V. (1987: 11).

Einflußnahme kommt allein auch schon dadurch zustande, daß Maßnahmen der Entwicklungsbegleitenden Normung von staatlicher Seite nicht generell, sondern lediglich im Rahmen von Technologieförderprogrammen unterstützt werden. Da sich die Normenausschüsse ohne diese Förderung aber kaum oder gar nicht mit entwicklungsbegleitenden Normungsprojekten beschäftigen, bleibt die Entwicklungsbegleitende Normung damit, zumindest z. Zt., zwangsläufig auf die geförderten Technologiebereiche beschränkt, obwohl in anderen Bereichen vielleicht ein ähnlicher oder ein noch größerer Bedarf an derartigen Aktivitäten existiert.

Somit können drei Aufgabenbereiche der Entwicklungsbegleitenden Normung identifiziert werden (vgl. Abbildung 2): Sie soll der innovationsbezogenen Informationsverteilung im Markt, dem „Normen-Monitoring" sowie industriepolitischen Zielsetzungen dienen.

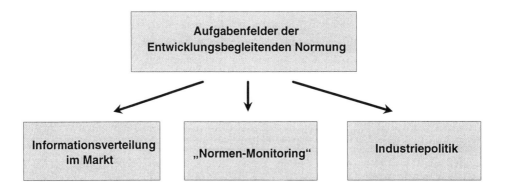

Abbildung 2: Aufgabenfelder der Entwicklungsbegleitenden Normung

Die z. T. schlechte Akzeptanz von nationalen, europäischen und internationalen Vornormen durch die Anbieter und Nachfrager der Techniken läßt die Frage aufkommen, ob das Instrument der Entwicklungsbegleitenden Normung tatsächlich das gesetzte Ziel einer Beschleunigung der Diffusion neuer Technologien erreicht bzw. erreichen kann, oder ob es ihm vielleicht sogar zuwiderläuft und wie es in das Spannungsfeld zwischen Regulierung und Deregulierung einzuordnen ist.

3. Entstehung und Wirkung von Standards und Normen im Marktprozeß

Um diese Fragen beantworten zu können, ist es zunächst notwendig herauszuarbeiten, welche Funktion Normen ganz allgemein im Marktprozeß einnehmen und wie sie zustande kommen. Dazu ist es wiederum wichtig, zwischen *Normen* als Ergebnissen der Arbeit von Normenausschüssen auf der einen und *Marktstandards* als Ergebnissen des Marktprozesses auf der anderen Seite zu unterscheiden. Marktstandards sollen dabei als „Spezifikationen bestimmter Produkte bzw. Systeme" verstanden werden, die „von einer Vielzahl oder sogar von allen Marktteilnehmern (Anbietern und Nachfragern) ... akzeptiert werden".[14]

Die Entwicklung von Standards auf Märkten resultiert aus der Tatsache, daß das Wissen um die Eigenschaften und Qualitäten von Gütern und Transaktionspartnern auf Märkten am Beginn eines Marktprozesses ungleich verteilt ist. So haben die Nachfrager in der Einführungsphase neuer Produkte bzw. Technologien zunächst einen großen Informationsbedarf hinsichtlich der funktionalen Eigenschaften der Leistungen (vgl. WOLL 1967: 206ff.). Die fehlenden Erfahrungswerte machen eine Qualitätsbeurteilung z. T. sogar völlig unmöglich. Das Risiko, eine Fehlentscheidung zu treffen wird dabei als um so höher empfunden, je höherwertiger das Gut ist und – im Fall von investiv verwendeten Leistungen – je einschneidender der mit seinem Einsatz verbundene Wandel der betrieblichen Abläufe ist. Da die Leistung eines Anbieters zudem vielfach nicht nur das Angebot eines Einzelproduktes umfaßt, sondern auch seine individuelle Anpassung an die Gegebenheiten beim Nachfrager und die Implementierung in dessen Verwendungszusammenhang, verschärft sich die Unsicherheitsproblematik noch dadurch, daß der Nachfrager auch die diesbezügliche Leistungsfähigkeit des Anbieters nicht oder kaum beurteilen kann.

Durch das Tätigen von Transaktionen erlangen zunächst lediglich einzelne Nachfrager aufgrund des damit verbundenen Informationstransfers Kenntnisse über die betreffende Leistung und den jeweiligen Anbieter. Zudem erwerben sie Erfahrungen mit dem Produkt und gewinnen Informationen darüber, ob und inwieweit ein Anbieter gegebene Leistungsversprechen tatsächlich eingehalten hat. In der Folge steigt dann aber auch das Wissen anderer Marktteilnehmer, etwa durch Erfahrungsaustausch zwischen Nachfra-

---

14 KLEINALTENKAMP (1993: 17); in Anlehnung an HINTERHUBER (1975, Sp. 2781f.).

gern, Veröffentlichungen, Messepräsentationen u. ä., so daß sich die Unsicherheiten bezüglich der Verwendung eines neuen Produktes stetig abbauen.

Die mit erfolgter Standardetablierung verbundenen Informationseffekte lassen sich dabei wie folgt grob im Hinblick auf ihre Relevanz für Nachfrager und Anbieter unterscheiden:

Aus einer Standardetablierung resultiert für die Nachfrager ein Abbau der mit technologischen Innovationen verbundenen Unsicherheiten hinsichtlich der Verwendungsmöglichkeiten des betreffenden Produkts und in bezug auf die Zahl der Mitverwender. Dadurch sind die Nachfrager nicht zuletzt auch besser über ihre Möglichkeiten zur Nutzung direkter und/oder indirekter Netzeffekte informiert, die einen wesentlichen Teil des Nutzenkalküls ausmachen. Solche Netzeffekte entstehen dann, wenn der Nutzen eines Produktes bzw. Systems dadurch erhöht wird, daß gleiche oder ähnliche Güter auch von anderen Marktteilnehmern verwendet werden bzw. verwendet werden können.[15]

Für die Anbieter entfällt durch die Standardetablierung demgegenüber der „Schutz der Ungewißheit" über die sich durchsetzende technische Spezifikation, wodurch ein Markterfolg herstellerindividueller Lösungen immer unwahrscheinlicher wird. Gleichzeitig bedeutet dies, daß die Produktion großer Stückzahlen auf der Basis der Standardkonfiguration erfolgversprechend wird. Ebenso ist es „Newcomern" leichter möglich in den Markt einzutreten, da nun Informationen über die Qualitätsanforderungen an das betreffende Produkt mehr oder weniger kostenlos zur Verfügung stehen.

---

15 Vgl. MCKNIGHT (1987: 417, 421); PFEIFFER (1989: 17ff.); WIESE (1990: 3f.). Direkte Netzeffekte ergeben sich dann, wenn eine physikalische Verbindung zwischen den verschiedenen Geräten vorhanden ist, deren Nutzung den eigentlichen Zweck des betreffenden Gutes darstellt. So entsteht der Nutzen eines Telefons, eines Telefax-Gerätes o. ä. erst dadurch, daß auch andere Teilnehmer entsprechende Geräte besitzen. Er ist umso größer, je größer die „installierte Basis" ist, d. h. je mehr Teilnehmer ein solches Netz umfaßt. Vielfach ist die Akzeptanz solcher Produkte sogar erst dann gegeben, wenn eine bestimmte „kritische Teilnehmerzahl" (BACKHAUS / WEIBER 1987: 76) oder „kritische Schwelle" (WIESE 1990: 6) überschritten bzw. eine „kritische Masse" (BACKHAUS 1992: 347; WEIBER 1992: 19) erreicht wird. Demgegenüber stellen sich indirekte Netzeffekte dadurch ein, daß das Angebot an *Komplementär*leistungen und deren Nutzungsmöglichkeiten erhöht wird. Vgl. FARRELL / SALONER (1985: 71); KATZ / SHAPIRO (1986: 146); PFEIFFER (1989: 18f.). Die Wirkung solcher indirekter Netzeffekte kann beispielhaft an den überbetrieblichen Standardisierungsprozessen bei Video-Rekordern und Personal Computern verdeutlicht werden. So haben die Verfügbarkeit bespielter Video-Kassetten und die Möglichkeit, sie zu leihen bzw. zu tauschen, ebenso zur Akzeptanz und Verbreitung von VHS-Video-Rekordern und damit des VHS-Standards beigetragen wie das Angebot lauffähiger Anwendungssoftware zur Durchsetzung der IBM-PCs und des IBM-PC-Standards. Vgl. BACKHAUS (1992: 129); KLEINALTENKAMP (1993b: 32).

Aus ökonomischer Sicht stellen Standards somit Informationsträger dar, die erst im Marktprozeß entstehen, d. h. durch das Durchführen von Markttransaktionen und die damit verbundenen Informationsaktivitäten. Standards sind demnach zunächst *Marktergebnisse*, die einen wesentlichen Teil der „spontanen Ordnung" (vgl. SUGDEN 1989: 85) darstellen, die der Marktprozeß schafft, wodurch sie gleichzeitig aber auch zu Rahmenbedingungen für zukünftige Markttransaktionen werden.

Dabei ist zusätzlich zu beachten, daß das Marktergebnis „Standard" von den Marktteilnehmern gleichsam „kostenlos"[16] allein dadurch hervorgebracht wird, daß Markttransaktionen getätigt werden und im Zusammenhang damit zwischen und auf den jeweiligen Marktseiten kommuniziert wird. Aus einer Analyse und Bewertung der verschiedenen im Verlaufe des Marktprozesses generierten Informationen wird dann mehr oder weniger „von selbst" deutlich, welche Spezifikationsmerkmale als allgemein anerkannt angesehen werden. Die Motivation zur Erbringung der Leistung „Herausbildung eines Standards" rührt somit aus dem Wunsch, Markttransaktionen durchzuführen und gleichzeitig die dabei wahrgenommenen Unsicherheiten zu reduzieren. Marktstandards bilden sich somit im Verlaufe des Marktprozesses als „Institutionen zur Reduzierung von Unsicherheiten" sowohl der Anbieter als auch der Nachfrager (vgl. KLEINALTENKAMP 1994: 205).

Da nun aber die Normenausschüsse angehalten sind, ihre Festlegungen auf der Basis eines allgemeinen Konsens sowie auf abgestimmten Prozessen von Wissenschaft, Technik und Praxis zu treffen,[17] gründet sich eine Norm in aller Regel auf einem etablierten Marktstandard oder ist mit ihm deckungsgleich. Insofern stellt ein etablierter Marktstandard für die Arbeit der Normenausschüsse einen wichtigen, wenn nicht sogar den ausschlaggebenden Ausgangspunkt dar. Die sich im allgemeinen somit *vor* dem Normungsprozeß vollziehenden Selektionsprozesse auf dem Markt haben ja bereits ein Urteil über die Eignung einer Spezifikation zur Lösung eines bestimmten Problems abgegeben. Dabei spielen aber auch nicht unmittelbar in der technischen Leistungsfähigkeit begründete Faktoren eine wichtige, z. T. sogar ausschlaggebende Rolle. Hierzu zählen etwa die unterschiedlichen Fähigkeiten der Anbieter, die Realisierung von Netzeffekten zu ermöglichen bzw. zu erleichtern, die Angebote von Zusatzleistungen, die Marktmacht einzelner Anbieter, bestehende Geschäftsbeziehungen zu bestimmten Kundenkreisen, die aus der Erfahrung der Anwender heraus vermutete Kompetenz von Anbie-

---

[16] De facto sind die betreffenden „Opfer" ein Teil der den Transaktionspartnern entstehenden Transaktionskosten. Aus makroökonomischer Sicht handelt es damit um „versunkene" Transaktionskosten. Vgl. WEGEHENKEL (1981: 20ff.).

[17] Vgl. etwa DIN 820, Teil 3, Anhang A, in: DEUTSCHES INSTITUT FÜR NORMUNG E. V. (1982).

tern, eine bestimmte Problemlösung tatsächlich umsetzen zu können, u. v. m. (vgl. KLEINALTENKAMP 1990).

Der typische Weg eines Standardisierungs- und anschließenden Normungsprozesses läßt sich somit vereinfachend wie folgt darstellen: Auf einem Markt konkurrieren zunächst verschiedene herstellerspezifische Typen gegeneinander. Im Verlauf des Wettbewerbsprozesses kristallisiert sich aus ihnen ein einzelner Typ bzw. eine Mischung verschiedener Typen als Marktstandard heraus, der von allen oder einer Vielzahl von Marktteilnehmern als solcher anerkannt bzw. angesehen wird. Dieser Marktstandard bildet zum Abschluß der Entwicklung schließlich die Grundlage für eine entsprechende Norm. Eine solche Norm besitzt eine allgemeingültige Akzeptanz bzw. Verbindlichkeit sowohl hinsichtlich der Tatsache, daß sie aufgrund ihrer Herkunft gleichsam einen „offiziellen Charakter" trägt, als auch dadurch, daß sich ihr Inhalt bereits vorher am Markt durchgesetzt hat. Der zugrunde liegende Marktstandard war gleichsam eine „De-facto-Norm", der es lediglich an der entsprechenden institutionellen Festlegung und Kodifizierung fehlte (vgl. KLEINALTENKAMP 1993: 22). Dies ist aber auch der Grund dafür, daß sich auf vielen durchaus wichtigen Märkten Standards herausgebildet haben, die nicht genormt wurden und werden, ohne daß dadurch das Marktgeschehen litte.[18] Märkte entwickeln sich auch ohne Normen, Normen aber nicht ohne Märkte.

Im Gegensatz zu einer konventionellen Norm setzt eine Vornorm nun nicht an bereits etablierten Marktstandards an, da bereits vor oder kurz nach der Markteinführung eine Festlegung relevanter technischer Leistungsmerkmale erreicht werden soll. Grundlage hierfür bildet mehr oder weniger die Vorstellung, daß a priori Spezifikationen herausgearbeitet werden können, die eine optimale Funktionserfüllung für das zu lösende Anwendungsproblem garantieren bzw. zu einer solchen beitragen können. Da hierdurch die Risiken der Anwender hinsichtlich des Einsatzes der neuen Technologie sänken, würden technologische Innovationen schneller als bisher von ihnen adoptiert. Verkannt wird dabei allerdings, daß die technisch optimale Lösung nicht zwingend diejenige ist, die einen optimalen Grad an Bedarfserfüllung für den Anwender verspricht.

Normen als Kodifizierung des in Marktstandards gleichsam gespeicherten allgemein anerkannten Wissens über den Stand der Technik bedürfen somit immer der Standards als Ergebnisse des Marktprozesses.[19] Ein solches Marktergebnis kann aber nicht durch einen wie auch immer gearteten Normungsprozeß simuliert werden. Eine Entwicklungsbegleitende Normung kann demnach die Diffusion technischer Innovationen am Markt

---

[18] Als Beispiel sind hier etwa die Märkte für Video-Recorder und Computersysteme zu nennen.
[19] Vgl. zur Regulierung allgemein: O'DRISCOLL / RIZZO (1985: 12).

nicht dadurch fördern, daß versucht wird, ein Marktergebnis vorwegzunehmen. Eine solche „Norm" hätte sich immer dem Wettbewerb mit sich auf dem Markt entwickelnden Lösungen zu stellen, wobei die Marktkräfte letztlich die Oberhand behalten würden. Entwicklungsbegleitende Normung kann die Verbreitung technischer Innovationen am Markt nur dadurch beschleunigen, daß sie die Informationsprozesse, die sich ohnehin im Verlauf des Marktprozesses vollziehen, zu unterstützen sucht, so daß sich die Marktstandards als Marktergebnisse und gleichzeitige Grundlage der eigentlichen Normung schneller herausbilden können.

Vor diesem Hintergrund kann nun eine kritische Würdigung der verschiedenen Aufgabenfelder der Entwicklungsbegleitenden Normung vorgenommen werden.

4. Kritische Würdigung der Anwendungsfälle der Entwicklungsbegleitenden Normung

4.1 Entwicklungsbegleitende Normung als Instrument zur Unterstützung der Informationsverteilung im Markt

Wie bereits ausgeführt, können Aktivitäten der Entwicklungsbegleitenden Normung tatsächlich zur Beschleunigung der Diffusion neuer Technologien beitragen, wenn durch sie Informationen über neue technische Lösungsalternativen und Maßstäbe zu ihrer Beurteilung schneller im Markt verbreitet werden. Dies gilt besonders für Begriffsfestlegungen sowie für Maßeinheiten und Maßstäbe für das Messen und Prüfen der Leistungsfähigkeit technologisch neuer Verfahren und Aggregate. Wenn derartige Spezifikationen frühzeitig genormt werden, führt das zu einer Vereinfachung der Vergleichbarkeit von Lösungsalternativen und damit zu einer schnelleren Herausbildung von Marktstandards. Beispielhaft können hier etwa die Anstrengungen zur Erarbeitung von Kriterien für die Leistungsmessung von Lasern genannt werden.

Wettbewerbsschädlich und letztlich zum Scheitern verurteilt sind jedoch alle Versuche, im Rahmen der Entwicklungsbegleitenden Normung Elemente von Problemlösungen i. e. S. zu normen. Obwohl beispielsweise seitens des DIN immer wieder geäußert wird, daß ein solcher Fall bis heute nicht vorgekommen sei,[20] ist jedoch nicht ganz auszu-

---

20 Laut persönlicher Äußerungen von Mitarbeitern der Stabsstelle Technik sowie verschiedener Kommissionen des DIN gegenüber dem Verfasser.

schließen, daß bei den Normungsinstitutionen und bei den in den Normenausschüssen tätigen Mitgliedern nicht doch ein anderes Verständnis der Zwecke der Entwicklungsbegleitenden Normung vorherrscht. So wird nämlich beispielsweise von einem Vertreter des DIN bemängelt, daß sich marktführende oder -dominierende Produktkonzepte zu Marktstandards entwickelt hätten, „ohne daß ein Normungsprozeß stattgefunden hat" (RIXIUS 1994: 51), wobei unterstellt wird, daß dies per se wettbewerbsbeschränkend sei. Der Umkehrschluß lautet doch, daß in solchen Fällen nur eine rechtzeitige Entwicklungsbegleitende Normung wettbewerbsfördernd gewesen wäre. Wie die Ausführungen zum Verhältnis von Markt-, Standardisierungs- und Normungsprozessen gezeigt haben, ist genau das Gegenteil der Fall, denn die Normung kann die den Marktprozessen immanenten Standardisierungsprozesse nicht vorwegnehmen oder simulieren. Würde sie es versuchen, wäre genau dies ein Eingriff in den Marktprozeß und damit eine Wettbewerbsbeschränkung (vgl. WOLL 1967: 212; HAYEK 1976: 122).

Zwei grundsätzliche Schwierigkeiten stellen sich allerdings der Erreichung des Ziels, durch Entwicklungsbegleitende Normung die Informationsverteilung im Markt zu verbessern, entgegen:

Ein nicht zu unterschätzendes Problem besteht zunächst darin, daß der Begriff der Entwicklungsbegleitenden Normung suggeriert, es sollten tatsächlich bereits Produkte, Produktelemente, Komponenten oder Systemelemente genormt werden, obwohl noch gar nicht abzusehen ist, was sich als Stand der Technik durchsetzen wird. In der Wirtschaft ist dadurch in manchen Bereichen der Verdacht entstanden, daß etwas genormt werden soll, was noch nicht genormt werden kann bzw. darf. Hier ist sicherlich ein wesentlicher Grund für die z. T. mangelnde Akzeptanz und Resonanz der Aktivitäten der Entwicklungsbegleitenden Normung zu sehen, der durch eine bessere Öffentlichkeitsarbeit der betreffenden Normenausschüsse und Normungsinstitutionen zumindest teilweise behoben werden könnte.

Eine alternative Vorgehensweise wäre es hier, den Informationstransfer verstärkt nicht über, wenn auch nur vorläufige, Normen durchzuführen, sondern andere Kommunikationsmittel und -medien zu benutzen. Beispielhaft dafür können die von der IEC herausgegebenen „Conventions" genannt werden. Hierbei handelt es sich um Veröffentlichungen, in denen entwicklungsbegleitend vor allem Vorschläge für terminologische Festlegungen, für einzelne Spezifikationen oder für Meßverfahren publiziert werden. Dies geschieht, um die notwendigen Normungsdiskussionen möglichst frühzeitig anzuregen, weshalb die „Conventions" auch keine Normen oder Vornormen sind, und dementsprechend auch keinen bindenden Charakter besitzen.

Darüber hinaus resultieren Schwierigkeiten aus der Tatsache, daß, zumindest bei den vom Bund unterstützten Projekten, die Arbeit an den normungsrelevanten Forschungsfeldern der Verbundprojekte zwar bis zur Formulierung des Normungsbedarfes innerhalb des Projektes gefördert wird, nicht jedoch die Mitarbeit des Normenkoordinators innerhalb der Gremien des DIN, des CEN oder der ISO. Somit sind die Kosten für die Mitwirkung an der eigentlichen Ausarbeitung der entwicklungsbegleitend zu erstellenden Normen von den Forschern selbst bzw. ihren Arbeitgebern zu tragen, was dazu führt, daß sie den Gremien in aller Regel fernbleiben. Zudem wird die Arbeit im allgemeinen nur deshalb erfüllt, weil die Fördergelder für das Gesamtprojekt nur unter der Auflage gewährt werden, daß im Abschlußbericht in einem eigenen Teil Ausführungen zum Normungsbedarf gemacht werden müssen.

Der Grund für das umrissene Verhalten der Forscher und Entwickler kann darin gesehen werden, daß sie das primäre Ziel ihrer Projekte in der Wissensgenerierung, nicht jedoch in der Wissensverbreitung und -umsetzung sehen. Da zudem nicht, wie bei Marktstandards, ein marktsystemimmanenter Anreiz zur Erbringung der Informationsleistung existiert, besteht keine oder nur eine äußerst geringe Motivation zur Mitarbeit an Entwicklungsbegleitenden Normungsaktivitäten.

Wenn und soweit also Aktivitäten der Entwicklungsbegleitenden Normung zur Verbesserung des Informationstransfers zwischen und auf den Marktseiten beitragen, beschleunigen sie die Diffusion neuer Technologien dadurch, daß sie die Herausbildung von Standards als Institutionen im Marktprozeß fördern. Diese positive Wirkung kann um so mehr erzielt werden, je mehr die aufgezeigten Schwierigkeiten überwunden werden.

4.2 Entwicklungsbegleitende Normung als Instrument des „Normen-Monitoring"

Ein zweiter wesentlicher Nutzeffekt der Entwicklungsbegleitenden Normung im Sinne einer Beschleunigung der Diffusion neuer Technologien kann darin bestehen, daß durch Maßnahmen des „Normen-Monitoring" diffusionshemmende Rahmenbedingungen, wie sie für den Bereich der Lasertechnik beispielhaft dargestellt wurden, offengelegt und durch eine frühzeitige Veränderung oder Neufassung von Normen abgebaut werden.

Zudem kann durch die Aktivitäten der Entwicklungsbegleitenden Normung ein Regelungsbedarf identifiziert werden, der aus übergeordneten Gründen des Gemeinwohls resultiert. Beispielhaft sind hier Aspekte der Sicherheit sowie des Gesundheits- oder des

Umweltschutzes zu nennen. Wenn hier abzusehen ist, daß durch die Verbreitung neuer Technologien entsprechende Schäden oder Gefährdungen drohen, könnten so seitens der Wirtschaft via Normen frühzeitig Selbstregulierungsmaßnahmen ergriffen werden, die ein späteres Eingreifen des Staates durch gesetzliche Regelungen oder Verordnungen überflüssig machen würde.

Ein „Normen-Monitoring" im Rahmen von Aktivitäten der Entwicklungsbegleitenden Normung kann somit zwei Effekte haben: Entweder führt es zu einer die Diffusion neuer Technologien fördernden Deregulierung oder es hat eine Selbstregulierung zum Ergebnis, die allerdings aus übergeordneten Gründen notwendig und angebracht ist und eine staatliche Regulierung unnötig werden läßt.

4.3 Entwicklungsbegleitende Normung als Instrument der Industriepolitik

Demgegenüber sind alle Versuche, die Entwicklungsbegleitende Normung für die Zwecke der Industriepolitik zu instrumentalisieren, durchaus kritisch zu sehen. Vor dem Hintergrund der dargestellten Zusammenhänge zwischen Markt-, Standardisierungs- und Normungsprozessen ist deutlich geworden, daß eine Entwicklungsbegleitende Normung immer dann als Eingriff in den Marktprozeß angesehen werden muß, wenn durch sie versucht werden soll, Marktstandards als Marktergebnisse vorwegzunehmen. Diese Gefahr besteht aber genau dann, wenn die Entwicklungsbegleitende Normung als Mittel nationaler oder europäischer Industriepolitik eingesetzt wird oder werden soll. Dies hängt weniger damit zusammen, daß Maßnahmen der Entwicklungsbegleitenden Normung gefördert werden, weil dadurch ja in aller Regel kein Einfluß auf die Arbeit der Normenauschüsse genommen wird. Dies gilt vor allem dann, wenn letztere nicht versuchen, Marktstandards zu setzen. Problematisch ist vielmehr, daß die Unterstützung immer nur im Rahmen bestimmter Programme gewährt wird, welche die Förderung einzelner Technologiebereiche zum Inhalt haben. Entwicklungsbegleitende Normung, oder besser: Förderung des entwicklungsbegleitenden Informationstransfers, sollte vielmehr als eine Aufgabe der Wettbewerbspolitik verstanden werden, die für alle Märkte und Technologien sinnvoll zum Einsatz kommen kann, da sie die Entwicklung von Marktstandards forcieren und damit den Marktprozeß beschleunigen kann. Damit könnte sie wirklich einen Beitrag zur Förderung der Diffusion neuer Technologien leisten. Als industriepolitisches Instrument läuft sie jedoch immer Gefahr, regulierend in Märkte einzugreifen.

In der nachfolgenden Abbildung 3 sind die Aufgabenfelder der Entwicklungsbegleitenden Normung und ihre marktbezogenen Wirkungen noch einmal zusammenfassend dargestellt.

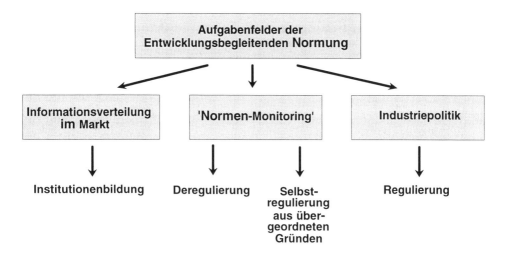

Abbildung 3: Marktbezogene Wirkungen der Aufgabenfelder der Entwicklungsbegleitenden Normung

Literaturverzeichnis

BACKHAUS, KLAUS (1992): Investitionsgütermarketing. 3. überarb. Aufl. München: Vahlen.
BACKHAUS, KLAUS (1993): Grundbegriffe des Industrieanlagen- und Systemgeschäfts. 3. Aufl. München: Siemens AG.
BACKHAUS, KLAUS; DETLEF AUFDERHEIDE; GEORG M. SPÄTH (1994): Marketing für Systemtechnologien. Stuttgart: Schaeffer-Poeschel.
BACKHAUS, KLAUS; ROLF WEIBER (1987): Systemtechnologien – Herausforderung des Investitionsgütermarketing. HARVARDmanager 9(1987)4: 70-80.
BULLINGER, HANS-JÖRG; GEORG WASSERLOOS (1990): Reduzierung der Produktentwicklungszeiten durch Simultaneous Engineering. CIM-Management 6(1990): 4-30.
DEUTSCHES INSTITUT FÜR NORMUNG E. V. (Hg.) (1982): Grundlagen der Normungsarbeit des DIN. 4. geänd. Aufl. Berlin, Köln: Beuth.
DEUTSCHES INSTITUT FÜR NORMUNG E. V. (Hg.) (1987): Normung von Schnittstellen für die rechnerintegrierte Produktion (CIM), DIN-Fachbericht Nr. 15. Berlin, Köln: Beuth.

DEUTSCHES INSTITUT FÜR NORMUNG E. V. (Hg.) (1991a): ABTT-Kolloquium 1991 Berlin, Diskussionsbeiträge des DIN-Kolloquiums über Empfehlungen des ISO / IEC-ABTT. Berlin, Köln: Beuth.

DEUTSCHES INSTITUT FÜR NORMUNG E. V. (Hg.) (1991b): Entwicklungsbegleitende Normung im Bereich der Lasertechnik – Standortbestimmung und Fortschreibung, DIN-Fachbericht Nr. 31. Berlin, Köln: Beuth.

DEUTSCHES INSTITUT FÜR NORMUNG E. V. (Hg.) (1991c): Geschäftsbericht 1991. Berlin.

DROEGE, WALTER; KLAUS BACKHAUS; ROLF WEIBER (1993): Strategien für Investitionsgütermärkte. Landsberg am Lech: Moderne Industrie.

EUROPÄISCHE GEMEINSCHAFTEN (Hg.) (1983): Richtlinie des Rates vom 28.03.1983 über ein Informationsverfahren auf dem Gebiet der Normen und technischen Vorschriften. Amtsblatt der Europäischen Gemeinschaften, Abl. Nr. L 109/8 v. 26.04.83.

FRANZ, HERMANN (1995): Innovationen – Voraussetzungen für die Zukunft Europas. DIN-Mitteilungen 74(1995)1: 1-3.

FRIEBE, KLAUS P. (1981): Auswirkungen der Mikroelektronik auf die Normung. DIN-Mitteilungen 60(1981): 673-677.

GISSEL, HANS (1995): Management in der Normenentwicklung. DIN-Mitteilungen 74(1995)1: 4-6.

HARTLIEB, BERND (1993): Entwicklungsbegleitende Normung (EBN) – Geschichtliche Entwicklung der Normung, Gründung eines Sonderausschusses des DIN-Präsidiums. DIN-Mitteilungen 72(1993)6: 332-339.

HARTLIEB, BERND; BRUNO RIXIUS (1989): Schnittstellennormierung für CIM. CIM-Management 5(1989)1: 37-43.

HAYEK, FRIEDRICH A. VON (1976): Individualismus und wirtschaftliche Ordnung. 2. erw. Aufl. Salzburg: Wolfgang Neugebauer.

HÜLSMANN, ANDREAS (1992): Dem Laser-Markt fehlen die Wachstumsimpulse. VDI-Nachrichten (28.08.1992): 1.

IFO-INSTITUT FÜR WIRTSCHAFTSFORSCHUNG (1991): Stand und Perspektiven der Lasertechnik in der Materialbearbeitung in Deutschland, Referate und Diskussionsbeiträge eines Expertengesprächs am 15. Oktober 1990 in Bonn. IFO-INSTITUT FÜR WIRTSCHAFTSFORSCHUNG (Hg.), zusammengestellt u. bearb. v. M. Reinhard. München.

INTERNATIONAL STANDARDS ORGANIZATION (Hg.) (1994): ISO-Council 47/1994. Genf.

KLEINALTENKAMP, MICHAEL (Hg.) (1990): Standardisierungsprozesse – Beispielhafte Standardisierungsprozesse aus den Bereichen der Konsum- und Mikroelektronik sowie der rechnerintegrierten Fertigung. Bochum: Ruhr-Universität, Arbeitspapier des Sonderforschungsbereichs 187 „Neue Informationstechnologien und flexible Arbeitssysteme" unter Mitarbeit von C. Schleich, H. Unruhe und R. Welsch.

KLEINALTENKAMP, MICHAEL (1993): Standardisierung und Marktprozeß – Entwicklungen und Auswirkungen im CIM-Bereich. Wiesbaden: Gabler.

KLEINALTENKAMP, MICHAEL (1994): Technische Standards als Signale im Marktprozeß. In: ZAHN, ERICH (Hg.) (1994): Technologiemanagement und Technologien für das Management, Tagungsband der 55. Wissenschaftlichen Jahrestagung des Verbandes der Hochschullehrer für Betriebswirtschaft e. V. an der Universität Stuttgart 1993. Stuttgart: Schaeffer-Poeschel: 197-217.

KLEINALTENKAMP, MICHAEL; ANDREAS MARRA (1994): Schaffen Normen Märkte? – Die Entwicklungsbegleitende Normung im Laserbereich auf dem Prüfstand. VDI-Zeitung 136(1994)3: 74-77.
MCKNIGHT, LEE (1987): The International Standardization of Telecommunications Services and Equipment. In: MESTMÄCKER, E.-J. (Hg.) (1987): The Law and Economics of Transborder Telecommunications. Baden-Baden: Nomos: 415-442.
O'DRISCOLL, GERALD P.; MARIO J. RIZZO (1985): The Economics of Time and Ignorance. Oxford, New York: Basil Blackwell.
O. V. (1987): „Wer die Normen hat, hat die Märkte". Frankfurter Allgemeine Zeitung (29.8.1987)199: 11.
PFAU, WILHELM F. (1991): A Vision for the Future – Globale Wirkungen von Forschung und neuen Technologien – wachsende Anforderungen an die Normung. DIN-Mitteilungen 70 (1991)2: 67-69.
PFEIFFER, GÜNTER H. (1989): Kompatibilität und Markt: Ansätze zu einer ökonomischen Theorie der Standardisierung. Baden-Baden: Nomos.
PFEIFFER, MORITZ (1992): In der Medizin setzt sich der Laser nur langsam durch. VDI-Nachrichten (10.4.1992): 45.
RIESENHUBER, HEINZ (1989): Entwicklungsbegleitende Normung zur Förderung technologischer Entwicklungen in Europa – Memorandum des Vorsitzes. DIN-Mitteilungen 68(1989): 121-123.
RIXIUS, BRUNO (1994): Systematisierung der Entwicklungsbegleitenden Normung. DIN-Mitteilungen 73(1994)1: 50-53.
SUGDEN, ROBERT (1989): Spontaneous Order. Journal of Economic Perspectives 3(1989)Fall: 85-97.
TSCHERMAK VON SEYSEGG, ARMIN (1987): Bedeutung der Normen über Abbau der Handelshemmnisse. DIN-Mitteilungen 66(1987)3: 139f.
WEGEHENKEL, LOTHAR (1981): Gleichgewicht, Transaktionskosten und Evolution. Tübingen: Mohr (Paul Siebeck).
WEIBER, ROLF (1991): Die Diffusion von Kritische Masse-Systemen. Wiesbaden: Gabler.
WIESE, HARALD (1990): Netzeffekte und Kompatibilität. Stuttgart: Schaeffer-Poeschel.
WOLL, ARTUR (1967): Zur wettbewerblichen Bedeutung der Markttransparenz. In: BESTERS, HANS (Hg.) (1967): Theoretische und institutionelle Grundlagen der Wirtschaftspolitik, Theodor Wessels zum 65. Geburtstag. Berlin: Duncker & Humblodt: 199-217.

Ursula Hansen[*]

Das Informationsrecht des Verbrauchers
Rechtspolitische und unternehmerische Überlegungen

Ausgangspunkt der nachstehenden Überlegungen ist die normative Hypothese, daß eine soziale und ökologische Weiterentwicklung der deutschen Marktwirtschaft wünschenswert und erforderlich ist. Ein Informationsrecht des Konsumenten bezüglich der Produktqualität ist dabei nicht ausreichend. Vielmehr sollte dem Verbraucher die Möglichkeit eingeräumt werden, auch das soziale und ökologische Verhalten des produzierenden Unternehmens in seine Kaufentscheidung einfließen zu lassen.

Die Autorin zeigt in einer informationsökonomischen Analyse, daß diesbezüglich Defizite bestehen. Am Beispiel eines Unternehmenstests, der in der Bundesrepublik Deutschland für die Nahrungs- und Genußmittelbranche durchgeführt wurde, werden die Defizite in der Versorgungslage des Marktes mit sozial-ökologischen Unternehmensinformationen herausgearbeitet und Lösungsmöglichkeiten präsentiert.

Es wird gefolgert, daß die privatwirtschaftliche Lösung in Form des Unternehmenstests eine diskussionswürdige Alternative zum weitern Ausbau staatlich geregelter Informationspflichten der Unternehmen ist.

---

[*] Univ.-Prof. Dr. rer. pol. Ursula Hansen, Universität Hannover, Institut für Betriebsforschung, Königsworther Platz 1, 30167 Hannover.

1. Problemstellung

Das Informationsrecht der Verbraucher gehört zu den klassischen verbraucherpolitischen Forderungen und ist insofern zunächst ein eher verbraucherpolitisches Thema. Dennoch soll im folgenden dargestellt werden, daß es auch hohen Stellenwert für unternehmerische Entscheidungen hat. Dies gilt insbesondere für solche Leistungsbereiche, in denen unternehmerische Informationen am Markt mit Glaubwürdigkeitsproblemen zu kämpfen haben.

Diesem Beitrag liegt die normative Ausgangshypothese zugrunde, daß eine soziale und ökologische Weiterentwicklung unserer Marktwirtschaft wünschenswert bzw. sogar erforderlich ist, was aus Veränderungen in den Rollen der Unternehmen und Verbraucher als Marktteilnehmer resultiert. Es soll weiterhin dargestellt werden, daß für diese soziale und ökologische Weiterentwicklung der Marktwirtschaft eine Erweiterung der Informationsrechte auf unternehmerische Informationen eine notwendige, wenn auch nicht hinreichende Bedingung darstellt. Es sollen dann die Probleme und Defizite der diesbezüglichen Informationslage aufgezeigt und dabei insbesondere informationsökonomische Aspekte berücksichtigt werden. Schließlich wird der Unternehmenstest als ein möglicher Lösungsbeitrag beschrieben, wie er in der Bundesrepublik Deutschland erstmals 1995 am Beispiel der Nahrungs- und Genußmittelbranche durchgeführt wurde. Dem liegt die These zugrunde, daß privatwirtschaftliche Lösungen der Informationsregulierung eine zumindest diskussionswürdige Alternative gegenüber staatlich geregelten Erweiterungen von Informationspflichten der Unternehmen darstellen können.

2. Sozial-ökologische Weiterentwicklung der Marktwirtschaft aufgrund veränderter Rollen der Marktteilnehmer

2.1 Veränderungen der Unternehmensrolle

Grundlegende Entwicklungen in unserer Marktwirtschaft haben dazu geführt, daß Unternehmen zunehmend über ihre marktvermittelten Leistungen hinausgehend eine erweiterte gesellschaftliche Position einnehmen. Dies resultiert zum einen aus *externen Effekten* des Wirtschaftens, also Folgeerscheinungen (z. B. für die Umwelt oder die Dritte Welt), die nicht im Marktgeschehen internalisiert werden. Sie haben inzwischen universale Bedeutung erlangt (und zwar in quantitativer und qualitativer Hinsicht) und sind insofern nicht mehr nur als Schönheitsfehler unseres Marktsystems abzutun. Wird dieser Aspekt ernstgenommen, ist das Wirtschaften nicht mehr allein als Privatveranstaltung von Eigentümern und Managern zu sehen, sondern erlangt mehr Öffentlichkeit (vgl. FREY 1981: 75ff.).

Dazu kommt zum anderen, daß aufgrund ständiger Konzentrations- und Kooperationsprozesse die Machtagglomeration im Unternehmensbereich fortschreitet (vgl. JENS 1980: 70ff.). Dies führt zu einer Erweiterung der Handlungsspielräume insbesondere der Großkonzerne und wirft individualethische Probleme unternehmerischer Verantwortung auf. Relevant ist hier nicht nur Macht im Marktgeschehen selbst, sondern die darüber hinausgehende Beeinflussung des politischen, sozialen und kulturellen Lebens, Eingriffe in die natürliche Umwelt und Macht über technologische Prozesse.

In der *Betriebswirtschaftslehre* wurde diese Entwicklung *theoretisch* in der Weise verarbeitet, daß dem Konzept des allein *erfolgsorientierten Handelns*, das der traditionellen Unternehmensverfassung zugrunde liegt, Konzepte des *verständigungsorientierten* Handelns zur Seite gestellt wurden (vgl. STEINMANN / SCHREYÖGG 1990: 84ff.). Mit ihnen soll der Machtgebrauch des großbetrieblichen Wirtschaftens mit einer angemessenen Berücksichtigung betroffener interner und externer Interessen ermöglicht werden. Verschiedene Theorieansätze, wie z. B. das *Koalitionsmodell* (vgl. CYERT / MARCH 1963: 27ff.) und das *Stakeholder-Konzept* (vgl. FREEMAN 1984) können als Vorschläge zur Organisation derartiger Verständigungsprozesse mit Anspruchsgruppen interpretiert werden. Im gleichen gesellschaftlichen Kontext sind in den letzten Jahren Konzepte der sozialen und ökologischen *Unternehmensethik* (vgl. STEINMANN / LÖHR 1991: 3ff.; ULRICH 1991: 189ff.) entwickelt worden. Sie konstatieren mit dem Konstrukt der „unternehmerischen Verantwortlichkeit" in sozialer Hinsicht eine „interessenausgleichende Rolle der Unternehmensführung" zwischen gesellschaftlichen Anspruchsgruppen (STEINMANN / SCHREYÖGG 1990: 93; HANSEN 1988: 711ff.) und mit dem Konzept des Sustainable Development in ökologischer Hinsicht eine „interessenausgleichende Rolle zwischen den Generationen" (vgl. MEFFERT / KIRCHGEORG 1993: 34ff.).

In diesem Sinne entstehen neue gesellschaftsorientierte Unternehmensleitbilder. Es gibt Hinweise, daß diese sich auch in der *unternehmerischen Praxis* durchzusetzen beginnen. In diese Richtung weisen grundlegende Äußerungen von Unternehmensvereinigungen, z. B. Branchencodizes, Manifeste und Bekenntnisse, Anwendungen eines gesellschaftsorientierten Marketing, gesellschafts- und umweltorientierte Rechnungslegung (vgl. FREIMANN 1990; HALLAY 1990; MÜLLER-WENK 1988: 13ff.) und sozial-ökologische Umweltbearbeitung im Rahmen einer aufgeklärten Public Relations (vgl. BENTELE / LIEBERT 1995) oder eines Public Marketing (vgl. WIEDMANN 1993).

2.2 Veränderungen der Verbraucherrolle

Die Veränderungen der Verbraucherrolle sind unter zwei Aspekten zu betrachten. Zum einen sind *direkte* Veränderungen festzustellen, die durch die Entwicklung des Konsums entstehen. Der wohlstandsorientierte Konsumstil der industrialisierten Länder produziert sowohl in qualitativer wie in quantitativer Hinsicht externe soziale und ökologische Effekte (z. B. Emissionen im Privatverkehr) in einem Ausmaß, das auch für die Verbraucherrolle eine stärkere Berücksichtigung von Folgewirkungen des Konsums notwendig macht. Zum anderen leitet sich eine Erweiterung der Verbraucherrolle *indirekt* von der Unternehmensseite her ab. Wenn nämlich die Unternehmen das gesellschaftliche Leben in seinen vielfältigen Dimensionen zunehmend über den Markt hinausgehend beeinflussen, bekommt die mit der Kaufentscheidung des Konsumenten verbundene Allokationswirkung automatisch eine andere Qualität, weil diese Kaufentscheidung gleichzeitig ein Votum für jene marktübergreifenden Einflüsse der Unternehmen darstellt. So trägt z. B. die Kaufentscheidung des Konsumenten indirekt zur Beeinflussung der Umwelt, zur Förderung von Sponsoring- und Spendenaktivitäten, aber auch zur Finanzierung von Waffenexporten bei, selbst wenn er davon nichts weiß. Dieser Sachverhalt ist bereits im Konzept des Cause Related Marketing (vgl. VARADARAJAN / MENON 1988: 58ff.) problematisiert worden.

Veränderungen in der Rolle des Verbrauchers spiegeln sich in den Leitbildern der Verbraucherpolitik wider. Das traditionelle Leitbild orientierte sich an der bestmöglichen materiellen Versorgung der Konsumenten unter der Leitidee der Konsumfreiheit (vgl. MEYER-DOHM 1965), wobei konstitutives Element dieses Leitbildes die explizite Neutralität gegenüber den artikulierten Bedürfnissen der Konsumenten war. Es wurde den Haushalten bei Markttransaktionen die Verfolgung individualegoistischer Interessen unterstellt und systemethisch akzeptiert. Demgegenüber wurden in einer sich neu positionierenden Verbraucherpolitik Denkansätze formuliert, in denen angesichts zunehmender gesellschaftlicher Problemlagen diese gegenüber jeglichem Konsumstil postulierte Neutralität aufgegeben und sozial-ökologische Verantwortung akzeptiert wird. Dazu bestehen erste, wenn auch vage Ideen mit dem Konzept des *qualitativen Konsums* (vgl. KUBY, 1983; INSTITUT FÜR SOZIALFORSCHUNG UND GESELLSCHAFTSPOLITIK E. V. 1985) und in jüngerer Zeit im Zusammenhang mit der Diskussion um Sustainable Development das Konzept des *Sustainable Consumption* (vgl. IOCU 1993; HANSEN / SCHOENHEIT / DEVRIES 1994: 227ff.), das als grundlegende Vision Konsumformen fördert und fördern will, die zwar an den Bedürfnissen und Erwartungen der gegenwärtigen Generation ausgerichtet sind, jedoch zugleich den zukünftigen Generationen genügend Gestaltungsmöglichkeiten offen lassen, ihre Bedürfnisse ebenfalls zu befriedigen.

Das Informationsrecht des Verbrauchers 107

Ein erweitertes Leitbild der Verbraucherpolitik findet sich in der Begriffsbestimmung des *Verbrauchers als Bürger* (vgl. BENNIGSEN-FOERDER 1988: 334ff.), das die bereits angesprochenen Verknüpfungen ökonomischer, ökologischer und sozialer Problemfelder aufgreift und eine Reintegration dieser gesellschaftlich getrennten Lebensbereiche in der Verbraucherrolle vorschlägt.

Zur Frage, welche tatsächliche Bedeutung diese erweiterte Interpretation der Verbraucherrolle bereits hat, wäre zu untersuchen die wahrgenommene Problemrelevanz sozialökologischer Issues in unserer Gesellschaft, die Ursachenattribuierung (an Unternehmen oder Verbraucher selbst) und die Bereitschaft, derartige Aspekte in den Kaufentscheidungen zu berücksichtigen. Abbildung 1 zeigt die Zuschreibung von Verantwortung für gesellschaftliche Aufgaben an Staat, Unternehmen und Bürger (vgl. IMUG / EMNID 1993: 4).[1] Dabei wird die große Bedeutung einer ökologischen Ursachenattribuierung an Unternehmen deutlich.

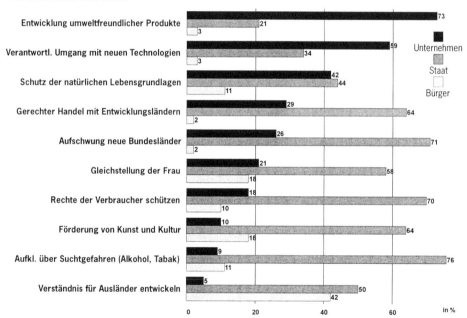

Abbildung 1: Zuschreibung der Hauptverantwortung für verschiedene gesellschaftliche Aufgaben an Staat, Unternehmen oder Bürger
Quelle: IMUG / EMNID (1993: 4)

---

[1] Es handelt sich hierbei um eine Studie zu dem Thema „Unternehmen und Verantwortung", in der 1000 Personen der alten Bundesländer und 500 Personen der neuen Bundesländer ab 14 Jahren mit einem standardisierten Fragebogen befragt wurden.

3. Zur Notwendigkeit erweiterter Informationsrechte der Verbraucher

Die veränderten Rollen von Unternehmen und Verbrauchern als Marktteilnehmer legen eine soziale und ökologische Weiterentwicklung unserer Marktwirtschaft nahe. Für diese werden erweiterte Informationsrechte der Verbraucher als notwendige, wenn auch nicht hinreichende Bedingung betrachtet, denn Information ist nicht alles, aber ohne Information funktioniert unsere Marktwirtschaft nicht. Das Informationsrecht wird hier als legitimierter Anspruch der Verbraucher auf Informationen verstanden, die sie zur Verbesserung ihrer Marktentscheidungen benötigen.

Das Recht auf Information wurde neben drei weiteren Verbraucherrechten zum ersten Mal 1962 von Präsident JOHN F. KENNEDY in einer Botschaft an den Kongreß für eine die Verbraucher stärkende Politik postuliert. Seitdem hat dieses Postulat Eingang in die partei- und regierungspolitischen Programme der Verbraucherpolitik vieler Länder gefunden und wurde auch dem verbraucherpolitischen Zielkatalog der EUROPÄISCHEN GEMEINSCHAFT (1981) zugrunde gelegt.

Das Informationsrecht wird im *Rahmen der Verbraucherpolitik* in zweifacher Hinsicht realisiert: Zum einen ist es Gegenstand des verbraucherpolitischen Instruments der Verbraucherinformation und bedeutet hier die Bereitstellung anbieterunabhängiger Verbraucherinformationen durch Verbraucherverbände und -institutionen. Zum anderen wird das Kommunikationsverhalten der Anbieter beeinflußt, sei es durch Anreize zu freiwilligen Vereinbarungen oder durch gesetzliche Vorschriften im Rahmen des Verbraucherschutzes, mit dem den Anbietern Informationspflichten und -regeln auferlegt werden (vgl. SCHOENHEIT 1986: 100).

Wenn also die Gestaltung des Informationsrechts von Verbrauchern zunächst als ein verbraucherpolitisches Thema gelten kann, so hat sie gleichermaßen eine hohe unternehmenspolitische Relevanz. Betroffen ist ja ganz allgemein die Funktionsfähigkeit des Wettbewerbs, an der die Unternehmen grundsätzlich – wenn auch mit unterschiedlichen Zielperspektiven – interessiert sein dürften. Es ist davon auszugehen, daß die *Bedeutung von Informationen als wettbewerbsbeeinflussender Faktor* in unserer sogenannten Informationsgesellschaft steigt. Unternehmen geraten zunehmend in die marketingstrategische Situation, ihre Produkte durch Kommunikationsaktivitäten in den Märkten zu positionieren. Immer weniger werden Markterfolge auf der Basis realer Produkteigenschaften und Preise, sondern mehr durch kommunikativ vermittelte Symboleigenschaften erzielt. Dadurch werden die Unternehmen erfolgsabhängiger von den *Rahmenbedingungen ihrer Marktkommunikation,* sei es von Seiten der Medien, von verbraucher- und umweltpolitischen Institutionen als Quelle von Verbraucherinformation oder auch von Entwicklungen des Informationsanspruchs und -verhaltens der Verbraucher selbst.

Dieses Informationsrecht wird als *legitimierter Anspruch der Verbraucher auf Informationen* verstanden, die sie zur Verbesserung ihrer Marktentscheidungen benötigen. Eine *Legitimation* kann in drei verschiedenen Formen stattfinden: Auf normativ-deduktivem Wege wird sie aus übergeordneten Normen zur Realisierung eines verbraucherpolitischen Leitbildes abgeleitet, wie seinerzeit dem „humanistischen Leitbild des emanzipierten und sich im Rahmen seiner Möglichkeiten frei entscheidenden Konsumenten" (DILLER 1978: 24). Eine andere Legitimation besteht mit einem empirisch-induktiven Verfahren, aus dem Art und Umfang faktischer Informationsbedarfe erkennbar sind. Dabei entsteht die Frage, welcher Bedarfsumfang eigentlich eine Legitimation begründen kann. Eine dritte Form ist die Legitimation durch gesellschaftlich konsensfähige Verfahren (vgl. HANSEN / LÜBKE / SCHOENHEIT 1992: 35), die dem Bereich der Diskursethik zuzuordnen sind.

Betrachten wir nun die *inhaltliche Entwicklung* des Informationsrechts der Verbraucher: Ausgangspunkt waren in der traditionellen Verbraucherpolitik produktbezogene Informationen als zweckorientiertes Wissen über Preise und Qualitäten. Sie waren ausreichend für ein Verbraucherleitbild, für das die Maximierung seiner individuellen Bedürfnisbefriedigung postuliert wurde.

Aus den oben dargestellten erweiterten Leitbildern von Unternehmen und Verbrauchern ist als *normative Setzung* ein erweitertes Recht der Verbraucher auf Unternehmensinformationen abzuleiten. Nur wenn Verbraucher über das soziale und ökologische Unternehmensengagement informiert sind, ist eine notwendige, wenn nicht hinreichende Bedingung geschaffen, daß sie ihrerseits verantwortliche Kaufentscheidungen treffen. Wie weitgehend sie dieses tun, hängt von verschiedenen weiteren Faktoren ab. Auf der Unternehmensseite führen entsprechende Informationen über ihr sozial-ökologisches Engagement zu der Chance einer strategischen Positionierung und entsprechender Marktwirksamkeit.

Es ist nun zu fragen, wie weit dieses so postulierte und normativ-deduktiv abgeleitete, erweiterte Informationsrecht dem *faktisch geäußerten Informationsbedarf* der Konsumenten entspricht. Dazu liegen Ergebnisse aus der oben zitierten IMUG / EMNID-Studie (1993: 13) vor (vgl. Abbildung 2), aus denen die empfundene Wichtigkeit eindrucksvoll hervorgeht. Bei der Interpretation dieser Zahlen ist allerdings eine Einschränkung in der Weise notwendig, als zwischen geäußertem und realisiertem Informationsbedarf in der Regel eine wesentliche Lücke besteht, deren Ausmaß u. a. von der Art des Informationsangebots abhängt.

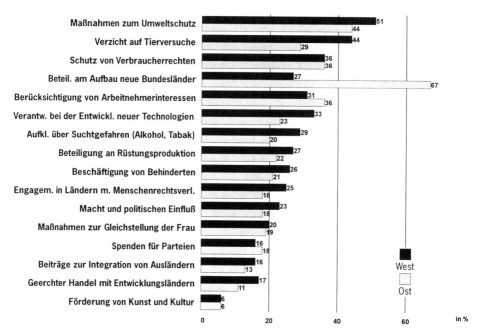

Abbildung 2: Wichtigkeit von mehr Informationen über verschiedene Aspekte der Unternehmenspolitik („sehr wichtig")
Quelle: IMUG / EMNID (1993: 13)

Die sich anschließende Frage muß sich darauf richten, wie weitgehend die erweiterten Informationen das Kaufverhalten der Verbraucher beeinflussen würden. Dazu gibt die Abbildung 3 Auskunft, die zumindest ein ernst zu nehmendes Potential an Marktwirksamkeit vermuten läßt. Die Ergebnisse decken sich weitgehend mit einer Untersuchung der GfK (O. V. 1995: 81), in der sich ca. die Hälfte der Bürger bereit erklärte, bei entsprechender Kenntnis das soziale Engagement von Herstellern in der Kaufentscheidung zu berücksichtigen. Unterstützend ist die Aussage, daß 75 % der Verbraucher der Ansicht sind, daß sie durch ihre Kaufentscheidung erheblichen Druck auf die Hersteller ausüben können (vgl. IMUG / EMNID 1993: 19).

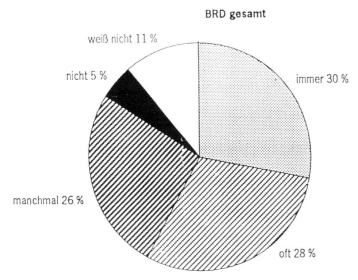

Abbildung 3: Präferenz für Produkte verantwortungsvoller Unternehmen („würde ich bevorzugen")
Quelle: IMUG / EMNID (1993: 19)

4. Defizite in der Versorgungslage des Marktes mit sozial-ökologischen Unternehmensinformationen

Die Erweiterung des Informationsrechts der Verbraucher schafft Umsetzungsprobleme, die im folgenden unter drei verschiedenen Aspekten berücksichtigt werden sollen:

1. Problemebene,
2. Verbraucherebene,
3. Unternehmensebene.

Zu 1: Die unternehmensorientierten Tatbestände, die hier zusätzlich berücksichtigt werden sollen, lassen sich informationstechnisch schwer erschließen. Betrachtet man exemplarisch den Gegenstand nur ökologischer Informationen, so sind sie gekennzeichnet durch Unsicherheit, Langfristigkeit, Komplexität, hohe Dynamik, Überbetrieblichkeit und Mängel in der Kosten- und Erfolgszurechnung (vgl. HANSEN 1992: 116). Teilweise entstehen hohe Kosten der Informationsbeschaffung und Probleme der Informationsbearbeitung bei der Operationalisierung und Quantifizierung des sozial-ökologischen Unternehmensverhaltens, insbesondere wenn in diesem Bereich Unternehmensvergleiche vorgenommen werden sollen. Da es sich überwiegend um Glaubwürdigkeitsinformationen handelt, sind auch Informationsvermittlungsprobleme gegeben. Dieser Aspekt leitet zu der Konsumentenebene über.

Zu 2: Der Leser könnte das Konzept eines erweiterten Informationsrechts der Verbraucher als hoffnungslos deplaziert in einer Welt der informationsüberlasteten Gesellschaft einschätzen. Vielleicht wird auch befürchtet, daß hier ein Revival des Informationsmodells der Verbraucherpolitik vorgeschlagen werden soll, das schon seinerzeit von SIMITIS (1976: 133ff.) und insbesondere KROEBER-RIEL (1977: 90f.) aus verhaltenswissenschaftlichen Gründen wegen seiner Realitätsferne zu Recht abgelehnt wurde. Es ist nun aber nicht auszuschließen, daß Informationsdefizite trotz Informationsüberlastung bestehen, und zwar immer dann, wenn das Informationsangebot Mängel in seiner Nützlichkeit und Nutzbarkeit aufweist (vgl. IMKAMP 1986: 235). Es wird hingenommen, daß über 90 % der im Markt angebotenen Informationen nicht wahrgenommen werden (vgl. KROEBER-RIEL 1992: 87f.), wobei zu hinterfragen wäre, ob dies allein quantitative Gründe des Überangebots von Informationen oder auch qualitative Gründe der unerwünschten und nicht als nützlich erachteten Information hat, bzw. auf Mißtrauen gegenüber den Kommunikationssendern beruht. Trotz der Bedenken hinsichtlich der Informationsüberlastung ist zunächst festzustellen, daß Konsumenten, die sozial-ökologische Interessen am unternehmerischen Verhalten haben, entsprechende Informationen zur Durchsetzung dieser Interessen am Markt brauchen.

Wenn also hier aus inhaltlichen Gründen für eine Erweiterung des Informationsrechts plädiert wird, so bleiben natürlich die verhaltenswissenschaftlich gut begründeten Restriktionen bestehen und sind als Problem zu berücksichtigen. Dazu gehören z. B. Aspekte der Informationskapazität, -bereitschaft und -motivation, wie auch der Kompetenz der Konsumenten. Sie sind aber keine grundsätzlichen Gegenargumente, sondern beeinflussen eher die Umsetzungsmodalitäten des sozial-ökologisch erweiterten Informationsrechts.

Nun ist davon auszugehen, daß die Verbraucher in ihrer Rolle als Bürger sehr *unterschiedliche Werte* verfolgen. Auch in dem Bereich sozial-ökologischer Werte ist eine differenzierte Verteilung der entsprechenden Issues bei den Konsumenten zu erwarten, um so mehr, als in hochentwickelten Industriegesellschaften eine ausgeprägte Wertepluralisierung besteht. Es kann demzufolge zwar ein objektiver, alle sozial-ökologischen Wertedimensionen übergreifender Bedarf an unternehmensbezogenen Informationen definiert werden, jedoch wird daraus für den einzelnen Konsumenten ein Informationspotential entstehen, das er je nach seinem spezifischen subjektiven Interesse nur sehr selektiv in Anspruch nehmen wird (vgl. IMKAMP 1986: 233). Im Vergleich zu produktbezogenen Informationen fällt hinsichtlich der sozial-ökologischen Unternehmensinformationen der objektive und der subjektive Informationsbedarf viel stärker auseinander. Dazu ein Beispiel: Während bei Produkten z. B. das subjektive Informationsinteresse der Konsumenten an Gesundheit und Sicherheit noch relativ direkt bei dem von Experten objektiv definierten Informationsbedarf liegen mag – und darauf beruht ja z. B. das Informationssystem der Stiftung Warentest – ist bezüglich des sozial-ökologischen Unternehmensverhaltens das subjektive Informationsinteresse diffuser und selektiver, indem etwa der eine Konsument mit seinem Produktkauf eher den Tierschutz und der andere Dritte-Welt-Interessen fördern will.

Zu 3: Auf Unternehmensseite entsteht eine Schwierigkeit bei solchen Unternehmen, die aus marktstrategischen Gründen, insbesondere auch unter markenpolitischen Gesichtspunkten, einen Herkunftsbezug ihrer Produkte meiden, was bei einer Sachmarkenpolitik der Fall ist. Das Konzept einer sozial-ökologisch unternehmensorientierten Information setzt aber eine Offenbarung des hinter einem Erzeugnis stehenden Herstellers voraus, da sonst dieser Typus von Informationen zumindest für Kaufentscheidungen nicht nützlich wäre.

Soweit aber Bereitschaft vorhanden ist, Informationen über das sozial-ökologische Verhalten von Unternehmen im Markt zu verbreiten, erwächst ein Problem aus dem besonders großen Spielraum für *opportunistisches Verhalten* in diesem Bereich, d. h. für eigennütziges Verhalten, das von Lüge bis zur subtilen Form falschen Scheins reicht (vgl. KAAS 1991: 363; KAAS 1992: 473ff.). Dies ist informationsökonomisch aus der asymmetrischen Verteilung dieser unternehmensbezogenen Informationen zu erklären, die als *Glaubwürdigkeitsinformationen* von Konsumenten überhaupt nicht bzw. nur zu unzumutbaren Kosten überprüfbar sind. Für Anbieter, die sich sozial-ökologisch sinnvoll verhalten wollen, besteht daher das Risiko, daß die Konsumenten sie nicht von Trittbrettfahrern unterscheiden können. Damit ist es schwierig, sich mit diesen Eigenschaften im Markt glaubwürdig zu positionieren und jene Konsumenten zu überzeugen, die ihrerseits sozial-ökologische Aspekte des Unternehmensverhaltens mit ihrer Kaufentscheidung belohnen würden, auch wenn damit höhere Preise verbunden wären. Insofern besteht im Zusammenhang mit sozial-ökologischen Verhaltensweisen der Unternehmen aus informationsökonomischen Gründen die Gefahr des Marktversagens, durch die eine Realisierung des erweiterten Informationsrechts der Verbraucher zunächst einmal schwierig erscheint.

5. Unternehmenstest als Lösungsbeitrag zur Erweiterung des Informationsrechts der Verbraucher

Der Unternehmenstest ist ein möglicher Lösungsbeitrag zur Erweiterung des Informationsrechts der Verbraucher. Als privatwirtschaftliche Informationsbereitstellung durch Dritte ergänzt er die Erweiterung der unternehmerischen Informationspflichten (vgl. MOLL 1986: 106ff.).

5.1 Anforderungen an die Informationsbereitstellung zur Implementierung des erweiterten Informationsrechts

Die oben skizzierte Problemanalyse verweist auf spezielle Schwierigkeiten in der Ermittlung und Distribuierung sozial-ökologischer Unternehmensinformationen, aus de-

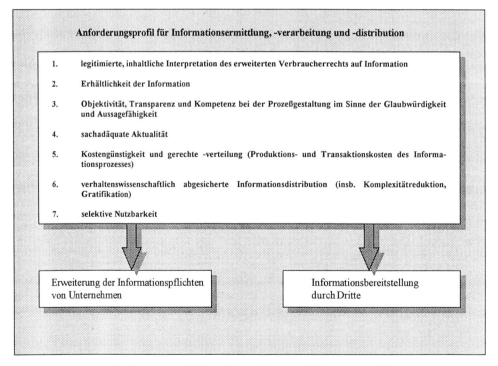

Abbildung 4: Anforderungsprofil für Informationsermittlung, -verarbeitung und -distribution

nen sich *Anforderungen* ableiten lassen. Diese sind daraufhin zu überprüfen, ob sie durch die Unternehmen selbst über eine Erweiterung der Informationspflichten oder durch Informationsbereitstellung über Dritte besser zu realisieren sind. Unter Berücksichtigung der Spezifika der hier zu diskutierenden Informationen und der Marktdefizite bei ihrer Bereitstellung werden die in Abbildung 4 dargestellten Anforderungen abgeleitet.

Die Interpretation der sozial-ökologischen Dimension für Verbraucherinformationen stößt auf Probleme der Komplexität und der differenzierten Verteilung der diesbezüglichen Werte unter den Verbrauchern. Daher ist die Frage nach der *legitimierten inhaltlichen und institutionellen Gestaltung* besonders wichtig. Der schwierige Informationszugang verweist auf das Anforderungskriterium der *Erhältlichkeit von Informationen*. Diese ist am ehesten durch Unternehmen selbst zu erzielen. Allerdings steht dem der Nachteil der in diesem Bereich besonders großen Gefahr opportunistischen Verhaltens entgegen. Dies führt zu der Forderung nach *Objektivität* und *Transparenz* der Informationsprozesse, die durch legitimierte neutrale Institutionen am ehesten zu realisieren wären. Angesichts der Dynamik sozial-ökologischer Sachverhalte im Unternehmensverhalten stellt die dementsprechende *Aktualität* eine weitere ernstzunehmende Anforderung dar, um zu verhindern, daß die veralteten Informationen der Unternehmensentwicklung nachhinken und damit kontraproduktive Marktsteuerungseffekte ausgelöst werden. Bürokratische Lösungen wären unter diesem Aspekt eher ungünstig. Die Realisierung des erweiterten Informationsrechts verursacht zusätzliche Kosten der Informationsproduktion und der Transaktion, wobei die Frage nach *größtmöglicher Kostengünstigkeit* und insbesondere nach einer *gerechten Verteilung* unter den Akteuren besteht. Während die Kosten der Informationsproduktion durch Unternehmen selbst wahrscheinlich am günstigsten wären, sind für die Transaktionskosten Einsparungen durch Mittlerinstanzen (Baligh Richardseffekt) zu erwarten. Hinsichtlich der Kostenverteilung ist es eher unwahrscheinlich, daß eine zahlungsfähige Nachfrage nach diesen Informationen entsteht. Insofern käme eine Kostenübernahme durch Unternehmen selbst oder durch dritte Instanzen (Verbraucher- und Umweltinstitutionen) bzw. durch den Staat in Frage. Ein jetzt bereits häufig zu hörender Vorwurf von verbraucherpolitischer Seite richtet sich allerdings darauf, daß angesichts von Überlastungen der Verbraucher mit Informationen die Verbraucherinstitutionen immer mehr zu strukturierenden Clearing-Instanzen werden, und damit Kosten der Marktinformation schon jetzt zunehmend auf Verbraucher abgewälzt werden. Eine dem abhelfende Finanzierung durch die Anbieterseite müßte zur Erhaltung der Objektivität und Transparenz neutralisiert werden.

Die Nutzbarkeit und praktische Nutzung der Information hängt davon ab, ob es gelingt, *verhaltenswissenschaftliche Erkenntnisse* in die *Informationsgestaltung und -distribution* aufzunehmen. Eine Komplexitätsreduktion im Sinne einer Einsparung von Kosten der Informationsbeschaffung bei den Verbrauchern unter Berücksichtigung ihrer Kompetenz ist hierbei von besonderer Relevanz. Dies deutet auf die Entwicklung von vergleichenden Informationen hin, wie sie nur von Drittinstitutionen ermittelt werden können. Ein anderer Aspekt betrifft gemäß des Gratifikationsprinzips den Nutzen aus sozial-ökologischen Unternehmensinformationen. Er besteht für den Verbraucher zunächst in seinem Beitrag zur Lösung gesellschaftlicher Probleme. Der Produktkauf wird durch die Nutzung dieser Informationen mit einer sozial-ökologischen Zusatzqualität versehen, die allerdings u. U. durch den minimalen Einfluß einer einzelnen Kaufentscheidung verschwindend klein ist. Daher ist es wichtig, diesen Nutzen durch die Gestaltung der Informationen zu verstärken, indem er z. B. mit sozialem oder moralischem Nutzen verbunden wird.

Angesichts des differenzierten Wertesystems muß eine *selektive Nutzbarkeit* der sozial-ökologischen Unternehmensinformation gewährleistet sein, damit der Konsument mit seinem Kauf seine spezifische Wertestruktur ausdrücken kann, wie z. B. die Emanzipation von Frauen oder Dritte-Welt-Interessen. Dies gilt um so mehr, als sozial-ökologische Dimensionen des Unternehmensverhaltens auch in einem konfliktären Verhältnis zueinander stehen können.

5.2 Vorstellung des Unternehmenstests in der Bundesrepublik am Beispiel der Nahrungs- und Genußmittelbranche

Verschiedene Argumente haben gezeigt, welche Vorteile eine Bereitstellung von sozial-ökologischen Unternehmensinformationen durch Drittinstitutionen bietet. Sie stellt eine marktwirtschaftliche Lösung zur sozial-ökologischen Verbesserung des Wirtschaftens dar, indem externe sozial-ökologische Effekte des unternehmerischen Handelns als positive oder negative Zusatzqualitäten der angebotenen Produktleistungen in den Marktprozeß integriert werden. Dem steht natürlich nicht entgegen, daß auch Informationspflichten der Unternehmen erhöht werden, um damit die Erhältlichkeit von Unternehmensinformationen zu verbessern. Im Vergleich zu verschiedenen anderen Ländern, insbesondere den USA, ist in der Bundesrepublik die Publizitätspflicht in sozial-ökologischer Hinsicht weit weniger entwickelt und das Geheimhaltungsrecht von Unternehmen entsprechend ausgeprägt, wodurch natürlich auch die Arbeit einer externen gesellschaftlichen Berichterstattung über Unternehmen betroffen ist. Im folgenden soll unter den verschiedenen Formen einer solchen externen gesellschaftlichen Berichterstattung von Unternehmen (vgl. Überblick bei HANSEN / LÜBKE / SCHOENHEIT 1992: 20ff.; TSCHANDL 1994: 51ff.) der Unternehmenstest vorgestellt werden, der in der Bundesrepublik für die Nahrungs- und Genußmittelbranche (NuG-Branche) entwickelt und erstmalig angewendet wurde (vgl. im folgenden IMUG ET AL. 1995; HANSEN / LÜBKE / SCHOENHEIT: 1992). Der folgende Steckbrief gibt zunächst einen Überblick über die wichtigsten Gestaltungselemente (vgl. Abbildung 5):

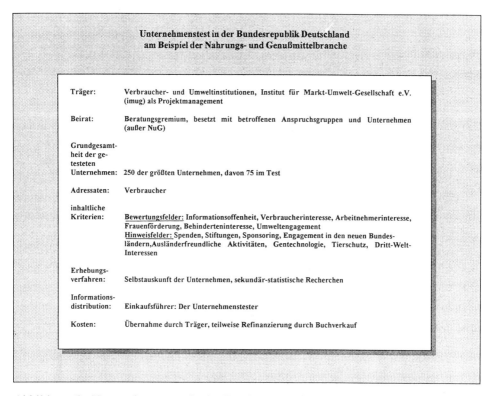

Abbildung 5: Unternehmenstest in der Bundesrepublik Deutschland am Beispiel der Nahrungs- und Genußmittelbranche

Die Projektträger haben den sozial-ökologischen Unternehmenstest als ein Arbeitsinstrument definiert, „... mit dem Unternehmen von unabhängiger dritter Seite anhand bestimmter Kriterien unaufgefordert daraufhin untersucht werden, in welchem Umfang sie in ausgewählten Bereichen sozial und ökologisch verantwortlich handeln" (HANSEN / LÜBKE / SCHOENHEIT 1993: 587).

Das Ziel des Unternehmenstests richtet sich auf die marktwirtschaftliche Förderung des sozial-ökologischen Engagements der Akteure, indem kritischen und verantwortlichen *Konsumenten* ein Informationsangebot als Voraussetzung einer Umsetzung ihres Interesses in Kaufhandlungen gemacht wird. *Unternehmen*, die in den untersuchten Fragen nachweislich Positives leisten, wird Glaubwürdigkeit verliehen, um damit eine Positionierungshilfe gegenüber opportunistisch agierenden Wettbewerbern zu geben.

Eine wichtige Frage des Unternehmenstests besteht in der *Legitimation* von Inhalten (Untersuchungskriterien) und Trägern, die eng miteinander zusammenhängen. In dem Unternehmenstest der NuG-Branche wurden mehrere Legitimationsverfahren parallel angewendet. Eine normativ-deduktive Begründung als Legitimation für das Gesamtkonzept wurde in der theoretischen Ableitung eines erweiterten sozial-ökologischen Informationsrechts der Verbraucher gesehen. Ansätze für eine inhaltliche Konkretisierung konnten auf empirisch-induktivem Wege aus vorhandenen Untersuchungen über Interessen und Bedürfnisse gesellschaftlicher Gruppen entnommen werden (vgl. WIMMER 1988: 44ff.; BALDERJAHN 1986; STERN 1990), aus vergleichbaren Projekten im Ausland (z. B. TEPPER ET AL. 1991) und insbesondere aus einer eigenen Haushaltsbefragung (IMUG / EMNID 1993). Angesichts der Komplexität der Inhalte erschien allerdings die Legitimation im Prozeß durch Anwendung akzeptierter Verfahren sinnvoll, in die unterschiedliche Interessen eingebracht werden können. Institutionell wurde dafür Sorge getragen, daß in einer Konstruktion von verantwortlichem Trägerkreis, beratendem Beirat und fallweiser Versorgung mit Experten die gesellschaftlichen *Interessen* der betroffenen Anspruchsgruppen und deren Kompetenz *verankert* war. Die Unternehmensseite war in beratender Funktion im Beirat beteiligt. Im Prozeß der Konzeptentwicklung und -durchführung wurden als übergeordnetes Prinzip Elemente einer Diskursethik verfolgt (vgl. STEINMANN / LÖHR 1992: 245ff.), zu denen insbesondere Prozeduren der Verständigung innerhalb des Träger- und Beiratskreises und dem Kontakt mit den zu testenden Unternehmen und ihren Verbänden gehören. Als Vorbedingung für die Entwicklung einer Dialogkultur im Unternehmenstest galt vor allem *Transparenz* der gesamten Arbeitsweise. Der Unternehmenstest selbst sollte ein Verfahren bereitstellen, das ein gemeinsames Lernen im Dialog ermöglicht und zu einem ausgewogenen, *objektiven, glaubwürdigen*, aber auch machbaren Konzept führt.

Der Unternehmenstest ist aufgrund des unternehmensinternen Charakters seiner Informationen auf die Selbstauskunft der Unternehmen und auf die Zugänglichkeit von Unternehmensinformationen, z. B. bei Behörden, angewiesen. Die Selbstauskunft ist ein Problem der Auskunftswilligkeit und -fähigkeit der Unternehmen. Die Willigkeit hängt von der Strategie des Marktauftritts (anonym oder firmenbezogen) und von der sozial-ökologischen Unternehmensstrategie als Ganzes ab. So werden Unternehmen, die Positives leisten, eher mit einer Positionierung durch den Unternehmenstest einverstanden sein. Diese beiden Gesichtspunkte führen dazu, daß der Teilnehmerkreis getesteter Unternehmen nicht flächendeckend sein kann. Die Auskunftsfähigkeit hat sachliche und unternehmenssubjektive Hintergründe. Wegen der *Erhältlichkeit* und der *Kosten* von Informationen müssen erhebliche Abstriche von wünschenswerten Informationen gemacht werden. So konnte z. B. bei dem Unternehmenstest das wichtige Kriterium der Dritte-Welt-Interessen wegen seiner Komplexität nicht in die Untersuchungsfelder aufgenommen werden. Unternehmenssubjektiv hängt die Auskunftsfähigkeit von informationswirtschaftlichen Strategien der Unternehmen ab, die wiederum nicht unabhängig von der Auskunftswilligkeit gesehen werden können.

Die Erfahrungen im Unternehmenstest zeigen – insbesondere auch im Vergleich mit ähnlichen ausländischen Projekten – noch eine rückständige Informationskultur in der Bundesrepublik. *Ablehnungsgründe* für die Beteiligung am Unternehmenstest waren

- der Rückzug auf gesetzlich vorgeschriebene Informationspflicht,
- die Ansicht, es ginge die Öffentlichkeit nichts an, also Rückzug auf Unternehmung als Privatangelegenheit,
- Angst vor Mißbrauch (hier insbesondere schlechte Medienerfahrung) und Mißverständlichkeiten,
- Hinweis auf unzumutbare Informationskosten und Arbeitsaufwand,
- Zweifel an der Legitimation und Kompetenz der Methodik.

Im Unternehmenstest wurde die Informationsoffenheit als eines der Untersuchungsfelder aufgenommen, um damit den Verbrauchern das Informationsverhalten als eine Dimension der Unternehmensverantwortung nahezubringen.

Der Erfolg des Unternehmenstests ist von der Nutzung durch den Verbraucher abhängig. Für eine benutzerfreundliche Gestaltung der Ergebnisse war eine *verhaltenswissenschaftlich* orientierte Verarbeitung und Präsentation der Informationen notwendig. Dazu ist eine bewertende Informationsverdichtung unumgänglich. Die erforderliche Komplexitätsreduktion und Vereinfachung verleitet die Nutzer zu einer Übernahme fremdbestimmter Wertungen und hat sich daher zu legitimieren (SCHOENHEIT 1986: 105). Zur Informationsdistribution wurde ein Einkaufsführer erstellt, der Abrufinformationen für den interessierten Konsumenten bereithält (vgl. IMUG ET AL. 1995). Wohl wissend, daß dieses Informationsangebot in Konkurrenz zu anderen Informationsangeboten steht und insofern nur ein relativ kleines sozial-ökologisch orientiertes Verbrauchersegment die Mühe und Kosten dieser Informationsbeschaffung auf sich nehmen wird, kann – wie aus der Verbraucherinformation allgemein bekannt – insbesondere auf Non User Benefits als Erfolgsfaktor gebaut werden.

6. Zusammenfassende Thesen

1. Das Recht des Verbrauchers auf Information gilt zwar als verbraucherpolitisches Thema, hat jedoch auch eine hohe strategische Relevanz für Unternehmen unseres marktwirtschaftlichen Zuschnitts, die ihre Leistungen am Markt zunehmend über Kommunikationsmaßnahmen positionieren und dabei mehr Schwierigkeiten haben, Glaubwürdigkeit zu erzielen.

2. Die normative Grundthese dieses Beitrags richtet sich darauf, daß eine soziale und ökologische Weiterentwicklung unserer Marktwirtschaft dringend erforderlich ist und dazu das Informationsrecht der Verbraucher auf sozial-ökologische Unternehmensinformationen erweitert werden muß.

3. Der Ausgangspunkt für diese These liegt in der veränderten gesellschaftspolitischen Rolle von Unternehmen, Großunternehmen üben zunehmend Einfluß auf das politische, soziale und kulturelle Leben sowie auf die materielle Umwelt aus. Externe Effekte des wirtschaftlichen Handelns sind längst nicht mehr marginale Randerscheinungen, sondern werden eher zu einem universellen Problem des Wirtschaftens. Sie beeinträchtigen die Funktionsfähigkeit der Märkte und werfen Probleme unternehmerischer Verantwortung auf. Dies wird in verschiedenen Theorieansätzen der allgemeinen Betriebswirtschaftslehre (vor allem Stakeholder-Ansatz, Unternehmensethik) und des Marketing (z. B. gesellschaftsbezogenes Marketing) bearbeitet. Auch in der Praxis mehren sich Anzeichen einer zunehmenden Akzeptanz von sozial-ökologischer Verantwortung.

4. Komplementär dazu hat sich in der Theorie und Praxis der Verbraucherpolitik das Leitbild des Verbrauchers verändert. Während in den 50er und 60er Jahren mit der Verfolgung des souveränen Konsumenten die Durchsetzung eines qualitativ nicht hinterfragten und eher individuell egoistischen Konsumstils im Mittelpunkt stand, wird seit Ende der 80er Jahre zunehmend das Leitbild des Konsumenten als Bürger in sozial-ökologischer Verantwortung verfolgt. Damit wird die Verbraucherrolle den Veränderungen der Unternehmensrolle angepaßt, und es werden in ihr die erweiterten Folgewirkungen von Kaufentscheidungen berücksichtigt.

5. Um in Markttransaktionen dieses um sozial-ökologische Dimensionen erweiterte Rollenverständnis von Unternehmen und Verbrauchern durchsetzen zu können, muß der Verbraucher mit entsprechenden Informationen ausgestattet werden. Hier entstehen besondere Probleme, die aus dem Charakter des Informationsgegenstandes (überwiegend Glaubwürdigkeitsinformationen) und aus dem Verhalten von Unternehmen (häufig opportunistisches Verhalten) und Verbrauchern (Informationsüberlastung, Kompetenz-

mängel) resultieren. Daraus ist zu schließen, daß ein strukturelles Informationsdefizit über das sozial-ökologische Verhalten von Unternehmen am Markt zu erwarten ist.

6. Es ist also ein politischer Handlungsbedarf festzustellen, um dieses Informationsdefizit zu verringern. Als Handlungsmöglichkeiten bestehen:

- Regelung von erweiterten Informationspflichten auf Unternehmensseite, die den veränderten Rollen von Unternehmen und Verbrauchern mehr gerecht werden,
- Stärkung des Instruments der Verbraucherinformation auf Verbraucherseite.

7. Als ein möglicher Beitrag zur Durchsetzung des erweiterten Informationsrechts der Verbraucher im letztgenannten Sinne ist der Unternehmenstest zu betrachten, wie er in der Bundesrepublik am Beispiel der Nahrungs- und Genußmittelbranche in jüngster Zeit entwickelt und durchgeführt wurde. Mit ihm werden sozial-ökologisch relevante Verhaltensweisen der Unternehmen von dritter, unabhängiger Seite analysiert, bewertet und in Informationsangebote zur Unterstützung von Markttransaktionen für die Verbraucher umgesetzt.

Literaturverzeichnis

BALDERJAHN, I. (1986): Das umweltbewußte Konsumentenverhalten. Eine empirische Studie. Berlin.
BENNIGSEN-FOERDER, R. V. (1988): Politisierung des Konsums. Der Bürger als Kunde, der Kunde als Bürger. Markenartikel 50(1988)7: 334-339.
BENTELE, G.; T. LIEBERT (Hg.) (1995): Verständigungsorientierte Öffentlichkeitsarbeit. Leizig: Universität Leipzig, Lehrstuhl für Öffentlichkeitsarbeit und Public Relations, Leipziger Skripten für Public Relations und Kommunikationsmanagement Nr. 1/1995.
CYERT, R. M.; J. G. MARCH (1963): A Behavioral Theory of the Firm. Englewood Cliffs.
DILLER, H. (1978): Verbesserungsmöglichkeiten der Verbraucherinformation durch Berücksichtigung verhaltenstheoretischer Erkenntnisse. Zeitschrift für Verbraucherpolitik 2(1978)1: 24-41.
EUROPÄISCHE GEMEINSCHAFT (Hg.) (1981): Entschließung des Rates vom 19.5.1981 betr. ein zweites Programm der Europäischen Wirtschaftsgemeinschaft für eine Politik zum Schutz und zur Unterrichtung der Verbraucher. Arbeitsblatt der EG 1981, Nr. C 133: 1-12.
FREEMAN, R. E. (1984): Strategic Management. A Stakeholder Approach. Boston.
FREIMANN, J. (Hg.) (1990): Ökologische Herausforderungen der Betriebswirtschaftslehre. Wiesbaden.
FREY, B. S. (1981): Theorie demokratischer Wirtschaftspolitik. München.
HALLAY, H. (Hg.) (1990): Die Ökobilanz. Ein betriebliches Informationssystem. Schriftenreihe des Instituts für ökologische Wirtschaftsforschung Nr. 27. Berlin.

HANSEN, U. (1988): Marketing und soziale Verantwortung. Die Betriebswirtschaft 48(1988)6: 711-721.
HANSEN, U. (1992): Die ökologische Herausforderung als Prüfstein ethisch verantwortlichen Unternehmerhandelns. In: WAGNER, G. R. (Hg.) (1992): Ökonomische Risiken und Umweltschutz. München: 102-128.
HANSEN, U.; V. LÜBKE; I. SCHOENHEIT (1992): Der Unternehmenstest als Informationsinstrument für ein sozial-ökologisch verantwortliches Wirtschaften. Hannover: IMUG, Arbeitspapier Nr. 1/1992.
HANSEN, U.; V. LÜBKE; I. SCHOENHEIT (1993): Der Unternehmenstest als Informationsinstrument für ein sozial-ökologisch verantwortliches Wirtschaften. Zeitschrift für Betriebswirtschaft 63(1993)6: 587-611.
HANSEN, U.; I. SCHOENHEIT; J. DEVRIES (1994): Sustainable Consumption und der Bedarf an unternehmensbezogenen Informationen. In: FORSCHUNGSGRUPPE KONSUM UND VERHALTEN (Hg.) (1994): Konsumentenforschung. München: 227-244.
IMKAMP, H. (1986): Zur Operationalisierung des individuellen Informationsdefizits von Verbrauchern. Hauswirtschaftliche Wissenschaft 34(1986): 232-235.
IMUG; EMNID (Hg.) (1993): Unternehmen und Verantwortung. Kommentar zur repräsentativen Bevölkerungsumfrage in den alten und neuen Bundesländern. Hannover, Bielefeld.
IMUG ET AL. (Hg.) (1995): Der Unternehmenstest. Hamburg.
INSTITUT FÜR SOZIALFORSCHUNG UND GESELLSCHAFTSPOLITIK E. V. (1985): Gutachten: Qualitativer Konsum und Verbraucherpolitik. Erstellt für die Arbeitsgemeinschaft der Verbraucherverbände e. V. Bonn, Köln.
IOCU (Hg.) (1993): Beyond the Year 2000. The Transition to Sustainable Consumption. The Hague, Netherlands.
JENS, U. (1980): Alternativen zur Macht – Wege zu einer neuen Wirtschaftsordnung. Düsseldorf, Wien.
KAAS, K. P. (1991): Marktinformationen: Screening und Signaling unter Partnern und Rivalen. Zeitschrift für Betriebswirtschaft 61(1991)3: 357-370.
KAAS, K. P. (1992): Marketing für umweltfreundliche Produkte. Ein Ausweg aus dem Dilemma der Umweltpolitik? Die Betriebswirtschaft 52(1992)4: 473-487.
KROEBER-RIEL, W. (1977): Kritik und Neuformulierung der Verbraucherpolitik auf verhaltenswissenschaftlicher Grundlage. Die Betriebswirtschaft 37(1977)1: 89-103.
KROEBER-RIEL, W. (1992): Konsumentenverhalten. 5., überarb. u. erg. Aufl. München.
KUBY, O. (1983): Qualitatives Wachstum, qualitativer Konsum und die Perspektiven der Verbraucherpolitik. Bonn: Arbeitsgemeinschaft der Verbraucherverbände (AgV) e. V. (Hg.) (1983), Schriften der Verbraucherverbände F 16: 3-24.
MEFFERT, H.; M. KIRCHGEORG (1993): Das neue Leitbild Sustainable Development – der Weg ist das Ziel. Harvard Business Manager 15(1993)2: 34-45.
MEYER-DOHM, P. (1965): Sozialökonomische Aspekte der Konsumfreiheit. Freiburg.
MOLL, P. (1986): Information statt Regulation: zur Publizität sozialer Auswirkungen der Unternehmenstätigkeit. Frankfurt a. M., Bern, New York.
MÜLLER-WENK, R. (1988): Ökologische Buchhaltung – Eine Einführung. In: SIMONIS, U. E. (Hg.) (1988): Ökonomie und Ökologie – Auswege aus einem Konflikt. 5. Aufl. Karlsruhe: 13-30.

O. V. (1995): Soziales Engagement von Herstellern kaufentscheidend. Markenartikel 57(1995)2: 81.

SCHOENHEIT, I. (1986): Entwicklungsperspektiven der Verbraucherinformation. In: MIELENHAUSEN, E. (Hg.) (1986): Verbraucherpolitik – Politik für den Verbraucher? Osnabrück: 97-125.

SIMITIS, K. (1976): Verbraucherschutz. Schlagwort oder Rechtsprinzip? Baden-Baden.

STEINMANN, H.; A. LÖHR (1991): Einleitung: Grundfragen und Problembestände einer Unternehmensethik. In: STEINMANN, H.; A. LÖHR (Hg.) (1991): Unternehmensethik. 2., überarb. u. erw. Aufl. Stuttgart: 3-32.

STEINMANN, H.; A. LÖHR (1992): Die Diskussion um eine Unternehmensethik in der Bundesrepublik Deutschland. In: LENK, H.; M. MARING (Hg.) (1992): Wirtschaft und Ethik. Stuttgart: 235-252.

STEINMANN, H.; G. SCHREYÖGG (1990): Management-Grundlagen der Unternehmensführung. Wiesbaden.

STERN (Hg.) (1990): Dialoge 3: Berichtsband. Hamburg.

TEPPER MARLIN, A.; J. SCHORSCH; E. SWAAB; R. WILL (1991): Shopping for a Better World. New York.

TSCHANDL, M. (1994): Sozialökologie und Unternehmenskultur. Wien.

VARADARAJAN, P. R.; A. MENON (1988): Cause Related Marketing: A Coalignment of Marketing Strategy and Corporate Philantropy. Journal of Marketing 52(1988)July: 58-74.

WIEDMANN, K.-P. (1993): Rekonstruktion des Marketingansatzes und Grundlagen einer erweiterten Marketingkonzeption. Stuttgart.

WIMMER, F. (1988): Umweltbewußtsein und konsumrelevante Einstellungen und Verhaltensweisen. In: BRANDT, A.; U. HANSEN; I. SCHOENHEIT; K. WERNER (Hg.) (1988): Ökologisches Marketing. Frankfurt a. M., New York: 44-85.

Gerd Rainer Wagner[*]

Regulierungswirkungen aktueller Umweltschutzgesetze und -verordnungen

Die gegenwärtige nationale und europäische unternehmensbezogene Umweltschutzgesetz- und -verordnungsgebung tendiert in ihrer Gesamtwirkung – bei zunehmender Orientierung an der Gestaltungskraft unternehmerischer Selbstverantwortung – deutlich in Richtung (weiterer) Reduzierung des bisherigen Maßes staatlicher, insb. ordnungsrechtlicher Regulierung dieses Bereichs. Sie begegnet damit virulenten Gefahren von Staatsversagen, bei gleichzeitigem Transfer bisher öffentlicher Transaktionskosten und -risiken hin zum privaten, d. h. unternehmerischen Sektor. Zugleich jedoch impliziert und forciert diese Entwicklung Gefahren von Marktversagen durch Förderung der Kartellierung umweltschutzrelevanter Märkte. Zur Durchdringung dieser Phänomene bedarf es der Verknüpfung von umweltökonomischer und umweltrechtlicher Sicht.

---

[*] Univ.-Prof. Dr. rer. pol. Gerd Rainer Wagner, Heinrich-Heine-Universität Düsseldorf, Wirtschaftswissenschaftliche Fakultät, Betriebswirtschaftslehre, insbesondere Produktionswirtschaft und Umweltökonomie, Universitätsstraße 1, 40225 Düsseldorf.

1. Das Problem

Die unternehmensbezogene deutsche Gesetz- und Verordnungsgebung zum Umweltschutz geschieht seit etwa 20 Jahren unter einander teilweise widersprechenden Leitprinzipien: Zum einen postuliert die Verfolgung bestimmter marktlicher oder marktwirtschaftlicher Modelle eine bewußte und betonte Orientierung staatlicher Umweltschutzpolitik an der Entscheidungs- und Handlungsautonomie der Unternehmen. Zum anderen existiert nach wie vor – teilweise hinter dem Vorhang dieser Entwicklung – eine Tendenz zu (weiterer) direkter staatlicher, insbesondere behördlicher Einflußnahme auf das unternehmerische Umweltschutzhandeln. Und drittens schließlich treten seit einigen Jahren ergänzend und überlagernd bestimmte europäische Regelungen hinzu, aus denen mittlerweile völlig neuartige Konstruktionen und Formen unternehmensbezogenen staatlichen Umweltschutzhandelns resultieren.[1]

Im folgenden gilt es, die regulativen Wirkungen, die speziell von den aktuellen Umweltschutzgesetzen und -verordnungen auf Unternehmen und Märkte ausgehen, zu diskutieren. Dies geschieht hier aus der Position eines Grenzgängers zwischen der betriebswirtschaftlichen Umweltökonomie und dem Umweltschutzrecht heraus. Exemplarische Vertiefungen werden durch besondere Bezugnahmen auf das deutsche Kreislaufwirtschaftsgesetz von 1994 sowie auf die EG-Verordnung zum Umweltmanagement und zur Umweltbetriebsprüfung von 1993 vorgenommen.

2. Das Phänomen umweltschutzrechtlicher „Überregulierung"

Das deutsche Umweltrecht war – analog dem technischen Sicherheitsrecht – aus seiner ursprünglichen Anknüpfung an die Entwicklung des Polizeirechts heraus[2] zunächst vorwiegend als ein spezielles Recht öffentlicher Gefahrenabwehr und Risikovorsorge konzipiert. Daraus resultierte eine Dominanz des Ordnungsrechts mit besonderer Schwer-

---

[1] Detaillierte Einblicke in die umweltschutzbezogene Gesetz- und Verordnungsgebung sowohl der Bundesrepublik Deutschland wie auch der EG bzw. EU speziell seit dem Jahre 1990 vermitteln RAPSCH (1991; 1992) sowie SCHINK (1993; 1994; 1995).

[2] Andere Quellen waren insb. das Recht der Gewerbeaufsicht, der Wasserwirtschaft und des Naturschutzes. Vgl. z. B. VIEREGGE (1990: 232).

punktsetzung auf staatliche, insbesondere behördliche Genehmigungen und Überwachungen,[3] manifestiert in zunehmenden behördlichen Genehmigungsvorbehalten bei Errichtung und Fortführung umweltschutzrelevanter Anlagen (vgl. z. B. RONELLENFITSCH 1994: 17-73) sowie in anwachsender Zahl und inhaltlicher Ausdehnung unmittelbar auf bestimmte Stoff-, Güter- und Verfahrenskategorien bezogener behördlicher Zugriffsmöglichkeiten.[4] Resultat war eine Tendenz zu umweltrechtlicher „Überreglementierung, Normenflut, überzogener Kontrolldichte und überlanger Dauer der Zulassungsverfahren ...", kurz: zu staatlicher „... Bevormundung und Einmischung" (RONELLENFITSCH (1995: 24).

Das ordnungsrechtlich dominierte Umweltrecht provozierte damit – zumindest bei entsprechendem Blickwinkel – nachhaltige Gefährdungen der grundgesetzlich verankerten unternehmerischen Entscheidungsfreiheit, z. T. auch resultierend aus der Unausgewogenheit und mangelnden Abgestimmtheit der verschiedenen Regelungen untereinander.[5] Indem damit in diesem Rechtsbereich eines der Wesensmerkmale der gegebenen Wirtschaftsordnung, eben die unternehmerische Autonomie, in Gefahr geriet, trat gerade hier sehr konkret das Phänomen möglicher „Überregulierung" (RONELLENFITSCH 1995: 40) mit allen darin angelegten marktlichen Funktionsrisiken in Erscheinung.[6,7]

Konsequenzen dieser Überregulierung waren u. a. das Auftreten von Innovationsverweigerungskartellen in umwelttechnischen Märkten[8] sowie das Anwachsen der aus der Er-

---

[3] Vgl. im Überblick RONELLENFITSCH (1995: 11-25).

[4] Man denke zum einen an die speziell aus den verschiedenen „Technischen Anleitungen" resultierenden Technik- und Grenzwertvorgaben, etwa der TA Luft oder der TA Abfall (zur Würdigung solcher Vorgaben im generellen Kontext der Bezugnahme gesetzlicher Regelungen auf industrielle Normen und Standards siehe MARBURGER (1991)), zum anderen an die an den allgemeinen Rückgabe- und Rücknahmepflichten (vgl. BECKMANN 1995) anknüpfenden speziellen Rechtsverordnungen wie Verpackungsverordnung oder Elektronikschrott-Verordnung (vgl. im erörternden Überblick THOMÉ-KOZMIENSKY 1994).

[5] Vgl. zu letzterem z. B. HULPKE (1992: speziell 177-179).

[6] Aus der Fülle literaturgängiger Definitionen des Begriffs „Regulierung" wird hier auf jene weit gefaßte von NOTH (1994: 15) abgestellt, nach der „Regulierung ... aus allen hoheitlichen dauerhaften Eingriffen in die Wirtschafts- und Gewerbefreiheit einzelner Wirtschaftssektoren ... besteht".

[7] Das vorliegende, speziell auf aktuelle rechtswissenschaftliche Debatten reflektierende Verständnis von Regulierung und „Überregulierung" beinhaltet insofern ausgeprägt subjektive Elemente, als es vorrangig auf die jeweiligen Betroffenheiten der unternehmerischen Entscheidungsträger abstellt. Zu den davon abweichenden vielfältigen Facetten wirtschaftswissenschaftlicher Auffassungen und Konzeptionen von Regulierung siehe im Überblick DICK (1993: 7-150).

[8] Zur Relevanz dieses Phänomens, speziell als Folge des für Errichtungs- und Fortführungsgenehmigungen relevanten, im Bundes-Immissionsschutzgesetz wie auch in anderen Umweltschutzgesetzen und -verordnungen kodifizierten Kriteriums „Stand der Technik", siehe WAGNER (1994: 54-58).

füllung der öffentlichen Zulassungs- und Kontrollaufgaben resultierenden (gesellschaftlichen und privaten) Transaktionskosten.[9] Ersteres ließ Gefahren von Marktversagen, letzteres von Staatsversagen virulent werden. Beide Gefahren boten mithin Anlaß zu spezifischer Deregulierung, d. h. zur Verfolgung eines „rechtspolitischen Programms, das darauf abzielt, die gesetzlichen und untergesetzlichen Regelwerke ... (speziell im Bereich des Umweltschutzes – d. V.) ... auszudünnen" (RONELLENFITSCH 1995: 40).[10]

3. Unternehmerische Selbstverantwortung als Prämisse umweltrechtlicher Deregulierung

Der Erfüllung eines solchen (wenn auch politisch eher informell gefaßten und betriebenen) Programms diente die Annäherung des deutschen Gesetz- und Verordnungsgebers an marktwirtschaftliche Modelle des Umweltschutzes seit etwa Mitte der achtziger Jahre, konkretisiert beispielsweise in spezifischen Gebühren- und Abgabensystemen, in Umweltlizenzmodellen sowie besonders in innovativen Konzepten der Umwelthaftung.[11] Allerdings setzt eine solche (partielle) Abkehr vom Ordnungsrecht hin zum Privatrecht die Gültigkeit eines Unternehmerbildes voraus, bei dem die öffentliche Kontrolle (zumindest partiell) durch umweltschutzbezogenes selbstverantwortliches Handeln der Unternehmen[12] ersetzt und damit insoweit entbehrlich wird.[13,14]

---

9 Vgl. im Überblick DICKE / HARTUNG (1986) sowie VAN MARK (1994).

10 Auch der Begriff „Deregulierung" wird hier in obigem rechtswissenschaftlichem Sinne gebraucht. Stellt die Betrachtung dabei nicht allein auf den Prozeß der Programmverfolgung, sondern auch auf das damit angestrebte Ergebnis ab, dann ist diese Definition durchaus kompatibel mit anderen, ebenfalls rechtswissenschaftlichen Begriffsauffassungen, die Deregulierung mit „Privatisierung von Staatsaufgaben" gleichsetzen (so z. B. WÜRTENBERGER 1989: 317). Der Begriff wird dann aber auch sofort vergleichbar mit wirtschaftswissenschaftlichen Definitionen, die unter Deregulierung (1) „die Abschaffung staatlicher Interventionen", (2) „die Reduzierung ihrer Eingriffsintensität" oder (3) „ihre anderweitige Ersetzung durch institutionelle Strukturen, die eine Stärkung marktlicher Mechanismen zur Folge haben" (KRUSE 1989: 10), verstehen. Diese Vergleichbarkeit existiert insbesondere dann, wenn man speziell auf die zweite dieser drei Alternativen reflektiert.

11 Vgl. im erörternden Überblick der sogenannten marktlichen und marktwirtschaftlichen Instrumente im Umweltschutz z. B. KLEMMER (1990), HANSMEYER / SCHNEIDER (1990) oder SANDHÖVEL (1994) sowie die verschiedenen Beiträge in MACKSCHEIDT / EWRINGMANN / GAWEL (1994); dabei speziell zur ökonomischen Würdigung des Rechts der Umwelthaftung z. B. ASSMANN (1990) oder KARL (1993).

12 ... verstanden als ein Handeln, bei dem bestimmte „Kontrollaufgaben und -verantwortlichkeiten auf den Kontrollierten selbst zurückfallen" (siehe RONELLENFITSCH 1995: 27).

Dagegen steht allerdings die gegenwärtige umweltpolitische und umweltrechtliche Situation, die von einem recht eigentümlichen Gemisch (tatsächlich oder scheinbar) die reine Freiwilligkeit der Unternehmen ansprechender umweltpolitischer Instrumente und gleichzeitig sehr konkreter staatlicher Eingriffe bis tief in die Interna der einzelnen Unternehmen hinein geprägt ist. Dies mag zum einen in dem erforderlichen Zeitbedarf realer Umsetzung jedes konzeptionellen Wandels begründet sein. Stärker jedoch scheint sich mittlerweile Ernüchterung betreffend die umweltökonomische Wirksamkeit der gleichzeitig auf Selbstverantwortung und Eigennutz der Wirtschaftssubjekte setzenden „ökonomischen Instrumente des Umweltschutzes" auszuwirken.[15,16] Denn in dem Maße, in dem sich umweltschutzbezogene Selbstverantwortung von Unternehmen als lediglich konjunkturabhängig erweist, sie in wirtschaftlichen Schwächephasen also wieder hinter uneingeschränkt einzelökonomischen Kalkülen verschwindet, wird der nachhaltige umweltpolitische Erfolg dieser Instrumente eher zufallsabhängig. Und letzteres gilt um so mehr in allen jenen Fällen, in denen lediglich vorgeschobene umweltschutzbezogene Selbstverantwortung der Kaschierung schierer einzelökonomischer Interessen dient,[17] mithin das gerade bei Konstellationen asymmetrischer Informationenverteilung typische Phänomen des Opportunismus auftritt.[18]

---

[13] Zur Bedingtheit der Deregulierung im Umweltrecht von der Existenz unternehmerischer Selbstverantwortung siehe RONELLENFITSCH (1995, passim). Zum zivildogmatischen Verständnis der Kategorie Selbstverantwortung als komplementäres und ebenbürtiges Rechtsprinzip privatautonomer Selbstbestimmung siehe MAYER-MALY (1989: insb. 277-280).

[14] Selbstverantwortung ist hier weniger im verantwortungsethischen Sinne (vgl. dazu z. B. WAGNER 1990), sondern mehr als umschließende Gesamtkategorie über den Subkategorien „Kausale Handlungsverantwortung", „Fähigkeitsverantwortung", „Haftbarkeitsverantwortung", „Aufgaben- und Rollenverantwortung" sowie „Rechenschafts- und Organisationsverantwortung" im Sinne der Systematisierung bei RONELLENFITSCH (1995: 26) verstanden.

[15] Bei obigem Begriffsverständnis sind Selbstverantwortung und Eigennutz keine notwendig konkurrierenden Kategorien, sofern man akzeptiert, daß die Wahrnehmung unternehmerischer Selbstverantwortung zu den Funktionsbedingungen dieser Instrumente zählt, unternehmerischer Eigennutz dagegen an deren Zielformulierungen anknüpft.

[16] Zu möglichen rechtsstaatlichen Vorbehalten gegenüber derartigen Instrumenten, speziell unter den Aspekten Pseudofreiwilligkeit der Betroffenen, Gleichbehandlung und Rechtsschutz, siehe zudem KLOEPFER (1990).

[17] Vgl. z. B. die Darlegungen zu Moral-Hazard-Gefahren bei der praktischen Umsetzung von Konzepten der Umwelthaftung mit eingebauten Versicherungslösungen bei EISEN (1992) oder ENDRES (1992).

[18] Solche, im Umweltschutzbereich bisher vorwiegend im Verhältnis zwischen Unternehmen und Nachfragern diskutierten Konstellationen (vgl. insb. KAAS 1993) sind in ähnlicher Weise typisch auch für das Verhältnis zwischen dem Gesetz- und Verordnungsgeber und den von dessen Aktivitä-

Alles dies mag einen Trend umweltpolitischer Rückkehr zu den Prinzipien des Ordnungsrechts im Umweltschutz und damit zugleich eine Abkehr von dem gerade erst eingeschlagenen Weg in Richtung Deregulierung bewirken, zumindest aber eine Abkehr von der Euphorie weitgehender Ersetzbarkeit des umweltschutzbezogenen Ordnungsrechts durch reine marktwirtschaftliche Lösungen.[19] Jedoch sind u. U. auch Mittelwege denkbar, auf denen sich die Vorteile der verschiedenenen Konzeptionen dadurch vereinen, daß man die auf der Prämisse unternehmerischer Selbstverantwortung aufbauende Deregulierung z. B. durch den Einbau von Mechanismen stützt, die die Möglichkeiten von Opportunismus schwächen oder die ihn sogar als ökologisches Wirkkriterium nutzbar machen. Als Prüfsteine der empirischen Gültigkeit dieser Thesen mögen hier – um damit zwei besonders aktuelle neue umweltrechtliche Werke aufzugreifen – das deutsche Kreislaufwirtschafts- und Abfallgesetz, kurz „Kreislaufwirtschaftsgesetz" genannt, sowie die EG-Verordnung zum Umweltmanagement und zur Umweltbetriebsprüfung, kurz „Umwelt-Auditing-Verordnung" genannt, fungieren.

4. Selbstverantwortung und Deregulierung im Lichte des deutschen Kreislaufwirtschaftsgesetzes

Das im September 1994 verkündete, jedoch erst im Oktober 1996 in Kraft tretende Kreislaufwirtschaftsgesetz[20] novelliert das z. Zt. noch gültige bundesdeutsche Abfallrecht von Grund auf, indem es erstmals den Gedanken der Kreislaufwirtschaft gesetzlich festschreibt und ihn darüber hinaus in erstaunlich konkreter Form als Kategorie realer Umsetzung vorgibt. So kommt z. B. die Vorgabe „Anlageninterne Kreislaufführung" einer gesetzlichen Vorschrift produktionsintegrierter Umweltschutztechnik für den Hersteller gleich, und die Vorgabe „Abfallarme Produktgestaltung" weist deutlich in Rich-

---

ten betroffenen Unternehmen, wobei in beiden Fällen zumeist die unternehmerische Seite Inhaber von Informationsvorteilen ist.

[19] Vgl. zu letzterem bereits HANSMEYER (1991, passim). Eine damit durchaus kompatible Position ist jene, die ordnungsrechtliche und marktwirtschaftliche Lösungen nicht in konkurrierendem, sondern grundsätzlich komplementärem Verhältnis zueinander sieht. Vgl. in diesem Sinne z. B. FABER / MANSTETTEN (1989).

[20] Detailliert zu Inhalt und betriebswirtschaftlicher Würdigung dieses Gesetzes siehe WAGNER / MATTEN (1995). Speziell zu seiner umweltrechtlichen, umweltpolitischen und umwelttechnischen Würdigung siehe insb. die verschiedenen Beiträge in BREUER / KLOEPFER / MARBURGER / SCHRÖDER (1995).

tung künftiger staatlicher Einflußnahme sogar auf die unternehmerische Produktentwicklung und Produktplanung.[21]

Für die konkrete Umsetzung dieser Vorgaben enthält das Kreislaufwirtschaftsgesetz eine Fülle von Bestimmungen, mit denen die Bundesregierung (im Einvernehmen mit dem Bundesrat, vereinzelt zusätzlich auch mit dem Bundestag) ermächtigt wird, bestimmte, vom Gesetz zunächst nur allgemein gefaßte Regelungen durch Rechtsverordnung zu konkretisieren (und zwar bereits vor Inkrafttreten des Gesetzes), z. B. betreffend Erzeugnisbeschränkungen, Erzeugniskennzeichnungen oder Rücknahme- und Rückgabepflichten. Unabhängig von massiven rechtsstaatlichen Bedenken, die z. T. gegen derartige Konstruktionen vorgebracht werden,[22] ließe dies in der Tat auf eine Renaissance strikt ordnungsrechtlichen Denkens und damit auf eine tatsächliche Hin- bzw. Rückwendung zu umweltschutzrechtlich strenger Regulation schließen.

Allerdings kann man den Charakter des Gesetzes auch völlig anders interpretieren. Dies hieße dann, dem Gesetzgeber ein beachtliches Maß modernen Ökonomieverständnisses zu attestieren. Denn nicht erst die Existenz einer Verordnung, sondern allein schon die Tatsache gesetzlicher Ermächtigung des Verordnungsgebers verändert bei den davon Betroffenen deren Erwartungshaltungen. Aus schier risikopolitisch begründetem Eigeninteresse heraus können diese dann zu umweltpolitisch erwünschtem Verhalten neigen, allein um damit denkbare, u. U. um so schärfere Vorgaben einer künftigen Verordnung (wie auch die Verabschiedung einer solchen Verordnung insgesamt) zu vermeiden.[23] Die Tatsache solcher glaubwürdig angedrohter potentieller Regelungen dient dem Gesetzgeber dann als Hebel (man könnte auch sagen: als Institution), unternehmerischen Opportunismus in den Dienst der staatlichen Umweltschutzpolitik zu stellen.[24]

Die Anwendung informations- und institutionsökonomischer Denkweisen auf das Kreislaufwirtschaftsgesetz erschließt weitere Interpretationsebenen des staatlichen Handelns im Umweltschutz. Denn als konzeptioneller Hebel zur Durchsetzung des Kreislaufgedankens ist das umweltpolitische Verursacherprinzip gedacht, welches – kurz formu-

---

[21] Siehe dazu eingehender WAGNER / MATTEN (1995: 46-47).
[22] Vgl. dazu vor allem VERSTEYL / WENDENBURG (1994: 843).
[23] Ein in genau dieselbe Richtung gehendes unternehmerisches Anliegen könnte auch die Vermeidung einer Verschärfung des Kreislaufwirtschaftsgesetzes selbst sein, denkbar für den (wenn auch ungewöhnlichen) Fall seiner möglichen Novellierung bereits vor dem Zeitpunkt seines Inkrafttretens.
[24] Ein Beispiel für bereits genau in diesem Sinne praktiziertes Handeln des Gesetz- und Verordnungsgebers ist die unter dem Abfallgesetz des Bundes von 1986 in der Verpackungsverordnung von 1992 kodifizierte Drohung möglicher Rücknahme erteilter Genehmigungen privatwirtschaftlicher Ausnahmebereiche, bezogen dann speziell auf das seit Ende 1992 privatwirtschaftlich installierte sogenannte „Duale System". Siehe dazu insb. WAGNER / VOGEL (1992); siehe auch BALDERJAHN (1994).

liert – ökologiewirksame aktuelle und künftige negative externe Effekte der Unternehmenstätigkeit ihren „Verursachern" als ökonomische Nachteile zuzuweisen sucht. Dem entspricht das Gesetz, indem es dem Besitzer von Abfällen die Verantwortung für deren Verwertung und Beseitigung zuordnet. Um dabei allerdings den stets ordnungsgemäßen Umgang mit den Abfällen sicherzustellen – und hier schimmert ein deutliches (in Situationen asymmetrischer Informationenverteilung für den jeweils tatsächlich oder vermeintlich „Schwächeren" typisches) Mißtrauen des Gesetzgebers hervor –, sieht das Gesetz eine Vielzahl von Vorschriften zur Gewährleistung von Transparenz für die zuständigen Überwachungsbehörden, aber auch allgemein für die „Interessierte Öffentlichkeit", vor: Dazu zählen Zertifizierungspflichten zum Nachweis persönlicher Befähigungen und zum Vorhandensein von Umwelthaftpflichtversicherungen in Entsorgungsunternehmen, Mitteilungspflichten zur Betriebsorganisation abfallerzeugender Unternehmen sowie Verpflichtungen zur regelmäßigen Vorlage detaillierter Abfallwirtschaftskonzepte bei den jeweiligen Behörden. Und darüber hinaus bestimmt das Kreislaufwirtschaftsgesetz für Fälle der Beauftragung Dritter sowie für Abfallerzeuger mit bestimmtem jährlichem Mindestaufkommen die vollständige und regelmäßige Offenlegung der Verwertungs- und Beseitigungsvorgänge durch obligatorische Vorlage umfassender Abfallbilanzen zu Art, Menge und Verbleib der jeweiligen Stoffe.

In bemerkenswerter Weise finden hier mithin die Überlegungen zur unternehmerischen Selbstverantwortung als Prämisse umweltrechtlicher Deregulierung eine empirische Bestätigung. Denn indem der Gesetzgeber unter dem Begriff der „Produktverantwortung"[25] Abfallerzeugern und Abfallentsorgern explizit Kompetenz zu umfassender Problemlösung zugesteht,[26] konzediert er ihnen zugleich (zumindest implizit) weitgehende unternehmerische Handlungs- und Entscheidungsfreiheit. Daß der Gesetzgeber dabei allerdings dennoch Formen institutioneller Transparenzsicherung installiert – und überdies Signale (besser: Drohungen) möglicher (zusätzlicher und/oder verschärfter) Rechtsverordnungen pflegt –, entspricht seiner grundsätzlichen Rolle, im Dienste des Wohls der Allgemeinheit externe Funktionskontrollen zur Prävention von Moral-Hazard-Erscheinungen einzurichten, um so das beabsichtigte umweltökonomische „Funktionieren" dieses Bereichs zu gewährleisten.

---

[25] Siehe dazu im einzelnen WAGNER / MATTEN (1995: 49). Genaues gesetzliches Textstudium erschließt im übrigen, daß dabei der Begriffsteil „Verantwortung" genau in jenem Sinne verstanden ist, wie dies oben in Fußnote 14 mit den Kategorien Handlungs-, Fähigkeits-, Haftbarkeits- sowie Rechenschafts- und Organisationsverantwortung zum Ausdruck gebracht wird.

[26] Mit dem Begriff der Produktverantwortung kodifiziert das Kreislaufwirtschaftsgesetz erstmals gesetzlich das im Konzept des Sustainable Development entwickelte Prinzip des „Product Stewardship". Vgl. zu diesem Prinzip detaillierter DILLON / BARAM (1993).

Mit der Kodifizierung des Prinzips der Produktverantwortung schlägt das Kreislaufwirtschaftsgesetz eine Brücke zu dem ebenfalls auf dieses Prinzip setzenden europäischen Umwelt- und Abfallhaftungsrecht[27] (einschließlich der EG-Abfallrichtlinie von 1991[28]). Der Blick wird damit zugleich generell auf die europäischen Regelungen des unternehmensbezogenen Umweltschutzes gerichtet, angefangen etwa bei der EG-Richtlinie zur Umweltverträglichkeitsprüfung von 1985 (vgl. PETERS 1994) über die EG-Umweltinformationsrichtlinie von 1990 (vgl. z. B. ERICHSEN / SCHERZBERG 1992; STOLLMANN 1993) bis hin zur EG-Verordnung zum Umweltmanagement und zur Umweltbetriebsprüfung („Umwelt-Auditing-Verordnung") von 1993 (vgl. insbesondere WAGNER / JANZEN 1994). Speziell letztere Verordnung diene hier als zweiter Prüfstein der unter Punkt 3 entwickelten Thesen.

5. Selbstverantwortung und Deregulierung im Lichte der EG-Verordnung zum Umwelt-Auditing

Unter der Zielformulierung „Förderung kontinuierlicher Verbesserungen des unternehmerischen Umweltschutzes" setzt auch die Umwelt-Auditing-Verordnung massiv auf die „Steigerung der Transparenz umweltschutzbezogener Unternehmensleistungen und -absichten für die interessierte Öffentlichkeit".[29] Dazu installiert sie zum einen – zunächst auf freiwilliger, später dann auf obligatorischer Basis – das Instrument des Umwelt-Auditing als Teil eines – ebenfalls zunächst freiwilligen, später obligatorischen – unternehmerischen Umweltmanagementsystems, und zwar zur externen Beurteilung eben dieses Systems sowie der von diesem bewirkten Leistungen.[30] Für diese Beurtei-

---

[27] Vgl. die betreffenden Beiträge in NICKLISCH (1993).

[28] Vgl. SCHREIER (1994) sowie im Überblick der staatenspezifischen Umsetzung dieser Richtlinie PORTER (1995).

[29] Siehe WAGNER / JANZEN (1994: 582-584), bezugnehmend auf DER WIRTSCHAFTS- UND SOZIALAUSSCHUSS DER EUROPÄISCHEN GEMEINSCHAFTEN (1992: 44) sowie DER RAT DER EUROPÄISCHEN GEMEINSCHAFTEN (1993: 2).

[30] Trotz formal deklarierter Freiwilligkeit der Teilnahme ist zu erwarten, daß für bestimmte Wirtschaftszweige nach der spätestens fünf Jahre nach Inkrafttreten fälligen Überprüfung und ggf. Änderung der Verordnung die Teilnahme an dem durch die Verordnung vorgegebenen Prüfsystem verpflichtend werden wird. Vgl. in diesem Sinne u. a. FÖRSCHLE / HERMANN / MANDLER (1994: 1094) oder DER WIRTSCHAFTS- UND SOZIALAUSSCHUSS DER EUROPÄISCHEN GEMEINSCHAFTEN (1992: 45-46).

lung sieht die Verordnung alsdann (ähnlich dem Kreislaufwirtschaftsgesetz) das Instrument der Zertifizierung vor, durch das der jeweilige Erfüllungsgrad bestimmter relevanter Handlungs- und Managementstandards öffentlich überprüfbar gemacht werden soll.[31] Konzeptionell steht dabei die Vorstellung im Hintergrund, schon eine solche Transparenz allein bewege das einzelne Unternehmen zu umweltschutzrelevantem Präventionshandeln, und zwar aus eigenen risikopolitischen Überlegungen heraus, etwa zur Vermeidung von ökonomisch wirksamen Reputationseinbußen oder von ordnungs-, zivil- und/oder strafrechtlichen Sanktionen.[32]

Die innere Logik dieser Argumentenfolge basiert auf den Charakteristika speziell des hier zur Geltung gekommenen britischen Rechtsverständnisses des Verhältnisses zwischen Unternehmen und Staat. Denn nicht ordnungsrechtliche Bevormundung (wenn auch unter dem Postulat der Gleichbehandlung aller Betroffenen), sondern Orientierung an möglichst gemeinsam entwickelten Verhaltens- und Verfahrensstandards (mit möglichst hoher Verfahrensflexibilität im Einzelfall) steht dabei im Vordergrund. Dies belegt gerade die Umwelt-Auditing-Verordnung durch ihre weitgehende Fundierung im Normensystem der British Standards Institution wie auch in den aus diesem System abgeleiteten ISO-Reihen zur Normierung von unternehmerischem Qualitätsmanagement und Qualitäts-Audits.[33] Aus den für derartige normenbasierte Konstellationen typischen wechselseitigen Bindungen wird dann auf eine Stärkung des zielentsprechend selbstverantwortlichen Handelns der Unternehmen geschlossen und damit auf rigide staatliche Regulation, also insbesondere auf (zusätzliche bzw. weitergehende) ordnungsrechtliche Vorgaben, verzichtet.[34]

---

[31] Im Gegensatz zu den vorlaufenden Entwürfen spricht die Umwelt-Auditing-Verordnung der EG in ihrer endgültigen Fassung nicht mehr explizit von „Umwelt-Audits", sondern bei erstmaliger formaler Durchleuchtung des Unternehmens von „Umweltprüfung" sowie bei jedem nachfolgenden weiteren Vorgang von „Umweltbetriebsprüfung". Der Vorgang der externen Testierung der dabei jeweils resultierenden unternehmerischen „Umwelterklärung" wird mit dem Begriff der „Zertifizierung" bezeichnet, das formale (positive) Ergebnis dieser Testierung als „Zertifikat".

[32] Siehe dazu im einzelnen WAGNER / JANZEN (1994: insb. 595-600). Siehe im allgemeinen zur Relevanz umweltbezogener Publizitäts- und Informationspflichten für die unternehmerische Haftung für Umweltschäden in ökonomischer Analyse OTT / SCHÄFER (1993).

[33] Siehe zu diesen Zusammenhängen eingehender WAGNER / JANZEN (1994: 584-587).

[34] Vgl. in diesem Kontext z. B. auch die Analyse zum Verhältnis von umweltbezogener Regulierung und der Wettbewerbsfähigkeit U.S.-amerikanischer Hersteller bei JAFFE / PETERSON / PORTNEY / STAVINS (1995) sowie die Darlegungen zur Regulierung von Umweltrisiken im internationalen Vergleich bei O'RIORDAN / WYNNE (1993).

Der verbindliche Vorgabecharakter des europäischen Rechts[35] wird dieser Denkweise auch innerhalb der jeweiligen nationalen Rechtsbereiche Vorschub verschaffen. Speziell das umweltschutzbezogene deutsche Verwaltungsverfahrensrecht wird dadurch in zunehmender Weise mit Phänomenen und Prinzipien konfrontiert (und von ihnen durchdrungen), die bereits jetzt im Zuge der nationalen Umsetzung der Umwelt-Auditing-Verordnung – aber z. B. auch der EG-Richtlinie zur Umweltverträglichkeitsprüfung – unter Konzepten wie „Komplexitätsminderung durch Verfahrensmodifikation bzw. -abbau", „Komplexitätsverarbeitung durch Teilprivatisierung der Verfahrensverantwortung" oder „Komplexitätsverarbeitung durch Reduktion staatlicher Regelungsverantwortung" intensiv diskutiert werden.[36] Und besonders die unter dem zweiten dieser Kennzeichnungen thematisierten Subkonzepte „Ausbau kooperativer gesellschaftlicher Selbstregulierung" (bzw. „regulierter Selbstregulierung") und „Staatsentlastung durch regulierte Privatverantwortung mit Auffangnetz" (vgl. HOFFMANN-RIEM 1994: 607-614) bieten klare inhaltliche Bestätigungen dieser Erwartungen – und damit zugleich weitere Bestätigungen der in Abschnitt 3 formulierten Thesen zu unternehmerischer Selbstverantwortung und Deregulierung unter eingebauten Funktionssicherungen.[37]

Bemerkenswert ist in diesem Zusammenhang im übrigen auch, daß von seiten des deutschen Gesetzgebers den Unternehmen eine spezifische Deregulierung speziell für den Fall in Aussicht gestellt wird, daß sich die Umwelt-Auditing-Verordnung tatsächlich in dieser angesprochenen Weise verfahrensmäßig bewähren wird.[38] Denn für diesen Fall signalisiert er der davon betroffenen Wirtschaft die Zusammenführung und Bereinigung jener unterschiedlichsten Berichtspflichten, die in den letzten Jahren aus der außerordentlich stark gestiegenen rechtlichen Regelungsdichte im Bereich der Herausgabe-

---

[35] Zu den „Rechtsgrundlagen der Europäisierung des Unternehmensrechts, insb. der Rechtsangleichung" sowie den „Folgen und der Technik der Europäischen Rechtsetzung im Unternehmensrecht" siehe LUTTER (1991: speziell 4-33).

[36] Siehe dazu ausführlich und im Detail HOFFMANN-RIEM (1994: speziell 603-620). Seinen Niederschlag findet in dieser Diskussion allerdings auch jenes – vielseitig beklagte – Phänomen, daß sich unter dem für alle Betroffenen eigentlich Chancengleichheit und Verwaltungsvereinfachung verheißenden Programm der Gesetzes- und Verordnungsharmonisierung der EG bzw. EU mittlerweile gerade im Bereich des Umweltschutzes (jedoch nicht nur dort allein) ein von Widersprüchlichkeiten, Unbestimmtheiten und Unzulänglichkeiten gekennzeichnetes Gebilde überbordender administrativer Regularien ausgebreitet hat, welches zur Rückgewinnung seiner eigenen Handlungseffizienz besonderer Reduzierungen bedarf. Siehe dazu z. B. DEMMKE (1993) oder HANSMANN (1995).

[37] Daß es dem Gesetzgeber dabei natürlich nicht selten auch um einen – ggf. weiteren – Transfer bisher vorwiegend öffentlicher Transaktionskosten in den privaten Bereich hinein geht (zur Systematik der in diesem Zusammenhang relevanten Transaktionskosten siehe WEALE (1992: insb. 28)), steht dieser Einsicht keineswegs entgegen.

[38] Vgl. dazu insb. WASKOW (1994: 17).

pflichten umweltrelevanter Informationen (vgl. z. B. KLOEPFER 1993) resultierten. Der Gesetzgeber greift damit also erneut (wie im Falle des Kreislaufwirtschaftsgesetzes) zu einer Maßnahme der Beeinflussung unternehmerischer Erwartungshaltungen, nun allerdings nicht durch die Androhung möglicher zusätzlicher und/oder verschärfter, sondern durch die Signalisierung möglicher reduzierter und/oder entschärfter Verordnungen.

6. Wettbewerbliche Regulierung als Zukunftsaufgabe im Umweltschutz

Das gesamte Thema „Regulierung im Umweltschutz" kann allerdings gerade mit Blick auf die Umwelt-Auditing-Verordnung und das Kreislaufwirtschaftsgesetz auch unter zusätzlichem Blickwinkel, d. h. speziell unter dem Aspekt ihrer Wirkungen auf die herrschenden Wettbewerbsverhältnisse diskutiert werden. Die Perspektive verschiebt sich dann auf Kriterien, wie sie besonders in der wirtschaftswissenschaftlichen Diskussion zu Regulierung und Deregulierung angelegt sind und sich speziell in der Frage nach der erforderlichen Schaffung „institutioneller Strukturen, die eine Stärkung marktlicher Mechanismen zur Folge haben"[39], niederschlagen.

So sehen sich z. B. Unternehmen in Ländern mit hohen Umweltschutzstandards möglichen Wettbewerbsnachteilen aus Auditing-Vorgängen gegenüber. Dies mag angesichts des erklärten Ziels der EG-Verordnung, den Umweltschutz im Unternehmen zu fördern (was gerade mit der Einhaltung strenger Umweltschutzstandards gewährleistet wird), zunächst absurd erscheinen. Notwendige Bedingung der Zertifizierung ist jedoch die Einhaltung der jeweiligen nationalen Standards, hinreichende Bedingung darüber hinaus eine weiterreichende Verbesserung des Umweltschutzes (vgl. WAGNER / JANZEN 1994: 593). Sind aber – wovon in aller Regel auszugehen ist – die Grenzkosten zusätzlichen Umweltschutzes bei hohen Standards höher als bei niedrigen, so sind ceteris paribus jene Unternehmen, die höheren Standards unterliegen, ökonomisch im Nachteil. Denn gemäß dieser Verordnung wird nicht – und diese „Feinheit" ist bedeutsam – ein bestimmter Grad an Umweltschutzleistung zertifiziert, sondern lediglich die grundsätzliche Fähigkeit des Umweltmanagementsystems, individuelle Umweltschutzziele zu for-

---

[39] KRUSE (1989: 10). Vgl. hier nochmals die oben in Fußnote 10 zusammengeführten Definitionen.

mulieren und effektiv umzusetzen.[40] Im Umweltschutz führende Unternehmen werden dadurch gegenüber solchen mit niedrigeren individuellen Ausgangsstandards real benachteiligt, insbesondere wenn man auf die spätere Kommunikation der Zertifikate zum Zwecke marktlicher Reputationssteigerung und/oder zur Senkung umweltschutzbezogener ordnungs-, zivil- oder strafrechtlicher Unternehmensrisiken reflektiert.[41]

Gravierender noch stellen sich mögliche Wettbewerbswirkungen des Kreislaufwirtschaftsgesetzes dar. Denn aus den durch dieses Gesetz angestoßenen Tendenzen zur (zusätzlichen) Kooperation zwischen den verschiedenen Unternehmen innerhalb der angestrebten Stoff- und Wertschöpfungskreisläufe folgen deutliche Zielkonflikte: Auf der einen Seite können Spezialisierung und aufeinander abgestimmte Arbeitsteilung – neben dem angestrebten ökologischen Effekt – zwar durchaus bestimmte ökonomische Effizienzsteigerungen beim einzelnen (ausdrückbar in Gewinnsteigerungserwartungen) wie auch im ganzen (ausdrückbar als gesteigerte gesamtwirtschaftliche Wohlfahrtserwartung) bewirken. Auf der anderen Seite jedoch werden bei immer engeren Kooperationsformen Gefahren wettbewerbsrechtlicher Art virulent. Bereits die kartellrechtlichen Bedenken gegenüber dem seit Ende 1992 entstandenen Netzwerk des „Dualen Systems" machten dies deutlich.[42] Dabei konzentrieren sich diese Bedenken auf abgestimmte Verhaltensweisen der Beteiligten innerhalb der verschiedenen Redistributionssysteme bis hin zur möglichen Entstehung von Angebots- und Nachfragemonopolen „in einer Hand" (vgl. KERSTING 1994: 514) wie auch auf mögliche Herausbildungen kartellähnlicher Gebilde im Bereich der unternehmerischen Forschung & Entwicklung. Und diese Bedenken sind unschwer auf alle jene Regelungen im Kreislaufwirtschaftsgesetz übertragbar, die sich in ihrer Grundkonzeption an dem Modell des „Dualen Systems" orientieren, etwa auf die beabsichtigte Elektronikschrott-Verordnung oder die Verordnung über die Entsorgung von Altautos.

---

[40] Leistungsmessung und Leistungsbeurteilung erfolgen im Umwelt-Auditing gemäß EG-Verordnung eben erstaunlicherweise nicht anhand allgemeinverbindlicher Standards, sondern durch Konfrontation der Handlungsergebnisse mit den Handlungszielen ein und desselben Unternehmens.

[41] Im übrigen provoziert auch die Einheitlichkeit des Zertifizierungsvorgangs gewisse Verzerrungen zwischen Unternehmen unterschiedlicher Größenklassen. Denn existieren bei Großunternehmen zumeist bereits allgemeine Managementsysteme, die eine Erfüllung der formalen und dokumentarischen Anforderungen zur Zertifikatserlangung ohne wesentlichen kostenwirtschaftlichen und organisatorischen Zusatzaufwand ermöglichen, so ist dies bei kleinen und mittleren Unternehmen i. d. R. nicht der Fall. Vgl. dazu u. a. STEGER (1995: 249).

[42] Vgl. z. B. KERSTING (1994: 514-515) oder RÖMER / FELD (1994: 208-209).

7. Resümee

Resümiert man mithin auch unter diesen Aspekten die möglichen Regulierungswirkungen der aktuellen Gesetz- und Verordnungsgebung im Umweltschutz – und zwar in Kenntnis der Tatsache, daß andere aktuelle Gesetzeswerke in ihrer Grundausrichtung ähnlich angelegt sind –, dann wird man einer gewissen Janusköpfigkeit gewahr:

Denn auf der einen Seite läßt sich in der Tat eine deutliche Deregulierung in dem Sinne feststellen, daß der privatwirtschaftlichen Initiative und Kompetenz weitaus mehr Spielräume gewährt werden, als dies in der Tradition des Ordnungsrechts bisher der Fall war. Dem steht auch nicht entgegen, daß sich Umfang und Geltungsbereiche von Genehmigungsvorbehalten spürbar erhöhen werden; denn bei gegebenem Aufgabenverständnis insbesondere der staatlichen Behörden ist das dann nur eine notwendige Verschiebung der Schwerpunkte von der Vorgabe- hin zur Kontrollfunktion dieser Institutionen.[43]

Andererseits jedoch scheint die praktische Umsetzung einer Reihe aktueller Umweltschutzgesetze und -verordnungen bestimmten Konzentrations- und Kartellierungstendenzen nachhaltig Vorschub zu leisten. Speziell diese, vom Gesetzgeber entweder gewollte oder erst allmählich zur Kenntnis genommene Entwicklung dürfte ein weiteres, sowohl ökonomisch wie rechtlich erhebliches Zukunftsproblem der Regulierung im Umweltschutzsektor sein. In spezieller Pointierung ließe sich dies durchaus so formulieren, daß sich die Schwerpunkte der Regulierungsdebatte im Umweltschutz dann wohl wieder vom gegenwärtig dominierenden Aspekt möglichen Staatsversagens stärker hin zu Erscheinungen möglichen Marktversagens verschieben werden.

Literaturverzeichnis

ASSMANN, HEINZ-DIETER (1990): Privatrechtliche Tatbestände der Umwelthaftung in ökonomischer Analyse. In: WAGNER, GERD RAINER (Hg.) (1990): Unternehmung und ökologische Umwelt. München: Vahlen: 201-219.

BALDERJAHN, INGO (1994): Betriebswirtschaftliche Aspekte der Verpackungsverordnung. Die Betriebswirtschaft 54(1994)4: 481-500.

---

[43] Nicht zu übersehen ist allerdings, daß solche Verschiebungen nicht selten (auch) dem Transfer verwaltungsrechtlicher Entscheidungsrisiken in den privatwirtschaftlichen Bereich hinein dienen. Siehe dazu insb. DI FABIO (1994: 65-165; 445-471).

BECKMANN, MARTIN (1995): Rechtsprobleme der Rücknahme- und Rückgabepflichten. Deutsches Verwaltungsblatt 110(1995)7: 313-322.
BEHRENS, PETER (1986): Die ökonomischen Grundlagen des Rechts. Tübingen: Mohr (Siebeck).
BREUER, RÜDIGER; MICHAEL KLOEPFER; PETER MARBURGER; MEINHARD SCHRÖDER (Hg.) (1995): Kreislauf oder Kollaps im Abfallwirtschaftsrecht? Heidelberg: Decker's / Schenck.
DEMMKE, CHRISTOPH (1993): Europäische Politikverflechtung und effektiver Umweltschutz. Zeitschrift für angewandte Umweltforschung 6(1993)3: 317-329.
DER RAT DER EUROPÄISCHEN GEMEINSCHAFTEN (1993): Verordnung über die freiwillige Teilnahme gewerblicher Unternehmen an einem Gemeinschaftssystem für das Umweltmanagement und die Umweltbetriebsprüfung vom 29. Juni 1993 – Verordnung EWG Nr. 1836/93. Amtsblatt der Europäischen Gemeinschaften L 168 vom 10.7.1993: 1-18.
DER WIRTSCHAFTS- UND SOZIALAUSSCHUSS DER EUROPÄISCHEN GEMEINSCHAFTEN (1992): Stellungnahme zu dem Vorschlag für eine Verordnung des Rates betreffend die freiwillige Beteiligung gewerblicher Unternehmen an einem gemeinschaftlichen Öko-Audit-System. Amtsblatt der Europäischen Gemeinschaften – Mitteilungen und Bekanntmachungen C 332 vom 16.12.1992: 44-49.
DICK, GÜNTHER (1993): Rationale Regulierung. Hamburg: S+W Steuer- und Wirtschaftsverlag.
DICKE, HUGO; HANS HARTUNG (1986): Externe Kosten von Rechtsvorschriften. Tübingen: Mohr (Siebeck).
DI FABIO, UDO (1994): Risikoentscheidungen im Rechtsstaat. Tübingen: Mohr (Siebeck).
DILLON, PATRICIA S.; MICHAEL S. BARAM (1993): Forces Shaping the Development and Use of Product Stewardship in the Private Sector. In: FISCHER, KURT; JOHAN SCHOT (Hg.) (1993): Environmental Strategies for Industry. Washington, D. C.: Island Press: 329-341.
EISEN, ROLAND (1992): Versicherungsmäßige Lösungsmodelle für Umweltprobleme in ökonomischer Analyse. In: WAGNER, GERD RAINER (Hg.) (1992): Ökonomische Risiken und Umweltschutz. München: Vahlen: 67-84.
ENDRES, ALFRED (1992): Umwelthaftung zur Harmonisierung von unternehmerischer Risikopolitik und Internalisierung externer Effekte. In: WAGNER, GERD RAINER (Hg.) (1992): Ökonomische Risiken und Umweltschutz. München: Vahlen: 301-318.
ERICHSEN, HANS-UWE; ARNO SCHERZBERG (1992): Zur Umsetzung der Richtlinie des Rates über den freien Zugang zu Informationen über die Umwelt. Berlin: E. Schmidt.
FABER, MALTE; REINER MANSTETTEN (1989): Rechtsstaat und Umweltschutz aus ökonomischer Sicht. Zeitschrift für angewandte Umweltforschung 2(1989)4: 361-371.
FÖRSCHLE, GERHART; SILKE HERMANN; UDO MANDLER (1994): Umwelt-Audits. DB 47(1994)22: 1093-1100.
HANSMANN, KLAUS (1995): Schwierigkeiten bei der Umsetzung und Durchführung des europäischen Umweltrechts. Neue Zeitschrift für Verwaltungsrecht 14(1995)4: 320-325.
HANSMEYER, KARL-HEINRICH (1991): Umweltsteuern und Umweltabgaben. In: EL-SHAGI, EL-SHAGI; ECKHARD KNAPPE; LOTHAR MÜLLER-HAGEDORN (Hg.) (1991): Umweltpolitik in der Marktwirtschaft. Pfaffenweiler: Centaurus: 33-46.
HANSMEYER, KARL-HEINRICH; HANS KARL SCHNEIDER (1992): Umweltpolitik. 2. Aufl. Göttingen: Vandenhoek & Ruprecht.

HOFFMANN-RIEM, WOLFGANG (1994): Ökologisch orientiertes Verwaltungsverfahrensrecht – Vorklärungen. Archiv für öffentliches Recht 119(1994)4: 590-626.
HULPKE, HERWIG (1992): Aufgaben des Konflikt-Managements im Umweltschutz unter besonderer Berücksichtigung von Risiko-Aspekten. In: WAGNER, GERD RAINER (Hg.) (1992): Ökonomische Risiken und Umweltschutz. München: Vahlen: 170-183.
JAFFE, ADAM B.; STEVEN R. PETERSON; PAUL R. PORTNEY; ROBERT N. STAVINS (1995): Environmental Regulation and the Competitiveness of U.S. Manufacturing. Journal of Economic Literature 33(1995)1: 132-163.
KAAS, KLAUS PETER (1993): Informationsprobleme auf Märkten für umweltfreundliche Produkte. In: WAGNER, GERD RAINER (Hg.) (1993): Betriebswirtschaft und Umweltschutz. Stuttgart: Schäffer-Poeschel: 29-43.
KARL, HELMUT (1993): Mehr Umweltschutz durch zivilrechtliche Umwelthaftung? – Überblick und Anmerkungen zu den jüngsten Trends im Umwelthaftungsrecht. Zeitschrift für angewandte Umweltforschung 6(1993)1: 35-43.
KERSTING, ANDREAS (1994): Kreislaufwirtschafts- und Abfallrecht. Deutsches Verwaltungsblatt 109(1994)9: 511-516.
KLEMMER, PAUL (1990): Gesamtwirtschaftliche Effekte ökonomischer Instrumente im Umweltschutz. In: WAGNER, GERD RAINER (Hg.) (1990): Unternehmung und ökologische Umwelt. München: Vahlen: 262-282.
KLOEPFER, MICHAEL (1990): Rechtsstaatliche Probleme ökonomischer Instrumente im Umweltschutz. In: WAGNER, GERD RAINER (Hg.) (1990): Unternehmung und ökologische Umwelt. München: Vahlen: 241-261.
KLOEPFER, MICHAEL (1993): Umweltinformationen durch Unternehmen – Wettbewerbsrecht, Öko-Audit, Umweltberichterstattung als Regelungsansätze für das Recht externer unternehmerischer Umweltinformationen. Natur und Recht 15(1993)8: 353-358.
KRUSE, JÖRN (1989): Ordnungstheoretische Grundlagen der Deregulierung. In: SEIDENFUS, HELLMUTH ST. (Hg.) (1989): Deregulierung – eine Herausforderung an die Wirtschafts- und Sozialpolitik in der Marktwirtschaft. Berlin: Duncker & Humblot: 9-35.
LUTTER, MARCUS (1991): Europäisches Unternehmensrecht. 3. Aufl. Berlin, New York: de Gruyter.
MACKSCHEIDT, KLAUS; DIETER EWRINGMANN; ERIK GAWEL (Hg.) (1994): Umweltpolitik mit hoheitlichen Zwangsabgaben? Festschrift für Karl-Heinrich Hansmeyer zur Vollendung seines 65. Lebensjahres. Berlin: Duncker & Humblot.
MARBURGER, PETER (1991): Formen, Verfahren und Rechtsprobleme der Bezugnahme gesetzlicher Regelungen auf industrielle Normen und Standards. In: MÜLLER-GRAFF, PETER-CHRISTIAN (Hg.) (1991): Technische Regeln im Binnenmarkt. Baden-Baden: Nomos: 27-55.
MARK, MICHAEL VAN (1994): Vollzugskosten der Umweltpolitik. Bergisch Gladbach: Hobein.
MAYER-MALY, THEO (1989): Privatautonomie und Selbstverantwortung. In: LAMPE, ERNST-JOACHIM (Hg.) (1989): Verantwortlichkeit und Recht. Opladen: Westdeutscher Verlag: 268-283.
NICKLISCH, FRITZ (Hg.) (1993): Zum neuen Recht der Abfallwirtschaft. Heidelberg: Recht und Wirtschaft. BB (1993)14, 15 (Beil. 9 u. 10).
NOTH, MICHAEL (1994): Regulierung bei asymmetrischer Informationsverteilung. Wiesbaden: DUV.

O'RIORDAN, TIMOTHY; BRIAN WYNNE (1993): Die Regulierung von Umweltrisiken im internationalen Vergleich. In: KROHN, WOLFGANG; GEORG KRÜCKEN (Hg.) (1993): Riskante Technologien: Reflexion und Regulation. Frankfurt a.M.: Suhrkamp: 186-216.

OTT, CLAUS; HANS-BERND SCHÄFER (1993): Unternehmenspublizität, Umweltschadensbilanz und Haftung für Umweltschäden. In: OTT, CLAUS; HANS-BERND SCHÄFER (Hg.) (1993): Ökonomische Analyse des Unternehmensrechts. Heidelberg: Physica: 217-256.

PETERS, HEINZ-JOACHIM (1994): Die UVP-Richtlinie der EG und die Umsetzung in das deutsche Recht. Baden-Baden: Nomos.

PORTER, MARTIN H. A. (1995): Scientific Uncertainty, the Role of Expertise and North-South Variations in the EU Environmental Policy Process: The Case of Packaging and Packaging Waste. Zeitschrift für angewandte Umweltforschung 8(1995)3: 516-531.

RAPSCH, ARNULF (1991): Entwicklung des Umweltrechts im Jahre 1990. Zeitschrift für angewandte Umweltforschung 4(1991)1: 36-51.

RAPSCH, ARNULF (1992): Entwicklung des Umweltrechts im Jahre 1991. Zeitschrift für angewandte Umweltforschung 5(1992)1: 103-118.

RÖMER, ANSELM U.; LARS P. FELD (1994): Einstieg in die ökologische Kreislaufwirtschaft: Recycling am Beispiel des Dualen Systems Deutschland. In: BARTEL, RAINER; FRANZ HACKL (Hg.) (1994): Einführung in die Umweltpolitik. München: Vahlen: 199-217.

RONELLENFITSCH, MICHAEL (1995): Selbstverantwortung und Deregulierung im Ordnungs- und Umweltrecht. Berlin: Duncker & Humblot.

RONELLENFITSCH, MICHAEL (1994): Beschleunigung und Vereinfachung der Anlagenzulassungsverfahren. Berlin: Duncker & Humblot.

SANDHÖVEL, ARMIN (1994): Marktorientierte Instrumente der Umweltpolitik. Opladen: Westdeutscher Verlag.

SCHINK, ALEXANDER (1993): Die Entwicklung des Umweltrechts im Jahre 1992. Zeitschrift für angewandte Umweltforschung 6(1993)3: 361-376, 6(1993)4: 475-489.

SCHINK, ALEXANDER (1994): Die Entwicklung des Umweltrechts im Jahre 1993. Zeitschrift für angewandte Umweltforschung 7(1994)2: 183-196, 7(1994)3: 337-356.

SCHINK, ALEXANDER (1995): Die Entwicklung des Umweltrechts im Jahre 1994. Zeitschrift für angewandte Umweltforschung 8(1995)1: 67-78, 8(1995)2: 227-239.

SCHREIER, AXEL (1994): Die Auswirkungen des EG-Rechts auf die deutsche Abfallwirtschaft. Berlin: Duncker & Humblot.

STEGER, ULRICH (1995): Umwelt-Auditing. In: JUNKERNHEINRICH, MARTIN; PAUL KLEMMER; GERD RAINER WAGNER (Hg.) (1995): Handbuch zur Umweltökonomie. Berlin: Analytica: 245-250.

STOLLMANN, FRANK (1993): Die europäische Umweltinformationsrichtlinie und der Entwurf eines Umweltinformationsgesetzes. Zeitschrift für angewandte Umweltforschung 6(1993)3: 351-360.

THOMÉ-KOZMIENSKY, KARL J. (1994): Kreislaufwirtschaft. Berlin: EF-Verlag für Energie- und Umwelttechnik.

VERSTEYL, LUDGER-ANSELM; HELGE WENDENBURG (1994): Änderungen des Abfallrechts – Anmerkungen zum Kreislaufwirtschafts- und Abfallgesetz sowie den Gesetzen zu dem Baseler Übereinkommen. Neue Zeitschrift für Verwaltungsrecht 13(1994)9: 833-843.

VIEREGGE, RUDOLF (1990): Zur Relevanz der Fortentwicklung ökonomischer Instrumente im Umweltschutz. In: WAGNER, GERD RAINER (Hg.) (1990): Unternehmung und ökologische Umwelt. München: Vahlen: 229-240.

WAGNER, GERD RAINER (1994): Technologieakzeptanz und unternehmerisches Umweltrisiko. In: GERKE, WOLFGANG (Hg.) (1994): Planwirtschaft am Ende – Marktwirtschaft in der Krise? Festschrift für Wolfram Engels zum 60. Geburtstag. Stuttgart: Schäffer-Poeschel: 51-67.

WAGNER, GERD RAINER (1990): „Unternehmensethik" im Lichte der ökologischen Herausforderung. In: CZAP, HANS (Hg.) (1990): Unternehmensstrategien im sozio-ökonomischen Wandel. Berlin: Duncker & Humblot: 295-316.

WAGNER, GERD RAINER; HENRIK JANZEN (1994): Umwelt-Auditing als Teil des betrieblichen Umwelt- und Risikomanagements. Betriebswirtschaftliche Forschung und Praxis 46(1994)6: 573-604.

WAGNER, GERD RAINER; DIRK MATTEN (1995): Betriebswirtschaftliche Konsequenzen des Kreislaufwirtschaftsgesetzes. Zeitschrift für angewandte Umweltforschung 8(1995)1: 45-57.

WAGNER, GERD RAINER; ARMIN VOGEL (1992): Das „Duale System" als Herausforderung für die Entsorgungswirtschaft. In: HAUFF, MICHAEL VON; UWE SCHMID (Hg.) (1992): Ökonomie und Ökologie. Stuttgart: Schäffer-Poeschel: 219-242.

WASKOW, SIEGFRIED (1994): Betriebliches Umweltmanagement – Anforderungen nach der Audit-Verordnung der EG. Heidelberg: C. F. Müller.

WEALE, ALBERT (1992): Umweltbezogene Risikosteuerung durch transaktionskostenorientierte Institutionen. In: WAGNER, GERD RAINER (Hg.) (1992): Ökonomische Risiken und Umweltschutz. München: Vahlen: 27-45.

WÜRTENBERGER, THOMAS (1989): Wandlungen in den privaten und öffentlichen Verantwortungssphären. In: LAMPE, ERNST-JOACHIM (Hg.) (1989): Verantwortlichkeit und Recht. Opladen: Westdeutscher Verlag: 308-323.

ZIEGLER, MICHAEL (1995): Deregulierung der Sonderabfallwirtschaft. Bergisch Gladbach, Köln: Eul.

Friedrich Thießen[*]

Covenants: Durchsetzungsprobleme und die Folgen

Covenants werden zunehmend als Sicherheiten in Kreditverträge integriert. Sie ergänzen und ersetzen Sachsicherheiten, die in vielen Fällen keinen ausreichend sichern und langfristigen Schutz mehr gewährleisten. In der Praxis ist derzeit ein Vormarsch von Covenants bei gleichzeitigem Verzicht auf Sachsicherheiten zu verzeichnen.

Covenants können machtvolle Hebel sein, um als Gläubiger Einfluß auf die Geschäftsführung des Schuldners zu bekommen. Die Wirkung von Covenants auf das verschuldete Unternehmen und andere Beteiligte hat Ähnlichkeiten mit manchen Auswirkungen des Insolvenzrechtes.

Der Beitrag zeigt auf, wie Covenants wirken und welchen Restriktionen sie unterliegen. Die Analyse zeigt, daß Covenants ein dem Insolvenzrecht überlegenes Instrument der Behandlung kriselnder Unternehmen sein können. Sie können daher als privatrechtliche Alternative zum öffentlichrechtlichen Konkursrecht gesehen werden. Im Gegensatz zu letzterem sind sie flexibel, situationsspezifisch und anreizeffizient.

---

[*] PD Dr. Friedrich Thießen, Universität Frankfurt, Mertonstraße 17, 60054 Frankfurt / Main. An diesem Aufsatz wirkten mit: die Professoren Drukarczyk, Geiß, Hax, Rudolph, Stehle sowie ein ehemaliges Vorstandmitglied der West-LB. Zu besonderem Dank bin ich Herrn Büchner, BHF-Bank, und Dr. Krekeler, Deutsche Bank, verpflichtet.

1. Begriffsbestimmung

Sicherheiten sind wichtige Instrumente im Kreditgeschäft. Als Sicherheiten werden traditionell Maßnahmen des Kreditgebers bezeichnet, die das Risiko eines Ausfalls von Kreditforderungen minimieren (GELD-, BANK- UND BÖRSENWESEN 1993: 382). Im allgemeinen wird zwischen Sach- und Personalsicherheiten unterschieden. Die Sachsicherheiten haben zuletzt an Attraktivität verloren, da die Gegenwerte für Passiva mangels adäquater Verwertbarkeit zunehmend nur noch in den zukünftigen Erträgen bzw. Cash Flows liegen, die nur bei Weiterbetreiben des Gesamtgeschäftes realisiert werden können (vgl. JÄHRIG / SCHUCK 1990: 505).

Kreditgeber versuchen, mit Vertragsnebenabreden auf die Verwendung dieser zukünftigen Cash Flows Einfluß zu nehmen. Solche Vertragsnebenabreden sind im angelsächsischen Sprachraum verbreitet und als Covenants bekannt. Covenants werden als *Bestimmungen in Kapitalüberlassungsverträgen, die dem Schuldner die Durchführung bestimmter Maßnahmen verbieten* (vgl. SMITH / WARNER 1979: 117), definiert. In der Praxis fallen unter die genannte Definition heute die zwei Klauseltypen der (i) *Affirmative Covenants* (vgl. auch HALLER / PARK 1995; RHODES 1993) und der (ii) *Financial Covenants*.

(i) Zu den Affirmative Covenants gehören die folgenden Klauseln:

- *Pari passu*. Die Klausel regelt den Rang der Schuld im Verhältnis zu anderen Verbindlichkeiten im Sinne des Insolvenzrechtes. Es gibt unterschiedlich strenge Versionen.

- *Negative Pledge*. Diese Klausel regelt die Verwendung von Sicherheiten. Sie kann als Verbots- oder als Gebotsklausel (Gleichstellungsverpflichtung) formuliert sein.

- *Material Adverse Change*. Diese Klausel gewährt dem Kapitalgeber dann besondere Rechte, wenn Umstände eintreten, durch die sich die wirtschaftliche und finanzielle Situation des Kreditnehmers stark verschlechtert. Problem ist die justitiable Definition dieser Umstände.[1]

---

[1] In Deutschland ist in den AGB der Banken, Kreditgenossenschaften und Sparkassen (AGB Nr. 17 bzw. Nr. 13 bei Sparkassen) eine der material adverse change Klausel ähnliche Vereinbarung eingebaut. Dieser zufolge hat die Bank ein a. o. Kündigungsrecht bei Eintritt einer erheblichen Vermögensgefährdung. Die Rechtsprechung hat aber entwickelt, daß dieses Kündigungsrecht erst dann ausgeübt werden darf, wenn der Bank die Fortsetzung des Kreditverhältnisses *unzumutbar* ist. Dies ist erst bei „Eintritt (nicht Drohen) einer erheblichen (nicht nur belanglosen) Vermögensgefährdung" der Fall (vgl. HOPT 1984: 749f.).

- *Cross Default.* Mit dieser Klausel sichern sich Kreditgeber gegen Risiken in verschachtelten Konzernen.

- *Owner Maintenanceship Clause.* Der Kreditgeber versucht sich gegen die nachteiligen Folgen eines Eigentümerwechsels des Schuldners zu schützen.

- *Verhaltens-Covenants.* Die Klauseln verbieten dem Management bestimmte Maßnahmen, solange bestimmte Bedingungen nicht erfüllt sind. Diese Bedingungen knüpfen häufig an: Dividenden- und Zinszahlungen, Investitionen sowie ähnliche Geschäfte (z. B. Leasing), Verkauf von Assets („Disposal of Assets Clause"), Gewährung von Assets als Sicherheiten an Dritte, Mergers, Akquisitionen, Veränderungen des Working Capital, Aufnahme zusätzlicher und Tilgung existierender Finanzmittel, internationale Transaktionen mit Tochtergesellschaften, Wechsel von Schlüsselpersonal. Im Prinzip sind der Phantasie der vertragschließenden Parteien keine Grenzen gesetzt.

(ii) Die Financial oder Event Risk Covenants i. e. S. sind Vertragsklauseln, die bestimmte finanzwirtschaftliche Tatbestände („designated events") definieren, deren Eintritt bestimmte Rechtsfolgen auslöst. Gebräuchlich sind u. a. Interest Coverage Covenant, Minimum Net Worth Covenant oder Debt-To-Equity-Covenant. Beispiel für einen Interest Coverage Covenant: „The obligor shall ensure, that its ratio of earnings before interest and tax to interest expense is not less than ...". Außer den genannten Klauseln existieren eine Vielzahl weitere. Diese beziehen sich häufig auf die folgenden „Designated Events": Net Worth, Capital Expenditure, Net Debt, Cash Flow, Fixed Charges, Current Ratio, Interest Expense, Revenues, Income, Assets, ROI u. a.

Die eigentlichen Covenants werden in den Kreditverträgen durch drei Gruppen von Zusatzbestimmungen eingerahmt, die

- die in den Klauseln verwendeten Begriffe definieren (z. B. „Net Worth means ..."),

- Informationspflichten des Schuldners begründen und

- Rechtsfolgen definieren, wenn Covenants und andere Pflichten des Schuldners („Event of Default") nicht eingehalten werden.

Typische Rechtsfolgen sind die sofortige Fälligstellung der Kredite zum Nennwert[2] oder zum Barwert (selten), die Bindung bestimmter Transaktionen an die Zustimmung der Gläubiger (vgl. auch DUKE / HUNT 1990: 52), eine beschleunigte Tilgung, die Umwandlung von Schulden in Eigenkapital oder die Emission zusätzlicher Warrants zugunsten der Gläubiger.

Das Interessante an Covenants aus betriebswirtschaftlicher Sicht ist, daß Gläubiger mit ihrer Hilfe in eine eigenkapitalgeberähnliche Position gelangen können: Verstößt das Schuldner-Unternehmen gegen eine der Vereinbarungen („Breach of Covenants"), dann ergibt sich für den Kapitalgeber (im folgenden: „berechtigter Gläubiger") die Möglichkeit, mit der Drohung des Rückzugs seiner Mittel die Bedingungen der Kapitalüberlassung neu zu verhandeln.

Dies muß nicht immer sofortige Konsequenzen haben. Wenn es keine materiell bedeutsame Verschlechterung der Kreditqualität gegeben hat, dann bekommt der berechtigte Gläubiger keine zusätzliche Verhandlungsmacht. Er erteilt einen meist zeitlich befristeten „Waiver".

In allen anderen Fällen werden zunächst vom Gläubiger Waiver Fees verlangt und vom Schuldner gezahlt. Dann können höhere Zinssätze, die Stellung zusätzlicher Sicherheiten oder die Gewährung von Warrants vereinbart werden. Schließlich kann der Gläubiger auf das Management einwirken, eine andere, verbesserte Unternehmensstrategie durchzuführen.

Besonders in der letzten Konsequenz steckt der Reiz von Covenants. Bei kriselnden Unternehmen bekommt der berechtigte Gläubiger durch einen „Breach of Covenants" Einfluß auf die Geschäftsführung des Schuldners. Je nachdem, wie stark der Kapitalnehmer auf das Kapital des Kapitalgebers angewiesen ist, werden mehr oder weniger viele der möglichen Unternehmensstrategien nicht mehr gegen dessen Willen durchgesetzt werden können: der berechtigte Gläubiger bestimmt die Unternehmenspolitik mit; er kann eigene Vorstellungen durchsetzen. Die zukünftigen Cash Flows des Unternehmens werden von seinen Entscheidungen abhängig. Es fragt sich, zu wessen Nutzen die Entscheidungen getroffen werden.

---

[2] In Deutschland steht dem Schuldner auch ohne Covenants das Rechtsinstitut der „Kündigung aus wichtigem Grund" zur Verfügung. Die Inanspruchnahme dieser a. o. Kündigungsmöglichkeit ist für den Schuldner allerdings nicht unproblematisch, da er bei unberechtigter Kündigung u. U. schadensersatzpflichtig wird und es sich um Richterrecht handelt. Die explizite Vereinbarung von Covenants hat also Vorteile.

Covenants: Durchsetzungsprobleme und die Folgen

2. Covenants und das Handlungsinteresse der berechtigten Kapitalgeber

Im folgenden soll gezeigt werden, daß Covenants so formuliert werden können, daß durch die Eingriffe des berechtigten Gläubigers kein anderer Kapitalgeber geschädigt wird.

Die Wahl einer Handlung ist von der Art der Entlohnung abhängig. Eine unternehmerische Entscheidung bedingt eine adäquate „unternehmerische" Entlohnung, ansonsten werden vom Entscheider suboptimale Alternativen gewählt. Ein Gläubiger, der über einen „Breach of Covenants" Einfluß auf die Geschäftsführung bekommt, ist ein unternehmerisch tätiges Wirtschaftssubjekt, dessen Handlung nicht nur den Wert seiner eigenen Parte, sondern den Unternehmenswert insgesamt determiniert.

Im folgenden wird das Unternehmen abgebildet als Strom riskobehafteter Cash Flows (Free Cash Flows vor Zinsen), die von der gewählten Strategie S^Y des Entscheidungsträger E^B abhängen. Die verschiedenen Strategien und die damit verbundenen Zahlungen seien allen Beteiligten bekannt. Transaktionskosten gibt es nicht. Der Unternehmenswert läßt sich durch Barwertbildung errechnen (Gleichung 1).

$$(1) \quad U(E^B, S^Y) = \sum_{t=1}^{n} \sum_{j=1}^{m} \frac{CF_{t,j}(E^B, S^Y)}{(1+i)^t} * p_j$$

Erläuterung: U = Unternehmenswert, t = Zeitpunkt, j = Umweltzustand, i = relevanter Diskontsatz, CF = Cash Flow (nach Investitionen und Unternehmenssteuern an die Kapitalgeber verteilbare Zahlungsmittel), p = Wahrscheinlichkeit ($0 \leq p \leq 1$), E = Entscheidungsträger, S = Strategie.

Aus (1) kann die wertmaximierende Unternehmensstrategie S^{max} abgeleitet werden. Ob sie im konkreten Fall vom berechtigten Entscheider gewählt wird, hängt davon ab, welche Anreize der Entscheider bekommt, diese Strategie durchzuführen.

Es sei angenommen, Entscheider handelten egoistisch und orientierten sich nur an den auf sie selbst entfallenden Cash Flows. Es gebe eine Aufteilungsregel b, die bestimmt, in welcher Weise die Cash Flows auf die verschiedenen anspruchberechtigten Kapitalgeber aufzuteilen sind. Covenants können dazu benutzt werden, die ursprünglich vereinbarten Aufteilungsregeln zu ändern. Berechtigte Gläubiger können z. B. Waiver Fees verlangen, einen höheren Zinssatz, Sondertilgungen oder sonstige Strafzahlungen durchsetzen. Gleichung (2) gibt den Barwert der auf den Kapitalgeber B entfallenden Cash Flows wieder:

$$(2) \quad U_B(E^B, S^Y) = \sum_{t=1}^{n} \sum_{j=1}^{m} \frac{CF_{t,j}(E^B, S^Y) * b_{B(t,j)}(E^B, S^Y)}{(1+i)^t} * p_j$$

Erläuterung der neuen Symbole: $U_B(E^B, S^Y)$ = Wert der Anteile des Kapitalgebers B am Unternehmen, $b_{B(t,j)}$ = Anteil von B an den insgesamt an die Kapitalgeber verteilten Cash Flows in Abhängigkeit vom Zeitpunkt t, dem Umweltzustand j, dem Entscheider E^B und der von B gewählten Strategie S^Y.

Der durch einen „Breach of Covenants" berechtigte Kapitalgeber B wählt diejenige Strategie S^Y, die den Wert seiner persönlichen Anteile am Unternehmen maximiert. Aus seiner Sicht ist eine Strategie immer dann wählenswert (S^{opt}), wenn es keine andere Strategie S^Y gibt, durchgeführt von irgendeinem anderen Entscheider E^X, die zu einem höheren individuellen Barwert führt. In sehr vereinfachter Schreibweise ($b_{B(t,j)} = b_B$ für alle j und t) zeichnet sich die für ihn optimale Strategie durch folgende Bedingung aus:

$$(3) \quad BCF(E^B, S^{opt}) * b_B(E^B, S^{opt}) \geq BCF(E^X, S^Y) * b_B(E^X, S^Y)$$

Erläuterung der neuen Symbole: BCF = Barwert der zu erwartenden Cash Flows, E^X = Entscheider X aus der Menge aller Entscheider; E^B = durch „Breach of Covenants" berechtigter Entscheider B.

Ist (3) nicht erfüllt, dann wäre es für B nicht optimal, seine Rechte aus Covenants für die Durchsetzung eigener Strategien zu nutzen: er überläßt die Strategiefindung anderen Entscheidungsträgern. Für die anderen Kapitalgeber als Gruppe ist eine von Entscheider B durchgeführte Strategie dann nicht nachteilig, wenn der auf sie entfallende Anteil an den Cash Flows größer oder gleich dem bei irgendeiner anderen Strategie ist, durchgeführt von irgendeinem anderen Entscheider. Formal lautet die Bedingung:

$$(4) \quad BCF(E^B, S^{opt}) * (1 - b_B(E^B, S^{opt})) \geq BCF(E^X, S^Y) * (1 - b_{E^X}(E^X, S^Y))$$

Aus Sicht des Gesamtkapitals ist eine vom berechtigten Entscheider B gewählte Strategie dann optimal, wenn es keine bekannte Strategie gibt, die zu einem höheren Barwert der erwarteten Cash Flows führt:

$$(5) \quad BCF(E^B, S^{opt}) \geq BCF(E^X, S^Y)$$

Durch Einsetzen und Umformulierung erhält man als Bedingung für die optimale Strategie:

Covenants: Durchsetzungsprobleme und die Folgen

$$(6) \quad \frac{BCF(E^B, S^{opt})}{BCF(E^X, S^Y)} \geq \begin{vmatrix} \dfrac{b_B(E^X, S^Y)}{b_B(E^B, S^{opt})} & (6a) \\[2mm] \dfrac{1 - b_{E^X}(E^X, S^Y)}{1 - b_B(E^B, S^{opt})} & (6b) \\[2mm] 1 & (6c) \end{vmatrix}$$

Ungleichung (6) gibt die Bedingungen wieder, die erfüllt sein müssen, damit diejenige Strategie, die vom berechtigten Entscheider gewählt wird (S^{opt}), auch genau die Strategie ist, die im Interesse der übrigen, nicht entscheidungsberechtigten Kapitalgeber liegt. Wenn (6) eine erfüllbare Bedingungskombination wiedergäbe, dann kann Covenants nicht per se vorgeworfen werden, sie begünstigten einseitig den berechtigten Kapitalgeber bzw. führten insgesamt zu suboptimalen Lösungen[3]. Die Gleichung ist immer dann erfüllt, wenn

(i) der berechtigte Gläubiger B eine Strategie kennt – und diese selbst durchführt oder durch andere durchführen läßt –, die einen größeren Barwert erzeugt ($BCF(E^B, S^{opt})$), als irgendeine der Strategien, die irgendein anderer Kapitalgeber kennt ($BCF(E^X, S^Y)$), und

(ii) eine Aufteilungsregel $b_{B(...)}$ gefunden wird, die die in (6) genannten Verhältnisse einhält.

Besonders einfach wird das Finden einer Aufteilungsregel nach (ii), wenn gilt: $BCF(E^B, S^{opt}) > BCF(E^X, S^Y)$. In diesem Fall ist nämlich (6a) bereits dann erfüllt, wenn der berechtigte Gläubiger B keine andere Aufteilungsregel anbietet, als sie ohne sein Eingreifen zustande gekommen wäre: wegen der höheren Cash Flows erhält damit jeder Beteiligte absolut einen größeren Wert. Dann ist aber auch gleichzeitig (6b) und (6c) erfüllt. Damit ist gezeigt, daß Covenants anreizoptimal eingesetzt werden können.

Auf die praktischen Probleme beim Finden einer optimalen Lösung wies auf der Tagung HAX hin. HAX erinnerte daran, daß die große Zahl von denkbaren Vertragsvarianten im Einzelfall das Erkennen optimaler bzw. suboptimaler Versionen erschwert und damit den Mißbrauch fördert. Sollte sich dieses Problem in der Praxis nicht lösen lassen, dann könnte es sein, daß Covenants trotz aller Vorteile *keine* optimalen Instrumente seien.

---

[3] Zur Kritik am Verhalten von gesicherten Gläubigern vgl. JÄHRIG / SCHUCK (1990: 763ff.); SCHMIDT, R. H. (1984).

Man müßte dann aber eventuell prüfen, so HAX, ob die Verwendung von Covenants vorteilhaft gesetzlich geregelt werden könnte. Die Berechtigung einer gesetzlichen Regelung ergibt sich aus der Informationskostenersparnis bei den Beteiligten.

Die Ansicht, daß Covenants unter Umständen dem berechtigten Gläubiger eine sehr, bzw. zu große Machtposition verleihen, wurde auch von anderen Tagungsteilnehmern geäußert. Es wurde aber auch festgestellt, daß bisher zu wenig Erfahrungen mit Covenants vorliegen, so daß noch nicht ausgeschlossen werden kann, daß die Finanzmärkte in der Lage sind, von selbst, ohne gesetzliche Regelungen, zufriedenstellende Vertragskonstruktionen zu entwickeln.

RUDOLPH gab zu bedenken, daß es wegen der starken Machtstellung der berechtigten Gläubiger unter Umständen für den Schuldner gar keine oder nicht genügend Anreize gibt, Covenants zuzustimmen. Diese Gefahr besteht, zumal die Praxis zeigt, daß Covenants von vielen Schuldnern bislang vehement abgelehnt werden. Andererseits ist es auch richtig, daß es dem Management und den Eigentümern nützen kann, wenn ein Unternehmen mit Hilfe der Eingriffe eines Covenant-berechtigten Gläubigers vor dem Konkurs bewahrt wird.[4] MILDE riet dazu, die Interessen der Eigentümer tiefergehend zu untersuchen.

GEISS wies auf das Problem kollidierender Klauseln hin, das dann entsteht, wenn es mehrere Gläubiger gibt, die ohne Kenntnis voneinander Covenants vereinbaren. Die Transparenz sei bei Covenants geringer als bei anderen Sicherheiten. Kollidierende Covenants haben aber auch Vorteile. Sie können bewirken, daß im Krisenfall nicht ein einziger, sondern mehrere Gläubiger gleichzeitig Entscheidungsmacht bekommen, was sich positiv auf das Finden optimaler Lösungen für das Gesamtunternehmen auswirken kann.

3. Covenants und die aktuelle Rechtsprechung

Derzeit wird der Einsatz von Covenants durch die aktuelle Rechtsprechung behindert. Im Hinblick auf die besondere Rolle der Banken in der Volkswirtschaft (vgl. MÜNCHE-

---

[4] Ein Teilnehmer wies darauf hin, daß die Zinskosten von Krediten mit Covenants nicht meßbar niedriger seien als ohne – dies deute auf fehlende Vorteile für den Schuldner hin. Detaillierte Datenerhebungen gibt es bislang allerdings nicht. Wenn die Wahrscheinlichkeit einer gravierenden Solvenzverschlechterung ex ante als sehr niedrig angesehen wird, dürfte der Effekt, den Covenants auf den Zins haben, sehr gering sein.

NER KOMMENTAR 1986: 1760f.) hat die Rechtsprechung das Rechtsinstitut der „Gläubigerhaftung" entwickelt, das sanierenden Banken starke Fesseln anlegt (MÜNCHENER KOMMENTAR 1986: 1759ff.). Im angelsächsischen Rechtskreis gibt es ähnliche Vorschriften; es wird von der „Lenders Liabilities" gesprochen.

Im Zusammenhang mit der Anwendung von Covenants interessieren hier konkret alle direkten und indirekten Handlungen, die ein berechtigter Gläubiger mit dem Ziel der Installierung einer wertmaximierenden Strategie beim Schuldner veranlaßt oder diesem aufzwingt. Dabei stellen wir fest, daß es nahezu keine Aktion eines Gläubigers gibt, die nicht die Gefahr birgt, von Gerichten ex post negativ sanktioniert zu werden. Dazu gehören:

i) Einräumung zusätzlicher Sicherheiten

Gefahr der Sittenwidrigkeit (BGB §§ 138, 826). Anfechtungsvorschriften der Insolvenzordnung (§§ 29ff. KO, § 130 InsO)[5].

ii) Kündigung der Kredite

Gefahr der Sittenwidrigkeit (OBERMÜLLER 1991: 294). Insbesondere ist eine Kündigung ausgeschlossen, wenn die Interessen der Bank aus Sicht des Gerichts z. B. wegen ausreichender Sicherheiten gar nicht gefährdet waren. Eine (a. o.) Kündigung darf auch dann nicht ausgesprochen werden, wenn sie den Schuldner schädigt, eine Nichtkündigung den Gläubiger aber nicht geschädigt hätte (OBERMÜLLER 1991: 304).

iii) Beschaffung bzw. Gewährung zusätzlicher Finanzmittel

Riskant für eine Bank können u. a. Gespräche mit anderen Geldgebern über die Sanierungsfinanzierung sein. Es kann ihr später vorgeworfen werden, sie habe wesentliche Informationen über den „wahren" Zustand des Kreditnehmers verschwiegen (OBERMÜLLER 1991: 296; MÜNCHENER KOMMENTAR 1986: 1763), oder sie habe durch übervorsichtige Äußerungen die Überwindung der Krise vereitelt[6].

Außerdem drohen Schadensersatzklagen anderer Gläubiger aus BGB § 826 wegen Konkursverschleppung (vgl. OBERMÜLLER 1991: 290, 311). Der Kreditvertrag und die da-

---

[5] OBERMÜLLER (1991: 383ff.); MÜNCHENER KOMMENTAR (1986: 1764); InsO. Zu beachten sind besonders strenge Anforderungen für „nahestehende Personen" (§ 130.3 i. V. m. § 138 InsO). Anfechtbar sind Sicherheiteneinräumungen, die bis zu drei Monate vor dem Insolvenzeintritt vorgenommen wurden (§ 130 InsO).

[6] OBERMÜLLER (1991: 296); dies gilt nur dann nicht, wenn es dem Informationsempfänger zumutbar gewesen wäre, sich die negativen Informationen selbst zu beschaffen.

zugehörenden Sicherungsvereinbarungen können für nichtig erklärt werden (OBERMÜLLER 1991: 309ff.).

iv) Verweigerung der Beteiligung an Sanierungskrediten

Aus dem Verbot übermäßiger Schädigung und dem Verhältnismäßigkeitsprinzip wird abgeleitet,[7] Hausbanken dürften Kredite nicht nur nicht kündigen – sie hätten gegenüber sanierungsbedürftigen Unternehmen sogar die Pflicht, sich an neuen Sanierungskrediten zu beteiligen; deren Verweigerung wäre sittenwidrig.

v) Beschaffung von Informationen über die Lage des Schuldners

Das OLG Hamm hat in einem Fall die Einsichtnahme einer Bank in die Bücher des Kreditnehmers als unerträglichen Eingriff in die geschäftliche Dispositions- und Handlungsfreiheit des Schuldners gewertet. Dies ist zwar in einer anderen Entscheidung vom BGH abgeschwächt worden, aber auch hier wurde dem Kreditgeber nur insoweit eine intensive Unterlagenüberprüfung erlaubt, als *bedeutende* Kredite gewährt wurden (OBERMÜLLER 1991: 389, 295).

vi) Beeinflussung der Geschäftsführung des Schuldnerunternehmens

Eine Bank kann auch dann sittenwidrig handeln, wenn sie die Geschäftsführung des Kreditnehmers wesentlich beeinflußt (OBERMÜLLER 1991: 295, 388). Einer noch heute grundlegenden Entscheidung des Reichsgerichtes von 1932 zufolge ist Sittenwidrigkeit insbesondere dann zu prüfen, wenn der Kreditnehmer vom Kreditgeber derart abhängig ist, „daß der ganze Gewinn des Geschäfts dem Sicherungsnehmer zufließt, ein etwaiger Verlust aber von ihm nicht getragen und jede Haftung für die Geschäftsschulden auch bei fehlender Deckung von ihm abgelehnt wird" (vgl. OBERMÜLLER 1991: 294). Dies bedeutet ganz konkret, daß ein Aktionär (z. B. ein unerfahrener Bäcker) ein Unternehmen (z. B. ein Milliardenunternehmen der gewerkschaftseigenen Wohnungswirtschaft) für einen geringen Betrag (z. B. für 1 DM) kaufen und (dubiose) Strategien durchsetzen kann, ohne mehr als seinen Einsatz (hier 1 DM) zu riskieren, während die gleichen Eingriffe eines Gläubigers zur Gefährdung seiner Sicherheiten und der Gläubigerstellung seiner Kredite führen.

Für das Problem „Covenants" ist insbesondere interessant, daß die Voraussetzungen der Sittenwidrigkeit gerade dann erfüllt sind, wenn die Bank den Kreditnehmer über die

---

[7] Dies soll allerdings eine Minderheitenmeinung sein, die sich in der Rechtsprechung nicht gefestigt habe (OBERMÜLLER 1991: 318f.).

Androhung der Kündigung seiner Kredite zu Maßnahmen veranlaßt (OBERMÜLLER 1991: 295) – genau auf diese Weise wirken ja Covenants.

vii) Stillhalten

Befindet sich ein Schuldner in Abhängigkeit vom Gläubiger, dann kann sein Verhalten sittenwidrig sein. Besonders scharfe Maßstäbe – im Sinne einer Haftung nach § 826 BGB – werden in den Fällen angelegt, in denen das notleidende Unternehmen in den Dienst unternehmerischer Initiativen des Kreditnehmers gestellt ist (MÜNCHENER KOMMENTAR (1986: 1765).[8]

Ein von der Lenders Liability getroffener Gläubiger muß je nach Fall damit rechnen, daß: seine Sicherheitenvereinbarungen für nichtig erklärt werden; Zahlungen, die er vom Schuldner erhalten hat, als Verkürzung der Masse gewertet werden, so daß der Konkursverwalter Schadensersatzansprüche geltend machen kann; fremde Dritte ihn auf Schadensersatz verklagen können; sein Kredit wie Eigenkapital behandelt wird; seine Mitarbeiter strafrechtlich nach § 283 StGB belangt werden können.

Die aufgeführten Rechtstatbestände zeigen, vor welchen Risiken ein Kreditgeber steht, der Maßnahmen zur Sicherung eines Kredites ergreifen will. Der Praxis macht vor allem der große Ermessensspielraum der Richter zu schaffen. Es obliegt z. B. dem Richter darüber zu entscheiden, ob die Bank „sorgfältig" genug geprüft hat, ob sie zum Entscheidungszeitpunkt „ernste Zweifel" gehabt haben muß oder ob es einem Dritten „zumutbar" gewesen sein muß, sich bestimmte Informationen zu beschaffen, ob das „tolerierbare Maß der eigennützigen Mißachtung fremder Interessen" überschritten wurde (MÜNCHENER KOMMENTAR 1986: 1762), in welchem „Geist" die Bank ihre Rechte ausübt, oder ob der Kreditgeber vor wichtigen Tatsachen „geradezu die Augen verschließt" (MÜNCHENER KOMMENTAR 1986: 1762; OBERMÜLLER 1991: 389, 313). KLAUS HOPT stellt darüber hinaus fest, daß die relevanten Fallgruppen der Kredittäuschung, der Konkursverschleppung und der Gläubigerbenachteiligung nicht präzise abgrenzbar und dogmatisch nicht voll befriedigend seien (HOPT 1984: 753).

Insgesamt führt die Rechtsprechung zur „Lenders Liability" zu einer *Verzerrung der relativen Vorteilhaftigkeit von Sanierungsstrategien*. Warum sollte sich z. B. eine Bank bei ihrem kriselnden Kreditnehmer für eine Strategie engagieren, die insgesamt zwar vorteilhaft wäre, bei der eine Insolvenz aber vor der endgültigen Kreditrückführung

---

[8] Als noch schlimmer wird es von der Rechtsprechung angesehen, wenn im Falle einer konkursverschleppenden Kreditbelassung der Kreditgeber versucht seine Sicherheitslage zu verbessern. Hier gilt: „sein bedingter Vorsatz im Sinne des § 826 wird nach der Sachlage normalerweise zu vermuten sein" (MÜNCHENER KOMMENTAR 1986: 1765).

nicht ganz auszuschließen ist – sie würde dadurch nur ihre Sicherheiten gefährden! Für die Bank vorteilhafter ist es, wenn sie dem Kreditnehmer eine Strategie aufdrängt, die zwar insgesamt einen niedrigen Barwert hat, aber nicht mit den Risiken der Lenders Liability verknüpft ist. Dies könnte z. B. eine einfache Kostensenkungs- und Asset-Liquidierungsstrategie (Verkauf von Vorräten, Einstellung der Forschung) sein, weil hier von den in Tabelle 6 genannten risikobehafteten Maßnahmen nur die Maßnahme vi) in sehr schwacher, abgemilderter Form erforderlich ist und die Bank mit der freigesetzten Liquidität früher aus dem Engagement herauskommt.[9]

Auch wenn nicht jeder Richter die Lenders Liability mit voller Schärfe gegen die Bank wirken läßt, spielt in der Praxis der Kreditgewährung die Angst vor der Gläubigerhaftung eine große Rolle. Eine kleine – allerdings nicht repräsentative – Umfrage hat ergeben, daß die Banken die Gläubigerhaftung sehr ernst nehmen. Sie halten sich bei kriselnden Kreditnehmern von Eingriffen in die Geschäftsführung zurück, selbst dann, wenn ihnen Covenants weitreichende Möglichkeiten zum Eingriff geboten hätten.

Auf der Tagung wies ein Vorstandsmitglied der West-LB darauf hin, daß man der Lenders Liability z. T. dadurch ausweichen kann, daß man sehr harte Covenants vereinbart, die möglichst früh auslösen. In solchen Fällen kann der berechtigte Gläubiger sein Engagement lange vor der Konkursnähe beenden, was das Risiko, aus der Gläubigerhaftung beansprucht zu werden, senkt.

Insgesamt bleibt festzuhalten, daß eine optimale Nutzung des noch jungen Instruments der Covenants durch eine Rechtsprechung verhindert wird, die im sanierenden Kreditgeber eher einen Schädiger als einen Nützling zu sehen scheint. Eigentlich müßte von den Ökonomen eine Abschwächung der Lenders Liability bei den Juristen angemahnt werden. Bevor wir diese Forderung erheben, wollen wir aber zunächst prüfen, ob nicht andere Instrumente zur Sanierung von Unternehmen existieren, die den Covenants insgesamt überlegen sind. Dies könnte die angesprochene staatliche Insolvenzordnung sein.

4. Covenants und die Insolvenzordnung

Covenants und Insolvenzverfahren haben Gemeinsamkeiten. Beide entfalten ihre größte Wirkung bei Unternehmenskrisen. Beide zeichnen sich dadurch aus, daß die Macht,

---

[9] Auf die mittelfristigen Gefahren einfacher Liquiditätsgewinnungsstrategien hat DRUKARCZYK (1993: 7) aufmerksam gemacht.

Strategien durchzusetzen, dem Management / den Eigentümern kriselnder Unternehmen entzogen und auf fremde Entscheider übertragen wird.[10] Deshalb lassen sich beide Verfahren als Alternativen betrachten und eines von beiden als das geeignetere isolieren. Es soll deshalb im folgenden geprüft werden, welchen Beitrag beide Verfahren leisten, den Wert eines kriselnden Unternehmens zu maximieren.

Formal kann man beide Verfahren wieder mit Hilfe des Barwertkriteriums vergleichen.[11] Das Unternehmen wird als Barwert zukünftiger Cash Flows aufgefaßt, deren Höhe und Zeitpunkt von den jeweiligen Entscheidern beeinflußt werden. Auf den ersten Blick scheint die Vorteilhaftigkeit des einen oder anderen Verfahrens vor allem von der *relativen Leistungsfähigkeit der Entscheider* (Management, Konkursverwalter, covenant-berechtigter Gläubiger) abzuhängen, Cash Flows zu produzieren. Es kann aber leicht gezeigt werden, daß eine andere Größe wahrscheinlich weit größeren Einfluß hat.

Diese andere Größe ist der *Auslösezeitpunkt* für den Übergang der Verfügungsbefugnis: Beklagt wird in der Literatur immer wieder das zu späte Ingangsetzen von Insolvenzverfahren[12]. Die Insolvenz werde meist erst dann ausgelöst, wenn die Substanz des Krisenunternehmens so weit vermindert wurde, daß nur noch eine Einzelverwertung des Restvermögens in Frage komme (REHEUSSER 1985: 220). Dies habe seine Ursache darin, daß das Management häufig versucht, den drohenden Konkurs hinauszuzögern,[13] was die angegriffene Substanz weiter vermindert (FRANKE 1984: 693; DRUKARCZYK 1993a: 7). FRANKE sieht die Unfähigkeit des Managements zur Krisenbewältigung vor dem Konkurs in vielen Fällen in *Interessenkonflikten* begründet (FRANKE 1984: 692f.). Dazu kommen nach FRANKE *Informationsdefizite* bei den ungesicherten Gläubigern, die die Gruppe sind, die als einzige ein Interesse an einer rechtzeitigen Insolvenzauslösung hätten (FRANKE 1986: 462f.). DRUKARCZYK weist auf die „fehlenden Anreize im Insolvenzrecht" zur freiwilligen Auslösung der Insolvenz hin (DRUKARCZYK 1983). Wenn es gelänge, den richtigen Auslösezeitpunkt zu treffen,[14] dann könnte man einen Teil des für

---

[10] Zum Kern des Insolvenzverfahrens siehe DRUKARCZYK (1986: 208).

[11] Man kann streiten, ob man mit dem Barwertkriterium alle Ziele des Insolvenzrechts beurteilen kann. Zu den Zielen der Insolvenzrechtsreform siehe die Bundestagsdrucksache 12/243 vom 15.4.1992.

[12] Siehe stellvertretend DRUKARCZYK (1986) und DRUKARCZYK (1993); siehe auch die Meinung von HENCKEL in: DRUKARCZYK (1983: 339); LOISTL (1986: 444f.); STEINER (1986: 421).

[13] Gründe hierfür diskutiert DRUKARCZYK (1993: 7). Grund ist u. a. das fehlende Interesse der Eigentümer an einem Insolvenzverfahren, da sie im Regelfall „keine Chance [haben], am verbleibenden Unternehmenswert zu partizipieren" (ebd.: 7).

[14] FRANKE definiert den optimalen Auslösezeitpunkt folgendermaßen: „Der wünschenswerte Auslösezeitpunkt ist erreicht, wenn es der Geschäftsführung des Unternehmens aufgrund von Interessenkonflikten nicht mehr gelingt oder sie nicht mehr daran interessiert ist, eine Investitionspolitik durch-

den Konkurs typischen Wertverlust beseitigen und damit vielleicht andere Nachteile in Kauf nehmen.

Die Suche nach besseren Auslösern *innerhalb* eines staatlichen Insolvenzverfahrens hat sich als sehr schwierig erwiesen[15]: die vorgeschlagenen neuen Kriterien, die die als zu starr empfundenen alten Kriterien Überschuldung und Illiquidität ablösen sollten, waren bzw. sind entweder selbst wieder mit dem Makel der Starrheit behaftet (vgl. FRANKE 1984: 694; BAETGE 1986) oder wurden als nicht justitiabel bezeichnet (vgl. FRANKE 1984: 693f.; ARNOLD 1986: 395).

Als Alternative bieten sich Covenants an. Covenants sind Auslöseinstrumente, die – wie gezeigt wurde – ausgesprochen flexibel eingesetzt werden können. Sie lassen sich für jede Branche, für jedes einzelne Unternehmen, für jeden einzelnen Kreditvertrag maßschneidern. Und sie werden in der Praxis maßgeschneidert: PRESS und WEINTROP haben bei einer Untersuchung von mehr als 80 Kreditverträgen mit Covenants keine zwei identischen Versionen gefunden (PRESS / WEINTROP 1990: 71ff.).

Mit Hilfe von geeignet konstruierten Covenants kann die Übernahme der Unternehmensleitung durch einen Gläubiger selbst dann vorteilhaft sein, wenn der Gläubiger eine geringere Leistungsfähigkeit hat als ursprünglich das Management. Der Wertschöpfungsbeitrag der Covenants liegt in der *Verringerung substanzvermindernder Maßnahmen des Managements durch Wahl eines frühen Auslösezeitpunktes*.

Eine kleine, nicht repräsentative Umfrage bei Banken, die Covenants verwenden, hat ergeben, daß die Banken mit dem Auslösezeitpunkt insgesamt zufrieden sind. Covenants lösen zwar i. d. R. zu früh aus (sic!; während die Insolvenz bekanntlich eher zu spät eintritt), die danach notwendig werdenden Prüfungen werden aber nicht als Nachteil, sondern als Vorteil angesehen, weil die Banken auf diese Weise Gelegenheit bekommen, das Gespräch mit dem Schuldner zu führen und die Kreditqualität zu überprüfen.

Covenants lassen sich also offensichtlich so formulieren und ausgestalten, daß sie *vor* dem Eintritt der Insolvenz wirksam werden. Damit ist aber die vorteilhafte Anwendung von Covenants nicht mehr nur von der Leistungsfähigkeit des Gläubigers als Unternehmensleiter abhängig, sondern – bei dem oben genannten typischen Ablauf einer im

---

zusetzen, die den Marktwert des Unternehmens maximiert" (FRANKE 1984: 692f.). Siehe auch LOISTL (1986) und LELAND (1994: Fußnote 19).

[15] Vgl. JÄHRIG / SCHUCK (1990: 761); BAETGE (1987); STEINER (1986: insbes. 429ff.); FRANKE (1984). FRANKE argumentiert mit der Notwendigkeit fallspezifische Auslöser definieren zu müssen, was nicht justitiabel wäre (ebd.: 694).

Konkurs endenden Unternehmenskrise – von der Fähigkeit des Gläubigers, Covenants so zu formulieren, daß sie am *Beginn der Periode* wirksam werden, in der das Management im Sinne von FRANKE suboptimale Entscheidungen zu treffen beginnt. Da Covenants, anders als die Insolvenzauslösetatbestände, weder allgemeingültig noch justitiabel formuliert sein müssen, ist die Wahrscheinlichkeit groß, daß sich in der Realität solche Formulierungen finden lassen.

5. Zusammenfassung und Forderungen

Im vorliegenden Aufsatz wurde das Instrument der Covenants in Kreditverträgen vorgestellt und als marktwirtschaftliche Alternative zum staatlichen Insolvenzrecht vorgeschlagen.

Kern einer Sanierung via Covenants ist der Übergang der Verfügungsbefugnis über das Schuldnervermögen ganz oder teilweise auf einen oder mehrere der Gläubiger. Es wurde formal gezeigt, daß sich mit Covenants Anreizstrukturen definieren lassen, die die berechtigten Gläubiger zur Ergreifung optimaler Strategien im Sinne aller Kapitalgeber *zwingen*.

Es wurde weiter gezeigt, daß die Rechtsprechung Sanierungsbemühungen von Gläubigern behindert. Die Vorschriften zur sogenannten „Lenders Liability" setzen sanierende Gläubiger, gerade wenn es sich um Banken handelt, hohen Risiken aus und bestrafen die Kreditgeber um so stärker, je engagierter sie die Sanierung betreiben. Das bedeutet, daß Unternehmen, die vom Management schlecht geleitet, vom Aufsichtsrat kaum kontrolliert und von den Aktionären nicht wirklich gesteuert werden, erst nach Eintritt der staatlichen Insolvenz in der Person des Insolvenzverwalters wieder von einen handlungsfähigen Entscheider betreut werden. Mit Hilfe der Covenants könnte schon wesentlich früher wieder eine echte Unternehmenssteuerung existieren.

Es wird deshalb gefordert

- die Lenders Liability in ihrem Ausmaß zurückzunehmen,
- sie aus dem diffusen Dasein eines Richterrechts herauszunehmen und zu kodifizieren (vgl. OBERMÜLLER 1991: 388, 393; HOPT 1984: 750),
- Insolvenzauslöser sollte nicht mehr Überschuldung, sondern nur noch Zahlungsunfähigkeit sein.

Literaturverzeichnis

ADAMS, MICHAEL (1980): Ökonomische Analyse der Sicherungsrechte. Königstein.
ARENS, NORBERT (1991): Ertragsorientierte Überschuldungsprüfung. Frankfurt u. a.
ARNOLD, HANS (1986): Das Reorganisationsverfahren im einheitlichen Insolvenzrecht – die Vorschläge der Insolvenzrechtskommission. Betriebswirtschaftliche Forschung und Praxis (1986)September.
BALZ, MANFRED (1986): Sanierung von Unternehmen oder von Unternehmensträgern? Köln.
BAETGE, JÖRG (Hg.) (1987): Früherkennung von Unternehmenskrisen. Düsseldorf.
BERLIN, MITCHELL; JAN LOEYS (1988): Bond Covenants and Delegated Monitoring. Journal of Finance 43(1988)2.
BIERING, BERTOLD (1987): Die Betriebsfortführung durch den Konkursverwalter. Berlin.
DORNDORF, EBERHARD (1986) Kreditsicherungsrecht und Wirtschaftsordnung. Heidelberg.
DRUKARCZYK, JOCHEN (1983): Kreditverträge, Mobiliarsicherheiten und Vorschläge zu ihrer Reform im Konkursrecht. ZfB 53(1983)4.
DRUKARCZYK, JOCHEN (1986): Was kann der Tatbestand der Überschuldung leisten? zfbf 38(1986)3.
DRUKARCZYK, JOCHEN (1993a): Mehr Schutz für die Gläubiger und ein einheitliches Verfahren. Blick durch die Wirtschaft (7.4.1993): 7.
DRUKARCZYK, JOCHEN (1993b): Theorie und Politik der Finanzierung. 3. Aufl. München.
DUKE, JOANNE; HERBERT HUNT (1990): An Empirical Examination of Debt Covenant Restrictions and Accounting-Related Debt Proxies. Journal of Accounting and Economics 12(1990).
EDITORIAL ZFB DISKUSSIONSFORUM (1984): Betriebswirtschaftslehre und Insolvenz. ZfB 54(1984)7/8: 690.
FISCHER, THOMAS (1989): Die Bereitschaft der Banken zur Übernahme von Kreditrisiken. Kredit und Kapital (1989)2.
FRANKE, GÜNTER (1984): Zur rechtzeitigen Auslösung von Sanierungsverfahren. ZfB 54(1984)7/8.
FRANKE, GÜNTER (1986): Wirkung von Gläubigersicherungsrechten auf das Reorganisationsverfahren. BFuP (1986)5.
HALLER, AXEL; PETER PARK (1995): Darlehensvereinbarungen als Ursache für bilanzpolitisches Verhalten. ZfB (1995)1.
HEILMANN, HANS; STEFAN SMID (1994): Grundzüge des Insolvenzrechtes. München.
HESS, HARALD (1994): Insolvenzrecht. Köln.
HIRT, DIETMAR; HENNING BRUDER (1990): Event Risk Covenants: Aufbau und Rechtsfolgen. Die Bank (1990)5.
HOPT, KLAUS (1984): Asymmetrische Information und Gläubigerverfügungsrechte in der Insolvenz – Die Bank in der Krise des Kreditnehmers. ZfB 54(1984)7/8.
HUFF, MARTIN (1993): Die Insolvenzrechtsreform ist auf dem Weg. Blick durch die Wirtschaft (16.12.1993).
INSOLVENZORDNUNG (1994): Bundesgesetzblatt. Jg. 1994, Teil I, Z 5702 A Nr.70: 2865ff.
JACKSON, THOMAS (1986): The Logic and Limits of Bankruptcy. Harvard University Press.
JÄHRIG, H.; A. SCHUCK (1990): Handbuch des Kreditgeschäftes. Wiesbaden.

JORDAN, ANDREAS (1993): Reorganisationsverfahren in der Insolvenzrechtsreform. Frankfurt: Thun.
KÖLSCH, KARSTEN (1988): Vorverlegte Insolvenzauslösung. Köln.
LELAND, HAYNE (1994): Corporate Debt Value, Bond Covenants, and Optimal Capital Structure. Journal of Finance 49(1994)4.
LOISTL, OTTO (1986): Zur Reorganisationsplanung. BFuP (1986)5.
MÜNCHENER KOMMENTAR (1986): Münchener Kommentar zum Bürgerlichen Gesetzbuch. Band 3: Schuldrecht – Besonderer Teil. 2. Aufl. München.
OBERMÜLLER, MANFRED (1991): Handbuch Insolvenzrecht für die Kreditwirtschaft. 4. Aufl. Wiesbaden.
OLBING, KLAUS (1993): Die Stellung der Gläubiger im Konkursverfahren. Diss. Uni Bonn.
PRESS, ERIC; JOSEPH WEINTROP (1990): Accounting-Based Constraints in Public and Private Debt Agreements. Journal of Accoutig and Economics (1990)12.
REHEUSSER, PANKRAZ (1985): Unternehmensfortführung durch den Konkursverwalter. Diss. Universität Regensburg.
RHODES, TONY (Hg.) (1993): Syndicated Lending. London: Euromoney Publications.
SABEL, HERMANN; CHRISTOPH WEISER (1994): Zum Sterben von Unternehmen. ZfB (1994)3.
SCHMIDT, REINHARD H. (1980): Ökonomische Analyse des Insolvenzrechts. Wiesbaden.
SCHMIDT, REINHARD H. (1984): Asymmetrische Information und Gläubigerverfügungsrechte in der Insolvenz. ZfB 54(1984)7/8.
SCHOLZ, HELLMUT (1986): Das Recht der Kreditsicherung. 6. Aufl. Berlin.
SMITH, CLIFFORD; JEROLD WARNER (1979): On Financial Contracting – An Analysis of Bond Covenants. Journal of Financial Economics (1979)7.
STEINER, MANFRED (1986): Prognoseorientierte Insolvenzauslösetatbestände. BFuP (1986)5.
STELZER-O'NEILL, BARBARA (1994): Englisches Insolvenzrecht stärker auf die Sanierung zahlungsunfähiger Unternehmen ausgerichtet. Blick durch die Wirtschaft (16.6.1994).
ZEISKE, KAI (1993): Sicherungsvereinbarungen in DM-Anleihen. Universität Frankfurt: Diplomarbeit am Seminar für Bankbetriebslehre.
ZYBON, ADOLF (1986): Eigenverwaltung oder Fremdverwaltung in der Insolvenz? BFuP (1986)5.

Renate Albach / Horst Albach[*]

Die Auswirkungen von Kollektivverträgen und Einzelarbeitsverträgen auf die Beschäftigung von Frauen

Der Vortrag versucht, ökonomisch zu erklären, warum Frauen bei Einstellung und Karriere in Unternehmen schlechtere Wettbewerbschancen haben als Männer.

Die Untersuchung kommt zu dem Ergebnis, daß Frauen gleiche Wettbewerbschancen haben, wenn man in der unternehmerischen Beschäftigungsentscheidung berücksichtigt, daß Frauen schwanger werden können.

Die Höhe dieser Chance (oder dieses Risikos) ist nicht nur naturgegeben, sondern auch durch institutionelle Regelungen beeinflußt. Es wird nachgewiesen, daß Einzelarbeitsverträge über die Arbeitszeit die Beschäftigungschancen von Frauen deutlich verbessern. Der Kollektivvertrag über den Arbeitslohn sollte dagegen beibehalten werden.

---

[*] Dr. iur. Renate Albach, Geschäftsführerin KMU Gesellschaft für Mittelstandsforschung und Beratung mbH, Bonn.

Univ.-Prof. Dr. Horst Albach, Humboldt-Universität Berlin, Wirtschaftswissenschaftliche Fakultät. Zugleich Direktor des Wissenschaftszentrums Berlin für Sozialforschung (WZB), Forschungsschwerpunkt IV – Marktprozeß und Unternehmensentwicklung, Reichpietschufer 50, 10785 Berlin.

Wir danken Irene Kuron, Ronald Schettkat, David Soskice und Hedwig Rudolph für Diskussion, wertvolle Hinweise und kritische Durchsicht eines früheren Manuskripts. Die Verantwortung für die vorliegenden Ausführungen tragen wir allein.

1. Problemstellung

1.1 Der Anlaß

Anlaß für diesen Vortrag ist das Ergebnis eines Gutachtens, das die Autoren dem Senator für Wirtschaft des Landes Berlin erstattet haben (ALBACH / ALBACH / KURON 1993). Darin wurde als Teil einer frauen- und familienfreundlichen Wirtschaftspolitik die Empfehlung ausgesprochen, den Einzelarbeitsvertrag über die Arbeitszeit von Frauen zu begünstigen.

Diesem Vorschlag mochte sich die Vertreterin der IG Metall im Beratungsgremium, das zur Begleitung dieses Gutachtens beim Senator für Wirtschaft geschaffen worden war, nicht anschließen. Eine solche Haltung erschien den Autoren um so bemerkenswerter, als der Stellvertretende Vorsitzende der IG Metall, WALTER RIESTER, auf der zweiten Jahrestagung der Alfred Herrhausen-Gesellschaft 1994 ausdrücklich festgestellt hat: „Es ist eine neue Aufgabe der Gewerkschaften, nicht nur die kollektiven Sicherungsinteressen, sondern auch die individuellen Gestaltungsmöglichkeiten der einzelnen Arbeitnehmerinnen und Arbeitnehmer zu berücksichtigen" (RIESTER 1995: 179, hier 187). Es bestand auf der Seite der IG Metall offenbar die Sorge, daß der Vorschlag, den weiblichen Belegschaftsmitgliedern volle Zeitautonomie zu gewähren, die Unternehmen stärker begünstige als die Arbeitnehmerinnen.

Dieser Frage soll hier nachgegangen werden.

1.2 Der Aufbau

Der Vortrag ist wie folgt aufgebaut. Im ersten Teil wird der Kollektivvertrag in seinen Auswirkungen auf Lohn und Arbeitszeit von Frauen untersucht. Im zweiten Teil werden die Auswirkungen des Abschlusses von Einzelarbeitsverträgen über Lohn und Zeit zwischen weiblichen Belegschaftsmitgliedern und Arbeitgeber geprüft. Im dritten Teil wird die vorgeschlagene Mischform behandelt: ein Kollektivvertrag über den Arbeitslohn und ein Einzelarbeitsvertrag über die Arbeitszeit. Die Frage, in welcher Weise der Betriebsrat beim Abschluß von Einzelverträgen über die Arbeitszeit mitwirkt, wird mit einem Novellierungsvorschlag zum Betriebsverfassungsgesetz beantwortet.

1.3 Die Begriffe

Zunächst werden die Begriffe definiert, die in diesem Vortrag verwandt werden.

Als Kollektivvertrag wird ein Vertrag bezeichnet, der zwischen den Tarifparteien einer Region für alle Arbeitgeber und alle Arbeitnehmer der Region verbindlich abgeschlossen wird. Als Einzelarbeitsvertrag wird ein Vertrag bezeichnet, der zwischen einem einzelnen Arbeitgeber und einem einzelnen Arbeitnehmer für eine bestimmte Zeit verbindlich abgeschlossen wird.

1.4 Der empirische Befund

Die empirischen Befunde, auf denen die genannte Empfehlung des Gutachtens beruht, lassen sich in den folgenden sechs Punkten zusammenfassen:

1. Einzelarbeitsverträge sind die übliche Form des Arbeitsvertrags für Führungskräfte und außertarifliche Angestellte (AT-Angestellte).
2. Einzelarbeitszeitverträge kommen signifikant häufiger bei weiblichen AT-Angestellten als bei weiblichen Tarif-Angestellten und Arbeiterinnen vor.
3. Einzelarbeitszeitverträge kommen signifikant häufiger bei kleinen und mittleren Betrieben als bei Großunternehmen vor.
4. Weibliche AT-Angestellte und Führungskräfte haben signifikant häufiger als weibliche Tarifangestellte und Arbeiterinnen keine Kinder oder nur ein Kind.
5. Es besteht eine geschlechtsspezifische Asymmetrie zwischen Einstellungen und Entlassungen.
6. Die Frauenarbeitslosigkeit ist höher als die Männerarbeitslosigkeit.

2. Die Wirkungen kollektivvertraglicher Regelungen von Lohn- und Arbeitszeit auf die Beschäftigung von Frauen

2.1 Kollektivvertrag und Lohnfindung für Frauen

Wir nehmen im folgenden an, daß Frauen ebenso wie Männer an einem hohen Lohn interessiert sind. Sie sind, wenn sie Familie und Kinder haben, an Arbeitszeiten interessiert, die es ihnen ermöglichen, berufliche Arbeit und Kindererziehung miteinander zu verbinden. Die Wahrscheinlichkeit, daß ihre Lebensarbeitszeit durch Mutterschutzzeiten und Erziehungsurlaub kürzer ist als die männlicher Arbeitnehmer, ist nahe eins. Soweit Frauen als Folge der Kindererziehung aus dem Berufsleben zeitweilig ausscheiden, bleiben sie an einem Wiedereintritt in das Berufsleben (z. B. aus Gründen des Sozialkontakts) interessiert. Ihre Wiedereinstellungschancen sind aber nicht gleich eins.

Betrachten wir zunächst den Fall, daß eine Frau in einem Arbeitsverhältnis steht und noch keine Kinder hat. Sie ist an gleichem Lohn für gleiche Arbeit interessiert. Der Arbeitgeber kalkuliert das Risiko eines Ausfalls wegen Schwangerschaft mit ein. Er würde also einen niedrigeren Lohn anbieten. Für die Arbeitnehmerin ist daher der Kollektivvertrag günstig. Er sichert der Arbeitnehmerin gleichen Lohn für gleiche Arbeit zu. Soweit die Arbeitnehmerin den Kalkül des Arbeitgebers kennt und anerkennt, wird sie möglicherweise auf gleichen Lohn mit größerer Anstrengung reagieren. Sie kompensiert das vermeintliche Ausfallrisiko durch höhere Produktivität. Wir unterstellen hier nicht, daß das Grenzwertprodukt der Arbeit vom Arbeitgeber oder von den Arbeitnehmern in jedem Einzelfall gemessen werden kann. Es reicht für das Argument aus, die Effizienzlohntheorie in einer Shirking-Variante zu verwenden. Die Frau wird weniger Shirking betreiben als der männliche Kollege.

Betrachten wir nunmehr den Fall einer Berufsanfängerin. Der Arbeitgeber sei nicht beschränkt durch Einstellungsregulierungen.[1] Dann wird er dem männlichen Berufsanfänger vor der Frau den Vorzug geben. Dies gilt um so mehr, je mehr er an stabilen Beschäftigungsverhältnissen interessiert ist. Die Berufsanfängerin könnte daher bereit sein, zu einem niedrigeren Lohn als ihre männlichen Kollegen Beschäftigung zu suchen. Sie

---

[1] Bestehen derartige Regulierungen, z. B. Zustimmungspflichten des Betriebsrats, verlagert sich der Konflikt auf die Beziehung Betriebsrat-Unternehmer, falls der Betriebsrat die Einstellung der Frau durchsetzen will. Zu gleichem Lohn wird dieser Konflikt durch eine Frauenquote gelöst werden.

Die Auswirkungen von Kollektivverträgen und Einzelarbeitsverträgen von Frauen 165

wird jedoch berücksichtigen, daß ihre männlichen Kollegen sie nach der Einstellung als eine „Lohnschneiderin" betrachten könnten, die Druck auf die Gehälter auch der männlichen Mitarbeiter ausübt. Daher liegt der Abschluß zum tarifvertraglich geregelten Lohn auch in ihrem Interesse. Zu fragen ist freilich, ob keine Arbeit ihr tatsächlich einen höheren Nutzen bringt als Arbeit mit Konflikt mit den männlichen Kollegen. Das ist sicher nicht der Fall. Die Frau ist also an einem Berufseinstieg in Positionen interessiert, auf denen es keine Konflikte mit männlichen Kollegen gibt. Das sind Lohngruppen des Tarifvertrags, in denen vorwiegend Frauen beschäftigt werden. Dabei handelt es sich um die unteren Lohngruppen.

Nunmehr betrachten wir den Fall, daß eine Arbeitnehmerin im Unternehmen in höhere Lohngruppen aufsteigen will. Die Frau ist auch in diesem Fall an gleichem Lohn für gleiche Arbeit interessiert. Sie weiß aber, daß der Arbeitgeber Ausgaben für Aufstiegsfortbildung bzw. für die Einarbeitung auf dem neuen Arbeitsplatz trägt und daran interessiert ist, daß sich diese Ausgaben in einem stabilen Beschäftigungsverhältnis amortisieren. Wegen der Unterbrechungswahrscheinlichkeit der Frau hat der gleich effiziente männliche Mitarbeiter also bessere Aufstiegschancen. Gegenüber einer Einstellung von außen hat die Frau freilich bessere Chancen. Alle netzwerkspezifischen Investitionen, die für ein effizientes Arbeitsverhältnis erforderlich sind, also Investitionen in die Kenntnis der betrieblichen Zusammenhänge, Kenntnis der betriebsspezifischen Verhaltensweisen, Personenkenntnis usw. sind für die Frau bereits getätigt. Wenn die Frau aber aus Gründen der Fairness ihren männlichen Kollegen gegenüber nicht an einem Einzellohnvertrag zu niedrigerem Lohn interessiert ist, um ihren spezifischen Nachteil auszugleichen, dann wird sie dem Arbeitgeber signalisieren, daß der vermeintliche Nachteil gar nicht besteht. Ein solches Signal ist die Bewerbung um Aufstieg im Unternehmen selbst. Das ist aber auch ein Verhalten am bisherigen Arbeitsplatz, das „Verfügbarkeit im Betrieb wie ein männlicher Mitarbeiter" signalisiert.[2] Tritt dann doch eine Schwangerschaft auf, wird das im allgemeinen vom Arbeitgeber nicht als opportu-

---

2   Die Frau wählt dieses Signaling-Verhalten freiwillig. Bei der gegebenen Rechtslage beträgt ihr „Ausfallrisiko" 14 Wochen. Sind gesellschaftspolitisch Familien mit drei Kindern erwünscht, dann beträgt das objektive Ausfallrisiko bei einer Berufszeit von 40 Jahren 2,5 %. Bei kürzerem Berufsleben ist es entsprechend höher, bei Inanspruchnahme des Erziehungsurlaubs durch die Frau ist es noch höher. Dieses Ausfallrisiko ist geschlechtsspezifisch. Es läßt sich nicht auf männliche Beschäftigte abwälzen. Derartige Betrachtungen haben daher auch kein implizites Rollenverständnis, die darauf aufbauende Analyse auch nicht die Wirkung einer Verfestigung derselben. Natürlich könnten die männlichen Kollegen den Betrieb gegen das Ausfallrisiko versichern, indem sie als Gruppe auf 14 Wochen Urlaub verzichteten. Es gibt keinen empirischen Beleg für die Existenz einer solchen Solidarität der Mitarbeiter.

nistisches Verhalten, sondern eher als göttliche Fügung angesehen. Gleichwohl ist der Frau der Schutz durch den Tarifvertrag in diesem Fall besonders willkommen.

Wir kommen also zu dem Ergebnis, daß die Wirkungen von Kollektivvereinbarungen über Löhne für Frauen günstiger sind als der Einzelarbeitsvertrag. Freilich bedeutet dies für die Frau eine gegenüber ihren männlichen Kollegen im Durchschnitt höhere Arbeitsbelastung.

2.2 Kollektivvertrag und Arbeitszeitregelung für Frauen

Nunmehr wird geprüft, ob kollektive Regelungen der Arbeitszeit für Frauen günstiger sind als Einzelzeitvereinbarungen. Wir sehen der Einfachheit halber davon ab, daß es heute bereits vielfältige tarifvertragliche Regelungen gibt, die den Wünschen von Frauen nach selbständiger Gestaltung ihrer Arbeitszeit entgegenkommen, wie etwa Gleitzeit, Teilzeitarbeit, Flexibilisierung der Arbeitszeit. Der Kollektivvertrag ist also ein Vertrag, in dem eine bestimmte wöchentliche Arbeitszeit vereinbart wird. Zeitbudgets sind in dem Kollektivvertrag nicht vorgesehen. Es gibt auch keine Überstunden.

Die alleinstehende Frau hat mit einer derartigen Arbeitszeitregelung genauso wenig und genauso viel Probleme wie ihr männlicher Kollege. Für den Arbeitgeber ist der Kollektivvertrag ebenfalls vorteilhaft. Er erleichtert die Arbeitsorganisation bei gleichem Arbeitsanfall erheblich. Wenn der Arbeitgeber die wöchentliche Arbeitszeit entsprechend dem stündlichen oder täglichen Arbeitsanfall steuern kann, ist der Kollektivvertrag für ihn auch bei variablem Arbeitsanfall vorteilhaft.

Andere Wirkungen ergeben sich für den Fall, daß eine Mitarbeiterin einen Haushalt mit Kindern führt. Dann decken sich die Betriebszeiten nicht mit den privaten Zeiten, z. B. den Öffnungszeiten von Kindergärten oder den Schulzeiten. Dann werden auch die Öffnungszeiten von Einzelhandelsgeschäften zum Problem der Koordination mit den Betriebszeiten.

Nimmt der Kollektivvertrag auf diese Probleme keine Rücksicht, liegt die gesamte Anpassungslast bei den häuslichen Zeiten. Die Mitarbeiterin muß organisatorische Lösungen finden, um Kindergartenzeiten, Schulzeiten und Einkaufszeiten auf die Betriebszeiten abzustimmen. Der Kollektivvertrag über die Arbeitszeit ist nicht in ihrem Interesse. In unserer Untersuchung haben wir festgestellt, daß eine ganze Reihe von Frauen ihre Beschäftigung aufgeben mußten, als die Kindertagesstätten ihre Öffnungszeiten verkürzten.

3. Die Wirkungen einzelvertraglicher Regelungen von Lohn und Arbeitszeit auf die Beschäftigung von Frauen

3.1 Einzelvertrag und Lohnfindung für Frauen

Der Einzelarbeitsvertrag ist das Merkmal von Akademikerinnen, weiblichen Führungskräften und AT-Angestellten. Im allgemeinen sind die Einstellungsgehälter bei jeder Firma gleich und geschlechtsunabhängig. Aber es gibt Unterschiede von Unternehmen zu Unternehmen.

Der Arbeitgeber, der an einem stabilen Arbeitsverhältnis interessiert ist, z. B. wegen hoher unternehmensspezifischer Investitionen in die Mitarbeiterin, berücksichtigt das Risiko kürzerer Beschäftigungsdauern von Frauen nicht dadurch, daß er die Frauen an diesen Investitionsausgaben durch niedrigere Löhne beteiligt, sondern durch ungleiche Einstellungschancen.

Derjenige Arbeitgeber, der an einem stabilen Arbeitsverhältnis weniger interessiert ist, weil sein Leistungsprozeß auf Projektarbeit und Teamarbeit beruht, zahlt nicht nur geschlechtsunabhängig höhere Löhne und Gehälter, sondern diskriminiert bei der Einstellung Frauen weniger. Das ist besonders bei Beratungsunternehmen der Fall. Für Frauen sind derartige Beschäftigungsmöglichkeiten daher besonders attraktiv. Sie erhalten ein gutes Gehalt, ohne sich längerfristig an das Unternehmen binden zu müssen. Sie müssen freilich bereits während ihrer Ausbildung eine hohe Leistungsmotivation signalisieren.

Der Einzelarbeitsvertrag bringt also hinsichtlich der Lohnfindung für weibliche Berufsanfänger bestenfalls keine Nachteile. Geschlechtsspezifische Vorteile bringt er nicht. Für den Arbeitgeber ist vielmehr die geschlechtsunabhängige Standardisierung dieser Verträge mit geringeren Kosten verbunden und daher vorteilhaft.

Was für Akademikerinnen als Berufsanfängerinnen gilt, gilt a fortiori für weibliche Arbeiterinnen und Sachbearbeiterinnen. Es wurde bereits oben nachgewiesen, daß der Kollektivvertrag im Interesse der weiblichen Beschäftigten liegt.

Betrachten wir nun den Fall einer Mitarbeiterin, die als Führungskraft beschäftigt ist. Weibliche Führungskräfte sind, wie auch unsere Untersuchung zeigt, zahlenmäßig in der deutschen Industrie weit unterrepräsentiert. Das gilt auch im internationalen Vergleich etwa mit Schweden und den USA.

Die Aufgabe einer Führungskraft setzt Erfahrung in der Zusammenarbeit mit Menschen voraus. Sie erfordert Kenntnis der Entscheidungsprozesse im Unternehmen. Deshalb ist es für den Arbeitgeber sinnvoll, Führungskräfte im eigenen Unternehmen zu rekrutieren. Einen geplanten Wechsel von Führungskräften versucht der Arbeitgeber nach Möglichkeit auszuschließen. Unfallrisiken sind zwar nicht ganz zu vermeiden, werden aber doch durch systematisches Risikomanagement eingeschränkt. Das zusätzliche Risiko einer Schwangerschaft bei weiblichen Führungskräften wird der Arbeitgeber in den Kalkül einbeziehen.

Die Frau ist an der Aufgabe als Führungskraft interessiert, weil sie ein höheres Gehalt und interessante Aufgaben bietet. Im Wettbewerb um eine solche Position spielt das Gehalt für den Arbeitgeber keine Rolle. Ein Führungsfehler ist unter Umständen teurer als der ausgehandelte Gehaltsunterschied. Der Ausfall der Führungskraft durch Aufgabe der beruflichen Tätigkeit ist allemal teurer. Die Frau könnte daher sogar dazu tendieren, ein höheres Gehalt zu fordern als der Mann, um damit zu signalisieren, daß sie als Führungskraft eine höhere Produktivität erbringen will.[3] Dieses Signal kann sie verstärken dadurch, daß sie ledig bleibt oder nur ein Kind hat, das sich bereits im schulpflichtigen Alter befindet. Nimmt der Arbeitgeber dieses Signal ernst und gewährt der Mitarbeiterin den Vertrauensvorschuß, daß sie tatsächlich ein dauerhaftes Arbeitsverhältnis anstrebt, dann wird die Frau dieses Vertrauen mit großer Anstrengung belohnen. Die empirische Untersuchung bestätigt das. Ohne behaupten zu wollen, daß die Produktivität von Führungskräften genau gemessen werden kann, ist festzustellen, daß mittelständische Betriebe mit einem höheren Anteil an Frauen im Wettbewerb nicht schlechter als andere abschneiden. Sie selbst sind der Ansicht, daß ihre Produktivität in der Spitzengruppe der Branche liegt.

Für die weibliche Führungskraft ist also der Einzellohnvertrag durchaus interessant. Freilich bedarf es starker Signale von seiten der Frau, um die berechtigten (Risiko einer Verkürzung der Berufszeit) und die unberechtigten (Diskriminierung) Vorbehalte des Arbeitgebers zu überwinden. Diese Signale mögen bis zur Stigmatisierung der weiblichen Führungskraft durch ihre männlichen Kollegen als „Karrierefrau" führen. Diese Signale können durch den Partner der Frau verstärkt werden z. B. dadurch, daß der Partner, nicht die Frau Erziehungsurlaub nimmt. Natürlich wird dadurch auch das Vorurteil der männlichen Kollegen erhärtet, daß sie eine Karrierefrau sei.

---

[3] Sie könnte das höhere Gehalt auch fordern mit der Begründung, daß sie eine Haushälterin zur Versorgung ihrer Kinder anstellen müsse. Unsere Untersuchungen zeigen, daß das Problem der Koordination von häuslicher Arbeit, Kindererziehung und beruflicher Tätigkeit durch die Einstellung einer Haushälterin nicht befriedigend gelöst wird.

3.2 Einzelarbeitsvertrag und Arbeitszeitregelung für Frauen

Wir wenden uns nunmehr dem Einzelarbeitszeitvertrag zu. Er ist, wie bereits festgestellt, für weibliche Mitarbeiter interessant, die Kindererziehung und Berufsleben miteinander verbinden wollen. Wir sehen bei dieser Analyse von den vielfältigen Möglichkeiten ab, die gegenwärtig erprobt werden, um die Anpassungslast nicht einseitig der Frau aufzubürden, wie z. B. Betriebskindergärten. Wir unterstellen vielmehr, daß die kollektive Regelung der Arbeitszeit im Betrieb nicht auf die häuslichen Zeiten abgestimmt wird. Wir gehen ferner davon aus, daß Telearbeitsplätze[4] (noch) Science-fiction sind. Schließlich gehen wir davon aus, daß der Ehemann oder Partner im Rahmen eines Kollektivvertrages beschäftigt ist, der seine Arbeitszeit regelt.

Die Frau ist an einer beruflichen Tätigkeit interessiert. Sie möchte die berufliche Tätigkeit mit ihren häuslichen Aufgaben als Ehefrau und Mutter verbinden. Dies gelingt ihr nur, wenn sie die Arbeitszeit mit dem Arbeitgeber individuell aushandeln kann. Krankheitszeiten der Kinder seien zu vernachlässigen. Die Frau ist an einer regelmäßigen Arbeitszeit interessiert, die sich weitgehend nach ihren häuslichen Möglichkeiten richtet. Sie ist daran interessiert, nicht in Teilzeitarbeit abgedrängt oder ganz aus dem Berufsleben verdrängt zu werden.

Die Frau wäre bereit, für den Einzelzeitvertrag auch einen niedrigeren als den Tariflohn zu akzeptieren, weil sie weiß, daß ein Einzelzeitvertrag höhere Transaktionskosten bei dem Arbeitgeber verursacht. Sie würde gegebenenfalls auch unter ihren Effizienzlohn gehen, da ihr Reservationslohn bei starkem Interesse an Sozialkontakten und ausreichend hohem Lohn ihres Partners sogar bei null angenommen werden kann. Der Ehemann wird einer solchen Lohnunterbietung seiner Frau auch zustimmen, da die Solidarität mit ihr stärker ist als die Solidarität mit allen männlichen Insidern des Arbeitslebens.[5]

Der Arbeitgeber ist an der Weiterbeschäftigung einer eingearbeiteten Kraft interessiert. Seine Überlegungen lassen sich wie folgt modellieren. Wenn der Arbeitgeber auf den

---

[4] Vergleiche aber: Telearbeit: unausgeschöpftes Potential, in: IWD - INFORMATIONSDIENST DES INSTITUTS DER DEUTSCHEN WIRTSCHAFT 21 (1995), Nr. 13, S. 2, unter Hinweis auf die Studie der empirica GmbH: Pan-europäische Befragung zur Telearbeit, Bonn, November 1994. Hier wird das Potential an Telearbeitsplätzen zu Beginn des nächsten Jahrhunderts auf knapp 3 Millionen geschätzt.

[5] Frauen wittern hier die Gefahr, daß der männliche Partner sogar auf den Abschluß eines Einzelvertrages mit niedrigerem Lohn drängen könnte, um die traditionelle Rollenverteilung zu festigen und der Frau allein die Last der Koordination von häuslicher Arbeit, Kinderbetreuung und Beruf aufzubürden.

Wunsch nach Einzelzeitvertrag eingeht, mindert sich der Streß der Mitarbeiterin. Das wirkt sich positiv auf die Produktivität der Frau am Arbeitsplatz aus. Zudem wird die Frau die Bereitschaft des Arbeitgebers zum Eingehen auf ihre individuellen zeitlichen Wünsche durch höhere Anstrengung und größere Loyalität belohnen. Der Produktivitätsgewinn ist also hoch und dürfte die Transaktionskosten einer Veränderung der Arbeitsorganisation überkompensieren. Ferner besitzt die Frau betriebsspezifische Kenntnisse. Diese sind verloren, wenn kein Einzelzeitvertrag geschlossen wird. In diesem Falle entstehen Such- und Einarbeitungskosten für einen neuen Mitarbeiter. Das spricht für den Abschluß eines Einzelzeitvertrages. Wird der Einzelzeitvertrag einmal für die gesamte weitere Beschäftigung abgeschlossen, entstehen einmalige Transaktionskosten der Anpassung der Arbeitsorganisation. Dies dürfte der Normalfall sein. Änderungen könnten sich bei Einschulung der Kinder in eine neue Schule ergeben. Diese Transaktionskosten müssen über die Beschäftigungsdauer der Frau amortisiert werden.

Die Transaktionskosten des Abschlusses von Einzelzeitverträgen steigen überproportional mit der Zahl der Fälle. Das ist das bekannte „Stundenplanproblem". Die Reorganisationskosten sind ferner abhängig von der Art des Produktionsprozesses. Sie sind um so höher, je stärker vernetzt die Produktion ist. Die Reorganisationskosten können durch Selbstorganisation gesenkt werden. Wenn Teamarbeit möglich ist und die Teammitglieder solidarisch sind, lassen sich Einzelzeitvereinbarungen kostengünstiger realisieren als bei anderen Formen der Arbeitsorganisation. Solidarität läßt sich wahrscheinlich bei Teams aus nur weiblichen Mitgliedern leichter herstellen als bei gemischten Teams. In Teams lassen sich auch gelegentlich notwendige Ausnahmen von der geregelten Einzelarbeitszeit auffangen.

Je geringer die Zahl der Fälle, je weniger vernetzt die Tätigkeiten und je mehr Selbstorganisation in Teams möglich ist, um so eher wird also der Arbeitgeber auf den Wunsch der Arbeitnehmerin eingehen. Das erklärt, warum Einzelzeitvereinbarungen in kleinen und mittleren Unternehmen häufiger vorkommen als in Großunternehmen. Das erklärt auch, warum sie häufiger in Dienstleistungsunternehmen als in der industriellen Produktion vorkommen.

In großen Industriebetrieben könnten die höheren Kosten der Arbeitsorganisation durch niedrigere Löhne für die Arbeitnehmerinnen mit Einzelzeitverträgen kompensiert werden. Die betroffenen Frauen sind auch bereit zu einem solchen Arbeitsvertrag. Dieses widerspricht nicht dem oben angeführten Insider-Outsider-Argument für den Kollektivlohnvertrag. Die Frau könnte nämlich darauf hinweisen, daß sie zum Tariflohn arbeiten würde, wenn die Gruppe der männlichen Kollegen bereit wäre zusammenzulegen und einen Babysitter oder allgemein: einen Koordinator zwischen Arbeitszeit und häuslicher Zeit für sie zu bezahlen. Dies wäre das bekannte Shirking-Argument in einer neuen Variante: Jeder Beschäftigte bezahlt eine Versicherungsprämie gegen das Risiko, daß durch Einzelzeitvertrag mit geringerem Lohn die Solidarität der Mitarbeiter aufgebrochen wird.

Der Arbeitgeber braucht in diesem Falle auch nicht das Insider-Outsider-Argument zu fürchten. Er könnte ihm mit dem Equal-Opportunity-Argument begegnen. Zu fragen ist, ob er mit diesem Argument die Zustimmung des Betriebsrats gewinnt.

Der Betriebsrat ist an der Solidarität aller Mitarbeiter interessiert. Tarifverträge und die Bindung an sie sind Zeichen der Solidarität. Einzelarbeitsverträge sind grundsätzlich geeignet, die Solidarität der Mitarbeiter aufzulösen. Dies gilt insbesondere für den Lohn. Der Betriebsrat wird also nicht anders als die Gewerkschaft dem Abschluß von Einzelverträgen über die Lohnhöhe widersprechen. Es gilt aber auch für Einzelverträge über die Arbeitszeit. Der Abschluß von Einzelzeitverträgen signalisiert den Mitarbeitern, daß sie individuell günstigere Lösungen mit dem Arbeitgeber direkt aushandeln können. Das schwächt die Vertretungsorgane der Arbeitnehmer. Einzelzeitverträge werden vom Arbeitgeber dann akzeptiert, wenn sie für ihn kostengünstig sind. Das ist u. a. auch dann der Fall, wenn die Mitarbeiterin zu Zeiten zur Verfügung steht, zu denen anderenfalls Überstunden gearbeitet werden müßten. Die Einzelzeitvereinbarung ist damit potentiell eine Vereinbarung über Lohnkürzungen. Schließlich bedarf die mit der Einzelzeitvereinbarung verbundene Änderung der Arbeitsorganisation der Zustimmung des Betriebsrats. Dies verursacht Mehrarbeit und Mehraufwand von seiten des Betriebsrats. Der Betriebsrat wird also dem Abschluß von Einzelzeitverträgen mit weiblichen Beschäftigen eher zurückhaltend gegenüberstehen.

Bei weiblichen Führungskräften und AT-Angestellten besteht kein Mitbestimmungsrecht des Betriebsrats. Hier wird es nach dem Gesagten zum Abschluß von Einzelzeitverträgen kommen können. Allerdings ist dies nur bei denjenigen Mitarbeiterinnen erforderlich, die Berufszeit und häusliche Arbeitszeit nicht durch Aufgabe des Familien- und Kinderwunsches in Übereinstimmung bringen. Unsere Erhebungen zeigen jedoch, daß die Opferung des Familienwunsches zugunsten der Karriere gegenwärtig häufiger vorkommt als der Abschluß von Einzelzeitverträgen. Frauen (bis 40 Jahre) haben aufgrund einer bewußten Entscheidung für die Karriere eher keine Kinder. Da die Gruppe der Unternehmerinnen und Freiberuflerinnen ihre Arbeitszeiten selbst festlegen kann, lassen sich die Daten der ISG-Studie als eine Untergrenze ansehen: Insgesamt haben nach dieser Studie 58 % der Freiberuflerinnen und 73 % der Unternehmerinnen keine Kinder. Insgesamt haben nur 23 % der Freiberuflerinnen und 14 % der Unternehmerinnen zwei oder mehr Kinder (KERKHOFF 1991: Anhang, Tab. 3.44). Je größer die zeitliche Belastung durch die berufliche Aufgabe also ist, desto notwendiger ist es, die Möglichkeit des Abschlusses von Einzelzeitverträgen anzubieten, aber desto unwahrscheinlicher ist es, daß von dieser Möglichkeit auch tatsächlich Gebrauch gemacht wird. Der Einzelzeitvertrag hat daher besondere Bedeutung für die weiblichen Tarifangestellten und AT-Angestellten.

4. Kollektivlohnvertrag und Einzelzeitvertrag

Für weibliche Mitarbeiter sind nach dem Gesagten die Lohnfindung im Rahmen eines Kollektivvertrages und die Zeitfindung im Rahmen eines Einzelvertrags am günstigsten.[6]

Der Arbeitgeber wird bei ökonomischer Prüfung eines solchen Arbeitsvertrages vielfach zu dem Ergebnis kommen, daß er auch ihm Vorteile bietet. Der Einzelzeitvertrag sollte also als Regelfall tarifvertraglich möglich sein.

Die Tarifparteien sollten sich darauf einigen können, daß der Abschluß derartiger Verträge auf betrieblicher Ebene möglich ist. Einzelzeitverträge sollten in Tarifverträgen als grundsätzlich möglich angesehen werden, wenn

– die gesamte wöchentliche Arbeitszeit nicht höher ist als die tariflich vereinbarte wöchentliche Arbeitszeit,
– die vereinbarte Urlaubszeit anteilig nicht niedriger ist als die tariflich vereinbarte Urlaubszeit,
– der vereinbarte Lohn dem tariflich vereinbarten Lohn entspricht.

Die herausgearbeiteten Vorbehalte des Betriebsrats sind jedoch nicht leicht auszuräumen. Es erscheint daher notwendig, das Betriebsverfassungsgesetz zu ändern, um den Interessen der Mitarbeiterinnen an derartigen Verträgen wirksam Rechnung zu tragen. Dazu sollte ein § 28a folgenden Inhalts eingefügt werden

(1) Der Betriebsrat bildet einen Frauenausschuß.

(2) Der Frauenausschuß besteht aus mindestens zwei und höchstens elf Mitgliedern. § 27 gilt entsprechend.

(3) Der Frauenausschuß hat beim Abschluß von Einzelzeitverträgen mit weiblichen Beschäftigten mitzubestimmen.

---

[6] Es sei betont, daß wir uns hier mit dem Arbeitsvertrag für Frauen beschäftigen. Wir halten den Hinweis, daß auch männliche Mitarbeiter an Einzelzeitverträgen interessiert sind und sich daher die allgemeine Einführung von Einzelzeitverträgen empfähle, für sehr berechtigt.

(4) Der Betriebsrat kann dem Beschluß des Frauenausschusses nur unter Hinweis auf § 99 Abs. 2, Ziffer 4 widersprechen.

(5) Lehnen der Frauenausschuß oder der Betriebsrat den Abschluß eines Einzelzeitvertrages ab, können die Mitarbeiterinnen oder der Arbeitgeber beim Arbeitsgericht beantragen, die Zustimmung zu ersetzen.

5. Schluß

In dem sogenannten Schweizer Friedensabkommen zwischen dem Arbeitgeberverband der Schweizer Maschinenindustrie und der Schweizer Gewerkschaft Industrie, Gewerbe, Dienstleistungen, sowie weiteren Arbeitnehmerorganisationen heißt es in Ziffer 25, Abs. 4: „Für Arbeitnehmer mit Familienpflichten sollen nach den betrieblichen Möglichkeiten neue Arbeits- und Arbeitszeitformen angeboten werden". Die Einführung derartiger individueller Arbeitszeitgestaltung wird zwischen Unternehmer und betrieblicher Arbeitnehmervertretung vereinbart. Das ist ein Schritt in die richtige Richtung. Dagegen scheint uns die individuelle Lohnfindung (Ziffer 15, Abs. 1 der Vereinbarung) nach dem Ergebnis unserer Untersuchung wenig nachahmenswert.[7]

Literaturverzeichnis

ALBACH, HORST; RENATE ALBACH; IRENE KURON (1993): Förderstrategien und -instrumente einer frauen- und familienfreundlichen Wirtschaftspolitik in Berlin. Bonn: KMU (nicht veröffentlicht).

ANTAL, ARIANE BERTHOIN; CAMILLA KREBSBACH-GNATH (1991): Women in Management in Germany: East, West and Reunited. Berlin: Veröffentlichungsreihe des WZB.

AUTENRIETH, CHRISTINE; KARIN CHEMNITZER; MICHEL DOMSCH (1993): Personalauswahl und -entwicklung von weiblichen Führungskräften. Frankfurt, New York.

BILDUNGSWERK DER NORDRHEIN-WESTFÄLISCHEN WIRTSCHAFT E. V. (1988): Frauen und Wirtschaft. Perspektiven und Modelle einer zukunftsorientierten Unternehmens- und Personalpolitik. Düsseldorf.

---

[7] Vereinbarung in der Maschinenindustrie zwischen dem Arbeitgeber der Schweizer Maschinenindustrie und folgenden Arbeitnehmerverbänden: SMUV, VSAM, CMV, SKO, LFSA, SKV, vom 01. Juli 1993.

BUNDESINSTITUT FÜR BERUFSBILDUNG (1989): Zur Ausweitung des Berufsspektrums für Frauen im gewerblichtechnischen Berufsbereich. Empfehlungen des Hauptausschusses des Bundesinstituts für Berufsbildung. Berlin, Bonn.

BUNDESINSTITUT FÜR BEVÖLKERUNGSFORSCHUNG (1986): Frauen im öffentlichen Dienst – Charakteristika beamteter Frauen. Stuttgart, Berlin, Köln, Mainz: Bundesministerium des Inneren. Schriftenreihe Band 18.

BUNDESMINISTERIUM FÜR ARBEIT UND SOZIALORDNUNG (1986): Teilzeitarbeit. Bonn.

BUNDESMINISTERIUM FÜR FRAUEN UND JUGEND (1991): Leitfaden zur Frauenförderung in Betrieben. Die Durchsetzung der Gleichberechtigung als Chance für die Personalpolitik. 5. Aufl. Bonn.

BUNDESVEREINIGUNG DER DEUTSCHEN ARBEITGEBERVERBÄNDE (1991a): Betriebliche Wirkung familienpolitischer Beschlüsse der Bundesregierung. Eine Umfrage. Köln.

BUNDESVEREINIGUNG DER DEUTSCHEN ARBEITGEBERVERBÄNDE (1991b): Frauenfördernde und Familienorientierte Tarifregelungen sowie Politische Grundsatzvereinbarungen. Köln.

DEUTSCHER BUNDESTAG (1990): Antwort der Bundesregierung – Frauen im Mittelstand. Drucksache 11/8502 vom 28.11.90.

DEUTSCHER BUNDESTAG – AUSSCHUSS FÜR FRAUEN UND JUGEND (1992): Frauenförderung in der privaten Wirtschaft. Stenographisches Protokoll über die 22. Sitzung des Ausschusses für Frauen und Jugend vom 12.2.1992.

DEUTSCHES INSTITUT FÜR WIRTSCHAFTSFORSCHUNG (1992): Unterbrochene Erwerbsverläufe von Frauen mit Kindern. Traditionelles familienpolitisches Leitbild fragwürdig. Wochenbericht 19/92: 249-257.

DIERGARTEN, DAGMAR; JOBST R. HAGEDORN (1991): Mehr Erziehungsurlaub braucht mehr Flexibilität. Arbeitgeber 1991: 293-294.

DOMSCH, MICHEL; ERIKA REGNET (1990): Weibliche Fach- und Führungskräfte, Wege zur Chancengleichheit. Stuttgart: Universitätsseminar der Wirtschaft (Hg.), USW-Schriften für Führungskräfte Band 19.

FIDA – GESELLSCHAFT ZUR FÖRDERUNG DER WISSENSCHAFTLICHEN ERFORSCHUNG DER LAGE DER FRAU IN INTERNATIONALER ZUSAMMENARBEIT E. V. (1982): Frauen als Führungskräfte in der Wirtschaft. Hamburg.

FRIEDRICH-EBERT-STIFTUNG (1991): Frauen in den neuen Bundesländern: Rückzug in die Familie oder Aufbruch zur Gleichstellung in Beruf und Familie? Bonn: Gesprächskreis Frauenpolitik, Heft 2.

HESSISCHES MINISTERIUM FÜR FRAUEN, ARBEIT UND SOZIALORDNUNG (1991): Kind und Beruf. Mütter im Spannungsfeld unterschiedlicher Interessen. Wiesbaden.

INSTITUT DER DEUTSCHEN WIRTSCHAFT (1991): Betriebliche Maßnahmen zur Vereinbarkeit von Familie und Beruf sowie zur Förderung der Berufsrückkehr nach Zeiten ausschließlicher Familientätigkeit. Köln: Bundesministerium für Frauen und Jugend, Materialien zur Frauenpolitik 15/1991.

INSTITUT FÜR MITTELSTANDSFORSCHUNG (1980): Die wirtschafts- und gesellschaftspolitische Bedeutung der selbständigen Unternehmerinnen und mitarbeitenden Unternehmerfrauen. Bonn: Schriften zur Mittelstandsforschung Nr. 79.

IWD – INFORMATIONSDIENST DES INSTITUTS DER DEUTSCHEN WIRTSCHAFT 21 (1995)13: 2.

KERKHOFF, ELISABETH (1991): Die Rolle der Frau in mittelständischen Unternehmen. Köln.

MYRDAL, ALVA; VIOLA KLEIN (1968): Women's Two Roles. Home and Work. London.

PFARR, HEIDE; KLAUS BERTELSMANN (1989): Diskriminierung im Erwerbsleben. Baden-Baden.
RAEHLMANN, IRENE (1995): Die Abstimmung von Erwerbsarbeit und Haushaltsführung – Entlastungsstrategien und Verhaltensmuster. In: HEIDACK, CLEMENS (Hg.) (1995): Arbeitsstrukturen im Umbruch, Festschrift für Friedrich Fürstenberg. München, Mering: 311-321.
RIESTER, W. (1995): Die Zukunft der Arbeit – die neue Rolle der Gewerkschaften. In: ALFRED HERRHAUSEN GESELLSCHAFT FÜR INTERNATIONALEN DIALOG (Hg.) (1995): Arbeit der Zukunft, Zukunft der Arbeit. Stuttgart.
SCHULZ, REINER (1991): Zeitbudgetstrukturen erwerbstätiger Frauen. Zeitschrift für Bevölkerungswissenschaft 17(1991)3: 227-250.
STACKELBECK, MARTINA; GUDRUN RICHTER (1992): Beruf und Familie. Arbeitszeitpolitik für Eltern kleiner Kinder. Hans-Böckler-Stiftung (Hg.) (1992): Forschung. Band 6. Köln.
STOLZ-WILLIG, BRIGITTE (1991): Teilzeitarbeit und Freistellungsregelungen – neuere Entwicklungen im Bereich der Tarifpolitik. Sozialer Fortschritt 40(1991)3: 68-71.
WIRTSCHAFTS- UND SOZIALWISSENSCHAFTLICHES INSTITUT DES DEUTSCHEN GEWERKSCHAFTSBUNDES (1986): Frauen: Arbeitsleben – Lebensarbeit. WSI-Mitteilungen 6/1986.
WISSENSCHAFTSZENTRUM BERLIN (1983): Maßnahmen zur besseren Vereinbarkeit von Familie und Beruf. Ein internationaler Vergleich nach wichtigen Maßnahmenbereichen. Kurzfassung. Berlin.
WUPPERTALER KREIS E. V. (1992): Frauenförderung im mittelständischen Betrieb. Köln.

Teil III

Die Effizienz der Verrechtlichung unternehmensinterner Entscheidungen

Thomas R. Fischer[*]

Gläubigerschutz durch eigenkapitalersetzende Gesellschafterdarlehen?

Eine ökonomische Analyse

Die von den Gesellschaftern einer GmbH an die Gesellschaft vergebenen Darlehen konkurrieren in der Insolvenz mit den Darlehen der sogenannten Fremdgläubiger. Aus dieser Konstellation resultieren Agency-Probleme, da die Gesellschafter die Fremdgläubiger mit Hilfe der Darlehen schädigen können. Um dem entgegenzuwirken, wurde das Recht eigenkapitalersetzender Gesellschafterdarlehen geschaffen, wonach Gesellschafterdarlehen unter Umständen wie Eigenkapital behandelt werden. Das Eigenkapitalersatzrecht, v. a. § 32a GmbHG, wird darauf geprüft, ob es die Fremdgläubiger einer GmbH tatsächlich schützt. Dabei wird deutlich, daß das Gesetzesziel (Schutz der Fremdgläubiger) nur in bestimmten Fällen erreicht wird. In anderen Fällen können die Fremdgläubiger durch das Eigenkapitalersatzrecht sogar geschädigt werden.

---

[*] Univ.-Prof. Dr. Thomas R. Fischer, Universität Gesamthochschule Essen, Fachbereich 5 – Wirtschaftswissenschaften, Universitätsstraße 12, 45117 Essen.

1. Einführung

Die Gesellschafter einer GmbH können mit ihrer Gesellschaft – wie jeder Nicht-Gesellschafter – Verträge schließen. Typisch sind derartige Geschäfte etwa in Form von Arbeitsverträgen zwischen den sogenannten Gesellschafter-Geschäftsführern und der Gesellschaft. Aber auch Kreditverträge können zwischen den Gesellschaftern und der Gesellschaft geschlossen werden. Diese Rechtslage ermöglicht es GmbH-Gesellschaftern z. B., der GmbH außer dem Mindest-Eigenkapital von 50.000 DM weitere finanzielle Mittel vor allem in Form von Fremdkapital, d. h. als Darlehen, zur Verfügung zu stellen. Diese Darlehen werden im Prinzip wie Darlehen von Nicht-Gesellschaftern (etwa Kreditinstituten und Lieferanten) behandelt und konkurrieren im Insolvenzfall mit den Darlehen der sogenannten Dritt- bzw. Fremdgläubiger (vgl. HUECK 1988, Rn. 2).

Aus der Vergabe von Gesellschafterdarlehen kann eine Reihe von Agency-Problemen resultieren.[1] Beispielsweise werden die Gesellschafter einer GmbH von einer drohenden Krise bzw. Insolvenz der Gesellschaft in aller Regel eher Kenntnis erlangen als Fremdgläubiger, so daß sie ihre Gesellschafterdarlehen häufig noch aus der Gesellschaft abziehen und damit retten können, während die Fremdgläubiger in einem Konkurs erhebliche Verluste hinnehmen müssen.

Um diesem und ähnlichen Agency-Problemen entgegenzuwirken, hat der Gesetzgeber im Jahre 1980 den § 32a GmbHG geschaffen, der vorsieht, daß Gesellschafterdarlehen unter bestimmten Bedingungen wie (haftendes) Eigenkapital behandelt werden. Die Vorschrift lautet:[2] „Hat ein Gesellschafter der Gesellschaft in einem Zeitpunkt, in dem ihr die Gesellschafter als ordentliche Kaufleute Eigenkapital zugeführt hätten, statt dessen ein Darlehen gewährt, so kann er den Anspruch auf Rückgewähr des Darlehens im Konkurs ... nicht geltend machen."

Die Vorschrift dient – so die einhellige Meinung der Rechtsprechung und der juristischen Literatur[3] – dem Gläubigerschutz. Sie soll nämlich verhindern, daß Gesellschafter ihr Finanzierungsrisiko auf die außenstehenden Gläubiger, die Fremdgläubiger, abwälzen, oder – wie LUTTER und HOMMELHOFF zugespitzt formulieren – sie soll „Spekula-

---

[1] Vgl. dazu den umfassenden Überblick bei KLAUS (1994a: 336-395).

[2] Die Vorschrift ist im Zusammenhang mit der Verabschiedung der neuen Insolvenzordnung inhaltlich unverändert geblieben. Sie wurde lediglich sprachlich an das neue Insolvenzverfahren angepaßt. Vgl. UHLENBRUCK (1994: 957).

[3] Siehe etwa HUECK (1988, Rn. 1); MAYER (1990: 1935) sowie SCHMIDT (1993, Rn. 14f.).

tionen der Gesellschafter auf dem Rücken der Gesellschaftsgläubiger" (LUTTER / HOMMELHOFF 1991, Rn. 3) unterbinden.

Obwohl Gesellschafterdarlehen zu den üblichen Finanzierungsinstrumenten einer GmbH zählen, wird das Thema Eigenkapitalersatz – anders als im juristischen Schrifttum – in betriebswirtschaftlichen Finanzierungslehrbüchern i. d. R. mit keiner Silbe erwähnt.[4] Dies hat den bekannten Gesellschaftsrechtler CARSTEN P. CLAUSSEN zu dem Schluß verleitet, daß es sich bei der Umwandlung von Fremd- in Eigenkapital aus betriebswirtschaftlicher Sicht um ein Wunder handeln müsse, vergleichbar mit dem im Johannes-Evangelium beschriebenen Wunder der Umwandlung von Wasser in Wein (vgl. CLAUSSEN 1992: 152f.). Wunder ließen sich nun einmal – auch in betriebswirtschaftlichen Lehrbüchern – nicht erklären. Man könne nur voller Ehrfurcht und sprachlos von ihnen Kenntnis nehmen.

Einige Aspekte des vermeintlichen Wunders des Eigenkapitalersatzes werden im folgenden aus ökonomischer Sicht analysiert. Dabei wird vor allem eine Antwort auf die Frage gesucht, ob die angesprochene gesetzliche Vorschrift Gläubiger, die nicht Gesellschafter sind, tatsächlich schützt, oder ob sie diesen Schutz – zumindest in bestimmten Fällen – nicht gewährt. Zur Beantwortung dieser Frage wird zunächst ein kurzer Überblick über das Recht eigenkapitalersetzender Gesellschafterdarlehen präsentiert (Abschnitt 2). Anschließend wird die gläubigerschützende Wirkung eigenkapitalersetzender Gesellschafterdarlehen demonstriert (Abschnitt 3). Danach wird gezeigt, daß eigenkapitalersetzende Gesellschafterdarlehen auch gläubigerschädigende Wirkungen entfalten können (Abschnitt 4). Abschließend werden die Ergebnisse der Untersuchung zusammengefaßt und mögliche Lösungsansätze skizziert (Abschnitt 5).

2. Das Recht eigenkapitalersetzender Gesellschafterdarlehen im Überblick

Mit der Vorschrift des § 32a GmbHG hat der Gesetzgeber das vorher durch höchstrichterliche Rechtsprechung entwickelte und konkretisierte Rechtsinstitut eigenkapitalerset-

---

[4] Ausnahmen bilden m. W. lediglich die beiden Bücher von DRUKARCZYK (1993a: 304-310) und (1993b: 610-617).

zender Gesellschafterdarlehen kodifiziert.[5] Bereits bei der Entstehung dieser Vorschrift wurde von seiten der Betriebswirtschaftslehre betont, daß es unmöglich sei, das Finanzierungsverhalten ordentlicher Kaufleute objektiv zu bestimmen.[6] Es sei z. B. ausgeschlossen, eine Norm-Eigenkapitalquote ordentlicher Kaufleute festzulegen, die als Voraussetzung für die Anwendung von § 32a GmbHG in Frage käme. Die Eigenkapitalquoten der Unternehmen streuen nämlich selbst innerhalb einer Branche erheblich, ohne daß man ab einer bestimmten Quote von einer nicht ordnungsgemäßen Finanzierung sprechen könne.

Da betriebswirtschaftlich begründete, objektive Kriterien für das Finanzierungsverhalten ordentlicher Kaufleute fehlen, hat die Rechtsprechung eigene Kriterien entwickelt, die konkretisieren sollen, wann ordentliche Kaufleute einer Gesellschaft Eigen- statt Fremdkapital zuführen. Dabei handelt es sich um die Kriterien der Konkursreife bzw. der Kreditunwürdigkeit. *Konkursreife* liegt vor, wenn durch zusätzliche finanzielle Mittel ein Konkurs wegen Zahlungsunfähigkeit abgewehrt werden soll. Ein konkursabwehrendes Darlehen hat immer eigenkapitalersetzenden Charakter (vgl. LUTTER / HOMMELHOFF 1991, Rn. 31; SCHMIDT 1993, Rn. 39). Das Kriterium der *Kreditunwürdigkeit* der Gesellschaft bei gesellschaftsfremden Dritten wird in der Rechtsprechung widersprüchlich interpretiert. Diese orientiert sich bei der Konkretisierung von Kreditunwürdigkeit u. a. an den Konditionen des Kreditvertrages.[7] Beispielsweise wird die Meinung vertreten, daß eine ungewöhnlich geringe oder gar fehlende Verzinsung auf den eigenkapitalersetzenden Charakter von Gesellschafterdarlehen hindeute. Dies erscheint durchaus plausibel, da Gesellschaftsfremde zu geringeren als marktüblichen Zinsen i. d. R. keine Kredite vergeben. Ganz im Gegenteil dazu ist das OLG Düsseldorf der Ansicht, daß gerade eine besonders hohe Verzinsung die Kreditunwürdigkeit und damit den eigenkapitalersetzenden Charakter des Darlehens belege.

Um nicht allen, z. T. widersprüchlichen Urteilen nachgehen zu müssen, sei den weiteren Überlegungen die allgemeine Definition von Kreditunwürdigkeit eines der Standardkommentare zum GmbHG von LUTTER und HOMMELHOFF zugrunde gelegt. Danach liegt *Kreditunwürdigkeit* in bezug auf ein konkretes Darlehen vor, wenn „ein anderer,

---

[5] Die Grundsätze der Rechtsprechung gelten neben der gesetzlichen Vorschrift des § 32a GmbHG nach wie vor. Sie sind für die vorliegende Untersuchung allerdings nicht relevant und werden deshalb nicht gesondert dargestellt. Vgl. dazu im einzelnen GESSLER (1981); MAYER (1990) sowie HILDEBRAND (1994: 11-17).

[6] Vgl. z. B. BITZ (1979) und DRUKARCZYK (1979). Vgl. auch den frühen Beitrag von ALBACH (1962: 662-672) sowie in jüngster Zeit BEINE (1994: 46-117).

[7] Zu den folgenden beiden Beispielen vgl. LUTTER / HOMMELHOFF (1991, Rn. 22).

wirtschaftlich vernünftig handelnder Gläubiger, der nicht an der Gesellschaft beteiligt ist und sich auch nicht an ihr beteiligen will, unter denselben Verhältnissen und zu denselben Bedingungen keinen solchen Kredit gegeben hätte." (LUTTER / HOMMELHOFF 1991, Rn. 19).

Sind die Kriterien der Konkursreife bzw. der Kreditunwürdigkeit bei Vergabe eines Gesellschafterdarlehens erfüllt, dann wird dieses Darlehen im Konkurs der Gesellschaft wie Eigenkapital behandelt.

3. Gläubigerschützende Wirkung eigenkapitalersetzender Gesellschafterdarlehen

3.1 Die Ausgangssituation

Eine Gesellschaft mit beschränkter Haftung, die nur einen Gesellschafter hat, verfügt über ein Vermögen von 80 GE (Abbildung 1). Diesem Vermögen steht eine Forderung des einzigen Gläubigers der Gesellschaft in gleicher Höhe gegenüber, so daß das Eigenkapital, d. h. der Anteil des Gesellschafters, den Wert Null aufweist. Der vereinbarte Kreditzins beträgt 10 %.

Für die Gesellschaft bestehen zwei Handlungsalternativen. Sie kann entweder sofort liquidiert oder genau eine Periode fortgeführt werden. Gesellschafter und Gläubiger sind – so eine weitere vereinfachende Annahme – risikoneutral im Sinne der Risikonutzentheorie, d. h. sie orientieren ihre Entscheidungen ausschließlich am Erwartungswert ihrer Ergebnisse (vgl. BAMBERG / COENENBERG 1994: 80; FRANKE / HAX 1995: 297; PERRIDON / STEINER 1995: 105). Für beide besteht zudem die Möglichkeit, finanzielle Mittel zu einem einheitlichen sicheren Kapitalmarktzins von 10 % aufzunehmen bzw. anzulegen.

Bei sofortiger Liquidation der Gesellschaft kann der aktuelle (für den Fall der Unternehmensfortführung gültige) Marktwert des Vermögens von 80 GE nicht realisiert werden, da Liquidationskosten von 10 GE entstehen. Infolgedessen beträgt der Liquidationswert in t_0 70 GE. Dieser Betrag steht in voller Höhe dem Gläubiger zu, da er niedriger ist als seine Forderung. Der Gesellschafter geht bei Liquidation des Unternehmens in t_0 folglich leer aus. Legt man den Betrag von 70 GE eine Periode zum Kapitalmarktzins von 10 % an, dann erhält man in t_1 ein Endvermögen von 77 GE.

Bilanz t₀			
Vermögen	80	Eigenkapital	0
		Fremdkapital	80
	80		80

- Kosten der Liquidation der Gesellschaft: 10 GE
- Liquidationswert der Gesellschaft:

    t_0: 80 GE - 10 GE   = 70 GE
    t_1: 70 GE × 1,1   = 77 GE
    - Anteil des Gläubigers: 77 GE
    - Anteil des Gesellschafters: 0 GE

Abbildung 1: Bilanz und Liquidationswert der Gesellschaft

Alternativ zur sofortigen Liquidation kann die Gesellschaft eine Periode fortgeführt werden. Das aus der Fortführung resultierende Endvermögen der Gesellschaft ist unsicher und hängt vom Eintritt einer von zwei möglichen Umweltsituationen ab (Abbildung 2).

Umweltsituation	1 (niedrige Nachfrage)	2 (hohe Nachfrage)	Erwartungswert
Wahrscheinlichkeit	0,2	0,8	
Endvermögen	50	100	**90**
Anteil des Gläubigers (Kreditforderung 80 × 1,1 = 88)	50	88	**80,4**
Anteil des Gesellschafters	0	12	**9,6**

Abbildung 2: Endvermögen der Gesellschaft in t_1 bei Fortführung ohne zusätzliches Kapital

In Umweltsituation 1, die mit einer Wahrscheinlichkeit von 20 % eintritt, kommt es zu einer niedrigen Nachfrage nach den Produkten der Gesellschaft. Das Endvermögen hat den Wert 50 GE. In der zweiten möglichen Umweltsituation, deren Eintrittswahrscheinlichkeit 80 % beträgt, ist die Nachfrage so hoch, daß das Produktionspotential der Gesellschaft voll ausgelastet ist und ein Endvermögen von 100 GE erzielt wird. Der Erwartungswert des Endvermögens der Gesellschaft beträgt somit 90 GE. Da dieser Wert deutlich höher ist als das mögliche Endvermögen bei Liquidation, wäre es für Gesellschafter und Gläubiger insgesamt vorteilhaft, die Gesellschaft fortzuführen.

Die Fortführungsalternative wird allerdings nur dann realisiert, wenn sowohl der Gesellschafter als auch der Gläubiger von der Fortführung profitieren.[8] Die Kreditforderung des Gläubigers in t_1 hat eine Höhe von 88 GE. Sie übersteigt damit bei weitem das Endvermögen der Gesellschaft in Umweltsituation 1. Bei Eintritt dieser Situation kommt es zum Konkurs der Gesellschaft, in dessen Verlauf der Gläubiger das gesamte Endvermögen von 50 GE erhält.[9] Bei Eintritt der günstigen Umweltsituation 2 kann die Forderung des Gläubigers voll befriedigt werden. Der Erwartungswert seiner Kreditrückzahlung beträgt bei Fortführung folglich 80,4 GE. Er ist höher als der mögliche Liquidationswert, so daß es aus Sicht des Gläubigers vorteilhaft ist, die Gesellschaft fortzuführen. Auch aus der Sicht des Gesellschafters ist es vorteilhaft, das Unternehmen fortzuführen. Bei Eintritt der ungünstigen Umweltsituation 1 geht er zwar leer aus, bei Eintritt der günstigen Umweltsituation 2 beträgt sein Anteil am Endvermögen der Gesellschaft hingegen 12 GE, so daß das auf ihn entfallende erwartete Endvermögen bei Fortführung den Wert 9,6 GE aufweist. Bei Liquidation in t_0 hätte der Gesellschafter nichts erhalten.

3.2 Gläubigerschädigung durch Gesellschafterdarlehen

Der Gesellschafter gewährt der GmbH ein Darlehen von 20 GE zu einem Zinssatz von 10 %. Mit diesem Darlehen soll die Kapazität der Gesellschaft erheblich erweitert werden (Modellvariante 1). Die daraus resultierenden Konsequenzen für das Endvermögen der Gesellschaft sind in Abbildung 3 dargestellt.

---

[8] Der Gesellschafter wird nur an einer für ihn lohnenden Fortführung der Gesellschaft mitwirken. Falls die Fortführungsalternative für den Gläubiger nachteilig ist, wird er in t_0 den Konkurs der Gesellschaft auslösen und damit ihre Liquidation herbeiführen. Die Konkursauslösung in t_0 ist möglich, da die Forderung des Gläubigers zu diesem Zeitpunkt bereits ausfallbedroht ist.

[9] Dieser Wert ist bereits um ggf. anfallende Liquidationskosten bereinigt.

Umweltsituation	1 (niedrige Nachfrage)	2 (hohe Nachfrage)	Erwartungswert	
Wahrscheinlichkeit	0,2	0,8		
Endvermögen	50	130	114	
Anteil des (Fremd-) Gläubigers (Kreditforderung: 88)	40	88	78,4	*Schädigung des Fremdgläubigers (< 80,4)*
Anteil des Gesellschafters: – als Gläubiger (Kreditforderung: 22)	10	22	19,6	*Gesellschaft ist kreditunwürdig (< 22)*
– als Gesellschafter	0	20	16	

Abbildung 3: Endvermögen der Gesellschaft in t_1 bei Fortführung und Darlehen des Gesellschafters (Modellvariante 1: starke Kapazitätserweiterung)

In Umweltsituation 1 wirkt sich die Kapazitätserweiterung nicht aus, da die Nachfrage ohnehin nicht ausreicht, das bereits vor dem Ausbau der Kapazität verfügbare Produktionspotential der Gesellschaft auszulasten. Infolgedessen beträgt das Endvermögen in dieser Umweltsituation wie im Falle ohne Gesellschafterdarlehen 50 GE. Bei hoher Nachfrage (Umweltsituation 2) wirkt sich der Ausbau der Kapazität allerdings positiv aus, da mehr abgesetzt werden kann als ohne die Kapazitätserweiterung. Das Endvermögen der Gesellschaft steigt von 100 auf 130 GE. Der Erwartungswert des Endvermögens der Gesellschaft hat einen Wert von 114 GE und ist damit um 24 GE höher als der Erwartungswert des Endvermögens ohne Gesellschafterdarlehen. Unter diesen Bedingungen ist es für Gesellschafter und Gläubiger insgesamt lohnend, daß der Gesellschafter der GmbH das Darlehen zur Verfügung stellt, da bei einer Kapitalmarktanlage des Betrages lediglich ein Endvermögen von 22 GE erzielt werden kann.

Die Darlehensvergabe ist allerdings nicht ohne Konsequenzen für den Fremdgläubiger. Da die Gesellschaft nunmehr zwei Gläubiger hat, einen Fremdgläubiger mit einer Forderung von 88 GE und einen Gesellschaftergläubiger mit einer Forderung von 22 GE, ist im Insolvenzfall (Umweltsituation 1) das Endvermögen auf die Gläubiger im Verhältnis 4 : 1 aufzuteilen. Von dem in dieser Umweltsituation verfügbaren Endvermögen der Gesellschaft erhält der Fremdgläubiger nur noch 40 GE, die restlichen 10 GE stehen dem Gesellschaftergläubiger zu. Im Erfolgsfalle, d. h. in Umweltsituation 2, ändert sich für den Fremdgläubiger nichts. Bei Eintritt der hohen Nachfrage wird seine Forderung voll befriedigt, er erhält 88 GE. Der Gesellschaftergläubiger erhält 22 GE (Kreditrückzahlung inkl. Kreditzinsen). Als Gesellschafter fließt ihm zudem der verbleibende Rest des Endvermögens der Gesellschaft von 20 GE zu. Die erwartete Kreditrückzahlung des Fremdgläubigers hat in dieser Konstellation den Wert von 78,4 GE. Das Gesellschafterdarlehen führt damit zu einer Schädigung des Fremdgläubigers, denn ohne das Darlehen betrug seine erwartete Kreditrückzahlung 80,4 GE.

Der Gesellschafter profitiert hingegen von der Darlehensvergabe. Er erhält neben der erwarteten Kreditrückzahlung (19,6 GE) seinen Anteil am Erwartungswert des Endvermögens der Gesellschaft (16 GE). Dies ist im Vergleich zu dem Fall ohne Darlehensvergabe vorteilhaft. Zieht man nämlich von seinem erwarteten Endvermögen (35,6 GE) das bei einer Kapitalmarktanlage des Darlehens erzielbare Endvermögen (22 GE) ab, dann erhält man mit 13,6 GE einen Wert, der höher ist als das erwartete Endvermögen des Gesellschafters ohne Darlehensvergabe von 9,6 GE.

3.3 Gläubigerschutz durch Eigenkapitalersatz

Durch das Gesellschafterdarlehen wird der Fremdgläubiger geschädigt. Das Darlehen erfüllt zugleich die Bedingung der Kreditunwürdigkeit der Gesellschaft im Sinne von § 32a GmbHG. Kreditunwürdig in bezug auf ein konkretes Darlehen ist eine Gesellschaft immer dann, wenn ein von der Gesellschaft unabhängiger Dritter dieses konkrete Darlehen nicht gegeben hätte. Jemand, der kein Gesellschafter der Gesellschaft ist, wäre überhaupt nicht auf die Idee gekommen, dieses Darlehen zu gewähren, da er den Kreditbetrag von 20 GE zum sicheren Kapitalmarktzins von 10 % hätte anlegen können. Dies hätte ihm ein sicheres Endvermögen von 22 GE beschert und nicht lediglich eine erwartete Kreditrückzahlung von 19,6 GE. Nur für den Gesellschafter ist die Darlehensvergabe sinnvoll, da er (als Gesellschafter) überproportional von der hohen Nachfrage in Umweltsituation 2 profitiert. Folglich ist die Gesellschaft zum Zeitpunkt der Vergabe des Gesellschafterdarlehens kreditunwürdig, so daß die Bedingung für ein eigenkapitalersetzendes Gesellschafterdarlehen erfüllt ist (Abbildung 4).[10]

---

[10] Aufgrund der Begrenzung des Modellbeispiels auf eine Periode, die durch zwei Zeitpunkte (t_0 und t_1) repräsentiert wird, spielt das bei mehrperiodiger Betrachtung relevante Phänomen des „Stehenlassens" von Gesellschafterdarlehen in einer Krise für die vorgestellten Überlegungen keine Rolle. Vgl. dazu etwa GEBHARD (1984) sowie HUECK (1988, Rn. 34). Die ökonomischen Konsequenzen der diesbezüglichen Rechtsprechung für die Kriterien der Konkursreife sowie der Kreditunwürdigkeit werden in dem Beitrag von DRUKARCZYK (1995) umfassend analysiert.

Umweltsituation	1 (niedrige Nachfrage)	2 (hohe Nachfrage)	Erwartungswert	
Wahrscheinlichkeit	0,2	0,8		
Endvermögen	50	130	**114**	
Anteil des (Fremd-) Gläubigers (Kreditforderung: 88)	50	88	**80,4**	*keine Schädigung des Fremdgläubigers*
Anteil des Gesellschafters: – als Gläubiger (Kreditforderung: 22)	0	22	**17,6**	
– als Gesellschafter	0	20	**16**	

Abbildung 4: Endvermögen der Gesellschaft in t_1 bei Fortführung und *eigenkapitalersetzendem* Darlehen des Gesellschafters (Modellvariante 1: starke Kapazitätserweiterung)

Im Konkurs der Gesellschaft, d. h. in Umweltsituation 1, kann der Gesellschafter seine Kreditforderung nicht geltend machen. Er erhält in diesem Fall keinen Anteil am Endvermögen. Das gesamte Endvermögen der Gesellschaft von 50 GE geht an den Fremdgläubiger. Dieser hat folglich die gleiche Position wie in dem Fall ohne Vergabe des Gesellschafterdarlehens, so daß er durch das Darlehen des Gesellschafters nicht geschädigt wird.

Wenn es nicht zur Insolvenz der Gesellschaft kommt, d. h. in Umweltsituation 2, erhält der Gesellschafter in seiner Eigenschaft als Gläubiger eine Kreditrückzahlung von 22 GE und als Gesellschafter einen Anteil am Endvermögen der Gesellschaft von 20 GE. Für ihn ist die Darlehensgewährung, auch wenn sie als eigenkapitalersetzend qualifiziert wird, vorteilhaft. Auch in diesem Falle wird er das Darlehen gewähren, da er ein erwartetes Endvermögen von 33,6 GE erzielt. Zieht man davon das bei einer Kapitalmarktanlage des Darlehensbetrages erzielbare Endvermögen von 22 GE ab, dann erhält man einen Wert von 11,6 GE, welcher immer noch größer ist als das erwartete Endvermögen des Gesellschafters, welches er ohne Darlehensvergabe erzielt hätte (9,6 GE).

Unter den geschilderten Bedingungen führt das eigenkapitalersetzende Gesellschafterdarlehen zu einem ökonomisch sinnvollen Ergebnis. Trotz Umqualifizierung des Darlehens in Eigenkapital kommt ein effizienter Kapitaleinsatz zustande. Das Darlehen wird nämlich im Unternehmen eingesetzt und führt dort zu einer Erhöhung des erwarteten Endvermögens von 24 GE im Gegensatz zu einer Kapitalmarktinvestition, mit der lediglich ein Endvermögen von 22 GE erzielt werden kann. Außerdem wird der Fremdgläubiger vor einer Schädigung durch das Gesellschafterdarlehen geschützt.[11]

4. Möglichkeiten der Gläubigerschädigung durch eigenkapitalersetzende Gesellschafterdarlehen

4.1 Verbesserung der Gläubigerposition durch Gesellschafterdarlehen

In der hier betrachteten Modellvariante 2 gewährt der Gesellschafter der GmbH ebenfalls ein Darlehen von 20 GE zu einem Zinssatz von 10 %. Der Darlehensbetrag wird indes zu anderen unternehmerischen Maßnahmen als in der Modellvariante 1 (Abschnitt 3) verwendet. Die Kapazität der Gesellschaft wird in geringerem Umfang erweitert. Gleichzeitig wird die Umstellungsfähigkeit der Gesellschaft, d. h. ihre Anpassungsfähigkeit an eine niedrige Nachfrage, erhöht. Aufgrund dieser Maßnahmen verändert sich gegenüber der Ausgangssituation das Endvermögen in beiden Umweltsituationen (Abbildung 5).

Aufgrund der höheren Anpassungsfähigkeit der Gesellschaft an eine nachlassende Nachfrage beträgt ihr Endvermögen in Umweltsituation 1 nicht mehr 50, sondern 70 GE. Die im Vergleich zu Modellvariante 1 geringere Kapazitätserweiterung führt bei hoher Nachfrage (Umweltsituation 2) zu einer Steigerung des Endvermögens von 100 auf 125 GE. Der Erwartungswert des Endvermögens der Gesellschaft hat wie in Modellvariante 1 den Wert 114 GE. Das Gesellschafterdarlehen führt folglich auch bei dieser Verwendung des Darlehens dazu, daß das erwartete Endvermögen der Gesellschaft um 24 GE steigt. Diese Verwendung des Darlehens ist im Vergleich zu einer Kapitalmarktanlage mit einem Endvermögen von 22 GE vorteilhaft.

Im Insolvenzfall (Umweltsituation 1) konkurrieren die Forderung des Fremdgläubigers von 88 GE und die des Gesellschafters von 22 GE um das verfügbare Endvermögen der Gesellschaft von 70 GE. Angesichts eines Aufteilungsverhältnisses von 4 : 1 erhält der Fremdgläubiger von diesem Betrag 56 GE und der Gesellschaftergläubiger 14 GE. Bei hoher Nachfrage (Umweltsituation 2) wird sowohl das Darlehen des Fremdgläubigers

---

[11] Zur Beseitigung bzw. Reduktion weiterer Agency-Probleme durch das Recht eigenkapitalersetzender Gesellschafterdarlehen siehe KLAUS (1994a: 397-414) und (1994b).

als auch das Darlehen des Gesellschafters vollständig zurückgezahlt. Der Gesellschafter erhält zudem das restliche Endvermögen der Gesellschaft von 15 GE.

Umweltsituation	1 (niedrige Nachfrage)	2 (hohe Nachfrage)	Erwartungswert	
Wahrscheinlichkeit	0,2	0,8		
Endvermögen	70	125	**114**	
Anteil des (Fremd-) Gläubigers (Kreditforderung: 88)	56	88	81,6	*keine* Schädigung *des Fremdgläubigers* (> 80,4)
Anteil des Gesellschafters: – als Gläubiger (Kreditforderung: 22)	14	22	20,4	*Gesellschaft ist kreditunwürdig* (< 22)
– als Gesellschafter	0	15	12	

Abbildung 5: Endvermögen der Gesellschaft in t_1 bei Fortführung und Darlehen des Gesellschafters (Modellvariante 2: moderate Kapazitätserweiterung und Erhöhung der Umstellungsfähigkeit)

Die erwartete Kreditrückzahlung des Fremdgläubigers hat eine Höhe von 81,6 GE. Das erwartete Endvermögen des Gesellschafters beträgt 32,4 GE, es setzt sich zusammen aus dem Erwartungswert der Kreditrückzahlung von 20,4 GE und dem Erwartungswert des Gesellschafteranteils von 12 GE.

In dem hier analysierten Fall wird der Fremdgläubiger durch das Gesellschafterdarlehen überhaupt nicht geschädigt. Seine erwartete Kreditrückzahlung beträgt 81,6 GE statt 80,4 GE, die er ohne Gesellschafterdarlehen erhalten hätte. Auch der Gesellschafter profitiert von der Darlehensvergabe. Wenn man von seinem erwarteten Endvermögen (32,4 GE) jene 22 GE abzieht, die er bei einer Kapitalmarktanlage des Darlehensbetrages erzielt hätte, dann erhält man einen Wert von 10,4 GE, der höher ist als das erwartete Endvermögen des Gesellschafters ohne Gesellschafterdarlehen (9,6 GE).

4.2 Gläubigerschädigung durch Eigenkapitalersatz

Obwohl der Fremdgläubiger durch das Gesellschafterdarlehen nicht geschädigt wird, erfüllt das Darlehen das Kriterium der Kreditunwürdigkeit, denn ein Gesellschaftsfremder hätte dieses Darlehen nicht gewährt. Er hätte den Darlehensbetrag von 20 GE nämlich zu 10 % sicher anlegen können und damit ein Endvermögen von 22 GE erzielt. Die Darlehensvergabe an die Gesellschaft führt hingegen – isoliert betrachtet – lediglich zu einer erwarteten Rückzahlung von 20,4 GE. Da die Bedingung für ein eigenkapitalersetzendes Gesellschafterdarlehen erfüllt ist, wird das Gesellschafterdarlehen im Insolvenzfall wie Eigenkapital behandelt (Abbildung 6).

Umweltsituation	1 (niedrige Nachfrage)	2 (hohe Nachfrage)	Erwartungswert
Wahrscheinlichkeit	0,2	0,8	
Endvermögen	70	125	**114**
Anteil des (Fremd-) Gläubigers (Kreditforderung: 88)	70	88	**84,4**
Anteil des Gesellschafters: – als Gläubiger (Kreditforderung: 22) – als Gesellschafter	0 0	22 15	**17,6** **12**

Abbildung 6: Endvermögen der Gesellschaft in t_1 bei Fortführung und *eigenkapitalersetzendem* Darlehen des Gesellschafters (Modellvariante 2: moderate Kapazitätserweiterung und Erhöhung der Umstellungsfähigkeit)

Der Gesellschafter kann in der Insolvenz (Umweltsituation 1) seine Kreditforderung nicht geltend machen, so daß das gesamte Endvermögen der Gesellschaft in Höhe von 70 GE dem Fremdgläubiger zusteht. Bei hoher Nachfrage (Umweltsituation 2) ändern sich die Vermögenspositionen von Fremdgläubiger und Gesellschafter durch die Tatsache des Eigenkapitalersatzes nicht. Sowohl das Darlehen des Fremdgläubigers als auch das Darlehen des Gesellschafters werden vollständig zurückgezahlt. Außerdem erhält der Gesellschafter das restliche Endvermögen der Gesellschaft von 15 GE.

Für den Fremdgläubiger ist diese Regelung auf den ersten Blick vorteilhaft, weil seine erwartete Kreditrückzahlung auf 84,4 GE steigt. Der Gesellschafter wird allerdings unter der Bedingung des drohenden Eigenkapitalersatzes das Darlehen überhaupt nicht gewähren. Er erhält nämlich lediglich eine erwartete Kreditrückzahlung von 17,6 GE sowie einen erwarteten Gesellschafteranteil von 12 GE. Zieht man davon jene 22 GE ab, die der Gesellschafter bei einer Kapitalmarktanlage des Darlehensbetrages hätte realisieren können, dann bleiben lediglich 7,6 GE übrig. Ohne Darlehensvergabe hätte der Gesellschafter indes einen Erwartungswert des Endvermögens von 9,6 GE erzielt. Der Gesellschafter wird folglich sein Darlehen verweigern, wenn er bei der beschriebenen Verwendung des Darlehens damit rechnen muß, daß es wie Eigenkapital behandelt wird. Ein effizienter Kapitaleinsatz wird damit verhindert. Zudem wird der Gläubiger nicht geschützt, sondern sogar geschädigt. Ihm entgeht nämlich der Vorteil, den er gehabt hätte, wenn das Darlehen nicht wie Eigenkapital behandelt worden wäre.

5. Fazit

Die Frage, ob eigenkapitalersetzende Gesellschafterdarlehen die Fremdgläubiger einer Gesellschaft – wie vom Gesetzgeber beabsichtigt – tatsächlich schützen, bildete den Ausgangspunkt der vorliegenden Untersuchung. Sie hat zu dem Ergebnis geführt, daß diese gesetzliche Schutzfunktion durchaus erfüllt sein kann. Dies ist immer dann der Fall, wenn die Gesellschaft konkursreif bzw. kreditunwürdig ist und das Darlehen v. a. dazu verwendet wird, die Einkommenschancen der Gesellschafter zu erhöhen und die mögliche Konkursquote der Fremdgläubiger zu schmälern. In solchen Fällen, etwa in der hier betrachteten Modellvariante 1, kann die Schädigung der Fremdgläubiger durch Umwidmung des Darlehens in Eigenkapital verhindert werden, ohne daß der Kapitaleinsatz ineffizient wird.

Die zweite Modellvariante hat indes gezeigt, daß das Kriterium der Kreditunwürdigkeit auch dann erfüllt sein kann, wenn die Fremdgläubiger überhaupt nicht geschädigt werden. Auch in diesen Fällen, in denen das Darlehen v. a. zur Verringerung der Krisenanfälligkeit des Unternehmens in ungünstigen Umweltsituationen verwendet wird, greifen die Vorschriften über eigenkapitalersetzende Gesellschafterdarlehen; denn selbst ein guter Zweck, z. B. eine geplante Sanierung, befreit nicht von der Anwendung der Bestimmungen – so der renommierte Gesellschaftsrechtler K. SCHMIDT in einem Standardkommentar (vgl. SCHMIDT 1993, Rn. 8).

Da die Fremdgläubiger – wie in Abschnitt 4.1 gezeigt – von derartigen Darlehen durchaus profitieren können, die Gesellschafter solche Darlehen allerdings wegen des drohenden Eigenkapitalersatzes nicht gewähren werden, bewirkt das Eigenkapitalersatzrecht in diesen Fällen keinen Schutz, sondern – ganz im Gegenteil – eine Schädigung der Fremdgläubiger. Es führt nämlich dazu, daß sanierungsfördernde Darlehen, die auf die

Beseitigung der Krisenanfälligkeit einer Gesellschaft in ungünstigen Umweltsituationen gerichtet sind, von den Gesellschaftern überhaupt nicht gewährt werden.[12]

Rational handelnde Gesellschafter werden – sofern sie überhaupt Darlehen vergeben – lediglich solche des ersten Typs (Modellvariante 1) vergeben, da andernfalls (Modellvariante 2) die mit einer Kreditvergabe verbundenen Chancen nicht nur den Gesellschaftern, sondern auch den Fremdgläubigern zugute kommen, während die mit der Kreditvergabe verbundenen Risiken ausschließlich von den Gesellschaftern zu tragen sind. Infolgedessen führt das Recht eigenkapitalersetzender Gesellschafterdarlehen zur Verschärfung dieses Agency-Konflikts.

Will man dies verhindern, so ist bei der Entscheidung über die Qualifikation von Gesellschafterdarlehen als Eigenkapitalersatz m. E. weniger auf den Zustand einer Gesellschaft bei Darlehensgewährung (Konkursreife bzw. Kreditunwürdigkeit) als vielmehr auf die Verwendung des Darlehens bzw. die Konsequenzen der Darlehensgewährung für die Fremdgläubiger abzustellen. In der Praxis könnte man dem betreffenden Gesellschafter z. B. die Möglichkeit der Exkulpation einräumen. Er könnte dann im Einzelfall darlegen, daß durch das von ihm gewährte Darlehen – trotz Erfüllung der gesetzlichen Kriterien der Konkursreife bzw. der Kreditunwürdigkeit – Fremdgläubiger tatsächlich nicht geschädigt worden sind.

Bis dahin ist es allerdings noch ein weiter Weg, denn Sanierungskredite werden in einem führenden Kommentar zum GmbHG noch als finanzielle Mittel bezeichnet, die lediglich den Todeskampf einer ohnehin kranken Gesellschaft zum Nachteil ihrer Gläubiger künstlich in die Länge ziehen und deshalb abzulehnen sind (vgl. LUTTER / HOMMELHOFF 1991, Rn. 35). Immerhin stimmt es in diesem Zusammenhang ein wenig hoffnungsfroh, wenn an anderer Stelle betont wird, daß der BGH die Finanzierung von Unternehmen durch Kredite von Gesellschaftern nicht für etwas prinzipiell Anstößiges hält (vgl. SCHMIDT 1993, Rn. 4).

---

[12] Dies wird auch von dem Gesellschaftsrechtler CLAUSSEN (1983: 203f.) kritisiert.

Literaturverzeichnis

ALBACH, HORST (1962): Zur Finanzierung von Kapitalgesellschaften durch ihre Gesellschafter. Zeitschrift für die gesamte Staatswissenschaft 118(1962): 653-687.

BAMBERG, GÜNTER; ADOLF G. COENENBERG (1994): Betriebswirtschaftliche Entscheidungslehre. 8. Aufl. München.

BEINE, FRANK (1994): Eigenkapitalersetzende Gesellschafterleistungen. Finanzwirtschaftliche und bilanzrechtliche Grundsätze. Düsseldorf.

BITZ, MICHAEL (1979): Zur rechtlichen Behandlung von Gesellschafterdarlehen an Gesellschaften mit beschränkter Haftung. Eine betriebswirtschaftliche Analyse der Reformvorschläge zum GmbH-Gesetz. WiSt 8(1979)8: 353-358.

CLAUSSEN, CARSTEN P. (1983): Kapitalersetzende Darlehen und Sanierungen durch Kreditinstitute. ZHR 147(1983): 195-219.

CLAUSSEN, CARSTEN P. (1992): Betriebswirtschaft und Kapitalersatzrecht. In: MOXTER, ADOLF ET AL. (Hg.) (1992): Rechnungslegung. Festschrift zum 65. Geburtstag von Karl-Heinz Forster. Düsseldorf: 139-154.

DRUKARCZYK, JOCHEN (1979): Begrenzte Haftung, Gläubigerrisiko und Gesellschafterdarlehen. Zur Vorschrift des § 32a im Entwurf eines neuen GmbHG. In: HEIGL, ANTON; PETER UECKER (Hg.) (1979): Betriebswirtschaftslehre und Recht. Wiesbaden: 107-134.

DRUKARCZYK, JOCHEN (1993a): Finanzierung. 6. Aufl. Stuttgart, Jena.

DRUKARCZYK, JOCHEN (1993b): Theorie und Politik der Finanzierung. München.

DRUKARCZYK, JOCHEN (1995): Gesellschafterdarlehen, Rechtsprechungsgrundsätze des BGH und § 32a GmbHG – Einige kritische Anmerkungen. In: ELSCHEN, RAINER; THEODOR SIEGEL; FRANZ W. WAGNER (Hg.) (1995): Unternehmenstheorie und Besteuerung. Festschrift zum 60. Geburtstag von Dieter Schneider. Wiesbaden: 171-202.

FRANKE, GÜNTER; HERBERT HAX (1995): Finanzwirtschaft des Unternehmens und Kapitalmarkt. 3. Aufl. Berlin u. a.

GEBHARD, JOACHIM (1984): Kapitalersetzende Gesellschafterdarlehen: Stehenlassen als Gewähren i. S. des § 32a GmbHG? Der Betrieb 37(1984)26: 1385-1387.

GESSLER, ERNST (1981): Zur Problematik bei kapitalersetzenden Gesellschafterdarlehen. Zeitschrift für Wirtschaftsrecht und Insolvenzpraxis 2(1981)3: 228-235.

HILDEBRAND, UWE (1994): Eigenkapitalersetzende Bankdarlehen. Frankfurt / M. u. a.

HUECK, GÖTZ (1988): Kommentierung zu § 32a GmbHG. In: BAUMBACH, ADOLF; ALFRED HUECK (1988): GmbH-Gesetz. München.

KLAUS, HANS (1994a): Gesellschafterfremdfinanzierung und Eigenkapitalersatzrecht bei der Aktiengesellschaft und der GmbH. Frankfurt / M. u. a.

KLAUS, HANS (1994b): Gesellschafterdarlehen, Eigenkapitalersatzrecht und Fortführung einer nicht mehr fortführungswürdigen GmbH. Zeitschrift für Bankrecht und Bankwirtschaft 6(1994)3: 247-257.

LUTTER, MARCUS; PETER HOMMELHOFF (1991): GmbH-Gesetz. Kommentar. 13. Aufl. Köln.

MAYER, DIETER (1990): Kapitalersetzende Darlehen im GmbH-Recht aus handels- und konkursrechtlicher Sicht. Betriebs-Berater 45(1990)28: 1935-1943.

PERRIDON, LOUIS; MANFRED STEINER (1995): Finanzwirtschaft der Unternehmung. 8. Aufl. München.

SCHMIDT, KARSTEN (1993): Kommentierung zu § 32a GmbHG. In: SCHOLZ (1993): Kommentar zum GmbH-Gesetz mit Nebengesetzen und den Anhängen Konzernrecht sowie Umwandlung und Verschmelzung. 8. Aufl. Köln.

UHLENBRUCK, WILHELM (1994): Das neue Insolvenzrecht. Insolvenzordnung und Einführungsgesetz nebst Materialien. Herne, Berlin.

Ekkehart Böhmer[*]

Die Auswirkungen von konsolidierter Kontrolle auf den Unternehmenserfolg

In dieser Arbeit wird der kurz- und langfristige Erfolg aller US-amerikanischen Aktiengesellschaften untersucht, die zwischen 1984 und 1988 Aktiengattungen mit unterschiedlichen Stimmrechten emittierten („Dual-Class-Firmen"). Diese Unternehmen zeichnen sich durch eine hoch konzentrierte Kontrollstruktur aus, da die mit höherem Stimmrecht ausgestatteten Aktien in der Regel von Mitgliedern der Unternehmensleitung gehalten werden. Um die Auswirkungen einer Dual-Class-Struktur auf den Unternehmenserfolg zu messen, wird eine paarweise zugeordnete Kontrollstichprobe gebildet. Die Ergebnisse zeigen, daß Dual-Class-Firmen eine statistisch und ökonomisch signifikant höhere Aktienrendite haben als die Kontrollfirmen, so daß konsolidierte Kontrolle deutliche Vorteile für die Anteilseigner dieser Unternehmen hat. Die Robustheit dieses Resultats wird durch eine Analyse von Jahresabschlußdaten bestätigt.

---

[*] Dr. Ekkehart Böhmer, Ph. D., Humboldt-Universität zu Berlin, Wirtschaftswissenschaftliche Fakultät, Institut für Unternehmensfinanzierung, Bank-, Börsen- und Versicherungswesen, Spandauer Straße 1, 10178 Berlin. Diese Arbeit wurde teilweise von der Schmalenbach Gesellschaft-DGfB und teilweise im Rahmen des DFG-SFB 373 Projekt C1 an der Humboldt-Universität gefördert.

1. Einleitung

Diese empirische Studie untersucht den mit Erstemissionen von Aktien verbundenen kurz- und langfristigen Erfolg aller US-amerikanischen Unternehmen, die zwischen 1984 und 1988 Aktien mit unterschiedlichen Stimmrechten emittiert haben. Bei diesen Firmen übt in der Regel eine sehr kleine Gruppe von Aktionären die Mehrheitskontrolle über das Unternehmen aus. Die Ergebnisse geben Aufschluß über die Konsequenzen dieses Finanzierungsdesigns, das durch eine hohe Konzentration der Stimmrechte gekennzeichnet ist. Die Analyse dieser Unternehmen (im folgenden: Dual-Class-Firmen) hat zur Zeit eine außerordentlich hohe Relevanz, da die Ausgabe von Aktiengattungen, die sich im Hinblick auf die Stimmrechte unterscheiden, während der achtziger Jahre zunehmend populärer wurde. In den USA wurde das Interesse an diesem Thema hauptsächlich durch einen Bedarf an wissenschaftlichen Grundlagen für die Regulierung von Dual-Class-Firmen ausgelöst. So hob 1985 die New York Stock Exchange (NYSE) das bis dahin bestehende Verbot der Zulassung von Aktien mit beschränkten Stimmrechten auf. Weiterhin erließ die Securities and Exchange Commission (SEC) im Juli 1988 ein Verbot von Dual-Class-Tauschangeboten (SEC Rule 19c-4), mittels derer Aktiengesellschaften ihren Stammaktionären einen Umtausch in Aktien mit beschränktem Stimmrecht anbieten konnten. Rule 19c-4 wurde dann im Juni 1990 vom Federal Court of Appeals für unzulässig erklärt, woraufhin die New York Stock Exchange eine entsprechende Regelung aber freiwillig einführte. Damit wurde die Debatte über eine optimale Regulierung wieder eröffnet, was zu einem erneuten Interesse an einschlägigen theoretischen und empirischen Studien führte (GILSON 1993: 37ff.).

Auch in Deutschland stieg die Zahl der Unternehmen, die sowohl Stammaktien als auch Vorzugsaktien ohne Stimmrecht ausstehen haben, seit 1970 kontinuierlich an (DOERKS 1992: 117). Da die Mehrheit der Stimmrechte deutscher Aktiengesellschaften aber oft nicht breit gestreut ist (im Gegensatz zu Stimmrechten US-amerikanischer Gesellschaften), hat diese Form der Konzentration von Stimmrechten als Instrument zur Unternehmenskontrolle in Deutschland eine vergleichsweise geringe Bedeutung. Diese Tatsache schmälert allerdings die Relevanz der hier vorgestellten Untersuchungen für die deutsche Kapitalmarktpolitik nicht: Erstens gelten die Ergebnisse indirekt auch für andere Arten der Konsolidierung von Unternehmenskontrolle; zweitens ist auch noch nicht die Frage nach der relativen Effizienz von Dual-Class-Strukturen beantwortet worden[1].

---

[1] Diese Fragen werden in einem derzeit laufenden Forschungsprojekt des Verfassers untersucht.

Bisherige wissenschaftliche empirische Untersuchungen zu diesem Themenbereich haben sich im wesentlichen auf die Analyse des Marktwertes von Stimmrechten, die Vermögenskonsequenzen von Dual-Class-Tauschangeboten und die Neuemission einer zusätzlichen Aktiengattung beschränkt. Diese Arbeit unterscheidet sich von allen früheren zunächst im Hinblick auf die Datenbasis. Bisherige empirische Studien analysierten entweder Tauschangebote, Emissionen von Aktien mit eingeschränktem Stimmrecht oder den Wert des Stimmrechts ausschließlich bei Unternehmen, die schon vor Beginn des Untersuchungszeitraumes an der Börse gehandelt wurden. Dies kann jedoch problematisch sein, wenn ein Tauschangebot oder die Neuemission einer zusätzlichen Aktiengattung zu Vermögensumschichtungen zwischen Aktionärsklassen führt (RUBACK 1988). Dies ist bei Unternehmen in dem hier verwendeten Datensatz nicht der Fall, da ausschließlich Firmen berücksichtigt werden, die (1) erstmalig an die Börse gehen und (2) beide Aktiengattungen gleichzeitig emittieren. Daher ist die vorliegende Studie die einzige, deren Ergebnisse nicht möglicherweise durch die Kurseffekte von Vermögensumschichtungen verfälscht werden.

Um empirisch den Unternehmenserfolg zu messen, wird zunächst ein Kontrolldatensatz gebildet. Dieser enthält für jeden der 98 Dual-Class-IPOs (Initial Public Offerings) einen regulären IPO, bei dem nur Stammaktien emittiert werden, die am selben Ort gehandelt werden und möglichst genau hinsichtlich des Emissionszeitpunktes, der Branche und der Firmengröße übereinstimmen. Die statistischen Tests vergleichen dann die Emissionsrendite („Underpricing"), die langfristige Rendite über 36 Monate nach der Emission und diverse Bilanzkennzahlen der Dual-Class-IPOs mit denen der regulären IPOs.

Während keine deutlichen Unterschiede zwischen den Emissionsrenditen von Dual-Class- und regulären IPOs festgestellt werden können, dokumentiert diese Untersuchung ökonomisch und statistisch hoch signifikante Unterschiede in den langfristigen Erfolgsmaßen. Sowohl die Rendite- als auch die Bilanzanalysen zeigen eine drastisch bessere Performance der Dual-Class-Firmen in den drei Jahren nach der Emission (wobei sich die Renditen der Dual-Class-Firmen auf die Aktien mit dem jeweils geringeren Stimmrecht beziehen). Z. B. weisen die Dual-Class-Firmen bei gleichem Risiko eine um 20 % höhere marktbereinigte Rendite und eine um 35 % höhere Steigerung des Net Operating Income auf. Neben seiner Bedeutung für die Einschätzung der Konsequenzen von hohen Stimmrechtskonzentrationen ist dieses Ergebnis auch höchst interessant im Hinblick auf bisherige Studien, die signifikante negative Renditen für reguläre IPOs nachgewiesen haben (RITTER 1991). Diese Studie bestätigt RITTERs Ergebnisse zwar für den Kontrolldatensatz regulärer IPOs, nicht jedoch für die Dual-Class-IPOs.

Die bessere Performance der Dual-Class-Firmen ist vor allem deshalb bemerkenswert, weil in dem typischen Unternehmen des hier verwendeten Datensatzes nur zwei Aktionäre, die in der Regel Mitglieder der Unternehmensleitung sind, ca. 70 % der Stimmrechte kontrollieren. Dies impliziert eine gegenüber regulären IPOs erheblich gesteigerte Autonomie der Unternehmensleitung. Vor dem Hintergrund Agency-theoretischer Modelle wäre daher zu erwarten, daß diese Unternehmen von größeren Interessenkonflikten zwischen Mehrheits- und Kleinaktionären und somit einer schlechteren Performance als reguläre IPOs gekennzeichnet sind (zumindest schlechter für die im Hinblick auf das Stimmrecht benachteiligten Aktien, die in der Regel von Kleinaktionären gehalten werden). Da aber die Ergebnisse dieser Studie nicht implizieren, daß eine Dual-Class-Struktur für *alle* Unternehmen das bessere Finanzierungsdesign ist, bleibt die Auflösung dieser scheinbaren Inkonsistenz zwischen Empirie und Theorie zukünftigen Forschungsarbeiten vorbehalten.

Dieser Aufsatz ist folgendermaßen organisiert: Abschnitt 2 gibt einen kurzen Überblick über hier relevante frühere Studien. Abschnitt 3 beschreibt die in den empirischen Analysen verwendeten Daten, während Abschnitt 4 die Untersuchungsmethoden erläutert. Die Ergebnisse werden in Abschnitt 5 präsentiert, und der darauf folgende Abschnitt faßt die wichtigsten Ergebnisse dieses Aufsatzes zusammen.

2. Bezug zu früheren Untersuchungen

2.1 Erstemissionen von Aktien

Eine Reihe bisheriger Studien hat zwei mit Erstemissionen („IPOs") verbundene empirische Regelmäßigkeiten dokumentiert: Zum einen liegt bei US-amerikanischen IPOs der erste am Markt festgestellte Kurs um durchschnittlich 15 % über dem Emissionskurs (IBBOTSON 1975; RITTER 1984), zum anderen liegt die markt- und risikobereinigte Rendite von IPO-Aktien während der ersten drei Jahre signifikant unter der vergleichbarer Aktien (RITTER 1991)[2]. Für die erste Beobachtung existieren verschiedene Erklärungsansätze, die das sogenannte „Underpricing" als eine der Emissionsentscheidung

---

[2] Vgl. auch STOLL / CURLEY (1970); IBBOTSON (1975); AGGARWAL / RIVOLI (1990); JAIN / KINI (1994) und RITTER / LOUGHRAN (1995).

endogene Variable modellieren[3]. Die langfristig zu geringen Renditen konnten bisher jedoch nicht durch Erklärungen, die mit rationalen Marktteilnehmern und effizienten Kapitalmärkten im Einklang stehen, begründet werden. Daher leistet diese Studie auch einen Beitrag zu diesem Teilgebiet der finanzwirtschaftlichen Literatur, da sie die Struktur der Stimmrechte als einen wichtigen Bestimmungsfaktor der langfristigen Kursentwicklung herausstellt.

2.2 Theoretische Grundlagen von Dual-Class-Unternehmen

Die hier interessante Frage nach Gründen für eine Konsolidierung von Unternehmenskontrolle wurde bereits von ALCHIAN / DEMSETZ im Jahre 1972 untersucht. Sie argumentieren, daß hohe Kosten die Kommunikation zwischen Management und „Outsiders" (d. h. Aktionären, die nicht Teil der Unternehmensleitung sind) erschweren und daher der Manager wichtige Informationen über Managementerfolg und Investitionsmöglichkeiten oft nicht glaubhaft mitteilen kann. Da aber Aktionäre ein ihrer Ansicht nach erfolgloses Management ersetzen werden, ist eine ungehinderte Kommunikation äußerst wichtig, damit das beste Management-Team das Unternehmen leitet. Daher müssen Manager Stimmrechte kontrollieren, um ihre Ersetzung durch ein weniger produktives Team zu verhindern. Weiterhin argumentieren ALCHIAN / DEMSETZ, daß in vielen Unternehmen die Manager in unternehmensspezifisches Wissen investieren müssen, das ihnen bei einem Wechsel zu anderen Firmen keinen Nutzen bringt. Daher muß sichergestellt sein, daß durch die Investition der Manager in dieses Wissen ein Anspruch gegenüber dem Unternehmen manifestiert wird. Dies wiederum kann durch den Besitz von genügend Stimmrechten gesichert werden.

In ihrem Aufsatz zur Effizienz von Organisationsformen argumentieren FAMA / JENSEN (1983), daß die optimale Organisationsstruktur Kontrolle und Entscheidungsgewalt in den Händen von Unternehmensinsidern (d. h. Managern) konzentriert, wenn nur wenige Individuen firmenspezifisches Wissen haben. Ansonsten würde die Möglichkeit einer „Enteignung", wie durch eine Unternehmensübernahme mit darauffolgendem Managementwechsel, zu Anreizproblemen führen (vgl. auch DEANGELO / DEANGELO 1985: 35).

---

[3] Vgl. z. B. BARON (1982); RITTER (1984); BEATTY / RITTER (1986); BOOTH / SMITH (1986); CHALK / PEAVY (1987); ROCK (1986); TINIC (1988); ALLEN / FAULHABER (1989); GRINBLATT / HWANG (1989); WELCH (1989) und RUUD (1993).

Es existieren auch potentielle Kosten einer konsolidierten Kontrollstruktur, wie in der finanzwirtschaftlichen Literatur zuerst von JENSEN / MECKLING (1976) erläutert wurde[4]. In dieser Arbeit wird der Begriff der Agency-Kosten auf die Organisation als Aktiengesellschaft angewendet. Diese Kosten entstehen demnach, wenn ein Unternehmer stimmrechtsloses Eigenkapital emittiert und somit zwar die Kontrolle über das Unternehmen behält, aber das mit dem Cash Flow verbundene Risiko mit anderen Aktionären teilt. Diese Situation erhöht den Anreiz für den Unternehmer, Investitionen zu tätigen, die seinen Nutzen erhöhen, ohne die Interessen der anderen Aktionäre zu berücksichtigen. Da dieser Interessenkonflikt allen Beteiligten bekannt ist, reduziert eine solche Konzentration der Kontrolle den Preis, den der Unternehmer für den zu verkaufenden Eigenkapitalanteil erzielen kann. Daher ist es im Interesse aller Beteiligten, durch vertragliche Regelungen, Überwachungsmaßnahmen, leistungsbezogene Bezahlung und andere Mechanismen Anreize zu schaffen, die den Unternehmer im Interesse der Aktionäre handeln lassen (wobei diese Mechanismen in der Regel Kosten verursachen). Beispiele für anreizkompatible Mechanismen sind die Bestimmungen zum Wiederaufleben des Stimmrechtes bei Vorzugsaktien, die in Deutschland gesetzlich festgelegt sind (§ 140 II AktG) und in den USA in bestimmten Fällen freiwillig implementiert werden (HOLDERNESS / SHEEHAN 1991).

Zusätzlich zu den mit konsolidierter Kontrolle verbundenen Anreizproblemen können für Besitzer von stimmrechtslosen Aktien und auch für stimmberechtigte Minderheitsaktionäre im Falle einer Unternehmensübernahme finanzielle Nachteile entstehen (WENGER / HECK 1995). Dieser Fall tritt dann ein, wenn der Käufer des Unternehmens den kontrollierenden Aktionären zwar eine Übernahmeprämie zahlen muß, andere Aktionäre davon jedoch ausschließen kann. Diese Situation wird in Modellen von GROSSMAN / HART (1988) und ZINGALES (1992a) aufgegriffen. Die grundlegende Annahme beider Modelle ist, daß sowohl der jetzige Eigentümer des Unternehmens als auch der potentielle Käufer privaten Nutzen aus der Kontrollgewalt ziehen kann (z. B. durch erworbenes unternehmensspezifisches Wissen oder auch eine Erhöhung des gesellschaftlichen Status)[5]. Auf der anderen Seite verursachen Kleinaktionäre ein Free-Rider-Problem, da sie keinen Einfluß ihrer Stimme auf den Ausgang des Übernahmeversuchs erwarten. Während GROSSMAN / HART mehr auf die optimale Gestaltung des Übernahmeangebo-

---

[4] Die genannte Arbeit basiert auf einer Fülle von Arbeiten im volkswirtschaftlichen Bereich, die im Grunde auf der Studie von COASE (1960) beruhen, dann aber besonders von AKERLOF (1970), SPENCE (1974) und ROTHSCHILD / STIGLITZ (1976) populär gemacht wurden.

[5] BARCLAY / HOLDERNESS (1989) untersuchen den Handel von großen Aktienpaketen an der New York Stock Exchange und dokumentieren empirische Indizien für mit den Stimmrechten des Paketes verbundenen privaten Nutzen.

tes eingehen, konzentriert sich ZINGALES auf den Nutzen von konzentrierter Kontrolle. Er zeigt, daß eine Konsolidierung der Unternehmenskontrolle den Firmenwert erhöhen kann, wenn der private Nutzen aus der Kontrollgewalt genügend groß ist; andererseits kann eine diffuse Kontrollstruktur optimal sein, wenn der private Nutzen klein ist. Dieses Ergebnis wird in SHLEIFER / VISHNY (1986) unter ähnlichen Bedingungen noch genauer spezifiziert. Nach ihren Ergebnissen ist bei hohem privaten Nutzen nicht unbedingt eine Mehrheitskontrolle durch einen Aktionär erforderlich, sondern bereits ein „großer" Minderheitsaktionär kann den Unternehmenswert maximieren. STULZ (1988) argumentiert ebenfalls, daß ohne privaten Nutzen der Kontrollgewalt eine Mehrheitskontrolle ineffizient ist, da sie (potentiell wertsteigernde) feindliche Übernahmen verhindert; allerdings zeigt er, daß die Konzentration von Stimmrechten in den Händen des Managements unterhalb der 50 %-Grenze durchaus wertsteigernd sein kann. In der deutschen Literatur ist hier die Arbeit von HARTMANN-WENDELS / VON HINTEN (1989) zu nennen, die, ähnlich wie GROSSMAN / HART und ZINGALES, privaten Nutzen durch Kontrollgewalt als Grund für einen Wert von Stimmrechten modellieren, der unabhängig von den eigentlichen Zahlungserwartungen ist.

Aus einer anderen Perspektive wird das Thema von HARRIS / RAVIV (1988) untersucht. Sie analysieren nicht die Konsequenzen einer Übernahmesituation, sondern gehen direkt auf die Auswirkungen unterschiedlicher Stimmrechtsverteilungen auf den Unternehmenswert und den gesamten sozialen Nutzen ein. Das Modell impliziert, daß zwar im Hinblick auf ihre Stimmrechte unterschiedlich ausgestattete Aktiengattungen den Nutzen der ursprünglichen Firmeneigentümer maximieren, dies jedoch aus gesamtwirtschaftlicher Sicht nicht optimal ist, weil ineffiziente Management-Teams unter Umständen nicht sanktioniert werden können.

RUBACK (1988) entwickelt ein Modell zu Tauschangeboten, in denen Aktionäre die Möglichkeit erhalten, stimmberechtigte Aktien in stimmrechtslose (freiwillig) zu tauschen. Er demonstriert, daß unter bestimmten Parametervorgaben Aktionäre selbst dann das Tauschangebot wahrnehmen, wenn sie kollektiv handelnd dieses nicht tun würden. Daher sieht RUBACK die Möglichkeit, daß stimmberechtigte Aktionäre durch anscheinend freiwillige Tauschangebote zu einem vermögensmindernden Umtausch gezwungen werden. Diese für Aktionäre nachteilige Situation tritt insbesondere dann ein, wenn durch das Tauschangebot ein Aktionär die Mehrheitskontrolle erhält. In einem direkten empirischen Test von RUBACKs Modell können die Ergebnisse von ZINGALES (1992b) diese Hypothese jedoch für den italienischen Aktienmarkt nicht bestätigen.

2.3 Empirische Studien zu Dual-Class-Unternehmen

Die durch Änderungen der Kontrollstruktur bedingten Marktwertänderungen werden in der Regel durch Ereignisstudien gemessen, da diese eine relativ einfache Möglichkeit zur Bereinigung von Kursschwankungen bieten, die nicht mit dem untersuchten Ereignis in Zusammenhang stehen.[6] Die um Marktbewegungen, Risikodifferenzen und gegebenenfalls andere Einflüsse bereinigten Kursänderungen werden im folgenden als Überrenditen bezeichnet. Zunächst einmal gibt es mehrere Studien, die die Vermögenskonsequenzen von „Dual-Class-Recapitalizations" untersuchen. Unter diesem Begriff sind sowohl Neuemissionen von zusätzlichen Aktiengattungen, die hinsichtlich des Stimmrechtes von der bereits bestehenden abweichen, als auch Tauschangebote an Altaktionäre, die den Umtausch in Aktien mit anderen Stimmrechten anbieten, zusammengefaßt. Die Ergebnisse dieser Studien sind nicht alle miteinander konsistent und sind daher unter Beachtung der zugrunde liegenden Stichprobe und des verwendeten Untersuchungszeitraums zu beurteilen. Weiterhin muß beachtet werden, daß die rekapitalisierenden Firmen kein repräsentativer Durchschnitt aller Unternehmen sind. Z. B. dokumentieren LEHN / NETTER / POULSEN (1990), daß die auf diese Art rekapitalisierenden Unternehmen schnell wachsende Firmen mit niedrigen Agency-Kosten sind, die anschließend wesentlich häufiger reguläre Aktien emittieren als andere Firmen.

Während PARTCH (1987) und CORNETT / VETSUYPENS (1989) nicht-negative Überrenditen dokumentieren, messen DANN / DEANGELO (1988) durch die Rekapitalisierung bedingte negative Vermögenseffekte für Aktionäre. Der Unterschied in diesen Ergebnissen liegt in der Auswahl der Stichprobe begründet. Die ersten beiden Studien verwenden alle Firmen, die eine Dual-Class-Rekapitalisierung durchführen; DANN / DEANGELO hingegen untersuchen nur Unternehmen, die diese Maßnahme zur Abwehr einer feindlichen Übernahme ergreifen. Daher liegt es nahe, daß die negative Überrendite bei DANN / DEANGELO auf die sinkende Wahrscheinlichkeit der Übernahme zurückzuführen ist, so daß die Aktionäre möglicherweise nicht von der Übernahmeprämie profitieren können (vgl. JENSEN / RUBACK 1983). JARRELL / POULSEN (1987) bestätigen insgesamt dieses Ergebnis, zeigen jedoch, daß sich die negativen Überrenditen zeitlich nach der Entscheidung der New York Stock Exchange zur Zulassung von Dual-Class-Firmen konzentrieren.[7] Für eine nicht nur auf defensive Rekapitalisierungen beschränkte Stich-

---

[6] Für eine Übersicht zu Ereignisstudien vgl. HENDERSON (1990) und PETERSON (1989) sowie die in BÖHMER / MUSUMECI / POULSEN (1991) zitierte Literatur.

[7] Die NYSE ließ bis 1985 keine Unternehmen zu, die hinsichtlich ihres Stimmrechtes unterschiedlich ausgestattete Aktiengattungen emittiert hatten. Vgl. GILSON (1993).

probe zeigen CHANG / MAYERS (1992), daß negative Überrenditen nur bei den Firmen auftreten, deren Management bereits vor dem Ereignis einen hohen Stimmrechtsanteil kontrollierte. Bei Firmen mit geringer Stimmrechtskontrolle durch das Management dokumentieren sie jedoch einen positiven Effekt, konsistent mit dem Modell von STULZ (1988).

Eine Dual-Class-Rekapitalisierung hat jedoch auch andere Konsequenzen. Nach JENSEN (1993) kann die Überwachung und Disziplinierung des Managements grundsätzlich auf vier verschiedene Arten erfolgen: durch (1) interne Mechanismen, (2) den Markt für Unternehmenskontrolle, (3) den Arbeitsmarkt für Manager und (4) den Produktmarkt. Daher ist der Ausfall eines dieser Kontrollmechanismen nicht gleichbedeutend damit, daß ein Fehlverhalten des Managements unsanktioniert bleibt. In diesem Sinne haben auch DEANGELO / DEANGELO (1985) herausgestellt, daß der durch einen hohen Stimmrechtsanteil in den Händen des Managements bedingte Ausfall des Marktes für Unternehmenskontrolle keinen Freibrief für opportunistisches Verhalten der Unternehmensleitung darstellt. So zeigen HOLDERNESS / SHEEHAN (1988), daß Mehrheitsaktionäre ihre Machtstellung nicht zur finanziellen Benachteiligung von Kleinaktionären mißbrauchen. Vielmehr implizieren ihre Untersuchungen, daß die Konzentration der Stimmrechte eher aus den von ALCHIAN / DEMSETZ (1972) und FAMA / JENSEN (1983) vermuteten Gründen erfolgt (siehe oben). Weiterhin kann das Außerkraftsetzen des Marktes für Unternehmenskontrolle durch eine Dual-Class-Rekapitalisierung nicht einmal als gesichert betrachtet werden: MIKKELSON / PARTCH (1989) untersuchen den Zusammenhang zwischen dem vom Management kontrollierten Stimmrechtsanteil und der Häufigkeit von erfolgreichen Übernahmeversuchen und können keinen signifikanten Zusammenhang feststellen. Zwar fällt die Wahrscheinlichkeit eines Übernahmeversuchs mit steigendem Stimmrechtsanteil des Managements, aber gleichzeitig steigt die Wahrscheinlichkeit von personellen Wechseln in der Unternehmensleitung bei erfolgreichen Übernahmen. Diese Untersuchung basiert allerdings auf einer Zufallsstichprobe, so daß nicht unbedingt ein Zusammenhang mit Dual-Class-Rekapitalisierungen besteht. In einem späteren Aufsatz zu diesem Thema dokumentieren MIKKELSON / PARTCH (1994) jedoch, daß auch die Einführung einer Dual-Class-Struktur nicht die Häufigkeit von Übernahmen oder personellen Wechseln in der Unternehmensleitung beeinflußt. Allerdings liegt die Häufigkeit derartiger Aktivitäten bereits vor der Umstrukturierung deutlich unter dem Niveau einer Zufallsstichprobe anderer Unternehmen, so daß eine generelle Aussage hierzu weiterer Analysen bedarf.

Weiterhin kann sich konsolidierte Kontrolle auf den langfristigen Erfolg eines Unternehmens auswirken. Während die Überrendite zum Zeitpunkt der Bekanntgabe einer Änderung der Kontrollstruktur die veränderten Erwartungen der Marktteilnehmer approximiert, kann die Änderung der Kontrollstruktur auch fundamentale Konsequenzen für das Unternehmen haben. Diese können sich z. B. in Bilanzkennzahlen, Cash Flow-Maßen oder langfristigen Aktienrenditen widerspiegeln.

LEHN / NETTER / POULSEN (1990) dokumentieren eine signifikant höhere Wachstumsrate des Net Operating Income (NOI)[8] von Dual-Class-Firmen nach ihrer Rekapitalisierung, verglichen mit einer Zufallsstichprobe anderer Unternehmen. Sie führen dieses Ergebnis darauf zurück, daß nur Unternehmen mit niedrigem Free Cash Flow (und damit geringen Agency-Kosten) und vielen Investitionsmöglichkeiten mit positivem Kapitalwert (vgl. JENSEN 1986) eine Organisation als Dual-Class-Unternehmen wählen. Im Gegensatz zu LEHN / NETTER / POULSEN zeigen MIKKELSON / PARTCH (1994), daß diverse Performancemaße, einschließlich des NOI, nach der Rekapitalisierung sinken und auch nicht signifikant über denen einer Kontrollstichprobe liegen. Da die untersuchten Firmen, der Zeitraum und die Kontrollfirmen in beiden Studien nahezu identisch sind, vermuten MIKKELSON / PARTCH den Grund für die divergierenden Ergebnisse in einem unterschiedlichen Bereinigungsalgorithmus.[9]

DENIS / DENIS (1994) dokumentieren einen erheblichen Einfluß persönlicher Merkmale der Mehrheitsaktionäre auf den Unternehmenserfolg bei hochkonzentrierter Kontrolle. Sie analysieren Firmen, bei denen die Stimmrechte auf wenige Personen konzentriert sind und stellen fest, daß 80 % der Firmen in ihrer Stichprobe entweder in Familienbesitz sind oder von ihrem Gründer geleitet werden und können keine Indizien schlechter Performance finden. Weiterhin zeigen sie, daß eine Mehrheitskontrolle weniger wahrscheinlich wird, sobald der Familieneinfluß reduziert wird.

2.4 Zusammenfassung des Literaturüberblicks

Theoretische Modelle der optimalen Unternehmenskontrolle prognostizieren sowohl Nutzen als auch Kosten durch eine Erhöhung der Konzentration der Unternehmenskontrolle. Sowohl die Auswirkungen einer solchen Erhöhung auf den Unternehmenswert als auch auf den langfristigen Erfolg sind jedoch aufgrund bisheriger Studien nur schwer

---

[8] Um zu verdeutlichen, daß es sich hier um eine nach den US-GAAP berechnete Größe handelt, wird der englische Ausdruck beibehalten.

[9] LEHN / NETTER / POULSEN erlegen ihren Kontrollfirmen keine Größen-, aber eine eng gefaßte Branchenbeschränkung auf; MIKKELSON / PARTCH verwenden nur Firmen, deren Größe um maximal 25% von der des untersuchten Unternehmens abweicht, benutzen aber eine weniger restriktive Branchenzuordnung.

einschätzbar, da die Ergebnisse dieser Studien oft nicht miteinander konsistent sind. Daher bleibt der Zusammenhang zwischen einer hochkonzentrierten Kontrolle und sowohl dem Wert als auch der Effizienz eines Unternehmens ein offenes empirisches Problem, zu dessen Lösung dieser Aufsatz durch die Analyse eines neuartigen Datensatzes einen Beitrag liefern soll.

3. Datenbasis

Die Ausgangsposition bildet die Grundgesamtheit aller 1270 IPOs von 1984 bis 1988, die nur eine Aktiengattung (Stammaktien) emittiert haben, und die aller 98 (Dual-Class) IPOs, die zwei, sich im Hinblick auf ihre Stimmrechte unterscheidende Aktiengattungen ausgegeben haben.[10] Allgemeine Informationen zu diesen IPOs wurden dem INVESTMENT DEALERS DIGEST, Aktienrenditen und Marktwerte den *CRSP* Dateien entnommen. Danach wurde aus den 1270 Stammaktien-IPOs eine Kontrollgruppe von 98 Emissionen ausgewählt, die paarweise den Dual-Class-IPOs zugeordnet wurde. Grundbedingung für eine Zuordnung war eine Zulassung an der gleichen Börse und ein Emissionsdatum innerhalb von 60 Tagen der Dual-Class-Emission. Weiterhin wurde verlangt, daß der vierstellige SIC-Code (Branchen-Kennziffer) übereinstimmt[11] und der Marktwert des Eigenkapitals möglichst nah an dem des Dual-Class-Unternehmens liegt[12]. Anschließend wurden Informationen zu den Stimm- und Cash Flow-Rechten der einzelnen Aktien aus S&P CORPORATION RECORDS, COMPACT DISCLOSURE, SEC Q-FILE, MOODY'S INDUSTRIALS, FINANCIALS, UTILITIES, AND TRANSPORTATION und SPECTRUM 3 entnommen. Jahresabschlußdaten stammen aus COMPUSTAT, dessen Dateien aber nur für 64 Paare die benötigten Daten enthielten.

Die resultierende Stichprobe enthält somit 98 Dual-Class-IPOs und 98 paarweise zugeordnete Stammaktien-IPOs, wobei die Jahresabschlußdaten für die Zeit nach der Emission für 64 Paare verfügbar sind. Alle Wertangaben wurden mit dem *Consumer Price Index* inflationsbereinigt (Basisjahr 1984). Die Anzahl der jährlichen IPO-Paare ändert sich von 11 (1984) auf 15 (1985), 31 (1986), 28 (1987) und 13 im Jahre 1988. Dies

---

[10] Der Datensatz enthält keine „best-efforts" IPOs, „unit offerings", geschlossene Fonds, ADRs oder Zertifikate.

[11] In sechs Fällen mußte die Zuordnung auf den dreistelligen SIC-Code beschränkt werden.

[12] Zum Zwecke der Zuordnung wurde der Marktwert am zweiten Tag nach der Emission bestimmt.

spiegelt die jährliche Verteilung regulärer (Stammaktien-) IPOs wider, so daß nicht von einer diesbezüglichen Besonderheit bei Dual-Class-Erstemissionen auszugehen ist[13].

3.1 Beschreibung der Dual-Class-IPOs

Die Stimmrechtsverteilung der Dual-Class-Firmen kann in vier verschiedene Klassen eingeteilt werden. In zehn der 98 IPOs hat eine Aktiengattung generell keine Stimmen, die andere eine Stimme pro Aktie. 30 Firmen emittieren echte Mehrstimmrechtsaktien, wobei das Verhältnis der Stimmenanzahl pro Aktie von 1 : 2 bis zu 1 : 500 reicht (mit einem Median von 1 : 10). 16 Unternehmen haben ein Klassenwahlrecht, wobei eine Aktiengattung 25 % des „Board of Directors" wählt, die andere Gattung 75 %. Die verbleibenden 42 Firmen sind durch eine Kombination von Klassenwahlrecht und Mehrstimmrechtsaktien gekennzeichnet. Die Gattung mit mehr Stimmrechten wird generell von wenigen Individuen (in der Regel Mitglieder des Managements[14]) gehalten und darf mit Ausnahme von zwei Fällen nicht frei gehandelt werden. Dieselben Personen halten durchschnittlich aber auch 70 % der im Hinblick auf ihre Stimmrechte benachteiligten Aktiengattung. Diese Organisationsstruktur führt zu einer hochkonzentrierten Kontrolle über die Unternehmen: In jedem zweiten Unternehmen kontrollieren ein oder zwei Personen die Mehrheit der Stimmen (für Unternehmen, die nur eine Aktiengattung ausgeben, wurde diese Information nicht erhoben). Während es für IPOs typisch ist, daß eine kleine Gruppe von Aktionären die Stimmenmehrheit besitzt, so besteht doch ein erheblicher Unterschied zu Dual-Class-Firmen: Nach Einführung dieser Kontrollstruktur kann das Management zu beliebigen Zeitpunkten seinen Cash Flow-Anteil durch weitere Verkäufe von Aktien mit reduziertem Stimmrecht verringern, ohne die Stimmenmehrheit aufzugeben.

In 67 Dual-Class-Firmen besitzen beide Gattungen identische Anrechte auf Dividenden, in den verbleibenden 31 Fällen hat die Gattung mit reduziertem Stimmrecht geringfügige Vorteile.[15] Für den Fall einer Liquidation bestimmen 76 Firmen identische Rechte, während 22 Firmen den Aktien mit reduziertem Stimmrecht einen Mindestanteil ein-

---

[13] Vgl. die zeitliche Verteilung der IPOs in RITTER (1991: 7).

[14] Der IPO-Prospekt führt zwar alle Personen auf, die mehr als 5 % der Aktien bzw. Stimmrechte besitzen, unterscheidet jedoch nicht immer zwischen unternehmensinternen und -externen Aktionären.

[15] Es sollte allerdings berücksichtigt werden, daß sowohl IPO-Firmen im Allgemeinen (vgl. z. B. BÖHMER / SANGER / VARSHNEY 1995) als auch die Unternehmen in der hier untersuchten Stichprobe selten Dividenden zahlen. So schütten nur 12 Dual-Class-Firmen und 5 Kontrollfirmen jeweils von 98 regelmäßig während der ersten drei Jahre nach dem IPO eine Dividende aus.

räumen. Weiterhin sind alle Aktien mit bevorzugtem Stimmrecht in die andere Gattung konvertierbar, wobei sieben Unternehmen einen Zeitpunkt für einen Zwangsumtausch festgelegt haben (dieser liegt zwischen zwei und zehn Jahren nach dem IPO).

3.2 Vergleich der Dual-Class-IPOs und Kontrollgruppen-IPOs

In Tabelle 1 werden wichtige Merkmale von Dual-Class-IPOs und reinen Stammaktienemissionen gegenübergestellt. Obwohl die hier untersuchten Dual-Class-IPOs einen um ca. $15 Millionen höheren Marktwert des Eigenkapitals besitzen, ist dieser Unterschied bei der Gesamtstichprobe statistisch nicht signifikant (bei einer Irrtumswahrscheinlichkeit von 10 %), so daß die paarweise Zuordnung (naturgemäß nicht perfekt) als ausreichend angesehen werden kann.

	Dual-Class	Kontrollgruppe
Wert der Emission in Mio. $	19,7	15,2
Marktwert Eigenkapital in Mio. $	65,6	50,7
Anteil nicht verkaufter Aktien	0,72	0,68

Tabelle 1: Mediane von emissions- und unternehmensspezifischen Merkmalen

Besondere Beachtung verdient die Tatsache, daß die ursprünglichen Eigner der Dual-Class-Firmen bei der Erstemission 72 % der Cash Flow-Anrechte auch nach der Emission halten. Aufgrund der Dual-Class-Struktur wäre dies für eine Mehrheitskontrolle des Unternehmens nicht notwendig. Wie in Abschnitt 2.2 angedeutet wurde, steigen die potentiellen Agency-Kosten mit sinkendem Cash Flow-Anspruch eines Mehrheitsaktionärs. Der hohe Anteil der Alteigentümer (die in der Regel auch die im Hinblick auf ihr Stimmrecht bevorzugten Aktien halten) nach dem IPO zeigt jedoch, daß ein Dual-Class-IPO nicht dazu dient, die mit Cash Flow-Rechten verbundenen Risiken zu veräußern, ohne die Stimmenmehrheit aufzugeben. Andererseits haben diese Mehrheitsaktionäre aber die Möglichkeit, ihre mit geringeren Stimmrechten ausgestatteten Aktien zu einem beliebigen Zeitpunkt nach dem IPO abzustoßen. Für die hier untersuchte Stichprobe ist dies jedoch zumindest während der ersten drei Jahre nach dem IPO nicht der Fall.[16]

---

[16] Aus diesem Grund wurde mit negativem Ergebnis untersucht, ob (1) sich die an die SEC gemeldeten Insiderverkäufe und (2) die Anzahl und Größe weiterer Aktienemissionen für Dual-Class-Firmen und Kontrollgruppen-Firmen unterscheiden.

4. Statistische Methoden

In der folgenden empirischen Untersuchung wird das Underpricing, die langfristigen Renditen über drei Jahre nach dem IPO und die Veränderungen in einigen Jahresabschlußdaten untersucht. Grundlage ist ein Vergleich der Dual-Class-IPOs mit den paarweise zugeordneten Stammaktien-IPOs der Kontrollgruppe; diese Vorgehensweise eliminiert weitestgehend die Einflüsse von Handelsplatz, Emissionsdatum, Branche und Unternehmensgröße auf die Ergebnisse dieser Untersuchung.

Das Underpricing wird als die Rendite vom Emissionskurs zum Schlußkurs des ersten Handelstages gemessen. Aufgrund des kurzen Zeitintervalls wird in diesem Fall auf eine Risikobereinigung verzichtet. Zur Berechnung der langfristigen Renditen werden zunächst die Renditen für jeden der 36 Monate nach dem IPO bestimmt, wobei ein Monat als 21 aufeinander folgende Börsentage definiert wird (der erste Monat enthält nicht das Underpricing). Zur Verdeutlichung der Renditeunterschiede zwischen Dual-Class- und Kontrollgruppen-IPOs werden relative Renditen verwendet. Zunächst wird die Gesamtrendite vom ersten Tag nach der Emission bis Monat t als

$$R_t^j = \prod_{s=1}^{t}(1 + r_s)$$

bestimmt, wobei $j \in$ {Dual-Class, Kontrollgruppe, Marktindex} und r_s die Rendite über die 21 Handelstage in Monat s ist. Als Marktindex wird ein wertgewichteter, dividendenbereinigter Index aller CRSP Aktien eingesetzt.[17] Die relative Rendite auf Dual-Class-Aktien wird als

$$RR_t^{dual} = R_t^{dual} / R_t^{markt}$$

definiert (und entsprechend die relative Rendite für Aktien der Kontrollgruppe). Diese Bereinigung um die Marktrendite ist notwendig, weil das Emissionsdatum eines Dual-Class-IPOs um maximal sechzig Tage von dem des entsprechenden IPOs der Kontrollgruppe abweichen kann. Die Kennzahl

$$RR_t = RR_t^{dual} / RR_t^{control}$$

---

[17] BÖHMER / SANGER / VARSHNEY (1995) dokumentieren, daß die Wahl des Indexes die Ergebnisse nicht qualitativ beeinflußt.

ermöglicht schließlich den Vergleich der marktbereinigten Wertentwicklung einer Anlage in Dual-Class-Aktien und einer in Aktien der Kontrollgruppe, wobei die Investition am Tag nach dem IPO erfolgt und bis zum Ende des Monats t gehalten wird. Zusätzlich ist zu berücksichtigen, daß fünfzehn Dual-Class-Firmen und drei Kontrollfirmen vor Ende der dreijährigen Untersuchungsperiode die Börsenzulassung verlieren.[18] In diesen Fällen wird angenommen, daß der Erlös aus dem Verkauf dieser Aktien dazu verwendet wird, die Anteile an den verbleibenden Firmen des jeweiligen Portfolios um einen wertmäßig identischen Betrag zu erhöhen.

Zur Zusammenfassung der Ergebnisse wird jeweils der Durchschnitt, der Median und der Anteil von positiven Werten dokumentiert. Jede dieser Maßzahlen wird auf statistische Signifikanz getestet, wobei für Durchschnitte ein zweiseitiger t-Test (basierend auf der Querschnitts-Standardabweichung), für Mediane der Vorzeichen-Rang-Test nach WILCOXON und für den Anteil positiver Werte ein einfacher Vorzeichentest verwendet werden. Es ist jedoch herauszustellen, daß sich die Ergebnisse nicht ändern, wenn alternative Teststatistiken berechnet werden (BÖHMER / SANGER / VARSHNEY 1995).

5. Ergebnisse

In diesem Abschnitt werden das Underpricing sowie die Veränderungen von Aktienkursen und diversen Jahresabschlußkennzahlen vorgestellt. Zunächst sollte herausgestellt werden, daß ein Renditevergleich zweier Portfolios nur dann sinnvoll sein kann, wenn beide das gleiche systematische Risiko aufweisen; dies ist der Grund für die paarweise Zuordnung der Kontrollfirmen zu den Dual-Class-IPOs. Zur Verifizierung der Zuordnungsprozedur wurden zusätzlich mehrere Risikomaße für beide Portfolios berechnet. Da sich dabei weder die Durchschnittswerte noch die Mediane statistisch signifikant voneinander unterscheiden, wird im folgenden von einem gleichen Risikoprofil der beiden Portfolios ausgegangen.[19]

---

[18] Zwei Kontrollfirmen verlieren die Zulassung aufgrund finanzieller Schwierigkeiten, die dritte durch eine Fusion; von den fünfzehn Dual-Class-Firmen verlieren sie vier aufgrund finanzieller Schwierigkeiten, sieben durch Fusionen und vier aus sonstigen Anlässen.

[19] Zunächst wurde das β des Eigenkapitals als Approximation des systematischen Risikos berechnet. Die Berechnung von β erfolgte (1) nach der „Returns-across-securities-and-time" RATS-Prozedur nach IBBOTSON (1975) und (2) alternativ als Durchschnitt der Zeitreihen der einzelnen Aktien, basierend auf einem einfachen Marktmodell. Zusätzlich wurde das unsystematische Risiko errechnet, aber ebenfalls kein signifikanter Unterschied zwischen Dual-Class- und Kontrollfirmen festgestellt.

Die Preisänderungen vom Emissionskurs zum Schlußkurs des ersten Börsentages sind in Tabelle 2 zusammengefaßt. Die Ergebnisse entsprechen der Höhe nach in etwa denen anderer Studien über IPOs vergleichbarer Größe (RITTER 1991: 15). Die durchschnittliche paarweise Differenz zwischen dem Underpricing der Dual-Class- und Kontrollfirmen beträgt -2,16 %, ist jedoch nicht statistisch signifikant. Auch sind 53 % der Differenzen positiv, so daß diese Ergebnisse nicht auf systematische Unterschiede zwischen dem Underpricing der beiden Portfolios hinweisen.

	N	Dual-Class	Kontrollgruppe	Dual-Class minus Kontrollgruppe
Durchschnitt	98	3,69^a	5,86^a	-2,16
(Median)		(1,34^a)	(1,19^a)	(0,27)
[Anteil positiv]		[0,61^a]	[0,57^a]	[0,53]
Für Durchschnitte und Mediane ist die Nullhypothese, daß die Variable gleich null ist (zweiseitiger Test); für den Anteil an positiven Renditen ist die Nullhypothese, daß dieser gleich 50 % ist. Dabei bedeuten: ^{a} Signifikant mit einer Irrtumswahrscheinlichkeit von 1 %, ^{b} Signifikant mit einer Irrtumswahrscheinlichkeit von 5 %, ^{c} Signifikant mit einer Irrtumswahrscheinlichkeit von 10 %.					

Tabelle 2: Underpricing

Tabelle 3 präsentiert die relativen Renditen über die ersten drei Jahre nach dem IPO, wobei die Renditen über das erste Jahr, die ersten beiden Jahre und den gesamten Untersuchungszeitraum separat dargestellt werden.

Die dritte Datenzeile der Tabelle beschreibt z. B. die Entwicklung einer gleichgewichteten Anlage in Dual-Class-IPOs relativ zum Marktportfolio während der ersten 36 Monate nach der Emission. Nach drei Jahren liegt der Wert einer Dual-Class-Aktie durchschnittlich um 5 % unter dem des Marktportfolios, bei jeder zweiten Aktie um 26 % darunter und nur bei 34 % dieser Aktien darüber (dieser Vergleich beinhaltet jene 83 Dual-Class-Aktien, die bis zum Ende des dritten Jahres noch zugelassen sind). Der Wert einer entsprechenden Anlage in Aktien der Kontrollgruppe entwickelt sich jedoch erheblich schlechter: Durchschnittlich liegt dieser um 36 % unter dem des Marktportfolios, bei jeder zweiten Aktie um 41 % darunter und nur bei 16 % dieser Aktien darüber. Dieses Ergebnis für Aktien der Kontrollgruppe entspricht weitgehend den Ergebnissen, die RITTER für eine Analyse aller IPOs erhalten hat (RITTER 1991: 10).

Die Auswirkungen von konsolidierter Kontrolle auf den Unternehmenserfolg   213

	$RR_t^{Dual\text{-}Class}$	$RR_t^{Kontrollgruppe}$	$RR_t^{Dual\text{-}Class}/RR_t^{Kontrollgruppe}$
	Monate 1-12 nach dem IPO		
Durchschnitt	0,93[b]	0,86[a]	1,37[a]
(Median)	(0,89[b])	(0,79[a])	(1,07[b])
[Anteil > 1]	[0,37[b]]	[0,29[a]]	[0,55]
Anzahl	97	97	96
	Monate 1-24 nach dem IPO		
Durchschnitt	0,93	0,69[a]	1,93[a]
(Median)	(0,79[c])	(0,61[a])	(1,32[a])
[Anteil > 1]	[0,38[b]]	[0,21[a]]	[0,61[b]]
Anzahl	92	96	90
	Monate 1-36 nach dem IPO		
Durchschnitt	0,95	0,64[a]	2,42[c]
(Median)	(0,74[b])	(0,59[a])	(1,29[a])
[Anteil > 1]	[0,34[a]]	[0,16[a]]	[0,60[c]]
Anzahl	83	95	80

Für Durchschnitte und Mediane ist die Nullhypothese, daß die Variable gleich eins ist (zweiseitiger Test); für den Anteil der relativen Renditen > 1 ist die Nullhypothese, daß dieser gleich 50 % ist. Dabei bedeuten:
[a] Signifikant mit einer Irrtumswahrscheinlichkeit von 1 %,
[b] Signifikant mit einer Irrtumswahrscheinlichkeit von 5 %,
[c] Signifikant mit einer Irrtumswahrscheinlichkeit von 10 %.

Tabelle 3: Relative Renditen nach der Erstemission

Das zentrale Ergebnis dieser Studie ist also, daß die Aktien der Kontrollgruppe eine im Vergleich zum Marktportfolio deutlich geringere Rendite haben als die Dual-Class-Aktien. Dies wird in der dritten Datenspalte der Tabelle verdeutlicht, wo die Momente der paarweisen Vergleiche aufgeführt werden. Für die am Ende des dritten Jahres verbleibenden 80 Dual-Class / Kontrollfirmen-Paare zeigt sich, daß der Wert einer Anlage in einem Dual-Class-IPO nach drei Jahren durchschnittlich um 242 % (relativ zur Marktentwicklung) über dem einer Anlage in dem entsprechenden Kontroll-IPO liegt, bei jedem zweiten Paar immerhin noch um 29 % darüber. Der Vergleich der drei unterschiedlichen Perioden zeigt weiterhin, daß dieses Ergebnis nicht auf ein bestimmtes Jahr nach der Emission konzentriert ist, sondern sich die Wertentwicklung der Portfolios im Zeitablauf relativ gleichmäßig voneinander entfernt.

Um die Aussagekraft der obigen Ergebnisse zu stärken, sollen nun auch fundamentale Veränderungen der Unternehmen in beiden Portfolios untersucht werden. Leider standen die Jahresabschlußdaten aber nur für 64 der 98 Paare zur Verfügung, so daß dadurch die Aussagekraft der folgenden Analyse etwas geschmälert wird. Tabelle 4 präsentiert die Mediane der Wachstumsraten vom ersten zum dritten vollständigen Wirtschaftsjahr nach dem IPO. Wiederum wird die Entwicklung der Dual-Class- und Kontrollfirmen und deren paarweise Differenz analysiert.

Variable	Median der Dual-Class-Wachstumsrate in % (% > 0)	Median der Kontrollfirmen-Wachstumsrate in % (% > 0)	Median von Dual-Class-Wachstum minus Kontrollfirmenwachstum in % (% > 0)
Aktiva in Mio. $	37,5[a] (0,86)[a]	38,8[a] (0,83)[a]	4,1 (0,53)
Umsatz in Mio. $	52,5[a] (0,92)[a]	75,1[a] (0,93)[a]	5,9 (0,51)
Net Operating Income (NOI) in Mio. $[d]	30,8[a] (0,72)[a]	-10,8 (0,46)	35,4[b] (0,66)[b]
Tobins q[e]	-2,8 (0,48)	-21,5[a] (0,23)[a]	20,8[a] (0,76)[a]
Eigenkapital-Marktwert / Aktiva	-16,7 (0,36)[b]	-47,5[a] (0,16)[a]	36,7[a] (0,78)[a]
Eigenkapital-Marktwert / Buchwert	-21,1 (0,39)	-32,9[b] (0,30)[a]	24,3[c] (0,64)[c]
NOI / Aktiva	-8,2[c] (0,40)	-45,9[a] (0,26)[a]	39,5[b] (0,62)[c]
NOI / Umsatz	-12,4[a] (0,31)[a]	-28,9[a] (0,27)[a]	7,3 (0,53)
Umsatz / Aktiva	1,3[c] (0,51)	12,9[a] (0,64)[b]	-4,4 (0,47)

Für die Mediane ist die Nullhypothese, daß die Variable gleich null ist (zweiseitiger Test); für den Anteil der positiven Werte ist die Nullhypothese, daß dieser gleich 50 % ist. Dabei bedeuten:
[a] Signifikant mit einer Irrtumswahrscheinlichkeit von 1 %,
[b] Signifikant mit einer Irrtumswahrscheinlichkeit von 5 %,
[c] Signifikant mit einer Irrtumswahrscheinlichkeit von 10 %.
[d] Nach Definition der US-amerikanischen *Generally Accepted Accounting Principles*.
[e] Tobins q wird nach MIKKELSON / PARTCH (1994) als der Quotient aus (1) dem Marktwert der Aktien plus Buchwert aller Verbindlichkeiten und (2) dem Buchwert aller Aktiva berechnet.

Tabelle 4: Entwicklung der Jahresabschlußdaten von Jahr 1 bis Jahr 3 nach dem IPO

Der erste Teil der Tabelle beschreibt die Wertentwicklung von Aktiva, Umsatz und NOI. Sowohl Dual-Class-Firmen als auch Kontrollfirmen steigerten Aktiva und Umsatz vom ersten zum dritten Jahr nach dem IPO, das NOI stieg jedoch nur bei den Dual-Class-Firmen an. Während sich bei Umsatz und Aktiva die Ergebnisse für die beiden Portfolios aus statistischer Sicht nicht unterscheiden, liegt bei jedem zweiten Firmenpaar die NOI-Steigerung der Dual-Class-Unternehmen um 35,4 % höher.

Im zweiten Tabellenteil werden Veränderungen von drei auf Marktwerten basierenden Kennzahlen verglichen, wobei eine höhere Wachstumsrate jeweils eine im Sinne der Aktionäre günstigere Unternehmensentwicklung reflektiert. Obwohl für jedes der drei Maße bei beiden Portfolios ein negatives Wachstum gemessen wird (signifikant nur für Kontrollfirmen), liegt das Wachstum bei Dual-Class-Unternehmen in jedem Falle hochsignifikant über dem der Kontrollfirmen.

Die dritte Variablengruppe stellt schließlich die Veränderungen in den Relationen von NOI zu Aktiva und Umsatz, sowie Umsatz zu Aktiva dar. Wiederum ergibt sich entweder kein Unterschied zwischen beiden Portfolios, oder aber eine signifikant bessere Performance bei der Relation NOI / Aktiva. Obwohl an dieser Stelle nicht näher auf die Bedeutung der einzelnen Kennzahlen eingegangen werden soll, läßt sich insgesamt also feststellen, daß Dual-Class-Unternehmen im Vergleich zu den jeweiligen Kontrollfirmen auch eine positivere fundamentale Entwicklung aufweisen.

6. Zusammenfassung

Dieser Aufsatz analysiert die Performance von Aktienerstemissionen US-amerikanischer Unternehmen, deren Aktiengattungen mit unterschiedlichen Stimmrechten ausgestattet sind („Dual-Class-Firmen") und bei denen die Stimmenmehrheit in der Regel von wenigen Mitgliedern der Unternehmensleitung gehalten wird. Die empirischen Ergebnisse dokumentieren eine deutlich höhere marktbereinigte Aktienrendite für Dual-Class-Firmen als für ein Portfolio von paarweise nach Handelsplatz, Emissionsdatum, Branche und Firmengröße zugeordneten Kontrollfirmen während der ersten drei Jahre nach der Emission. Weiterhin wird gezeigt, daß die höhere Rendite mit einer entsprechenden fundamentalen Entwicklung einhergeht.

Literaturverzeichnis

AGGARWAL, R.; P. RIVOLI (1990): Fads in the Initial Public Offering Market. Financial Management (1990): 45-57.

AKERLOF, G. (1970): The Market for Lemons: Quality Uncertainty and the Market Mechanism. Quarterly Journal of Economics 84(1970): 488-500.

ALCHIAN, A.; H. DEMSETZ (1972): Production, Information Costs, and Economic Organization. American Economic Review 62(1972): 777-795.

ALLEN, F.; G. FAULHABER (1989): Signaling by Underpricing in the IPO Market. Journal of Financial Economics (1989)23: 303-323.

BARCLAY, M.; C. HOLDERNESS (1989): Private Benefits from Control of Public Corporations. Journal of Financial Economics (1989)25: 371-395.

BARON, D. P. (1982): A Model for the Demand for Investment Banking Advising and Distribution Services for New Issues. Journal of Finance 37(1982): 955-976.

BEATTY, R. P.; J. R. RITTER (1986): Investment Banking, Reputation, and the Underpricing of Initial Public Offerings. Journal of Financial Economics (1986)15: 213-232.

BÖHMER, E.; J. MUSUMECI; A. POULSEN (1991): Event Study Methodology Under Conditions of Event-Induced Variance. Journal of Financial Economics (1991)30: 253-272.

BÖHMER, E.; G. SANGER; S. VARSHNEY (1995): The Effect of Consolidated Control on Firm Performance: The Case of Dual-Class IPOs. Berlin: Humboldt-Universität, SFB Working Paper 11.

BOOTH, J. R.; R. L. SMITH (1986): Capital Raising, Underwriting, and the Certification Hypothesis. Journal of Financial Economics (1986)15: 261-281.

CHALK, A. J.; J. W. PEAVY (1987): Why You'll Never Get a „Hot" New Issue. AAII Journal (1987)9: 16-20.

CHANG, S.; D. MAYERS (1992): Managerial Vote Ownership and Shareholder Wealth. Journal of Financial Economics (1992)32: 103-131.

CORNETT, M.; M. VETSUYPENS (1989): Voting Rights and Shareholder Wealth. Managerial and Decision Economics (1989)10: 175-188.

DANN, L. Y.; H. DEANGELO (1988): Corporate Financial Policy and Corporate Control: A Study of Defensive Adjustments in Asset and Ownership Structure. Journal of Financial Economics (1988)20: 87-127.

DEANGELO, H.; L. DEANGELO (1985): Managerial Ownership of Voting Rights. Journal of Financial Economics (1985)14: 33-69.

DENIS, D. J.; D. K. DENIS (1994): Majority Owner-Managers and Organizational Efficiency. Journal of Corporate Finance (1994)1: 91-118.

DOERKS, W. (1992): Der Kursunterschied zwischen Stamm- und Vorzugsaktien in der Bundesrepublik Deutschland. Köln.

FAMA, E.; M. JENSEN (1983): Separation of Ownership and Control. Journal of Law and Economics (1983)26: 301-326.

GILSON, R. (1993): Regulating the Equity Component of Capital Structure: The SEC's Response to the One-Share, One-Vote Controversy. Journal of Applied Corporate Finance (1993)5: 37-43.

GRINBLATT, M.; C. Y. HWANG (1989): Signaling and the Pricing of New Issues. Journal of Finance (1989)44: 393-420.
GROSSMAN, S. J.; O. D. HART (1988): One Share-One Vote and the Market for Corporate Control. Journal of Financial Economics (1988)20: 175-202.
HARRIS, M.; A. RAVIV (1988): Corporate Governance: Voting Rights and Majority Rules. Journal of Financial Economics (1988)20: 203-235.
HARTMANN-WENDELS, T.; HINTEN, P. VON (1989): Marktwert von Vorzugsaktien. Schmalenbachs Zeitschrift für betriebswirtschaftliche Forschung 41(1989): 263-293.
HENDERSON, G. (1990): Problems and Solutions in Conducting Event Studies. Journal of Risk and Insurance (1990)57: 282-306.
HOLDERNESS, C. G.; D. P. SHEEHAN (1988): The Role of Majority Shareholders in Publicly Held Corporations. Journal of Financial Economics (1988)20: 317-346.
HOLDERNESS, C. G.; D. P. SHEEHAN (1991): Monitoring an Owner: The Case of Turner Broadcasting. Journal of Financial Economics (1991)30: 325-346.
IBBOTSON, R. G. (1975): Price Performance of Common Stock New Issues. Journal of Financial Economics (1975)3: 235-272.
JAIN, B.; O. KINI (1994): The Post-Issue Operating Performance of IPO Firms. Journal of Finance (1994)49: 1699-1726.
JARRELL, G. A.; A. B. POULSEN (1988): Dual-Class Recapitalizations as Antitakeover Mechanisms: The Recent Evidence. Journal of Financial Economics (1988)20: 129-152.
JENSEN, M.; W. MECKLING (1976): Theory of the Firm: Managerial Behavior, Agency Costs and Ownership Structure. Journal of Financial Economics (1976)3: 305-360.
JENSEN, M. (1986): Agency Costs of Free Cash Flow, Corporate Finance and Takeovers. American Economic Review (1986)76: 323-339.
JENSEN, M. (1993): The Modern Industrial Revolution, Exit, and the Failure of Internal Control Systems. Journal of Finance (1993)48: 831-880.
LEHN, K.; J. NETTER; A. POULSEN (1990): Consolidating Corporate Control: Dual-Class Recapitalization Versus Leveraged Buyouts. Journal of Financial Economics (1990)27: 557-580.
LOUGHRAN, T.; J. RITTER (1995): The New Issues Puzzle. Journal of Finance (1995)50: 23-52.
MIKKELSON, W.; M. PARTCH (1989): Managers' Voting Rights and Corporate Control. Journal of Financial Economics (1989)25: 263-290.
MIKKELSON, W.; PARTCH, M. (1994): The Consequences of Unbundling Managers' Voting Rights and Equity Claims. Journal of Corporate Finance (1994)1: 175-200.
PARTCH, M. (1987): The Creation of a Class of Limited Voting Stock and Shareholder Wealth. Journal of Financial Economics (1987)1: 313-339.
PETERSON, P. (1989): Event Studies: A Review of Issues and Methodology. Journal of Business and Economics (1989)28: 36-66.
RITTER, J. (1984): The „Hot Issue" Market of 1980. Journal of Business (1984)32: 215-240.
RITTER, J. (1991): The Long-Run Performance of Initial Public Offerings. Journal of Finance (1991)46: 3-27.
ROCK, K. (1986): Why New Issues are Underpriced. Journal of Financial Economics (1986)15: 187-212.

ROTHSCHILD; STIGLITZ (1976): Equilibrium in Competitive Insurance markets: An Essay on the Economics of Imperfect Information. Quarterly Journal of Economics (1976)89: 629-649.

RUBACK, R. S. (1988): Coercive Exchange Offers. Journal of Financial Economics (1988)20: 153-173.

RUUD, J. S. (1993): Underwriter Price Support and the IPO Underpricing Puzzle. Journal of Financial Economics (1993)34: 135-151.

SHLEIFER, A.; VISHNY, R. W. (1986): Large Shareholders and Corporate Control. Journal of Political Economy (1986)94: 461-488.

SPENCE, R. (1974): Job Market Signaling. Quarterly Journal of Economics (1974)87: 355-375.

STOLL, H. R.; A. J. CURLEY (1970): Small Business and the New Issues Market for Equities. Journal of Financial and Quantitative Analysis (1970)5: 309-322.

STULZ, R. M. (1988): Managerial Control of Voting Rights. Journal of Financial Economics (1988)20: 25-54.

TINIC, S. (1988): Anatomy of Initial Public Offerings of Common Stock. Journal of Finance (1988)4: 789-822.

WELCH, I. (1989): Seasoned Offerings, Imitation Costs and the Underpricing of Initial Public Offerings. Journal of Finance (1989)44: 421-449.

WENGER, E.; R. HECK (1995): Übernahme- und Abfindungsregeln am deutschen Aktienmarkt – Eine kritische Bestandsaufnahme im internationalen Vergleich. IFO Studien (erscheint demnächst).

ZINGALES, L. (1992a): Insider Ownership and the Decision to Go Public. Chicago: University of Chicago, CRSP Working Paper 367.

ZINGALES, L. (1992b): Shareholder Response to Dual-Class Exchange Offers. Chicago: University of Chicago, CRSP Working Paper 370.

Akihiro Koyama[*]

Der Einfluß der Bankregulierung auf die Profitabilität von Unternehmen

Ein deutsch–japanischer Vergleich

Seit dem Konjunktureinbruch in Japan 1991/92 und den in diesem Zusammenhang stark gefallenen Aktienkursen (Bubble-Economy) ist das Verhältnis von Großbanken und Unternehmen wieder zum Gegenstand kontroverser Diskussionen geworden.

Der Autor untersucht Gemeinsamkeiten und Unterschiede der deutschen und japanischen Unternehmens- und Bankenstruktur. Mit Hilfe der Principal-Agent-Theorie werden Ergebnisse einer empirischen Studie zur Auswirkung von Kapital- und Personalverflechtungen im Keiretsu auf die Profitabilität der verbundenen Unternehmen analysiert und einer früheren Untersuchung gegenübergestellt, welche die gleiche Hypothese für Deutschland testete.

Es wird das Fazit gezogen, daß die Einflußnahme der Banken auf die Geschäftstätigkeit der japanischen Vorstände ein notwendiges Äquivalent zum deutschen Aufsichtsrat darstellt. Der Bankeneinfluß schützt damit gleichzeitig die Interessen der Anteilseigner und sollte daher nicht durch zusätzliche rechtliche Regelungen eingeschränkt werden.

---

[*] Prof. Mag. BWL Akihiro Koyama, Gakushuin Universität, Tokio. Zur Fertigstellung dieses Beitrags hat Herr Dipl.-Kfm. Harald Dolles (Universität Erlangen-Nürnberg) erheblich beigetragen. Ich danke ihm für seine Hilfe herzlich. Gleichfalls danke ich meinen Kollegen, Herrn Prof. Dr. Hartmut Wächter (Universität Trier), Herrn Prof. Dr. Torsten Kühlmann und Herrn Dipl.-Psych. Günter Stahl (Universität Bayreuth), Herrn Prof. Hirohiko Okumura (Gakushuin Universität Tokio), für ihre Hinweise und Unterstützung.

1. Die Banken- und Unternehmensstruktur in Deutschland und Japan

Bevor der Einfluß des Bankensystems auf die Gewinnsituation der Unternehmen in den betrachteten Ländern untersucht werden kann, müssen zunächst die wesentlichen Unterschiede in der Organisationsstruktur der beteiligten Akteure aufgezeigt werden.

1.1 Das Bankensystem: Universal- versus Spezialbanken

Japanischen Banken ist es streng verboten, sich neben ihren Kernaktivitäten auch als Effektenhändler oder Effektenmakler zu betätigen. Der Aktienhandel hingegen liegt ausschließlich in der Hand von Effektenfirmen, wie z. B. NOMURA. Daß diese Aufgabenteilung eingehalten wird, wird vom japanischen Finanzministerium streng kontrolliert.

In Deutschland hingegen existieren Universalbanken, d. h. die Banken dürfen sowohl Kredit- als auch Effektengeschäfte tätigen.

1.2 Die Unternehmensverfassung: Der deutsche Aufsichtsrat und das japanische Quasi-Board-System

Es ist hier nicht der Ort, das zweistufige Modell der deutschen Unternehmensverfassung für Aktiengesellschaften zu erörtern, das bekanntermaßen aus dem von der Hauptversammlung gewählten Aufsichtsrat und dem von diesem bestellten Vorstand besteht.

Das japanische Modell soll jedoch kurz skizziert werden. Das japanische Aktiengesetz ist nach dem Ende des Zweiten Weltkriegs unter dem Einfluß der amerikanischen Besatzung rasch geändert und nicht konsequent vollendet worden. Das Vorbild des einstufigen amerikanischen Boardsystems wurde nur theoretisch verwirklicht. Faktisch üben die Vorstandsmitglieder gleichzeitig die Funktion des Aufsichtsrats aus, was zu einer Reihe von Problemen führt, auf die ich im folgenden eingehen möchte.

1.2.1 Die Bedeutung der japanischen Aktiengesellschaften

In Japan gab es 1984 rund 2,3 Millionen Unternehmen, von denen ca. 1,1 Millionen Aktiengesellschaften waren und ca. 1,6 Millionen in einer der deutschen GmbH ähnlichen

Form (*yugengaisha*) firmierten (OKURASHO 1984). Im Jahre 1987 waren 55 % der japanischen Unternehmen in der Rechtsform der Aktiengesellschaft konstituiert. Obwohl auch die Zahl der GmbHs nicht gering ist, verbergen sich dahinter in Japan fast ausschließlich kleinere Unternehmen, denn die Zahl der Gesellschafter einer GmbH ist gesetzlich auf 50 beschränkt. Außerdem dürfen die Gesellschafter ihren Gesellschaftsanteil aufgrund strenger Veräußerungsbedingungen nicht frei übertragen, was diese Rechtsform zusätzlich unattraktiv erscheinen läßt.

Daraus wird ersichtlich, daß die Aktiengesellschaft die herrschende Organisationsform in der japanischen Wirtschaft ist. Wenn im weiteren Verlauf die Begriffe „Gesellschaft" oder „Unternehmen" gebraucht werden, beziehe ich mich damit ausschließlich auf Aktiengesellschaften.

1.1.2   Die formelle Organisation der Entscheidungsorgane

Die Entscheidungsorgane der japanischen Aktiengesellschaft, die im folgenden kurz charakterisiert werden sollen, bestehen aus dem Vorstand, dem Vorstandsvorsitzenden, dem Geschäftsführungsausschuß und dem Rechnungs- oder Unternehmensprüfer.

Der Vorstand (Yakuinkai)

Der Vorstand wird von der Hauptversammlung gewählt und ist nach japanischem Gesellschaftsrecht als einheitliche Institution konstituiert. Er ist in Fragen der Unternehmensführung praktisch allmächtig, auch obliegt ihm die alleinige Entscheidung über die Vergütung der Vorstandsmitglieder. Einige Mitglieder, einschließlich des Vorstandsvorsitzenden, sind mit der Vetretungsvollmacht nach außen (*Daihyoken*) betraut. Sie werden daher als „*Representative Directors*" (*Daihyotorishimaruiyaku*) bezeichnet. Die anderen haben lediglich Stimmrecht in den Vorstandssitzungen.

Der Vorstandsvorsitzende (Shacho)

Der Vorstandsvorsitzende hat bei der unternehmerischen Willensbildung zwei wichtige Funktionen. Er ist gleichzeitig der erste Vertreter nach außen und Diskussionsleiter innerhalb des Vorstands. Mit anderen Worten ist er der „*CEO (Chief Executive Officer)*" und zugleich „*Chairman of the Board of Directors*". Damit beinhaltet die Position des Vorstandsvorsitzenden eines japanischen Unternehmens umfangreiche Machtbefugnisse – alle wichtigen Entscheidungen sind von seinem Einverständnis abhängig. Die anderen „Representative Directors" arbeiten ihm als Stellvertreter zu. Aus ihrem Kreis wird meist auch der Nachfolger rekrutiert.

Der Geschäftsführungsausschuß (Jomukai)

Während sich die „Representative Directors" vornehmlich mit der Unternehmenspolitik, repräsentativen und ähnlichen Aufgaben beschäftigen, werden die Aufgaben der Durchführung der beschlossenen Maßnahmen an die übrigen Vorstandsmitglieder delegiert. Diese werden im *Jomukai* koordiniert, der in den meisten Gesellschaften nach der Satzung offiziell vorgesehen ist. Seine Einrichtung wird jedoch nicht vom japanischen Gesellschaftsrecht gefordert. Es ist üblich, daß alle Hauptabteilungsleiter zum *Jomukai* gehören, dessen geschäftsführender Direktor mit dem Begriff *Jomu Torishimariyaku* bezeichnet wird. Dieser hat keine Vertretungsvollmacht im Vorstand.

Der Rechnungs- oder Unternehmensprüfer (Kansayaku)

Das japanische Gesellschaftsrecht sieht, wie oben erwähnt, kein dem deutschen Aufsichtsrat vergleichbares Kontrollorgan vor. Man kann jedoch die Existenz des internen Prüfers (*Kansayaku*), der von der Hauptversammlung bestellt wird, als funktionales Äquivalent ansehen. Die Aufgabe dieses Innenrevisors besteht in der regelmäßigen Überprüfung der Rechnungslegung, im Prinzip kann er auch den Geschäftsbericht prüfen. Daneben sieht das japanische Aktiengesetz die Außenprüfung vor, die durch ein externes Prüfungsorgan, z. B. Price Waterhouse, Arthur Andersen usw., vorgenommen wird. Der Jahresabschluß unterliegt der Kontrolle dieser Institute. Die Außenprüfer haben im Gegensatz zum Innenrevisor nicht das Recht, an den Vorstandssitzungen teilzunehmen.

1.2.3 Die Entscheidungsstruktur japanischer Spitzenorganisationen im Überblick

Man kann die Struktur der Spitzenorganisation japanischer Unternehmen in Anlehnung an MASAHIKO AOKI (1984) mit Hilfe der Konzepte „*Kooperatives Modell*" bzw. „*management discretionary model*" beschreiben. Dabei stellt sich die Frage, ob die Kontrolle des Managements durch die Verbandsgruppe (*Keiretsu*) oder durch die Bank (*Mainbank*) erfolgt.

Das kooperative Modell sieht das Management als Vermittler zwischen den Interessen der Aktionäre und denen des Unternehmens bzw. der Arbeitnehmer. Die unternehmerische Tätigkeit der Manager bedarf der Kontrolle, um die Interessen der Beteiligten gegenüber dem Eigeninteresse des Managements zu schützen. Die Kontrollinstanz des japanischen Aktienrechts in Form der Unternehmensprüfung weist erhebliche Mängel auf, die auf das Verhältnis zwischen internen und externen Prüfern zurückzuführen sind.

Die internen Prüfer werden normalerweise unter denjenigen Vorstandsmitgliedern ausgewählt, die bereits eine Altersgrenze erreicht haben, die einen weiteren Aufstieg mindestens unwahrscheinlich erscheinen läßt, und die bis dahin noch keine Vertretungsvollmacht erreicht haben. Üblicherweise zeigen diese Personen nur noch wenig Initiative und Ehrgeiz. Zwar nehmen sie an den Vorstandssitzungen teil, Wortmeldungen von ihrer Seite werden jedoch als unangebracht oder gar störend angesehen, so daß sie tendenziell unterbleiben. Damit dürfte deutlich geworden sein, daß die Ergebnisse der internen Prüfung nur bedingt aussagekräftig sind.

Es wäre also auf die Ergebnisse der Außenprüfung zurückzugreifen, die allerdings nur unvollständig sein können, da den Außenprüfern eine Teilnahme an den Vorstandssitzungen nicht gestattet ist.

In Japan unterscheidet man zwischen zwei Arten der Prüfung, nämlich der Rechnungs- und der Geschäftsprüfung. Die Rechnungsprüfung obliegt den internen und externen Prüfern, die Geschäftsprüfung hingegen wird vom Vorstand (*Yakuinkai*) durchgeführt. Nun wurde bereits gezeigt, daß der Vorstand gleichzeitig geschäftsführendes Organ ist und damit praktisch die Vorstandsmitglieder ohne Vertretungsvollmacht (Members of Board of Directors) diejenigen mit Vertretungsvollmacht (Executive Officers) kontrollieren sollen. Mit anderen Worten: Die Untergebenen überwachen ihre Vorgesetzten – wie wirksam kann eine solche Kontrolle sein?

Als Ergebnis ist festzuhalten, daß die Vorstandsmitglieder mit Vertretungsvollmacht in ihren Entscheidungen von den Aktionären nicht limitiert werden können, da nach gegenwärtiger Gesetzeslage keine Einschränkung durch die internen oder externen Prüfer möglich ist.

An ihre Stelle ist die Verbundgruppe (*Keiretsu*) als faktisches Kontrollorgan getreten. Von Ausführungen zur Entstehung, den Formen und der Struktur der *Keiretsu* möchte ich an dieser Stelle absehen, dies ist vielfach dokumentiert (vgl. beispielsweise KOYAMA / DOLLES 1992, 1994; DOLLES 1995; HELOU 1994; SYDOW 1991). Wichtig im betrachteten Kontext ist jedoch, daß die einem *Keiretsu* angeschlossenen Unternehmen in der Regel mehrere wechselseitige „Außenmitglieder" des Vorstands haben. Beispielsweise ist der Vorstandsvorsitzende des Unternehmens A1 oft ein Vorstandsmitglied des Unternehmens A2, wobei beide Gesellschaften zum *Keiretsu* A gehören. Hinzu kommt, daß die Gesellschaften innerhalb einer Verbundgruppe normalerweise recht enge Handelsbeziehungen unterhalten. Die Präsenz der Außenmitglieder besteht allerdings in der Regel lediglich pro forma, sie üben ihr Stimmrecht deshalb nicht aus, weil man sich das gleiche von der Gegenseite wünscht – es handelt sich also eher um wechselseitige Gefälligkeitsbeziehungen. Die Überwachung durch die Personalverflechtungen kann also nur als formelle bezeichnet werden.

So verbleibt die Bank (*Mainbank*) der Verbundgruppe, um die Aufgabe der Überwachung zu übernehmen. Auch von dieser Seite kommt es zu Personalverflechtungen, die jedoch nicht in einer gleichzeitigen Vorstandstätigkeit der entsprechenden Personen in der Bank und im Unternehmen bestehen, da diese Doppelfunktion durch Art. 7 des japanischen Bankgesetzes untersagt ist. Das entsprechende „Außenmitglied" des Vorstands muß zunächst seine Tätigkeit bei der Bank offiziell beenden. Von diesen Außenmitgliedern kann nun gesagt werden, daß sie ihr Stimmrecht tatsächlich ausüben und die Tätigkeit der Vorstandsmitglieder überwachen. Jedoch kommt es seltener zu diskretionärem Eingreifen in die Geschäftstätigkeit, die Banken äußern sich meist erst dann, wenn ein Unternehmen in Schwierigkeiten zu geraten droht. Das Bankenrecht gestattet direkte Eingriffe von Vorstandsmitgliedern der Bank in die Politik eines Unternehmens nur in der Form der externen Rechnungsprüfer (*Kansayaku*), als solche sind sie, wie bereits erwähnt, so gut wie aussichtslos.

Man kann aus den dargelegten Überlegungen folgern, daß den Banken eine entscheidende Rolle bei der Kontrolle der Spitzenorganisationen in Japan zukommt. Im folgenden will ich deshalb den Charakter der japanischen Mainbank etwas ausführlicher darlegen.

2. Einfluß der Banken in Deutschland und Japan

Um den Einfluß der Banken auf die Unternehmenstätigkeit zu beschreiben, sollen im Rahmen dieser Untersuchung folgende Grundlagen der Interventionsmacht unterschieden werden:

- personelle Verflechtung,
- Kapitalverflechtung (im Sinne der Kapitalbeteiligung) sowie
- Grad und Form der Fremdfinanzierung.

Wesentliche Unterschiede ergeben sich aus zwei Gründen: Erstens unterscheidet sich das Ausmaß des Bankgeschäfts aufgrund der erwähnten Differenzierung der Banken in Japan und dem Universalbanksystem in Deutschland. Zweitens ist es entscheidend für die Art und Weise des Einflusses, ob die Beziehung zwischen der Bank und dem Unternehmen explizit oder implizit ist. Wenn die Beziehung implizit ist, d. h. wenn sie ohne schriftlichen Vertrag geschlossen ist, kann sie nichts anderes sein als eine Verflechtung auf Vertrauensbasis. Daraus ergibt sich von selbst, daß die Bank keine einklagbaren Ansprüche an die Gesellschaft vorweisen kann und auf andere Weise versuchen muß, das Unternehmen zu kontrollieren bzw. zu überwachen.

Anders als die Hausbanken in Deutschland, deren Vertreter in den Aufsichtsräten und Vorständen deutscher Aktiengesellschaften zu finden sind, versucht die Mainbank in Japan, Einfluß auf die Unternehmen auf der Grundlage einer stillschweigenden, nichtvertraglichen Basis auszuüben. Dabei ist eine der Quellen zur Absicherung dieser Beziehung die enge wirtschaftliche Verbindung der zum *Keiretsu* gehörenden Gesellschaften. In Japan wird von Industrieorganisationsforschern noch immer eine strengere Kontrolle der Einflußmöglichkeiten der Banken auf die Wirtschaft gefordert, die faktisch trotz der Auflösung der *Zaibatsu* (Finanzcliquen, Familienholdings) nach dem Ende des Zweiten Weltkriegs fortbesteht. Ich aber meine, wie ich im folgenden zu begründen versuche, daß eine weitere Regulierung der Banken in Japan nicht nötig ist. Auch in Deutschland scheint, trotz der Reformen des Gesetzes über das Kreditwesen von 1976 und 1985, die Forderung nach umfangreicherer Bankenregulierung lauter zu werden, besonders nach so spektakulären Fällen wie dem Beinahezusammenbruch der Metallgesellschaft.

Gegenwärtig läßt sich sowohl in Deutschland als auch in Japan konstatieren, daß die Unternehmen verstärkt versuchen, sich ohne Einschaltung der Banken direkt am Kapitalmarkt zu finanzieren. Diese Tendenz ist in Japan seit längerer Zeit zu beobachten und hat sich in den 80er Jahren noch verstärkt. Die Banken stehen hier einem Wendepunkt in Form einer verstärkten Finanzmarktdiversifikation gegenüber, die ihre Einflußmöglichkeiten auf die Unternehmen schwinden läßt, wobei die Politik in beiden Ländern ein Wachstum des Finanzmarktes zu befürworten scheint.

3. Besonderheiten des japanischen Modells

An dieser Stelle sollen die Chancen und Risiken der japanischen Banken bezüglich der Formen und Möglichkeiten der Einflußnahme auf die bei ihnen verschuldeten Unternehmen in Abgrenzung zum deutschen System näher beleuchtet werden. Dabei ist auf die folgenden Fragen eine Antwort zu finden:

a) Welche Regulierung ist notwendig zur effektiven und erfolgreichen Überwachung der Aktiengesellschaften in Japan?

b) Kann die Verflechtung innerhalb der *Keiretsu* in Japan als Mittel zur Überwachung fungieren?

c) Welche Rolle spielen die Banken innerhalb der *Keiretsu*?

d) Wie kann die Bank zur Verbesserung der Gewinnsituation der Unternehmen beitragen?

Zu a) Welche Regulierung ist notwendig zur effektiven und erfolgreichen Überwachung der Aktiengesellschaften in Japan?

Wegen der oben erörterten Mängel des japanischen Aktiengesetzes kann faktisch niemand das Management wirklich überwachen, woraus die spezifische Rolle der Mainbank resultiert. Nicht die Hauptversammlung oder der in Deutschland existierende Aufsichtsrat, sondern ein Organ „außerhalb" der Firma muß die Kontrollfunktionen übernehmen, und dies ist üblicherweise die Mainbank des *Keiretsu*. Diese Lösung ist aber mit Mängeln behaftet, notwendig wäre eine grundlegende Reform des japanischen Gesellschaftsrechts. Ein solcher Versuch erfolgte schon einmal mit dem Ziel, eine Überwachungsinstanz zu konstituieren, die weder dem Unternehmen noch der Bank untersteht und in der Form der externen Rechnungsprüfer (*Shagai Kansayaku-System*) besteht. Die Firmen entziehen sich dieser Kontrolle jedoch, indem sie einen Rechnungsprüfer eines anderen, zum gleichen *Keiretsu* gehörenden Unternehmens zum externen Prüfer bestellen. Aufgrund der wechselseitigen Verbundenheit nimmt der externe Prüfer keine wirkliche Kontrollfunktion wahr, weshalb dieser Versuch des Gesetzgebers zur Einschränkung der Verfügungsgewalt des Vorstands als gescheitert bezeichnet werden muß.

Es dürfte deutlich geworden sein, daß eine wirksame Kontrolle und Überwachung der Vorstandstätigkeit auf gesetzlichem Wege nicht erfolgen kann.

Zu b) Kann die Verflechtung innerhalb der *Keiretsu* in Japan als Mittel zur Überwachung fungieren?

Anstelle des Aktiengesetzes erfüllt die Verflechtung der japanischen Unternehmen in der Form der *Keiretsu* erfolgreich die Funktion der Überwachung. Auf die zur Gruppe gehörenden Unternehmen wird ein normativer Druck ausgeübt, sich entsprechend den Vorstellungen der Bank und der verbundenen Gesellschaften zu verhalten. Die Koordination der Handlungen innerhalb des *Keiretsu* erfolgt gruppenorientiert – Mitglieder, die sich nicht an die stillschweigend geltenden Normen halten, werden aus dem Verbund ausgeschlossen. Die Ausrichtung des Verhaltens auf das Interesse der gesamten Gruppe statt auf Partikularinteressen wird also durch implizite Kontrakte, nicht jedoch durch schriftlich fixierte und gesetzlich einklagbare Regelungen erreicht.

Zu c) Welche Rolle spielen die Banken innerhalb der *Keiretsu*?

Die Bank übernimmt die Rolle des Leiters bzw. Vermittlers innerhalb des *Keiretsu*. Das von der Bank entsandte Vorstandsmitglied – das allerdings offiziell kein Vorstandsmitglied mehr bei der Bank selbst ist – überwacht das Unternehmen und greift in Notfällen ein, z. B. bei Insolvenzgefahr. Mittels ihrer zentralen Position kann die Bank Einfluß auf das Management der zur Gruppe gehörenden Gesellschaften ausüben. Auch hier erfolgt die Einflußnahme nicht mittels einklagbarer Rechte, sondern durch implizite, stillschweigende Übereinkunft.

Zu d) Wie kann die Bank zur Verbesserung der Gewinnsituation der Unternehmen beitragen?

Der Einfluß der Fremdkapitalgeber und im besonderen der der Banken auf die Gewinnsituation von Aktiengesellschaften ist Gegenstand verschiedener Untersuchungen gewesen. In der Literatur werden kontroverse Meinungen hinsichtlich des Einflusses der Banken und der personellen Verflechtungen vertreten (z. B. POENSGEN 1980; CABLE 1985).

Die von CABLE (1985) vertretene Hypothese zum „*Internal Capital Market*" erscheint besonders beachtenswert. Er untersucht sowohl qualitativ als auch quantitativ die Auswirkungen der Beziehungen zwischen Banken und Unternehmen in Deutschland. Entsprechend seiner „Internal Capital Market"-Hypothese behauptet er, eine enge Beziehung zu den Banken sei ursächlich für eine Steigerung der Profitabilität der untersuchten Unternehmen. Seine Hypothese läßt sich folgendermaßen zusammenfassen:

Wegen der sehr engen und dauerhaften Geschäftsbeziehungen zwischen den Banken und den Wirtschaftsunternehmen können in Deutschland nicht nur finanzielle, sondern auch zusätzliche Ressourcen, wie beispielsweise Fachkenntnisse über weltwirtschaftliche Zusammenhänge, Brancheninformationen und Managementwissen, die sich bei den Banken sammeln, an die Firmen weitergegeben werden.

Weil die Bank mit dem Unternehmen gleichzeitig als Anteilseigner, Kreditgeber und Effektenmakler interagiert, können die beteiligten Partner verschiedene Agency-Kosten einsparen. CABLE verwendet den Begriff der Agency-Kosten in seiner Argumentation nicht, ich werde jedoch später zeigen, daß dieses Konzept zu neuen Erkenntnissen führen kann. Nach Ansicht CABLEs installieren Unternehmen und Banken sozusagen ihren eigenen „Mini-Kapitalmarkt" (Internal Capital Market), zu dem nur sie Zugang haben. Fraglich ist, ob gleiche oder unterschiedliche Ergebnisse für Deutschland und Japan zu erwarten sind.

CABLE wertet Daten von 48 deutschen Unternehmen aus und vollzieht für den Zeitraum von 1968 bis 1972 eine Regressionsanalyse. Als abhängige Variable wird die Rendite des Gesamtvermögens gesetzt. Einige der von ihm verwendeten Daten sind für einen Vergleich zwischen Deutschland und Japan sehr aufschlußreich. Das Ergebnis seiner Erhebung läßt sich wie folgt zusammenfassen:

Variable	Beta-Koeffizient	t-Wert
Konzentrationsindex der 20 größten Aktionäre	0,0334	2,774
Summe des quadrierten Anteils des Depotstimmrechts der Banken	0,0952	2,396
Quote der von den Banken entsandten Mitglieder im Aufsichtsrat	0,0156	1,961
Verhältnis der Bankschulden zu den gesamten Schulden	0,0486	2,760
Multipler Korrelationskoeffizient	0,604	

Entsprechend der Hypothese des „Internal Capital Market" werden für die Koeffizienten bezüglich der unabhängigen Variable „Rendite des Gesamtvermögens" folgende Vorzeichen erwartet:

Variable	Erwartetes Vorzeichen[1]
Konzentrationsindex der 20 größten Aktionäre	*
Summe des quadrierten Anteils des Depotstimmrechts der Banken	+
Quote der von den Banken entsandten Mitglieder im Aufsichtsrat	+
Verhältnis der Bankschulden zu den gesamten Schulden	+

[1] * = nicht signifikant

Es ist darauf hinzuweisen, daß diese Analyse eine indirekte Messung der ökonomischen Beziehung ist. Daß die untersuchten Variablen immer ein positives Vorzeichen erhielten, ist jedoch ein deutlicher Hinweis auf die Stärke des Bankeneinflusses auf die Profitabilität der Unternehmen. Aus CABLEs Analyse läßt sich mithin folgern, daß die Regulierung der Geschäftstätigkeit durch die Banken in Form von Beteiligungen und/oder personellen Verflechtungen immer vorteilhaft für die Anteilseigner ist, solange die Einflußnahme nicht übermäßig erfolgt.

CABLEs Hypothese soll nun auf die Situation in Japan übertragen werden. Eine Bestätigung hieße in der Konsequenz, daß, wenn die Banken die Mängel des Überwachungssystems der japanischen Aktiengesellschaft auszugleichen vermögen, die positive Rolle der Mainbanks innerhalb der *Keiretsu* stärker betont werden müßte. Ich habe CABLEs Verfahren für eine Stichprobe von n = 60 Unternehmen für den Zeitraum von 1981 bis 1983 und n = 40 für 1987 bis 1989 (TOYOKEIZAI 1984, 1990; NIKKEI 1983, 1989) repliziert. Auch hier ist die abhängige Variable die Rendite des Gesamtvermögens. Eine Zusammenfassung der statistisch signifikanten Variablen ergibt folgendes Bild:

JAPAN 1982 (a)

Variable	Beta-Koeffizient	t-Wert
Aktienanteil der Banken und Assekuranzen, die dem Keiretsu angehören, am gesamten Aktienbestand des Unternehmens	-0,0256	-0,5969
Anteil der von den Banken und Assekuranzen im Keiretsu entsandten Mitglieder im Vorstand	0,1506	2,3097
Anteil der Schulden bei Banken, die dem Keiretsu angehören, an den Gesamtschulden	-0,0140	-0,6610*
Industriedummyvariable (Industrieunternehmen oder nicht)	1,3294	3,1329
Wachstumsrate des Gesamtvermögens	0,3219	4,3201
Multipler Korrelationskoeffizient	0,5251	

* = nicht signifikant

JAPAN 1982 (b)

Variable	Beta-Koeffizient	t-Wert
Aktienanteil der Banken und Assekuranzen, die dem Keiretsu angehören, am gesamten Aktienbestand des Unternehmens	0,1190	4,3563
Industriedummyvariable (Industrieunternehmen oder nicht)	1,3048	3,1572
Wachstumsrate des Gesamtvermögens	0,3190	4,3563
Multipler Korrelationskoeffizient	0,5377	

JAPAN (1987)

Variable	Beta-Koeffizient	t-Wert
Aktienanteil der Banken und Assekuranzen, die dem Keiretsu angehören, am gesamten Aktienbestand des Unternehmens	0,1245	2,3199
Anteil der von den Banken und Assekuranzen im Keiretsu entsandten Mitglieder im Vorstand	0,1504	2,1873
Anteil der Schulden bei Banken, die dem Keiretsu angehören, an den Gesamtschulden	-0,0712	-3,4309
Industriedummyvariable (Industrieunternehmen oder nicht)	2,3034	4,4060
Multipler Korrelationskoeffizient	0,6070	

Entsprechend der „Internal Capital Market"-Hypothese werden folgende Vorzeichen der Koeffizienten erwartet:

Variable	Erwartetes Vorzeichen[1]
Aktienanteil der Banken und Assekuranzen, die dem Keiretsu angehören, am gesamten Aktienbestand des Unternehmens	+
Anteil der von den Banken und Assekuranzen im Keiretsu entsandten Mitglieder im Vorstand	+
Anteil der Bankschulden, die dem Keiretsu angehören, an den Gesamtschulden	+
Industriedummyvariable (Industrieunternehmen oder nicht)	*
Wachstumsrate des Gesamtvermögens	*

[1] * = nicht signifikant

Auch hier sei noch einmal darauf hingewiesen, daß diese Analyse eine indirekte Messung der ökonomischen Beziehung ist.

Das Ergebnis in Japan unterscheidet sich von dem in Deutschland, allerdings nicht in starkem Maße. Zwischen den Jahren 1982 (negatives Vorzeichen) und 1987 (positives Vorzeichen) besteht ein großer Unterschied, der sich durch Betrachtung des Verlaufs der wirtschaftlichen Entwicklung in Japan erklären läßt. Seit Anfang der 80er Jahre haben die japanischen Unternehmen versucht, die Rate der Eigenfinanzierung durch Aktien zu erhöhen, um dadurch ihre Gewinne zu steigern. Dahinter stand die Logik, daß ein hoher Eigenkapitalanteil durch geringere Kapitalkosten die Gewinnsituation verbessern kann. Angesichts der extremen Hochkonjunktur (*Bubble-Economy*) und der daraus resultierenden hohen Aktienwerte ist anzunehmen, daß 1987 für die Unternehmen ein starker Anreiz bestand, ihre Eigenfinanzierungsrate weiter zu erhöhen. Die Folgen dieser Entwicklung sind bekannt, es kam zu starken Kurseinbrüchen und noch heute (Herbst 1995) befinden sich die Aktienkurse auf niedrigem Niveau.

4. Eine Interpretation der Rolle der Banken in Japan

Im Vergleich zur Zeit der extremen Hochkonjunktur (1986-1991) hat sich die Rolle der Banken in Japan gewandelt. Man kann dieses Phänomen aus dem Blickwinkel der Principal Agent-Theorie analysieren. Die Agency-Kosten zwischen Banken und Unternehmen sind in der Vergangenheit wohl grundsätzlich durch die *Keiretsu*-Verbindungen reduziert worden. Dadurch, daß die Gesellschaften in der Phase der Hochkonjunktur die Verbindungen innerhalb der *Keiretsu* und insbesondere zur Mainbank lockerten, blieben diese Vorteile ungenutzt. Die Zugehörigkeit zum selben *Keiretsu*, die Gültigkeit impliziter Kontrakte und Gruppennormen hätte prinzipiell die Funktion der Senkung der Monitoring-Costs zwischen Principal und Agent übernehmen können. Viele Unternehmen riskierten eine Verschlechterung der Beziehungen innerhalb des Verbundes zugunsten kurzfristiger Finanzierungs- und Gewinnvorteile. Durch die Rezession ist jedoch das Bewußtsein innerhalb der japanischen Industrie wiedererwacht, daß die Vorteile, die die *Keiretsu* bieten, effektiv genutzt werden sollten.

Man kann konstatieren, daß die Tätigkeit der Banken heute durch das Bankgesetz und das seine Einhaltung überwachende Finanzministerium relativ streng reguliert ist. Dies ist auch eine Folge der noch immer nachwirkenden schlechten Erfahrungen der Vorkriegszeit mit den *Zaibatsu*. Eine noch strengere Regulierung der Banken könnte, wie die Ergebnisse der Analyse gezeigt haben, jedoch kontraproduktiv sein.

Ein weiteres Ergebnis der Regressionsanalyse scheint bemerkenswert: auch für Japan erhöht eine personelle Verflechtung die Profitabilität der Unternehmen. Eine diesbezüglich zu starke Regulierung der Banken wird sich daher als nicht vorteilhaft für die Anteilseigner erweisen.

Literaturverzeichnis

AOKI, M. (1984): Gendai No Kigyou (Moderne Unternehmen). Tokio: Iwanami Verlag.

CABLE, J. (1985): Capital Market Information and Industrial Performance: The Role of West German Banks. The Economic Journal (1985)95: 118-132.

DOLLES, H. (1995): Keiretsu – Eine Organisationsform zwischen Markt und Hierarchie? Überlegungen zur Analyse japanischer Verbundgruppen. Nürnberg: Universität Erlangen-Nürnberg (Lehrstuhl für Betriebswirtschaftslehre), Diskussionsbeitrag Nr. 4.

HELOU, A. (1991): The Nature and Competitiveness of Japan's Keiretsu. Journal of World Trade (1991)25: 99-131.

KOYAMA, A.; H. DOLLES (1992): Nichidoku Kigyou no Hikaku Bunseki (1). Kigyou Keiretsu no Kousatsu (Japanische und deutsche Unternehmen im Vergleich (1). Überlegungen zu Verflechtungen). Gakushuin Daigaku Keizai Ronshuu (Gakushuin Economic Papers) 29(1992)2: 113-126.

KOYAMA, A.; H. DOLLES (1994): Nichidoku Kigyou no Hikaku Bunseki (2). Kigyou Keiretsu no Kousatsu (Japanische und deutsche Unternehmen im Vergleich (2). Überlegungen zu Verflechtungen). Gakushuin Daigaku Keizai Ronshuu (Gakushuin Economic Papers) 30(1994)3: 423-438.

KOYAMA, A. (1991): Eigenarten des japanischen Managements. Zfbf 43(1994)3: 275-284.

NIKKEI (1983): Nikkei Kaisha Jouhou (Nikkei Unternehmensinformationen). Tokio: Nikkei.

NIKKEI (1989): Nikkei Kaisha Jouhou (Nikkei Unternehmensinformationen). Tokio: Nikkei.

OKURASHO (Finanzministerium) (1984): Hojin Kigyo Tokei (Gesellschaftsstatistik). Tokio.

POENSGEN, O. (1980): Between Market and Hierarchy – The Role of Interlocking Directorates. Zeitschrift für die gesamte Staatswissenschaft 136(1980)2: 209-225.

SYDOW, J. (1991): Strategische Netzwerke in Japan. Zfbf 43(1991)3: 238-254.

TOYOKEIZAI (1984): 84 Kigyou Keiretsu Souran (Der Gesamtüberblick der Keiretsu 84). Tokio: Toyokeizai.

TOYOKEIZAI (1990): 90 Kigyou Keiretsu Souran (Der Gesamtüberblick der Keiretsu 90). Tokio: Toyokeizai.

Bernd Frick[*]

Mitbestimmung und Personalfluktuation
Zur Wirtschaftlichkeit der bundesdeutschen Betriebsverfassung im internationalen Vergleich

In dem Maße, in dem betriebliche Arbeitnehmervertretungen die für Arbeitsbeziehungen charakteristischen Informationsasymmetrien reduzieren, können sie zugleich die Überwindung des daraus resultierenden „Gefangenendilemmas" erleichtern, welches seinerseits durch eine dauerhaft suboptimale Kooperationsbereitschaft der beteiligten Parteien gekennzeichnet ist.

Um diese Kooperationsbereitschaft zu fördern, ist eine rechtliche Autorisierung der Arbeitnehmervertretungen erforderlich, die zum einen das Spektrum der Handlungsmöglichkeiten restringiert (Gebot der vertrauensvollen Zusammenarbeit und Friedenspflicht), zum anderen nennenswert erweitert (Informations-, Konsultations- und Mitbestimmungsrechte).

In Übereinstimmung damit zeigt die auf umfangreichen Betriebsdatensätzen aus Deutschland, Großbritannien und Australien beruhende empirische Analyse, daß lediglich die deutschen Betriebsräte, nicht aber die in britischen und australischen Unternehmen vertretenen Gewerkschaften „innerorganisatorisch effiziente" Personal- und Beschäftigungsentscheidungen durchzusetzen bzw. zu legitimieren imstande sind.

---

[*] Dr. rer. pol. Bernd Frick, Universität Trier, Fachbereich IV-Betriebswirtschaftslehre, insbesondere Dienstleistungsökonomie und -politik, 54296 Trier. Derzeit Vertretung des Lehrstuhls für Allgemeine Betriebswirtschaftslehre, insbesondere Personal und Organisation, an der Ernst-Moritz-Arndt-Universität Greifswald, Domstr. 11, 17489 Greifswald.

1. Einleitung[1, 2]

Angesichts fallender Mauern und sich öffnender Grenzen und der daraus resultierenden Internationalisierung bzw. Globalisierung nicht nur der Produkt-, sondern auch der Arbeitsmärkte stellt sich aus der Sicht der Unternehmen die Frage nach dem „optimalen (Produktions-)Standort" heute um einiges dringlicher als noch vor wenigen Jahren. Neben den „traditionellen" Faktoren (wie z. B. den Arbeits- und Betriebszeiten sowie den Lohn(neben)kosten) rücken mittlerweile auch bislang eher vernachlässigte Einflußgrößen wie die Betriebsverfassung verstärkt in das Blickfeld der Unternehmen. Ungeachtet anderslautender Äußerungen im Rahmen (wirtschafts-)politischer und wirtschaftswissenschaftlicher Diskurse ist bislang aber weder die Frage nach der „innerorganisatorischen Effizienz" gesetzlicher Regulierungen des Arbeitsmarktes im allgemeinen, noch die nach der Wirkungsweise justitiabler Mitbestimmungsregelungen im besonderen zufriedenstellend geklärt.[3]

Über die durch die Betriebsverfassung induzierbaren bzw. faktisch induzierten Kosten- und Produktivitätseffekte schweigt sich die betriebswirtschaftliche Literatur bislang aus – was kaum überraschend ist, wenn man bedenkt, daß das Unternehmen auch heute noch vielfach als eine „black box" konzipiert wird und daß der nach wie vor gravierende Datenmangel die Durchführung entsprechender empirischer Untersuchungen erheblich erschwert. Um die hinlänglich dokumentierten Informationsdefizite (vgl. FRICK 1995a) verringern zu können, ist es hilfreich, das Unternehmen zunächst als ein (überwiegend) kooperatives Spiel zwischen Eigentümer(n) bzw. Anteilseignern und Beschäftigten zu interpretieren und zu fragen, unter welchen Bedingungen rechtlich autorisierte Arbeitnehmervertretungen geeignet sind, die Kosten der Koordination zwischenmenschlichen Handelns zu verringern und damit einen Beitrag zur Steigerung der Effizienz betriebsinterner Arbeitsmärkte zu leisten. Exogene Regulierungen des Arbeitsverhältnisses können – so die These – insbesondere dann im Interesse der dadurch vordergründig in ihren

---

[1] Der Beitrag enthält ausgewählte Ergebnisse meiner Habilitationsschrift, die unter dem gleichen Titel veröffentlicht werden wird. Die in Abschnitt 3 zitierten Modellschätzungen sind dort dokumentiert, können aber auch bei Bedarf angefordert werden.

[2] Ich danke Dr. Christoph F. Büchtemann, ehemals am Wissenschaftszentrum Berlin, dem britischen Employment Department und dem ESRC Data Archive an der University of Essex sowie dem australischen Department of Industrial Relations und den Social Sciences Data Archives der Australian National University in Canberra für die großzügige Überlassung des Datenmaterials.

[3] Als „innerorganisatorisch effizient" sollen Unternehmensentscheidungen immer dann gelten, wenn sie nach dem Urteil der Eigentümer bzw. des Managements *und* der aktuellen Belegschaft nicht verbessert werden können (vgl. AOKI 1984 und SADOWSKI / BACKES-GELLNER / FRICK 1996).

Handlungsmöglichkeiten beschränkten Unternehmen sein, wenn sie die Akzeptanz von Beschäftigungsentscheidungen innerhalb der Belegschaft erhöhen (vgl. Abschnitt 2.).

Anschließend ist der Frage nachzugehen, welchen Einfluß unterschiedliche institutionelle Ausgestaltungen der Mitbestimmung auf die unternehmerische Personal- und Beschäftigungspolitik haben (können). Eine derartige „vergleichende Institutionenanalyse" ist unverzichtbar, um die unterschiedlichen Konsequenzen alternativer institutioneller Arrangements nicht nur behaupten, sondern auch empirisch belegen zu können. In diesem Zusammenhang zeigt sich, daß eine „Verdünnung" von Verfügungsrechten durch die rechtliche Autorisierung kollektiver Arbeitnehmervertretungen nicht nur eine Einschränkung von Unternehmensfreiheiten bewirkt, sondern auch produktive Folgen haben kann (vgl. Abschnitt 3.).

2. Die Unvermeidbarkeit opportunistischen Verhaltens und die Voraussetzungen (in-)stabiler Kooperation

2.1 Informationsasymmetrien und die permanente Gefährdung latenter Kooperationsbereitschaft

Wenn die grundlegende Bereitschaft von Arbeitnehmern, Arbeitsleistung zu erbringen, sich fortzubilden und umsetzen zu lassen, nicht „erzwungen" werden kann, sondern von deren Kooperationsbereitschaft abhängt, dann ist es aus Unternehmenssicht unverzichtbar, spezifische Anreizmechanismen zu implementieren, um die Wahrscheinlichkeit eines (zu) geringen Arbeitseinsatzes bzw. einer (zu) geringen Loyalität (d. h. „opportunistischen Verhaltens") der Beschäftigten minimieren zu können. Da die Hinterlegung von Pfändern als Sicherheit im allgemeinen nicht durchsetzbar ist (vgl. DICKENS ET AL. 1990; LANG / KAHN 1990), wird im allgemeinen unterstellt, daß Arbeitnehmer zu Beginn ihrer Betriebszugehörigkeit unterhalb und in späteren Phasen oberhalb ihres Wertgrenzproduktes entlohnt werden, wobei die über die Dauer des Erwerbslebens eines Arbeitnehmers abdiskontierten Summen der Lohnsätze und der Wertgrenzproduktivität einander entsprechen müssen (vgl. LAZEAR 1981)[4]. Arbeitnehmer, deren Leistungsbe-

---

[4] Daß die Erwerbseinkommen von Arbeitnehmern unter sonst gleichen Bedingungen mit der Berufserfahrung und der Betriebszugehörigkeitsdauer zunehmen, kann mittlerweile als ein „stilisierter Fakt" der mikroökonomischen Arbeitsmarktforschung gelten: Unabhängig vom Untersuchungsland und

reitschaft nicht den betrieblichen Anforderungen entspricht, können jederzeit entlassen werden und verlieren damit die Rente des Verbleibens im Betrieb, die sich als Differenz zwischen dem aktuellen Lohnsatz und dem auf dem externen Arbeitsmarkt erzielbaren Lohnsatz ergibt. In einer „institutionenfreien" Welt werden die Unternehmen an möglichst steilen Alters-Einkommens-Profilen interessiert sein, um die Arbeitnehmer zu dem Zeitpunkt zu entlassen, an dem der Lohnsatz exakt dem Wertgrenzprodukt entspricht, da sie dann den maximalen „Entlassungsgewinn" realisieren können. Auf einem vollkommenen Arbeitsmarkt werden derartige Vertragsverletzungen der Reputation der Unternehmen schaden, mit der Folge, daß Betriebe, die sich einmal opportunistisch verhalten haben, langfristig Schwierigkeiten haben werden, ihren Bedarf an qualifizierten und loyalen Arbeitskräften zu decken – es sei denn, sie bieten diesen flachere Alters-Einkommens-Profile an, die jedoch wiederum die Wahrscheinlichkeit opportunistischen Verhaltens der Arbeitnehmer erhöhen, weil die Opportunitätskosten einer Entlassung geringer sind als bei steileren Verdienstprofilen.

Ungeachtet der Tatsache, daß die überwiegende Mehrheit der Arbeitnehmer steigende Alters-Einkommens-Profile zu präferieren scheint (vgl. FRANK / HUTCHENS 1993; LOEWENSTEIN / SICHERMAN 1991), stellt die Durchsetzbarkeit von Senioritätslöhnen aus betrieblicher Sicht im allgemeinen ein Problem dar: Insbesondere überdurchschnittlich produktive Arbeitskräfte verlassen oftmals unter Inkaufnahme des Verlustes ihrer Bonds das Unternehmen, weil sie nicht nur ihre (branchen-)spezifischen Kenntnisse und Fertigkeiten ohne nennenswerte Abschreibungen transferieren können, sondern weil die Ertragsraten auf ihr Humankapital in den sie einstellenden Unternehmen nennenswert höher sind. Dieses Problem wird auch dadurch nicht beseitigt, daß es den Unternehmen im allgemeinen durchaus möglich ist, bei (unvermeidbaren) Personalanpassungen die weniger produktiven Arbeitskräfte (zuerst) zu entlassen. Daß die Produktivität derjenigen, die ihr letztes Beschäftigungsverhältnis selbst kündigten, erheblich höher ist als die derjenigen, denen vom Unternehmen gekündigt wurde, zeigt sich u. a. darin, daß die erstge-

---

-zeitpunkt, der Stichprobengröße und -zusammensetzung sowie der konkreten Operationalisierung der endogenen Variable kommt eine Vielzahl empirischer Untersuchungen zu dem Ergebnis, daß die „Ertragsrate" eines zusätzlichen Jahres an Berufserfahrung etwa 3 % und die eines durchschnittlichen Jahres an Betriebszugehörigkeit etwa 1 % beträgt (für einen Überblick vgl. FRICK 1995b: 116-128). Auch wenn neuere *empirische* Studien vermuten lassen, daß der Anreizkomponente die größere Bedeutung zukommt, ist die *theoretische* Frage, ob der Anstieg der individuellen Erwerbseinkommen durch eine sukzessive Akkumulation (betriebs-) spezifischer Kenntnisse und Fertigkeiten bewirkt wird, die ihrerseits die individuelle Arbeitsproduktivität erhöhen oder ob eine aus Motivationsgründen erforderliche zeitliche Verlagerung von Lohnbestandteilen in spätere Phasen der Erwerbskarriere (bei im Zeitablauf mehr oder weniger konstanter Produktivität) den Verlauf des „typischen" Lohnprofiles bestimmt, nach wie vor nicht zufriedenstellend geklärt.

nannten am neuen Arbeitsplatz signifikant höhere „Ertragsraten" auf ihr Humankapital realisieren können als die letztgenannten (vgl. GERLACH / SCHASSE 1991). Bei der letztgenannten Gruppe wiederum ist der Rückgang der Ertragsrate bei denjenigen, die aufgrund einer Betriebsschließung ihren Arbeitsplatz verloren haben, relativ gering, d. h. produktivitätsbedingte Einkommenseinbußen sind nicht nachweisbar. Demgegenüber erreichen die Einkommensverluste derjenigen, die „Opfer" einer Einzelentlassung wurden, in aller Regel nennenswerte Größenordnungen, die auch im Zeitablauf nicht kompensiert werden können (vgl. BLIEN / LÖWENBEIN 1991 für Deutschland und GIBBONS / KATZ 1991 für die USA). Dieser Befund spricht ebenfalls für die Vermutung, daß die Unternehmen unabhängig von der Existenz gesetzlicher Bestandsschutzregelungen im allgemeinen in der Lage sind, die Arbeitskräfte mit der geringsten Produktivität (zuerst) zu entlassen. Auch der Befund, daß die Zahl freiwilliger Arbeitgeberwechsel das Einkommen c. p. erhöht, wohingegen für unfreiwillige Wechsel das Gegenteil gilt, ist aus Unternehmenssicht letztlich ein Indiz dafür, daß die produktiveren Arbeitskräfte ihr Arbeitsverhältnis selbst kündigen, wohingegen die weniger produktiven entlassen werden können. Dies ist insofern auch kaum überraschend, als sich das Mobilitätsverhalten der abhängig Beschäftigten primär am noch zu erwartenden Nettolebenseinkommen ausrichtet, d. h. daß sich die überwiegende Mehrheit der Erwerbstätigen bei Entscheidungen über einen Arbeitsplatzwechsel im Sinne des Ziels der Einkommensmaximierung verhält (vgl. HÜBLER 1989). Bemerkenswert ist insbesondere der Befund, daß bei vielen Arbeitnehmern eine Neigung zu über-, und nicht wie vielfach behauptet, zu suboptimaler Mobilität besteht, die ihrerseits im wesentlichen mit den *kurzfristig* hohen Ertragsraten freiwilliger Arbeitsplatzwechsel („job-shopping") zu erklären ist[5]. Daß die Stabilität des Erwerbsverhaltens von Stellenbewerbern bei der Personalauswahl oftmals eine entscheidende Rolle in dem Sinne spielt, daß häufige Arbeitgeberwechsel in der Vergangenheit als negatives Merkmal eines Bewerbers interpretiert werden, wodurch sich dessen zukünftige Karriereaussichten erheblich verschlechtern können (vgl. WINDOLF / HOHN 1984)[6], hat offenkundig keinen die individuelle Fluktuationsneigung reduzieren-

---

5 Zur Quantifizierung der optimalen Zahl an Arbeitgeberwechseln anhand der Daten des „Sozio-ökonomischen Panels" vgl. HÜBLER (1989: 192-195). Eine Neigung zu überoptimaler Mobilität ist insbesondere bei jüngeren Arbeitskräften zu beobachten, d. h. bei denjenigen, deren Entlohnung im allgemeinen unter ihrem Wertgrenzprodukt liegt und die aus diesem Grund für die Unternehmen besonders „attraktiv" sind.

6 Die Verwendung dieses Rekrutierungskriteriums dient aus betrieblicher Sicht offenkundig der Minimierung der (erwarteten) Fluktuationskosten. Mangels besserer Informationen über das zukünftige Verhalten eines Stellenbewerbers greifen die Personalverantwortlichen in den Betrieben auf Informationen über das Verhalten der Arbeitskräfte in der Vergangenheit zurück und extrapolieren es in die Zukunft. Dieses Informationsverhalten der Unternehmen wiederum resultiert für reputationsbewußte Arbeitnehmer in Restriktionen hinsichtlich der zwischenbetrieblichen Mobilität, denn die Nichtein-

den Einfluß: Ungeachtet der Tatsache, daß die Zahl an Arbeitgeberwechseln, die ein Arbeitnehmer im Laufe seines Erwerbslebens „ungestraft" vornehmen darf, offenbar begrenzt ist, haben freiwillige Wechsler am neuen Arbeitsplatz im Durchschnitt erheblich „bessere" Arbeitsbedingungen, d. h. ein interessanteres Aufgabenfeld, größere Aufstiegsmöglichkeiten, geringere Arbeitsbelastungen, günstigere Arbeitszeitregelungen, kürzere Anfahrtszeiten und höhere betriebliche Sozialleistungen als unfreiwillige Wechsler (vgl. GERLACH / SCHASSE 1991).

2.2 Die potentiellen Effizienzfolgen rechtlich autorisierter Arbeitnehmervertretungen

Aufgrund der vielfach begrenzten Transparenz des Arbeitsmarktes[7] und der daraus resultierenden eingeschränkten Wirksamkeit des Reputationsmechanismus sind Senioritätslöhne aus Arbeitnehmersicht mit dem Problem behaftet, daß sie keinen sich selbst durchsetzenden Mechanismus zur Einhaltung der ihnen zugrundeliegenden impliziten Beschäftigungsgarantien enthalten. Dies ist aus Arbeitnehmersicht um so schwerwiegender, als Lohnprofile mit zunehmender Steilheit zwar einerseits die Fluktuationsneigung reduzieren, andererseits aber zugleich wachsende „Ausbeutungsanreize" für den Arbeitgeber darstellen bzw. enthalten (als empirischen Beleg vgl. ALLEN ET AL. 1993).

Mit der Bedeutung altersabhängiger Entlohnungsmuster wird deshalb vermutlich auch die Nachfrage nach institutionellen „safeguards" zur Reduktion opportunistischen Verhaltens seitens der Unternehmen zunehmen, denn die Einhaltung impliziter Beschäftigungsgarantien ist unter den genannten Bedingungen nur solange zu erwarten, wie die Entlohnung der Arbeitnehmer unterhalb ihres Wertgrenzproduktes liegt. Sobald aber die Entlohnung die Produktivität übersteigt, nimmt die Wahrscheinlichkeit opportunistischen Verhaltens in dem Maße zu, wie die zusätzlichen Erträge in Form von dem Vertragspartner zustehenden (Senioritäts-)Lohnbestandteilen die (erwarteten) Kosten des Reputationsverlustes übersteigen:

---

haltung gewisser zeitlicher Abstände zwischen zwei Arbeitgeberwechseln kann u. U. zu einem erheblichen Reputationsverlust führen (vgl. ALEWELL 1993: 163-164).

[7] Die in den letzten Jahren offenkundig zunehmenden „Matching-Probleme", die sich beispielsweise in einer Rechts-Verschiebung der Beveridge-Kurve niederschlagen (vgl. SCHETTKAT 1995), sind nicht nur Ausdruck des zunehmenden Auseinanderklaffens von angebotenen und nachgefragten Qualifikationen, sondern zugleich auch der mangelnden Transparenz des Arbeitsmarktes.

"Once a bond is posted, a firm has a strong incentive to label a worker a shirker and to claim his bond. Unless, as is unlikely in practice, third parties can be relied on to determine whether a worker has shirked, workers will only be willing to post bonds if they are convinced that the firm will not take them under false pretence. Workers should trust firms not to falsely expropriate bonds so long as the bond is smaller than the value to the firm of maintaining its reputation as an employer. When workers are uncertain of the trustworthiness of firms, they are unlikely to be willing to post bonds" (DICKENS ET AL. 1990: 165).

Wenn aber weder der Reputationsmechanismus noch der Umfang beziehungsspezifischer Investitionen und das daraus resultierende Amortisationsinteresse ausreichen, um opportunistische Verhaltensweisen zuverlässig auszuschliessen, stellt sich die Frage, ob bzw. unter welchen Bedingungen exogene Mitbestimmungsregelungen geeignet bzw. erforderlich sind, um die „Qualität" der betrieblichen Arbeitsbeziehungen und damit die Funktionsweise betrieblicher Arbeitsmärkte zu verbessern. In dem Maße, in dem beispielsweise Betriebsräte als „kollektive Informationsagenturen" zur Reduktion von Informationsasymmetrien zwischen Unternehmensleitung und Arbeitnehmern beitragen, können sie zugleich die Überwindung der für Arbeitsverhältnisse konstitutiven „Gefangenendilemma-Situation" erleichtern und bilden damit den entscheidenden Bestandteil eines „mikro-korporatistischen Arrangements" (vgl. FREEMAN / LAZEAR 1993)[8]. Diese Interpretation ist aus verschiedenen Gründen naheliegend:

Zum einen kann die Unternehmensleitung als die hinsichtlich der konjunkturellen Lage besser informierte Partei das Eintreten spezifischer Umweltzustände vortäuschen bzw. von den Arbeitnehmern als stochastisch angesehene Umweltzustände systematisch herbeiführen, um damit die ursprünglich vereinbarte Aufteilung der Quasi-Rente zu ihren

---

[8] Daß die Unternehmen ihren Beschäftigten ohne „gesetzlichen Zwang" keine einklagbaren Mitbestimmungs- und Bestandsschutzrechte einräumen, ist keineswegs als ein Indiz dafür interpretierbar, daß derartige institutionelle Regelungen per se „ineffizient" sind. Zum einen ist die Annahme, daß der sich selbst überlassene (Arbeits-)Markt das optimale Niveau an Kooperation „automatisch" erzeuge, theoretisch fragwürdig (vgl. AXELROD 1984) und empirisch unbegründet (vgl. KAHN 1993 zur Verhandlungsstrategie von Gewerkschaften bei unterschiedlichen Zeithorizonten). Da kollektive Arbeitnehmervertretungen zum anderen nicht nur den Umfang, sondern auch die Verteilung der (gemeinsam) erwirtschafteten Quasi-Rente beeinflussen, verhindert das zu erwartende „rent-seeking Verhalten" der Arbeitnehmervertretung die Realisierung des „optimalen Niveaus" an Mitbestimmung, weil die Unternehmensleitungen selbst bei einer insgesamt wachsenden Quasi-Rente eine Umverteilung zu ihren Ungunsten vermeiden wollen (vgl. FREEMAN / LAZEAR 1993). Überdies ist anzunehmen, daß eine von der Unternehmensleitung zum Zweck der Opportunismusreduktion etablierte Arbeitnehmervertretung kaum das Vertrauen der Beschäftigten gewinnen würde.

Gunsten verändern zu können. Arbeitnehmervertreter in den Entscheidungsgremien der Unternehmen haben damit im wesentlichen die Aufgabe, den „wahren" Wert des Rückgangs des Grenzproduktes zu ermitteln bzw. darüber zu wachen, daß die ursprünglich vereinbarte Aufteilung der Quasi-Rente eingehalten wird.[9]

Zum anderen können die Arbeitnehmervertreter aufgrund ihrer „Arbeitsplatznähe" die Leistungsbereitschaft und -fähigkeit einzelner Arbeitnehmer oftmals besser beurteilen als die Personalabteilung oder gar die Unternehmensleitung und der letztgenannten damit bei unvermeidbaren Entlassungen wertvolle Informationen liefern, z. B. hinsichtlich der Auswahl der zu Entlassenden[10]. Daß diese Informationen ihrerseits sehr zuverlässig sind, ist insbesondere deshalb zu erwarten, weil das Interesse der betrieblichen Interessenvertretung an einer Maximierung der zu verteilenden Quasi-Rente kaum mit dem Unternehmensinteresse an einer Maximierung des Gewinnes konfligieren dürfte.[11]

3. Quasi-Renten, Opportunismus und Personalfluktuation

3.1 Daten und Hypothesen

Die Frage nach den faktischen Effizienzfolgen rechtlich autorisierter Arbeitnehmervertretungen ist keineswegs trivial und läßt sich am ehesten im Rahmen eines internationa-

---

[9] Die ohne die Zustimmung des Betriebsrates undenkbare Einführung der Viertagewoche bei VW, die durch die Betriebsräte oftmals mitgetragene Ausgliederung von Tochterunternehmen (trotz der damit im allgemeinen einhergehenden Einkommenseinbußen der Beschäftigten) und der Verzicht auf Sozialleistungen (um Investitionen vornehmen zu können) sind Beispiele dafür und zugleich Ausdruck einer Kooperationsbereitschaft, die ihre Wurzeln in einer die Stammbelegschaft verschonenden Personal- und Beschäftigungspolitik hat.

[10] Obgleich die im Rahmen von Sozialplänen ausgehandelten Kriterien zur Berechnung von Abfindungen im wesentlichen das Lebensalter und die Betriebszugehörigkeitsdauer der Beschäftigten, aber auch deren Familienstand, die Kinderzahl, etc. berücksichtigen, läßt sich die bemerkenswerte Streuung in der Gewichtung der einzelnen Kriterien dahingehend interpretieren. Sie deutet aber zugleich auch darauf hin, daß der innerbetrieblichen Vermittelbarkeit eine große Rolle hinsichtlich der Akzeptanz des Sozialplanes zukommt.

[11] Dies ist zumindest solange zu erwarten, wie die Mitglieder der jeweiligen Stammbelegschaft nicht von einem Arbeitsplatzverlust bedroht sind, d. h. solange der Bestand der dominierenden Koalition nicht gefährdet ist (vgl. SADOWSKI 1985).

len Vergleiches beantworten. Für einen derartigen Vergleich sind idealtypisch betriebliche Längsschnittdaten aus mehreren Ländern erforderlich, die sich hinsichtlich der betrieblichen Mitbestimmungs- und Mitwirkungsmöglichkeiten der Arbeitnehmer möglichst stark voneinander unterscheiden sollten. Mangels derartiger Daten finden im folgenden drei repräsentative Querschnittsstichproben mit Angaben von jeweils mehr als 2.000 Betrieben aus Deutschland, Australien und Großbritannien Verwendung. Während die deutschen Daten im Frühjahr 1988 für eine Evaluierung des Beschäftigungsförderungsgesetzes erhoben wurden und den Zeitraum Mai 1985 bis April 1987 abdecken, handelt es sich bei den australischen und den britischen Daten um die sogenannten „Workplace Industrial Relations Surveys", die inhaltlich und zeitlich koordiniert Ende 1989 / Anfang 1990 durchgeführt wurden und deren Angaben sich im wesentlichen auf die Jahre 1988 und 1989 beziehen (vgl. BÜCHTEMANN / HÖLAND 1989, MILLWARD ET AL. 1992, CALLUS ET AL. 1991)[12].

In Deutschland ist der Arbeitgeber verpflichtet, dem Betriebsrat vor *jeder* Entlassung die Gründe dafür mitzuteilen und ihn anzuhören. Kommt er dieser gesetzlichen Auflage nicht nach, ist die Entlassung rechtsunwirksam – unabhängig davon, ob es sich um eine personen-, verhaltens- oder betriebsbedingte Kündigung handelt. Demgegenüber ist in Großbritannien die frühestmögliche Konsultation mit einem Vertreter *jeder* der im Betrieb vertretenen Gewerkschaften nur für den Fall betriebsbedingter Entlassungen vorgeschrieben; bei personen- bzw. verhaltensbedingten Entlassungen ist eine Beteiligung möglich, aber nicht zwingend erforderlich. In Australien schließlich ist eine Beteiligung der im Betrieb vertretenen Gewerkschaften sowohl bei personen- und verhaltensbedingten als auch bei betriebsbedingten Entlassungen vollkommen in das Ermessen des Unternehmens gestellt (zu den Details vgl. FRICK 1995b: 168-192).

Sofern die Betriebsräte einen nennenswerten Einfluß nicht nur auf betriebliche Entlassungsentscheidungen, sondern auch auf die Mobilitätsbereitschaft bzw. die Fluktuationsneigung der Arbeitnehmer haben, müßte in Betrieben mit gewählten Arbeitnehmervertretern die Entlassungs- wie die Kündigungsdichte signifikant niedriger sein als in Betrieben ohne entsprechende Vertretungsorgane. Dieser Befund ist aber lediglich ein notwendiger, keineswegs jedoch hinreichender Beleg für die im Untertitel postulierte Vorteilhaftigkeit der deutschen Betriebsverfassung. Damit wird zunächst lediglich der

---

[12] Alle drei Volkswirtschaften befanden sich zum Zeitpunkt der Datenerhebung mitten in einer wirtschaftlichen Aufschwungphase, d. h. konjunkturelle Faktoren können kaum zur Erklärung der Unterschiede zwischen den Ländern herangezogen werden: In jedem der drei Länder waren die Arbeitslosenzahlen zum Erhebungszeitpunkt der Daten bereits seit mehreren Quartalen rückläufig, die Beschäftigtenzahlen und die Auftragseingänge in der Industrie hingegen zunehmend.

Verdacht genährt, das deutsche System der Mitbestimmung sei gleichsam eine der Ursachen für die Schwierigkeiten der im internationalen (Standort-)Wettbewerb unterlegenen, weil von der „(Euro-)Sklerose" heimgesuchten Bundesrepublik. Erst mit dem darüber hinaus erforderlichen Nachweis, daß die kollektiven Arbeitnehmervertretungen neben den Quasi-Renten der „Insider" auch die betrieblichen Interessen angemessen berücksichtigen, wird man die Hypothese, die Fluktuationsraten in deutschen Unternehmen seien ineffizient niedrig, falsifizieren können.

Wenn, wie von Kritikern der deutschen Betriebsverfassung unterstellt, die Existenz einer den Insiderinteressen verpflichteten Arbeitnehmervertretung mit großer Wahrscheinlichkeit zur Weiterbeschäftigung der Älteren bzw. derjenigen mit schlechteren externen Optionen einerseits und zur Entlassung der jüngeren und/oder qualifizierten Arbeitnehmer andererseits führt, dann müßte sich nachweisen lassen, daß der Anteil der nach Abschluß der Lehre nicht übernommenen Auszubildenden in schrumpfenden Unternehmen mit Betriebsrat signifikant höher ist als in ansonsten gleichen Unternehmen ohne Arbeitnehmervertretung. Darüber hinaus müßte der Anteil formal qualifizierter Arbeitnehmer an den Personalabgängen schrumpfender Unternehmen in Betrieben mit einer Arbeitnehmervertretung signifikant höher sein als in ansonsten gleichen Betrieben ohne Betriebsrat.

3.2 Der Einfluß alternativer Mitbestimmungsregelungen auf das betriebliche Entlassungs- und das individuelle Kündigungsverhalten

Wie aus Abbildung 1 hervorgeht, beträgt die durchschnittliche Entlassungsdichte in deutschen Unternehmen mit mindestens fünf Beschäftigten rund sechs Fälle pro Jahr und 100 Beschäftigte; in Betrieben mit mindestens zwanzig Beschäftigten liegt sie um knapp zwei Prozentpunkte niedriger. Demgegenüber beträgt die Entlassungsdichte im australischen Sample, welches nur Unternehmen mit zwanzig und mehr Beschäftigten enthält, rund sechs Fälle pro Jahr und 100 Beschäftigte und liegt damit deutlich über dem entsprechenden deutschen Wert.

Schließt man die sogenannten „Casuals", für die weder gesetzliche Kündigungsschutzbestimmungen noch entsprechende tarifvertragliche Regelungen zur Anwendung kommen, aus der Berechnung der Entlassungshäufigkeiten aus – was insofern gerechtfertigt ist, als die Entlassungen bzw. Eigenkündigungen dieser Personen nicht in den Betriebsangaben enthalten sind – dann ergibt sich sogar eine Entlassungsdichte von knapp elf Fällen. In Großbritannien beläuft sich die durchschnittliche Entlassungsdichte (hier allerdings nur personen- bzw. verhaltensbedingte Fälle) auf zwei pro Jahr und 100 Beschäftigte.

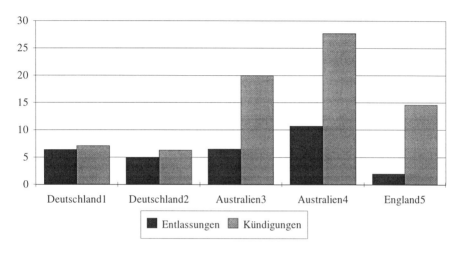

1   Betriebe mit mindestens fünf Beschäftigten
2   Betriebe mit mindestens zwanzig Beschäftigten
3   Inklusive Casuals
4   Ohne Casuals
5   Nur personen- bzw. verhaltensbedingte Entlassungen

Abbildung 1:   Entlassungs- und Kündigungsdichte in Deutschland, Australien und England
                Quelle: Eigene Berechnungen

In deutschen Unternehmen, die über einen Betriebsrat verfügen, beträgt die Entlassungsdichte rund vier Fälle und ist damit um mehr als drei Prozentpunkte niedriger als in solchen ohne Betriebsrat (vgl. Abbildung 2). In Unternehmen mit mindestens zwanzig Beschäftigten betragen die entsprechenden Werte 3,7 und 5,6 Fälle. Auch in Australien hat die Präsenz einer (oder mehrerer) Gewerkschaften im Unternehmen den vermuteten Einfluß, obgleich der Effekt sehr viel geringer ist als in vergleichbaren deutschen Unternehmen: Unabhängig davon, ob man die Gruppe der Casuals in die Berechnungen miteinbezieht oder ausklammert, beträgt die Differenz in den Entlassungshäufigkeiten nur etwas mehr als 0,5 Fälle pro Jahr und 100 Beschäftigte (7,0 vs. 6,4 bzw. 11,2 vs. 10,6 Entlassungen). In Großbritannien schließlich hat die gewerkschaftliche Präsenz einen erheblichen, die Häufigkeit an personen- und verhaltensbedingten Entlassungen reduzierenden Einfluß (1,3 vs. 2,8 Fälle), was insofern überraschend ist, als eine Beteiligung der Arbeitnehmervertretung(en) nur bei betriebsbedingten Entlassungen vorgeschrieben ist. Der Befund deutet aber wohl darauf hin, daß die Gewerkschaften tatsächlich eine das Leistungsverhalten der Beschäftigten kontrollierende Funktion ausüben, wodurch Entlassungen aufgrund mangelnder Eignung, geringer Leistungsbereitschaft und/oder mangelnder Disziplin überflüssig werden (können).

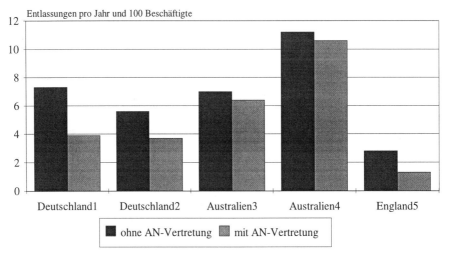

1 Betriebe mit mindestens fünf Beschäftigten
2 Betriebe mit mindestens zwanzig Beschäftigten
3 Inklusive Casuals
4 Ohne Casuals
5 Nur personen- bzw. verhaltensbedingte Entlassungen

Abbildung 2: Entlassungshäufigkeiten in Deutschland, Australien und England
Quelle: Eigene Berechnungen

Daß die Häufigkeit arbeitnehmerseitiger Kündigungen in hohem Maße von der Existenz bzw. dem faktischen Einfluß einer kollektiven Arbeitnehmervertretung und/oder einer individuellen Gewerkschaftsmitgliedschaft abhängt, ist durch eine Vielzahl empirischer Untersuchungen belegt worden (für einen Überblick vgl. FRICK 1995a) und wird auch durch die in den Abbildungen 1 und 3 wiedergegebenen Werte bestätigt. Ungeachtet der Tatsache, daß in allen drei Ländern die Kündigungsdichte – unabhängig von der konkreten Berechnungsweise bzw. der Eingrenzung der Stichprobe – in Betrieben mit Betriebsrat bzw. mit Gewerkschaft(en) um den Faktor 1,3-1,6 geringer ist als in solchen ohne eine kollektive Arbeitnehmervertretung, gibt es erhebliche Niveauunterschiede im Fluktuationsverhalten der Beschäftigten. Während die jahresdurchschnittliche Zahl an arbeitnehmerseitigen Kündigungen pro 100 Beschäftigte in Deutschland knapp sieben bzw. sechs Fälle beträgt, sind es in Australien 20 bzw. 28 und in Großbritannien rund fünfzehn Fälle.

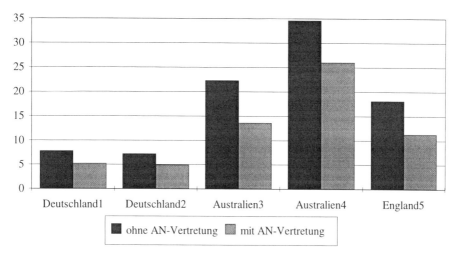

1 Betriebe mit mindestens fünf Beschäftigten
2 Betriebe mit mindestens zwanzig Beschäftigten
3 Inklusive Casuals
4 Ohne Casuals

Abbildung 3: Kündigungshäufigkeiten in Deutschland, Australien und England
Quelle: Eigene Berechnungen

Entlassungen wie Kündigungen hängen nun aber nicht ausschließlich von der Existenz gewählter Interessenvertretungen, sondern maßgeblich auch von ökonomisch-strukturellen Rahmenbedingungen ab, die aus diesem Grund als mögliche Determinanten von Entlassungs- und Kündigungsentscheidungen thematisiert werden müssen. Bei statistischer Kontrolle einer Vielzahl (potentieller) weiterer Faktoren (z. B. Betriebsgröße und -alter, Produktmarktposition, Arbeitsintensität, Betroffenheit von saisonalen und konjunkturellen Nachfrageschwankungen, sektorale Arbeitslosenquote, Branchenzugehörigkeit, Qualifikationsstruktur der Beschäftigten, Frauenanteil, Anteil befristet Beschäftigter, Auszubildendenanteil) bleiben die genannten Unterschiede in der deutschen Stichprobe nahezu unverändert: Unter sonst gleichen Bedingungen ist die Entlassungsdichte in Unternehmen mit Betriebsrat um 1,6 Prozentpunkte niedriger als in Unternehmen ohne eine entsprechende Arbeitnehmervertretung; bei der Kündigungsdichte beträgt die entsprechende Differenz 1,5 Prozentpunkte. In beiden Fällen ist der Koeffizient der Betriebsratsvariable statistisch hochsignifikant.[13] Der gewerkschaftliche Organisationsgrad der Beschäftigten hat unter sonst gleichen Bedingungen weder einen statistisch von Null verschiedenen Einfluß auf das betriebliche Entlassungs-, noch auf das individuelle Kündigungsverhalten.

Im Gegensatz zur Bundesrepublik Deutschland haben die betrieblichen Arbeitnehmervertretungen in Australien einen vergleichsweise geringen Einfluß auf das betriebliche Entlassungsverhalten, der zudem positiv ist, d. h. daß die Häufigkeit betriebs- wie personen- bzw. verhaltensbedingter Entlassungen mit der gewerkschaftlichen Präsenz im Unternehmen zunimmt. Dies ist nicht zuletzt damit zu begründen, daß die Arbeitsbeziehungen in australischen Unternehmen trotz ihrer weitgehenden Verrechtlichung vergleichsweise konfliktreich sind, u. a. weil die australischen Arbeitnehmervertretungen der Sicherung der Einkommensdifferentiale von nahezu 10 % zugunsten ihrer Mitglieder traditionell einen höheren Stellenwert einräumen als der Sicherung der Arbeitsplätze ihrer Klientel.[14] Gegeben ihren positiven Einfluß auf das betriebliche Entlassungsverhalten ist der Befund, daß die Arbeitnehmervertretungen auch das Kündigungsverhalten australischer Arbeitnehmer nur marginal beeinflussen (können), kaum überraschend: Unter sonst gleichen Bedingungen hat zwar der Umfang der gewerkschaftlichen Präsenz den vermuteten fluktuationshemmenden Einfluß, doch ist dieser erheblich schwächer als der Betriebsratseinfluß in der Bundesrepublik Deutschland.[15]

---

13 Die ermittelten Koeffizienten erwiesen sich bei Verwendung alternativer Schätzverfahren (OLS- und WLS-Schätzer) als ausgesprochen robust. Da die Betriebsratsvariable vermutlich eine endogene Größe darstellt, wurden zusätzlich 2SLS-Modelle geschätzt, wobei die Betriebs- und Branchenmerkmale als Instrumentvariable verwendet wurden. Die statistische Signifikanz der Befunde blieb dadurch unverändert. Dies gilt in gleichem Maße für die Modellschätzungen mit den britischen und australischen Daten.

14 Ob dies Ausdruck der Präferenzen der Mitglieder ist und damit möglicherweise auf kulturelle Unterschiede in der Wertschätzung von Arbeitsplatzsicherheit verweist (vgl. BLACK 1994), bleibt zu prüfen.

15 Der vermeintlich geringe Einfluß betrieblicher Arbeitnehmervertretungen insbesondere auf das Entlassungsverhalten der Unternehmen ist allerdings keineswegs Ausdruck eines allgemeinen „Repräsentationsdefizites", sondern verweist – wie die Modellschätzungen deutlich machen – darauf, daß ein intensiver Wettbewerb auf dem Produktmarkt deren Möglichkeiten, die Interessen der Beschäftigten wirkungsvoll zu vertreten, nachhaltig restringiert. Umgekehrt macht der Einfluß der Gewerkschaften auf das Entlassungsverhalten „marktmächtiger" Unternehmen bzw. auf das Kündigungsverhalten der dort beschäftigten Arbeitnehmer deutlich, daß monopolistische Spielräume auf Produktmärkten ein vergleichsweise konfliktfreies innerbetriebliches rent-sharing ermöglichen.

In Großbritannien schließlich hat die gewerkschaftliche Präsenz ebenfalls einen positiven Einfluß auf die Entlassungsdichte, d. h. daß in gewerkschaftlich organisierten Betrieben personen- bzw. verhaltensbedingte Entlassungen c. p. häufiger vorkommen als in ansonsten gleichen Betrieben, in denen keine Gewerkschaften vertreten sind. Angesichts des signifikant negativen bivariaten Zusammenhanges (vgl. Abbildung 3) ist dieser Befund überraschend und dürfte mit großer Wahrscheinlichkeit mit dem Fehlen einer Friedenspflicht und dem daraus resultierenden „Vertrauensdefizit" in britischen Betrieben zu erklären sein.[16] Demgegenüber geht auch in Großbritannien die relative Zahl an freiwilligen Personalabgängen mit der gewerkschaftlichen Präsenz zurück, doch ist auch hier der Einfluß erheblich geringer als der Betriebsratseinfluß in der Bundesrepublik Deutschland.[17]

Abgesehen vom unterschiedlichen Einfluß betrieblicher Arbeitnehmervertretungen, der insbesondere auf die relative Bedeutung der einschlägigen arbeitsrechtlichen Rahmenbedingungen verweist, machen die Schätzungen zudem deutlich, daß die relative Häufigkeit von personen- und verhaltensbedingten Entlassungen in allen drei Ländern einen signifikant positiven Einfluß auf die Kündigungsdichte hat, d. h. je höher die Zahl derartiger Entlassungen, desto höher auch die Zahl an Kündigungen. In dem Maße, in dem über die jeweiligen Mitbestimmungsregelungen hinausgehende Kündigungsschutzbestimmungen das Entlassungsverhalten der Unternehmen modifizieren, bewirken auch sie eine Reduktion arbeitnehmerseitig induzierter Fluktuation und damit eine nennenswerte Reduktion der „Non-Wage Labor Costs". Beide Befunde stützen nachhaltig die Vermutung, daß organisationsökonomisch effiziente Lösungen nicht nur vordergründig kostenminimierend sein dürfen, sondern immer auch das Problem der sozialen Akzeptanz einer Beschäftigungsstrategie lösen müssen, die sich ihrerseits u. a. in einer geringen Fluktuationsneigung der jeweiligen Beschäftigtenpopulation manifestiert. Vor diesem Hintergrund lassen sich die im Durchschnitt erheblich höheren Kündigungszahlen ansonsten gleicher britischer und australischer Unternehmen als ein Indiz dafür interpretieren, daß das deutsche System der betrieblichen Mitbestimmung sowie die spezifischen Kündigungsschutzbestimmungen die für das Funktionieren von Arbeitsverhältnissen unabdingbare Aufrechterhaltung der Kooperationsbereitschaft der Beschäftigten eher sicherstellen als die beiden Systeme angelsächsischer Prägung.

---

[16] Der Wechsel des Vorzeichens des Koeffizienten ist im wesentlichen damit zu erklären, daß die gewerkschaftliche Präsenz mit der Betriebsgröße zunimmt, wohingegen die Häufigkeit von Entlassungen mit der Beschäftigtenzahl zurückgeht.

[17] Dieser Befund ist unabhängig davon, ob man das Durchschnittseinkommen der Beschäftigten kontrolliert (vgl. EDWARDS 1995), d. h. der Umfang des gewerkschaftlichen Lohndifferentials von rund 5 % hat keinen Einfluß auf die Fluktuationsneigung der Beschäftigten.

3.3 Betriebsräte als wohlfahrtsmindernde Kartelle?

Wenn die Existenz einer den Insiderinteressen verpflichteten Interessenvertretung tatsächlich zu einer mangelnden Berücksichtigung betrieblicher Interessen einerseits und einer Weiterbeschäftigung der Älteren bzw. derjenigen mit schlechteren externen Optionen bzw. zur Entlassung der jüngeren und/oder qualifizierten Arbeitnehmer andererseits führt, dann müßte sich nachweisen lassen, daß die notwendigen Entlassungen in schrumpfenden Unternehmen mit Betriebsrat signifikant niedriger sind als in ansonsten gleichen Unternehmen ohne Arbeitnehmervertretung. Dieser für die Unternehmen nachteilige Betriebsratseinfluß müßte sich in gleichem Maße auch im Anteil der nach Abschluß der Lehre nicht übernommenen Auszubildenden niederschlagen, d. h. in Betrieben mit Betriebsrat müßte dieser erheblich höher sein als in ansonsten gleichen Unternehmen ohne Arbeitnehmervertretung.[18]

Entsprechende Modellschätzungen machen deutlich, daß beides nicht der Fall ist, d. h. daß die Betriebsräte die in schrumpfenden Unternehmen notwendigen Entlassungen ebenso wenig behindern wie die Übernahme von Auszubildenden nach Abschluß der Lehre. Daß die Existenz eines Betriebsrates den Personalabbau in schrumpfenden Unternehmen weder verlangsamt, noch dahingehend beeinflußt, daß die älteren und/oder weniger leistungsfähigen Arbeitnehmer vom Personalabbau tendenziell ausgenommen bzw. die jüngeren und/oder qualifizierteren überproportional betroffen werden, relativiert zwar den „Vorwurf" der mangelnden Berücksichtigung betrieblicher Interessen entscheidend, kann ihn aber noch nicht vollständig widerlegen, denn es ist denkbar, daß die Arbeitnehmervertretungen den Personalabbau zwar nicht verlangsamen, aber dafür erheblich verteuern. Auch wenn die verfügbare Evidenz bislang eher spärlich und indirekter Natur ist, deuten die Befunde keineswegs darauf hin, daß diese Vermutung zutrifft: Wie BELLMANN und KOHAUT (1995: 68-69) anhand der Daten der ersten Welle des IAB-Betriebspanels von 1993 zeigen können, hat die relative Häufigkeit von Entlassungen c. p. keinen statistisch signifikant von Null verschiedenen Einfluß auf die Brut-

---

[18] Darüber hinaus müßte der Anteil formal qualifizierter Arbeitnehmer an den Personalabgängen in schrumpfenden Unternehmen mit einer Arbeitnehmervertretung signifikant höher sein als in ansonsten gleichen Betrieben ohne Betriebsrat. Entsprechende Schätzungen machen allerdings deutlich, daß sich die Veränderungen in der Qualifikationsstruktur der Beschäftigten in schrumpfenden Unternehmen mit und ohne Betriebsrat nicht signifikant voneinander unterscheiden, d. h. daß die Struktur des Personalabbaus nicht durch die Existenz einer betrieblichen Arbeitnehmervertretung beeinflußt wird.

tolohn- und Gehaltssumme je Beschäftigten,[19] was insbesondere in Betrieben mit Betriebsrat aber der Fall sein müßte, wenn die bei Entlassungen potentiell anfallenden Abfindungszahlungen – die ihrerseits in den Angaben zur Bruttolohn- und Gehaltssumme enthalten sind – entweder regelmäßig vorkommen oder aber in Einzelfällen eine nennenswerte Größenordnung erreichen. Wenngleich die Modellschätzungen nicht getrennt für Betriebe mit und ohne Interessenvertretung durchgeführt wurden, ist es eher unwahrscheinlich, daß die Höhe der Anpassungskosten systematisch zwischen Unternehmen mit und ohne Betriebsrat differiert: Daß der in der Gesamtpopulation statistisch nicht signifikant von Null verschiedene Koeffizient der Kündigungsdichte das Resultat einer „Vermischung" gegenläufiger Einflüsse, d. h. eines signifikant positiven Koeffizienten der Variable in der Teilstichprobe „mit Betriebsrat" und eines entsprechend signifikant negativen Koeffizienten in der Teilstichprobe „ohne Betriebsrat" sein kann, ist kaum vorstellbar, weil dieser Befund den Schluß nahelegen würde, daß die Häufigkeit an Entlassungen zumindest in Unternehmen ohne eine gewählte Interessenvertretung lohnkostenreduzierend wirkt. Dies wiederum ist angesichts der Tatsache, daß in Unternehmen ohne Betriebsrat die Lohndrift c. p. um drei Prozentpunkte höher ist als in ansonsten gleichen Unternehmen mit Betriebsrat, eher unwahrscheinlich (vgl. BELLMANN / KOHAUT 1995).

Darüber hinaus machen weitere Schätzungen deutlich, daß die Existenz eines Betriebsrates in wachsenden Unternehmen c. p. nicht nur keine niedrigere, sondern sogar eine höhere Zahl an Neueinstellungen bewirkt. Dieser kontraintuitive Befund ist vermutlich damit zu erklären, daß die Arbeitnehmervertretungen der Einführung von Überstunden oftmals widersprechen und damit Neueinstellungen erforderlich machen.[20] Selbst die Tatsache, daß der Betriebsrat in Unternehmen mit mindestens zwanzig Beschäftigten unter bestimmten Bedingungen die Zustimmung zu Neueinstellungen explizit verweigern kann (vgl. § 99 Abs. 2 BetrVG), hat in der Praxis offenkundig keinen Einfluß auf

---

[19] Als Kontrollvariablen dienen die Zahl der offenen Stellen pro Beschäftigten, der Frauen- und Qualifiziertenanteil, der Anteil der Teilzeitbeschäftigten, je eine Dummy-Variable für die Zahlung von Senioritätslöhnen und Urlaubsgeld, das Vorhandensein eines Betriebsrates und die Existenz einer betrieblichen Altersversorgung. Weiterhin wird die Branchenzugehörigkeit, die Betriebsgröße, die Region und die Modernität der Produktionsanlagen kontrolliert.

[20] Daß der Bedarf an Neueinstellungen weitgehend durch die Zahl an Entlassungen und Kündigungen determiniert wird, ist trivial. Gleichwohl sind die Größenordnungen sehr aufschlußreich, denn eine Zunahme der Entlassungs- bzw. Kündigungsdichte um jeweils einen Prozentpunkt bewirkt in den wachsenden Unternehmen eine Zunahme der Neueinstellungen um jeweils zwei Prozentpunkte.

das Rekrutierungsverhalten wachsender Unternehmen, denn der Koeffizient des entsprechenden Interaktionsterms ist statistisch nicht signifikant von Null verschieden[21].

Insgesamt machen die Befunde deutlich, daß die Betriebsräte bei der Verfolgung ihrer „Partikularziele" den betrieblichen Interessen an einer gleichermaßen motivierten wie qualifizierten Belegschaft durchaus (angemessen) Rechnung tragen. Dies ist vor dem Hintergrund der in Abschnitt 2 entwickelten Argumente schon allein deshalb kaum überraschend, als die Betriebsräte ein maximales Interesse am Überleben des Unternehmens haben dürften, das das der einzelnen Beschäftigten vermutlich nennenswert übersteigt. Sofern die Betriebsräte durch die Vermeidung „überflüssiger" Entlassungen wie Kündigungen eine Reduktion der Arbeitskosten bewirken, ermöglichen sie zugleich eine effizientere Personal- und Beschäftigungspolitik.

Um die Frage nach der Einschränkung betrieblicher Handlungsoptionen durch die Existenz einer kollektiven Arbeitnehmervertretung abschließend beantworten zu können, d. h. um eine Anwort auf die Frage zu finden, ob deren rechtliche Autorisierung ein mehr oder weniger einheitliches Verhalten der Unternehmen „erzwingt", ist die Analyse der Bestimmungsgründe der in Abschnitt 3.2 dokumentierten Niveauunterschiede durch einen weiteren Test zu ergänzen: Obgleich bereits die (in den Abbildungen nicht angegebenen) Standardabweichungen der Variablen darauf hindeuten, daß eine „durchschlagende" Wirkung betrieblicher Arbeitnehmervertretungen kaum nachweisbar sein dürfte, ist dies lediglich eine notwendige, aber noch keine hinreichende Begründung für die postulierte „Anpassungsbereitschaft" der Betriebsräte. Ungeachtet der Niveauunterschiede im Entlassungsverhalten ist die Standardabweichung der Entlassungsdichte sowohl in Betrieben mit Betriebsrat als auch in solchen ohne Interessenvertretung viermal so groß wie der jeweilige Mittelwert, d. h. selbst unter den Betrieben mit Betriebsrat gibt es eine (allerdings kleine) Minderheit von Unternehmen, deren Personalpolitik sich deutlich von der der Durchschnittsunternehmen unterscheidet.

Um Aussagen zum Ausmaß der Konzentration von Entlassungen auf eine mehr oder weniger große Minderheit von Betrieben machen zu können, bietet sich die Berechnung

---

21 Der Einwand, daß die Existenz eines Betriebsrates im Prinzip keinerlei Einfluß auf die Zahl an Neueinstellungen haben dürfte, ist legalistisch. Die Bevorzugung von Mitarbeiter- und Kundenkindern bei der Besetzung von Ausbildungsstellen in konjunkturell schlechten Zeiten sowie die Präferierung langjähriger Belegschaftsmitglieder bei der Besetzung von Arbeitsplätzen, die für (Schwer-)Behinderte geeignet sind, sind weitere Beispiele für Aktivitäten der Beriebsräte, die vom Gesetzgeber zwar nicht vorgesehen sind, in der Praxis aber eine bedeutende Rolle spielen (vgl. WINDOLF / HOHN 1984; SADOWSKI / FRICK 1992). Selbst wenn die Zuständigkeit für Neueinstellungen ausschließlich beim Arbeitgeber liegt, werden die Betriebsräte angesichts der herrschenden Massenarbeitslosigkeit versuchen, auf die Gestaltung des „erweiterten internen Arbeitsmarktes" Einfluß zu nehmen.

des sogenannten „Gini-Koeffizienten" an.[22] Wie entsprechende Analysen zeigen, ist die Konzentration der Entlassungen sowohl in wachsenden als auch in schrumpfenden Betrieben relativ stark, wobei die Werte des Gini-Koeffizienten darauf hindeuten, daß es hinsichtlich der Konzentration an Entlassungen keine nennenswerten Unterschiede zwischen Betrieben mit und ohne Arbeitnehmervertretung gibt (G = 0,635 bzw. 0,666 in schrumpfenden Betrieben und G = 0,705 bzw. 0,657 in wachsenden Betrieben). Obgleich also die Existenz kollektiver Arbeitnehmervertretungen das Niveau an Entlassungen deutlich reduziert, bewirken die Betriebsräte der Grenzbetriebe keine Annäherung des personalpolitischen Anpassungsverhaltens an das des „repräsentativen Unternehmens".

4. Zusammenfassung und Schlußfolgerungen

Die auf drei repräsentativen Betriebsstichproben aus Deutschland, Großbritannien und Australien basierende empirische Analyse macht deutlich, daß nicht die Existenz einer Arbeitnehmervertretung als solche einen Einfluß auf das betriebliche Entlassungs- wie das individuelle Kündigungsverhalten hat, sondern daß deren rechtliche Autorisierung eine der entscheidenden Voraussetzungen dafür ist, daß diese ihre opportunismusreduzierende Funktion auch tatsächlich auszuüben imstande ist:

Lediglich in Deutschland sind die Betriebsräte in der Lage, nicht nur die Zahl an Entlassungen, sondern in gleichem Maße auch die Zahl an arbeitnehmerseitigen Kündigungen zu reduzieren.[23] In den beiden übrigen Ländern, in denen die Arbeitnehmervertretungen keinen das betriebliche Entlassungsverhalten modifizierenden Einfluß haben, ist auch deren Einfluß auf das individuelle Kündigungsverhalten ungleich schwächer als in Deutschland. Der „Einschränkung" betrieblicher Handlungsoptionen durch mehr oder weniger weitgehende Informationspflichten – und den daraus oftmals resultierenden Verzicht auf Entlassungen – steht somit in den deutschen Unternehmen ein nennenswerter „Gewinn" in Form einer erhöhten Betriebsbindung, Motivation und Loyalität der Be-

---

[22] Dabei handelt es sich um eine Kennziffer, die die Abweichung zwischen der Gleichverteilungsgeraden und der tatsächlichen Verteilung, die durch die Lorenz-Kurve wiedergegeben wird, mißt und dabei Werte zwischen 0 und 1 annehmen kann. Die relative Konzentration ist dabei um so stärker, je näher der gemessene Wert bei 1 liegt.

[23] Welchen Einfluß die übrigen Strukturmerkmale der nationalen Industrial Relations-Systeme (Arbeits- und Tarifvertragsrecht, Trennung der betrieblichen von der sektoralen Verhandlungsebene, Organisationsprinzipien der Gewerkschaften, etc.) im einzelnen haben, bleibt zu prüfen.

schäftigten gegenüber, d. h. die Beteiligung von Arbeitnehmervertretern bei geplanten Entlassungen wirkt offenkundig mittelbar produktivitäts- bzw. effizienzsteigernd. Für diese Vermutung spricht auch der Befund, daß die Betriebsräte weder die in schrumpfenden Unternehmen erforderlichen Entlassungen, noch die in wachsenden Betrieben notwendigen Neueinstellungen behindern.

Zugleich deuten die Befunde darauf hin, daß die Häufigkeit von Entlassungen unabhängig von den konkreten (gesetzlichen) Regelungen zur Beteiligung der Arbeitnehmervertretungen einen erheblichen Einfluß auf die Häufigkeit an Kündigungen hat und daß Entlassungen in allen drei Ländern stark auf eine relativ kleine Minderheit von „hire-and-fire" Betrieben konzentriert zu sein scheinen, d. h. daß selbst die vergleichsweise weitgehenden deutschen Kündigungsschutzbestimmungen wie auch die umfassenden und gesetzlich fixierten Beteiligungsrechte der Betriebsräte zwar das Niveau an Entlassungen reduzieren, aber keine nennenswerte Nivellierung des personalpolitischen Anpassungsverhaltens der Unternehmen bewirken (können). Daß es sich bei den „hire-and-fire-Betrieben" keineswegs ausschließlich um „Grenzbetriebe" handelt, sondern zu einem großen Teil um solche, die langfristig am Markt überleben, bestätigt nochmals die Vermutung, daß der Reputationsmechanismus nur bedingt geeignet ist, Arbeitnehmer vor einer (teilweisen oder vollständigen) „Enteignung" ihrer Bonds durch „unrechtmäßige" Entlassungen zu schützen.[24]

Insgesamt machen die empirischen Befunde deutlich, daß eine Reduktion von Entlassungen und Kündigungen durch die Betriebsräte „organisatorisch effizient" ist, weil sie den innerbetrieblichen Kooperationserfordernissen Rechnung trägt. Dies gilt um so mehr, als unvermeidliche Entlassungen in aller Regel mit der Zustimmung der Arbeitnehmervertretung erfolgen, ohne diese zeitlich zu verzögern oder nennenswert zu verteuern.

Die für einen Ökonomen triviale Einsicht, daß in marktwirtschaftlich organisierten Gesellschaften die Frage nach dem optimalen Beschäftigungsvolumen für die Unternehmen wie jedes andere Problem abgeleiteter Faktornachfrage zu lösen ist – sobald die Grenzkosten der Beschäftigung das Wertgrenzprodukt der Arbeit übersteigen, ist der Faktoreinsatz zu reduzieren – sollte den Betriebs- bzw. Personalwirten keineswegs zu

---

[24] Selbst wenn die höhere Fluktuationsneigung britischer und australischer Arbeitnehmer primär mit kulturell bedingten Unterschieden in der Wertschätzung von Arbeitsplatzsicherheit und Beschäftigungsstabilität zu erklären sein sollte, stellen die aus den freiwilligen Personalabgängen resultierenden Kosten aus betrieblicher Sicht eine Größe dar, die es zu minimieren gilt, wobei die Reduktion kein Selbstzweck ist, sondern dem „Grundsatz" zu folgen hat, daß eine Reduktion ökonomisch solange sinnvoll ist, wie deren Grenzkosten geringer sind als die Grenzerträge.

dem voreiligen Schluß verleiten, daß sich damit die Frage nach der sozialen Akzeptanz von Entlassungen erübrigt: In dem Maße nämlich, in dem die sogenannten „user costs of labor" nicht nur Lohn- und Lohnnebenkosten, sondern auch Kontroll-, Fluktuations- und Suchkosten, Kosten der Einhaltung arbeits- und sozialrechtlicher Bestimmungen sowie impliziter, nicht-justitiabler Vereinbarungen umfassen, müssen organisationskostenminimierende Personalentscheidungen stets auch ihren Investitions- und Systemcharakter bedenken (vgl. SADOWSKI 1989: 79-81).

Die zentrale Frage, ob Reputationsverluste am Arbeitsmarkt den Verzicht auf opportunistische Verhaltensweisen sicherzustellen vermögen, oder ob staatliche Kontrollinstanzen Verstöße gegen arbeitsrechtliche (Schutz-)Bestimmungen feststellen und bestrafen sollen oder schließlich, ob nicht das Kontrollbedürfnis und Sanktionspotential der Betriebsräte eine effiziente, wenn auch nicht vollkommene Einhaltung impliziter wie justitiabler Vereinbarungen sichern können, ist selbst vor dem Hintergrund der scheinbar eindeutigen empirischen Befunde nicht abschließend zu beantworten. Da eine Kontrolle von Unternehmen durch die Wirkungsweise des Reputationsmechanismus auf Dauer aber wohl nennenswerte Rechtsunsicherheit bedeutet, stellt sich an dieser Stelle nur noch die Frage nach der Effizienz zentraler bzw. dezentraler „Vollzugsorgane". Dezentrale Institutionen des Gesetzesvollzugs (hier des KüSchG) haben den entscheidenden Vorteil, daß sie sehr viel flexibler auf die konkreten betrieblichen Gegebenheiten Rücksicht nehmen können als der Gesetzgeber. Da Vollzugsorgane aber nicht nur situationsnahe Erkenntnisse benötigen, sondern auch von den Rechtssubjekten wahrgenommen und akzeptiert werden müssen, liegt die Vermutung nahe, daß Betriebsräte in dieser Hinsicht einen komparativen Vorteil gegenüber Arbeitsrichtern besitzen. Dies bedeutet allerdings keineswegs, daß gesetzliche Regelungen und die autonome Instanz Betriebsrat mit ihren Mitbestimmungs- und Mitwirkungsrechten als alternative Formen der rechtlichen Steuerung anzusehen sind; sie sind vielmehr in hohem Maße aufeinander angewiesen und komplementär (vgl. SADOWSKI / FRICK 1990: 176). Um die Einhaltung genereller Mindeststandards sicherstellen zu können, sind unternehmensinterne Kontroll- und Vollzugsinstanzen unabdingbar, d. h. die Annahme eines substitutiven Verhältnisses zwischen allgemeinen Standards und spezifischen Verfahrensregeln ist kaum aufrechtzuerhalten: Nur wenn die Betriebsräte durch den Gesetzgeber in die Lage versetzt werden, die Einhaltung der einschlägigen Kündigungsschutzbestimmungen auch tatsächlich zu überwachen (Informationspflicht), werden die arbeitsrechtlichen (Schutz-)Bestimmungen zugunsten der Arbeitnehmer ihre Wirksamkeit entfalten können.

Eine wie auch immer begründete Umverteilung von Verfügungsrechten, z. B. durch die rechtliche Autorisierung kollektiver Arbeitnehmervertretungen, kann die intendierten einzelwirtschaftlichen Folgen nur dann entfalten, wenn diese Umverteilung gesetzlich fixiert wird und zugleich die zulässigen Handlungsoptionen der beteiligten Parteien limitiert werden (Friedenspflicht). Überdies sind die deutschen Betriebsräte ohne die Unterstützung durch funktionsfähige Industriegewerkschaften kaum konflikt- und durchsetzungsfähig (mangelnde juristische Kompetenzen, Schulungen); d. h. als „Exportschlager" eignen sie sich keineswegs. Nicht einmal das deutsche System der „dualen Interessenvertretung", das sich im Rahmen der empirischen Analyse als den angelsächsischen Systemen überlegen erwiesen hat und den kritischen Prozeß der Wiedervereinigung zu überstehen scheint (vgl. SADOWSKI / BACKES-GELLNER / FRICK 1995: 503ff.), wird sich unmodifiziert übernehmen lassen, weil es seinerseits in ein spezifisches System arbeitsrechtlicher Regelungen eingebunden ist (vgl. GOTTESMAN 1991: 2806).

Daß gesetzgeberische Abstinenz auf dem Gebiet der Arbeitsbeziehungen ebenso kontraproduktiv wirken kann (vgl. die empirische Evidenz bei CURRIE / MCCONNELL 1993) wie politisch motivierte Versuche zur „Domestizierung" von Gewerkschaften (vgl. die Befunde bei MCCONNELL / TAKLA 1990) sollte auch für den Betriebs- bzw. Personalwirt Anlaß sein, die Frage nach der Akzeptanz und Legitimität personal- und beschäftigungspolitischer Entscheidungen für die Stabilität der mikropolitischen Arena „Betrieb" als für Wissenschaft und Praxis gleichermaßen relevant anzusehen.

Literaturverzeichnis

ALEWELL, D. (1993): Interne Arbeitsmärkte – Eine informationsökonomische Analyse. S+W Steuer- und Wirtschaftsverlag. Hamburg.
AOKI, M. (1984): The Co-operative Game Theory of the Firm. Oxford: Oxford University Press.
ALLEN S. G. ET AL. (1993): Pensions, Bonding, and Lifetime Jobs. Journal of Human Resources 28(1993): 463-481.
AXELROD, R. (1984): The Evolution of Cooperation. New York: Basic Books.
BELLMANN, L.; S. KOHAUT (1995): Betriebliche Determinanten der Lohnhöhe und der übertariflichen Bezahlung: Eine empirische Analyse auf der Basis des IAB-Betriebspanels. Mitteilungen aus der Arbeitsmarkt- und Berufsforschung (1995)1: 62-75.
BLACK, B. (1994): Labour Market Incentive Structures and Employee Performance. British Journal of Industrial Relations 32(1994): 99-111.
BLIEN, U.; O. LÖWENBEIN (1991): Betriebliche Seniorität und Arbeitslosigkeit. In: HELBERGER, C. ET AL. (Hg.) (1991): Erwerbstätigkeit und Arbeitslosigkeit. Analysen auf der Grundlage des Sozio-ökonomischen Panels. Nürnberg: Institut für Arbeitsmarkt- und Berufsforschung: 158-181.
BÜCHTEMANN, C. F.; A. HÖLAND (1989): Befristete Arbeitsverträge nach dem Beschäftigungsförderungsgesetz (BeschFG). Bonn: Bundesministerium für Arbeit und Sozialordnung.

CALLUS, R. ET AL. (1991): Industrial Relations at Work: The Australian Workplace Industrial Relations Survey. Canberra: Government Publishing Service.

CURRIE, J.; S. MCCONNELL (1994): The Impact of Collective-Bargaining Legislation on Disputes in the U.S. Public Sector: No Legislation May Be the Worst Legislation. Journal of Law and Economics 37(1994): 519-547.

DICKENS, W. T. ET AL. (1990): Why Do Firms Monitor Workers? In: WEISS, Y.; G. FISHELSON (Hg.) (1990): Advances in the Theory and Measurement of Unemployment. London: Macmillan: 159-171.

EDWARDS, P. K. (1995): Human Resource Management, Union Voice and the Use of Discipline: An Analysis of WIRS3. Industrial Relations Journal 26(1995): 204-220.

FRANK, R. H.; R. M. HUTCHENS (1993): Wages, Seniority, and the Demand for Rising Consumption Profiles. Journal of Economic Behavior and Organization 21(1993): 251-276.

FREEMAN, R.; R. M. LAZEAR (1993): An Economic Analysis of Works Councils. Cambridge: National Bureau of Economic Research, MA, unv. Ms., Februar 1993.

FRICK, B. (1995a): Produktivitätsfolgen (über-)betrieblicher Interessenvertretungen. In: SCHREYÖGG, G.; J. SYDOW (Hg.) (1995): Managementforschung. Bd. 5. Berlin: de Gruyter: 215-257.

FRICK, B. (1996): Mitbestimmung und Personalfluktuation: Zur Wirtschaftlichkeit der bundesdeutschen Betriebsverfassung im internationalen Vergleich, Habil.-Schrift, Trier.

GERLACH, K.; U. SCHASSE (1991): Arbeitsmarktwirkungen von Kündigungen und Entlassungen. In: RENDTEL, U.; G. WAGNER (Hg.) (1991): Lebenslagen im Wandel: Zur Einkommensdynamik in Deutschland seit 1984. Frankfurt / M.: Campus: 354-378.

GIBBONS, R.; L. F. KATZ (1991): Layoffs and Lemons. Journal of Labor Economics 9(1991): 351-380.

GOTTESMAN, M. H. (1991): Wither Goest Labor Law: Law and Economics in the Workplace. Yale Law Review 100(1991): 2767-2812.

HÜBLER, O. (1989): Langfristiges, altersspezifisches Mobilitätsverhalten, kurzfristige Erträge und Einkommensmaximierung. In: GERLACH, K.; O. HÜBLER (Hg.) (1989): Effizienzlohntheorie, Individualeinkommen und Arbeitsplatzwechsel. Frankfurt / M.: Campus: 184-209.

KAHN, L. F. (1993): Unions and Cooperative Behavior: The Effect of Discounting. Journal of Labor Economics 11(1993): 680-703.

LANG , K.; S. KAHN (1990): Efficiency Wage Models of Unemployment: A Second View. Economic Inquiry 38(1990): 296-306.

LAZEAR, E. P. (1981): Agency, Earnings Profiles, Productivity, and Hours Restrictions. American Economic Review 71(1981): 606-620.

LOEWENSTEIN, G.; N. SICHERMAN (1991): Do Workers Prefer Increasing Wage Profiles? Journal of Labor Economics 9(1991): 67-84.

MCCONNELL, S.; L. TAKLA (1990): Mrs. Thatcher´s Trade Union Legislation: Has It Reduced Strikes? London: London School of Economics, Centre for Labour Economics, Discussion Paper No. 374.

MILLWARD, N. ET AL. (1991): Workplace Industrial Relations in Transition. Aldershot: Dartmouth.

SADOWSKI, D. (1985): Betriebsverfassung und Betriebssyndikalismus – Zur gegenwärtigen Bedeutung klassischer Funktionsprobleme von Betriebsdemokratien in Deutschland. Jahrbuch für Neue Politische Ökonomie 4(1985): 233-249.

SADOWSKI, D. (1989): Beschäftigungspolitik aus der Sicht der Unternehmen. In: SCHERF, H. (Hg.) (1989): Beschäftigungsprobleme hochentwickelter Industriegesellschaften. Berlin: Duncker & Humblot: 75-92.

SADOWSKI, D.; B. FRICK (1990): Betriebsräte und Gesetzesvollzug: Eine ökonomische Analyse am Beispiel des Schwerbehindertengesetzes. Zeitschrift für Personalforschung 4(1990): 165-178.

SADOWSKI, D.; B. FRICK (1992): Die Beschäftigung Schwerbehinderter. Betriebswirtschaftliche Analysen und politische Empfehlungen. Idstein: Schulz-Kirchner.

SADOWSKI, D.; U. BACKES-GELLNER; B. FRICK (1995): Works Councils: Barriers or Boosts for the Competitiveness of German Firms? In: British Journal of Industrial Relations 33(1995)3: 493-513.

SADOWSKI, D.; U. BACKES-GELLNER; B. FRICK (1996): Betriebsräte in Deutschland: Gespaltene Rationalitäten? Jahrbuch für Neue Politische Ökonomie 15(1996).

SCHETTKAT, R. (1995): The Macroperformance of the German Labor Market. A Comparison with the U.S. Labor Market. In: BUTTLER, F. ET AL. (Hg.) (1995): Institutional Frameworks and Labor Market Performance. London: Routledge: 316-342.

WINDOLF, P.; H.-W. HOHN (1984): Arbeitsmarktchancen in der Krise. Frankfurt / M.: Campus.

Axel v. Werder[*]

Unipersonale Führung der Europäischen Aktiengesellschaft?

Organisationstheoretische Kritik ausgewählter Kommissionsvorschläge zur Leitungsorganisation der Societas Europaea

Die aktuellen Vorschläge der Kommission der Europäischen Union für das Statut einer Europäischen Aktiengesellschaft bzw. Societas Europaea (SE) vom Mai 1991 erlauben es unter bestimmten Voraussetzungen, die Führung einer SE in die Hände einer einzigen und nicht professionell überwachten Person zu legen. Der Beitrag geht der Frage nach, wie die Effizienz einer solchen unipersonalen Unternehmensleitung aus organisationstheoretischer Sicht zu bewerten ist. Er kommt zu dem Ergebnis, daß die Nachteile einer Einmannleitung im Vergleich zur multipersonalen Führung die Vorteile überwiegen. Die entsprechenden Kommissionsvorschläge sollten daher mit dem Ziel revidiert werden, unipersonale Leitungen Europäischer Aktiengesellschaften auszuschließen.

---

[*] Univ.-Prof. Dr. rer. pol. Axel v. Werder, Lehrstuhl für Betriebswirtschaftslehre – Organisation und Unternehmensführung, Technische Universität Berlin, Uhlandstraße 4-5, 10623 Berlin.

1. Die Leitungsorganisation der Europäischen Aktiengesellschaft als Objekt betriebswirtschaftlicher Rechtsnormkritik

Im Mai 1991 hat die Kommission der Europäischen Union einen neuen Vorschlag zur Gestaltung einer *Europäischen Aktiengesellschaft* bzw. *Societas Europaea (SE)* vorgelegt. Damit sind dem Gedanken einer europaweit einheitlich geregelten Rechtsform für große Unternehmen, der – mindestens – bis ins Jahr 1959 zurückreicht[1] und in zahlreichen Statutsentwürfen seinen Niederschlag gefunden hat,[2] neue Impulse verliehen worden. Die jetzt vorgeschlagenen Verfassungsregelungen wurden aus durchsetzungstaktischen Gründen[3] in den Verordnungsvorschlag über das Statut der SE (SE-VO) und den Richtlinienvorschlag zur Ergänzung des SE-Statuts hinsichtlich der Stellung der Arbeitnehmer (SE-R) aufgespalten. Beide Regelungswerke enthalten zur Förderung der politischen Akzeptanz der Entwürfe zahlreiche Verweise auf das jeweilige nationale Recht des Domizillandes einer SE sowie eine Vielzahl von Wahlrechten. Diese Optionen können (vorrangig) durch die einzelnen Mitgliedstaaten der EU oder (nachrangig) durch die betreffenden Unternehmen ausgeübt werden.

Die mannigfaltigen Staaten- und Unternehmenswahlrechte führen zunächst allgemein zu einer Verwässerung der Harmonisierungsidee. Sie ermöglichen darüber hinaus bisweilen bei bestimmter Ausübung der Optionen Detailausformungen einer Europäischen Aktiengesellschaft, die zumindest ungewöhnlich sind und daher die Frage nach ihrer Zweckmäßigkeit aufwerfen. Dieser Frage soll im folgenden für ein zentrales Problem der Organisation der Unternehmensführung nachgegangen werden. Konkret handelt es sich um die unter bestimmten Voraussetzungen zulässige Option, die Führung der Europäischen Aktiengesellschaft in die Hände einer einzigen und nicht professionell überwachten Person zu legen. Diese Gestaltungsmöglichkeit einer streng unipersonal-direktorialen Unternehmensführung steht z. B. in deutlichem Gegensatz zur rechtlichen Ord-

---

[1] Vgl. THIBIÈRGE (1959) sowie auch SANDERS (1960), und zur Historie näher ABELTSHAUSER (1990: 289f.); LUTTER (1990: 413f.). Siehe eingehender zur SE namentlich die Beiträge in LUTTER (Hg.) (1978), sowie auch CHMIELEWICZ (1991).

[2] Siehe den Vorschlag einer Verordnung über das Statut für Europäische Aktiengesellschaften v. 30.6.1970 mit den Änderungen v. 10.4.1975, v. 25.8.1989 und v. 16.5.1991 (SE-VO), sowie den Richtlinienvorschlag zur Ergänzung des SE-Statuts hinsichtlich der Stellung der Arbeitnehmer v. 25.8.1989 mit den Änderungen v. 6.4.1991 (SE-R).

[3] Für viele JÜRGENS (1990: 1145f.); WAHLERS (1990: 449ff.).

nung der Aktiengesellschaft in Deutschland, die stets einen Aufsichtsrat und regelmäßig einen mehrköpfigen Vorstand vorsieht.

Zunächst wird exemplarisch einer von insgesamt mehreren möglichen Fällen aufgezeigt, für den der derzeitige Verfassungsentwurf eine einköpfige Führung der SE zuläßt. Sodann werden die Stärken und Schwächen der unipersonalen Unternehmensleitung auf der Grundlage eines generellen organisationstheoretischen Effizienzkonzepts kritisch hinterfragt. Untersuchungsleitend ist dabei die Frage, ob eine derartige unipersonale Leitung (großer) europäischer Unternehmen einer Vorteilhaftigkeitsprüfung standhält oder ob sich so gravierende Mängel dieser Lösung überzeugend nachweisen lassen, daß die entsprechenden Kommissionsvorschläge revidiert werden sollten. Neben der Antwort auf diese konkrete Fragestellung soll die folgende Analyse mit einem etwas allgemeineren Anspruch aufzeigen, welche Möglichkeiten und Grenzen die betriebswirtschaftliche Organisationstheorie nach ihrem heutigen Forschungsstand hat, um zu einschlägigen juristischen Vorschriften und Vorschlägen wissenschaftlich fundiert Stellung zu nehmen.

2. Rechtliche Zulässigkeit der unipersonalen Führung einer Societas Europaea

Nach den vorliegenden Kommissionsvorschlägen kann die einzelne SE wählen zwischen einem dualistischen und einem monistischen System der Unternehmensverfassung, sofern nicht ihr Domizilstaat eines der beiden Systeme zwingend vorschreibt (Art. 61 1. Spiegelstrich SE-VO). Das dualistische System im Verordnungssinn sieht – neben der „Hauptversammlung" (Art. 81 SE-VO) – ein „Leitungsorgan" (Art. 62 SE-VO) und ein „Aufsichtsorgan" (Art. 63 SE-VO) vor. Bei der monistischen Verfassung (*Boardmodell*) tritt hingegen nur ein „Verwaltungsorgan" (Art. 66 SE-VO) neben die Hauptversammlung. Diese systemdifferente Gremienstruktur kann je nach der zur Anwendung gelangenden Form der Mitbestimmung zu erweitern sein. Die Ergänzungsrichtlinie stellt insgesamt drei Alternativen für die Mitbestimmung bereit und überläßt die Auswahl im Prinzip einer Vereinbarung zwischen den Leitungs- oder Verwaltungsorganen der Gesellschaften, die eine SE gründen,[4] und den Arbeitnehmervertretungen dieser Grün-

---

[4] Eine SE kann auf verschiedenen Wegen ins Leben gerufen werden (siehe V. WERDER 1993: 83 m. w. N.), grundsätzlich aber nicht im Wege der Urgründung durch natürliche Personen.

dungsgesellschaften (Art. 3 Abs. 1 S. 1 SE-R). Diese Wahlfreiheit besteht allerdings wiederum nur insoweit, als der Domizilstaat nicht die Wahl der Alternativen begrenzt oder für SE mit Sitz in seinem Hoheitsgebiet eine bestimmte Form festlegt (Art. 1 Abs. 5 SE-R). Bei den drei Mitbestimmungsmodellen handelt es sich um die Mitbestimmung durch Arbeitnehmerrepräsentanten im Aufsichts- bzw. Verwaltungsorgan der SE gem. Art. 4 SE-R, um die Mitbestimmung über ein sogenanntes „separates Organ" nach Art. 5 SE-R, das sich aus Vertretern der Arbeitnehmer zusammensetzt und im Kern bestimmte Informations- und Konsultationsrechte hat, sowie um die Mitbestimmung in einer zwischen dem Leitungs- bzw. Verwaltungsorgan und den Arbeitnehmervertretern der SE vereinbarten Form gemäß Art. 6 SE-R, die bestimmten Mindestanforderungen genügen muß.

In Anbetracht der skizzierten Alternativen und Optionen der Verfassungsgestaltung läßt sich eine unipersonale Unternehmensführung der SE auf verschiedenen Wegen realisieren.[5] Betrachtet man exemplarisch die monistische Grundordnung, so kann z. B. das Verwaltungsorgan bei bestimmten Formen der Mitbestimmung gem. Art. 66 Abs. 1a) S. 2 SE-VO aus nur einem Mitglied bestehen. Eine solche Gestaltung ist konkret beispielsweise dann erlaubt, wenn die Mitbestimmung – wie in Abbildung 1 veranschaulicht – über ein separates Organ erfolgt. In diesem Fall des einköpfigen Boards liegt somit die Unternehmensleitung in den Händen einer einzigen omnipotenten Person, die (von Hauptversammlung und separatem Organ abgesehen) nicht einmal regelmäßig professionell kontrolliert wird. Inwieweit eine solche Einmannleitung im Vergleich zur Unternehmensleitung durch ein mehrköpfiges Gremium geeignet ist, komplexe Managementaufgaben bzw. unstrukturierte unternehmerische Entscheidungsprobleme (großer) Europäischer Aktiengesellschaften zu bewältigen, wird im folgenden untersucht.

---

[5] Vgl. zu den insgesamt offenstehenden Möglichkeiten der Etablierung unipersonaler Leitungen einer SE im einzelnen V. WERDER (1996).

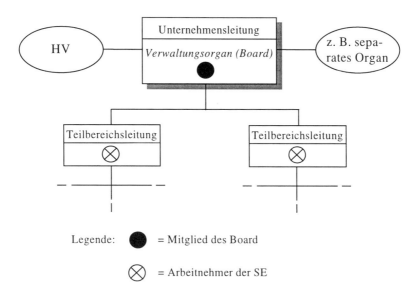

Abbildung 1: SE bei unipersonaler Boardleitung und Mitbestimmung nach Art. 5 SE-R

3. Organisationstheoretische Beurteilung der unipersonalen Führung

3.1 Präzisierung des Beurteilungsproblems und Effizienzkonzept

Der Gesamtkomplex der Effizienzbewertung einer Führungsorganisation umfaßt die Beurteilung der Leistungsfähigkeit der Leitung des Unternehmens durch die Spitzeneinheit der organisatorischen Hierarchie (*Leitungseffizienz*) und der Effizienz der Überwachung dieser Unternehmensleitung durch Anteilseignerorgane oder gesonderte Kontrollgremien (*Überwachungseffizienz*). Wenngleich die beiden Beurteilungsfelder der Leitungs- und der Überwachungseffizienz nicht vollkommen unabhängig voneinander zu sehen sind, setzen sie doch jeweils deutlich unterschiedliche Akzente. Die Überwachung der Unternehmensleitung entspringt im Kern dem Gedanken der Gewaltenteilung im Sinne von „checks and balances"[6] und ist eher passiver Natur, indem die von der Unterneh-

---

[6] Hierzu eingehend HOMMELHOFF (1982: 168ff.). Vgl. ferner auch THEISEN (1987: 178ff.).

mensleitung *vorgelegten* Entscheidungsgrundlagen und Entscheidungen in vergleichsweise großen Zeitabständen auf ihre Ordnungs- und Zweckmäßigkeit hin überprüft werden. Die laufende Unternehmensleitung selbst hingegen ist primär auf die permanente *Entwicklung* tragfähiger Vorstellungen über die zukünftige Ausrichtung der Unternehmensaktivitäten angelegt und hat damit einen stärker aktiv-kreativen Charakter. Die folgenden Überlegungen klammern aus Platzgründen die Effizienzbewertung der – im oben exemplarisch herausgestellten Fall der boardgeleiteten SE schwach ausgeprägten – Überwachung der Unternehmensleitung aus und konzentrieren sich auf die Untersuchung der Leitungseffizienz.

Die nachstehende Analyse der spezifischen Stärken und Schwächen einer unipersonalen Unternehmensleitung greift auf ein *handlungstheoretisches Effizienzkonzept* zurück, dessen theoretische Basis an anderer Stelle entwickelt worden ist[7] und hier naturgemäß nur knapp skizziert werden kann. Anliegen dieses Konzepts ist im Kern eine systematische Ableitung von Kriterien der organisatorischen Effizienz. Zu diesem Zweck wird zunächst zwischen einer handlungsrationalen und einer handlungsrealen Dimension der Organisationsbewertung unterschieden. Die *handlungsrationale Dimension* oder kurz *Rationaldimension* markiert eine sach- bzw. (primär) entscheidungslogische Sichtweise.[8] Sie geht von intendiert-rational handelnden Akteuren aus, die ihre Informationen und methodischen Kenntnisse zur Informationsverarbeitung (Know-how), kurz also ihr verfügbares Wissen, zur Erreichung der Unternehmensziele einsetzen. Die *handlungsreale Dimension* bzw. *Realdimension* dagegen thematisiert die in der Praxis nicht seltenen Abweichungen vom intendiert-rationalen Handeln und fragt, welches tatsächliche Verhalten nach dem jeweiligen Stand der Forschung mutmaßlich zu erwarten ist. Sofern Diskrepanzen zwischen intendiert-rationalen und faktischen Handlungen (zunächst bzw. dauerhaft) existieren, sind handlungslogisch als zweckmäßig beurteilte Gestaltungen durch realverhaltensbezogene Regelungen zu ergänzen bzw. zu modifizieren, um die Rationalabweichungen abzubauen bzw. in Rechnung zu stellen.

Die Rationaldimension der organisatorischen Effizienzbewertung unterscheidet sich von der Realdimension somit keineswegs dadurch, daß sie von Verhaltensaspekten abstrahiert.[9] Ihr Charakteristikum liegt vielmehr darin, daß die Effizienzurteile auf der Basis einer bestimmten generellen Verhaltensprämisse – eben der Annahme intendiert-ratio-

---

7   FRESE / V. WERDER (1993: 24ff.).

8   Vgl. hierzu auch FRESE (1993: 11ff.).

9   Um diesen Tatbestand zu unterstreichen, wird die Realdimension hier auch nicht in Anlehnung an gebräuchliche Bezeichnungen in der Betriebswirtschafts- und Organisationslehre als (alleinige) „Verhaltensdimension" angesprochen.

naler Handlungsweisen[10] – analytisch abgeleitet werden. Die Realdimension hingegen versucht, für das jeweils betrachtete Gestaltungsproblem das (meist situativ geprägte) mutmaßliche tatsächliche Verhalten zu erfassen und sodann zu überprüfen, inwieweit die rationalen den realen Handlungsmustern ent- oder widersprechen und die sachlogischen Bewertungen demnach haltbar bzw. hinfällig sind.

Die organisationstheoretische Trennung zwischen der Rational- und der Realdimension hat einen forschungsheuristischen und einen technologisch-präskriptiven Hintergrund. Sie nimmt zum einen Rücksicht auf den heute noch unzureichenden Stand der empirischen Verhaltensforschung, die bislang noch keine gesicherten Einsichten in die situativen faktischen Verhaltensmuster von Handlungsträgern vermittelt. Infolgedessen bliebe auch der sofortige Ansatz des (im Zweifel weniger rationalen) „tatsächlichen" Verhaltens in den Effizienzüberlegungen letztlich nur eine (andere) Annahme, die allenfalls in einem begrenzten Situationsbereich realitätskonform wäre. Es liegt daher näher, die Effizienzanalyse in einem ersten Schritt auf einer generellen Verhaltensprämisse aufzubauen und erst im zweiten Schritt durch Einbeziehung der jeweils überzeugendsten Erkenntnisse über das reale Verhalten in der betrachteten Situation vorläufig-tentativ zu ergänzen. Zum anderen müssen die faktischen Verhaltensweisen selbstverständlich nicht den ökonomisch erwünschten Handlungen entsprechen. Nimmt man wie hier die betriebswirtschaftliche Perspektive einer zweckmäßigen Organisationsgestaltung ein,[11] erscheint es daher sinnvoll, Effizienzanalysen zunächst für rationale Handlungsträger durchzuführen. Auf diese Weise läßt sich ein Referenzpunkt gewinnen, der eine Bewertung sowohl des tatsächlichen Handelns als auch (hierauf abgestellter) unzweckmäßige(re)r Organisationslösungen erlaubt.

Der handlungslogische Grundgedanke des Effizienzkonzepts besagt, daß die Bewertung organisatorischer Strukturalternativen nach der Qualität und dem Aufwand der arbeitsteilig ausgeführten (Entscheidungs-)Handlungen vorzunehmen ist. Dabei hängt die (kognitive) *Entscheidungsqualität* von den jeweils eingehenden Informationen und me-

---

[10] Die Prämisse intendierter Rationalität ist dabei nicht die einzig mögliche Analysebasis handlungslogischer Überlegungen. Zu denken ist insbesondere an die geradezu konträre Annahme opportunistischen Verhaltens, die gegenwärtig u. a. in der Institutionenökonomie populär ist. Auf dieser Grundlage könnte somit durchaus etwa eine *handlungsopportunistische Dimension* als zweiter Ausprägung der handlungslogischen Betrachtung neben der (und als Gegenprogramm zur) handlungsrationalen Dimension unterschieden werden.

[11] Aus Sicht einer individuellen Karrierelehre etwa können Rationalabweichungen von Handlungsträgern dagegen durchaus anders einzuschätzen sein. Vgl. zu den verschiedenen Formen der Individualrationalität und der Institutionenrationalität, die keineswegs stets zu übereinstimmenden Rationalurteilen über gleiche Sachverhalte gelangen müssen, v. WERDER (1994: 49ff., hier insb. 65).

thodischen Kenntnissen ab, während sich der *Entscheidungsaufwand* nach dem Zeit- und Ressourcenverbrauch der Handlungen bemißt. Zwischen diesen beiden Größen besteht ein organisatorisch veranlaßter Trade-off, da unter der Bedingung intendierter Rationalität die Entscheidungsqualität mit wachsender Arbeitsteilung und (daher) sinkendem Aufwand tendenziell abnimmt et vice versa. Handlungsrationale Effizienzurteile über Organisationsalternativen lassen sich demnach im Grundsatz auf Aussagen über das alternativenspezifische Verhältnis von Qualität und Aufwand der arbeitsteiligen Handlungen zurückführen.

Zur weiteren Konkretisierung der Bewertung sieht das Effizienzkonzept eine Differenzierung der Abwägung von Entscheidungsqualität und -aufwand nach den wesentlichen Parametern der Organisationsgestaltung (z. B. Delegation) vor. Für die hieraus resultierenden Felder der Effizienzbewertung (Beispiel: Delegationseffizienz) werden dann jeweils gesondert die Qualitäts- und Aufwandskonsequenzen der organisatorischen Alternativen erfaßt. Dabei läßt sich konzeptionell ein bestimmter Grundbestand relevanter Effizienzfelder abgrenzen, der allerdings je nach der betrachteten Problemstellung unter Umständen zu modifizieren sein kann.

Für die hier aufgegriffene Frage nach der Zweckmäßigkeit einer unipersonalen Unternehmensleitung bietet sich ein Betrachtungsfeld an, das als Ausstattungseffizienz bezeichnet werden soll.[12] Die *Ausstattungseffizienz* fragt nach der Güte und dem Zeit- sowie Ressourcenverbrauch der Entscheidungstätigkeit einer Unternehmensleitung mit unterschiedlich dimensionierter Managementkapazität. Dabei wird von einem festen Bestand an Entscheidungshandlungen und damit von einem gegebenen Delegationsgrad ausgegangen. Zwar könnten beispielsweise einköpfige Managementeinheiten zu ihrer Entlastung die Delegation verstärken. Zu beachten ist aber, daß delegierte Entscheidungen aus handlungslogischer Sicht eine tendenziell geringere Qualität aufweisen und daher keinen vollwertigen Ersatz eigener Entscheidungsbeiträge der Unternehmensleitung darstellen.[13]

Die handlungslogische Bewertung geht mit der Prämisse intendiert-rationaler Entscheidungen der Unternehmensleitung im Detail davon aus, daß die Managementeinheit ihre Beschlüsse im Rahmen der verfügbaren Zeit und Ressourcen möglichst intensiv sowie

---

[12] Auf eine detailliertere Ableitung dieses Effizienzfeldes aus dem Gesamtkonzept muß an dieser Stelle aus Platzgründen verzichtet werden.

[13] Ohne diesen Zusammenhang hier eingehender begründen zu können (siehe näher FRESE / V. WERDER 1993: 25ff.), sei zumindest darauf hingewiesen, daß die Unternehmensleitung (bei rationalem Verhalten) ihre Entscheidungen aus der bereichsunabhängigen Gesamtperspektive des Unternehmens und auf einer vergleichsweise größeren Wissensbasis trifft.

ausgewogen[14] vorbereitet bzw. fundiert. Diese Annahme muß aber unter handlungsrealen Bedingungen selbstredend nicht stets erfüllt sein. Ihre Tragfähigkeit soll daher im Anschluß an die Analyse der Ausstattungseffizienz anhand der beiden (realverhaltensbezogenen) Kriterien des Motivationsniveaus und des Ausgewogenheitsniveaus überprüft werden. Das *Motivationsniveau* gibt die Intensität der *tatsächlichen* Bemühungen der unternehmensleitenden Person(en) an, entscheidungsrelevantes Wissen aufzubauen und in ihre Beschlüsse einzubringen. Aus der motivationalen Perspektive sind die Besetzungsalternativen demnach daraufhin zu untersuchen, wie groß – nach dem derzeitigen Stand verhaltenswissenschaftlicher Erkenntnisse – die Fundierungsanstrengungen der Unternehmensleitung vermutlich tatsächlich sein werden. Dabei steigt die Vorteilhaftigkeit der Alternativen mit der mutmaßlichen effektiven Bereitschaft bzw. Motivation der entsprechenden Handlungsträger, ihre vorhandenen Arbeitskapazitäten auszuschöpfen. Während das Motivationsniveau gewissermaßen die reine Arbeitsintensität mißt, spiegelt sich in dem mit der jeweiligen Kapazitätsausstattung verbundenen *Niveau der Ausgewogenheit* das Bemühen der entscheidenden Person(en) wider, die möglichen positiven wie negativen Konsequenzen in Rede stehender Maßnahmen vorurteilsfrei zu eruieren. Die alternativen Formen der Unternehmensleitung stellen sich danach insoweit als um so vorteilhafter dar, je mehr sie (auch) aus Sicht des Realverhaltens dazu beitragen, einseitige (wenn auch gegebenenfalls noch so intensive) Informationsaktivitäten zu vermeiden und zu ausgewogenen Entscheidungsgrundlagen zu gelangen.

3.2 Handlungsrationale Beurteilung

Nach den voranstehenden Überlegungen ist mit Blick auf die Ausstattungseffizienz zum einen zu analysieren, welche Informationen und methodischen Kenntnisse bei den beiden Besetzungsalternativen jeweils in die Beschlüsse der Unternehmensleitung eingehen (Qualitätsaspekt). Zum anderen ist nach dem alternativenspezifischen Zeit- und Ressourceneinsatz zu fragen, den die jeweils erreichte Entscheidungsqualität erfordert.

Im unipersonalen Fall beruhen die Entscheidungen der Unternehmensleitung auf demjenigen Wissen, das die eine Person an der Spitze der Hierarchie entweder selbst bereits besitzt oder aber – etwa durch Kommunikation mit den untergeordneten Organisationseinheiten – erwirbt. Der Umfang dieser Wissensbasis ist bei gegebener quantitativer und qualitativer Kapazität der Einmannleitung im Kern eine Funktion der für die Informati-

---

[14] Zu Ausmaß und Ausgeglichenheit der Vorbereitung von Entscheidungen als Determinanten der kognitiven Entscheidungsgüte vgl. v. WERDER (1994: 479ff.).

onsarbeit aufgewendeten Zeit. Je größer die für die Entscheidungsvorbereitung zur Verfügung stehende Zeitspanne ist, desto intensiver kann tendenziell die Informationsgewinnung und -verarbeitung ausfallen (siehe Abbildung 2).

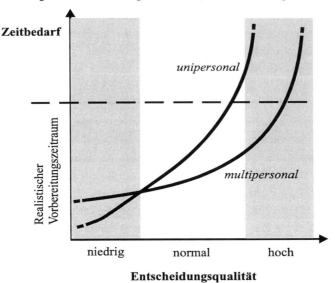

Abbildung 2: Qualität und Zeitbedarf von Entscheidungen

Die multipersonale Führung vergrößert der Tendenz nach die einsetzbaren Managementressourcen. Dabei variiert das Ausmaß der Vergrößerung mit der Anzahl der zusätzlich in die Unternehmensleitung berufenen Personen.[15] Die im multipersonalen Fall vergleichsweise größeren Kapazitäten der Unternehmensleitung ermöglichen nun – intendiert-rationale Verhaltensweisen vorausgesetzt – entweder bei gegebener Zeitspanne der Entscheidungsvorbereitung eine tendenziell intensivere Fundierung der Entscheidungen oder bei gegebener Fundierungsintensität eine entsprechende Verkürzung der vorbereitungserforderlichen Zeit.

Im Grundsatz läßt sich damit zunächst als Unterschied der beiden Besetzungsalternativen „nur" ein Trade-off-Verhältnis zwischen dem Zeitaufwand und dem Ressourcen- bzw. Managementeinsatz (pro Entscheidung)[16] konstatieren, wenn eine bestimmte Qua-

---

[15] Auf den zusätzlich in Betracht zu ziehenden Effekt einer unterschiedlichen Qualifizierung der Manager wird aus Gründen des Umfangs erst bei der handlungsrealen Analyse eingegangen (siehe Punkt 3.3).

[16] Vgl. zum Ressourcenaufwand der beiden Managementformen insgesamt weiter unten.

lität der Entscheidung gewährleistet werden soll. Die unipersonale Entscheidung ist danach lediglich länger, dafür aber mit geringerem Personaleinsatz pro Kalenderzeiteinheit vorzubereiten, während die multipersonale Entscheidung weniger Zeit, allerdings mehr Ressourcen verbraucht.[17]

Zu beachten ist allerdings, daß die kognitive Qualität komplexer unipersonaler Managemententscheidungen unter realistischen Kapazitäts- und Zeitbedingungen nur in einem bestimmten Ausmaß durch Ausdehnung des Vorbereitungszeitraums gesteigert und der Güte mehrköpfiger Entscheidungen angenähert werden kann. Der in der Praxis verbreitete Termindruck setzt einer zeitlichen Expansion von Entscheidungsprozessen gewisse Grenzen. Diese können zwar unter Umständen durchaus nach hinten verschoben werden (und sollten bei zutreffender Würdigung des Risikos überhasteter Beschlüsse zweifelsohne mitunter auch verschoben werden)[18]. Sie lassen sich letztlich aber häufig doch nicht gänzlich aufheben. Zu denken ist nur an den im Vergleich zu den üblichen Entscheidungsfristen übergroßen Zeitbedarf des Erwerbs von Know-how über bestimmte Geschäftsfelder oder gar Branchen, der eine gewisse erfahrungsgeborene Vertrautheit mit der fraglichen Materie voraussetzt.[19] Insgesamt läßt sich damit aus Sicht der Sachlogik die Tendenzaussage treffen, daß die Fundierung einer unipersonalen Managemententscheidung im Zweifel nicht so ausgeprägt sein wird wie die der Entscheidung einer mehrköpfigen Unternehmensleitung.

Die soeben durchgeführten Untersuchungen zur Entscheidungsqualität bei uni- und bei multipersonaler Besetzung der Managementeinheit haben bereits den Zeitaspekt berührt und insoweit ergeben, daß der Kalenderzeitraum, der benötigt wird, um eine Managemententscheidung mit einer bestimmten kognitiven Güte zu fällen, bei der einköpfigen Unternehmensleitung tendenziell länger ist als bei der mehrköpfigen Leitung. Diese aus der Perspektive der Entscheidungsqualität heraus getroffene zeitbezogene Feststellung ist nun um eine Analyse der Situation zu ergänzen, in der nicht die kognitive Güte, sondern die Verkürzung des Zeitbedarfs eines Beschlusses als kritische Zielgröße angesetzt

---

[17] Dieses Austauschverhältnis wird besonders dann augenfällig, wenn man den benötigten Zeit- und Ressourceneinsatz nicht (wie zuvor) auf die Kalenderzeit bezieht, sondern über das Konstrukt der „Manntage" aggregiert. So könnte z. B. – bei der vereinfachenden Annahme eines proportionalen Trade-Offs – der fiktiven Dauer einer Einmann-Entscheidung von 20 Tagen der Zeitraum von 10 Tagen für eine Zweimann-Entscheidung gegenüberstehen, so daß in beiden Fällen 20 Manntage aufzuwenden wären.

[18] Vgl. hierzu näher V. WERDER (1994: 137ff.).

[19] Vgl. in diesem Kontext auch das Konzept des von einem tiefen Verständnis für die Wirkungszusammenhänge geprägten „thick management", das MINTZBERG (1989: 348ff.) dem steril-zahlenorientierten „thin management" gegenüberstellt.

wird. Unter dieser Voraussetzung kehrt sich die Vorteilhaftigkeitsaussage über die beiden Managementformen um. Während eine Entscheidung nennenswerter Güte im multipersonalen Fall kapazitätsbedingt vergleichsweise schneller getroffen werden kann, weist die einköpfige Unternehmensleitung einen komparativen Vorteil auf, wenn ein Beschluß möglichst rasch gefaßt werden soll und dafür gegebenenfalls auch eine noch so geringe Entscheidungsqualität in Kauf genommen wird. Die Begründung hierfür liegt darin, daß die Einmannleitung im Extremfall – gewissermaßen „aus dem Bauch" – zu einem sofortigen Entschluß kommen kann. Die entscheidungsvorbereitende Kommunikation mehrerer Personen ist dagegen schon aus sachlogischer Sicht zwangsläufig mit einem gewissen Mindestzeitaufwand verbunden,[20] der durch die später einzubeziehenden handlungsrealen Faktoren noch erheblich vergrößert werden kann. Insgesamt läßt sich damit feststellen, daß die kalenderzeitbezogenen Vorteilhaftigkeitsprofile der beiden Gestaltungsalternativen von der jeweils erreichten Entscheidungsqualität abhängen. Dabei weist die unipersonale Leitung bis zu einer bestimmten – niedrigen – Fundierungsgüte in der Tendenz Vorteile auf. Jenseits dieser Schwelle hingegen – im Normalbereich der Entscheidungsqualitäten – liegt ihr Zeitbedarf vergleichsweise höher, so daß für Entscheidungen ab einer bestimmten – hohen – Güte aus Zeitgründen im Prinzip nur noch Mehrpersonenbeschlüsse in Betracht kommen.

In Hinblick auf den Ressourcenbedarf der beiden Alternativen ist zwischen den „normalen" (pagatorischen) Personalkosten der Manager und den Opportunitätskosten der Managementressourcen zu differenzieren. Bezüglich der Personalkosten läßt sich strenggenommen nur die Aussage treffen, daß diese Kosten pro Periode im Fall der mehrköpfigen Führung tendenziell höher sind. Bei multipersonaler Unternehmensleitung stehen eben schlicht nicht nur ein einziger Entscheidungsträger, sondern mehrere Top-Manager auf der Gehaltsliste der Hierarchiespitze.[21]

Den spezifischen Personalkostenbelastungen der Besetzungsalternativen sind allerdings die jeweiligen Opportunitätskosten der Managementressourcen hinzuzurechnen. Diese Kosten bringen den Nutzenentgang zum Ausdruck, der dadurch entsteht, daß sich das Management mit einer bestimmten Entscheidung befaßt und daher andere Probleme vertagen muß. Da die Managementkapazität bei der Mehrpersonenleitung vergleichs-

---

[20] Zu denken ist nur an die Notwendigkeit, das Entscheidungsproblem darzulegen und ein gemeinsames Situationsverständnis in der Gruppe herzustellen.

[21] In Ausnahmefällen könnte allerdings die Mehrpersonen-Leitung auch mit geringeren Personalkosten belastet sein als die unipersonale Führung, sofern dem einen Entscheidungsträger (unipersonaler Fall) eine Vergütung gezahlt wird, die höher liegt als der Gesamtpersonalkostenblock für die Manager im Mehrpersonenfall. Diese extreme Konstellation soll hier aber vernachlässigt werden, da es an dieser Stelle nur auf die Ableitung (plausibler) Tendenzaussagen ankommen kann.

weise größer ist, muß bei dieser Gestaltungsvariante die Bewältigung anderer Probleme nicht so häufig bzw. so lange hinausgeschoben werden. Die Opportunitätskosten werden folglich bei der Einmannleitung tendenziell höher liegen. Sie können daher den Personalkostenvorteil dieser Lösung im Prinzip nicht verstärken, sondern nur abschwächen oder auch (über-)kompensieren.

Als Fazit der sachlogischen Beurteilung der Ausstattungseffizienz einer uni- und einer multipersonalen Unternehmensleitung ergibt sich somit ein facettenreiches Bild. Die mehrköpfige Form zeichnet sich danach in den durch die üblichen Entscheidungsqualitäten und Vorbereitungszeiträume definierten Normalbereichen tendenziell durch vergleichsweise kürzere Fundierungsprozesse und höhere Fundierungsintensitäten aus. Und sie ermöglicht innerhalb der maximalen realistischen Vorbereitungszeit im Grunde allein eine besonders hohe kognitive Güte der Entscheidung. Die charakteristischen Vorteile der Einmannleitung liegen dagegen zum einen darin, im gegenüberliegenden Grenzbereich einer geringen Entscheidungsqualität äußerst rasche Beschlüsse fassen zu können. Zum anderen fallen relativ niedrige Personalkosten an, gegen die allerdings die eventuellen Opportunitätskosten aufzurechnen sind. Die Wahl der Managementform erweist sich damit als ein Entscheidungsproblem mit Mehrfachzielsetzung und Zielkonflikten. Sie richtet sich daher nach der (begründeten) Gewichtung der verschiedenen Vor- und Nachteile der Alternativen. Bevor diese Gewichtungsproblematik – im abschließenden Kapitel dieses Beitrags – detaillierter aufgegriffen wird, soll zunächst untersucht werden, ob die handlungsrational herausgefilterten Besetzungskonsequenzen durch Überlegungen zur Handlungsrealität eine Bestätigung, Abschwächung oder gar Umkehrung erfahren.

3.3 Handlungsreale Beurteilung

Wie bereits angesprochen wurde, erlaubt der gegenwärtige Stand der Verhaltensforschung noch keine theoretisch geschlossene und empirisch abgesicherte Abschätzung der Realverhaltenswirkungen uni- und multipersonaler Unternehmensleitungen. In der gruppentheoretischen Literatur finden sich zwar durchaus eine Reihe von konzeptionellen Ansätzen sowie empirischen Studien, die u. a. auch die Effizienz von Gruppenentscheidungen im Vergleich zu Individualentscheidungen thematisieren.[22] Diese Untersuchungen bieten aber schon deshalb bislang nur ein recht brüchiges Fundament für die

---

[22] Vgl. zum Überblick V. ROSENSTIEL (1980); HACKMANN (1990); WISWEDE (1992a); STEINMANN / SCHREYÖGG (1993: 503ff.).

Beantwortung unserer Fragestellung, weil sie häufig als Laborexperimente in artifiziellen Entscheidungssituationen stattfinden und zudem kaum dezidiert unstrukturierten Managemententscheidungen der Unternehmensleitung gewidmet sind.[23] Vor diesem Hintergrund kann es an dieser Stelle nur darum gehen, das breite Spektrum der verhaltenstheoretischen Ansätze und Theoriefragmente exemplarisch zu veranschaulichen und auf der Grundlage besonders plausibel erscheinender Verhaltensüberlegungen die sachlogische Effizienzbewertung der beiden Ausstattungsalternativen einer Unternehmensleitung zu hinterfragen.

Analysiert man die mutmaßliche Motivation des einen Entscheidungsträgers an der Spitze des unipersonal geführten Unternehmens, so lassen die geläufigen Annahmen über die Verhaltenskonsequenzen der Arbeitsstrukturierung[24] einerseits die Erwartung zu, daß die direkt zurechenbare, alleinige Letztverantwortung für die Unternehmensentwicklung diese Person zu einer vergleichsweise großen Arbeitsanstrengung – genauer: Fundierungsintensität – ansport. Bei mehrköpfiger Leitung wird diese Motivationswirkung der *Zurechenbarkeit* dagegen vermutlich schwächer sein, da die Verantwortung sich „auf mehrere Schultern" verteilt und das Verantwortungsgefühl daher eher diffundieren kann.[25] Ferner kann für die komparativ größere Motivation der Einmannleitung der Umstand sprechen, daß der eine Top-Manager letztlich in *Autonomie* entscheiden kann. Er ist damit im Gegensatz zur multipersonalen Führung nicht dem Zwang zur eventuell mühsamen, möglicherweise auch frustrierenden Konsensfindung mit gleichberechtigten Kollegen (und vielleicht Konkurrenten) in der Unternehmensleitung ausgesetzt.

Den eher für eine einköpfige Unternehmensleitung sprechenden Motivatoren der persönlichen Zurechenbarkeit und Autonomie stehen allerdings auch Einflußgrößen gegenüber, die eine relativ stärkere Bereitschaft der Mitglieder einer multipersonalen Leitung zur Ausschöpfung ihrer Kapazitäten erwarten lassen. Der eine Top-Manager unterliegt nämlich der Tendenz nach einem geringeren institutionalisierten Druck, der eine mangelnde intrinsische Motivation (aus Zurechenbarkeit und Autonomie) kompensieren könnte. Zunächst fehlen die Leitungskollegen der multipersonalen Lösung, die schon

---

[23] So auch WISWEDE (1992a: 751). Komplexe Managemententscheidungen, wenn auch keineswegs durchgängig der (durch besondere Überwachungs-, Legitimations- etc. Bedingungen vom restlichen Management abgehobenen) Unternehmensleitung, bilden immerhin den Gegenstand der Beiträge von EISENSTAT (1990); COHEN (1990a, 1990b) und EISENSTAT / COHEN (1990).

[24] Vgl. hier nur FRESE (1992: 269ff.); KRÜGER (1994: 134ff.), beide m. w. N.

[25] Vgl. auch die Argumentation zugunsten eines „Risikoschubs" der Gruppenentscheidung, der allerdings eher den Ausgewogenheitsaspekt berührt und daher unten näher erörtert wird (vgl. Fußn. 36).

aus eigenem Interesse Leistungs- bzw. Fundierungsbeiträge der jeweils anderen Mitglieder der Managementeinheit einfordern werden (*Teamdruck*).[26] Dieser Effekt kann im Fall des omnipotenten Unternehmensleiters, der – wie bei Führung der SE durch einen einköpfigen Board – nicht organisiert-professionell überwacht wird, noch erheblich verstärkt werden. Der mit der mangelnden Überwachung einhergehende fehlende *Rechtfertigungsdruck*, Entscheidungsvorschläge und getroffene Entscheidungen rational begründen zu müssen, kann durchaus die Motivation zu (eigenen) intensiveren Fundierungsbemühungen schwächen.[27] Zwar ist die Konsequenz der (insoweit mittelbar auch extrinsisch wirkenden) Zurechenbarkeit zu berücksichtigen, die bei merklich unbefriedigender Unternehmensentwicklung zu Kritik auf den jährlichen Hauptversammlungen und in Grenzlagen auch zur Sanktion der Abberufung führen kann. Diese Motivationsfaktoren werden aber im Vergleich zur periodischen Kontrolle (durch einen Aufsichtsrat etwa) seltener sowie später greifen. Zudem dürften sie namentlich in den „Normal"-Fällen einer zwar alles andere als exzellenten, aber auch nicht überdurchschnittlich schlechten ökonomischen Lage des Unternehmens von geringerer praktischer Relevanz sein.

Analysiert man das vermutliche Ausgewogenheitsniveau uni- und multipersonal vorbereiteter Managemententscheidungen, so sind für den Fall der mehrköpfigen Unternehmensleitung die Struktur und Zusammensetzung der Top-Managementgruppe als Einflußgröße zu beachten.[28] Geht man von einer kollegial organisierten Unternehmensleitung mittlerer Größe (etwa 3-7 Mitglieder)[29] aus, der Manager mit jeweils unterschiedlichen Fachqualifikationen (namentlich für Produktsparten, Funktionen und Regionen) angehören, so bietet die multipersonale Form von ihren Voraussetzungen her günstige Chancen für ausgewogenere Entscheidungsvorbereitungen. Da die Urteilsbildung im Fall der Einmannleitung letztlich, d. h. jenseits der eventuellen Kommunikation zwischen Unternehmensleitung und Dritten, einen intrapersonellen Vorgang bildet, können hier die individualpsychologisch geläufigen Bias-Mechanismen[30] vergleichsweise leicht

---

26 Vgl. auch GEBERT / V. ROSENSTIEL (1992: 126f.); WISWEDE (1992a: 750).

27 Vgl. allgemein zum Rechtfertigungsdruck als Einflußgröße der Managementrationalität auch KÖHLER (1972: 21ff., 1989: 1536); V. WERDER (1994: 9).

28 Vgl. zu den diversen Determinanten der Gruppenleistung auch HOFSTÄTTER (1987: 230ff.); GEBERT / V. ROSENSTIEL (1992: 123); WISWEDE (1992a: 750f.); STAEHLE (1994: 265ff.).

29 Nach BLEICHER / LEBERL / PAUL (1989: 107) liegt die durchschnittliche Größe der Vorstände deutscher Aktiengesellschaften bei fünf Mitgliedern.

30 Biases stellen insgesamt systematische Verzerrungen bei der kognitiven Arbeit dar und können beispielsweise in der Überbewertung von zuletzt erhaltenen oder besonders eindrucksvoll artikulierten Informationen bestehen. Siehe hierzu – allerdings für den Ex-post-Abbau kognitiver Dissonanzen nach bereits getroffenen Entscheidungen – schon FESTINGER (1962) sowie aus der neueren Literatur TVERSKY / KAHNEMAN (1974); BAZERMAN (1986).

wirksam werden. Als Folge dieser Tendenz darf daher vermutet werden, daß Einpersonenentscheidungen in vielen Fällen die Vor- und Nachteile angedachter Maßnahmen nicht rigoros und gänzlich unvoreingenommen gegeneinander abwägen. Diese Gefahr vorgefaßt-einseitig-fundierter Beschlüsse kommt anschaulich in dem bekannten Bild von den „einsamen Entscheidungen" eines einzelnen (und einzigen) Top-Managers zum Ausdruck. Die mehrköpfig-multiqualifizierte Führung dagegen ersetzt die intrapersonale durch eine interpersonale Entscheidungsfindung und eröffnet damit strukturell eher die Gelegenheit, Probleme in Diskussionen aus verschiedenen Blickrichtungen zu analysieren.[31] Da und soweit jedes einzelne Leitungsmitglied (annahmegemäß) einen unterschiedlichen Erfahrungshintergrund hat, steigt die Wahrscheinlichkeit, daß bias-getrübte Informationsausfilterungen und Informationsüberzeichnungen thematisiert und neutralisiert werden. Zur Begründung kann auf die gängigen Rollenkonzepte[32] hingewiesen werden. Sie gehen davon aus, daß sich Handlungsträger mit den ihnen jeweils übertragenen Positionen identifizieren und für die Wahrung der Interessen ihrer Einflußbereiche engagieren.[33]

Das nach den voranstehenden Überlegungen zu erwartende höhere Niveau an Ausgewogenheit multipersonaler Entscheidungen ist allerdings keineswegs garantiert und kann zudem auch negative Begleiterscheinungen haben. Analog zur Vermeidung individueninterner kognitiver Dissonanzen kann das Bestreben, gruppeninterne soziale Disharmonien zu verhindern, in mehrköpfigen Unternehmensleitungen ebenfalls eine Tendenz zur einseitigen Informationsselektion begünstigen. Vor allem die starke Abschottung einer Gruppe von der Umwelt und kraftvolle gruppeninterne Normen können danach eine ausgewogene Situationsanalyse und Meinungsbildung behindern. Zu erinnern ist in diesem Zusammenhang namentlich an das Phänomen des „Groupthink", das JANIS (1972) in seiner berühmten Studie u. a. im Führungszirkel um Kennedy in der Entscheidungsphase der Schweinebucht-Operation nachgewiesen hat (und das eine bekannt fatale Fehl-Fundierung zur Folge hatte).[34] Aber auch im zivilen – und gerade im zivilisierten – Kontext der Unternehmensleitung kann der von Gruppennormen ausgehende Zwang zur Konformität abweichende Problemsichten als aus Prinzip nicht verhandlungsfähig aus-

---

[31] Vgl. zu dieser geläufigen Argumentation zugunsten eines Leistungsvorteils der heterogen zusammengesetzten Gruppe bei unstrukturierten Entscheidungen allgemein auch KELLEY / THIBAUT (1969: 65ff.); GEBERT / V. ROSENSTIEL (1992: 128ff.); THOMAS (1992: 152ff.); STAEHLE (1994: 267f.).

[32] Siehe zum Überblick THOMAS (1991: 80ff.); FISCHER (1992); WISWEDE (1992b).

[33] Vgl. auch die organisationstheoretisch bekannte Erscheinung des „Ressortegoismus".

[34] Siehe auch JANIS (1989: 56ff.), sowie zu einer Erweiterung WHYTE (1989). Vgl. ferner zu den eventuellen Konformitätskonsequenzen einer hohen Gruppenkohäsion auch GEBERT / V. ROSENSTIEL (1992: 124ff.) m. w. N.

schließen und schon das Aufwerfen kritischer Fragen im Keim ersticken. Dies gilt insbesondere dann, wenn die ungeschriebenen Gesetze der Zusammenarbeit das Anschneiden solcherart „indiskutabler" Themen – wie etwa die Hinterfragung strategischer Weichenstellungen – als Loyalitätsverstoß gegenüber dem Gesamtgremium oder seinem Vorsitzenden erscheinen lassen.[35] Praxisberichte aus amerikanischen Boards of Directors belegen eindrucksvoll die mitunter geradezu tragisch fundierungshinderliche Kohäsionswirkung eines solchen Esprit de corps.[36]

Neben den eventuellen Konformitätstendenzen dürfen ferner nicht die spezifischen gruppendynamischen Phänomene außer Acht gelassen werden, die multipersonale Entscheidungsfindungen mit erheblichen Spannungen belasten und zumindest durchaus empfindlich verzögern können.[37] Derartige Reibungsverluste entstehen im wesentlichen durch (Fehl-)Verhaltensweisen der Mitglieder, die durch den Gruppenkontext stimuliert sind und sich beispielsweise in Akten der Selbstdarstellung und Dominanzbestrebungen äußern. Sie können namentlich dann zu Friktionen der Entscheidungsfundierung führen, wenn Sachauseinandersetzungen durch derartige Defekte der sozialen und kommunikativen Kompetenz der beteiligten Manager in persönliche Konflikte umschlagen.

Insgesamt läßt sich damit das Fazit ziehen, daß die beiden Besetzungsformen der Managementeinheit – wie kaum anders zu erwarten – aus handlungsrealer Sicht heute noch nicht abschließend beurteilt werden können. Vor allem in Hinblick auf den Motivationsaspekt erscheint es geboten, weiterführende, insbesondere auch empirische Folgeuntersuchungen abzuwarten und sich bis dahin selbst einer vorläufigen Vorteilhaftigkeitsaussage zugunsten einer der beiden Formen zu enthalten. Die jeweils für und gegen ein komparativ höheres Motivationsniveau sprechenden Argumente müssen gegenwärtig als noch zu gleichgewichtig angesehen werden, als daß eine solche Aussage gerechtfertigt erscheinen kann. Bezüglich des Ausgewogenheitsniveaus kann demgegenüber immerhin

---

[35] Zum Phänomen der „indiscussability" ARGYRIS (1985: 5ff.), und zu seiner großen Bedeutung für die praktische Arbeit amerikanischer Boards of Directors LORSCH / MACIVER (1989: 91ff.). Vgl. auch die ähnlich gelagerte Selektionswirkung starker Unternehmenskulturen (hierzu SCHREYÖGG 1989: 99ff.).

[36] Siehe LORSCH / MACIVER (1989: 141ff.). Angemerkt sei in diesem Zusammenhang, daß die vorliegenden Befunde über die Vorstandsarbeit in Deutschland auf eine ebenfalls hohe Konsensorientierung hindeuten. So fällen nach BLEICHER / PAUL (1986: 274) 70 % aller befragten Vorstände formale Beschlüsse einstimmig. Vgl. zu ähnlichen Einschätzungen auch schon DOSE (1975: 118); TRENKLE (1983: 107ff.). Hingewiesen sei an dieser Stelle schließlich noch auf den ähnlich gelagerten Effekt des Risikoschubs, der Gruppen allgemein (allerdings wiederum nicht speziell für den Bereich realer Top-Managemententscheidungen) zugeschrieben wird (vgl. THOMAS 1992: 176ff.; WISWEDE 1992a: 751; STAEHLE 1994: 271ff.).

[37] Vgl. auch allgemein V. ROSENSTIEL (1980: 801); WISWEDE (1992a: 751f.); STAEHLE (1994: 247).

klarer konstatiert werden, daß die mehrköpfige Besetzung der Managementeinheit zwar keinesfalls automatisch ausgeglichenere Entscheidungsanalysen sicherstellt. Ferner kann der oben sachlogisch abgeleitete Zeitvorteil der mehrköpfigen Fundierung durch gruppendynamische Faktoren reduziert oder gar überkompensiert werden. Gleichwohl bietet die multipersonale Unternehmensleitung nach bisherigem Erkenntnisstand aber doch immerhin die günstigeren Chancen für weniger einseitig-subjektiv gefärbte Führungsentscheidungen.

4. Schlußfolgerungen

Komprimiert man die herauskristallisierten Vor- und Nachteile der uni- und der multipersonalen Unternehmensleitung, so lassen sich folgende Kernthesen zum Effizienzprofil der beiden Besetzungsalternativen aufstellen. Die charakteristischen Vorzüge der Einmannleitung liegen darin, zumindest niedrigfundierte Entscheidungen in selbst kürzester Frist fassen und mit geringeren Personalkosten des Top-Managements auskommen zu können. Auch stärker fundierte Beschlüsse einer einzigen unternehmensleitenden Person müssen nicht zwangsläufig zeitaufwendiger sein, wenn man dem sachlogisch bedingten Zeitvorteil der Mehrpersonenleitung ihre eventuellen verhaltensgeborenen Gruppenfriktionen gegenüberstellt. Die typische Stärke der multipersonalen Unternehmensleitung findet sich demgegenüber im Bereich der Opportunitätskosten und der Entscheidungsqualität. Dabei wird die Entscheidungsqualität zwar keineswegs stets, aber nach der durchgeführten Analyse wohl doch häufiger höher liegen als die der unipersonalen Leitung. Neben den sachlogischen Bedingungen der vergleichsweise größeren Managementkapazität spricht hierfür auch die realverhaltensbezogene Chance auf ein höheres Ausgewogenheitsniveau.

Die Entscheidung zwischen der Ein- und der Mehrpersonenleitung und hier im besonderen die Empfehlung an den europäischen Verordnungsgeber muß daher – wenn auch mit einer gewissen Vergröberung – im Kern zwischen einer der Tendenz nach höheren Entscheidungsqualität bei günstigeren Opportunitätskosten (mehrköpfige Leitung) und tendenziell geringeren Zeit- und Ressourceneinsätzen (unipersonale Leitung) wählen. Eine begründete Abwägung dieser alternativenspezifischen Vorteile müßte den Konsequenzen unterschiedlicher Intensitäten und Kosten der Fundierung von Entscheidungen im Detail nachgehen und würde daher den hier zur Verfügung stehenden Rahmen bei weitem sprengen. So ist zu beachten, daß selbst eine ausgeprägte Ex-ante-Fundierung aufgrund der bei unstrukturierten Managementproblemen nicht auszuschließenden Irrtumsmöglichkeit nicht immer hohe Ex-post-Erfolge verbürgen kann.[38] Geht man aber gleichwohl mit der in der Betriebswirtschaftslehre ganz herrschenden Meinung von einer vergleichsweise größeren Erfolgsträchtigkeit wohl-fundierter Entscheidungen aus, so ist nach allem aber eher der multipersonalen Besetzung der Unternehmensleitung der Vorzug zu geben. Stellt man die gravierenden Implikationen in Rechnung, die wichtige Führungsentscheidungen auf Anteilseigener, Arbeitnehmer und andere von Unternehmen abhängige Interessenträger[39] haben können, so erscheinen die Personalkosten- und (eventuellen) Zeitnachteile der mehrköpfigen Lösung im Zweifel eher tolerierbar als die Gefahr qualitativ minderwertiger(er) unipersonaler Entscheidungen. Mit den dargelegten Vorbehalten ist folglich – als Resümee dieser Untersuchung – doch die Empfehlung auszusprechen, unipersonale Unternehmensleitungen wenigstens im Fall der boardgeleiteten SE auszuschließen und die diesbezüglichen Optionen in den Statutsentwürfen entsprechend abzuändern.

Literaturverzeichnis

ABELTSHAUSER, THOMAS E. (1990): Der neue Statutsvorschlag für eine Europäische Aktiengesellschaft. Die Aktiengesellschaft (1990)35: 289-297.
ARGYRIS, CHRIS (1985): Strategy, Change and Defensive Routines. Boston u. a.: Langman.
BAZERMAN, MAX H. (1986): Judgment in Managerial Decision Making. New York u. a.: Wiley.
BLEICHER, KNUT; HERBERT PAUL (1986): Das amerikanische Board-Modell im Vergleich zur deutschen Vorstands-/Aufsichtsratsverfassung – Stand und Entwicklungstendenzen. Die Betriebswirtschaft (1986)46: 263-288.
BLEICHER, KNUT; DIETHARD LEBERL; HERBERT PAUL (1989): Unternehmungsverfassung und Spitzenorganisation. Wiesbaden: Gabler.
CHMIELEWICZ, KLAUS (1991): Harmonisierung der europäischen Unternehmensverfassung aus betriebswirtschaftstheoretischer Sicht. In: CHMIELEWICZ, KLAUS; KARL-HEINZ FORSTER (Hg.) (1991): Unternehmensverfassung und Rechnungslegung in der EG. Schmalenbachs Zeitschrift für betriebswirtschaftliche Forschung (1991)29 (Sonderheft): 15-59.
COHEN, SUSAN G. (1990a): Corporate Restructuring Team. In: HACKMAN, J. RICHARD (Hg.) (1990): Groups That Work (and Those That Don't). San Francisco, Oxford: Jossey-Bass: 36-55.

---

[38] Siehe hierzu und zum folgenden näher V. WERDER (1994: 112ff.).
[39] Zu denken ist nicht zuletzt an die Standortgemeinde.

COHEN, SUSAN G. (1990b): Hilltop Hospital Top Management Group. In: HACKMAN, J. RICHARD (Hg.) (1990): Groups That Work (and Those That Don't). San Francisco, Oxford: Jossey-Bass: 56-77.

DOSE, STEFAN (1975): Die Rechtsstellung der Vorstandsmitglieder einer Aktiengesellschaft. Köln: Schmidt.

EISENSTAT, RUSSELL A. (1990): Fairfield Coordinating Group. In: HACKMAN, J. RICHARD (Hg.) (1990): Groups That Work (and Those That Don't). San Francisco, Oxford: Jossey-Bass: 19-35.

EISENSTAT, RUSSELL A.; SUSAN G. COHEN (1990): Summary: Top Management Groups. In: HACKMAN, J. RICHARD (Hg.) (1990): Groups That Work (and Those That Don't). San Francisco, Oxford: Jossey-Bass: 78-86.

FESTINGER, LEON (1962): A Theory of Cognitive Dissonance. Stanford: University Press.

FISCHER, LORENZ (1992): Rollentheorie. In: FRESE, ERICH (Hg.) (1992): Handwörterbuch der Organisation. Stuttgart: Poeschel: 2224-2234.

FRESE, ERICH (1992): Organisationstheorie. Wiesbaden: Gabler.

FRESE, ERICH (1993): Grundlagen der Organisation. Wiesbaden: Gabler.

FRESE, ERICH; AXEL V. WERDER (1993): Zentralbereiche – Organisatorische Formen und Effizienzbeurteilung. In: FRESE, ERICH; AXEL V. WERDER; WERNER MALY (Hg.) (1993): Zentralbereiche. Theoretische Grundlagen und praktische Erfahrungen. Stuttgart: Poeschel: 1-50.

GEBERT, DIETHER; LUTZ V. ROSENSTIEL (1992): Organisationspsychologie. Stuttgart u. a.: Kohlhammer.

HACKMAN, J. RICHARD (Hg.) (1990): Groups That Work (and Those That Don't). San Francisco, Oxford: Jossey-Bass.

HOFSTÄTTER, PETER R. (1987): Entscheidungen in Organisationen. In: GRAF HOYOS, CARL ET AL. (Hg.): Wirtschaftspsychologie in Grundbegriffen. München, Weinheim: Psychologie-Verlags-Union: 228-236.

HOMMELHOFF, PETER (1982): Die Konzernleitungspflicht. Köln u. a.: Heymanns.

JANIS, IRVING L. (1972): Victims of Groupthink. Boston u. a.: Houghton Mifflin.

JANIS, IRVING L. (1989): Crucial Decisions. New York, London: The Free Press-Collier Macmillan.

JÜRGENS, PETER (1990): Die Europäische Aktiengesellschaft nimmt Strukturen an. Der Betriebsberater (1990)45: 1145-1150.

KELLEY, HAROLD H.; JOHN W. THIBAUT (1969): Group Problem Solving. In: LINDZEY, GARDNER; ELLIOT ARONSON (Hg.) (1969): The Handbook of Social Psychology. Band 4. Reading u. a.: Addison-Wesley: 1-101.

KÖHLER, RICHARD (1972): Das Informationsverhalten im Entscheidungsprozeß vor der Markteinführung eines neuen Artikels. Wiesbaden: Gabler.

KÖHLER, RICHARD (1989): Planungstechniken, Einsatzbedingungen von. In: SZYPERSKI, NORBERT; UDO WINAND (Hg.) (1989): Handwörterbuch der Planung. Stuttgart: Poeschel: 1528-1541.

KRÜGER, WILFRIED (1994): Organisation der Unternehmung. Stuttgart u. a.: Kohlhammer.

LORSCH, JAY W.; ELIZABETH MACIVER (1989): Pawns or Potentates. Boston: Harvard Business School Press.

LUTTER, MARCUS (Hg.) (1978): Die europäische Aktiengesellschaft. Köln u. a.: Heymanns.

LUTTER, MARCUS (1990): Genügen die vorgeschlagenen Regelungen für eine „Europäische Aktiengesellschaft"? Die Aktiengesellschaft (1990)35: 413-421.
MINTZBERG, HENRY (1989): Mintzberg on Management. New York, London: The Free Press-Collier Macmillan.
ROSENSTIEL, LUTZ V. (1980): Gruppen und Gruppenbeziehungen. In: GROCHLA, ERWIN (Hg.) (1980): Handwörterbuch der Organisation. Stuttgart: Poeschel: 793-804.
SANDERS, PIETER (1960): Auf dem Wege zu einer europäischen Aktiengesellschaft? Außenwirtschaftsdienst des Betriebs-Beraters (1960): 1-5.
SCHREYÖGG, GEORG (1989): Zu den problematischen Konsequenzen starker Unternehmenskulturen. Zeitschrift für betriebswirtschaftliche Forschung (1989)41: 94-113.
STAEHLE, WOLFGANG H. (1994): Management. München: Vahlen.
STEINMANN, HORST; GEORG SCHREYÖGG (1993): Management. Wiesbaden: Gabler.
THEISEN, MANUEL R. (1987): Die Überwachung der Unternehmungsführung. Stuttgart: Poeschel.
THIBIÈRGE (1959): Le statut des sociétés étrangères. In: 57e Congrès des notaires de France tenu à Tours. Paris: 270ff.
THOMAS, ALEXANDER (1991): Grundriß der Sozialpsychologie. 1. Band. Göttingen u. a.: Hogrefe.
THOMAS, ALEXANDER (1992): Grundriß der Sozialpsychologie. 2. Band. Göttingen u. a.: Hogrefe.
TRENKLE, THOMAS (1983): Organisation der Vorstandsentscheidung. Frankfurt / M. u. a.: Lang.
TVERSKY, AMOS; DANIEL KAHNEMAN (1974): Judgment under Uncertainty: Heuristics and Biases. Science (1974)185: 1124-1131.
WAHLERS, HENNING W. (1990): Art. 100a EWGV – Unzulässige Rechtsgrundlage für den geänderten Vorschlag einer Verordnung über das Statut der Europäischen Aktiengesellschaft? Die Aktiengesellschaft (1990)35: 448-458.
WERDER, AXEL V. (1993): Rechtsform und Organisation der Unternehmensführung. In: GERUM, ELMAR (Hg.) (1993): Handbuch Unternehmung und Europäisches Recht. Stuttgart: Poeschel: 63-95.
WERDER, AXEL V. (1994): Unternehmungsführung und Argumentationsrationalität. Stuttgart: Poeschel.
WERDER, AXEL V. (1996): Formen der Führungsorganisation einer Europäischen Aktiengesellschaft nach den Kommissionsvorschlägen vom Mai 1991 (Veröffentlichung in Vorbereitung).
WHYTE, GLEN (1989): Groupthink Reconsidered. Academy of Management Review (1989)14: 40-56.
WISWEDE, GÜNTER (1992a): Gruppen und Gruppenstrukturen. In: FRESE, ERICH (Hg.) (1992): Handwörterbuch der Organisation. Stuttgart: Poeschel: 735-754.
WISWEDE, GÜNTER (1992b): Soziale Rolle. In: GAUGLER, EDUARD; WOLFGANG WEBER (Hg.) (1992): Handwörterbuch des Personalwesens. Stuttgart: Poeschel: 2001-2010.

Teil IV

Die Regulierung und Deregulierung des Wettbewerbs zwischen Unternehmen

Klaus Nittinger[*]

Deregulierung im Luftverkehr

Der Aufsatz stellt das Problem „Regulierung und Unternehmenspolitik" aus der Perspektive eines betroffenen Unternehmens, der Deutschen Lufthansa, dar. Der deutsche Deregulierungsprozeß wird im Vergleich zum amerikanischen, der zu diesem Zeitpunkt bereits weiter vorgeschritten war, analysiert. Der Verfasser zeigt auf, zu welchen Friktionen die Veränderung von Wettbewerbsbedingungen führen kann. Dabei werden die Rationalitäten, aber auch Irrationalitäten nationaler und supranationaler Regulierungspolitik aufgezeigt. Besonderes Augenmerk wird auf die Entwicklungen im Zusammenhang mit der Europäischen Union und deren Auswirkungen auf die globale Wettbewerbsfähigkeit des oben genannten Luftverkehrsunternehmens und seiner Konkurrenten gelegt. Es wir aber auch die Notwendigkeit betont, auf die veränderten Rahmenbedingungen mit geeigneten unternehmenspolitischen Konsequenzen und Strategien zu reagieren. Durch organisatorische Maßnahmen kann die Wettbewerbsposition behauptet oder sogar ausgebaut werden.

---

[*] Dr.-Ing. Klaus Nittinger, Mitglied des Vorstandes der Deutschen Lufthansa AG, Flughafen-Bereich West, 60546 Frankfurt / Main.

1. Deregulierung – Liberalisierung – Kannibalisierung?

Die Geschichte des Luftverkehrs ist gut 80 Jahre alt. In ihr hat es mehrere einschneidende Etappen gegeben. Als die Propeller noch brummten, die Industrie ein Prestigeobjekt von Staaten und auch sonst ein schützenwertes Pflänzchen war, lagen die Entwicklungsschritte meist im technischen Bereich: Ganzmetallzelle, Instrumentenflug, Blindflug, Turbinen und Druckkabinen: das waren die großen Themen der 30er bis 60er Jahre.

Technischer Fortschritt löste dann aber zu Beginn der 70er Jahre eine völlig neue Kette von Entwicklungen aus:

- Der Düsenluftverkehr verkürzte Reisezeiten und Distanzen erheblich.
- Jets und Großraumflugzeuge erhöhten die Produktivität des Luftverkehrs, das Reisen begann erschwinglich zu werden.
- Der einsetzende Massenluftverkehr erforderte Computerreservierungssysteme und diese wiederum entwickelten sich zu Machtinstrumenten im Vertrieb.
- Die Industrie veränderte sich zu einer dynamischen, aber auch äußerst kapitalintensiven Wachstumsbranche.

Die technische Entwicklung der letzten drei Jahrzehnte begünstigte so ein Wachstum, durch das sich der Weltluftverkehr von 155 Mio. Passagieren im Jahre 1964 auf 1,2 Mrd. im Jahre 1994 nahezu verachtfachte. Dieses Wachstum beflügelte den Reifungsprozeß einer ehemals unter den wachsamen Augen der IATA bis auf die Zahl der Hühnerschenkel auf den Essentabletts regulierten Branche. Es entstand ein globaler Industriezweig, der der Alimentierung des Staates eigentlich nicht mehr bedarf.

Alfred Kahn setzte in den 70er Jahren den Auftrag der Amerikanischen Regierung um, die Branche in ihrem größten Markt, den USA, zu deregulieren. Der Prozeß startete 1978 und verlief in bislang drei erkennbaren Phasen:

1. Die Innovationsphase bis 1985, in der Strecken und Tarife freigegeben wurden. Sie brachte viele neue Start-up-Airlines hervor. Die Zahl der Fluggesellschaften wuchs binnen kürzester Frist von 70 auf 185.

2. Die Konsolidierungsphase, etwa von 1986-1990, in der sich – beflügelt durch niedrige Treibstoffpreise – das neue Ordnungsregime zu bewähren schien. Und

3. eine Konzentrationsphase, die 1990 einsetzte. Die harten, ruinösen Preiskämpfe nahmen zu. Viele Start-ups waren zwischenzeitlich wieder sang- und klanglos ver-

schwunden, so beispielsweise People-Express. Aber auch große Unternehmen wie Eastern und PanAm verschwanden in der zweiten Hälfte dieser Phase von der Bildfläche, weil sie sich strukturell nicht anpassen konnten.

Für eine Weile sah es so aus, daß sich ein von Mega-Airlines dominiertes Oligopol herausbildete. Die „Big Three" (American, United, Delta) vergrößerten seit 1985 ihren Marktanteil von rund 35 % auf nahezu 60 %. Doch haben es Nischen-Carrier, wie South-West, geschafft, diesem Trend zum Oligopol spürbar entgegenzuwirken.

Europa verfolgte mit bangem Interesse dieses Experiment „Deregulierung". Gigantische und nachhaltige Verluste sowie ein beinharter Verdrängungswettbewerb der amerikanischen Airlines ließen auf dem alten Kontinent keine Euphorie für das Experiment „Deregulation" aufkeimen. Dennoch begann auch hier die Industrie, ihre Eierschalen endgültig abzuwerfen. Mit Blick auf den Europäischen Binnenmarkt vollzog die EG-Kommission – anders als die Regierung der USA – die Veränderung des Ordnungsrahmens als Liberalisierung nicht über Nacht, sondern stufenweise in drei Schritten.

Mit dem ersten Paket im Jahre 1988 wurden die Flugpreise sowie Kapazitäten in gewissen Bandbreiten freigegeben. Das dritte Paket, das am 1. Januar 1993 in Kraft trat, erlaubte schließlich eine völlig freie Preisbildung, freien Marktzugang sowie Niederlassungsfreiheit. Ferner strebt es eine Harmonisierung aller die Luftfahrt betreffenden Rahmenbedingungen an, also von Steuern, Umweltbestimmungen, Lizenzen, technischen und sozialen Bedingungen. Lediglich der Kabotageverkehr – also der Inlandsverkehr durch einen Carrier eines Drittlandes – wird erst 1997 völlig freigegeben.

Nach zwei Jahren dieses neuen Regimes, das übrigens den erweiterten europäischen Wirtschaftsraum mit einschließt, läßt sich folgendes resümieren:

Der Prozeß hat unsere Branche zwar nicht auf den Kopf gestellt, aber sie dennoch wesentlich verändert:

- Im Niedrigtarifsegment sind viele Sonderpreise eingeführt worden. Die Durchschnittserträge sind unter Druck geraten.

- Es gibt neue Airlines: 188 waren es Ende 1994 gegenüber 161 im Jahre 1990. Der Wettbewerb hat also zugenommen.

Man muß allerdings feststellen, daß die Politik vieler Airlines in den achtziger Jahren – nämlich über starkes Wachstum Stückkostendegressionen zu erzielen, um damit Preissenkungen zu ermöglichen – in eine gefährliche Sackgasse führte. Die Lage wurde durch die Rezession als Folge des Golfkrieges verstärkt. Für *ein* Unternehmen mag ein solches Rezept aufgehen, wenn ihm aber *alle* folgen, dann treibt man sich gegenseitig in eine Abwärtsspirale oder in den Ruin. Fraglich ist, ob solch eine Entwicklung nicht auch ohne Liberalisierung eingetreten wäre. Es gibt Meinungen, die besagen, der Zug der Lemminge könne nur durch Geburtenkontrolle gestoppt werden. Andere halten entgegen: Dies sei natürliche Auslese und man solle die Dinge laufen lassen. Ganz gewiß fehlt es dieser Branche aber an Instrumenten, die verhindern, daß ständige Überreaktionen stattfinden, was Fortune Magazine kürzlich zu dem verzweifelten Statement veranlaßte: Diese Industrie habe offenbar einen erstaunlichen Sex-Appeal, denn sonst könne man sich nicht erklären, warum sie trotz heftiger Kapriolen immer wieder Geldgeber finde. Wie dem auch sei: Wenn bislang weder Deregulierung in den USA noch Liberalisierung in Europa zu einer Stabilisierung der Airline-Ergebnisse geführt haben, so ist dies ganz gewiß auch auf Wettbewerbsverzerrungen zurückzuführen, die beide Ordnungssysteme belasten.

Wenn zum Beispiel in den Vereinigten Staaten die Unternehmen sich durch die Bestimmungen des Chapter 11 völlig entschulden können und mit frischem Kapital und neuen Anteilseignern wieder neu anfangen dürfen, dann ist dies eine gravierende Wettbewerbsverzerrung. Denn ein wesentliches Element des Wettbewerbs kommt nicht zum Zuge – nämlich der Marktaustritt ineffizienter Unternehmen. Statt dessen haben immer wieder „lahme Enten" gewissermaßen subventioniert weiterarbeiten und ihre effizient arbeitenden Konkurrenten durch ein Kostenniveau unter Druck setzen können, das mit gesetzlichem Segen künstlich niedrig gehalten wird.

In Europa sind es staatliche Finanzhilfen an bestimmte Airlines, die den Wettbewerb verzerren. So denke ich, ist es ein Schlag gegen eine liberale Ordnung, wenn die Lufthansa und ihre Mitarbeiter aus eigener Kraft und unter vielen persönlichen Opfern das Unternehmen wieder profitabel und wettbewerbsfähig machen; andererseits eine Art mediterraner Club – bestehend aus Air France, Alitalia, Iberia, TAP und Olympic – mit Milliarden staatlicher Hilfen über Wasser gehalten wird. Ich frage Sie: Wozu werden diese Gelder verwendet? Doch letztlich dazu, Billigtarife zu subventionieren, die einem kostendeckenden Wirtschaften zuwiderlaufen. Zudem werden damit Verschönerungsprogramme für Flugzeugkabinen oder Airport-Lounges finanziert, wie das bei einem unserer Nachbarn geschieht. Eine durchgreifende Sanierung aber steht bei diesen Unternehmen noch aus.

Und noch eines ist bezeichnend: Während diejenigen Airlines, die privatisiert sind, die ihre Probleme zielstrebig gelöst haben und die stark im Wettbewerb sind – also eine British Airways, KLM, SAS und Lufthansa – nur sehr verantwortungsbewußt und maßvoll ihre Kapazitäten ausweiten, dafür aber überproportional verkaufen, sind es mehrheitlich wieder die Bezieher staatlicher Benefizleistungen, die ihre Kapazitäten entweder stärker ausweiten als sie absetzen können oder diese viel zu zögerlich den rückläufigen Verkaufszahlen nach unten anpassen. Solche Subventionsempfänger gehören meiner Meinung nach auf die Strafbank!

Das Verhalten dieser Airlines macht erneut deutlich: Staatliche Finanzspritzen werden nicht dazu genutzt, die wahren Probleme zu kurieren, sondern nur die Symptome. Täglich fließen 10 Mio. DM an Steuergeldern in die Kassen angeschlagener europäischer Luftverkehrsgesellschaften! Die Stahlindustrie läßt grüßen. Europa muß endlich Ernst machen mit einem marktwirtschaftlich orientierten gemeinsamen Luftverkehrsmarkt.

Wenn man über Deregulierung und Liberalisierung im Luftverkehr spricht, dann muß man sich allerdings auch von der Illusion freimachen, diese Branche sei eine Branche wie jede andere. Das Umfeld, in dem Luftverkehrsgesellschaften tätig sind, ist durch eine Reihe von Gesetzen und Gesetzlichkeiten eingeengt, deren Beseitigung den Staaten aus den verschiedensten Gründen sehr schwerfällt. Andere sind zur ordnungsgemäßen Durchführung von Luftverkehr notwendig. So spielt der Begriff „Ownership" in zweifacher Weise eine signifikante Rolle. Zum einen verlangt die europäische Gesetzgebung, daß die Lufthansa mehrheitlich in europäischer Hand ist. Zum zweiten ist in bilateralen Verkehrsabkommen immer noch der gesicherte Nachweis, daß die Mehrheit der Aktien in deutschen Händen ist, die Voraussetzung für Strecken – oder Landerechte.

Ähnlich restriktive Bestimmungen zur Ownership haben die angeblich so liberalen Vereinigten Staaten. Dort dürfen ausländische Verkehrsunternehmen derzeit nicht mehr als 25 % der Stimmrechte bei amerikanischen Airlines besitzen. Dies engt beispielsweise im Verhältnis British Airways / USAir die Handlungsspielräume sehr ein. Der Aufbau strategischer Allianzen, wie wir ihn augenblicklich in unserer Branche erleben und auch selber vorexerzieren, ist ein Weg, um die Nachteile solcher Tatbestände in gewisser Weise auszugleichen.

Eingrenzend wirken sich zudem Marktstrukturen und -größe auf die Qualität von Verkehrsabkommen aus. Wir haben dies mit dem deutsch-amerikanischen Luftverkehrsabkommen erlebt. Während die US-Carrier in Deutschland nahezu alle Rechte im europäischen Binnenverkehr wahrnehmen konnten – beispielsweise von Frankfurt aus andere Destinationen in Europa zu bedienen – blieb eine ähnliche Flächenabdeckung der Lufthansa im größten zusammenhängenden Luftverkehrsmarkt der Erde, den USA, verwehrt. Eine heftige Auseinandersetzung zwischen USA und Japan über die Verkehrsrechte hat ihre Ursache in ähnlichen Ungleichgewichten Mit dem neuen bilateralen Luftverkehrsabkommen USA / Deutschland wurde uns 1994 – allerdings nach sehr schwierigen Verhandlungen – die Möglichkeit eingeräumt, mit unserem Partner United Airlines den US-Markt im Code-Sharing zu bedienen.

Natürlich versuchen die USA, die bestehende Heterogenität Europas für ihre Version der Open-Sky-Politik zu nutzen. Sie versuchen, ihre Dominosteintaktik auszuspielen und trachten weiter nach Rahmenbedingungen, die unter der Flagge „Offener Himmel" Verdrängungswettbewerb ermöglichen. Solange sich Europa weiterhin politische Fragmentierung leistet, werden wir immer den Kürzeren ziehen. Die Lufthansa ist für klare Verhältnisse und deshalb für ein externes Verhandlungsmandat der EU-Kommission. Die amerikanische Seite hat von der Politik des Multilateralismus nach anfänglichem Werben wieder Abstand genommen, als von der Kommission entsprechende positive Geräusche zu hören waren. Ein gemeinsamer europäischer Luftverkehrsmarkt aber entsteht nur dann, wenn er sich auch im Außenverhältnis geschlossen darbietet. Wenn Europa als gemeinsames Wirtschaftsgebiet auftritt, so hat dies ein ganz anderes Gewicht, als wenn dieser Kontinent jeweils Land für Land Open Sky-Abkommen nach dem Muster USA / Schweiz, Luxemburg oder Dänemark abschließt. „Divide et impera" ist immer schon das Prinzip der Macht gewesen.

Lassen Sie mich aus meinem ersten Kapitel eine Schlußfolgerung ziehen: In vielen Ländern der Erde gilt der Luftverkehr immer noch als eine demonstrative Bastion der Staatlichkeit. Auch dort, wo Airlines schon immer oder seit langem privatisiert sind, bestimmen Staaten den Umfang des Angebots maßgeblich mit, und damit bestimmen sie auch den Umfang der Produktion. Daran wird sich nur langsam etwas ändern. Im Zuge der weiteren Liberalisierung des Welthandels wird auch der Luftverkehr in Asien unter Druck geraten. Nach dem Abschluß der GATT- oder besser GATS- Verhandlungen, bei der erstmals der Luftverkehr einbezogen wurde, liegt dies sehr im Trend der Zeit. Kenner der Region sind aber skeptisch. Auch wenn Asien der stärkste Wachstumsmarkt im Weltluftverkehr ist und nach einer IATA-Studie im Jahr 2010 einen Anteil von über 50 % am internationalen Weltluftverkehr haben und damit Amerika bei weitem überflügeln wird, dürften asiatische Mentalitäten sich einer Liberalisierung entgegenstemmen. Der dortige Markt besteht – ähnlich wie in Europa – noch aus vielen Ländern mit eigenen Interessen und bilateralen Verkehrsbeziehungen. Es gibt wenig Anzeichen dafür, daß sich dies bald ändert. Man übersieht in Asien auch nicht, daß gerade die Veränderungen des Ordnungsrahmens zu erheblichen Verwerfungen und krisenhaften Entwicklungen in der amerikanischen und europäischen Airline-Branche geführt haben. Mache doch einer den Asiaten klar, warum die Deregulierung der US-Luftfahrt bisher lediglich zu jahrelangen, schweren Verlusten und zu wenig Glanz am Horizont in der Form von Gewinnen geführt hat? Unterdessen wurden die Flugzeugflotten in den USA immer älter, weil man kein Geld mehr für neues Gerät hatte. Dies alles ist wenig überzeugend. Der von mir mit Fragezeichen versehene Dreiklang Deregulierung – Liberalisierung – Kannibalisierung könnte in der Tat so eintreten, wenn die geschilderten Probleme der

Branche nicht gelöst und Verzerrungen nicht beseitigt werden. Kapazitätsüberhänge durch Preisaktionen abzubauen, kann als kurzfristige Rettungsaktion legitim sein. Auf Dauer löst dies einen Teufelskreis aus, der das gesamte Preisniveau in Mitleidenschaft zieht. Die Branche hat in der Tat große Schwierigkeiten, Überkapazitäten abzubauen, die sie seit dem Golfkrieg herumträgt, aber nicht radikal genug zurücknimmt. Lufthansa hat seit Beginn der Krise 1992 bis zu 30 Flugzeuge stillgelegt, viele davon wurden in der Wüste abgestellt.

2. Ideal und Wirklichkeit: Die europäische Situation

Von den Freiheiten der Liberalisierung wird in Europa nur sehr zögerlich Gebrauch gemacht. Kam sie vielleicht zum falschen Zeitpunkt? Die Preise sind allerdings in Bewegung geraten. Dies gilt besonders im Niedrigpreissektor. Die Spanne zwischen Business- und Economy-Class hat sich erweitert. Marktorientierte Airlines haben mittlerweile ein immer effektiveres Yield-Management entwickelt, so daß Lufthansa z. B. 1994 keine weiteren Einbrüche der Durchschnittserträge in Europa zu verzeichnen brauchte. Das ist gut so. Es muß in einem vernünftigen Geschäft auch gestattet sein, Teile des Produktivitiätszuwachses zur Verbesserung der Gewinnsituation zu verwenden.

Europa bewegt sich leider mit zwei Geschwindigkeiten auf die vollständige Liberalisierung der Airline-Branche zu: Grob verallgemeinert hat der Norden die Liberalisierung akzeptiert, wohingegen der Süden viele Bedenken hat. Er tut sich deshalb schwer, weil er seine Kosten nicht in den Griff bekommt. Man scheut sich, soziale Probleme mit Konsequenzen anzupacken, die eine Anpassung nun einmal mit sich bringt. Statt einen sozialen Konsens herzustellen, rettet man sich – wie gesagt – mit staatlichen Beihilfen über die Runden. Es geht kein Weg vorbei an offener und ehrlicher Kommunikation, wie sie der Lufthansa-Vorstandsvorsitzende Weber pflegt, der Mitarbeitern und Gewerkschaften die Schwere der Situation klargemacht und der verdeutlicht hat, daß mehr Arbeit für weniger Geld angesagt ist.

Unverkennbar ist heute der Versuch einiger Staaten, den Begriff Competition in „Schutz vor Competition" zurückzuinterpretieren. Mit fadenscheinigen Argumenten wird gelegentlich auch Marktzugang verwehrt bzw. erschwert. Denken Sie nur an die Kämpfe, die British Airways und auch Lufthansa austragen mußten, um einen begrenzten Zugang zum Pariser Flughafen Orly zu erhalten. Schwer tun sich auch die Flughäfen. Niemand verkennt die Notwendigkeit, daß für erforderliche Infrastrukturen am Boden und in der Luft gesorgt werden muß. So hat sich das „Comité des Sages" für den Luftverkehr der

Europäischen Union, dem übrigens auch Jürgen Weber angehörte, nicht nur gegen Subventionen an Fluggesellschaften ausgesprochen, sondern auch gegen die Abfertigungsmonopole auf einigen europäischen Flughäfen. Während die Airlines sich in einem scharfen Wettbewerb befinden, ist bei den Bodenverkehrsdiensten auf vielen Flughäfen in Europa kein Wettbewerb zugelassen. Damit kann der Luftverkehr auf einen seiner wichtigen Kostenblöcke kaum Einfluß nehmen. Dies muß sich ändern, damit auch hier Wettbewerb einkehren kann. Die Chancen dazu stehen in Brüssel nicht schlecht.

Weitere Sorge bereitet die mangelhafte Infrastruktur am Boden und in der Luft. Der Ausbau einer harmonisierten Flugsicherung in Europa geht voran – aber nur sehr langsam. Mittel fließen in diesem Bereich sparsam, während beispielsweise die Hochgeschwindigkeitsnetze der Bahnen mit Milliardenbeträgen gefördert werden sollen. Dies geschieht mit der Illusion, es mit einem Verkehrsträger zu tun zu haben, der im Wettbewerb auf Dauer ohne Subventionen auskommen kann. Die europäische Flugsicherung ist immer noch zu fragmentiert und zu uneinheitlich organisiert. So entstehen auf einem Sektor Engpässe, die bei der Weite des Luftraums nicht zu sein bräuchten. Limitierte Kapazitäten auf den Flughäfen beeinträchtigen ebenfalls den Wettbewerb, weil man sich vielerorts aus populistischen Gründen davor scheut, sich zum weiteren Ausbau der Infrastruktur zu bekennen. Wir sind für eine integrative Verkehrspolitik. Die Mobilität unserer Gesellschaft und ihre Wahlfreiheit bei den Verkehrsträgern sind ein zu wertvolles Gut, als daß man einseitig bestimmte Verkehrsträger mit viel Geld fördern, den Luftverkehr jedoch mit dirigistischen Mitteln beschränken sollte.

Diese Beispiele und andere mehr belegen unsere Beobachtung, daß der formellen Liberalisierung in Europa eine faktische noch folgen muß. Dem aber stehen immer noch mentale Blockaden entgegen. Zu diesem Schluß kam auch das „Comité des Sages": „Mentalitätsveränderungen", so heißt es 1994 in seinem Abschlußbericht, „hinken in Europa hinter technologischen, wirtschaftlichen und regulatorischen Veränderungen hinterher. Diese Mentalitätsveränderung ist aber viel wichtiger als das akkumulierte Wissen jedes Komitees." Allein die konsequente Anwendung bestehender Regeln brächte Europa der Liberalisierung um vieles näher. Wenn nur die dringlichsten Engpässe der Infrastruktur sofort angegangen würden und die Harmonisierung rechtlicher Vorschriften ausschließlich zur Senkung der Kosten und nicht nur zur Durchsetzung der komfortabelsten Bestimmungen genutzt würden, dann, so der Rat, wäre schon viel gewonnen.

Ich bin überzeugt: Ohne eine gelebte Liberalisierung werden europäische Fluggesellschaften keine nennenswerte Teilhabe am Globalisierungsprozeß in der Luftfahrtbranche haben. Und ohne Kooperation mit bzw. Beteiligung an anderen Fluggesellschaften ist bei der Betriebsgröße unserer Unternehmen kein europäischer Carrier in der Lage, eine umfassende globale Angebotsstruktur aufzubauen. Und vor allem dürfen sich die europäischen Airlines nicht vorgaukeln, daß Allianzen oder Beteiligungen ein Ersatz für die Notwendigkeit einer operativen und strukturellen Sanierung der Unternehmen wären. Wer im globalen Wettbewerb mithalten will, der muß zuallererst seine Kosten in den Griff bekommen, damit er überhaupt als attraktiver Kooperationspartner akzeptiert werden kann. Eine Allianz der „Fußkranken" erreicht ihr Ziel nicht. Eher im Gegenteil.

3. Lufthansa goes global – Ein Konzern blickt nach vorn

Was hat die Lufthansa getan, um sich auf die Veränderung der Marktordnung einzustellen? Mit der Golfkrise im Nacken haben wir 1992 damit begonnen, mit großer Anstrengung unsere Lage zu verändern. Das ist uns gelungen, und wir haben 1994 einen wesentlichen Durchbruch bei der Wiederherstellung unserer Wettbewerbskraft erzielt. Ich will unsere Sanierung nicht im Detail erläutern. Darüber ist in vielen Medien berichtet worden. Deshalb nenne ich hier nur die wesentlichen Schritte in Stichworten: Von den drei Phasen der Erneuerung, die wir uns vorgenommen hatten, ist die operative Sanierung heute erfolgreich abgeschlossen. Im Zeitraum Juni 1992 bis Juni 1994 ist die Personalstärke der Lufthansa um 17 Prozent reduziert worden, was einem Stellenabbau um rund 8000 entspricht. Wir haben die Stückkosten um 15 Prozent zurückgefahren und schließlich die Produktivität um 31 Prozent gesteigert. Im heutigen Vergleich sind es bereits über 40 Prozent. Damit haben wir eine „Verschlankung" erreicht, die uns jetzt mit wesentlichen Kennziffern unserer erfolgreichsten Mitwettbewerber vergleichbar macht. Sodann haben wir die vielzitierte Problematik unserer VBL-Altersversorgung gelöst und damit nicht nur dem Unternehmen, sondern auch unseren Mitarbeitern eine größere Flexibilität gegeben. Die mentale Wirkung der Umstellung auf eine private Versorgung ist nicht zu unterschätzen. Der Gedanke nämlich, daß man es sich bei der alten VBL nach einer bestimmten Zahl von Jahren Betriebszugehörigkeit eigentlich nicht mehr leisten konnte, den Arbeitgeber zu wechseln, da man seine Zusatzversorgung verlieren würde, besaß wenig Charme. Nachdem die VBL-Lösung perfekt war, ließ sich auch die Privatisierung erfolgreich in die Wege leiten. Wir sind nun kein „Staatsbetrieb" mehr, als der wir häufig genug gescholten worden sind. Auch eine Privatisierung schafft mentale Freiräume bei Management und Mitarbeitern.

Das deutsch-amerikanische Luftverkehrsabkommen konnte nach harten Verhandlungen fairer gestaltet werden und verschaffte uns die Möglichkeit zur Kooperation mit United. Last and by no means least: Wir sind wieder profitabel geworden, und wir haben einen guten Teil unserer Schulden tilgen können. Globalisierung ist in dieser Zeit des Wandels für uns kein Schlagwort, sondern täglich erfahrene Wirklichkeit. Deshalb sagen wir auch mit Überzeugung: Lufthansa goes global, denn wir sind jetzt darauf vorbereitet. Unser Beitrag zur Globalisierung sind die Allianzen mit United Airlines, SAS, Thai International, Varig, Finnair, Canadian und – als vorläufig letztes Glied in der Kette – mit South African Airways im kommenden Jahr. Durch Beteiligungen sind wir mit Lauda Air, Cargolux und Luxair und der britischen Business Air verbunden. Wir wollen damit bestehende Risiken im weltweiten Wettbewerb mindern und weiter verteilen. Das gleiche gilt für unsere Partner ebenso. Allianzen helfen uns, unseren Kunden ein erweitertes Netz und verbesserten Service anzubieten oder Märkte zu erschließen, in denen wir – siehe USA – ohne einen Partner nur einen begrenzten Zugang haben. Schließlich gibt uns Code-Sharing mit einem Partner eine verbesserte Plazierung in den mächtigen Reservierungssystemen.

Globaler Wettbewerb zwingt uns allerdings auch dazu, unsere Kosten zu internationalisieren. Eine Grunderkenntnis heißt: Global Trade führt zu Global Pricing. Und wer einem Global Pricing ausgesetzt ist, der kommt um ein Global Costing nicht herum. Heute kann der Kunde auf der Strecke Frankfurt–New York im Direktverkehr zwischen sechs Fluggesellschaften aus verschiedenen Kontinenten und ihrem jeweiligen Preisniveau wählen, dazu zählen Airlines wie Pakistan Interntional und Singapore Airways. Wir müssen also entsprechend reagieren können, wenn uns der Markt Preise von New York oder Bombay aufzwingt, auch wenn wir in einem Hochlohnland tätig sind und unseren Standort nicht ohne weiteres nach Indien oder sonstwo verlagern können. Daher werden wir auf Dauer nicht unbedingt alles in Deutschland produzieren können. Schritte zur Internationalisierung der Kosten müssen wir deshalb aktiv unternehmen. So haben wir jetzt eine tarifvertragliche Einigung mit dem Kabinenpersonal erzielt, die nicht nur die Produktivität weiter verbessert, sondern es uns gestattet, bis zu zehn Prozent regionale Flugbegleiter einzusetzen. Sie können an überseeischen Standorten rekrutiert, stationiert und dort auch nach ortsüblichen Tarifen bezahlt werden. Dies ist nicht von Nachteil, weil nahezu 70 Prozent unserer Gäste Ausländer sind. Ein anderes Beispiel ist die Erledigung arbeitsintensiver Massendaten im Reservierungsbereich sowie die Erlösabrechnung von Flugscheinen – eine Tätigkeit, die wir nach Indien gegeben haben. Das funktioniert reibungslos. Die LSG / SKY Chef setzt im Catering ihre ausländischen Produktionsbetriebe in ähnlicher Weise ein. Aus einem „Made in Germany" wird so auf Dauer ein „Made by Lufthansa" werden.

Wer international wettbewerbsfähig sein will, muß auch eine schlagkräftige Konzernstruktur haben. Auch hier haben wir uns umorientiert und eine neue Struktur zum 1. Januar 1995 eingeführt. In ihr sind die Nähe zu Markt und Kunden das gestalterische Prinzip. Sie vermittelt stärkere Transparenz von Aufwand und Erträgen. Rechtlich selbständige Einheiten, in die wir die Fracht, die Technik und unsere Datenverarbeitung umgewandelt haben, sind dazu befähigt, eigenverantwortlich aktive und passive Beteiligungen einzugehen. Unser Ziel bei allem ist: Mehr Unternehmertum im Unternehmen. Und die Devise lautet: Besser, schneller, flexibler werden.

Bislang scheinen sich alle Schritte auch zu bewähren. Wir sind 1995 glatt von den Startblöcken weggekommen und liegen gut im Rennen: Das Wachstum von Fracht und Passage übertrifft die Erwartungen. Die Auslastung der Flüge verbessert sich weiter. Die Ergebnisse der Lufthansa wie auch ihrer Konzernunternehmen liegen über Plan.

Dies aber darf uns nicht einlullen angesichts unserer wichtigen Ziele, die wir uns bis 1997 gesetzt haben: Eine Politik, die darauf abzielt, unseren Aktionären eine angemessene Dividende zu bieten und die auf dauerhaftem, striktem Kostenmanagement beruht. Wir streben einen vierprozentigen Zuwachs der Produktivität p. a. sowie eine dreiprozentige Umsatzrendite auf das Konzernergebnis an. Das ist – glauben Sie es mir – viel in einer Industrie, die sich auch in besseren Jahren mit rund 1 Prozent begnügt hat. Eine weitere Senkung unserer Nettoverschuldung bleibt ebenfalls ein Ziel hoher Priorität.

Zudem wollen wir den Erfolg unserer globalen Allianzen weiter ausbauen. Denn auch die Allianzen um uns herum formieren sich weiter, auch wenn wir Vorreiter sind. Sobald der Prozeß globaler Allianzbildung und wirtschaftlicher Gesundung abgeschlossen sein wird, sehe ich nach den technischen und ordnungspolitischen Revolutionen eine dritte Revolution des Luftverkehrs auf uns zu kommen: Das totale Serviceangebot unter Nutzung all der Möglichkeiten, die moderne Kommunikationstechnologien eröffnen werden. Wir testen beispielsweise seit Anfang Mai die Lufthansa ChipCard. Sie ist ein Vorbote einer neuen Servicewelt: Sie öffnet die Tür zum dokumentenlosen Reisen mit kürzesten Check-in Zeiten und vielen anderen Erleichterungen.

Besser – schneller – flexibler sein: Das ist das tägliche Brot wettbewerbsstarker Unternehmen in einer liberalisierten Umwelt. Danach streben wir. Wir werden dabei erfolgreich sein, wenn wir vier Feldern – unseren vier großen K's – unsere höchste Aufmerksamkeit schenken: Unseren Kunden, unseren Kapitalgebern, den Kosten sowie der Wahrung unserer Kompetenz und Innovationskraft.

Dann, meine Damen und Herren, ist mir um die Lufthansa in einem entregulierten Weltmarkt im Luftverkehr nicht bange.

Wolfgang Schüler / Ulrike Settnik[*]

Zur Deregulierung des Versicherungsmarktes
Leistungsfähigkeit deutscher Unternehmen und Verbraucherschutz unter veränderten Bedingungen

Den Gegenstand des Referates bilden die Konsequenzen der auf europäischer Ebene initiierten Deregulierung des zuvor besonders streng regulierten deutschen Lebensversicherungsmarktes im Hinblick auf zukünftige Leistungsfähigkeit und mögliche Strategien dieser Unternehmen sowie die veränderte Situation für die Verbraucher. Das Referat erörtert die Ansatzpunkte der Regulierung in dieser Branche und kommt zu dem Ergebnis, daß bisher nur erste Schritte zu einer Deregulierung unternommen wurden, die dem Verbraucher eine größere Auswahl von kostengünstiger werdenden Produkten erlauben. Möglichkeiten, sich durch kluge Strategien weiterhin zu behaupten, zeigen Beispiele bisher erfolgreicher deutscher Unternehmen. Vor dem Hintergrund der Vermeidung von Inländerdiskriminierung (die vor allem deutsche Unternehmen betreffen würde) dürfte mittelfristig mit weiteren Schritten zur Deregulierung, längerfristig mit einem Wettbewerb der Aufsichtssysteme im EU-Binnenmarkt zu rechnen sein.

---

[*] Univ.–Prof. Dr. rer. pol. Wolfgang Schüler, Dr. Ulrike Settnik, Otto-von-Guericke-Universität Magdeburg, Fakultät für Wirtschaftswissenschaft, Lehrstuhl für Betriebswirtschaftslehre V, insbesondere Unternehmensführung und Organisation, Postfach 4120, 39016 Magdeburg.

„Mehr Beschwerden seit Liberalisierung des Versicherungsmarktes"
Frankfurter Allgemeine Zeitung vom 20.04.1995

„Weniger Beschwerden von den Versicherungskunden"
Handelsblatt vom 20.04.1995

1. Einführung

Der deutsche Versicherungsmarkt bleibt offenbar schwer zu durchschauen – auch (oder gerade?) nachdem im Zuge der Schaffung eines gemeinsamen europäischen Binnenmarktes Mitte 1994 auch hier eine Deregulierung wirksam geworden ist. Jedenfalls wird das wichtigste Argument der Gegner jeder Deregulierung, die Versicherungsmaterie sei für Laien viel zu komplex und unübersichtlich, als daß man ihnen große Entscheidungsmöglichkeiten einräumen könne, durch Schlagzeilen wie die oben zitierten, die von ein und derselben Pressekonferenz berichten, nur unterstrichen.

Zur Untersuchung des Verhältnisses von Unternehmenspolitik und (De-)Regulierung am praktischen Beispiel bietet sich der Versicherungsmarkt also geradezu an. Aus naheliegenden Gründen müssen wir uns dabei auf einen Teilmarkt beschränken und wählen dazu den Lebensversicherungsbereich.

Im folgenden werden zunächst die charakteristischen Merkmale des Versicherungsgeschäftes herausgearbeitet, da sie sich in mancher Hinsicht von anderen Branchen nachhaltig unterscheiden und zugleich auf zentrale Parameter der Unternehmenspolitik verweisen. Zudem ist ihr Verständnis für die gesamte Materie wesentlich. Danach werden die wichtigsten Maßnahmen staatlicher Beeinflussung des Lebensversicherungsmarktes vor und nach der Deregulierung mit ihren Konsequenzen für Anbieter und Nachfrager dargestellt. Anschließend untersuchen wir die Wettbewerbssituation im Hinblick auf die Bedeutung der Unternehmensgröße, die in der (De-)Regulierungsfrage eine besondere Rolle gespielt hat, sowie auf die strategischen Positionen besonders erfolgreicher deutscher Lebensversicherer. Abschließende Bemerkungen ziehen ein Resümee und geben einen Ausblick auf die weitere Entwicklung.

Zur Deregulierung des Versicherungsmarktes

2. Merkmale des Versicherungsgeschäftes

Das Versicherungsgeschäft weist drei zentrale Komponenten von strategischer Dimension auf; sowohl die Produktpolitik als auch das Verhältnis zu den Märkten sind von ihnen betroffen. Es handelt sich um das Risiko-, das Kapitalanlage- und das Dienstleistungsgeschäft.

2.1 Das Risikogeschäft

Das Kernprodukt jedes Versicherungsunternehmens ist die Bereitstellung von Versicherungsschutz gegen jeweils spezifizierte Risiken. Versicherungsschutz wird produziert durch Risikoausgleich im Kollektiv, also im ursprünglichen produktionstheoretischen Sinn durch Kombination von Einzelrisiken (als Rohstoffen und zugleich „externen" Produktionsfaktoren) zu Kollektiven gleichartiger Risiken. Externe Produktionsfaktoren sind typisch für die Dienstleistungsproduktion: der Kunde muß sie selbst einbringen (wie seinen Haarschopf zum Friseur), damit der Produktionsvorgang überhaupt beginnen kann – der Absatz liegt hier bekanntlich vor der Produktion. Daß daneben auch die üblichen anderen Produktionsfaktoren (Betriebsmittel, Hilfsstoffe, Arbeit, etc.) eingesetzt werden müssen, ist selbstverständlich. Die Analogie zur industriellen Produktion läßt sich bei dieser Interpretation von Versicherungsproduktion (SCHÜLER 1992) bis in viele Details hinein verfolgen; beispielsweise betreiben Versicherungsunternehmen Qualitätspolitik nicht zuletzt durch gezielte Auswahl der zentralen Produktionsfaktoren, sprich: durch Auslese der in das Kollektiv aufgenommenen Einzelrisiken.

Gleichwohl hält die Branche und die sie begleitende wissenschaftliche Disziplin noch verschiedene andere Sichtweisen der Versicherungsproduktion bereit. Den an sich tautologischen, weil *jede* Art von Versicherung charakterisierenden Begriff der *Risikoversicherung* verwendet sie ausschließlich für die reine Todesfallversicherung. Die kombinierte Versicherung gegen zwei Risiken, den Todes- und den Erlebensfall, nennt sie *gemischte* oder *Kapital(lebens)versicherung*. Mit der letztgenannten Begriffsbildung wird auch die Verwechslung von Versicherungs- und Bankleistungen in Kauf genommen. Tatsächlich findet auch bei der Erlebensfallversicherung kein Sparprozeß des einzelnen Versicherungsnehmers (bzw. der versicherten Person) statt. Das seinem Vertrag rechnerisch zugeordnete Deckungskapital fällt – anders als Sparkapital – dem Kollektiv anheim, falls er vor dem Erlebensfalltermin verstirbt.

Rechnungsgrundlage für die Kalkulation von Versicherungstarifen, also Preisen für den Versicherungsschutz, sind Wahrscheinlichkeitsverteilungen, im Lebensbereich zusammengefaßt als „Sterbetafeln". Die Frage, welche Sterbetafeln Lebensversicherungsunternehmen benutzen dürfen, berührt bereits mögliche staatliche Eingriffe.

2.2 Das Kapitalanlagegeschäft

Da Versicherungsverträge keine zeitpunktbezogenen Geschäfte beinhalten, sondern der Versicherungsschutz für einen vertraglich vereinbarten Zeitraum gewährt wird, muß ein Versicherungsunternehmen Rückstellungen bilden, um spätere Aufwendungen für den Produktionsfaktor Risiko decken zu können. Statt von Aufwandsrückstellungen redet die Lebensversicherungsmathematik unglücklicherweise vom „Sparen"; sie gliedert die Nettoprämie in eine „Risikoprämie" (zur Deckung von Todesfalleistungen des gleichen Geschäftsjahres) und in eine „Sparprämie" (zur Speisung der Deckungsrückstellung für spätere Aufwendungen). Tatsächlich „spart" hier nicht der einzelne Versicherungsnehmer, sondern allenfalls der Aktuar für das (sich in seiner Zusammensetzung im Zeitablauf ändernde!) Versichertenkollektiv bzw. für das das Risikogeschäft betreibende Versicherungsunternehmen. Gleichwohl redet auch die Versicherungsbetriebslehre gern von *Spar- und Entsparprozessen* als der zweiten Komponente von Versicherungsleistungen.

Treffender wäre es wohl, statt dessen von einem aus dem Risikogeschäft abgeleiteten, im Hinblick auf die Logik der betrieblichen Leistungserstellung (nicht unbedingt auf die wirtschaftliche Bedeutung) sekundären Kapitalanlagegeschäft zu reden, innerhalb dessen die in der Deckungsrückstellung ausgewiesenen Mittel (sowie weitere im Unternehmen verbliebene Guthaben der Versicherungsnehmer) zinsbringend anzulegen sind.

Der Zinssatz, mit dem solche Verbindlichkeiten zu kalkulieren sind, stellt eine zweite Rechnungsgrundlage für Versicherungstarife dar. Zusammen mit eventuellen Einschränkungen des Handlungsspielraums der Unternehmen bei der Kapitalanlagepolitik stellt er den zweiten Bereich möglicher staatlicher Einflußnahme dar.

2.3 Das Dienstleistungsgeschäft

Im Hinblick auf die begriffliche Abgrenzung der dritten Komponente, des Dienstleistungsgeschäfts, sind sich die Fachleute vergleichsweise einig, obwohl es auch hier Versuche gegeben hat, bereits den versicherungstechnischen Kernprozeß, das Management des Risikokollektivs, als eigenständige Dienstleistung zu interpretieren. Als solche zu apostrophieren sind eher Beratungsleistungen, wie sie etwa Erstversicherer vor allem über ihren Außendienst im Selbstverständnis der Zugehörigkeit zu einer Allfinanzbranche (bzw. in dessen Nutzung zur Vermittlung von Verträgen anderer Sparten) oder Rückversicherer im Selbstverständnis von Unternehmensberatern für Erstversicherer erbringen.

Das angesprochene Mißverständnis des Dienstleistungsbegriffs hat aber vermutlich auch hier seine historischen Wurzeln in der Art der Prämienkalkulation. Wo es keine Differenz zwischen dem Preis eines Produktes und seinen Kosten gibt, unterscheiden sich Netto- und Bruttoprämie nur durch Kostenzuschläge für die „Dienstleistungen" des Versicherers (vom Vertragsabschluß über das Inkasso bis zur allgemeinen Verwaltung). Auch diese Kostensätze sind als dritter Bestandteil der Rechnungsgrundlagen möglicher Gegenstand staatlichen Aufsichtsinteresses.

3. Altes und neues Recht als Rahmenbedingung für Verbraucherschutz und Unternehmenspolitik

In Deutschland – und in abgeschwächter Form auch in wegen des dort signifikant anderen Systems der Versicherungsaufsicht gern zum Vergleich herangezogenen Großbritannien – wird die Marktregulierung vor allem mit Aspekten des *Verbraucherschutzes* begründet, wobei nach deutscher Auffassung lange Zeit einzig die materielle Aufsicht, also die strengste Form der Regulierung, als adäquates Mittel zur Erreichung dieses Ziels galt, während man in Großbritannien ein weniger regulierendes System von Normativbestimmungen als durchaus hinreichend erachtete.

Die dem Verbraucher im Versicherungsbereich (angeblich) drohenden Gefahren sowie die entsprechenden Schutzmaßnahmen lassen sich unter drei Gesichtspunkten zusammenfassen, die im folgenden im Hinblick auf altes und neues Recht zu diskutieren sind: Verbraucherinformation, Erfüllbarkeit der Verträge und Wettbewerbsverzerrungen.

Das Spannungsfeld für unsere Überlegungen ergibt sich dabei aus dem Faktum, daß jede im Namen des Verbraucherschutzes ergriffene Maßnahme der Marktregulierung, die zunächst eine Einschränkung des Handlungsspielraums der Unternehmen darstellt, die Unternehmen andererseits auch von eigener Verantwortung entlastet. Je stärker der Markt reguliert ist, desto geringer werden die Herausforderungen an die Unternehmensführung, sich im Wettbewerb zu behaupten, desto größer damit aber auch die Wahrscheinlichkeit dafür, daß der Verbraucher überhöhte Preise zahlt. Der Schutz des Verbrauchers vor den Folgen mangelnden Wettbewerbs wird in den Verbraucherschutz-Plädoyers allerdings selten als Problem erkannt.

3.1 Verbraucherinformation

Dem Verbraucher könnte Gefahr aus dem mangelnden Verständnis des Versicherungsproduktes und der damit einhergehenden Unfähigkeit, die Verhältnismäßigkeit von Leistung und Gegenleistung einschätzen zu können, drohen.

Nach altem Recht wurde in Deutschland versucht, dieser Gefahr der Intransparenz durch Vereinheitlichung der Geschäftsgrundlagen vorzubeugen. Es gab für alle Unternehmen einheitliche, vom Aufsichtsamt genehmigte „Allgemeine Versicherungsbedingungen (AVB)". Die oben bereits angesprochenen Rechnungsgrundlagen für Zins, Sterblichkeit und Kosten wurden im Bereich der Lebensversicherung behördlich festgelegt, die Tarife unterlagen vor der Einführung am Markt der Genehmigungspflicht durch das BUNDESAUFSICHTSAMT FÜR DAS VERSICHERUNGSWESEN (BAV).

Konsequenz war die beinahe völlige Eliminierung des Preiswettbewerbs. An seine Stelle trat mehr und mehr der Wettbewerb über Zusagen einer Überschußbeteiligung. Auch den sogenannten „Finanzierbarkeitsnachweis" für diese Zusagen mußte das Amt genehmigen; immerhin gab die Notwendigkeit, ihn zu fundieren, der Branche den eigentlichen Anlaß zur Auseinandersetzung mit Fragen der Unternehmensplanung, für die zuvor offenbar keine betriebswirtschaftliche Notwendigkeit gesehen wurde. Freilich darf mit einigem Recht bezweifelt werden, ob mit dem Ersatz der Preisinformation durch Überschußbeteiligungszusagen der Überschaubarkeit der Situation für den Verbraucher wirklich gedient war.

Diese Handhabung stand in krassem Gegensatz zu derjenigen auf dem britischen Markt, auf dem die Anbieter prinzipiell frei von behördlicher Genehmigungspflicht in der Festsetzung der drei Rechnungsgrundlagen agierten und dementsprechend auch die Tarife unternehmensindividuell gestaltet werden konnten. Daraus resultierte einerseits ein intensiver direkter Preiswettbewerb, der bei bestimmten, nämlich den mit einer entsprechenden Überschußbeteiligungsklausel (With-Profit Policy) versehenen Produktarten zusätzlich um einen Überschußbeteiligungswettbewerb ergänzt wurde.

Andererseits entstand ein erhöhter Informationsbedarf über das nun am Markt vorhandene, in der Europäischen Union (EU) beispiellos umfangreiche Angebot, zu dessen Befriedigung sich die Unternehmen selbstregulierende, in Zusammenarbeit mit dem DE-

PARTMENT OF TRADE AND INDUSTRY (DTI) als übergeordneter Aufsichtsbehörde entwikkelte Verkaufsgrundsätze auferlegten, in denen allgemeine Verkaufsprinzipien (hier ist als wichtigstes Prinzip der „Best Advice" des Verkäufers zu nennen), die Erklärungsbedürftigkeit des Versicherungsvertrages sowie vom Versicherer benötigte Mindestinformationen (über Rückkaufswerte, Zinserträge, Provisionszahlungen etc.) festgeschrieben wurden (vgl. WASNER 1992: 177).

Da sich diese, im Jahre 1988 durch den vieldiskutierten Financial Services Act gesetzlich manifestierten Grundsätze in der jüngeren Vergangenheit trotzdem als unzulänglich erwiesen (so waren in großem Umfang falsche Versprechungen beim Verkauf hinsichtlich der Schlußgewinnanteile oder der Verkauf gänzlich ungeeigneter Produkte zu beklagen), gelten ab dem 1.1.1995 verschärfte Vorschriften, die zusätzlich u. a. eine Offenlegung sämtlicher Gebühren, individuelle Hochrechnungen über zukünftige Gewinne und gezielte Produktinformationen („Key Features") fordern. Die effiziente Gestaltung der Produktinformationen hat sich trotz der kurzen Zeit der Umsetzung dieser Vorschriften bereits als wichtiger Wettbewerbsparameter etabliert.

In Deutschland muß der Versicherer nun sicherstellen, daß dem Versicherungsnehmer eine Reihe von Informationen sowohl vor dem Abschluß als auch während der Laufzeit des Vertrages mitgeteilt werden (vgl. dazu den neu geschaffenen § 10a VAG). Diese Verbraucherinformationen müssen zukünftig u. a. Angaben über die Überschußbeteiligung, den Rückkaufswert und die Möglichkeiten der Umwandlung in eine prämienfreie Versicherung beinhalten. Wie ausführlich z. B. die Beschreibung des Anspruchs auf Überschußbeteiligung auszusehen hat, ist z. Zt. Gegenstand heftiger Diskussion von Theorie und Praxis.

Die wichtigste Konsequenz dieser Bestimmungen liegt zweifellos darin, daß nun auch auf dem deutschen Lebensversicherungsmarkt der Produktpreis seiner sonst üblichen Rolle als Gestaltungsparameter der Unternehmen wie als Informationsgröße der Kunden – wir wollen vorsichtig sagen: – näher gerückt ist. Aufgrund dessen ist nach dem Erlaß der Richtlinie allgemein eine Verschärfung des Wettbewerbs auf diesem Markt vorhergesehen worden und inzwischen auch bereits zu beobachten. Normalerweise wirkt sich Wettbewerb zugunsten des Verbrauchers aus, so daß man den Verlust der Einheitlichkeit der Bedingungen nicht ohne weiteres als gegen die Verbraucherinteressen gerichtet sehen kann.

Inzwischen gibt es aber auch Anzeichen dafür, daß Unternehmen den gewonnenen Gestaltungsspielraum sogar hinsichtlich der übrigen Vertragsbedingungen aktiv nutzen und kundenindividuelle Vereinbarungen ermöglichen wollen. Die technische Ausstattung des Außendienstes könnte so gewählt werden, daß auch die eben angesprochenen Informationspflichten erfüllbar wären.

Unsere Vorsicht bei der Einschätzung der Rolle des Preises auf dem deutschen Markt ist dadurch begründet, daß die Überschußbeteiligung als Ergänzung eines nicht voll wirksamen Preises hier immer noch, wie schon der obigen Darstellung zu entnehmen, einen festen Platz in der Diskussion hat – und zwar als Folge von weiterhin wirksamen marktregulierenden Maßnahmen, von denen unten noch zu sprechen sein wird.

3.2   Erfüllbarkeit der Verträge

Eine weitere Schutzbedürftigkeit des Versicherungsnehmers wird daraus abgeleitet, daß Versicherungsverträge nicht Zug um Zug abgewickelt werden, sondern daß sich die Leistung des Versicherers typischerweise auf längere Zeiträume bezieht. Der Kunde könnte hier also stärker als in anderen Vertragsverhältnissen von etwaigen wirtschaftlichen Mißerfolgen des Versicherungsunternehmens betroffen sein. Dieser Sorge wurde im alten Recht durch besondere Vorschriften hinsichtlich der Rechnungslegung und der Kapitalanlagepolitik Rechnung getragen.

Im Zentrum des Aufsichtsinteresses stehen hier nach wie vor die technischen Rückstellungen für Verbindlichkeiten gegenüber Versicherungsnehmern, die in ausreichender Höhe zu bilden sind, sowie ihre „Bedeckung" durch möglichst sichere Kapitalanlagen; aber auch ausreichend hohes Eigenkapital (mindestens in Höhe des Garantiefonds, der sich nach der Solvabilitätsspanne richtete) sollte ausgewiesen werden, um dennoch eintretende Ausfälle auffangen zu können. Eine Fülle von Detailvorschriften, beginnend bei der oben bereits angesprochenen Sorge für möglichst sichere Rechnungsgrundlagen bei der Prämien- und Rückstellungskalkulation über Quotengrenzen für einzelne Kapitalanlagearten bis hin zu einer zweiten, zwar „intern" genannten, dem Amt aber vorzulegenden Rechnungslegung mit Gewinnanalysen etc. haben nach altem Recht den Sicherheitsaspekt derart betont, daß ein Unternehmen kaum fallieren konnte, sondern Gewinne, die nach dem Prämienkalkulationsschema nur eintreten können, wenn die Rechnungsgrundlagen *nicht* stimmen, geradezu zwangsläufig erzielen mußte.

Diese Gewinne, im Interesse einer Verstetigung der Politik gegenüber dem Verbraucher zunächst in der Rückstellung für Beitragsrückerstattung angesammelt, waren dann gelegentlich wiederum Anlaß für Interventionen des Amtes mit dem Ziel, für deren „Abschmelzung" zu sorgen. Daß solche Abschmelzung nicht unbedingt denen zugute kam, mit deren Geldern die Ansammlung erfolgt war, führte zum Streit mit Verbrauchern (und ihren Organisationen) – zu deren Schutz, man erinnere sich, der ganze Mechanismus eigentlich gedacht war.

An dieser Stelle wird das Dilemma des Verbraucherschutzes besonders deutlich. Einerseits hat das Versichertenkollektiv natürlich ein Interesse an der Erhaltung seiner Deckungsrückstellungen; andererseits müßten Verbraucher aber auch Interesse daran haben, daß nicht hinreichend effizient arbeitende Unternehmen vom Markt verschwinden können. Die gleichzeitige Verfolgung beider Aspekte wäre nur denkbar, wenn es gelänge, die versicherungstechnischen Rückstellungen unternehmensunabhängig zu sichern. Dies wäre denkbar z. B. mit der Einrichtung eines Konkurssicherungsfonds, wie er etwa in Großbritannien bereits besteht.

Mögliche Argumente gegen einen solchen Sicherungsfonds hat FARNY (1989) sehr engagiert vorgetragen. Seine Hauptstoßrichtung geht dahin, daß skrupellose Unternehmen zu einer aggressiven Preispolitik geradezu ermuntert werden könnten, wohl wissend, daß die Konsequenzen im Falle des Unternehmensruins via Sicherungsfonds gerade von den soliden und vorsichtig kalkulierenden Unternehmen zu tragen wären. Außerdem würde niemand Bestände übernehmen wollen, deren Deckungskapitalien verloren gegangen seien, so daß auch der Anspruch der Verbraucher auf Fortsetzung der Verträge ins Leere liefe. Wenn man unterstelle, daß der Verbraucher den Wettbewerb der Anbieter wirklich wolle, dann müsse er ihn auch mit allen Konsequenzen bis hin zum Verlust seines Versicherungsschutzes und der dafür aufgewendeten Mittel tragen.

Eine Erörterung dieser Argumentation und der prognostizierten Verhaltensweisen der Beteiligten ist an dieser Stelle nicht möglich und inzwischen wohl auch müßig. Denn festzuhalten bleibt, daß es den Sicherungsfonds in Deutschland (zumindest vorerst) nicht geben wird – statt dessen aber die Beibehaltung eines recht weit reichenden Einflusses der Versicherungsaufsicht. Beispielsweise kann das Amt künftig eine Obergrenze für den Rechnungszinsfuß festlegen; mit deren vorsichtiger Wahl (gegenwärtig 4 %) bleibt die Erzeugung von (später rückzuerstattenden) Überschüssen wahrscheinlich und ein wesentlicher Teil der alten Szenerie erhalten.

Ganz anders präsentiert sich hier wiederum der Umgang der britischen Versicherungsunternehmen mit der dauerhaften Sicherstellung der Ansprüche ihrer Versicherungsnehmer. Zwar müssen auch sie extern gegenüber der Öffentlichkeit und intern gegenüber der Aufsichtsbehörde periodisch Rechenschaft über ihr Geschäft ablegen, dies geschieht jedoch in weitaus geringerem Umfang und beinhaltet keine Rechtfertigungen spezifischer Geschäftspolitik, vor allem im Hinblick auf versprochene Gewinne (falls Gewinne erwirtschaftet werden, so wird lediglich deren kontinuierliche Ausschüttung empfohlen und überwacht).

Auch die Kapitalanlagevorschriften sind im Vergleich zu den deutschen als großzügig zu bezeichnen, da keine Anlageart per se ausgeschlossen oder verboten ist. Es existieren nur Höchstgrenzen für den Anteil, mit dem einige Vermögensgegenstände zur Deckung der Verpflichtungen herangezogen werden können, um eine risikosteigernde Konzentration zu vermeiden (vgl. RABE / WINKLER 1990: 1042). Neben den gesetzlichen Regelungen fungiert der dem jeweiligen Unternehmen zugehörige „Appointed Actuary" als wichtiges Kundenschutzinstrument, der über die Investmentpolitik informiert werden muß und dann entscheidet, ob diese Politik angemessen erscheint. Ist dies nicht der Fall, so hat er die Verpflichtung, der Gesellschaft die ihm notwendig erscheinenden Modifikationen anzuweisen und deren Umsetzung zu kontrollieren. Diese liberal gestaltete Kapitalanlageregulierung trägt wesentlich dazu bei, daß die britischen Lebensversicherer tendenziell eine hohe Risikobereitschaft bei der Wahl ihrer Kapitalanlagen, verbunden mit dem Streben nach Rentabilität, auszeichnet.

In Deutschland sind hinsichtlich der Kapitalanlagepolitik, die früher z. B. an bestimmte Quoten für die einzelnen Anlagemöglichkeiten gebunden war, bereits vor dem Inkrafttreten der 3. EG-Richtlinie gewisse Lockerungen eingeräumt worden. Man hat jedoch bisher nicht den Eindruck, daß die Spielräume wirklich genutzt werden; die Mathematiker beginnen sich erst allmählich der Aktivseite der Bilanz zuzuwenden. Bezüglich der Quoten einzelner Anlagemöglichkeiten setzt sich der Präsident des Aufsichtsamtes für deren Bindung an das vorhandene Eigenkapital ein (vgl. HOHLFELD 1994). Insgesamt verschiebt sich die Rolle des Amtes eher in Richtung auf eine Mißbrauchsaufsicht und Legalitätskontrolle; dies muß keineswegs bedeuten, daß es sich um einzelne Unternehmen weniger intensiv kümmert als zuvor.

Zu den wesentlichen Elementen des neuen Rechts gehört nun unter dem hier diskutierten Gesichtspunkt die Einrichtung der Position des „Verantwortlichen Aktuars" nach britischem Vorbild in jedem Unternehmen. Diesem werden zukünftig bedeutende Aufgaben in bezug auf die Erfüllbarkeit der Verträge, die vorher das Aufsichtsamt innehatte, übertragen; so ist er u. a. für die Überwachung der nunmehr unternehmensindividuell kalkulierbaren Tarifierungs- und Reservierungsgrundsätze sowie für die zur Bedeckung der Solvabilitätsmarge vorgesehenen Mittel verantwortlich. Ein mögliches Problem, das der erfolgreichen Wahrnehmung dieser Aufgaben entgegenstehen könnte, liegt in eventuell auftretenden Interessenkonflikten. Das Gesetz geht implizit davon aus, daß der Verantwortliche Aktuar kein Vorstandsmitglied ist, also keine anderen als die Interessen fachlicher Korrektheit zu beachten hat, und somit eher eine Kontrollfunktion gegenüber dem Vorstand einnimmt (vgl. §§ 11a und 12 VAG). In der Praxis ist jedoch – soweit bisher absehbar – in der Regel eine Verschmelzung beider Positionen zu beobachten; diese mit der Einbindung in die Vorstandsloyalität verbundene Schwächung der Position des Verantwortlichen Aktuars sollte als problematische Entwicklung weiter beobachtet werden.

Insgesamt sind Handlungsspielraum und Eigenverantwortlichkeit der Unternehmen auch im Hinblick auf die oben unter 2.2 diskutierte Geschäftsdimension in, so könnte man sagen, „kontrollierter Weise" gestärkt worden. Das gänzliche Ausscheiden schwacher Unternehmen aus dem Markt (und damit die volle Herausforderung an die Unternehmensleitungen) ist dabei aber kaum wahrscheinlicher geworden – eher ihre Anlehnung an stärkere Konkurrenten.

3.3 Wettbewerbsverzerrungen

Versicherungstechnik geht mit zufälligen Ereignissen um. Hier herrschen das Gesetz der großen Zahl und der zentrale Grenzwertsatz mit der Konsequenz, daß eine wirtschaftliche Vorteilhaftigkeit größerer Kollektive prima facie denkbar wäre. Dies war für Befürworter der Regulierung der Versicherungsmärkte ein wichtiges Argument, denn wenn es zuträfe, könnte durch die Regulierung eine Monopolisierung der Märkte verhindert werden. Wir wollen uns mit diesem Argument im folgenden Abschnitt 4.1 auseinandersetzen.

Im übrigen betrifft der Wettbewerbsaspekt natürlich auch alle übrigen unter 2.3 angesprochenen Aspekte der Unternehmenspolitik, wie etwa die Frage nach Einsatz und Gestaltung eines Außendienstes. Dieser Bereich ist jedoch von der Problematik der (De-)Regulierung weniger betroffen – zumindest sofern man von der Frage der Kostengestaltung absieht, für die es nun keine Normen mehr gibt.

Diskutiert wird in diesem Zusammenhang allerdings die Frage, ob unternehmensunabhängigen Versicherungsmaklern nun eine neue Bedeutung im Sinne der Schaffung von Markttransparenz zukommen könne. Bisher scheint das Maklergewerbe in Deutschland auf solche Herausforderungen noch nicht vorbereitet zu sein. Zum einen spielt es quantitativ im Bereich des Privatgeschäfts eine gegenüber den unternehmensgebundenen Außendiensten vergleichsweise untergeordnete Rolle, zum andern scheint es auch qualitativen Ansprüchen noch keine sehr hohe Priorität einzuräumen. So verweist etwa HÜBNER (1994) darauf, daß Makler sich am Fortbildungsprogramm des Berufsbildungswerks der Deutschen Versicherungswirtschaft kaum beteiligen.

4. Merkmale der Leistungsfähigkeit deutscher Unternehmen

4.1 Zur Frage von Größenvorteilen

Wenn es in der Versicherungsbranche Größenvorteile und damit die Gefahr der Monopolisierung freier Märkte gäbe, so müßten sich entsprechende Tendenzen schon auf regulierten Märkten abzeichnen und erkennen lassen. Die Frage nach etwaigen Größenvorteilen muß daher auch in diesem Zusammenhang interessieren.

Selbstverständlich wird die Frage hier nicht zum ersten Mal gestellt. Seit FARNY (1960) ihr als einer der ersten nachging, ist sie von vielen Seiten her untersucht worden. KOTZSCH (1991: Kap. III. 6) gibt dazu einen Überblick, den er dahingehend resümiert, daß die entscheidende Einflußgröße möglicher Größenvorteile, nämlich die Risikokosten, bisher nicht ausreichend analysiert worden sei. An der Frage, was unter diesen Risikokosten zu verstehen sei, wird nun wieder einmal die Konsequenz unklarer Vorstellungen darüber, was die Produktion von Versicherungsschutz im Kern eigentlich bedeutet, sichtbar.

Auch KOTZSCH geht natürlich von einem Zusammenhang von Versicherungsproduktion und Risikoausgleich im Kollektiv aus; er schlußfolgert: „Die Produktion des Gutes Versicherungsleistung erfolgt daher um so günstiger, je größer die Firma ist. Bei Gültigkeit dieser Argumentation konvergieren die Risikokosten mit zunehmender Anzahl der Versicherten gegen Null ..." (KOTZSCH 1991: 32). Später (KOTZSCH 1991: 52) werden die Risikokosten dann konkreter als „Form eines Sicherheitszuschlages auf die erwarteten Schadenleistungen" dargestellt, und weiter heißt es: „Für die Übernahme des Risikos verlangen die Versicherungsunternehmen von den Versicherungsnehmern einen Sicherheitszuschlag auf die erwarteten Schadenleistungen" (KOTZSCH 1991: 52f.).

Der Versicherungsmathematik ist ein so begründeter Sicherheitszuschlag bisher fremd, Zuschläge gibt es in der Regel nur angesichts spezieller Einzelrisiken. Darüber hinaus kauft der Versicherer Rückversicherungsschutz ein und deckt – produktionstheoretisch gesprochen – mit dieser fremdbezogenen Fertigware einen etwaigen Spitzenbedarf (vgl. SCHÜLER 1992). Jedenfalls ist das Ergebnis mit einem derartigen Risikokostenkonstrukt fast schon vorweggenommen; daß KOTZSCH am Ende Größenvorteile diagnostiziert, verwundert kaum noch.

Versteht man dagegen unter Versicherungsproduktion, wie oben bereits angedeutet, gerade die Herstellung von Versicherungsschutz durch den Risikoausgleich im Kollektiv, dann sind die Kosten des Produktionsfaktors Einzelrisiko gerade die Schadenaufwendungen, mit denen er gegebenenfalls zu vergüten ist.

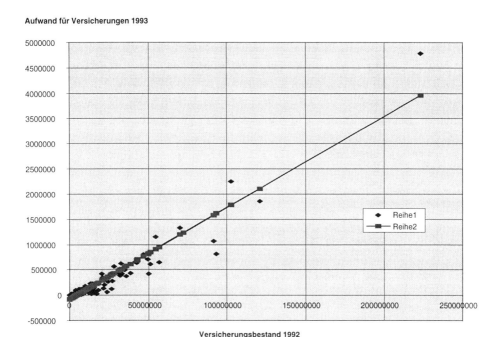

Reihe 1: Beobachtungswerte
Reihe 2: Kalkulierte Werte aufgrund einer linearen Regression

Abbildung 1: Risikoaufwand und Vorjahresversicherungsbestand der deutschen Lebensversicherer 1993

Mit diesem Konzept von Risikokosten (das de facto unter der Bezeichnung „Schadenkosten" auch zur Analyse anderer Sparten bereits verwendet worden ist, in bezug auf die Krankenversicherung etwa von KALUZA (1990)) kann man auch Kostenfunktionen der Branche analysieren. Dazu schauen wir uns die Risikoaufwendungen in einer auf das Jahr 1993 bezogenen Querschnittsanalyse für alle Unternehmen an, deren Daten in der Aufbereitung des GESAMTVERBANDES DER DEUTSCHEN VERSICHERUNGSWIRTSCHAFT (GDV) erfaßt sind. In ähnlicher Weise lassen sich anschließend auch die Aufwendungen im Verwaltungsbereich sowie die gesamten Abschlußaufwendungen untersuchen.

Abbildung 1 stellt den Brutto-Aufwand für Versicherungsfälle dem Versicherungsbestand des Vorjahres gegenüber. Zu den Versicherungsfällen gehört bei der gemischten

Versicherung auch der Ablauf, also – ganz im Sinne der obigen Ausführungen zum Risikogeschäft, vgl. 1.1 – der Eintritt des „Schadensereignisses" Erlebensfall.

Die Abbildung läßt keinerlei Tendenzen in Richtung auf Größenvorteile erkennen; der Marktführer weist im Gegenteil nicht etwa niedrigere, sondern höhere als die rechnerisch zu erwartenden Aufwandswerte aus. Dies ist auch kein Gegensatz zum Gesetz der großen Zahl, denn dieses läßt lediglich eine Reduktion der Varianz erwarten. Die dennoch vergleichsweise hohe Abweichung des beobachteten vom rechnerischen Wert beim Marktführer könnte u. a. damit zu tun haben, daß im Massengeschäft eine geringere Risikoselektion möglich ist, oder auch damit, daß die Aufwendungen für Schadenregulierungen, also Verwaltungsaufwendungen, die für die Regulierung geltend gemacht werden, in den Aufwendungen für Versicherungsfälle entsprechend den Rechnungslegungsvorschriften enthalten sind.

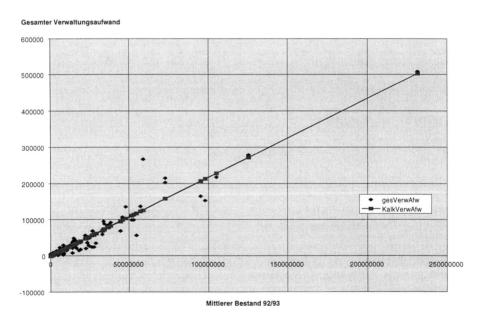

Abbildung 2: Verwaltungsaufwand (als Summe aus Aufwendungen für den Versicherungsbetrieb und Aufwendungen für die Verwaltung von Kapitalanlagen) in der Gegenüberstellung zum mittleren Versicherungsbestand

Der durch Abbildung 1 vermittelte Eindruck eines im wesentlichen linearen Zusammenhangs zwischen Risikoaufwand und Bestand bleibt hinsichtlich einer Vielzahl von Variationen unverändert bestehen. Er ist z. B. unabhängig vom untersuchten Geschäftsjahr und auch unabhängig von der Bestandsstruktur; beschränkt man die Analyse etwa auf Unternehmen mit vergleichbarer Bestandsstruktur (z. B. 70-80 % Kapitalversicherungen), so ändert sich das Ergebnis kaum. Auch eine unter Fortlassung der Daten des Marktführers berechnete Schätzfunktion führt zu keinem wesentlich anderen Bild. Ein ähnliches Ergebnis zeigt sich hinsichtlich des Verwaltungsaufwands (vgl. Abbildung 2). Wir haben hier die Summe aus den Aufwendungen für den Versicherungsbetrieb (ohne überrechnungsmäßige Abschlußkosten) und den Aufwendungen für die Verwaltung der Kapitalanlagen zusammengefaßt und dem mittleren Versicherungsbestand (des laufenden und des Vorjahres) gegenübergestellt. Die Einbeziehung der Aufwendungen für die Kapitalanlagenverwaltung erscheint berechtigt, weil es gewisse Handlungsspielräume bei der Zuordnung der konkreten Aufwendungen zu den Aufwandspositionen der Gewinn- und Verlustrechnung gibt.

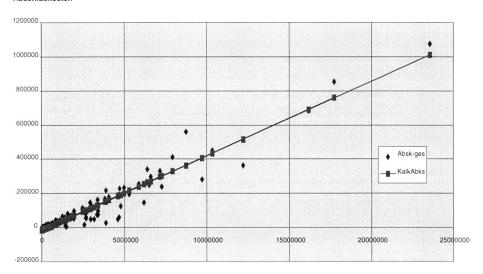

Abbildung 3: Gesamte, rechnungsmäßige und überrechnungsmäßige Abschlußaufwendungen in der Gegenüberstellung zum Neugeschäft

Auch hier wird der Eindruck eines im wesentlichen linearen Zusammenhangs durch ein hohes Bestimmtsheitsmaß ($R^2 = 0{,}917$) unterstrichen; die Regressionsgerade verläuft fast genau durch die von den beiden größten Unternehmen realisierten Werte. Der Versuch, testweise einen exponentiellen Verlauf zu unterstellen, der eine Situation der Kostendegression erfassen könnte, führt sogar zu einem positiven Schätzwert des Koeffizienten im Exponenten, also zu einem progressiven Verlauf der Schätzfunktion (allerdings mit sehr niedrigem Bestimmtheitsmaß) – wie er übrigens der unter Transaktionskostenaspekten verschiedentlich vertretenen These, die Verwaltungs- bzw. Koordinationskosten könnten letztlich zum Hemmnis für das Unternehmenswachstum werden, entspräche. Auch mit dem Ergebnis FINSINGERs (1983: 150) läßt sich unser Resultat vereinbaren: er stellt Verwaltungskostendegressionen vor allem im Bereich kleinerer Betriebsgrößen fest, was auf eine zweckmäßige Mindestgröße hindeutet.

Ein dritter Zusammenhang, in dem volumenbedingte Kostendegressionen theoretisch denkbar wären, ist der der Akquisition des Neugeschäfts. Wir haben dazu die Summe aus rechnungsmäßigen und überrechnungsmäßigen Abschlußaufwendungen dem Neugeschäft des gleichen Jahres gegenübergestellt.

Abbildung 3 zeigt das Ergebnis der Querschnittsanalyse für 1993. Wiederum wird der Zusammenhang am besten durch eine lineare Regressionsfunktion erklärt. Auch hier liegen die realisierten Werte des Marktführers wieder oberhalb und nicht etwa unterhalb der Regressionsgeraden.

Insgesamt müssen wir also resümieren, daß sich aufgrund der publizierten Aufwandsdaten Größenvorteile in dieser Branche nicht verifizieren lassen. Dieses Ergebnis unterscheidet sich allenfalls in Nuancen von dem EISENs, der den Markt mit Hilfe der „Survivor-Technik" untersucht und feststellt, daß sich „die effiziente Größe für Lebensversicherer über ein breites Band erstreckt" (EISEN 1994: 116).

4.2   Strategische Positionen bisher erfolgreicher Unternehmen

Wenn die Unternehmensgröße auch nicht unbedingt zu Kostenvorteilen führt, so verleiht die mit ihr verbundene Marktmacht gewiß höhere Standfestigkeit in einer Situation sich künftig verschärfenden Wettbewerbs. Die Frage nach den Chancen anderer Unternehmen und damit generell nach Erfolg begründenden Faktoren im deutschen Lebensversicherungsmarkt stellt sich somit auch aus dieser Sicht. Ist eine Isolierung solcher Faktoren möglich, können daraus erste Anhaltspunkte für eine auch unter veränderten Rahmenbedingungen erfolgreiche Unternehmenspolitik gewonnen werden.

Im folgenden soll daher kurz über die Ergebnisse einer im Rahmen der empirischen Erfolgsfaktorenforschung durchgeführten Analyse des deutschen Lebensversicherungsmarktes berichtet werden. Grundlage der Untersuchung bilden die öffentlich zugänglichen Geschäftsberichtsdaten von 65 Unternehmen, die zusammen ca. 90 % des Marktes, gemessen anhand der Brutto-Beitragseinnahmen, abdecken. Die Studie kann demnach als repräsentativ bezeichnet werden. Unser Untersuchungszeitraum erstreckt sich über die Jahre 1982-1991.

4.2.1 Erfolgskriterien

Als Indikatoren des Unternehmenserfolgs wählen wir, wie in der Erfolgsfaktorenforschung inzwischen üblich (vgl. z. B. ALBACH 1987, KLEIN 1995), *Gewinn* bzw. *Rentabilität* und *Wachstum*. Allerdings ist bei der Interpretation dieser Begriffe eine Anpassung an die Spezifika der Lebensversicherungsbranche nötig.

Die Rentabilität wird hier durch drei betriebswirtschaftliche Kennzahlen, und zwar die Gesamtkapital- und die Umsatzrentabilität sowie den Return on Investment, das Wachstum durch weitere drei Kennzahlen, nämlich die Wachstumsrate des Versicherungsbestandes, der Kapitalanlagen und der Beitragseinnahmen, gemessen. Um den Jahresüberschuß als absoluten Erfolgsmaßstab und Bestandteil der drei erstgenannten Rentabilitätskennzahlen verwenden zu können, sind zahlreiche Modifikationen erforderlich, die sich aus den Besonderheiten der versicherungsspezifischen Rechnungslegung ergeben. So muß er, soll der Überschuß eines Unternehmens exakt widergegeben werden, z. B. um die aus der Überschußbeteiligung resultierenden Gewinnverwendungskomponenten „Brutto-Aufwendungen für Beitragsrückerstattung" und nach unserer Auffassung (im Gegensatz etwa zu der von KLEIN 1995) auch um die „Zinsgutschriften an Versicherungsnehmer" erhöht werden; er wird in dieser Form im folgenden als Rohüberschuß bezeichnet.

Allen sechs Erfolgskriterien wird gleiches Gewicht zugemessen, ihre formelmäßige Darstellung ergibt sich (ohne den für die übliche Darstellung in Prozentsätzen auf der rechten Seiten jeweils nötigen Faktor 100) wie folgt:

GKR: Gesamtkapitalrentabilität$_t$ = (Rohüberschuß$_t$ + Fremdkapitalzinsen$_t$) / (0,5 × (Bilanzsumme$_{t-1}$ + Bilanzsumme$_t$))

UR: Umsatzrentabilität$_t$ = Rohüberschuß$_t$ / (Beitragseinnahmen$_t$ + Erträge aus Kapitalanlagen$_t$)

ROI: Return on Investment$_t$ = Rohüberschuß$_t$ / (0,5 × (Bilanzsumme$_{t-1}$ + Bilanzsumme$_t$))

WKA: Wachstum der Kapitalanlagen$_t$ = (Kapitalanlagen$_t$ − Kapitalanlagen$_{t-1}$) / Kapitalanlagen$_{t-1}$

WBE: Wachstum der Beitragseinnahmen$_t$ = (Beitragseinnahmen$_t$ − Beitragseinnahmen$_{t-1}$) / Beitragseinnahmen$_{t-1}$

WVB: Wachstum des Versicherungsbestandes$_t$ = (Bestand$_t$ − Bestand$_{t-1}$) / Bestand$_{t-1}$

Die Identifikation *erfolgreicher* Unternehmen soll sich hier am Branchendurchschnitt der einzelnen Rentabilitäts- und Wachstumskennzahlen orientieren – dies entsprechend der Beobachtung, daß in der Versicherungswirtschaft die Gewinn- und Wachstumsraten im Vergleich zu den Mitbewerbern bzw. zum Branchendurchschnitt beurteilt werden. Die Aussage „über oder unter dem Branchendurchschnitt liegend" ist deshalb geeignet, die relative Position eines einzelnen Lebensversicherers in der Branche zu kennzeichnen. Als „besonders erfolgreich" sollen diejenigen Unternehmen gelten, die über den Untersuchungszeitraum hinweg in bezug auf alle sechs Erfolgskriterien über dem Branchendurchschnitt liegen. Die Durchschnitte beziehen sich jeweils auf die Jahre 1982-1991.

Name	GKR	UR	ROI	WVB	WKA	WBE
Debeka Leben	9,71	33,58	7,74	15,84	13,31	25,97
Dialog Leben	12,44	37,19	10,36	25,68	21,35	14,61
Familienfürsorge Leben	8,85	30,69	6,57	10,76	13,04	9,25
Hannoversche Leben	8,62	33,17	6,64	12,50	12,91	11,87
HUK-Coburg Leben	10,35	35,66	8,49	14,36	20,73	13,08
LVM Leben	10,49	28,32	8,59	17,36	24,68	17,83
Vereinigte Post	8,57	31,46	6,58	16,27	13,35	14,36
Westfälische Provinzial	8,87	28,17	6,65	11,27	12,95	11,63
Branchendurchschnitt	*7,83*	*25,98*	*5,57*	*9,37*	*10,34*	*9,15*

Tabelle 1: Untersuchungsergebnisse der besonders erfolgreichen Lebensversicherer; alle Zahlen in Prozent; es handelt sich um Durchschnittswerte für die Jahre 1982-1991.

Von den untersuchten 65 Lebensversicherern erfüllen die acht in Tabelle 1 mit ihren Kurzbezeichnungen sowie ihren Ergebnissen gezeigten Unternehmen die gestellten Anforderungen, d. h. sie verbinden über den gesamten Untersuchungszeitraum hinweg überdurchschnittlichen Gewinn mit überdurchschnittlichem Wachstum. Sie sind demnach als „besonders erfolgreich" zu bezeichnen und dienen als Untersuchungsobjekte für die nachfolgenden Ausführungen.

4.2.2   Strategische Positionsmerkmale

Im folgenden sind die Strategien der erfolgreichen Unternehmen im Hinblick auf die Merkmale Bestandsstruktur, Kapitalanlagestruktur, Vertriebsstruktur, Kundenstruktur und Betriebsgröße zu charakterisieren.

4.2.2.1   Bestandsstruktur

Der deutsche Lebensversicherungsmarkt wird traditionell durch die gemischte, „kapitalbildende" Einzellebensversicherung dominiert, deren Anteil am Versicherungsbestand ca. 70 % und am Neugeschäft rund 60 % beträgt. Dementsprechend existiert eine große Anzahl von Lebensversicherungsunternehmen, bei denen diese Lebensversicherungsart auch den Geschäftsschwerpunkt bildet.

Bei sieben der acht als besonders erfolgreich ermittelten Unternehmen lassen sich jedoch erhebliche Abweichungen von der Norm erkennen. Sie weisen einen marktatypisch hohen Anteil an Risikolebensversicherungen auf, der sich unternehmensindividuell zwischen 86 % und 34 % bewegt (vgl. dazu die Geschäftsberichte für 1991). Risikolebensversicherungen machen auf dem Gesamtmarkt nur einen Anteil von knapp 10 % am Bestand aus. Ein Unternehmen (Familienfürsorge Leben) weist dagegen einen rund 10%igen Anteil an Gruppenlebensversicherungen nach Sondertarifen aus, der weit über dem Marktdurchschnitt von 4,6 % liegt. Ein anderes (Debeka Leben) betreibt fast ausschließlich das Geschäft der Einzelkapitallebensversicherung; rund 91 % des selbst abgeschlossenen Geschäftes entfallen darauf. Nur ein Unternehmen (LVM Leben) widerspiegelt mit einem Anteil von rund 70 % Kapitalversicherungen am Gesamtbestand exakt die Marktverhältnisse.

Welche Vorteile erwachsen den sechs „Spezialversicherern" von Gruppenlebens- und Risikolebensversicherungen aus ihrer Konzentration auf diese Lebensversicherungsarten? Sowohl Gruppenlebens- als auch Risikolebensversicherung zeichnen sich durch ein vereinfachtes Annahmeverfahren und eine vereinfachte Vertragsgestaltung aus. Es ist daher anzunehmen, daß aus einer derartigen Bestandsstruktur Vorteile bei den Abschluß- und Verwaltungskosten resultieren (die zu einem gewissen Anteil allerdings auch an die Versicherungsnehmer weitergegeben werden). Sehr wichtig ist neben den quantitativ meßbaren Vorteilen auch die strategische Komponente der Spezialisierung. Besonders die Risikolebensversicherung bietet hervorragende Ansatzpunkte zur Erschließung zukünftiger erfolgversprechender Geschäftsfelder. Sie ist nämlich nicht selten in Form einer Risiko*vor*versicherung oder Risiko*umtausch*versicherung konzipiert. Der Versicherungsnehmer hat dann die Möglichkeit, die Risikoversicherung zum Ende ihrer Laufzeit ohne erneute Gesundheitsprüfung in eine normale Kapitallebensversicherung umzuwandeln. Das Unternehmen kann davon in doppelter Hinsicht profitieren: Die Kunden bleiben ihm langfristig erhalten, und zwar ohne jene Akquisitionsanstrengungen, die beim konventionellen Abschluß der Lebensversicherung erforderlich wären.

Auch die Unternehmen, die weder zu den Gruppenlebens- noch zu den Risikolebensversicherern gezählt werden können, haben es geschafft, ihre Konzentration auf die normale Einzelkapitalversicherung so zu perfektionieren, daß sie diese – zumindest ausweislich der Jahresabschlüsse – in Abschluß- und Verwaltungskostenvorteile umsetzen konnten. Man wird dabei freilich auch bedenken müssen, daß eine gute Kooperationsbzw. Konzernstrategie, die die Führung von Versicherungsunternehmen verschiedener Sparten unter einheitlichen Gesichtspunkten zum Gegenstand hat, auch größere Spielräume zur Allokation der ausgewiesenen Kosten bietet. Vorherrschend bleibt jedenfalls der Eindruck, daß alle besonders erfolgreichen Unternehmen aufgrund ihrer Spezialisierung erhebliche Wettbewerbsvorteile haben, die sie vor der bedeutend weniger spezialisierten Konkurrenz auszeichnen.

4.2.2.2 Kapitalanlagestruktur

Das Kapitalanlagemanagement der deutschen Lebensversicherer ist bisher, auch in der Verfolgung der unter 3.2 bereits angesprochenen strengen gesetzlichen Vorschriften, durch eine vorsichtige Anlagementalität, verbunden mit einer starken Risikoaversion, gekennzeichnet. Es dominieren Finanzinstrumente, die hohe Renditen bei geringen außerordentlichen Abschreibungen garantieren, z. B. Namensschuldverschreibungen und Schuldscheinforderungen mit einem Anteil von knapp 50 %. Der Komplex der Wertpapiere hat zwar insgesamt einen Anteil von 22,3 % an den gesamten Kapitalanlagen des Jahres 1991; dabei handelt es sich aber überwiegend um festverzinsliche Wertpapiere. Aktien und Investmentzertifikate sind trotz eines gut entwickelten deutschen Aktienmarktes lediglich mit 2,0 % vertreten. Hypothekendarlehen waren in der Nachkriegszeit stark gefragt: Dieser Bedarf schwächte sich später stetig ab und erreichte 1991 mit 15,8 % seinen bisherigen Tiefpunkt. Der Anteil an Grundstücken und Immobilien ging aufgrund der relativ schlechten Rendite kontinuierlich von 9,3 % im Jahre 1982 auf

5,6 % im Jahre 1991 zurück. Alle anderen Kapitalanlagearten spielen nur eine untergeordnete Rolle (vgl. dazu die Geschäftsberichte des BAV der Jahre 1982-1991).

Das Kapitalanlagemanagement der acht besonders erfolgreichen Lebensversicherer läßt im Gegensatz zum Gesamtmarkt eine steigende Bereitschaft zur Inkaufnahme höherer Risiken erkennen. So sank der Anteil von renditeschwachen Grundstücken und Immobilien bei sechs Unternehmen auf Werte um 1 %. Parallel dazu variiert der Anteil an Aktien und Investmentzertifikaten bei fast allen Unternehmen (mit einem Ausnahmefall) zwischen 18,5 % und 3 %, liegt also z. T. erheblich über dem Branchendurchschnitt.

Daß sich diese Aufweichung der traditionellen Risikoaversion in einer höheren Rendite niederschlägt, ist aufgrund der Langfristigkeit des Kapitalanlagegeschäftes nicht unbedingt zu erwarten, läßt sich aber anhand zweier Rentabilitätskennzahlen überprüfen, und zwar des laufenden Durchschnittsertrags der Kapitalanlagen und der Nettorendite aus Kapitalanlagen.

Der laufende Durchschnittsertrag erfaßt alle laufenden Erträge aus Kapitalanlagen, vermindert um die laufenden Aufwendungen für Kapitalanlagen, wozu auch die Normalabschreibungen auf Grundstücke zählen. Er beträgt im Untersuchungszeitraum – gemittelt über alle 65 Unternehmen und bezogen auf den mittleren Bestand ihrer Kapitalanlagen – 7,0 %. Demgegenüber weisen die acht Unternehmen einen über dem Branchendurchschnitt, und zwar zwischen 7,2 und 7,7 % liegenden laufenden Durchschnittsertrag ihrer Kapitalanlagen auf. Ihr Kapitalanlagemanagement wird demnach den hohen Anforderungen, die an die Kapitalanlagepolitik zur Aufrechterhaltung der Leistungsfähigkeit von Lebensversicherern gestellt wird, gerecht.

Die Nettorendite aus Kapitalanlagen als zweite Kennzahl zur Messung der Kapitalanlage-Performance berücksichtigt zusätzlich sämtliche außerordentlichen Ertrags- und Aufwandskomponenten. Im Branchendurchschnitt bewegt sie sich zwischen dem höchsten Wert von 8,1 % in den Jahren 1985 und 1986 sowie dem geringsten Wert von 6,5 % im Jahre 1990. Im Hinblick auf die Nettorendite sehen die Ergebnisse für die besonders erfolgreichen Unternehmen differenzierter aus. Hier weist nur ein Unternehmen über den gesamten Untersuchungszeitraum eine überdurchschnittliche Rendite auf, alle anderen vollziehen prinzipiell die Branchenentwicklung nach, die von einem starken Einbruch im Jahr 1987, dem Jahr des Börsencrashs, und einem leichten Rückgang im Jahr 1990 gekennzeichnet ist. Im Jahr 1991 haben es jedoch fast alle Unternehmen – wiederum bis auf eines – bereits wieder geschafft, überdurchschnittliche Nettorenditen aufzuzeigen.

Insgesamt weisen die Resultate der acht Unternehmen auf eine anhaltend hohe Rentabilität hin. Dies ist nur mit einem Kapitalanlagemanagement zu erreichen, das sich durch ein großes Maß an sachlichem und personellem Know-how zur Beurteilung der komplexen Anlagetitel auszeichnet, gegebenenfalls auch externe Beratung in Anspruch nimmt. Die Unternehmen scheinen für die erfahrene Konkurrenz aus dem Ausland, speziell aus Großbritannien, gut gerüstet, da sie bereits in der Vergangenheit den engen Spielraum innerhalb der Anlagevorschriften in Abstimmung mit ihrer individuellen Bestandsstruktur gezielt zur Rentabilitätssteigerung genutzt haben.

4.2.2.3 Vertriebsstruktur

Auf dem deutschen Lebensversicherungsmarkt wird als Vertriebskanal hauptsächlich das klassische Agenturgeschäft genutzt, das den Vertrieb über selbständige Ausschließlichkeitsvertreter und den Angestelltenaußendienst umfaßt; 70-80 % der Vertragsabschlüsse werden darüber getätigt. In den letzten Jahren konnte sich jedoch eine Anzahl neuer Vertriebsformen am Markt etablieren, die durchaus als Strategieinnovationen gewertet werden können. Der Anteil dieser Vertriebsformen hat mit ca. 15 % bereits ein beträchtliches Gewicht erreicht.

Die acht besonders erfolgreichen Unternehmen weichen von den übrigen Lebensversicherern in bezug auf ihre Vertriebsstrategie stark ab. Zwei Unternehmen greifen auf Vertrauensleute zurück, eines betreibt eine enge Zusammenarbeit mit Kirchen und Wohlfahrtsverbänden, ein anderes läßt seine Produkte verstärkt über die Sparkassen vermitteln. Auch die Kooperation mit anderen Versicherern, natürlich besonders gern (wo vorhanden) mit Konzernschwestern anderer Sparten, wird gepflegt, um Außendienst oder Geschäftsstellen mitzubenutzen. Mit dem Direktvertrieb arbeiten zwei der Unternehmen.

Die Unternehmen ziehen also offenbar Vorteile aus einer guten Abstimmung ihrer Vertriebsstruktur mit der Unternehmensstrategie, wobei auch die Qualität der Absatzorgane richtig zu bemessen ist. Als Indikator für die Qualität kann die *Stornoquote* herangezogen werden, die das Verhältnis von vorzeitigem Abgang zum mittleren Versicherungsbestand einer Rechnungsperiode widerspiegelt. Die Höhe der Stornoquote sagt also viel über die bedarfsgerechte Beratungsleistung der Vertriebsorgane aus. Zieht man die branchendurchschnittliche Stornoquote als Vergleichsmaßstab heran, die im Untersuchungszeitraum bei 4,60 % lag, so wird deutlich, daß sieben der acht besonders erfolgreichen Unternehmen extrem niedrige Stornoquoten aufweisen, die sich zwischen 1,37 % und 4,50 % bewegen. Lediglich ein vergleichsweise junges Unternehmen, das seinen Bestand in der Anfangsphase möglicherweise etwas aggressiver aufgebaut hat, liegt mit 5,36 % über dem Branchendurchschnitt, zeigt aber inzwischen ebenfalls rückläufige Stornoquoten.

Die marktatypischen Vertriebswege der erfolgreichen Lebensversicherer zeichnen sich demnach vor allem durch eine hohe Qualität ihrer Akquisitionsorgane aus. Diese ist vor allem im Hinblick auf den Europäischen Binnenmarkt von großer Bedeutung, da die ausländische Konkurrenz vornehmlich über den Vertrieb Zugang zum deutschen Markt nehmen muß. Versicherungsnehmer, die mit ihrer Betreuung zufrieden sind, werden zu einer Vertragsstornierung bzw. zu einem Wechsel des Unternehmens sicherlich weniger bereit sein.

4.2.2.4 Kundenstruktur

Prinzipiell ist von der Annahme auszugehen, daß Lebensversicherungsunternehmen bestrebt sind, ihre Produkte einer breiten Masse der Bevölkerung anzubieten, d. h. auf dem Gesamtmarkt präsent zu sein. Die acht besonders erfolgreichen Unternehmen konzentrieren sich jedoch davon abweichend auf den „Served Market", unter dem ein spezifisches Segment des gesamten potentiellen Marktes, definiert durch Produkte, Kundengruppen oder Regionen, verstanden wird.

So suchen und finden drei der Unternehmen ihre Kunden vor allem bei Angestellten des öffentlichen Dienstes und bei Beamten; ein viertes sieht sein Marktsegment vorwiegend bei Versicherungsnehmern, die im kirchlichen Bereich beschäftigt sind, ein fünftes bei solchen aus dem landwirtschaftlichen Bereich. Die genannten Unternehmen zielen also jeweils auf einen vorwiegend an der Berufszugehörigkeit orientierten Kundenkreis. Ein weiteres Unternehmen hat sein Geschäftsgebiet regional auf das Gebiet eines Landschaftsverbandes eingeschränkt und bedient dort vor allem Sparkassenkunden.

Die homogene Struktur des Kundenkreises, d. h. der Zielgruppe der genannten Unternehmen, liefert einen wichtigen Ansatzpunkt zur Verbesserung der korrespondierenden Teilstrategien. Schaut man sich die Kundenstruktur z. B. in Verbindung mit der Vertriebsstruktur an, so ist eine große Übereinstimmung zu entdecken. Der Berufsgruppe der Beamten und Angestellten des öffentlichen Dienstes wird oft eine eher abwartende und vorsichtige Lebenshaltung nachgesagt, Versicherungsabschlüsse werden demnach kaum von diesem Personenkreis initiiert. Charakteristisch an den praktizierten Vertriebswegen der diskutierten Unternehmen ist, daß der Impuls zum Vertragsabschluß bei ihnen überwiegend vom Unternehmen bzw. seinen Absatzorganen ausgeht. Es existiert demnach eine optimale Abstimmung von Kunden- und Vertriebsstruktur. Die Ausrichtung auf diesen Kundenkreis hat einen weiteren Vorteil: Seine gesicherten finanziellen Verhältnisse wirken sich positiv auf die Stornoquote aus, da vorzeitige Vertragsauflösungen aufgrund Veränderungen in der persönlichen Versorgungssituation selten auftreten.

Von den beiden Unternehmen, die den Direktvertrieb praktizieren, kann man annehmen, daß sie vorrangig Versicherungsnehmer ansprechen, die ein erhöhtes Maß an Eigenständigkeit, Informations- und Risikobereitschaft auszeichnet. Denn die Initiative zum Vertragsabschluß geht bei dieser Vertriebsform im Gegensatz zum klassischen Agenturgeschäft meist vom Versicherungsnehmer aus. Die spezifische Zusammensetzung dieses Kundenkreises impliziert einen zusätzlichen positiven Effekt: Mit wachsendem Informationsniveau sinkt zugleich die Stornowahrscheinlichkeit.

Im Hinblick auf die Kundenstruktur der acht besonders erfolgreichen Unternehmen läßt sich also feststellen, daß diese ein effizientes Zielgruppenmarketing betreiben, auf das sie ihre Vertriebsaktivitäten optimal abgestimmt haben.

4.2.3 Fazit

Unter den acht als besonders erfolgreich ermittelten Unternehmen befindet sich keiner der zehn größten Anbieter – was nach den Überlegungen unter 4.1 nicht mehr unbedingt überrascht und im übrigen auch mit Ergebnissen anderer Analysen übereinstimmt (z. B. nennt der Branchendienst MAP-REPORT als die gegenwärtig „vier leistungsstärksten" Anbieter nur Unternehmen aus der hier genannten Gruppe; vgl. DIE ZEIT vom 26.5.95). Statt unbedingt nach Größe zu streben, verfolgen die besonders Erfolgreichen Strategien der Differenzierung und Spezialisierung; Bestands-, Kapitalanlage-, Vertriebs- und auch Kundenstruktur weisen bei ihnen erhebliche Kontraste zu den Mitbewerbern auf; sie wollen innerhalb ihres spezifischen Produkt-Markt-Segmentes jeweils führender Wettbewerber sein und stimmen ihre Maßnahmen darauf ab.

Natürlich sollte daraus keinesfalls der Verzicht auf gesundes Wachstum, d. h. Festigung und Ausbau der Marktposition durch Konzentration der Ressourcen auf ausgewählte Aktionsfelder, gefolgert werden. Auch Kooperationen mit anderen Versicherern und/ oder anderen Anbietern von Lebensversicherungen, z. B. über Vermittlungsverträge mit Banken, können – sofern sie auf die gesamte Unternehmensstrategie abgestimmt sind – positive Auswirkungen, zwar nicht in Form von Economies of Scale, aber in Form von *Economies of Scope (Kostendegressionseffekte aufgrund von Synergieeffekten)*, besitzen. Allein externes Wachstum über Fusionen und Bestandsübernahmen unter Economies of Scale-Aspekten stellt kein adäquates Instrument dar, um auch in Zukunft erfolgreich zu sein. Die in letzter Zeit zu beobachtenden nationalen und internationalen Aktivitäten und Absichtserklärungen zahlreicher Unternehmen dazu sollten unter diesem Gesichtspunkt überdacht werden.

Kritisch anzumerken bleibt allerdings ebenso, daß gerade im Versicherungsbereich Segmentierung und Spezialisierung auch ihre Grenzen haben. So weist HELTEN (1994) darauf hin, daß aufgrund ausreichender Risikoursachenforschung eine fast beliebig weitgehende Risikoabgrenzung mit entsprechender Tarifdifferenzierung möglich wäre – im Lebensbereich etwa gibt es bereits nach Geschlechtern, Rauchern und Nichtrauchern usw. klassifizierende Tarife; zu bedenken bleibt dann nur, daß damit auch die entsprechenden potentiellen Risikokollektive immer kleiner werden und sich somit die Versicherungsproduktion letztlich ihrer eigenen Basis beraubt. Auf ähnliche Grenzen stößt unter den von uns genannten Strategien beispielsweise auch das Gruppengeschäft: hier fallen Versicherungsnehmer und versicherte Person(en) auseinander, die resultierende Abhängigkeit von nur einem Versicherungsnehmer pro Gruppe kann für das Unternehmen auch gefährlich sein.

5. Zusammenfassung

Ausgangspunkt für die Zusammenfassung unseres Ergebnisses ist die Feststellung, daß Regulierung und Deregulierung nicht die beiden einzigen wirtschaftspolitischen Handlungsalternativen zur Gestaltung eines Marktes sind, sondern nur die beiden polaren Endpunkte einer Skala darstellen, auf der beliebig viele Zwischenlösungen realisiert werden können.

Analog müssen auch die Ausgestaltungsmöglichkeiten von „Verbraucherschutz" auf einer solchen Skala gesehen werden. Dem Pol „Regulierung" entspricht die nahezu ausschließliche Interpretation von Verbraucherschutz unter Sicherheitsaspekten: Sicherzustellen sei, so lautet die Maxime hier, die dauerhafte Fähigkeit des Versicherers zur Erfüllung seiner Leistungsversprechen – wie teuer sie auch erkauft sein mögen, möchte man zur Pointierung ergänzen. Unter dem Gegenpol „Deregulierung" steht dagegen der Schutz des Verbrauchers vor ineffizient arbeitenden Anbietern im Vordergrund. Keine Aufsichtsbehörde kann Effizienz verordnen, nur der Wettbewerb kann sie wirklich erzwingen. Folglich müßte der Verbraucher bei Verwirklichung absoluter Deregulierung u. U. aber auch mit dem Untergang seines Vertragspartners (und damit seiner Leistungsansprüche) rechnen, sofern allein Kostenaspekte dessen Wahl bestimmt haben.

Dazwischen stehen Lösungen, die beispielsweise mehr Vertrauen auf eine Selbstkontrolle der Branche, auf die Verantwortung möglichst unabhängiger Fachleute und ihrer Standesorganisationen, der Aktuarvereinigungen, setzen und einen Konkurssicherungsfonds nicht ausschließen.

Entsprechend bedeutet eine so weitgehende Regulierung, wie wir sie in Deutschland hatten, Sicherheit nicht nur für die Verbraucher, sondern auch für die Unternehmen – mit einigem Recht konnte man hier wohl auch vom Schutz der Unternehmen vor dem Wettbewerb sprechen. Daß das Amt verkünden konnte, „Kritiker (der Aufsicht, Erg. d. d. Verf.) waren allerdings nicht die Beaufsichtigten selbst" (MÜLLER 1993: 548), bekundet solchen Gleichklang der Interessen. Gäbe es eine volle Deregulierung, wäre mit Herausforderungen an Unternehmen und Unternehmensführungen zu rechnen, die denen in anderen hart umkämpften Branchen nicht nachstehen.

Nach unserer Einschätzung sind wir in Deutschland jedoch von diesem Pol absoluter Deregulierung noch sehr weit entfernt. Getan wurden zunächst nur allererste Schritte einer vorsichtigen Loslösung vom entgegengesetzten Extrem. Sie ermöglichen dem Verbraucher eine größere Auswahl unter wohl auch kostengünstiger werdenden Produkten. Den Unternehmen steht zunächst ein etwas schärferer, aber wohl noch nicht atemraubender Wettbewerb ins Haus; daß es dabei Möglichkeiten gibt, sich durch kluge Strategien weiter zu behaupten, zeigen die Beispiele schon bisher erfolgreicher deutscher und britischer Unternehmen (zu letzteren, von denen hier nicht die Rede sein konnte, vgl. SETTNIK 1994).

Auf längere Sicht freilich ist zu bedenken, daß der Wettbewerb mit ungleichen Waffen geführt werden müßte, wenn die deutschen Regelungen unveränderlich festgeschrieben blieben. Denn nach dem sogenannten Herkunftslandprinzip unterliegt jeder Versicherer, wo immer in der Europäischen Union er im Sinne der Niederlassungsfreiheit tätig wird, den Aufsichtsregelungen eben des Landes seiner Herkunft. Aus dem Wettbewerb der Unternehmen könnte sich also bald ein Wettbewerb der Aufsichtssysteme (vgl. dazu ZWEIFEL / EISEN 1994) entwickeln – mit dem denkbaren Nebeneffekt, daß sogar die Unternehmen selbst nach größeren Handlungsspielräumen rufen.

Die Verbraucher sind dagegen der Möglichkeit, das aus ihrer Sicht jeweils „optimal" (de-)regulierte Angebot zu wählen, bereits näher gekommen – falls ihnen die ganze Materie am Ende nicht eben doch als viel zu komplex und unübersichtlich erscheint.

Literaturverzeichnis

ALBACH, H. (1978): Strategische Planung bei erhöhter Unsicherheit. ZfB 48(1978): 702-715.
ALBACH, H. (1987): Investitionspolitik erfolgreicher Unternehmen. ZfB 57(1987): 636-661.

EISEN, R. (1994): Größenvorteile in der deutschen Lebensversicherung – Eine empirische Untersuchung mit Hilfe der „Survivor-Technik". In: SCHWEBLER, R. ET AL. (Hg.) (1994): Dieter Farny und die Versicherungswissenschaft. Karlsruhe: VVW: 101-117.
FARNY, D. (1960): Die Betriebsgrößenfrage in der Versicherungswirtschaft. ZVersWiss 49(1960): 183-201.
FARNY, D. (1989): (De-)Regulierung von Versicherungsmärkten: Wettbewerb und Kundenwünsche im Versicherungsgeschäft. VW (1989)22: 1470-1488.
FINSINGER, J. (1983): Versicherungsmärkte. Frankfurt / M.
HELTEN, E. (1994): Wertewandel und fortschreitende Individualisierung der Prämien – Ende der Versichertensolidarität und des Ausgleichs im Kollektiv? In: SCHWEBLER, R. ET AL. (Hg.) (1994): Dieter Farny und die Versicherungswissenschaft. Karlsruhe: VVW: 195-201.
HOHLFELD, K. (1994): Finanzaufsicht und Rechnungslegung auf dem Versicherungssektor nach der Deregulierung. In: SCHWEBLER, R. ET AL. (Hg.) (1994): Dieter Farny und die Versicherungswissenschaft. Karlsruhe: VVW: 229-237.
HÜBNER, U. (1994): Auswirkungen der Deregulierung des Aufsichtsrechts auf den Versicherungsbetrieb – Rechtliche Grundlagen, Mannheimer Vorträge zur Versicherungswissenschaft. Karlsruhe: VVW.
KALUZA, B. (1990): Die Betriebsgröße – ein strategischer Erfolgsfaktor von Versicherungsunternehmen? ZVersWiss 79(1990): 251-273.
KLEIN, S. (1995): Gewinn- und Wachstumssituation der großen deutschen Lebensversicherer von 1989 bis 1993. VW (1995)2: 107-111.
KOTZSCH, H. (1991): Größenvorteile von Versicherungsunternehmen und Versicherungsaufsicht. Karlsruhe: VVW.
MÜLLER, H. (1993): Die zukünftige Rolle des Bundesaufsichtsamtes für das Versicherungswesen. VW (1993)9: 548-555.
RABE, T.; B. WINKLER (1990): Kapitalanlagevorschriften für Versicherungsunternehmen in den Mitgliedsstaaten der EG. VW (1990)17: 1041-1044.
SCHÜLER, W. (1988): Der Erfolg in der Lebensversicherung: Entstehung, Darstellung und Beurteilung. ZfB 58(1988)1: 201-211.
SCHÜLER, W. (1992): Sparen in der Lebensversicherung? – Terminologische Anmerkungen zu Leistung und Erfolg von Lebensversicherungsunternehmen. ZVersWiss 81(1992): 235-248.
SETTNIK, U. (1994): Erfolgreiche Unternehmenspolitik auf den europäischen Versicherungsmärkten – Eine empirische Studie am Beispiel des deutschen und des britischen Lebensversicherungsmarktes. Diss. Bielefeld.
WASNER, P. (1992): Die deutsche und die britische Lebensversicherung: Ein Vergleich hinsichtlich eines zukünftigen gemeinsamen Binnenmarktes. Karlsruhe.
ZWEIFEL, P.; R. EISEN (1994): Delegierte Regulierung auf EG-Ebene: Das Beispiel der Versicherungen. ZWS 114(1994)4: 597-616.

Michael J. Dowling[*]

Deregulierung und Liberalisierung der Telekommunikationsbranche in Europa und den USA

Einflüsse auf Wettbewerb und Unternehmensstrategie

In den letzten zehn Jahren haben Technologie- und Nachfrageänderungen zur Deregulierung / Liberalisierung des globalen Telekommunikationsmarktes geführt. In diesem Beitrag werden Entwicklungen dieses Marktes in zwei Ländern – der Bundesrepublik Deutschland und den USA – beschrieben. Ferner werden Änderungen in der Unternehmensstrategie und -struktur zweier großer Telekommunikationsunternehmen – DBP Telekom und BellSouth – analysiert.

Die Analyse zeigt, daß unterschiedliche Wege der staatlichen Regulierung zu unterschiedlichen Branchenstrukturen führen. Die gewonnenen Erkenntnisse erlauben Schlußfolgerungen darüber, wie ein nationaler Gesetzgeber vorgehen sollte, um neuen und innovativen Unternehmen den Marktzutritt zu ermöglichen, ohne die Wettbewerbsfähigkeit der etablierten Staatsunternehmen zu gefährden. Sie legen zudem ehemaligen Monopolisten wie der Telekom andere als die gewählten Wettbewerbsstrategien nahe.

---

[*] Prof. Michael J. Dowling, Department of Management, University of Georgia, Athens, GA, 30602 - USA.

1. Einführung

Es ist das Ziel dieses Bandes, das Verhältnis zwischen Privatwirtschaft und öffentlicher Ordnung neu zu überdenken. Derartige Überlegungen verfolgen die Absicht, die Funktionsfähigkeit von Unternehmen und Märkten zu thematisieren und Bedingungen für die Steigerung von Effizienz auf diesen Märkten zu formulieren.

Für derartige Fragestellungen gibt es wohl kaum eine geeignetere Branche als die Telekommunikationsbranche, denn regelrechte Deregulierungs- und Liberalisierungswellen sind in den letzten zehn Jahren über sie hereingebrochen.

In meinem Beitrag analysiere ich die Marktentwicklung der Telekommunikationsdienste in Europa (und hier speziell in der Bundesrepublik Deutschland) sowie in den USA. Ferner untersuche ich Änderungen in der Unternehmensstrategie und -struktur zweier großer Telekommunikationsunternehmen: der DEUTSCHEN BUNDESPOST TELEKOM (DBP TELEKOM) und der amerikanischen Gesellschaft BELLSOUTH. Diese Beispiele sind deshalb von besonderem Interesse, weil – obwohl die Marktbedingungen für beide Firmen im Laufe der Zeit immer ähnlicher wurden – die Unternehmen grundlegend verschiedene Liberalisierungswege einschlugen.

Auch wenn letztendlich verschiedene Wege zum selben Ziel – dem völlig freien Wettbewerb in allen Telekommunikationsdiensten in fast allen Industrieländern führen sollen, so spricht doch einiges dafür, daß staatliche Regulierung Branchenstrukturen nachhaltig beeinflußt.

Aus der Analyse werde ich schließlich einige Schlußfolgerungen ableiten. Diese werden sich zum einen darauf beziehen, wie sich die Branche in der Zukunft ändern wird, und zum anderen darauf, wie Firmen ihre Strategien und Strukturen an Regulierungsbedingungen anpassen müssen, um auf die Entwicklungen zu reagieren. Die letztendlich entscheidende Frage ist, welche Unternehmen unter geänderten Rahmenbedingungen überleben werden: Sind dies eher die kleinen, neugegründeten Firmen oder möglicherweise doch eher die riesigen, global-integrierten Firmen und Firmenallianzen?

2. Wandlungskräfte in der Telekommunikationsbranche

Der Markt für Telekommunikationsdienste wird von vier wichtigen Kräften beeinflußt, die im folgenden graphisch (Abbildung 1) und verbal dargestellt werden sollen.

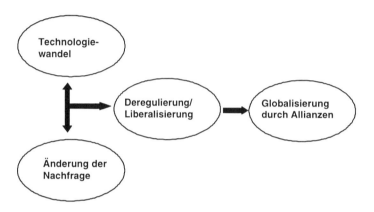

Abbildung 1: Wandlungskräfte in der Telekommunikationsbranche

2.1 Technologiewandel

Die Telekommunikationsbranche ist vom Technologiewandel, den SCHUMPETER „schöpferische Zerstörung" nannte, besonders stark betroffen. Zum großen Teil ist der Wandel auf Änderungen im Gerätemarkt zurückzuführen. So macht beispielsweise die Verschmelzung von Telefon- und Computertechnologie neue Dienste möglich, die es vormals nicht gab. Das vereinfacht den Marktzugang für kleine, neu gegründete Telekommunikationsunternehmen. Zudem ist die Entwicklung beobachtbar, daß in Großunternehmen die EDV und die Telekommunikationsfunktionen zu sogenannten „Corporate Networks" verschmelzen, welche weitgehend unabhängig von einer externen Telefonfirma geführt werden können. Schließlich werden auch immer mehr Telekommunikationsdienste (Sprach- und Datendienste) per Mobilfunk angeboten, die von Festnetzbetreibern kaum noch abhängig sind.

Alle diese Effekte wirken in die gleiche Richtung: Wettbewerbsvorteile der dominierenden Netzbetreiber werden durch Technologiewandel tendenziell geschwächt.

2.2 Nachfrageänderungen

Die Verschmelzung von Sprachkommunikation mit digitalem Datentransfer – und neuerdings auch „Multimedia"-Bildübertragung – führt zu einem fundamentalen Wandel im Telekommunikationsdienstemarkt. Kunden werden anspruchsvoller und fordern mittlerweile häufig individuell angepaßte Dienste. Die gestiegenen Kundenansprüche konnten durch mehr „Intelligenz" in den Netzen erfüllt werden. Obwohl die Sprachkommunikation heute noch den größten Teil des Marktes darstellt, wird in zwanzig Jahren der Datentransfer und die Multimediakommunikation wohl fast die Hälfte des Marktes ausmachen.

2.3 Deregulierung und Liberalisierung

Technologie- und Nachfrageänderungen haben dazu geführt, daß die Regierungen in fast allen Industrieländern der Welt radikale Liberalisierungs- und Deregulierungsmaßnahmen ergriffen. Begonnen wurde damit in den USA, wo Telekommunikationsdienste nicht vom Staat, sondern von einem regulierten Privatunternehmen – der Gesellschaft AT&T – angeboten wurden. Die Zerlegung des mächtigen AT&T-Konzerns in sieben „Baby Bells" im Jahre 1984 hat den Wettbewerb im Ferndienstbereich gefördert, der Marktzutritt neuer Unternehmen wie MCI und SPRINT verstärkte den Wettbewerb zusätzlich. Inzwischen gibt es über 800, meist kleine Anbieter von Ferndiensten. Diese kleinen, neugegründeten Firmen bieten nicht nur niedrigere Preise an, sondern sind oft innovativer und kundenfreundlicher als die drei Marktführer. Sie nutzen geschickt die Überkapazitäten der Netze der drei großen Wettbewerber aus.

Noch bedeutsamer ist, daß die Deregulierung in den USA den Liberalisierungsbemühungen anderer Länder der Welt, in denen traditionelle Telekommunikations- und Postdienste bislang durch Regierungsbehörden (den sogenannten PTTs) angeboten wurden, neue Impulse gegeben hat.

Darin ging Großbritannien am weitesten (LAW 1988: 46-51). Unter Premierministerin MARGARET THATCHER wurde der Telekommunikationsbereich in Großbritannien als erster in Europa privatisiert und dem Wettbewerb ausgesetzt. Dabei wurde der Weg gewählt, die bislang als PTT geführte BRITISH TELECOM schrittweise mit Wettbewerbern zu konfrontieren. Zunächst ergab sich ein Duopol, als die MERCURY COMMUNICATIONS als der erste Mitbewerber auftrat. Mittlerweile gibt es über 150 verschiedene Netzbetreiber und Serviceanbieter in einem Markt, von dem man behaupten kann, daß es der am stärksten liberalisierte Telekommunikationsmarkt der Welt ist.

Mittlerweile folgen ähnliche Liberalisierungsschritte in fast allen Industrieländern. In Europa beispielsweise sollen zum 1. Januar 1998 fast alle Fernmeldemonopole fallen.

2.4 Globalisierung durch Strategische Allianzen

Als Reaktion auf den Technologie- und Marktwandel und durch Lockerung staatlicher Kontrolle strebten viele führende Telekommunikationsunternehmen auch in die internationalen Märkte. Diese Aktivitäten veränderten die Basisstruktur der Branche grundlegend. Telekommunikationsunternehmen, die früher nur Monopolgeschäfte im Inland betrieben hatten, versuchten, in die sich öffnenden Märkte anderer Länder einzutreten, oft im Wettbewerb mit anderen großen Telefonfirmen. Diese Auslandsmärkte boten die Chance, neue Dienste zu testen und Erfahrungen im Wettbewerb zu sammeln. Beispielsweise testeten fast alle RBOCs (REGIONAL BELL OPERATING COMPANIES) in den USA neue Märkte für Mobilfunkdienste in Südamerika und investierten in Kabelfernsehgesellschaften in Großbritannien. Mittlerweile bieten diese Kabelfernsehfirmen bereits Telefondienste im Wettbewerb mit der BRITISH TELECOM an.

Auch viele der großen Telekommunikationsunternehmen sahen sich gezwungen, strategische Allianzen zu bilden, um in ihren internationalen Aktivitäten wettbewerbsfähig zu sein. Häufig wurden Allianzen mit lokalen Partnern angestrebt mit dem Ziel, von der Markterfahrung des Partners zu profitieren. In anderen Fällen schlossen sich mehrere regionale Partner zusammen, um gemeinsam auch globale Dienste anbieten zu können. Zusammenfassend kann gesagt werden, daß die Fähigkeit, Kooperationen mit diversen Partnern eingehen zu können, von zentraler Bedeutung zu sein scheint.

3. Liberalisierungsprozesse

Im folgenden sollen zwei Beispiele näher beschrieben werden: Die DEUTSCHE BUNDESPOST TELEKOM (DBP TELEKOM) und BELLSOUTH in den USA. Diese beiden Unternehmen sind von besonderem Interesse, weil beide Firmen von den gleichen Veränderungen betroffen waren, aber dennoch verschiedene Strategien gewählt haben.

Methodisch basiert die Analyse sowohl auf einer detaillierten Dokumentenanalyse als auch auf Interviews, die ich mit führenden Managern der Unternehmen geführt habe. Aus den Fallbeispielen können Hypothesen zum Verhältnis zwischen Regulierung und Unternehmenspolitik entwickelt werden, die auch für andere Branchen und Firmen von Bedeutung sein könnten.

3.1 Deutschland – der Übergang von einer Staatsverwaltung zu einem privatwirtschaftlichen Unternehmen

Das Grundgesetz der Bundesrepublik Deutschland von 1949 sah vor, daß das Post- und Fernmeldewesen in die Zuständigkeit des Bundes fallen sollte. Es wurde als staatliches Unternehmen geführt. Schon in den sechziger Jahren jedoch erkannte die Bundesregierung die Notwendigkeit, das Postwesen zu reformieren. In der Folge wurden in mehreren Kommissionen eine Reihe von Analysen, Empfehlungen und Organisationsmodellen erarbeitet, die aber aufgrund politischer Opposition zunächst allesamt nicht realisiert wurden (WITTE 1992).

Dennoch nahm der Reformdruck ständig zu, nicht zuletzt durch das Beispiel Großbritanniens Anfang der 80er Jahre. Dort war der Telekommunikationsbereich erfolgreich von der Post getrennt und die Privatisierung bereits vollzogen worden. Im Jahre 1987 wurde über Reformen in Deutschland erneut nachgedacht. Die von Prof. Dr. EBERHARD WITTE geleitete sogenannte „Witte Kommission" unterbreitete tiefgreifende Organisationsreformvorschläge, die schließlich zum Poststrukturgesetz vom 8. Juni 1989 führten. Dadurch wurde eine weitgehende Ablösung des Postunternehmens vom Postministerium möglich, Hoheits- und Unternehmensaufgaben wurden also formal getrennt. Das Postunternehmen selbst wurde organisatorisch in drei Unternehmen gespalten: die DBP TELEKOM, den POSTDIENST und die POSTBANK.

Damit waren die Voraussetzungen dafür geschaffen, das Telekommunikationsmonopol zu lockern. Zunächst wurden nur einzelne Teilmärkte geöffnet – hier sind zu nennen die Märkte für Endgeräte, für Mehrwertdienste und für Mobilfunk. Die TELEKOM behielt weiterhin das Monopol für nichtmobile Sprachtelefondienste und Netzwerke.

Diese Reform war nicht ganz unproblematisch. Obwohl die TELEKOM als Unternehmen mehr Handlungsfreiraum erhielt, gab es des öfteren Streitigkeiten mit dem Bundesministerium für Post und Telekommunikation, welches sich in einer Doppelrolle sah: einerseits war es die regulierende Institution, gleichzeitig aber auch Eigentümer der TELEKOM. Ein gutes Beispiel stellt der Rechtsstreit dar, der um die Mietleitungstarife für das D2 Netz von MANNESMANN MOBILFUNK, dem ersten Wettbewerber der TELEKOM in diesem Markt, geführt wurde. Die TELEKOM wollte ursprünglich höhere Tarife von MANNESMANN verlangen, als international üblich war. Obgleich das Post- und Telekommunikationsministerium als Eigentümer der TELEKOM daran hätte interessiert sein müssen, möglichst viel Geld durch hohe Tarife zu verdienen, sah es sich gleichzeitig in seiner Aufgabe als Regulierer verpflichtet, den Wettbewerb zu fördern. Schließlich erklärte der Minister diese Tarife für nicht gerechtfertigt und senkte sie radikal. Weil die TELEKOM damals noch voll im Staatsbesitz war, war es für sie unmöglich, die Entscheidungen des Ministers vor Gericht anzufechten, wie es sicherlich unter dem System in den USA der Fall gewesen wäre.

Diese und andere Probleme überzeugten Politiker der großen Parteien in Deutschland letztendlich davon, daß weitere Reformschritte notwendig wären. Der weltweite Trend zu privatwirtschaftlich betriebenen Postunternehmen und Telefongesellschaften begünstigte zusätzlich diese Entwicklung. Es folgte im Jahre 1994 die Postreform II und die Umwandlung der TELEKOM in eine Aktiengesellschaft, welche zum 2.1.1995 vollzogen wurde. Seitdem ist es möglich geworden, daß die TELEKOM Entscheidungen des Ministeriums rechtlich bestreitet – und sie tut es auch.

Im Gegensatz zum Deregulierungsprozeß in den USA legten die Behörden in Deutschland eine sehr breite Definition des Begriffes „Telekommunikationsdienste" zugrunde und erlaubten damit der dominanten Telefongesellschaft DBP TELEKOM freien Zugang zu allen Marktsegmenten. Die Monopolstellung der TELEKOM verlor jedoch durch die vermehrte Zulassung von Wettbewerbern zunehmend an Gewicht: immer mehr Wettbewerber drängten in neue Marktsegmente. So baute beispielsweise die MANNESMANN AG zusammen mit PACIFIC TELESIS und anderen Partnern das D2-Netz auf und wurde so zum direkten Konkurrenten der TELEKOM im Bereich Mobilfunk. Danach kam das E-Plus-Netz, gegründet von der THYSSEN AG, der VEBA AG, der BELLSOUTH und weiteren Partnern. Ein wichtiger Teil des Sprachmonopols fiel ab 1993 weg, als das Ministerium die Bildung von „Corporate Networks" mit Sprachdiensten für Zulieferer und Kunden von größeren Unternehmen zuließ (STOETZER 1993).

Die langsame Reduzierung des Monopols der TELEKOM wird in Zukunft fortgesetzt werden. Die vor kurzem von Postminister BOETSCH vorgestellten Eckpunkte zur Deregulierung unterstreichen diese Entwicklung. Das vorgelegte Konzept stellt den künftigen Regulierungsrahmen für den deutschen Telekommunikationsmarkt dar. Noch vor 1998 sollen weitere Teilbereiche des Marktes gelockert werden. Beispielsweise werden die Regeln für „Corporate Networks" weiter gelockert werden. Schließlich will BOETSCH die

Zahl zukünftiger Wettbewerber ausdrücklich nicht begrenzen, sondern ab 1998 die Lizenzvergabe an alle technisch und wirtschaftlich qualifizierten Firmen ermöglichen. Bereits heute haben sich schon zahlreiche Konsortien von in- und ausländischen Firmen gebildet, die sich für solche Lizenzen interessieren (Abbildung 2).

- Thyssen - BellSouth
- Viag - BT - BMW
- Veba - Cable & Wireless
- RWE - AT&T
- Mannesmann
- Daimler Benz - Northern Telekom

Abbildung 2: Neue mögliche Wettbewerber der Telekom ab 1998

In den USA sind die Regulierer einen anderen Weg gegangen, nämlich den des völlig freien Wettbewerbs. Dieser Weg soll jedoch zum selben Ziel führen.

3.2 Vom regulierten Monopolisten zum freien Wettbewerber

Im Jahre 1982 beendete die dominierende US-Telefongesellschaft AT&T einen langjährigen Rechtsstreit mit dem US JUSTICE DEPARTMENT, der den Mißbrauch ihrer Monopolrechte behandelte. In dem sogenannten „Modified Final Judgement" (MFJ) akzeptierte AT&T die Bedingung des Justice Departments, das Bell-System in sieben selbständige „Baby Bells" oder REGIONAL BELL OPERATING COMPANIES (RBOCs) aufzuspalten. AT&T blieb von seinen angestammten Bereichen nur der Ferndienst und die Geräteherstellung. Die RBOCs erhielten die lokalen Telefonnetze zugesprochen, durften jedoch keine Ferndienstnetze betreiben, Geräte herstellen oder Informations- und Mehrwertdienste anbieten.

Als brillante Idee sehen manche Marktexperten den Schritt AT&Ts an, sich der wenig wachsenden Monopoldienste zu entledigen, um sich auf die Wachstumsmärkte von Ferndiensten, Geräteherstellung und vor allem Computer- und Informationsdiensten konzentrieren zu können. Von Vorteil für AT&T ist es auch, vom komplizierten Regulierungssystem in den USA weniger behindert zu sein. In diesem System werden Tarife und Dienste nicht nur von den Bundesbehörden, d. h. der Federal Communications Commission (FCC), sondern auch in jedem Bundesstaat von staatlichen „Public Utility Commissions" (PUCs) geregelt.

Die RBOCS weigerten sich jedoch, ihre Tätigkeit auf das Betreiben lokaler Monopolnetze zu beschränken. Sie versuchten bald nach dem MFJ, neue Wachstumsmärkte zu erschließen. Zum Teil scheiterten diese Vorhaben, da die RBOCs mit Immobiliengeschäften, Computerhändlerketten und anderen branchenfremden Geschäften eher Verluste machten. Aber die RBOCs verfolgten aggressive Strategien auch in sich gerade öffnenden Telekommunikationsteilmärkten. Zum Beispiel bauten viele RBOCs Mobilfunknetze über die eigenen geographischen Grenzen hinaus auf, oft in Konkurrenz mit anderen RBOCs oder neu gegründeten Mobilfunkfirmen wie MCCAW CELLULAR.

Die RBOCs erweiterten auch ihre internationalen Aktivitäten. Einige RBOCs erhielten zahlreiche Mobilfunklizenzen in Südamerika und Osteuropa, während andere RBOCs Kabelfernsehgesellschaften in Großbritannien aufkauften. Die RBOCs waren in ihren Aktivitäten im Ausland praktisch weniger beschränkt als im Inland. Im Gegensatz dazu war die DBP TELEKOM anfangs in ihren Auslandsaktivtäten beschränkt, nicht aber im Inland.

In den letzten Jahren sind einige Restriktionen in den USA weggefallen (KUPFER 1994; MEYER 1995). Dieser Prozeß wird zum größten Teil auf Entscheidungen des Bundesrichters HAROLD GREENE zurückgeführt, der den MFJ revidierte. Der US Congress hat es in den letzten zehn Jahren trotz fünf Versuchen noch nicht geschafft, eine Neufassung des Communications Act aus dem Jahre 1934 vorzubereiten. Es gibt wenige Anzeichen dafür, daß dieses Vorhaben im Laufe des Jahres 1995 angegangen wird. Judge GREENE lockerte die MFJ-Restriktionen recht langsam, und es gab eine Reihe von Gerichtsprozessen (typisch amerikanisch!), die zu einigen Liberalisierungsschritten führten. Beispielsweise dürfen die RBOCs mittlerweile Informationsdienste anbieten. Einige haben außerhalb ihrer Regionen mit Kabelfernsehgesellschaften entweder Joint Ventures oder andere Kooperationsformen gegründet. Andere Kabelfernsehgesellschaften in den USA wollen – wie in Großbritannien – Telefondienste im Wettbewerb zu den RBOCs anbieten können. Hierzu gibt es den ersten Modellversuch in den USA. In Großstädten wie New York, Chicago und Atlanta existieren bereits neue sogenannte „Competitive Access Providers", die ihre eigenen Glasfasernetze aufbauen, um Sprach- und Datendienste – hauptsächlich für Großkunden – anbieten zu können. Das Monopolrecht der RBOCs und die restlichen MFJ Restriktionen sollen entfallen, sobald der US Congress ein entsprechendes Gesetz verabschiedet. Dazu kommt der Ausbau des Mobilfunknetzes durch eine Auktion von PCS-Lizenzen. AT&T öffnete sich mit der Übernahme von MCCAW, der größten Mobiltelefongesellschaft, einen Weg zurück in die lokalen Märkte. MCCAW hat heute bei den Mobilfunkteilnehmern einen Marktanteil von 40 Prozent, AT&T hat noch 60 Prozent des leitungsgebundenen Fernverkehrs. Zusammen können sie damit die Netze der „Baby Bells" umgehen.

Zusammenfassend kann man sagen, daß im Deregulierungsprozeß der USA nur wenige „Services" definiert wurden, die von den neuen regionalen „Baby Bell"-Telefongesellschaften angeboten werden durften. Dadurch überließ man einen großen Teil des Marktes dem freien Wettbewerb. Langsam werden die RBOCs in allen Marktsegmenten zurückgedrängt.

Diese Art von Deregulierung hat in meiner Einschätzung die Entwicklung des Wettbewerbs stark beinflußt. Ein gutes Beispiel dafür ist der Markt für Videotextdienste wie Minitel in Frankreich und BTX (jetzt Datex-J) in Deutschland. Durch die MFJ Restriktionen waren die RBOCs zunächst von diesem Markt ausgeschlossen. Also traten andere große und kleine Firmen in diesen Markt ein – mittlerweile herrscht in den USA ein starker Wettbewerb zwischen drei großen Anbietern: COMPUSERVE, eine ehemalige EDV-Firma, PRODIGY, ein Joint Venture zwischen IBM und der Handelskette SEARS, und drittens die neu gegründete Privatfirma AMERICA ON-LINE. Das Wachstum dieser drei Anbieter wird in Abbildung 3 verglichen mit dem Wachstum des BTX-Dienstes in Deutschland.

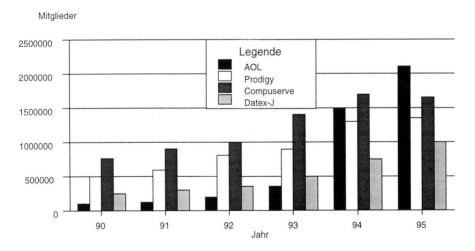

Abbildung 3: Videotextdienste – Vergleich von USA und Deutschland

Nachdem die Restriktionen für die RBOCs gelockert waren, versuchten auch diese, solche Dienste anzubieten. Sie blieben jedoch alle erfolglos und stellten ihre Tätigkeit mit Verlust ein. Bemerkenswert ist, daß unter den drei großen Anbietern die jüngste Firma mittlerweile Marktführer ist – also AMERICA ON-LINE (AOL). Sie will nun gemeinsam mit der BERTELSMANN AG in Deutschland zum Datex-J-Dienst der TELEKOM in Konkurrenz treten.

Was ich damit besonders betonen möchte, ist folgendes: Ohne die MFJ Restriktionen hätte eine kleine Firma wie AOL vermutlich keine Überlebenschance gehabt. Weil die großen Anbieter aber zunächst ausgeschlossen waren, konnten andere Wettbewerber die nötige Erfahrung sammeln. Und nur so konnte die kleinste Firma durch Innovation und Kundenservice zum Marktführer werden.

Regulierungsregeln können also ganz deutlich die Branchenstruktur beeinflussen und Eintrittswege für junge innovative Firmen öffnen.

4. Strategie und Struktur

4.1 Telekom: vom Netzbetreiber zum kundenorientierten Mehrwertdienstunternehmen

Kurz nach der Postreform I und der Einführung einer neuen Managementstruktur unter dem Vorstandsvorsitzenden HELMUT RICKE (1994) überprüfte die TELEKOM ihre Wettbewerbsstrategie und formulierte drei neue Schwerpunkte:

1. Verteidigung ihrer Hauptmärkte,
2. Suche nach neuen Wachstumsmärkten und
3. Internationalisierung ihrer gesamten Aktivitäten.

Um neues Wachstum zu erzielen, wurde die Entscheidung getroffen, nicht nur netznahe Dienste aufzubauen, sondern in allen Bereichen des Telekommunikationsmarktes tätig zu werden. Man war der Meinung, daß das intelligente Netzwerk mit digitalen ISDN-Leitungen eine Basis für alle Arten von Mehrwertdiensten schaffen könnte. Die TELEKOM wollte so nah wie möglich am Kunden bleiben – vor allem am Großkunden. Sie entwickelte ein Konzept des Telekommunikationsmarktes, welches vorsah, daß angefangen von Transportdiensten bis hin zu kundenspezifischen Diensten Leistungen angeboten werden sollten.

Um diese Strategie zu realisieren, nahm die TELEKOM eine grundlegende Reorganisation vor (Abbildung 4). Die Organisationsstruktur ist der neuen Organisation von BRITISH TELECOM sehr ähnlich: sie ist nach Kundenarten aufgegliedert, statt nach Dienstarten und Netzwerkeigenschaften.

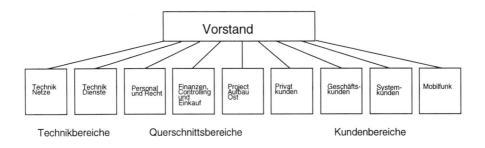

Abbildung 4: Neue Organisation der Telekom – 1992

Die TELEKOM war sich dessen bewußt, daß sie kaum alle Arten von Mehrwertdiensten im Alleingang entwickeln und anbieten konnte. Deshalb suchte sie strategische Allianzen, um das nötige Know-How zu gewinnen und ihre Geschäfte zu internationalisieren. Ein Beispiel dafür ist der Versuch, gemeinsam mit der FRANCE TELECOM und mit SPRINT (der drittgrößten US Ferndienstgesellschaft) ein Joint Venture zu bilden, mit dem Ziel, sogenannte „Managed Network Services" für große internationale Geschäftskunden zu entwickeln (ANDONIS 1993: 1). Diese Partnerschaft unter dem Namen „Atlas"

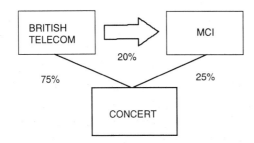

Abbildung 5: Strategische Allianz von BT und MCI

soll anderen Allianzen, wie der von BRITISH TELECOM / MCI („Concert") sowie AT&T / PARTNER („Unisource") Konkurrenz bieten und dazu beitragen, der TELEKOM eine Position als „Global Carrier" zu verschaffen. Daneben ging TELEKOM weitere Partnerschaften ein, wie z. B. mit IBM im Bereich Zahlungssysteme und neuerdings auch mit der riesigen US Softwarefirma MICROSOFT zur Entwicklung eines mit dem Microsoft-Windows-Betriebssystem kompatiblen Datex-J-Dienstes (ELIXMANN / SCHNÖRING 1993).

Die Partnerschaft der TELEKOM mit FRANCE TELECOM und SPRINT ist noch umstritten. Die EU Wettbewerbsbehörden haben Bedenken geäußert, weil durch diese Allianz für beide Firmen eventuell eine dominate Position im europäischen Markt entstehen könnte. Auch sind die US-Regulierungsbehörden gegen die Mitarbeit von Sprint, solange die Telefonmärkte in Europa für andere amerikanische Firmen nicht geöffnet werden. Bedeutsam erscheint hier der Unterschied zwischen dieser Allianz und der von BT-MCI. Wie Abbildung 5 zeigt, ist diese Allianz recht einfach aufgebaut. Die BRITISH TELECOM jedoch hat mit MCI die Schwierigkeit zu bewältigen, sich einer ganz anderen Unternehmenskultur anpassen zu müssen, weil MCI eine neu gegründete „entrepreneurial" Firma

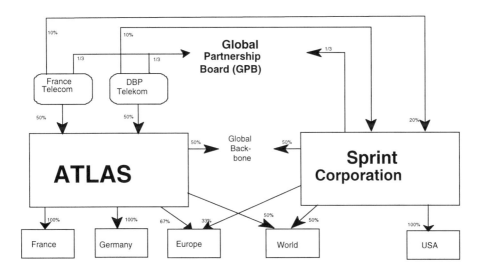

Abbildung 6:   Allianz von FRANCE TELECOM und DBP TELEKOM

ist, die sich in starker Konkurrenz mit AT&T im Ferndienstbereich in den USA behauptet hat. Aber gerade deswegen wird BT sicher viel Neues lernen, um unter härteren Wettbewerbsbedingungen schnell und innovativ zu arbeiten. BT hat bereits einige innovative Dienste von MCI in Großbritannien übernommen. Im Unterschied dazu verbindet die Allianz von FRANCE TELECOM und DBP TELEKOM (Abbildung 6) zwei ehemalige Monopolunternehmen. Sicher haben beide Firmen zusammen eine starke Wettbewerbsposition im kommenden Europamarkt, aber beide haben wenig Erfahrung mit „echter" Konkurrenz im In- oder Ausland. Schnell agierende Wettbewerber werden nicht warten, bis FRANCE TELECOM und DBP TELEKOM die nötige Erfahrung sammeln. AT&T beispielsweise hat heute in Deutschland mehr Mitarbeiter für die Neukundengewinnung eingesetzt als die TELEKOM im weltweiten Ausland.

Hinzu kommt der relativ lange Privatisierungs- und Rationalisierungsprozeß der TELEKOM. Ein Effizienzvergleich der Telekom mit anderen großen Telefongesellschaften verdeutlicht, daß die TELEKOM mit 230.000 Mitarbeitern personell überbesetzt ist (Abbildung 7). BRITISH TELECOM und alle RBOCs in den USA mußten während der Liberalisierungsphase Personal abbauen, um effizienter und kostengünstiger arbeiten zu können. Dieser Abbau konnte jedoch relativ langsam und ohne Entlassungen größeren Stils vollzogen werden. Die DBP TELEKOM hingegen hat nur noch knapp drei Jahre Zeit, bevor sie mit möglicherweise effizienteren Konkurrenten im Heimatmarkt konfrontiert wird.

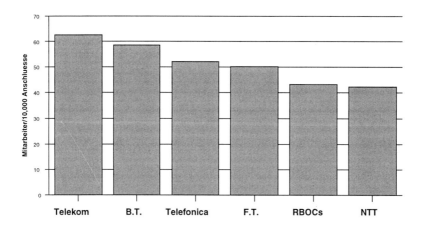

Abbildung 7: Effizienzvergleich zwischen großen Telefongesellschaften

4.2 BellSouth: vom Monopolisten zum multinationalen Unternehmen

BELLSOUTH, wie auch die anderen RBOCs, versuchte in den letzten zehn Jahren, ihre Inlands- und Auslandsstrategien neu zu formulieren. Sie verfolgte dabei eine begrenzte Diversifikationsstrategie, die fast nur auf andere Telekommunikationsdienste konzentriert war. BELLSOUTH versuchte zudem, Kernkompetenzen im Netzwerk und im Vertrieb der Gelben Seiten maximal zu nutzen.

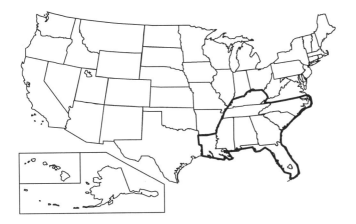

Abbildung 8: Geschäftsgebiet von BellSouth

Bis vor kurzem organisierte BELLSOUTH, wie alle RBOCs, ihre regulierten Geschäftseinheiten auf Bundesstaatsebene. Ferner war das Neun-Staatenterritorium (Abbildung 8) von BELLSOUTH unter AT&T in zwei Firmen aufgespalten – in SOUTH CENTRAL BELL und SOUTHERN BELL. Im Jahre 1992 wurden diese beiden Firmen zu einer regulierten Telefongesellschaft, der BELLSOUTH TELECOMMUNICATIONS, zusammengelegt. Im Jahre 1993 nahm BELLSOUTH eine Umorganisation vor, um die Geschäfte auf verschiedene Kundenarten ausrichten zu können (Abbildung 9). Diese neue Struktur ist der von BRITISH TELECOM und DBP TELEKOM sehr ähnlich. Im gleichen Jahr organisierte BELLSOUTH ihre nicht regulierten Geschäftseinheiten in vier Tochtergesellschaften um:

1. eine Werbeagentur und ein Verlag für die sehr rentablen „Gelben Seiten",

2. eine Mobilfunktochter für Inlands- und Auslandsmärkte,

3. eine neue Gesellschaft für Multimedia-Geschäfte sowie

4. eine sogenannte „Corporate Development Group" für die Entwicklung neuer Märkte im In- und Ausland.

BELLSOUTH's Chairman of the Board, JOHN CLENDENIN, formulierte die Ecksäulen seiner Inlandsstrategie folgendermaßen: BELLSOUTH soll nicht nur eine Transportfirma für Video- und Telefondienste sein, sondern auch neue Dienste und Programme entwickeln (HOLSENDOLPH 1993: F1). Im Jahre 1994 versuchte BELLSOUTH erfolglos, mit Partnern das Filmstudio PARAMOUNT PICTURES zu kaufen. Im April 1995 jedoch schloß sie dann mit zwei anderen RBOCs eine Allianz mit der WALT DISNEY COMPANY mit dem Ziel, neue Videoprogramme und interaktive Videodienste zu entwickeln und zu vermarkten.

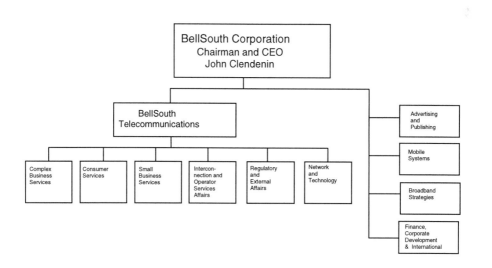

Abbildung 9: Organisation von BellSouth

Diese Schritte sollen BELLSOUTH helfen, mit Kabelfernsehgesellschaften besser konkurrieren zu können. Entsprechende Kompetenz wird für BELLSOUTH insofern immer wichtiger, weil BELLSOUTH demnächst mit Konkurrenz auf dem Heimatmarkt rechnen muß. Anfang 1995 hat US WEST, eine andere RBOC, die größte Kabelfernsehgesellschaft in Atlanta, WOMETCO aufgekauft und will mit Telefon- und Videodiensten konkurrieren, sobald diese von Judge GREENE oder dem US-Congress zugelassen werden.

Die internationale Strategie von BELLSOUTH ist so grundlegend anders als die der DBP TELEKOM, daß sie gerade deswegen interessant ist. Im Gegensatz zu den Plänen HELMUT RICKEs, die TELEKOM als „Global Carrier" zu präsentieren, schätzen die internationalen Manager von BELLSOUTH den Markt für Telekommunikationsdienste immer noch als einen überwiegend lokalen Markt ein (COE 1994). Aus diesem Grunde versuchte BELLSOUTH, in verschiedenen, gezielt ausgewählten Regionen lokale Posten zu gründen. Beispielsweise erhielt sie Mobilfunklizenzen in Argentinien, Chile, Mexiko, Uruguay und Venezuela. In Europa sind sie als Partner im Mobilfunkkonsortium in Dänemark und im E-Plus Konsortium in Deutschland vertreten. In Australien trat BELLSOUTH sogar als Konkurrent zu der dort etablierten Telefongesellschaft in den Markt. Diese Investitionen im Ausland waren sehr rentabel.

Wie andere internationale Telefongesellschaften begründete BELLSOUTH ihre internationalen Aktivitäten dort fast ausschließlich durch Partnerschaften. Dabei begab sich BELLSOUTH normalerweise in Kooperationen mit lokalen Partnern. Diese Partnerschaften haben in erheblichem Maße dazu beigetragen, daß BELLSOUTH Erfahrung darin erlangen konnte, wie man mit verschiedenen Firmen zusammenarbeitet. In Deutschland arbeitet sie gerade mit der THYSSEN AG, der VEBA AG und VODAPHONE zusammen. Jetzt will sich BELLSOUTH zusammen mit THYSSEN für eine Netzwerklizenz in Deutschland bewerben, so wie es sie ab 1998 geben wird. In Australien besteht ihre Partnerschaft „Optus" aus einem Konsortium von CABLE & WIRELESS aus Großbritannien, MAYNE NICKLESS und einigen anderen australischen Firmen.

Zusammenfassend kann festgestellt werden, daß BELLSOUTH die Kompetenz erlangt hat, Allianzen mit sehr unterschiedlichen lokalen und internationalen Partnern einzugehen. Diese Erfahrungen werden sicherlich von sehr großem Vorteil sein, wenn alle Märkte in den USA geöffnet werden. Im Gegensatz dazu bestehen die wichtigsten Allianzen von DBP TELEKOM bislang hauptsächlich aus Verbindungen mit anderen Monopolisten wie FRANCE TELECOM. Diese Allianzen werden – wie aus dem vorangegangenen deutlich geworden sein sollte – vermutlich weniger an Kompetenz für den kommenden Wettbewerb in Deutschland und Europa bringen.

5. Schlußfolgerungen

Aus diesen beiden Beispielen der Deregulierung / Liberalisierung und der Strategie- bzw. Strukturänderung von DBP TELEKOM und BELLSOUTH können verschiedene Hypothesen für das Verhältnis zwischen Regulierung und Unternehmenspolitik abgeleitet werden.

5.1 Liberalisierung / Deregulierung und Industriestruktur

Die Problematik staatlicher Regulierung besteht darin, daß einerseits mehr Wettbewerb und Innovation im Markt für Telekommunikationsdienste etabliert werden soll, andererseits dabei ein flächendeckender Universaltelefondienst zu erträglichen Preisen aufrecht erhalten werden muß. Darüber hinaus stellt sich die Frage, wie dies alles zu gestalten ist, ohne die Existenz der etablierten Telefongesellschaften zu gefährden.

In den USA planen die FCC und staatlichen PUCs, daß ein Wettbewerb zwischen wenigstens zwei Fernnetzbetreibern, voraussichtlich einer RBOC und einer Kabelfernsehgesellschaft, entsteht. Hinzu kommen noch einige Mobilfunkbetreiber. In Deutschland, wo Kabelnetze auch im Monopol der TELEKOM verlegt werden, hofft man auf einen Wettbewerb von Energieversorgungsunternehmen und/oder anderen Großunternehmen, die mit ausländischen Partnern im deutschen Markt ab 1998 konkurrieren wollen. Hinzu kommen die drei zugelassenen Mobilfunkanbieter. In beiden Fällen besteht die gleiche Gefahr, nämlich daß eine Monopolstruktur durch eine Oligopolstruktur ersetzt wird. Wie die Regulierer in Großbritannien bereits erkannt haben, sind zwei große Wettbewerber noch nicht genug. Deshalb bedarf es besonderer Überlegungen durch den Regulierer, wie die Bedingungen zu gestalten sind, damit für kleine, innovative Firmen ein Marktzugang möglich wird. Die Beispiele von AMERICA ON-LINE für Videotextdienste in den USA sowie den Service Providern für Mobilfunk in Deutschland zeigen, daß gerade diese Unternehmen die kundenspezifischen Wünsche oft am besten erfüllen können. Die ersten Überlegungen von Post- und Telekommunikationsminister BOETSCH, in Deutschland die Zahl der zukünftigen Wettbewerber *nicht* zu begrenzen, sind meiner Meinung nach sehr zu begrüßen. Die allgemeine Hypothese lautet:

> H1: Um langfristige Innovation zu fördern, dürfen Regulierer nicht nur einigen großen Wettbewerbern in einem liberalisierten / deregulierten Markt den Zugang erlauben, sondern müssen auch den Markteintritt mehrerer innovativer Firmen ermöglichen.

Diese Hypothese bedeutet, und die bisherigen Erfahrungen bestätigen dies, daß auch in liberalisierten Märkten der Regulierer die Rolle als Gestalter der Spielregeln beibehält und dadurch großen Einfluß auf die Entwicklung des Marktes hat.

Das zweitwichtigste Problem der Regulierer besteht darin, die dominante Telefongesellschaft zu mehr Innovation, Wettbewerb und gesteigerter Effizienz zu bewegen, was typischerweise mit Rationalisierungmaßnahmen verbunden sein wird. In Großbritannien und den USA hatten die dominanten Telefongesellschaften mittlerweile fast zehn Jahre

Deregulierung und Liberalisierung der Telekommunikationsbranche 339

Zeit, um das durch die neue Technologie freigesetzte Personal abzubauen. In Deutschland spricht man heute schon öffentlich von einem Abbau von 60.000 Arbeitsplätzen. Wahrscheinlich ist das nur der Anfang, und die Zeit bis zum freiem Wettbewerb ist relativ kurz. Daraus schließe ich die zweite Hypothese:

> H2: Um die Effizienz und Wettbewerbsfähigkeit der dominanten Firmen zu fördern, müssen Regulierer die nötigen Rationalisierungsprozesse unterstützen.

5.2 Der Zusammenhang von Unternehmensstrategie und Unternehmensstruktur

ALFRED CHANDLER, Wirtschaftshistoriker an der Harvard University, erkannte schon vor 30 Jahren, daß Firmen nach einer Strategieänderung auch ihre Organisationsstrukturen ändern müssen (CHANDLER 1962). CHANDLER analysierte nach dem Zweiten Weltkrieg eine Reihe von US-Firmen, die durch Wachstum und Diversifikation ihre Organisationsstrukturen von Funktionseinheiten hin zu dezentralisierten Produktgeschäftseinheiten umgewandelt haben. In der Telekommunikationsbranche ist eine ähnliche Bewegung im Gange. Führende Telefongesellschaften wie BRITISH TELECOM, BELLSOUTH und DBP TELEKOM wählten neue Organisationsformen mit kundenorientierten Einheiten, um sich behaupten zu können. Dazu kommen Versuche, eine neue marktorientierte Unternehmenskultur aufzubauen. Obwohl es noch zu früh ist, um zu erkennen, ob diese neuen Strukturen auch zu besserem Kundenservice und größerer Marktorientierung führen, scheinen sie erste Schritte auf einem richtigen Weg zu sein. Daraus leitet sich die dritte Hypothese ab:

> H3: Um erfolgreich im Wettbewerb zu bestehen, müssen ehemalige Monopolisten kundenorientierter werden. Neue Organisationsformen sind nötig, aber auch Marketingkompetenz sowie eine marktorientierte Unternehmenskultur.

Die in dieser Weise umstrukturierten Telefongesellschaften haben deswegen die wichtige Entscheidung zu treffen, *wie* sie in einem Wettbewerbsmarkt für Telekommunikationsdienste konkurrieren wollen. Von größter Wichtigkeit ist dabei die Entscheidung, auf welche Marktsegmente sie sich konzentrieren wollen, was zum großen Teil von den Spielregeln der Regulierer abhängig ist. In Deutschland war die TELEKOM frei, in allen Marktsegmenten zu konkurrieren, wohingegen die RBOCs in den USA zunächst beschränkt waren und erst jetzt mehr Freiheiten erhalten haben. Die Tatsache jedoch, daß eine Firma in allen Marktsegmenten konkurrieren darf, muß nicht bedeuten, daß sie in allen konkurrieren kann oder sollte. Die Schwierigkeiten der TELEKOM mit ihrem BTX-Dienst oder die späteren Versuche der RBOCs mit ihren eigenen Videotextdiensten zeigen sehr deutlich, welche Gefahren von neuen unbekannten Märkten ausgehen können. Heute wollen RBOCs wie BELLSOUTH nicht nur Videoprogramme auf ihren Netzen weiterleiten, sondern auch neue Programme schaffen. Jedoch beweisen die Verluste von Hardwarefirmen, die ins Softwaregeschäft diversifiziert haben (z. B. SONY mit COLUMBIA PICTURES, MATUSHITA mit MCA), daß solche Synergien sich nicht selbstverständlich einstellen. Gerade das Gegenteil kann wohl vermutet werden:

> H4: Ehemalige Monopolisten, die ihre Diversifikation auf Kernkompetenzen (z. B. Netzwerke) aufbauen, also verbundene Diversifikationsstratgien einsetzen, werden erfolgreicher sein als Firmen, die versuchen, in viele unbekannte Märkte einzutreten.

Für diejenigen Firmen, die es sich zum Ziel gemacht haben, neue unbekannte Märkte zu erobern, ist die Zusammenarbeit mit Partnern extrem wichtig. Aber noch wichtiger scheint mir die Partnerwahl. Um schneller lernen zu können, sollten Firmen mehrere Allianzpartner suchen, die neue und verschiedene Kenntnisse, Erfahrungen und Fähigkeiten mitbringen. Das Beispiel von MCI und BRITISH TELECOM zeigt, daß große Telefongesellschaften trotz sehr unterschiedlicher Firmenkulturen voneinander profitieren können. Partnerschaften zwischen sehr ähnlichen Firmen mit gleichen Stärken und Schwächen wie FRANCE TELECOM und DBP TELEKOM halte ich für weniger erfolgreich. Vielversprechend hingegen erscheint mir die vor kurzem erklärte Allianz zwischen der TELEKOM und MICROSOFT, die zum Zwecke geschaffen wurde, den BTX-Dienst neu zu gestalten. Die fünfte Hypothese lautet daher:

> H5: Ehemalige Monopolisten, welche die Diversifikation in neue Märkte realisieren wollen und zu diesem Zweck strategische Allianzen mit unterschiedlichen Partnern eingehen, werden erfolgreicher sein als Firmen, die sich ähnliche Partner aussuchen.

6. Zusammenfassung

Die Telekommunikationsbranche befindet sich in einem grundlegenden Umwandlungsprozeß. Durch Technolgiewandel, Änderung der Nachfrage, Deregulierung / Liberalisierung und Globalisierung müssen fast alle dominanten Telefongesellschaften in näherer Zukunft mit lokalem Wettbewerb rechnen, der sich nicht nur aus einheimischen, sondern auch aus ausländischen, zum Teil wettbewerbserfahrenen Konkurrenten zusammensetzt. In Reaktion darauf haben viele Telefonfirmen ihre Unternehmensstrategien und Organisationsstrukturen geändert, um nicht nur effizienter, sondern auch kundenorientierter zu werden. Diese Umwandlung jedoch wird sehr stark von den Spielregeln des jeweiligen Landes beeinflußt. Die Regulierer sollten versuchen, die Rahmenbedingungen so zu gestalten, daß Monopolstrukturen nicht durch Oligopolstrukturen mit begrenztem Wettbewerb ersetzt werden. Vielmehr sollte Innovation gefördert werden, indem Bedingungen geschaffen werden, die den Eintritt von großen und kleinen Wettbewerbern ermöglichen.

Diese Art von Wandlungsprozessen wird sicherlich in anderen Branchen auch auftreten, die von ähnlichen Kräften beeinflußt werden. Beispielsweise werden mittlerweile auch die Postdienste weltweit dereguliert / liberalisiert, und Staatsunternehmen werden zunehmend von neuen Technologien wie Electronic Mail und global agierenden, privaten Lieferfirmen bedroht. Luftfahrtgesellschaften sind in den USA schon länger und jetzt auch in Europa dem freierem Wettbewerb ausgesetzt. Die Grenzen zwischen Banken und anderen Finanzdienstleistungsunternehmen wie Versicherungsgesellschaften verschwimmen zusehends.

Diese Beispiele deuten an, daß staatliche Behörden und wir, die wir das Verhältnis von Deregulierung und Unternehmenspolitik wissenschaftlich verstehen wollen, die Telekommunikationsbranche auch weiterhin als fruchtbares Forschungsgebiet betrachten sollten.

Literaturverzeichnis

ANDONIS, ANDREW (1993): Franco-German Alliance Enters Global Telecoms War. Financial Times (12.12.1993): 1.
CHANDLER, ALFRED D. (1962): Strategy and Structure, MIT Press.
COE, C. B. (1994): BellSouth Strategies for Global Participation. In: WITTE, EBERHARD (Hg.): Global Players in Telecommunications. Berlin: Springer Verlag.

ELIXMANN, DIETER; THOMAS SCHNÖRING (1993): Internationalization of the German Telecommunications Services Market. Bad Honnef, WIK Diskussionsbeitrag Nr. 112.

GERPOTT, TORSTEN J.; RUDOLPH POSPISCHIL (1993): Internationale Effizienzvergleiche der DBP TELEKOM. Zeitschrift für Betriebswirtschaft 45(1993)4: 366-392.

HOLSENDOLPH, ERNEST (1993): After 10 Years, BellSouth Facing a Changing World. Atlanta Journal & Constitution (13.10.1993).

KUPFER, ANDREW (1994): The Future of the Phone Companies. Fortune (3.10.1994): 95-106.

LAW, CARL EDGAR (1988): Telecommunications in the U.K. Since Liberalization. Business Communications Review (1988)March-April: 46-51.

MEYER, ERIC (1995): Telefon-Festnetze: in den USA wird dereguliert. Funkschau (1995)2: 66-68.

RICKE, HELMUT (1994): New Opportunities Through Cooperation. In: WITTE, EBERHARD (1994) (Hg.): Global Players in Telecommunications. Berlin: Springer Verlag.

STOETZER, MATTHIAS-WOLFGANG (1993): Netzmanagementdienste und Corporate Networks in Deutschland: Marktstruktur und Marktentwicklung. Bad Honnef, WIK Diskussionsbeitrag Nr. 109.

WITTE, EBERHARD (1992): A History of Recent German Telecommunications Policy. In: SAPOLSKY, HARVEY M. ET AL. (1992) (Hg.): The Telecommunications Revolution. New York: Routledge.

E. Jürgen Zöllner[*]

Die Überwindung von Anreizschwächen in Universitäten und Universitätsklinika

Da die privaten Hochschulen in Deutschland keine Orientierung für einen effizienteren Mitteleinsatz in den staatlichen Einrichtungen bieten und weder von der Aufhebung des Beamtenstatus noch von Studiengebühren Effizienzsteigerungen zu erwarten sind, müssen alternative Anreize gesetzt werden. Dazu gehört die Verteilung der laufenden Mittel für Forschung und Lehre – jenseits einer Grundausstattung – nach Studierenden und der Regelstudienzeit, Drittmittel, Promotionen und Habilitationen, aber auch die Selbstbewirtschaftung dieser laufenden Mittel. Besondere Aufmerksamkeit wird auf angepaßte Kompetenzverteilungen innerhalb der Hochschulen gelegt. Für die Hochschulkliniken ist eine organisatorische und budgetäre Trennung von Krankenversorgung einerseits, Forschung und Lehre andererseits anzustreben. Die Kooperation beider Aufgaben ist durch explizites Kontraktmanagement zu regeln.

---

[*] Prof. Dr. E. Jürgen Zöllner, Minister für Bildung, Wissenschaft und Weiterbildung des Landes Rheinland-Pfalz, Mittlere Bleiche 61, 55116 Mainz.

1. Einleitung

Heute, vor diesem Kreis ein Referat zum Thema „Die Überwindung von Anreizschwächen in Universitäten und Universitätsklinika" zu halten, ist für mich eine besondere Herausforderung. Als ich vor geraumer Zeit meine Zusage gab – ich sag es ehrlich – war ich mir der vollen Tragweite nicht bewußt. Was macht es so schwierig?

- Einerseits, daß hier die geballte Kompetenz der deutschen Betriebswirtschaftslehre versammelt ist und ich mich doch zumindest an Randbereiche dieser Wissenschaft heranwagen muß – als Politiker und eher naturwissenschaftlich geprägter Mensch kein einfaches Unterfangen.
- Andererseits, daß das Objekt meiner heutigen Betrachtungen, nämlich die Hochschulen und Hochschulklinika, Ihnen aus eigener Erfahrung recht gut bekannt ist und meine Ausführungen auch insoweit zu Widerspruch herausfordern. Sie sind ja selbst Betroffene.

Nichtsdestotrotz, ich will es versuchen, gerade weil die kontroverse Diskussion erkenntniserweiternd ist und ich mich auf die Diskussion mit Ihnen freue.

2. Themenaufriß

Die Staatsmodernisierung, die Verwaltungsvereinfachung, die Effektivierung und Flexibilisierung des öffentlichen Dienstes ist in aller Munde. Nicht zuletzt die finanzielle Situation in den öffentlichen Haushalten, aber auch ein verändertes Verhältnis der Bürgerinnen und Bürger zu Staat und staatlichen Einrichtungen haben den Modernisierungsdruck erheblich erhöht.

Die staatlichen Hochschulen in ihrer besonderen Verfassung – Stichwort Hochschulautonomie – hätten sich dieser Diskussion wohl noch eine Weile entziehen können, wären da nicht auf der anderen Seite die erheblich gesteigerte Nachfrage an akademischer Ausbildung und die daraus resultierenden Forderungen an die öffentlichen Haushalte. Hinzu kommen zusätzliche Erwartungen an die Hochschulen, einen verstärkten Beitrag im Innovationswettbewerb und damit zur Bewältigung struktureller Krisen zu leisten. Die Hochschulen als die Stätten von Wissenschaft stehen also spätestens seit Beginn der neunziger Jahre ähnlich wie andere öffentliche Einrichtungen auf dem Prüfstand.

3. Staatliche versus private Einrichtungen

Wie in vielen anderen Bereichen auch folgte sehr rasch der Ruf, verstärkt private Einrichtungen zu fördern und zuzulassen. Um es vorweg zu nehmen, ich halte die privaten Hochschulen für eine sinnvolle und notwendige Ergänzung des staatlichen Systems. Ich bin aber ein ebenso überzeugter Anhänger des öffentlichen Bildungsauftrages und mir sicher, daß das Problem durch eine zunehmende Privatisierung weder quantitativ noch qualitativ zu lösen ist. Von den über 1,8 Millionen Studierenden in der Bundesrepublik Deutschland besuchten 1992 knapp 35.000 eine private Hochschule.

Selbst eine Steigerung um 100, 200, ja 1.000 % würde das Problem also nicht lösen und uns nicht von der Aufgabe entbinden, auch über eine Effektivierung im öffentlichen Bereich nachzudenken.

Im übrigen – dies ist keine Kritik – muß auch in diesem Zusammenhang festgehalten werden, daß die privaten Hochschulen im Hinblick auf den effektiven Einsatz von Ressourcen in Deutschland kein Vorbild sein können. Die Kosten der Ausbildung sind hier, bezogen auf Absolventen, um ein vielfaches teurer als an staatlichen Hochschulen.

Es ist allerdings durchaus sinnvoll, die eine oder andere gedankliche Anleihe im privatwirtschaftlichen Bereich zu machen, wenn man gleichzeitig die besonderen Rahmenbedingungen an Hochschulen berücksichtigt. Dies gilt vor allem für Motivation und Anreizmechanismen – das Thema meines heutigen Referates.

4. Verfassung und Aufgaben der Hochschulen

Den Hochschulen obliegen die Aufgaben Forschung, Lehre und Studium, Krankenversorgung, sofern Universitätsklinika betroffen sind, zunehmend auch wissenschaftliche Weiterbildung und Dienstleistungen wie Wissens- und Technologietransfer, Untersuchungs- und Beratungsangebote. Sie genießen dabei die grundgesetzlich garantierte Freiheit von Forschung und Lehre und insofern auch das Recht auf eine angemessene Sach-, Raum- und Personalausstattung.

Aufgabe des Staates ist es, diese Rahmenbedingungen zu sichern und dabei die Qualität sowie die Einheitlichkeit und Vergleichbarkeit im Hochschulwesen, insbesondere bei den Studienabschlüssen zu gewährleisten.

In diesem groben Rahmen ist das Verhältnis von Staat und Hochschulen keine unabänderliche Größe. Es bedarf vielmehr jeweils der konkreten Ausgestaltung, und es müssen dabei veränderte Erwartungen der Gesellschaft, also sozusagen der Finanziers der Hochschulen, mit einbezogen werden. Steuerungsmittel des Staates sind dabei insbesondere die gesetzlichen und finanziellen Regelungen.

5. Thesen

Meine 1. These ist:

> Die staatliche Hochschulpolitik muß darauf ausgerichtet sein, lernfähige Systeme zu schaffen.

Nur so läßt sich gewährleisten, daß Hochschulen im Wettbewerb ihren Qualitätsstandard halten, möglichst sogar weiterentwickeln. Voraussetzung für ein leistungsfähiges System ist aber, daß positive Entwicklungen belohnt, negative mit Nachteilen verbunden sind. Dies bedeutet: Die Ressourcenzuweisung muß an Belastung und Leistung gekoppelt werden.

Die Hochschulen haben sich – schon rein quantitativ – zu großen Einrichtungen entwickelt.

Sie verwalten einen beträchtlichen „Personalkörper" und in der Regel einen jährlichen „Umsatz" von mehreren Hundert Millionen Mark.

Bei aller Besonderheit der akademischen Selbstverwaltung ist bei dieser Größenordnung vieles, was früher als Einzelfallentscheidung zwischen Staat und Hochschule getroffen wurde, heute so nicht mehr bewältigbar. Die Hochschulen brauchen verläßliche und kalkulierbare Rahmenbedingungen, die über den Tag hinausreichen.

Beispiel: Hochschulfinanzen.

Die Mittelzuweisung durch den Staat muß in zunehmendem Maße nach qualitäts- und erfolgsorientierten Kriterien erfolgen. In Rheinland-Pfalz wurde dazu ein Mittelverteilungssystem entwickelt, das die Zuweisung aller laufenden Mittel für Forschung und Lehre nach folgenden Kriterien vorsieht:

Eine Grundausstattung entsprechend dem wissenschaftlichen Personal, eine Zusatzausstattung „Lehre" nach der Anzahl der Studierenden in der Regelstudienzeit und der Anzahl der Absolventen, eine Zusatzausstattung „Forschung" nach den eingeworbenen Drittmitteln und eine Zusatzausstattung zur Förderung des wissenschaftlichen Nachwuchses nach der Anzahl der Promotionen und Habilitationen.

Das System wird übrigens nun schon zwei Jahre praktiziert und hat zu spürbaren, von den betroffenen Hochschulen akzeptierten Mittelumschichtungen geführt. Ein früher undenkbarer Vorgang.

Darüber hinaus wurden bei der Zuweisung der Mittel erhebliche Deregulierungen und Flexibilisierungen vorgenommen. Eine großzügige Deckungsfähigkeit ermöglicht den bedarfsgerechten Einsatz der Ressourcen. Die Selbstbewirtschaftung der laufenden Mittel für Forschung und Lehre erlaubt die Übertragung von Mitteln über das Haushaltsjahr hinaus. Das sogenannte „Dezemberfieber" im öffentlichen Bereich entfällt damit. Auch die Kostengrenzen für Baumaßnahmen wurden erhöht, so daß die Hochschulen nunmehr Projekte in einer beträchtlichen Größenordnung selbständig durchführen können. Die Etablierung von Einnahme- und Ausgabetiteln im Bereich der Weiterbildung soll den Hochschulen zusätzliche Finanzquellen erschließen.

Als nächster Schritt ist eine höhere Flexibilität auch bei den Personalausgaben vorgesehen. In diesem Kontext soll auch ein Personalbemessungskonzept entwickelt werden. Während bei der Sachmittelzuweisung inzwischen eine Reihe von verläßlichen Kriterien entwickelt wurden, fehlt bei der Personalbemessung noch ein umfassender Ansatz, der den unterschiedlichen Gegebenheiten in den einzelnen Fächern hinreichend Rechnung trägt.

Hinzu kommen muß zu den genannten Maßnahmen auch das Erschließen neuer Ressourcen, nicht nur – wie bereits gesagt z. B. durch die Weiterbildung – im Bereich der Sachmittel, sondern auch im personellen Bereich (z. B. Rentnerprofessuren und Praxisprofessuren).

Meine 2. These ist:

> Mehr Autonomie für die Hochschulen bedingt mehr Verantwortung in den Hochschulen.

Begleitet werden muß die größere Haushaltsflexibilität vom Aufbau entsprechender Entscheidungsstrukturen in den Hochschulen.

Dies betrifft insbesondere den Aufbau moderner Managementstrukturen. Für den Bereich der Universitätsleitung heißt dies in Rheinland-Pfalz beispielsweise, unter dem Stichwort „Vorstand" den Hochschulen die Wahl einer Präsidiumsverfassung (Leitungskollegium mit Ressortverantwortlichkeit) statt einer Präsidentenverfassung zu ermöglichen.

Der Kanzler als leitender Beamter der Verwaltung soll künftig nur noch auf Zeit bestellt werden, wie ich dies auch für andere Funktionen der öffentlichen Verwaltung befürworte. Bisher wird für diese Position in der Regel die Befähigung zum Richteramt oder die aufgrund besonderer Prüfungen erworbene Befähigung zur höheren Verwaltungslaufbahn vorausgesetzt. Wir streben an, den Rekrutierungskreis für andere Personen mit Managementerfahrung, auch aus der Wirtschaft, zu erweitern.

Auf der Fachbereichsebene ist eine maßvolle Stärkung des Dekans bei der Sicherstellung des Lehrangebots vorgesehen. Die Beschlüsse des Fachbereichs können nur dann verantwortlich umgesetzt werden, wenn der Dekan auch das Instrumentarium besitzt, sie im Konfliktfall durchzusetzen.

Zu den gesetzlichen Notwendigkeiten gehören aber nicht zuletzt auch weitere Delegationen aus dem Ministerium an die Hochschulen. Dies trägt nicht nur zum Abbau bürokratischer Hemmnisse und von Verwaltungsaufwand bei, sondern die Entscheidungen vor Ort lassen vielfach auch eine höhere Effizienz erwarten.

Meine 3. These ist:

Modernes Management bedarf der internen und externen Evaluation.

Voraussetzung, um die erweiterten Handlungsmöglichkeiten sinnvoll einsetzen zu können, ist die Erarbeitung umfassender Entscheidungsgrundlagen in der Hochschule selbst und eine detaillierte Erfolgskontrolle durch interne und externe Evaluation. Eine Verbesserung der Datenerfassung und -auswertung ist unverzichtbar, um die sogenannten Betriebsziele überhaupt überprüfen zu können. Dies gilt für Forschungs- und Lehrberichte ebenso wie für die Raumausnutzung und für den Großgeräteeinsatz. Auf allen Leitungsebenen müssen die entsprechenden Kennzahlen erfaßt und ausgewertet werden.

In Rheinland-Pfalz haben wir darüber hinaus jeder Hochschule eine Stelle für einen sogenannten Controller zur Verfügung gestellt. Bei großen Wirtschaftsunternehmen eine Selbstverständlichkeit, sollen die Hochschulen damit in die Lage versetzt werden, bereits in der Planung und erst recht bei der Umsetzung von Maßnahmen Effektivitätskriterien einfließen zu lassen. Eine besondere Bedeutung bei der Evaluation kommt auch dem hochschulübergreifenden Vergleich und Wettbewerb zu.

Eine entsprechende Aufbereitung und zeitnahe Zurverfügungstellung der amtlichen Statistik kann ebenso wie das Projekt der Hochschulrektorenkonferenz „Profilbildung", eine Dokumentation der von den Hochschulen selbst erhobenen und bereitgestellten Daten im Fächervergleich, die Transparenz erheblich erhöhen.

Meine 4. These ist:

> Den Hochschulen muß es ermöglicht werden, ihren Aufgaben auch in neuen Organisationsformen nachzukommen.

Je vielfältiger die Aufgaben der Hochschulen sind, desto wichtiger kann es sein, neue Organisationseinheiten zu bilden, damit Aufgabe und Verantwortung noch oder wieder eine eindeutige Zuordnung erfahren. Dies gilt zum Beispiel für den Wissenstransfer und die Weiterbildung. Es gilt im Hochschulbereich aber insbesondere für Forschung, Lehre und Krankenversorgung im Bereich der Medizin.

Beispiel: Universitätsklinikum Mainz.

Das Mainzer Klinikum ist das größte Krankenhaus im gesamten Rhein-Main-Gebiet. Mit ca. 5.500 Beschäftigten ist es zugleich der größte Landesbetrieb.

Ein jährlicher Umsatz von ca. 600 Millionen DM, wovon das Land rund ¼ als Zuschuß zum laufenden Betrieb trägt, und jährliche Investitionszuschüsse von durchschnittlich über 80 Millionen DM kennzeichnen das finanzielle Volumen dieser Einrichtung. Bisher wird das Universitätsklinikum trotz des geschilderten Umfangs in relativ unselbständiger Form als Landesbetrieb geführt, eingebunden in die universitären Entscheidungsstrukturen.

Die Situation eines Universitätsklinikums – und das unterscheidet es von allen anderen Krankenhäusern, auch der Maximalversorgung – ist durch eine noch größere Aufgabenvielfalt geprägt.

Als Krankenhaus der Maximalversorgung wurden im Mainzer Klinikum 1994 über 45.000 Patienten stationär behandelt und es waren über 300.000 poliklinische Behandlungsfälle zu verzeichnen. Als Ausbildungs- und Forschungsstätte werden hier ca. 2.000 Studierende in den klinischen Semestern auf ihre zukünftige Tätigkeit als Ärztin oder Arzt vorbereitet und 22 Millionen DM Drittmittel eingeworben. Eine Vielzahl von Aufgaben also, denen sich das Klinikum gleichermaßen verantwortungsvoll stellen muß.

Die Situation ist in den vergangenen Jahren nicht einfacher geworden.

Im Juni 1993 hat deshalb das Land Rheinland-Pfalz eine unabhängige Kommission eingesetzt, die Vorschläge für eine grundlegende Strukturreform des Klinikums erarbeiten sollte. Für die Rechtsform erfolgte in diesem Zusammenhang folgende Empfehlung:

„Für den Krankenhausbereich des Klinikums ist eine Stärkung der Wirtschaftlichkeit, eine Erhöhung der Eigenverantwortung und der Handlungsmöglichkeiten notwendig. An Stelle der bisherigen Angliederung als unselbständige Anstalt an die Universität ist eine stärkere rechtliche Eigenständigkeit anzustreben, wobei insbesondere die Einrichtung einer vollrechtsfähigen Anstalt des öffentlichen Rechts zu prüfen ist. Zugleich ist aber die enge Verknüpfung mit der Universität sicherzustellen (Trägerbeteiligung, Organbeteiligung und Verträge). Das Universitätsklinikum muß seine zentrale Bedeutung für Forschung und Lehre behalten."

Damit ordnete sich der Kommissionsbericht in bundesweite Diskussionen über Struktur und Finanzierung der Hochschulmedizin ein.

Die künftige Organisations- und Rechtsform des Klinikums soll die Chancen erhöhen, folgende Ziele zu erreichen:

- eine eigenverantwortliche Führung aller Geschäfte,

- ein effektives und zeitnahes Handeln unter Berücksichtigung der besonderen Verhältnisse im Gesundheitsbereich sowie

- eine kurzfristige Reaktionsmöglichkeit bei Abänderungen der Rahmenbedingungen.

Dies bedeutet insbesondere eine eigene Personalhoheit für das Klinikum, eine uneingeschränkte Zuständigkeit in der Stellenbewirtschaftung und – mir besonders wichtig – Möglichkeiten, auch motivierende Anreize für alle Hierarchieebenen zu gewährleisten.

Bei all dem möchte ich noch einmal betonen, daß es mir darum geht, die funktionale Einheit von Krankenversorgung, Forschung und Lehre zu bewahren. Diese für ein Universitätsklinikum typische und für Forschung und Lehre erforderliche Einheit muß auch für die Zukunft gesichert werden. Dies geht aber nur über den Weg der Transparenz und der klaren Zuweisung der Ressourcen und Verantwortlichkeiten.

Als Anstalt mit voller Rechtsfähigkeit lassen sich Kundenorientierung und Marketing besser realisieren, wie Erfahrungen mit bereits verselbständigten öffentlichen Einrichtungen zeigen, lassen sich Geschäfte eigenverantwortlich durchführen.

Mit der Änderung von Organisation und Rechtsform bietet sich auch die Möglichkeit der Verbesserung der Finanzierungsstruktur für Forschung und Lehre sowie ihre Verknüpfung mit motivierenden Anreizen.

Unbeschadet der noch zu treffenden Entscheidung des Haushaltsgesetzgebers ist folgende Finanzierungsstruktur vorgesehen: Die Personalbedarfsberechnung für Lehre und Forschung muß die Anforderung für die Funktionsfähigkeit wissenschaftlicher Einrichtungen und die Besonderheiten wissenschaftlicher Arbeit und Lehre im Bereich der Medizin berücksichtigen. Dabei ist von der Kapazitätsverordnung als Minimalforderung auszugehen. Als Bemessungsgrundlage für den Stellenbedarf an fachnahem, nicht wissenschaftlichem Personal wie an zentralem Personal können die entsprechenden Relationen aus naturwissenschaftlichen Fachbereichen dienen.

Der Bedarf an Sachmitteln wird sich einerseits an dem Mittelbedarf orientieren, der für naturwissenschaftliche Fachbereiche gilt, sowie an den Besonderheiten der klinischen Forschung und der Lehre im stationären wie auch im ambulanten Bereich. Dies heißt also auch hier: weg von der Defizitfinanzierung durch das Land hin zu belastungs- und leistungsbezogener Finanzierung für Forschung und Lehre.

Mit den hier skizzierten Grundzügen der für Mainz geplanten Strukturreform des Klinikums der Johannes Gutenberg-Universität wird Neuland betreten. Die Einheit von Forschung und Lehre und Krankenversorgung soll zukünftig nicht mehr dadurch sichergestellt werden, daß alle Aufgaben in einer Einrichtung ohne klare Kompetenzzuweisung gebündelt werden, sondern sie soll dadurch gesichert werden, daß es klar geregelte Beziehungen zwischen dem Bereich Forschung und Lehre einerseits und dem Bereich Krankenversorgung andererseits gibt.

Insofern ist diese neue Organisationsform mit klarer Aufgabenzuweisung für mich sozusagen die Voraussetzung, eine Einheit auch längerfristig zu garantieren.

6. Fazit

Dieser systematische Ansatz zur Weiterentwicklung von Hochschulen und Hochschulklinika – wie ich ihn mit einigen Beispielen versucht habe zu skizzieren – ist unverzichtbar, wenn Universitäten und Fachhochschulen auch zukünftig den Stellenwert behalten wollen, der ihnen in dieser Gesellschaft als der Stätte der Wissenschaft zusteht.

Manch einer von Ihnen wartet nun wahrscheinlich auf die vermeintlich „heißen Eisen", die in der politischen Diskussion so gerne als Allheilmittel angeführt werden.

Da geht es dann zum Beispiel um den Beamtenstatus für Hochschullehrer. Um es gleich vorweg zu sagen, für mich ist der Beamtenstatus für Hochschullehrer schon deshalb kein Dogma, weil bereits heute eine Vielzahl von angestellten Professorinnen und Professoren ihre Aufgaben in der Hochschule im Schnitt nicht schlechter und nicht besser als ihre verbeamteten Kolleginnen und Kollegen wahrnehmen.

Und auch schon deshalb erliege ich nicht der Versuchung zu glauben, daß die Veränderung dieses Status einen wesentlichen Beitrag zur Weiterentwicklung der Hochschulen leisten könnte. Dies gilt übrigens auch für die immer wieder aufflammende Idee der Studiengebühren.

Ich bin der festen Überzeugung, daß schon rein quantitativ durch Studiengebühren keine wesentliche Verbesserung der Finanzierungsstruktur der Hochschulen erreicht werden kann. Sollte dies beabsichtigt sein, müßten die Studiengebühren eine Höhe erreichen, die in der Tat eine Reihe von sozialen Problemen aufwerfen würde.

Dann wiederum müßten soviel Ausnahmen vorgesehen werden, damit die Einführung von Studiengebühren sozialverträglich gestaltet werden kann, daß eine erhebliche Bürokratie nur dafür zuständig wäre, die bildungspolitische Chancengerechtigkeit zu bewahren.

Alles in allem befürchte ich, daß wir lediglich einen zusätzlichen Verwaltungsapparat aufbauen müßten, ohne einen wesentlichen Beitrag zur Weiterentwicklung der Hochschulen leisten zu können.

Schon diese beiden Beispiele mögen verdeutlichen, nicht die plakativen Reden, sondern nur der systematische Ansatz kann die Hochschulen dauerhaft verändern.

Einen wirklichen Schub für die Weiterentwicklung des Hochschulsystems in der Bundesrepublik Deutschland können wir nur erreichen, wenn wir den Hochschulen den Gestaltungsspielraum geben, den sie als große Systeme selbst brauchen, wenn wir Anreizmechanismen erzeugen, die die Leistungsfähigkeit des Gesamtsystems herausfordern, und wenn wir auch dem einzelnen im System die Möglichkeit einräumen, daß sich seine Leistung lohnt.

Teil V

Einzel- und gesamtwirtschaftliche Konsequenzen der Transformation von Volkswirtschaften

Rainhart Lang / Ramona Alt*

Handlungsspielräume des ostdeutschen Managements im Umbruch

Im vorliegenden Artikel wird die Restrukturierung von Handlungsspielräumen des ostdeutschen Managements vor dem Hintergrund des mit der Gesellschaftstransformation verbundenen wirtschaftlichen, politischen, rechtlichen und sozialen Wandels betrachtet. Im Zentrum steht zum einen der Versuch, einen theoretischen Bezugs- und Interpretationsrahmen zu konzipieren, der eine empirisch angemessene Rekonstruktion der Restrukturierung von Handlungsspielräumen erlaubt. Zum anderen ist der Blick darauf gerichtet, die Tragfähigkeit des vorgestellten Modells, gestützt auf empirische Befunde zu Führungskräften in ostdeutschen Unternehmen, zu prüfen. Der Artikel schließt mit einigen Überlegungen zu ableitbaren Konsequenzen für die Forschung und die Managementpraxis in den neuen Bundesländern.

---

* Univ.-Prof. Dr. oec. Rainhart Lang / Dr. Ramona Alt, Technische Universität Chemnitz-Zwickau, Fakultät für Wirtschaftswissenschaften, BWL V – Lehrstuhl für Organisation und Arbeitswissenschaft, Reichenhainerstraße 39, 09107 Chemnitz. Für die konstruktiven Hinweise zur Verbesserung des Manuskripts danken wir Jörg Sydow, Peter Rütger Wossidlo, Jens Bäumer, Thomas Steger und Elke Weik. Wertvolle Anregungen konnten wir auch der Arbeitskreisdiskussion im Rahmen der Trierer Tagung entnehmen.

1. Problemverständnis

Im Zuge des Umbruchs der gesellschaftlichen Institutionen, Systeme und Strukturen sowie der gesellschaftlichen Werte gibt es auf der Ebene der Organisationen eine relativ große Offenheit für das aktive Handeln der Akteure. Mit ihrem Handeln wiederum „schließen" die Akteure die bestehende Kontingenz. Zukünftige Handlungspfade werden damit vorstrukturiert, Ressourcenverteilungen stabilisiert, fachliche und soziale Kompetenzen geordnet und Verhaltensmuster geprägt. Dabei kommt u. E. nach den Führungskräften als „Change Agents" oder Promotoren der betrieblichen Transformationsprozesse eine besondere Bedeutung zu. Die wirtschafts- und sozialwissenschaftliche Erforschung des Transformationsprozesses trägt der Bedeutung des Führungskräfteverhaltens Rechnung. Die nach der Wende einsetzende Führungskräfteforschung konzentriert sich auf vergleichende Ost-West-Studien, in denen der Blick auf die Unterschiede in den führungsrelevanten Fähigkeiten (z. B. FRIEDRICH 1990; MYRITZ 1992; STRATEMANN 1992), im Führungs- und Selbstverständnis (WUPPERTALER KREIS 1992; SEIFERT / HEYSE 1992) und im Führungsverhalten bzw. den Führungsstilen (WUNDERER 1990; DENISOW / STIELER 1992) gerichtet ist. Bei einer kritischen Betrachtung der relevanten Erhebungen zu Führungskräften in Ostdeutschland fallen jedoch folgende Hauptprobleme auf:

- Es überwiegen pragmatische Untersuchungen. Da es an Theorien und Ansätzen fehlt, die derartig gravierende und dynamische Veränderungen zum Gegenstand haben, wird weitgehend im Rahmen bisheriger Ansätze gearbeitet. Derartige Forschungskonzepte etablierten sich jedoch vor dem Hintergrund marktwirtschaftlicher Verhältnisse und relativ stabiler Umweltbedingungen. Sie werden häufig ohne kritische Reflexion auf ostdeutsche Verhältnisse angewandt.

- Die häufig fehlende theoretische Fundierung wird durch Hintergrundannahmen wie z. B. Planwirtschaft versus Marktwirtschaft, Totalitarismus-Auffassungen, „Wertedeformation", „Nischengesellschaft", „Modernisierungsstaus" etc. ersetzt (z. B. LADENSACK 1993; WEIDENFELD / KORTE 1991; MAAZ 1991; ZAPF 1994)[1].

- Vor diesem Hintergrund werden in der Literatur eine Reihe von Empfehlungen für das praktische Handeln der Akteure gegeben und Richtlinien erteilt, mit deren Hilfe transformationspolitische Aktivitäten als „falsch" oder „richtig", „besser" oder „schlechter" (LÖSCH 1993) bewertet werden sollen. Eine Vielzahl dieser Empfehlun-

---

[1] Kritische Betrachtung bei KLAGES / GENSICKE (1993).

gen mündet jedoch zu schnell in präskriptive Erwägungen, die zwar plausibel sind, aber nur zum Teil auf einem Einblick in die Realität beruhen.

In theoretischer Hinsicht macht sich vor allem das vorhandene Defizit an Modellen für den gesellschaftlichen Systemwandel bemerkbar (vgl. HAFFNER 1990: 39; GUTMANN 1991: 29f.), das auch auf der Ebene der betrieblichen Forschung seinen Niederschlag findet. Dabei werden in der gegenwärtigen Diskussion zu Transformationsprozessen staatssozialistischer Gesellschaften vor allem drei miteinander verflochtene Prozesse herausgestellt (vgl. u. a. HERR / WESTPHAL 1991; WITTKE ET AL. 1993):

- die Veränderung des Wirtschaftssystems,
- der Prozeß des politischen Wandels in Form einer Demokratisierung und
- die Realanpassung als Modernisierung der als vergleichsweise rückständig betrachteten Ökonomien.

In der wirtschaftswissenschaftlichen Diskussion wird der Prozeß häufig dann als „im Kern abgeschlossen" angesehen (vgl. z. B. GUTMANN 1991), wenn die beiden erstgenannten Prozesse als bewältigt gelten können, d. h. wenn eine marktwirtschaftliche Eigentums- und Rechtsordnung sowie demokratische Institutionen eingeführt und wirksam sind. Der Transformationsprozeß wird also in dieser Perspektive mit der abgeschlossenen „Systemintegration" als weitgehend realisiert verstanden. Noch ausstehende sozio-kulturelle und mentale Wandlungsprozesse einer „Sozialintegration" (REISSIG 1994; PETER 1994), aber auch Prozesse des Strukturwandels in den Unternehmen bleiben damit mehr oder weniger ausgeblendet.

Da jedoch System- und Sozialintegration auseinanderfallen, wie PETER (1994) zutreffend betont, muß die Subjektivität der Prozesse stärker in Rechnung gestellt werden. Die im Transformationsprozeß übertragenen Basisinstitutionen treffen auf einen anderen Werthintergrund und auf abweichende Handlungsorientierungen. Von daher greift eine ausschließliche Analyse von Veränderungen der rechtlichen und ökonomischen Institutionen zu kurz. Sie birgt die Gefahr in sich, bestimmte Ereignisse im Transformationsprozeß einseitig auf Ursachen in diesem Bereich zu reduzieren. Transformationsprozesse sind vielmehr auch als Prozesse des Wandels von Wertmustern und Kulturen (vgl. z. B. HEYSE / ERPENBECK 1994), von Einfluß und Macht in und zwischen Organisationen sowie der Neuordnung von Sozialisations- und Verhaltensmustern zu sehen.

Ausgehend von diesen Überlegungen soll nachfolgend versucht werden, einen theoretischen Bezugs- und Interpretationsrahmen zu konzipieren, der erlaubt, die Restrukturierung von Handlungsspielräumen des Managements in Transformationsprozessen empirisch angemessen zu rekonstruieren. In diesem Zusammenhang ist es nicht unsere Absicht, normative Gestaltungsmuster abzuleiten. Vielmehr ist die Erklärung praktischer Handlungszusammenhänge auf der Basis gewonnener Erkenntnisse über konkrete Prozeßabläufe, Orientierungen und Sichtweisen der Führungskräfte zunächst überhaupt eine Voraussetzung, um umsetzbare Empfehlungen für die Praxis ableiten zu können. Das Interpretationsinstrumentarium wurde im Rahmen einer Untersuchung zur Implementierung von computergestützten Informationssystemen (ALT 1994) entwickelt und erprobt. Zusätzlich liefern die zahlreich vorhandenen empirischen Studien zum Transformationsprozeß in Ostdeutschland eine Reihe von Daten, mit deren Hilfe versucht werden kann, die Tragfähigkeit des vorgestellten Modells zu prüfen.

2. Theoretischer Hintergrund

Grundsätzlich legt ein kritisches Resümee vorhandener Herangehensweisen eine weite Fassung des Transformationsbegriffs nahe, ohne die Gefahr einer terminologischen Verwässerung durch Einbeziehung auch evolutionärer Anpassungsprozesse zu verkennen. Unter Beachtung der Nachteile einer zu engen Fassung soll der Transformationsprozeß im folgenden als gesteuerter und eigendynamischer sozio-kultureller Prozeß der grundlegenden Veränderungen von politisch-rechtlichen, technologischen, wirtschaftlichen, organisatorischen und sozialen Strukturen und der ihnen zugrunde liegenden Werte, Denk- und Verhaltensweisen der Individuen, Gruppen, ihrer Lebenswelten und Organisationen in der Gesellschaft verstanden werden.

Ein theoretischer Ansatz, mit dem versucht wird, die Restrukturierung von Handlungsspielräumen[2] in Transformationsprozessen zu analysieren, sollte geeignet sein, Wandel zu verstehen und Brüche aufzuzeigen. Gleichzeitig sollte er in der Lage sein, Verstetigung und Stabilität in Transformationsprozessen zu erklären. Er müßte der Tatsache Rechnung tragen, daß Strukturen nicht auf Formalstrukturen reduziert werden können, sondern mehrdimensional zu betrachten sind. Darüber hinaus sollte er sich auf radikale Umbruchprozesse anwenden lassen und beachten, daß v. a. die Wahrnehmung der Handlungssituation durch die Führungskräfte und weniger die tatsächliche Situation von

---

[2] In Abgrenzung zu Ansätzen, die Handlungsspielräume über die Anzahl von Handlungsalternativen erfassen wollen, definieren wir Handlungsspielräume in Anlehnung an SYDOW (1985: 290ff.) durch ihre Grenzen. Rahmenbedingungen sind danach nicht als Ursachen des Handelns der Akteure zu betrachten, sondern als Grenzen definierende Bedingungen. Dabei impliziert der Begriff des Spielraums jedoch nicht nur Begrenzung, sondern vereint nach CROZIER / FRIEDBERG (1979: 73) Freiheit und Zwang.

Bedeutung ist. Entsprechend diesen Anforderungen kann die Erklärung der Restrukturierung von Handlungsspielräumen zunächst an GIDDENS' „Theory of Structuration" (1988) ansetzen. Strukturen ermöglichen nach diesem Konzept Handeln und begrenzen es aber auch gleichzeitig (Strukturiertheit). Der Rekurs von Akteuren auf Strukturen „schließt" die Kontingenz, die von den Strukturen her offen gelassen ist. Im Zuge von interessengeleitetem Handeln werden wiederum Strukturen (re-)produziert (Strukturierung). Handlung und Struktur versteht GIDDENS also als ein Verhältnis wechselseitiger Konstitution. In dieser Perspektive existieren Strukturen bzw. Rahmenbedingungen nicht losgelöst vom Handeln und werden im Handeln ständig reproduziert oder auch verändert. Struktur betrachtet GIDDENS als Regeln und Ressourcen (vgl. hierzu Abbildung 1). Bezüglich der Regeln unterscheidet er in Signifikationscodes (Regeln der Sinnkonstitution) und in Regeln der Sanktionierung. Die Ressourcen machen autoritativ-administrative Ressourcen aus, die der Koordination des Handelns von Menschen entstammen sowie allokative Ressourcen, die aus der Kontrolle der materiellen Welt resultieren. Die Kombination der zwei Ressourcentypen faßt GIDDENS als Herrschaft auf. Somit arbeitet GIDDENS Signifikation, Herrschaft und legitime Ordnung als strukturelle Dimensionen heraus. Kommunikation, Machtausübung und Sanktionierung bilden die jeweils entsprechenden Aspekte sozialen Handelns (vgl. GIDDENS 1988: 81ff.). Sinn und Bedeutung werden demnach in der Kommunikation über Interpretationsschemata genutzt und (re-)produziert. Herrschaft wird in der Machtausübung – vermittelt durch Kombinationen von allokativen mit autoritativen Ressourcen – benutzt und (re-)produziert. Legitime Ordnungen werden in der Sanktionierung / Rechtfertigung von Interaktionen durch den Gebrauch von Normen benutzt und (re-)produziert (ORTMANN ET AL. 1990: 23).

Wesentlich erscheint, daß GIDDENS nicht nur auf ökonomische Faktoren und rechtliche Regulierungsformen zurückgreift, sondern zugleich Interpretationsschemata als kulturelle Muster sowie Aspekte von Macht und deren Reproduktion mit betrachtet. GIDDENS weitet mit seiner Sichtweise den Strukturbegriff aus: Struktur sieht er prozeßbezogen und mehrdimensional. Schwächen seines Herangehens bestehen jedoch vor allem hinsichtlich der Strukturdimensionen. Er suggeriert in seiner Darstellung ein Nebeneinander der drei Strukturdimensionen und betrachtet ihr Zusammenwirken nicht systematisch (ORTMANN ET AL. 1990: 24; NEUBERGER 1995: 285). Als „eine Art Raster, das dazu auffordert, alle drei Aspekte, und zwar gleichzeitig und miteinander verbunden, zu berücksichtigen" stellen die Strukturdimensionen jedoch ein theoretisches Forschungsprogramm dar, das durchaus eine fruchtbare Basis für weitere Analysen liefern kann (NEUBERGER 1995: 331).

Dimensionen der Dualität von Struktur

Struktur			
Strukturdimensionen	Sets von Regeln	Kombinationen von Ressourcen	Sets von Regeln
	Signifikation	Herrschaft	Legitimation
Arten von Regeln und Ressourcen	Regeln der Konstitution von Sinn	Autoritativ- administrative Ressourcen	Allokative Ressourcen				Regeln der Sanktionierung
	⇔	⇔	⇔
Modalitäten	Interpretationsschemata	Autoritativ- administrative Mittel	Ökonomische und technische Mittel	Normen
Beispiele für Modalitäten	- Wahrnehmungsmuster - Organisationsvokabular - Leitbilder - Expertenwissen	- Arbeitsorganisation - Verwaltungsapparat - Planungsinstrumente - Fähigkeiten / Fertigkeiten [(Chaos-)Qualifikation] - Erfahrungswissen	- Geldmittel - Investitionsbudgets - Rohstoffe - Technik	- rechtliche Normen - formale/informale organisatorische Regeln (insbes. Vorgabe von Handlungs- und Entscheidungsprämissen / Ausführungsprogrammen)
	⇔	⇔	⇔

Interaktion	Kommunikation	Machtausübung	Sanktionierung

Quelle: Ortmann nach Becker 1994:66 (modifiziert)

Abbildung 1: Dimensionen der Dualität von Struktur

Da System- und Sozialintegration auseinanderfallen gehen wir davon aus, daß vor allem Interpretationsschemata und Machtmittel in ihrer Verschränkung wichtige Aspekte bei der Erklärung des weiteren Verlaufs von Transformationsprozessen und der Restrukturierung von Handlungsspielräumen darstellen, denn sie beeinflussen sowohl die Wahrnehmung von Strukturen und Regelungen als auch ihre Interpretation, instrumentale Verwendung und Reproduktion. Folgt man dem Verständnis der perspektivischen Vermittlung von Handlungsgrenzen und -möglichkeiten, so kommt es darauf an, nach dominanten Perspektiven und kollektiv geteilten Deutungen zu suchen. Ihnen messen wir eine zentrale Bedeutung bei, weil allgemein in unsicheren Situationen auf ein System traditioneller Werte, gemeinsamer Überzeugungen und Deutungsmuster zurückgegriffen wird (vgl. z. B. DAFT / WEICK 1984: 284ff.; EBERS 1985: 199ff.). Darüber wird die umbruchsbedingte Komplexität und Unsicherheit reduziert, weil so „Verhaltensweisen und Handlungen sowohl gelenkt als auch im nachhinein gerechtfertigt werden" (KASPER 1987: 29). Dabei genügt es jedoch nicht, Interpretationsschemata in ihrer (Re-)Produktion isoliert zu betrachten, sie müssen vielmehr mit Machtmitteln und der Sanktionierung über Normen in Verbindung gebracht werden. Zur konzeptionellen Berücksichtigung der Interpretationsprozesse und zum Verständnis von Regelmäßigkeiten kann der Kulturbegriff herangezogen werden.[3] Kultur verstehen wir im folgenden in Anlehnung an HOFSTEDE (1991) und SCHEIN (1985) als internalisierte-kollektive Programmierung des menschlichen Denkens, die verhaltensbeeinflussend wirkt. Sie äußert sich in Artefakten, Strukturen, Systemen, Handlungsroutinen und Sprachmustern.

Machtaspekte betonen wir aus der Einschätzung heraus, daß die Entscheidungs- und Gestaltungsfreiheiten bei der Reorganisation von Unternehmen sehr stark von betrieblichen Machtstrukturen beeinflußt werden (ORTMANN ET AL. 1990: 67). Demnach sind die in gewisser Hinsicht relativ offenen Transformationsprozesse auch weitgehend als Ergebnis interessengeleiteten Handelns beteiligter Akteure zu begreifen, die ihrerseits in der Interaktion regelgeleitet auf Handlungsressourcen zurückgreifen. Bei der Analyse von Umbruchprozessen scheint ein relationaler Machtbegriff angebracht, der auf gegenseitige Abhängigkeiten beim Handeln verweist. Neben Auseinandersetzungen können sich Machtverhältnisse auch auf Basis von Konsens entfalten (vgl. ORTMANN ET AL. 1990: 16). Dabei ist es gerade in Transformationsprozessen möglich, daß ursprünglicher Konsens aufgrund von Umbrüchen und nicht prognostizierbaren Veränderungen in den Rahmenbedingungen in Widerstreit umschlägt (ALT 1994: 64f.). Aus diesen Überlegungen heraus knüpfen wir an einem in der Organisationstheorie mittlerweile verbreite-

---

[3] Es ist an dieser Stelle nicht möglich, die gesamte Diskussion zum Kulturbegriff zu reflektieren. Vgl. hierzu z. B. KASPER (1987), HOFSTEDE (1991), DÜLFER (1991), ALVESSON / BERG (1992).

ten Machtbegriff an, wonach Macht als Kontrolle relevanter Unsicherheitszonen verstanden wird (CROZIER / FRIEDBERG 1979). Macht stellt nach diesem Verständnis ein Kräfteverhältnis dar, aus dem immer eine Seite der beteiligten Akteure mehr Nutzen ziehen kann als die andere, in dem jedoch keiner dem anderen gänzlich preisgegeben ist.

Neben der Nutzung allokativer und autoritativer Ressourcen wird Macht auch über den Gebrauch von Deutungsschemata und Normen ausgeübt, wie ORTMANN ET AL. (1990: 24ff.) sicher zu Recht betonen. Kollektive Deutungsschemata und gemeinsam anerkannte Normen haben ihrerseits wiederum eine Geschichte. Sie sind in einem historischen Prozeß der Kommunikation und sozialen Kontakte herausgebildet und geformt worden. Als historische Gebilde stellen sie das Resultat der Interaktionen und Verhaltensweisen von Akteuren dar, die sich unter Nutzung vorgefundener Regelsysteme und kultureller Muster vollzogen haben. Dabei ist davon auszugehen, daß die einmal erworbenen und verfestigten Deutungsschemata das Handeln weiterhin steuern, auch wenn sich die Rahmenbedingungen bereits verändert haben. Die verschiedenen kollektiv vorhandenen Regelsysteme und kulturellen Muster werden im Transformationsprozeß durch das Handeln der Individuen unter Rückgriff auf die verfügbaren handlungsleitenden Werte, Normen und Deutungsschemata im Prozeß der Nutzung reproduziert oder modifiziert, akzeptiert oder verworfen. Sie erweisen sich aus der Sicht der Akteure als situationskonform oder unangemessen, werden entweder stabilisiert oder auch brüchig. Erfolgreiche Strategien werden übernommen und bei wiederholter Bewährung durch kollektive, „sinnhaft-geistige Muster" überlagert und ergänzt (KLIMECKI ET AL. 1991: 136). In diesem Prozeß entstehen Strukturen und Systeme, die ihrerseits die verwendeten kulturellen Muster stabilisieren und durch sie stabilisiert werden (BAITSCH 1993: 25ff.).

Individuelle Wertorientierungen und Deutungsschemata können dabei in unterschiedlichem Maße Geltung erlangen. Die Herausbildung und Entwicklung von kollektiven Deutungsschemata und Normen ist durch das Handeln von Akteuren beeinflußt, die über einen privilegierten Zugriff auf die gesellschaftliche Problemwahrnehmung verfügen.[4] Individuelle Deutungsschemata werden über die Kommunikation vermittelt und fließen in Abhängigkeit von individuellen Machtressourcen in den Prozeß der (Re-)Produktion von kollektiv geteilten Deutungsschemata ein. Dabei verfügen die einzelnen Führungskräfte entsprechend ihrer Einordnung in die Herrschaftsstruktur in unterschiedlichem Maße über allokative und autoritative Ressourcen. Ihr Handeln ist in unterschiedlichem Maße durch die legitime Ordnung sanktioniert.

---

[4] Es ist jedoch zu bezweifeln, ob kollektiv geteilte Deutungsschemata als Produkt des praktischen kollektiven Agierens bewußt gesetzt und manipuliert werden können. Wie Macht als Prozeß der Nutzung von Ressourcen und Regeln, ist auch die Kulturentwicklung eher ein ergebnisoffener Prozeß.

Als wesentliche Bestandteile eines Bezugs- und Interpretationsrahmens lassen sich somit:

- Rahmenbedingungen, die Handlungsmöglichkeiten vorstrukturieren, und
- Handlungen von Akteuren unter Nutzung von Regeln und Ressourcen (insbesondere kulturelle Muster und Machtmittel)

herausstellen. Handlungsmöglichkeiten und -grenzen sind nicht nur durch die Fähigkeit, die Handlungsmöglichkeiten zu nutzen und umzusetzen, vorstrukturiert, sondern auch durch die Perzeption der Handlungsmöglichkeiten bzw. -grenzen und die Deutung der Handlungsoptionen. Generell ist zu betonen, daß die Grenzziehung der vorhandenen Spielräume eine interpretative Leistung der Akteure ist. Rahmenbedingungen grenzen Handlungsspielräume zwar ein, sind aber interpretationsbedürftig und werden perspektivisch vermittelt (vgl. ALT 1994: 60). Bei der Einengung oder Erweiterung von Handlungsspielräumen spielen neben Handlungsbegrenzungen im Bereich der Herrschaftsstruktur und der legitimen Ordnung vor allem kulturelle Muster eine wesentliche Rolle. Die möglichen kulturellen Begrenzungen für den einzelnen liegen einmal in den sozialen Normen des Umfeldes und zum anderen in den internalisierten kulturellen Normen aus der Vergangenheit, die im Fall der ostdeutschen Führungskräfte unter anderen gesellschaftlichen Rahmenbedingungen erworben wurden (vgl. MARZ 1991; LANG 1992).

Wenn man die Annahme teilt, daß die Perspektivität bei der Restrukturierung von Handlungsspielräumen des Managements eine entscheidende Rolle spielt, dann sind die Handlungsgrenzen und -möglichkeiten definierenden Bedingungen nicht nur in der Welt objektiver Tatsachen, sondern in den Köpfen der Führungskräfte zu suchen (allgemein bei EBERS 1985: 96). Es ist nicht einseitig nach ökonomischen Ressourcen, rechtlichen Regulierungsformen und Normen zu fragen, sondern den Deutungsschemata der Führungskräfte selbst nachzugehen. Für eine prozeßbezogene Analyse resultiert aus diesen Überlegungen, daß bei der Betrachtung Wert auf die Veränderung der perspektivisch vermittelten Grenzziehung von Handlungsspielräumen im Verlaufe des Transformationsprozesses gelegt werden muß. Darüber hinaus ist nach Veränderungen in der legitimen Ordnung und bei der Nutzung von allokativen und autoritativen Ressourcen zu fragen.

Mit den vorangegangenen Überlegungen ist der Blick frei für den Versuch, die Restrukturierung von Handlungsspielräumen des Managements in ostdeutschen Unternehmen über die Verschränkung einer machttheoretischen mit einer kulturellen Perspektive zu analysieren. Wir können hier jedoch nur grob und stark generalisierend versuchen, den genannten Fragen an einzelnen Beispielen nachzugehen und das kurz umrissene Analyseinstrumentarium zu veranschaulichen. Eine umfangreiche Anwendung des hier entworfenen Herangehens im Rahmen methodisch sicherlich anspruchsvoller Prozeßanalysen steht jedoch noch aus.

3. Ausgangspunkte für die Restrukturierung von Handlungsspielräumen

Bei der Veranschaulichung des Analyseinstrumentariums stützen wir uns neben einer sekundäranalytischen Auswertung relevanter empirischer Untersuchungen zum Problemkreis[5] auch auf zwei eigene Untersuchungen. Es handelt sich dabei um Untersuchungen, die jeweils spezifische Zugänge aufweisen, aber beide Aussagen zu Transformationsprozessen auf der Mikroebene liefern können. Zum einen ziehen wir Ergebnisse einer empirischen Studie von LANG (1994a) zur Wahrnehmung der Organisationssituation, zu Wertorientierungen und zum Organisationsverständnis heran. Die Daten basieren dabei auf einer standardisierten schriftlichen Befragung von 207 Führungskräften 1992/93, die durch 18 halbstandardisierte Interviews vertieft wurde. Als Vergleichsstichprobe nutzen wir hier Befunde aus einem ähnlich gelagerten Projekt (vgl. ALT ET AL. 1991; LANG 1992), bei dem wir im Rahmen einer kulturvergleichenden Managementuntersuchung 1990 (HENTZE / LINDERT 1992) Daten von 291 DDR-Führungskräften ausgewertet haben. Zum anderen greifen wir auf Ergebnisse einer branchenübergreifenden Prozeßstudie von ALT (1994) zur Implementierung von Personalinformationssystemen in 11 ostdeutschen Industrieunternehmen zurück, die zwischen Januar 1991 und Dezember 1992 durchgeführt wurde. Besonderes Augenmerk ist dabei auf grundlegende Handlungsmuster verschiedener betrieblicher Akteure gerichtet, die auf der Basis einer mikropolitischen Analyse herausgearbeitet wurden. Neben Vertretern des Managements waren Betriebsräte und Beschäftigte aus EDV- und Personalabteilungen in die Interviews einbezogen.

---

5 Insbesondere kann auf Befunde zu kulturellen und strukturellen Rahmenbedingungen des Handelns sowie zu vorhandenen Wertorientierungen und relevanten Führungs- und Organisationsauffassungen von Führungskräften in Ostdeutschland zurückgegriffen werden.

3.1 Strukturiertheit der Handlungssituation von Führungskräften in DDR-Betrieben

Bei der Frage nach strukturellen und kulturellen Begrenzungen von Handlungsspielräumen in der DDR vor der Wende erstreckt sich die Beantwortung von gravierenden äußeren Zwängen für die Unternehmen bis hin zu erheblichen Freiräumen, wobei diese Antworten die Pole eines Kontinuums darstellen. Wesentliche Konzepte bilden die:

- Kommandowirtschaftsthese / Taylorismus- bzw. Fordismus-Frame,
- „Planerfüllungspakte" / „Pseudo-Taylorismus",
- solidarische Notgemeinschaft.

Während sich die Kommandowirtschaftsthese als zu undifferenziert und mechanistisch erwiesen hat, da sie ein auf die Ebene der Formalstrukturen beschränkt bleibendes Modell darstellt, können die beiden anderen Ansätze zumindest zur Erklärung von Teilaspekten sinnvoll herangezogen werden. In Auswertung der einschlägigen Literatur (z. B. VOSKAMP / WITTKE 1990; HEIDENREICH 1991; ADERHOLD ET AL. 1994; HEYSE / ERPENBECK 1994; LUNGWITZ / PREUSCHE 1994) sowie eigener Untersuchungen (ALT ET AL. 1991; LANG / WALD 1992; LANG 1992, 1994a) können zusammenfassend bei aller gebotenen Vorsicht folgende Strukturen und Kulturen in DDR-Betrieben als typisch angesehen werden:

- starke Betonung von Hierarchien und funktionaler Arbeitsteilung, Spezialisierung und Formalisierung betrieblicher Abläufe, Denken in Zuständigkeiten,
- starke Zentralisierung von Entscheidungen und ein relativ geringes Maß an Autonomie auf den unteren Hierarchieebenen,
- Einzelleitung mit autoritär-patriarchalischen bis wohlwollend-patriarchalischen Führungsstilen, insbesondere auf den oberen Ebenen der Betriebe, passive Stärke der Arbeiter und schwache Stellung der unteren Führungsebenen, Trend zur Informalisierung der Arbeitsbeziehungen,
- starke Ritualisierung von Partizipation bei gleichzeitiger Abnahme von Einflußmöglichkeiten für den einzelnen,
- bürokratische Kulturen mit Orientierung auf Anweisungsbefolgung einerseits und gleichzeitiger Blockierung von Kreativität andererseits,
- lebenslange Beschäftigung in einem Betrieb, hohe Bedeutung innerorganisatorischer Sozialisation, soziale „Funktionsüberladung" der Betriebe.

EDELING (1992) geht davon aus, daß DDR-Betriebe zwei Gesichter gehabt hätten: ein bürokratisches und ein Gemeinschaftsgesicht. Die von ihm als „Janusköpfigkeit" bezeichnete Erscheinung stellte seiner Meinung nach einen wesentlichen Grundzug der Betriebe dar. Die Leitungskader waren in ihrem Handeln als Funktionäre und Berufene der Arbeiterklasse legitimiert. Von den staatlichen Planungsbehörden wurden sie aufgefordert, die Planerfüllung in ihren Betrieben zu sichern. Da die Pläne i. d. R. jedoch nicht mit materiellen Ressourcen (Material, Leistungen etc.) bilanziert und untereinander abgestimmt waren, konnten sie kaum erfüllt werden. Die Leitungskader in den Betrieben verfügten nur in sehr eingeschränktem Maße über allokative Ressourcen, sie waren Ressourcenkürzungen und Umverteilungen von ökonomischen und technischen Mitteln ausgesetzt. Somit sahen sie sich, wie auch die Beschäftigten, den Zumutungen der „von oben eingedrungenen bürokratische Steuerung" und „der staatlich zentralisierte(n) Allmacht" (EDELING 1992: 984) gegenüber. Dominierende kollektive Deutungsschemata der so begründeten Gemeinschaft aller Betriebsangehörigen gegenüber den staatlichen Planungsbehörden äußerten sich in den Auffassungen: „Wir können es nicht ändern, das Kombinat hat die Grundlinien vorgegeben.", „Wir würden ja, wenn man uns ließe.", „Wir sind aufeinander angewiesen und müssen das Beste aus den Vorgaben machen.".

3.2 Strukturierung und (Re-)Produktion von Handlungsspielräumen

Nach außen hin bestand jedoch die Verpflichtung aller Betriebsangehörigen, den Schein zu wahren. Da die Leitungskader darauf angewiesen waren, daß die Produktionsarbeiter trotz ihrer „passiven Stärke" (VOSKAMP / WITTKE 1990) bereit waren, die auftretenden Funktionsmängel zu kompensieren, mußten sie ihnen Zugeständnisse machen. Die Umsetzung formaler Vorgaben und Regeln, Zuweisungen und Anweisungen konnte unter den existenten Bedingungen des chronischen Arbeitskräftemangels, rechtlich weitreichender Kündigungsschutzbestimmungen, beschränkter Disziplinierungsmaßnahmen etc. von den Leitungskadern nicht erzwungen werden. Das hohe Maß an Einordnung in vorhandene Strukturen, die Zuweisung und Entgegennahme von Arbeitsaufgaben wurde so aufgrund der für die Leitungskader stark begrenzten Ressourcenverfügbarkeit durch informelle Beziehungen, persönliche Abhängigkeiten und Bindungen überformt, wie dies im Konzept der „Planerfüllungspakte" (VOSKAMP / WITTKE 1990)[6] bzw. des Pseu-

---

[6] Die informelle Verhandlungsmacht der Beschäftigten basierte nach KERN / LAND (1991) vor allem auf zwei Ressourcen: der faktischen Qualifikation und dem Tätigsein in strategischen Bercichen des Betriebes. Allerdings stellen die vom SOFI Göttingen thematisierten „Planerfüllungspakte" auf der

do-Taylorismus (HEIDENREICH 1991) thematisiert wird. Mit der Bildung von Solidar- bzw. „Notgemeinschaften" (SENGHAAS-KNOBLOCH 1992) zwischen Betrieben, deren Abteilungen sowie Leitern und Beschäftigten wurde versucht, den ständigen Mangel an Zulieferprodukten durch wechselseitige Aushilfe, Tauschgeschäfte und Aushandlungen auszugleichen. Die Leitungskader, die sich selbst kaum erfüllbaren Zumutungen gegenüber sahen, traten nicht nur als Vertreter des Systems auf, sondern verfolgten ihre eigenen Interessen. Angesichts einer Vielzahl von Unzulänglichkeiten, fehlendem Material und veralteter Technologie geschuldeter Belastungen etc. konnten sie sich eine „flexible Schutzzone"[7] (MARZ 1991: 107f.) eröffnen, die wesentlich auf ihrer „Chaosqualifikation" (MARZ 1992: 9) und ihrem Expertenwissen beruhte. Über diese Machtressourcen konnten die Leitungskader monopolistisch verfügen. Persönliche Beziehungen waren damit für die Konfliktregelung, Entscheidungsfindung und die jeweiligen Handlungsstrategien in der DDR sehr relevant.

Unter den Bedingungen einer begrenzten Ressourcenverfügbarkeit, der mangelnden Attraktivität von Führungspositionen und dem gleichzeitigen Angewiesensein der Partei auf Experten mit Chaosqualifikation, die sich ihrerseits „flexible Schutzzonen" erschließen konnten, wurde die gewissermaßen „schwach-starke" Position der Leiter gegenüber ihren Mitarbeitern reproduziert. Da die Umsetzung von Vorgaben unter den genannten Bedingungen von den Leitern im DDR-Betrieb nicht erzwungen werden konnte, wurde die schwache Stellung von Führungskräften mit ihren relativ geringen Einfluß- und Durchsetzungsmöglichkeiten immer wieder erneut hergestellt. Zugleich konnten die Vorgesetzten jedoch in diesem Kontext Sachkompetenz und Chaosqualifikation erwerben, die ihnen – zumindest für eine bestimmte Zeit – einen Qualifizierungsvorsprung und eine Sonderstellung im Betrieb verschafften. Stabilisiert wurde so das Deutungsschema von DDR-Leitern, daß sie als Vorgesetzte über mehr Informationen verfügen sollten als ihre Mitarbeiter (FRIEDRICH 1990; ALT ET AL. 1991; HILKER 1991). Klassische Vorgesetztenauffassungen (Anleiten, Lob, Tadel, Kontrolle, Disziplinarmaßnahmen) blieben unter diesen Rahmenbedingungen erhalten. Die Leiter versuchten, den Planvorgaben möglichst gerechtzuwerden, indem sie Wert auf eine exakte Funktions- und Aufgabendefinition für die einzelnen Beschäftigten sowie auf eine vollständige und detaillierte Anweisung legten. Ihre gleichzeitig schwache Stellung gegenüber den Mit-

---

Produktionsebene nur einen Teil der möglichen und notwendigen „Pakte" in DDR-Betrieben dar, die aus der wechselseitigen Abhängigkeit der verschiedenen Ebenen resultierten (vgl. LANG / WALD 1992).

7 „Die sachlichen und gegenständlichen Probleme, die es tagtäglich zuhauf gab, boten genug taktische und strategische Rückzugsmöglichkeiten, um lästigen politisch-ideologischen Attacken geschickt auszuweichen" (MARZ 1991: 107).

arbeitern nahmen die Vorgesetzten durchaus wahr. Die Schuld an dieser Situation wiesen sie häufig den übergeordneten Instanzen zu. Das eigene Verhalten, die schwache Stellung und die geringen Handlungsspielräume schienen ihnen von außen aufgenötigt. Stabilisiert wurde damit ein Deutungsschema, wonach man als Führungskraft durchaus in der Lage sei, den Betrieb erfolgreich zu führen, wenn man nicht von außen daran gehindert werden würde. Da es jedoch permanent Eingriffe von „oben" gäbe, sei man im Betrieb zur Abwehr dieser Zumutungen aufeinander angewiesen.

Vor dem Hintergrund dieser Überlegungen möchten wir nun aus einer Vielzahl der hier angedeuteten Aspekte, die Handlungsspielräume beeinflussen, tayloristische, anweisende Handlungsmuster und sozial-emanzipatorische Vorgehensweisen von Führungskräften weiter verfolgen.

4. Zwischen neuen Freiräumen und alten Denkschablonen

4.1 Neue Strukturiertheit nach der Wende

Mit der Umstellung auf eine marktwirtschaftliche Regulation waren vor allem drastische Veränderungen in der legitimen Ordnung, zum Teil aber auch in den Herrschaftsverhältnissen verbunden. Einer Reihe der ehemaligen Leiter gelang es, Führungspositionen zu behaupten (FRIEDRICH 1990; LANG 1994a). Entscheidend für diese personelle Kontinuität war, daß es den Leitern gelang, ihre Sachkompetenz als wesentliche Machtressource zu nutzen. Umgekehrt waren weder die Reformer an der Basis in der Lage, in großem Maßstab personelle Alternativen anzubieten, noch konnten alle Führungspositionen im Zuge eines westlichen Personaltransfers neu besetzt werden. Zwar lief die Kritik der Arbeiter an der neuen und zugleich alten Leitungsspitze auf den Vorwurf der fachlichen Inkompetenz hinaus, die mit einer politischen Komponente erklärt wird (ALT ET AL. 1993), die Vorgesetzten legitimierten ihr Handeln in der Vergangenheit jedoch mit dem Hinweis auf erhebliche politische Eingriffe und den Druck des SED-Regimes. Sie wurden von der Treuhandanstalt oder dem neuen Besitzer in ihrer Position bestätigt.[8] Als Mitglied der nunmehrigen Geschäftsleitung und als Unterneh-

---

[8] Obgleich wir in den durchgeführten Studien Führungskräfte unterschiedlicher Hierarchieebenen betrachtet haben, konzentrieren wir uns hier auf die oberen Ebenen.

mer verfügen sie über eine gewachsene Autonomie. Aufgrund der stark reduzierten Eingriffe von oben sind sie nunmehr berechtigt, weitgehend selbständig das Unternehmen zu führen. Die Führungskräfte verfügen in Abhängigkeit vom Privatisierungspfad und ihrer hierarchischen Einordnung im Unternehmen zwar über unterschiedliche, generell jedoch stark gewachsene Machtressourcen und Gestaltungsmöglichkeiten. Neben erheblich erweiterten Disziplinierungsmaßnahmen gegenüber den Beschäftigten, die ihre „passive Stärke" weitgehend verloren haben, können sie ihre erworbenen Informationsvorsprünge nutzen.

Hinsichtlich der Signifikation zeigen die empirischen Befunde, daß als Haupteinflüsse auf die Handlungsspielräume aus der Unternehmensumwelt sowohl in der Untersuchung von 1990 als auch 1992 (LANG 1994a: 23) vor allem Marktveränderungen, Kapitalverfügbarkeit, Wertewandel und neue Technologien wahrgenommen werden. Führungskräfte aus Treuhandbetrieben verweisen dabei stärker als Vorgesetzte aus anderen Unternehmenstypen auf Zulieferprobleme und staatliche Eingriffe. Die Mehrheit der Führungskräfte interpretiert vor allem die Entpolitisierung und Versachlichung, die Autonomie und Ergebnisorientierung vor dem Hintergrund der vorherigen Erfahrungen als erweiterte Aspekte ihrer Gestaltungsfreiräume (LANG 1994a: 38). In Abhängigkeit von der Ausgangslage, den vorherigen Deutungsschemata sowie ihren realen und/oder wahrgenommenen Gestaltungsmöglichkeiten sind jedoch auch differenzierte Perspektiven unterschiedlicher Führungskräftegruppen festzustellen. Ostdeutsche Führungskräfte sind durchgängig unzufriedener mit ihren Gestaltungs- und Entscheidungsspielräumen als westdeutsche Manager, die Führungsfunktionen in ostdeutschen Unternehmen übernommen haben: Der Gestaltungs- und Entscheidungsspielraum, aber auch die Möglichkeit zur Anwendung der eigenen Fähigkeiten, der Einfluß auf den Erfolg des Betriebes und die Möglichkeiten zur Meinungsartikulation werden durch die ostdeutschen Vorgesetzten erheblich schlechter eingeschätzt.[9]

4.2 (Re-)Strukturierung differenzierter Muster und Brüche

Das Vorgehen einer Reihe von Führungskräften basiert auf dem bislang gewohnten Deutungsmuster „Ich kann ohnehin nichts machen, alles ist vorgegeben.", vor dessen Hintergrund auch die neuen Rahmenbedingungen interpretiert werden. Ihre Einflußmöglichkeiten beurteilen diese Führungskräfte angesichts der als gravierend angesehe-

---

[9] Weitere Differenzierungen hinsichtlich der Kriterien Alter, Geschlecht, Berufsgruppen werden bei LANG (1994a: 67ff.) dargestellt.

nen Abhängigkeit von Konkurrenzunternehmen, den Vorgaben der Treuhandanstalt sowie eigenen Wissensdefiziten sehr skeptisch. Entsprechend sehen sie den Ausweg primär in einer Einflußnahme von außen. Bleibt eine externe Rettung aus und führt die passive Handlungsstrategie vielmehr zu Mißerfolg für das Unternehmen, ist vielfach eine externe Schuldattribuierung feststellbar: Über Deutungen, es sei wie früher, die Treuhandanstalt oder die Westkonkurrenz seien schuld, gegen die man aber nicht ankomme, werden so Fremdbestimmung reproduziert und Handlungsspielräume eingeengt. Daneben ist festzustellen, daß ein Teil der Führungskräfte bei der Interpretation der neuen Rahmenbedingungen am Deutungsschema „Ich könnte, wenn man mich ließe." anknüpft. Erweist sich ein aktives Handeln auf dieser Grundlage als erfolgreich und situationsangemessen, wird diese Interpretation bestätigt. Die vor der Wende wahrgenommene Fremdbestimmung wird zunehmend durch Selbstbestimmung überlagert, Handlungsspielräume werden erschlossen. Zur Stabilisierung hat dabei offensichtlich in hohem Maße die Erfahrung beigetragen, die Anforderungen der neuen Gesellschaft bewältigen zu können. Parallel hat sich mit dieser Erfahrung ein neues Selbstbewußtsein der Führungskräfte herausgebildet, das sich teilweise auch an der erlebten Unterschiedlichkeit zu westdeutschen Führungskräften orientiert, diese Erfahrung jedoch nicht primär negativ („Verlierer"), sondern in wachsendem Maß positiv verarbeitet.

Generell verweisen die Führungskräfte auf eine deutliche Zunahme von Unsicherheit aufgrund der Abnahme formaler Regelungen und informeller Steuerungsmechanismen sowie auf die Zunahme unvorhergesehener Vorkommnisse im Arbeitsumfeld. Gleichzeitig wird ein stärkerer sozialer Druck in Richtung Leistungs- und Erfolgsorientierung sowie der Rollen als Vorbild, Führungsperson und Integrator wahrgenommen. Hinsichtlich des Umgangs mit diesen Handlungssituationen zeigen die empirischen Befunde, daß sich zwei prinzipielle Muster ausdifferenzieren und reproduzieren (vgl. LANG 1994a: 52ff.).

Bürokratisch-tayloristisches Restrukturierungsmuster

Durch ein verstärktes Bestehen auf Anweisungsbefolgung sowie eine Stabilisierung autoritärer Führung versucht eine Reihe von Führungskräften, die Unsicherheiten zu kompensieren. Ein funktionierender Betriebsablauf soll durch eine offensive Nutzung der als erweitert wahrgenommenen Gestaltungsmöglichkeiten und durch klare Anweisungen erreicht werden. Es geht den Führungskräften nicht nur darum, das Unternehmen wirtschaftlicher zu machen und ineffiziente Abläufe zu beseitigen. Sie arbeiten darauf hin, die im DDR-Betrieb etablierte Vorgehensweise bei der Organisation betrieblicher Abläufe grundlegend umzugestalten. Ihre veränderte Rolle als Unternehmensvertreter füllen diese Führungskräfte aus, indem sie ihre Weisungsbefugnisse stärker als früher herausstellen, zumindest gegenüber denen, „die es noch immer nicht begriffen haben" (ALT 1994: 308).

Zwar sind die ostdeutschen Führungskräfte einem Lern- und Umstellungszwang hinsichtlich der neuen Rahmenbedingungen ausgesetzt, während das westdeutsche Management i. d. R. im Umgang mit den Regelungen des marktwirtschaftlichen Systems geübt ist, aber gerade im Zuge dessen können die ostdeutschen Führungskräfte Erfahrungskapital im Transformationsprozeß als autoritative Ressource einbringen. Erweist sich ihr Vorgehen im Transformationsprozeß als erfolgreich, deuten die Führungskräfte den Erhalt des Unternehmens als ihren Verdienst und erwarten die Mitarbeiter, daß die Führungskräfte in der eingetretenen unsicheren Situation vorangehen, dann wird damit vor dem Hintergrund bereits vorhandener Führungsauffassungen das kulturelle Muster eines eher tayloristischen Organisations- und Führungsverständnisses stabilisiert, bei dem die Führungskräfte auf der Basis von Wissensvorsprüngen strukturierend und durch detaillierte Vorgaben sowie Kontrolle der Mitarbeiter handeln. Die Untersuchungen von 1992 (LANG 1994a) verweisen im Vergleich zur Zeit unmittelbar nach der Wende auf verändert wahrgenommene Machtverhältnisse. Die kritische Nachwendesituation mit einer Autoritätskrise hat sich nach Meinung der Führungskräfte dahin gewandelt, daß nun die Vorgesetzten, insbesondere die Geschäftsleitungen, „das Sagen" haben. Steuerungsmöglichkeiten und Chancen einer planmäßigen Entwicklung der Organisation werden wieder stärker wahrgenommen.

Während nach der Wende die Führungskräfte i. d. R. die Notwendigkeit der Mitarbeiterpartizipation herausstellten, kehrt nun eine Reihe von Vorgesetzten zu einer Sichtweise zurück, wonach frühe Partizipation bei Entscheidungen mehr stört als nutzt, bringt sie doch nur Verzögerungen bei der „zügigen Anpassung an marktwirtschaftliche Bedingungen". Partizipation wird darüber hinaus überwiegend instrumentell gesehen. Die Grenzen werden betont („gewisse Mitbestimmung!") (LANG 1994a: 42ff.). Verbunden ist damit ein offensichtliches Mißtrauen gegenüber den Kompetenzen und Fähigkeiten der Untergebenen. Die Regelvorgabe durch die Vorgesetzten bremst jedoch wiederum spontane Aktivitäten der Mitarbeiter beim Aufbau und Einsatz von Kenntnissen bzw. der Anpassung an die neuen Anforderungen. Auf dieser Basis sind Vorgaben und starke Formalisierungen wiederum notwendig. Passivität bei breiten Beschäftigtenkreisen wird stabilisiert. Durch weitgehende Ausgrenzung aus einem Lernprozeß verschlechtern sich ihre zukünftigen Einflußchancen. Die Wissensvorräte als Machtressourcen konzentrieren sich aufgrund des selektiven Umgangs mit Informationen nach wie vor beim Management. Trotz betrieblicher Reorganisationsprozesse in erheblichem Ausmaß verharren die Unternehmen in stark hierarchischen, nach wie vor überwiegend funktional gegliederten Strukturen (LANG 1994a: 86). Hinsichtlich der eingangs getroffenen Schuldzuweisungsthese scheint im Rahmen dieser Entwicklung ein Bruch feststellbar zu sein. Während die Führungskräfte für Mißerfolge nach wie vor die äußeren Umstände (die THA, Marktlage, Banken, den Westen etc.) verantwortlich machen, schreiben sie sich Erfolge zunehmend selbst zu.

Sozial-emanzipatorisches Strukturierungsmuster

Neben einem bürokratisch-tayloristischen Herangehen hat sich ebenfalls ein sozialemanzipatorisches Muster stabilisiert. Im Gegensatz zu den Vertretern von bürokratisch-tayloristischen Vorgehensweisen deuten die Führungskräfte die unsichere Situation in dem Sinne, daß man den Anforderungen nur gemeinsam mit den Mitarbeitern gerecht werden kann. Diese Sichtweise ist nach unseren bisherigen Untersuchungen vor allem bei Managementvertretern aus dem Westen und bei ehemaligen ostdeutschen Leitern mit starker sozialer Verpflichtung gegenüber den Beschäftigten vorhanden. Die Führungskräfte setzen auf individuelle Freiräume und fordern Mitarbeiterpartizipation sowie eine Dezentralisierung von Entscheidungen. Als wesentliche Ressourcen können sie eine durch Mitarbeiterqualifikation angenommene und bestärkte soziale Kompetenz, Gruppenorientierung sowie fachliche und soziale Autorität einbringen. Die Werthaltigkeit des eigenen Handelns ist hoch. Die Führungskräfte fühlen sich für ihre Mitarbeiter verantwortlich. Der soziale Druck wird als sehr stark wahrgenommen. In gewisser Weise wird dabei an die Praxis der Notgemeinschaft angeknüpft, in der Beziehungsstrukturen herausgebildet wurden, „denen eine unentwirrbare Mischung von instrumentellem Handeln und sozialer Kompetenz zugrunde lag" (SENGHAAS-KNOBLOCH 1992: 301)[10]. Zudem befindet sich eine Reihe von Führungskräften in einer Art neuen Notgemeinschaft. Es werden Beziehungen geschlossen zwischen Ostführungskräften gegen in das Unternehmen eindringende Führungskräfte aus dem Westen, zwischen Führungskräften eines Unternehmens gegen die Treuhandanstalt u. a.

Sind die Führungskräfte mit ihrem Setzen auf Mitarbeiterpartizipation und Dezentralisierung von Entscheidungen im Transformationsprozeß erfolgreich, wird das sozialemanzipatorische Vorgehen über die positiv verarbeiteten Erfahrungen reproduziert. Spontane Aktivitäten der Mitarbeiter beim Aufbau und Einsatz von Kenntnissen bzw. der Anpassung an die neuen Anforderungen werden gefördert. Aus einer weitgehenden Einbeziehung in die Entscheidung können Chancen für ein gewachsenes Partizipations-

---

10 Für SENGHAAS-KNOBLOCH war die „Notgemeinschaft" auf das System bezogen und keine Form authentischer Beziehungen. Aus der Auflösung des Systems leitet sie die Auflösung der (instrumentellen) Beziehungsgeflechte ab. Sicher ist der Aussage zuzustimmen, daß es eine ganze Anzahl rein instrumenteller Beziehungen in DDR-Betrieben gegeben hat. Auf keinen Fall können jedoch alle informellen Beziehungen auf eine Kompensation von Systemmängeln reduziert werden.

vermögen der Beschäftigten erwachsen. Die Führungskräfte sind stärker gefordert, Integrations- und Koordinationsfunktionen zu übernehmen und weniger detaillierte Vorgaben zu erlassen. Für den Erfolg der eingeschlagenen Handlungsstrategien sind die jeweiligen Handlungskonstellationen von entscheidender Bedeutung. Sozial-emanzipatorische Vorgehensweisen können genauso scheitern wie bürokratisch-tayloristische Herangehensweisen, wenn sie über das interessengeleitete Handeln der Beteiligten unter Rückgriff auf die jeweilig etablierten Regeln und Ressourcen nicht aufrechterhalten, sondern blockiert oder verändert werden. So sind Führungskräfte mit einem sozial-emanzipatorischen Vorgehen auf das Partizipationsvermögen und die Eigeninitiative der Beschäftigten angewiesen. Ihre Fach- und Sozialkompetenz sowie die entsprechenden Maßnahmen und Aktivitäten müssen von den Beschäftigten akzeptiert werden. Genauso ist es möglich, daß ein bürokratisch-tayloristisches Herangehen von stärker partizipativ orientierten Beschäftigten unter Rückgriff auf ihre Machtressourcen und Deutungsschemata untergraben wird. Zwar haben sich die Vorstellungen vieler Beschäftigte im DDR-Betrieb von einer stimmigen Arbeitsorganisation neben Improvisation und Eigenregulation an tayloristischen Leitbildern orientiert (ALT ET AL. 1993: 43), dem Taylorismus kam für die Beschäftigten in erster Linie jedoch eine legitimatorische Funktion zu, insbesondere um Leistungs- und Verantwortungszumutungen abzuwenden (HEIDENREICH 1991).

5. Konsequenzen für Forschung und Praxis

Wir konnten in diesem Rahmen nur sehr knapp den entwickelten Ansatz skizzieren. In erster Linie ging es uns darum, die Tragfähigkeit eines solchen Modells aufzuzeigen. Es sollen jedoch nicht die Erkenntnis- und Erklärungsgrenzen des gewählten Forschungsansatzes verkannt werden. Ein erstes Problem besteht in der Komplexität von Deutungsschemata, das zu weiterführenden methodologischen und methodischen Überlegungen Anlaß gibt. Verschiedene Deutungsschemata lassen sich nur analytisch voneinander trennen, denn sie sind miteinander verkettet und aufeinander bezogen. Darüber hinaus wird mit der Herausbildung neuer kollektiver Deutungsmuster auf der Ebene von Unternehmen ein Prozeß betrachtet, der erst am Anfang steht. Zudem erfassen wir Deutungsmuster vor allem auf der individuellen Ebene. Es wurde noch nicht geklärt, wie individuelle Deutungsschemata in Unternehmen durch die Nutzung von allokativen und autoritativen Ressourcen kollektive Geltung erlangen. Eine wesentliche Rolle in den geschilderten Prozessen sind auch übergreifenden Deutungsschemata auf der Ebene der

Gesellschaft zuzuschreiben. Sie beeinflussen die kollektive und individuelle Wahrnehmung in den Unternehmen (z. B. Vereinigungseuphorie, Resignation, Demokratisierung etc.) und können zur Stabilisierung vorhandener Deutungsmuster beitragen oder auch Veränderungen in der Wahrnehmung fördern.

In Auswertung der Untersuchungsergebnisse ist zu betonen, daß Forschungsansätze, die den prozessualen Charakter der Restrukturierung erfassen, zukünftig stärker verfolgt werden müssen. Es genügt nicht, formale Strukturen in den Fokus der Untersuchung zu rücken. Ein wesentliches Ergebnis der Untersuchungen stellt gerade die Erkenntnis dar, daß die festgestellten Restrukturierungsmuster in starkem Maße von der Biographie der Führungskräfte sowie ihren früheren Wahrnehmungsmustern abhängen und weniger dem Einfluß spezifischer Transformationssituationen geschuldet sind. Daher verdient eine vertiefte Analyse des Einflusses biographischer Verlaufsmuster vor der Wende sowie im Transformationsprozeß unbedingt Beachtung in der weiteren Forschung. Angesichts der umbrechenden strukturellen Muster ist der Frage nachzugehen, welche kulturellen Muster eine Stabilisierungsfunktion bei der Restrukturierung von Handlungsspielräumen ausgeübt haben. Im Hinblick auf Gestaltungsempfehlungen ist herauszustellen, daß es nicht genügt, die Formalstrukturen zu ändern. Es muß vielmehr darum gehen, auch die „Praktiken" zu ändern. Daneben ist die Entwicklung möglicher Konfliktfelder innerhalb des Managements zu verfolgen, d. h. zwischen den verschiedenen Führungskräftegruppen, die sich durch objektiv wie subjektiv unterschiedliche Partizipations- und Verwirklichungschancen im Transformationsprozeß ergeben. Insbesondere erweist sich die Kooperation zwischen Führungskräften aus Ost und West in den Unternehmen, in denen sie vorkommt, nach wie vor als problematisch. Für eine Verbesserung auf diesem Gebiet ist neben der bereits häufig in der Literatur geforderten interkulturellen Sensibilität und Kommunikationsfähigkeit (HILKER 1991; SCHERM 1992; LANG / WALD 1992) vor allem ein offener Umgang mit Kommunikationsproblemen und ein reflexives Handeln (WAGNER / NOLTE 1993) erforderlich. Die offensichtlich recht unterschiedliche Wahrnehmung und Bewertung der Situation und insbesondere die Defizite, die von ostdeutschen Führungskräften bezüglich ihrer Einfluß- und Gestaltungsmöglichkeiten sowie ihrer Einbeziehung in Entscheidungen und bei der Nutzung ihrer Fähigkeiten angegeben werden, müssen stärker thematisiert werden. Durch die ungleiche Machtverteilung in den Unternehmen erweist sich eine offene Kommunikation jedoch möglicherweise als schwierig, so daß hier auf die stärker zu nutzenden Ansätze von gemeinsamen Trainings oder von interkulturellen Coachings hinzuweisen ist.

Literaturverzeichnis

ADERHOLD, J. ET AL. (1994): Von der Betriebs- zur Zweckgemeinschaft. Berlin.
ALT, R. ET AL. (1991): Sozio-kulturelle Aspekte des Leiterverhaltens. Ausgewählte Ergebnisse der Untersuchung SOKULT90. Leipzig: Universität Leipzig, Arbeitspapier Nr. 01/1991 des Lehrstuhls für Wirtschaftssoziologie und Sozialpolitik, Wirtschaftswissenschaftliche Fakultät i. G.
ALT, R. ET AL. (1993): Wandel von Arbeitsbeziehungen und Sozialpolitik in ostdeutschen Betrieben. Zwischenbericht an die Deutsche Forschungsgemeinschaft Tübingen: FATK e. V. Soziologisches Seminar und Ludwig-Uhland-Institut für empirische Kulturwissenschaft der Universität Tübingen.
ALT, R. (1994): Implementierung von Informationssystemen in Umbruchsituationen. Dissertation, TU Chemnitz-Zwickau, Fakultät für Wirtschaftswissenschaften.
ALVESSON, M.; P. O. BERG (1992): Corporate Culture and Organizational Symbolism. Berlin-New York.
BAITSCH, Ch. (1991): Eigendynamik und Wechselwirkung in Arbeitsorganisationen. Habilitationsschrift. EHT Zürich.
CROZIER, M.; E. FRIEDBERG (1979): Macht und Organisation. Die Zwänge kollektiven Handelns. Königstein / Ts.
DAFT, R. L.; K. E. WEICK (1984): Toward a Model of Organizations as Interpretation Systems. Academy of Management Review, 2(1984)9: 284-295.
DENISOW, K.; B. STIELER (1992): Der Funktions- und Organisationswandel von der Kaderpolitik zur Personalwirtschaft. Berlin: a & o research GmbH, Forschungsbericht.
DÜLFER, E. (Hg.) (1991): Organisationskultur: Phänomen – Philosophie – Technologie. 2., erweiterte Auflage. Stuttgart.
EBERS, M. (1985): Organisationskultur: Ein neues Forschungsprogramm? Wiesbaden.
EDELING, TH. (1992): Zwischen bürokratischer Organisation und Gemeinschaftskultur: der Januskopf des DDR-Betriebes. In: MEYER, H. (Hg.) (1992): Soziologen-Tag Leipzig. Berlin: 981-987.
FRIEDRICH, W. (1990): Führungsgrundsätze und Gründungspotentiale in der ehemaligen DDR – Unterstützungs- und Beratungsbedarf für die wirtschaftliche Erneuerung. Kerpen.
GIDDENS, A. (1988): Die Konstitution der Gesellschaft. Grundzüge einer Theorie der Strukturierung. Frankfurt / M., New York.
GUTMANN, G. (1991): Zur theoretischen Grundlegung von Transformationen. In: Forschungsstelle für gesamtdeutsche wirtschaftliche und soziale Fragen (Hg.): Gesamtdeutsche Eröffnungsbilanz. Teil I. 16. Symposium der Forschungsstelle am 22. und 23.11.1990, 2 – 1991: 29-59.
HAFFNER, F. (1990): Wünschenswerte Entwicklungen, Chancen und Risiken. Deutschlandarchiv 1(1990): 36-51.
HEIDENREICH, M. (1991): Zur Doppelstruktur planwirtschaftlichen Handelns in der DDR. Zeitschrift für Soziologie 6(1991): 411-429.
HEIDENREICH, M. (1993): Vom volkseigenen Betrieb zum Unternehmen. Transformationsprobleme betrieblicher Produkt-, Organisations- und Personalkonzepte in Ostdeutschland. Kölner Zeitschrift für Soziologie und Sozialpsychologie 1(1993): 76-96.

HENTZE, J.; K. LINDERT (1992): Manager im Vergleich. Daten aus Deutschland und Osteuropa. Stuttgart.
HERR, H.; A. WESTPHAL (1991): Die Inkohärenzen der Planwirtschaft und die Transformationsprozesse zur Geldwirtschaft. In: BACCHAUS, J. (Hg.) (1991): Systemwandel und Reform in östlichen Wirtschaften. Marburg: 139-167.
HEYSE, V.; J. ERPENBECK (1994): Management und Wertewandel im Übergang. Münster, New York.
HILKER, J. (1991): Unternehmenskulturelle Anpassung in Deutsch-deutschen Unternehmen: Ergebnisse einer empirischen Untersuchung. MEFFERT, H.; H. WAGNER; K. BACKHAUS (Hg.) (1991): Wissenschaftliche Gesellschaft für Marketing und Unternehmensführung e. V., Arbeitspapier Nr. 63.
HOFSTEDE, G. (1991): Cultures and Organizations: Software of the Mind. London u. a.
KASPER, H. (1987): Organisationskultur: Über den Stand der Forschung. Wien.
KERN, H.; R. LAND (1991): Der „Wasserkopf" oben und die „Taugenichtse" unten. Zur Mentalität von Arbeitern und Arbeiterinnen in der ehemaligen DDR. Frankfurter Rundschau (13.2.1991): 16-17.
KLAGES, H.; TH. GENSICKE (1993): Wertewandel in den neuen Bundesländern – Fakten und Deutungsmodelle. In: KLAGES, H. (Hg.) (1993): Traditionsbruch als Herausforderung – Perspektiven der Wertewandelsgesellschaft. Frankfurt / M., New York: 215-238.
KLIMECKI, R.; G. PROBST; P. EBERL (1991): Systementwicklung als Managementproblem. In: STAEHLE, W.; J. SYDOW (Hg.) (1991): Managementforschung 1. Berlin, New York.
LADENSACK, K. (1993): Werte und Werteumbrüche im Osten Deutschlands. Konsequenzen für das Personalmanagement. Personal (1993)10.
LANG, R. (1992): Sozialisation und Wertorientierungen ostdeutscher Führungskräfte. In: HEIDENREICH, M. (Hg.) (1992): Krisen, Kader, Kombinate. Berlin125-142.
LANG, R. (1994a): Führungskräfte in Ostdeutschland. Chemnitz: TU Chemnitz-Zwickau (Fakultät für Wirtschaftswissenschaften), Arbeitspapier 03.
LANG, R. (1994b): Wertorientierungen und Organisationsverständnis ostdeutscher Führungskräfte im Wandel. In: ROSENSTIEL, L. VON (Hg.) (1994): Führung im Systemwandel. München, Mering.
LANG, R.; P. WALD (1992): Unternehmenskulturen in den fünf neuen Ländern. Ansatzpunkte für eine neue Industriekultur im Osten Deutschlands? Zeitschrift für Personalforschung (1992)1: 19-35.
LÖSCH, D. (1993): Der Weg zur Marktwirtschaft: Grundzüge einer Theorie der Transformationspolitik. Baden-Baden.
LUNGWITZ, R.; E. PREUSCHE (1994): Mängelwesen und Diktator? – Ostdeutsche Industriemanager als Akteure betrieblicher Transformationsprozesse. Industrielle Beziehungen. Zeitschrift für Arbeit, Organisation und Management (1994)3: 219-227.
MAAZ, H.-J. (1991): Der Gefühlsstau. Berlin.
MARZ, L. (1991): Der prämoderne Übergangsmanager – Die Ohnmacht des „real sozialistischen" Wirtschaftskaders. In: DEPPE, R.; H. DUBIEL; U. RÖDEL (Hg.) (1991): Demokratischer Umbruch in Osteuropa. Frankfurt / M.: 104-125.
MARZ, L. (1992): Dispositionskosten des Transformationsprozesses. Werden mentale Orientierungsnöte zum wirtschaftlichen Problem? Aus Politik und Zeitgeschichte (Beilage zur Wochenzeitung Das Parlament) B 24(5.6.1992): 3-14.

MYRITZ, R. (1992): Manager in Ostdeutschland. Köln.
NEUBERGER, O. (1995): Mikropolitik. Stuttgart.
ORTMANN, G.; A. WINDELER; A. BECKER; H.-J. SCHULZ (1990): Computer und Macht in Organisationen. Mikropolitische Analysen. Opladen.
PETER, L. (1994): Zur modernisierungstheoretischen Interpretation des Umbruch- und Transformationsprozesses. Berlin: BISS (Berliner Informations- und Studien-Service e. V.) public., Wissenschaftliche Mitteilungen aus dem Berliner Institut für Sozialwissenschaftliche Studien 13(1994): 11-20.
REISSIG, R. (1994): Transformation – Theoretisch-konzeptionelle Ansätze, Erklärungen und Interpretationen. Berlin: BISS (Berliner Informations- und Studien-Service e. V.) public., Wissenschaftliche Mitteilungen aus dem Berliner Institut für Sozialwissenschaftliche Studien 15(1994): 5-44.
SCHEIN, E. H. (1985): Organizational Culture and Leadership: A Dynamic View. San Francisco, Washington, London.
SCHERM, E. (1992): „Multikulturelle" Führung in (gesamt-)deutschen Unternehmungen. Zeitschrift für Führung + Organisation (1992)3: 186-191.
SEIFERT, P.; V. Heyse (1992): Sozialisations- und konfliktbedingte Unterschiede im Verhalten von ost- und westdeutschen Führungskräften in ostdeutschen Unternehmen. In: HEYSE, V.; J. ERPENBECK (Hg.) (1992): Studie zu sozialisationsbedingten Grundwerten und bisherigen Motivationen ostdeutscher Arbeitnehmer und deren Berücksichtigung im Rahmen der betrieblichen Weiterbildung, insbesondere im Verhaltenstraining. Berlin.
SENGHAAS-KNOBLOCH, E. (1992): Notgemeinschaft und Improvisationsgeschick: Zwei Tugenden im Transformationsprozeß. In: HEIDENREICH, M. (Hg.) (1992): Krisen, Kader Kombinate. Berlin295-309.
STRATEMANN, I. (1992): Psychologische Aspekte des wirtschaftlichen Wiederaufbaus in den neuen Bundesländern. Stuttgart.
SYDOW, J. (1985): Organisationsspielraum und Büroautomation. Berlin, New York.
VOSKAMP, U.; V. WITTKE (1990): Aus Modernisierungsblockaden werden Abwärtsspiralen – zur Reorganisation von Betrieben und Kombinaten der ehemaligen DDR. Göttingen: SOFI-Mitteilungen Nr. 18/1990: 12-30.
WAGNER, D.; H. NOLTE (1993): Managementbildung. management revue (1993)1: 5-21.
WEIDENFELD, W.; K.-R. KORTE (1991): „Die pragmatischen Deutschen. Zum Staats- und Nationalbewußtsein in Deutschland". Aus Politik und Zeitgeschichte 32(1991): 9ff.
WITTKE, V.; U. VOSKAMP; K. BLUHM (1993): Den Westen überholen, ohne ihn einzuholen? – gZu den Schwierigkeiten bei der Restrukturierung der ostdeutschen Industrie und den Perspektiven erfolgversprechender Reorganisationsstrategien. In: SCHMIDT, R. (Hg.) (1993): Zwischenbilanz. Analysen zum Transformationsprozeß der ostdeutschen Industrie. Berlin: 131-154.
WUNDERER, R. (1990): Führungs- und personalpolitische Gedanken zum Übergang von der Plan- zur Marktwirtschaft. Kommentar. In: ECKARDSTEIN, D. V. ET AL. (Hg.) (1990): Personalwirtschaftliche Probleme in DDR-Betrieben. München, Mering.
WUPPERTALER KREIS (Hg.) (1992): Führungsverständnis in Ost und West. Ergebnisse einer Befragung von Führungskräften. Köln.
ZAPF, W. (1994): Modernisierung, Wohlfahrtsentwicklung und Transformation. Berlin.

Constanze Cehic / Rainer Schwarz[*]

Die Regulierung der Transformation
Eine netzplantechnische Analyse

In der Arbeit wird die Vernetzung von staatlich-regulativ und rein innerbetrieblich bedingten Aktivitäten für ostdeutsche Unternehmen im Prozeß der Transformation mit GERT-Netzwerken modelliert. Dabei werden Ergebnisse empirischer Fallstudien eigener Untersuchungen von Rahmenbedingungen verarbeitet. Simulationsrechnungen wurden für ein Basisszenario und für vier Szenarien durchgeführt, die auf eine Deregulierung für die ostdeutsche Wirtschaft zu Beginn der Transformation orientiert sind. Bei umfassender Deregulierung ergab sich eine Zeitverkürzung von ca. 3,5 Jahren. Abschließend werden Probleme dieses Ansatzes diskutiert, die auf weiteren Forschungsbedarf verweisen.

---

[*] Constanze Cehic / Univ.-Prof. Dr. Dr. Rainer Schwarz, Brandenburgische Technische Universität Cottbus, Lehrstuhl für Allgemeine Betriebswirtschaftslehre und Besondere des Rechnungswesens und Controllings, Karl-Marx-Straße 17, 03044 Cottbus.

1. Problemstellung

Gibt es eine wissenschaftlich begründbare Schrittfolge im Transformationsprozeß von der Plan- zur Marktwirtschaft? Seit 1989 versucht eine primär makro- und institutionenökonomisch orientierte Sequenzing-Debatte, auf diese Frage eine Antwort zu finden. Diese Suche hat bislang nicht zu einem befriedigenden Ergebnis geführt.[1] Die vorgeschlagenen Sequenzen lassen sich nur zu einem mageren Phasenschema ordnen. Das mag daran liegen, daß diese Ansätze fast ausschließlich auf die makroökonomischen Rahmenbedingungen zentriert und zudem normativ ausgerichtet sind.

Untersucht man hingegen empirisch die Schritte, die ein Unternehmen bei der Transformation bewältigen muß, läßt sich eine Abfolge von Aktivitäten erkennen. Dieser Ansatz wurde in einem größeren Projekt gewählt, das unter der Leitung von Professor ALBACH stand und von der Volkswagen-Stiftung gefördert wurde. In einem der Teilprojekte wurde die Verbindung innerbetrieblicher Aktivitäten mit dem Regulierungsrahmen der Transformation von Unternehmen in Ostdeutschland untersucht. Über erste Ergebnisse soll hier berichtet werden.

2. Methodologischer Ansatz

Fallstudien von Unternehmen im Transformationsprozeß lassen folgende Merkmale erkennen:

1. Die Unternehmen müssen eine bestimmte Folge (Sequenz) von Schritten durchlaufen, von denen einige auch aus Sanierungsprozessen von Unternehmen in etablierten Marktwirtschaften bekannt sind, andere jedoch vor allem den institutionellen Wandel staatlicher und makroökonomischer Rahmenbedingungen auf der Mikroebene reflektieren.

2. Einige dieser Prozesse müssen wiederholt durchlaufen werden, bevor ein zufriedenstellendes Ergebnis vorliegt. Das heißt, es sind Rückkopplungen zu modellieren.

3. Je nach dem Ergebnis von Aktivitäten können alternative Aktivitäten mit unterschiedlichen Wahrscheinlichkeiten eingeleitet werden. Es handelt sich meist um Entscheidungsknoten.

---

[1] Eine Übersicht gibt SCHWARZ (1995).

4. Vor allem aber können im Ergebnis aller Aktivitäten zwei fundamental unterschiedliche Endereignisse eintreten: Die Transformation des Unternehmens zu einem als wettbewerbsfähig eingeschätzten Privatunternehmen oder seine Liquidation.

Als methodologischer Ansatz zur Abbildung dieser Merkmale wurde die Modellierung mit GERT-Netzwerken gewählt. Als weiterer Ansatz wurde die Verwendung systemdynamischer Kausalschleifendiagramme geprüft. Sie vermitteln zwar eine ähnliche Strukturierung, ihr eigentlicher Sinn liegt jedoch in den darauf aufbauenden Berechnungen mit Differentialgleichungssystemen. Für Unternehmen im Transformationsprozeß (zudem noch für ihre Gesamtheit) liegen jedoch kaum gesicherte Daten in den erforderlichen längeren Zeitreihen vor. Hingegen scheinen GERT-Netzwerke für das zu modellierende Problem noch einfach genug zu sein, um Berechnungen mit plausiblen Daten aus Expertenschätzungen zu ermöglichen, andererseits komplex genug, um die vier erwähnten Merkmale zu berücksichtigen. In Netzplänen können „Dummy"-Aktivitäten benutzt werden. Das ist bei der Erfassung komplizierter Zusammenhänge insofern ein Vorteil, als man eine überschaubare Modellierung von Teilblöcken vornehmen kann, die dann mit diesen Vorgängen „ohne Dauer" zusammengeschaltet werden.

Der methodologische Ansatz folgt dem Transparenzprinzip mathematischer Modellierung, d. h. wir waren bemüht, bei angemessener Abbildungstreue den Netzplan überschaubar zu halten. Dazu wurde das Forschungsziel in folgender Weise präzisiert: Wir haben uns auf die Klärung der Eigentumsrechte (Restitutionsproblematik) als einen zentralen Prozeß der Transformation konzentriert, diesen detailliert untersucht und mit seinen wichtigsten Aktivitäten im Netzplan abgebildet. Weitere, für den Transformationserfolg von Unternehmen essentielle Regulierungsprozesse (Produktgenehmigung, Baugenehmigung und Umweltverträglichkeitsprüfung, weitere Privatisierungsmaßnahmen) wurden vorerst nur aggregiert mit geschätzten Zeitdauern einbezogen. Der Ansatz erlaubt, je nach Forschungsziel den einen oder anderen Prozeß detaillierter zu untersuchen und im Netzplan abzubilden. Dann empfiehlt es sich zur Wahrung der Überschaubarkeit jedoch, den Prozeß der Klärung von Eigentumsrechten nur aggregiert abzubilden. Das gilt noch mehr für die Abbildung anderer Prozesse, insbesondere der innerbetrieblichen.

Bei der Modellierung der Transformation von Unternehmen im Kontext mit den erwähnten marktwirtschaftlichen Regulierungsbedingungen haben wir den Bezug zu anderen, primär auf innerbetriebliche Probleme ausgerichteten GERT-Netzwerken von weiteren Mitarbeitern des genannten Projektes (insbes. WITT 1994) gesucht. Dabei wurden Vorgänge zusammengefaßt, was beispielhaft an der Aktivität „Innerbetriebliche Reorganisation I" (vgl. Abbildung 2) verdeutlicht werden soll. Hier wurden aus den in anderen Teilprojekten ermittelten parallelen Aktivitäten (Definition von Kerngeschäftsfeldern,

Veränderungen im Produktionsprogramm, Veränderungen im Zuliefernetzwerk, Veränderungen im Vertriebsnetz) jene mit der jeweils größten minimalen und maximalen Zeitdauer ermittelt. Diese Zeitdauern wurden dann der aggregierten Aktivität „Innerbetriebliche Reorganisation I" zugeordnet. Diese Aggregation ist jedoch nur für Aktivitäten möglich, die alle die Wahrscheinlichkeit 1 haben.

In komplizierteren Fällen bedarf die Methodik der Einbindung von Teilnetzwerken in ein Netzwerk, das den Gesamtprozeß der Transformation als Zusammenhang von Hauptaktivitäten abbildet, noch weiterer Klarstellung.

Die Datenbelegung des Netzplanes (minimale und maximale Vorgangsdauer, Wahrscheinlichkeit von Verzweigungen und Rückkopplungen) erfolgte anhand von Expertenschätzungen.

Für die Simulation wurde die Software GERTSIM (SCHMIDT 1994) genutzt, mit der auch die Histogramme erzeugt wurden.

Sie ermöglicht die Nutzung folgender Verteilungsfunktionen:

- Einpunktverteilung,
- Gleichverteilung,
- Dreiecksverteilung,
- Normalverteilung.

Wir haben mangels genauerer Expertenschätzungen (nur minimale und maximale Werte waren verfügbar) zunächst ausschließlich die Normalverteilung genutzt.

3. Modellierung der Vernetzung von staatlich-regulativ und rein innerbetrieblich bedingten Aktivitäten für ostdeutsche Unternehmen im Prozeß der Transformation

Das Ergebnis unserer Untersuchungen ist in der Vorgangsliste (Tabelle 1) und dem GERT-Netzplan (Abbildung 2) zusammengefaßt. Die dort dargestellten Vorgänge kann man im Interesse eines groben Überblickes in einem Blockschaltbild zusammenfassen, das die logische Struktur der Vernetzung zeigt (Abbildung 1). Wir wollen es kurz erläutern: Nach Beginn der Transformation erfolgt die Umwandlung des VEB in eine Kapitalgesellschaft (AG oder GmbH). Danach verzweigen sich die Aktivitäten in die beiden

Die Regulierung der Transformation

Blöcke „Klärung der Eigentumsrechte" sowie „Erstellung der DM-Eröffnungsbilanz und Erstellen des Sanierungskonzeptes". Auf letzteren folgt die innerbetriebliche Reorganisation (Veränderungen im Produktionsprogramm, im Zuliefernetzwerk, im Vertriebsnetz, grundlegende Veränderungen in der Organisation usw.). Daran schließt sich die Produktgenehmigung an, wonach der Strang der Klärung der Eigentumsrechte mit der Erlangung von Kreditwürdigkeit hier einfließt (zum Schluß über „Dummy"-Aktivitäten angekoppelt). Dann folgen Kapitalbeschaffung, anschließend Baugenehmigung und Umweltverträglichkeitsprüfung; parallel zu beiden weitere Privatisierungsmaßnahmen. Erst dann beginnt die Durchführung von Investitionen und nach Erlangung der Wettbewerbsfähigkeit bzw. nach Gewinnerwirtschaftung kommt man zum positiven Transformationsende. Gleichzeitig wurde modelliert, daß nach verschiedenen Aktivitäten die Liquidation des Unternehmens wahrscheinlich ist.

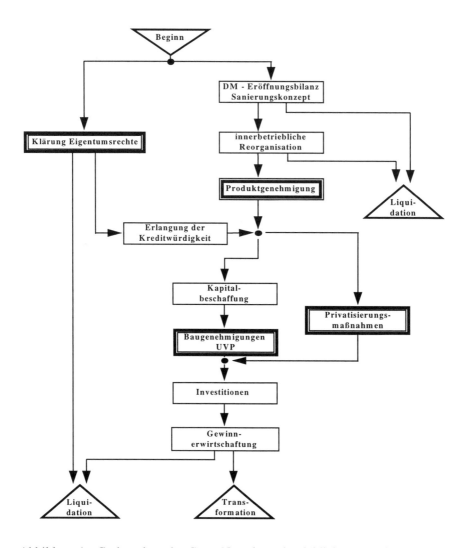

Abbildung 1: Grobstruktur des GERT-Netzplanes betrieblicher Transformation

Die Regulierung der Transformation 385

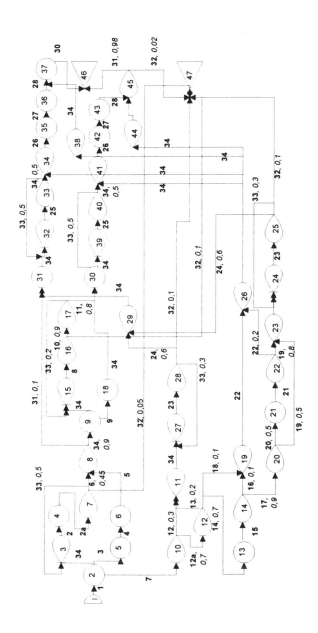

Abbildung 2: GERT-Netzplan der betrieblichen Transformation: Base Case
Quelle: CEHIC / SCHWARZ (1995), mit Bezug auf Teilsequenzen von WITT (1994)

Vor-gang	Beschreibung	Min	Max	P
1	Umwandlung des VEB in eine Kapitalgesellschaft (AG oder GmbH)	1	4	1
2	Erstellen des Sanierungskonzeptes	2	6	1
2a	Einreichen des Konzeptes durch den Aufsichtsrats(AR)vorsitzenden, anschließende Prüfung durch die Treuhandanstalt (THA)	1	3	1
3	AR-Vorsitzender bestellt einen Wirtschaftsprüfer / Erstellung der DM-Eröffnungsbilanz (DM-EÖB)	1	6	1
4	Billigung der vom Wirtschaftsprüfer erstellten DM-EÖB durch den AR, Einreichung der (bis zu ihrer Feststellung vorläufigen) DM-EÖB durch den AR-Vorsitzenden bei der THA	1	1	1
5	Feststellung der DM-EÖB	3	8	1
6	Testierung des Sanierungskonzeptes durch die THA / ggf. Entlastung von Altschulden / ggf. Bereitstellung von Sanierungsmitteln	2	4	0,45
7	Anfrage beim Vermögensamt bzgl. des Vorliegens von Restitutionsansprüchen auf Unternehmen, Immobilien, Vermögenswerte	3	12	1
8	Innerbetriebliche Reorganisation I: Definition von Kerngeschäftsfeldern, Veränderungen im Produktionsprogramm, im Zuliefernetzwerk, im Vertriebsnetz	2	10	1
9	Innerbetriebliche Reorganisation II: Grundlegende Veränderungen in der Organisation, Ausgliederung von Produktionsstätten, Veränderungen beim Humankapital, in der Produktionstiefe	3	6	1
10	Antrag auf Produktgenehmigung und anschließende Prüfung im zuständigen Amt	3	18	0,9
11	Positiver Genehmigungsbescheid (10)	0,5	0,5	0,8
12	Prüfung im Amt (7): Negativtest (keine Restitutionsansprüche)	6	24	0,3
12a	Prüfung im Amt (7): Positivtest (Vorliegen von Restitutionsansprüchen)	6	24	0,7
13	Gütliche Einigung zwischen Unternehmen und Alteigentümer	3	18	0,2
14	Antrag auf Investitionsvorrangbescheid bei zuständiger Behörde	3	10	0,7
15	Behördliche Prüfung (Verwaltungsverfahren)	3	12	1
16	Einreichen eines besseren Investitionskonzeptes durch Alteigentümer	0,5	3	0,1
17	Erteilung des Investitionsvorrangbescheides und Bekanntmachung des Bescheides im Bundesanzeiger	1	1	0,9
18	Antrag auf Investitionsvorrangbescheid wird nicht gestellt: Restitution	0	0	0,1
19	Bescheid wird zugunsten des Unternehmens bestandskräftig	0,5	0,5	0,5/0,8
20	Widerspruch des Alteigentümers, Antrag auf aufschiebende Wirkung beim zuständigen Verwaltungsgericht	0,5	0,5	0,5
21	Gerichtliches Verfahren	6	14	1
22	Verfahren zur Rückgabe an Alteigentümer	6	48	0,2/1
23	Maßnahmen zur finanziellen Sanierung	0,5	5	1
24	Erlangung von Kreditwürdigkeit	1	12	0,6
25	Kapitalbeschaffung	1	3	1
26	Antrag auf Baugenehmigung und Prüfung / Umweltverträglichkeitsprüfung	3	18	1
27	Positiver Genehmigungsbescheid nach Prüfung im Amt (26)	0,5	0,5	1
28	Beginn der Durchführung von Investitionen	1	1	1
29	Privatisierungsmaßnahmen (z. B. Verhandlungen mit der EU hinsichtlich Produktionsquoten und Beihilfen, Prüfung kartellrechtlicher Unbedenklichkeit)	6	12	1
30	Nullvorgang	0	0	1
31	Gewinnwirtschaftung	12	24	0,1/0,98
32	Liquidation des Unternehmens	12	36	s. NP
33	Wiederholung von Aktivitäten	0	0	s. NP
34	„Dummy"-Aktivitäten	0	0	s. NP

Tabelle 1: Beschreibung der Aktivitäten: Vorgangsliste

Die Regulierung der Transformation

Wichtiger Bestandteil des detaillierten Netzplanes sind die *Entscheidungsknoten,* bei denen alternative Verzweigungen mit einer gewissen Wahrscheinlichkeit gewählt werden. Wir geben kurz jene im oberen Teil des Netzplanes an.

1. Nach Einreichen des Sanierungskonzeptes durch den Aufsichtsratsvorsitzenden und anschließender Prüfung durch die Treuhandanstalt wird im Knoten 7 entschieden, ob

- das Unternehmen liquidiert werden muß,
- das Sanierungskonzept neu erstellt werden soll (Rückkopplung) oder ob
- Sanierungsmaßnahmen eingeleitet werden.

2. Im Knoten 8 wird entschieden, ob es sich um ein bereits gewinnbringendes Unternehmen handelt oder ob mit der innerbetrieblichen Reorganisation fortgefahren werden muß. Wenn es sich um ein bereits gewinnbringendes Unternehmen handelt, erfolgt der Übergang in den Pfad ganz oben in der Abbildung 2. Dieser Fall ist zwar relativ selten, sollte aber der wissenschaftlichen Allgemeinheit und Wahrheit halber nicht unberücksichtigt bleiben. Man kann ihn anschaulich als „Pfad der Meißner Porzellanmanufaktur" bezeichnen, weil er für dieses bekannte Unternehmen, aber auch für eine Reihe von Hotels und andere ostdeutsche Unternehmen charakteristisch ist. Gleichwohl wurde dafür im Basisszenario eine recht geringe Wahrscheinlichkeit angenommen.

3. Entscheidungsknoten, die allein zur mehrfachen Wiederholung führen, betreffen folgende Aktivitäten:

- Innerbetriebliche Reorganisation I: Definition von Kerngeschäftsfeldern, Veränderungen im Produktionsprogramm, im Zuliefernetzwerk, im Vertriebsnetz sowie Antrag auf Baugenehmigung und Prüfung / Umweltverträglichkeitsprüfung (nach E17).
- Kapitalbeschaffung (nach E33, E40).

4. Entscheidungsknoten mit den Alternativen: Fortführung oder Liquidation des Unternehmens:

- Liquidation bei erfolgloser innerbetrieblicher Reorganisation I: nach E16.
- Liquidation, wenn trotz aller vorherigen Aktivitäten keine Gewinnerwirtschaftung erreicht wird: nach E45.

Aus anderen Teilnetzplänen des erwähnten Projektes wurden folgende Aktivitäten aggregiert:

a) Zur *innerbetrieblichen Reorganisation I*: Definition von Kerngeschäftsfeldern, Veränderungen im Produktionsprogramm, im Zuliefernetzwerk, im Vertriebsnetz.

b) Zur *innerbetrieblichen Reorganisation II*: Grundlegende Veränderungen in der Organisation, Ausgliederung von Produktionsstätten, Veränderungen beim Humankapital, in der Produktionstiefe.

Diese Unterscheidung wurde getroffen, weil nur nach den Aktivitäten der innerbetrieblichen Reorganisation I sowohl Wiederholungen als auch der Übergang in die Liquidation festgestellt wurden.

Die Vorgangsliste (Tabelle 1) für den detaillierten Netzplan (Abbildung 2) gibt die minimalen und maximalen Dauern der Aktivitäten nach unseren bisherigen Untersuchungen wieder. In der letzten Spalte dieser Tabelle sind die Wahrscheinlichkeiten der einzelnen Vorgänge verzeichnet. Bei mehr als zwei Folgevorgängen sind diese Wahrscheinlichkeiten direkt dem Netzplan zu entnehmen, was mit dem Vermerk „s. NP" angedeutet ist.

Wir gehen jetzt noch auf die Tiefenstruktur der Vorgänge ein, die in Abbildung 1 zum Block „Klärung der Eigentumsrechte" zusammengefaßt wurden. Dabei zeigt sich, daß das Netzwerk der Aktivitäten auch als Netzwerk von Akteuren mit unterschiedlichen Interessen interpretiert werden kann.

Der Startvorgang „Umwandlung des volkseigenen Betriebes (VEB) in eine Kapitalgesellschaft (AG oder GmbH)" geht allen weiteren Pfaden voran. Danach werden im unteren Teil des Netzplanes Vorgänge zur Klärung der Eigentumsrechte eingeleitet. Sie beginnen mit der Anfrage beim Vermögensamt, ob Restitutionsansprüche auf das Unternehmen, seine Immobilien bzw. Vermögenswerte vorliegen oder nicht (7). Nach Prüfung erteilt das Amt einen Bescheid, welcher dieser beiden Fälle zutrifft. Gibt es keine Restitutionsansprüche, können Maßnahmen zur finanziellen Sanierung eingeleitet werden (23), die sofort oder nach Wiederholungen entweder zur Erlangung von Kreditwürdigkeit (24) führen oder in die Liquidation münden. Liegen hingegen Restitutionsansprüche vor, gibt es für das Unternehmen drei Möglichkeiten. Wenn es sich mit den Alteigentümern gütlich einigen kann (13), folgen wie im vorigen Fall Maßnahmen zur finanziellen Sanierung. Ansonsten kann das Unternehmen einen Antrag auf Investitionsvorrangbescheid bei der zuständigen Behörde stellen (14). Verzichtet es darauf, so erfolgt die Restitution (18).

Im Kern hat der deutsche Gesetzgeber damit die Eigentumsrechte des Alteigentümers beschnitten und ein Bietverfahren für den Zufluß von Kapital installiert. Da ostdeutsche Privatpersonen ohnehin nicht über das notwendige Kapital verfügen, läuft dieses Verfahren auf den Wettbewerb zwischen westdeutschen und ausländischen Alteigentümern sowie Neuinteressenten hinaus. Nach diesen Geboten folgt eine behördliche Prüfung (Verwaltungsverfahren, 15). In deren Ergebnis ergeht ein Bescheid, ob der Alteigentü-

Die Regulierung der Transformation

mer ein besseres Investitionskonzept hat (16) oder dem anderen Kapitalgeber der Investitionsvorrangbescheid erteilt wird (17). In letzterem Fall wird der Bescheid im Bundesanzeiger bekanntgemacht. Nach einer 14tägigen Wartezeit gibt es zwei Möglichkeiten. Entweder wird der Bescheid zugunsten des Unternehmens (d. h. in der Regel zugunsten des neuen Kapitalgebers) bestandskräftig (19), oder der Alteigentümer legt Widerspruch gegen den Bescheid ein und stellt einen Antrag auf aufschiebende Wirkung beim zuständigen Verwaltungsgericht (20). Das gerichtliche Verfahren (21) endet mit der Entscheidung: Rückgabe an den Alteigentümer (22), oder der Bescheid wird zugunsten des Unternehmens (d. h. in der Regel zugunsten des neuen Kapitalgebers) bestandskräftig (19). Im letzteren Fall schließen sich Maßnahmen zur finanziellen Sanierung an, die sofort oder nach Wiederholungen entweder zur Erlangung von Kreditwürdigkeit führen oder in die Liquidation münden.

Nach der Erlangung von Kreditwürdigkeit ist die untere Schleife abgeschlossen und wird in die oberen Pfade eingekoppelt. Dort folgen die auf Basis der geklärten Eigentumsrechte mögliche Kapitalbeschaffung und die damit finanzierbaren Investitionen.

4. Szenarien und Ergebnisse der Simulationsrechnungen

Neben dem Basisszenario wurden folgende Szenarien durchgerechnet, die auf eine Deregulierung für die ostdeutsche Wirtschaft zu Beginn der Transformation orientiert sind:

Szenario A: Welche Folgen hätte ein Verzicht auf die Restitution gehabt?

Szenario B: Welche Ergebnisse hätte ein Verzicht auf nachträgliche Genehmigung von DDR-Produkten (z. B. der Pille) gebracht?

Szenario C: Was wäre, wenn man die Dauer für Baugenehmigungen und Umweltverträglichkeitsprüfungen auf die Hälfte verkürzte?

Szenario D: Welche Konsequenz hat die Kombination der Szenarien A, B und C?

Laut Stand vom 30.12.1994 hat die Treuhandanstalt 12.354 Unternehmen auf die Reise der Transformation geschickt, am Ende gingen 3.718 in Liquidation, 8.444 wurden privatisiert, reprivatisiert oder kommunalisiert und 192 waren noch im Nettobestand. Wir haben in den GERT-Netzplan 12.354 „Unternehmen" geschickt, d. h. wir haben 12.354 Einzelsimulationen des Transformationsprozesses durchgeführt. Im Basisszenario wurde im Mittel der Knoten „positives Transformationsende" in 8.586 Fällen getroffen, der

Knoten „Liquidation" in 3.768 Fällen. In Tabelle 3 ist dieser Vergleich von Modellergebnissen und Wirklichkeit aufgeführt. Die geringe Differenz von maximal 2 % ist bemerkenswert. Sie liegt innerhalb der Abweichungen, die zwischen den Zahlenangaben der Treuhandanstalt zu unterschiedlichen Zeitpunkten bestehen.[2]

Dieser Vergleich beinhaltet zugleich eine Prognose für die 192 Unternehmen, die Ende 1994 noch im Nettobestand der Treuhandanstalt, also noch im Transformationsprozeß waren. Nach unseren Modellergebnissen erreichen davon 142 das positive Transformationsende und 50 werden liquidiert.

Die Konsequenzen unterschiedlicher Strategien der Deregulierung sind in Tabelle 2 zusammengefaßt. Sie wirken sich sowohl auf die Verkürzung der Transformation als auch auf die Anzahl überlebender Unternehmen aus. Das Histogramm für den Knoten 46 (erfolgreiche Transformation) im Basisszenario zeigt Abbildung 3.

	Basis-Szenario	Teilszenarien			
		A ohne Restitution	B ohne Produktgenehmigung	C 1/2 Bau / UVP	D A + B + C
Transformation (Anzahl)	8586	8355	8734	8586	8507
(Differenz zur Basis)		-231	+148	+0	-79
Jahre / Monate	6,6 | 79,0	5,5 | 66,5	6,5 | 77,8	6,2 | 74,1	4,1 | 49,4
(Differenz zur Basis)		-1,0 | -12,5	-0,1 | -1,2	-0,4 | -4,9	-2,5 | -29,6
Liquidation (Anzahl)	3768	3999	3620	3768	3847
(Differenz zur Basis)		+231	-148	0	+79
Jahre / Monate	4,2 | 50,5	3,1 | 37,6	4,1 | 49,6	4,2 | 50,3	3,0 | 35,8
(Differenz zur Basis)		-1,1 | -12,9	-0,1 | -0,9	0,0 | -0,2	-1,2 | -14,7

Tabelle 2: Auswertungsübersicht der Modellrechnungen

Betrachten wir zunächst die Effekte der Verkürzung. Im Basisszenario dauerte die erfolgreiche Transformation durchschnittlich 6,6 Jahre, ohne Restitution (Szenario A) hätte sie laut Simulationsergebnis um ca. 1 Jahr verkürzt werden können. Bei umfasender Deregulierung (Szenario D) ergibt sich eine Verkürzung von ca. 2,5 Jahren. Das ist ein beachtlicher Zeiteffekt. Hingegen erbringt der Verzicht auf Produktgenehmigungen und

---

[2] Man kann dieses Ergebnis auch als Kalibrierung des Basisszenarios interpretieren.

Die Regulierung der Transformation 391

auch die Verkürzung bei Baugenehmigungen und Umweltverträglichkeitsprüfungen für sich genommen keine Verkürzung des Transformationsprozesses.

Als weiteres Ergebnis der Simulationsrechnungen soll hier der Trade-off zwischen Zeitverkürzung und Anzahl der überlebensfähigen Unternehmen hervorgehoben werden (vgl. Tabelle 2). Man erkennt, daß die Zeitverkürzung durch Verzicht auf die Restitution von ca. einem Jahr durch die zusätzliche Liquidation von 231 ostdeutschen Unternehmen hätte erkauft werden müssen. Bei umfassender Deregulierung wäre dieses Verhältnis wesentlich günstiger. Dem Zeitgewinn von 2,5 Jahren stehen hier weniger zusätzlich zu liquidierende ostdeutsche Unternehmen gegenüber, nämlich 79.

Im Kontrast zur heftigen öffentlichen Debatte um die Restitutionsproblematik bringt die Modellrechnung ein überraschendes Ergebnis.[3] *Jene Strategie, welche die Anzahl überlebensfähiger ostdeutscher Unternehmen erhöht hätte, wäre nicht der Verzicht auf Restitution gewesen (Szenario A), sondern der Verzicht auf nachträgliche bundesdeutsche Genehmigung ostdeutscher Produkte (Szenario B).* Allein in diesem Szenario hätten mehr Unternehmen überlebt als im Basisszenario (ca. 150). Es hätte jedoch keine Zeitverkürzung gegeben. Die geringe Resonanz dieser Problematik in der Öffentlichkeit läßt sich nur durch die Kräftekonstellation der Interessengruppen erklären.[4]

	Transformation		Liquidation		Nettobestand	Gesamt
Modell: Basisszenario	8586	101,7%	3768	101,3%	-	12354
Wirklichkeit (THA-Angaben vom 31.12.94)	8444	100%	3718	100%	192	12354
Differenz	142	1,7%	50	1,3%		192

Tabelle 3: Übersicht zum Vergleich von Modell und Wirklichkeit

---

[3] Diese Debatte ist von privaten Grundstücksauseinandersetzungen geprägt. Unsere Ergebnisse beziehen sich nicht darauf, sondern allein auf die das Überleben von Unternehmen berührende Restitutionsproblematik.

[4] Es ist in der Tat schwer erklärlich, warum DDR-Produkte, die vor dem Mauerfall in westdeutschen Versandhäusern vertrieben werden konnten, oder die – wie die ostdeutsche Pille – keine anderen Effekte im Vergleich zu westdeutschen bewirkten, einer nachträglichen Produktgenehmigung bedurften. Die Vernunft des Forschungsbeirates für die Fragen der Wiedervereinigung Deutschlands (in Würdigung von Johann Baptist Gradl) hatte hier weiter gereicht.

Um die Zuverlässigkeit dieses Ergebnisses zu überprüfen, wurden für diese beiden, und dann auch für alle anderen Szenarien, jeweils 50 Experimente zu je 12.354 Einzelsimulationen mit unterschiedlichen Initialisierungen des Zufallszahlengenerators durchgeführt. Die GERTSIM-Software liefert für eine bestimmte Initialisierung in jedem Knoten die gleiche Anzahl von Treffern, da der Zufallszahlengenerator für eine bestimmte Initialisierung eine reproduzierbare Folge von Pseudo-Zufallszahlen liefert. Bei den erwähnten Experimenten entsteht jedoch auch eine Verteilung der Anzahl der Treffer. Die Tabelle 2 enthält ausschließlich die Mittelwerte dieser Verteilungen für alle Szenarien. Abbildung 4 zeigt die über die 50 Experimente ermittelten Verteilungen der Anzahlen für die beiden Szenarien (Basisszenario und Szenario B). Im Mittel überleben danach ohne Produktgenehmigung mehr Unternehmen als im Basisszenario. Beachtet man diesen Zufallseffekt nicht, kann man bei verschiedenen Initialisierungen des Zufallszahlengenerators zu konträren Aussagen kommen (etwa: im Szenarium B überleben weniger Unternehmen als im Basisszenarium). Da sich die Verteilungen der beiden Szenarien überlappen, liefert das Szenario B mit einer geringen Wahrscheinlichkeit einen Wert, der niedriger ist als ein ebenfalls mit geringer Wahrscheinlichkeit eintretender Wert des Basisszenarios.

Statistik zu Knoten 46:
Anzahl der Treffer bei 12.354 Versuchen: 8.587
Das ergibt eine Trefferquote von 69,51%.

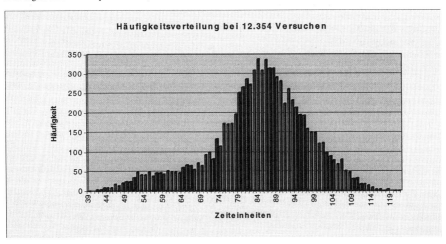

Mittelwert: 84,04 ZE
Varianz: 174,20 ZE; Standardabweichung: 13,20 ZE

Abbildung 3: Histogramm zum Knoten „Transformation" (Zeiteinheiten = Monate)

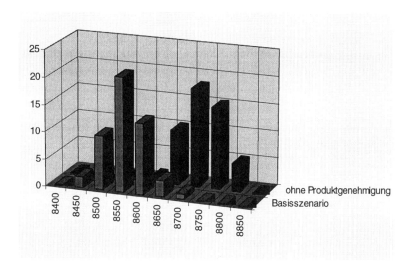

Abbildung 4: Absolute Häufigkeitsverteilung der transformierten Unternehmen bei mehrfacher Simulation

Um die Signifikanz der Unterschiedlichkeit der beiden Szenarien zu überprüfen, wurde ein t-Test auf Gleichheit der Mittelwerte durchgeführt: Die Wahrscheinlichkeit für die Gleichheit der Mittelwerte ist praktisch Null. Die Wahrscheinlichkeit für die Ungleichheit der Streuung der beiden Szenarien, überprüft mit einem F-Test auf Ungleichheit der Varianzen, ist dagegen ungefähr 50 %. Insgesamt läßt sich festhalten: Basisszenario und Szenario B unterscheiden sich in der Anzahl überlebender Unternehmen signifikant, streuen aber jeweils ungefähr gleich stark um den wahrscheinlichsten Wert für die Anzahl überlebender Unternehmen im jeweiligen Szenario.

Während Modellergebnis und Wirklichkeit hinsichtlich Anzahl der Unternehmen in den beiden Endknoten gut übereinstimmen, besteht bei den Zeitdauern eine erhebliche Differenz zwischen Basisszenario (6,6 Jahre) und Wirklichkeit (5 Jahre). Die Gründe dafür müssen noch weiter untersucht werden, wofür die nachstehende Diskussion einige Anhaltspunkte liefert. Einen Schwerpunkt bildet die genauere Definition von Kriterien für das positive Ende der Transformation. Man kann als Ende jenen Zeitpunkt definieren, zu dem der Privatisierungsvertrag mit der Treuhandanstalt abgeschlossen worden ist. Darauf beziehen sich offenkundig die Zahlenangaben der Treuhandanstalt. Man kann jedoch auch jenen Zeitpunkt ansetzen, zu dem das Vertragscontrolling der Treuhandanstalt beendet und ihr vollständiger Rückzug erfolgt ist. Dann erhält man eine viel längere Dauer der Transformation. Wir haben einen Kompromißansatz gewählt, nämlich jenen Zeitpunkt ins Auge gefaßt, zu dem die Wettbewerbsfähigkeit bzw. die Gewinnerwirtschaftung des privatisierten Unternehmens erwartet wird. Diese unterschiedlichen Betrachtungen erklären teilweise die erwähnten Differenzen zwischen der Zeitdauer der institutionellen Existenz der Treuhandanstalt (ca. 5 Jahre) – deren Vertragscontrolling in anderer institutioneller Form andauert – und der Dauer laut Modellergebnis. Allerdings betreffen diese unterschiedlichen Festlegungen allein die Gesamtdauer der Transformation. Sie beeinflussen nicht die Ergebnisse der Zeitverkürzungen durch die verschiedenen Szenarien bzw. Strategien der Deregulierung, weil die eben diskutierten Vorgänge erst *nach* jenen Vorgängen folgen, auf die sich die Deregulierungsmöglichkeiten beziehen.

5. Diskussion und Vorschläge für weiterführende Untersuchungen

Die Ergebnisse zeigen *erstens,* daß Transformationsprozesse von Unternehmen mit GERT-Netzwerken adäquat abgebildet werden können. Insbesondere werden die beiden möglichen Endergebnisse nicht nur qualitativ, sondern auch quantitativ in jenen Proportionen berechenbar, die auch in der Wirklichkeit eingetreten sind.

Zweitens präsentiert das GERT-Netzwerk genau nachvollziehbare und damit auch falsifizierbare Folgen von Transformationsschritten auf Unternehmensebene. Grundlegende Merkmale der Transformation, wie die Wiederholung von Vorgängen und die Entscheidung zwischen mehreren Möglichkeiten bzw. das Eintreten alternativer Ereignisse, werden abgebildet.

Drittens können die Folgen von Deregulierungsmaßnahmen aufgezeigt und berechnet werden. Die ermittelten zeitlichen Verkürzungen der Transformation sind beachtlich. Allerdings bringt ein bloßer Verzicht auf die Restitution zeitlich keine größeren Effekte. Sie treten erst dann ein, wenn dieser Verzicht auf die für Ostdeutschland spezifische Restitution mit Maßnahmen verbunden wird, die in Westdeutschland in anderem Zusammenhang schon länger zur Debatte stehen. Das betrifft vor allem die Verkürzung der Dauer von Produktgenehmigungen, von Baugenehmigungen und von Umweltverträglichkeitsprüfungen.

Viertens: Die Sequenzing-Debatte zur Transformation beschränkt sich häufig auf die makroökonomische Ebene. Ein Bezug zu mikroökonomischen oder gar betriebswirtschaftlichen Sachverhalten wird zwar fast unisono eingeklagt, aber selten hergestellt. Ein Vorzug der dargestellten Methode scheint darin zu bestehen, daß betriebswirt-

Die Regulierung der Transformation

schaftliche Sachverhalte bzw. Vorgänge mit jenen in Zusammenhang gebracht und dargestellt werden können, die ansonsten ausschließlich makro- und institutionenökonomisch erörtert werden.

Wir sind in den Szenarien zunächst ziemlich grob vorgegangen, um überhaupt die Existenz des Verkürzungseffektes nachzuweisen und ihn abzuschätzen. Die Verkürzung muß jedoch nicht immer durch Weglassen von Vorgängen erreicht werden. Sie kann genausogut durch intensivere Arbeit erreicht werden.

Gleichzeitig gibt es einige *offene Probleme*, die genauer formuliert und tiefer untersucht werden müssen.

Im Interesse einer genauen Interpretation der Ergebnisse ist zu berücksichtigen, daß einige Vorgänge nicht immer ganz scharf abgegrenzt werden können. Insbesondere muß man bei den Bezeichnungen der Vorgänge „weitere Privatisierungsmaßnahmen" (z. B. Verhandlungen mit der EU hinsichtlich Produktionsquoten und Beihilfen, Prüfung kartellrechtlicher Unbedenklichkeit), „Kapitalbeschaffung" und „Beginn mit der Durchführung von Investitionen" auf die angemessene Interpretation achten. Hier handelt es sich nur um jenen Teil, der erst nach Abschluß vorhergehender Aktivitäten möglich ist. Vor allem die Privatisierung ist kein Einzelvorgang. Sie besteht aus einem Bündel von Maßnahmen.

Im Grunde kann man fast alle Vorgänge des Netzplanes als Privatisierungsmaßnahmen interpretieren. Die Privatisierung beginnt ja mit dem Startvorgang und ist erst mit dem Rückzug der Treuhandanstalt abgeschlossen.

In ähnlicher Weise sind schon sehr früh kleinere und einige größere Investitionen von der Treuhandanstalt begonnen worden – vor allem im Zusammenhang mit der innerbetrieblichen Reorganisation. Und schließlich sind westdeutsche und ausländische Käufer des Unternehmens in der Regel aus anderweitigen Eigentumsrechten kreditwürdig. Bei den ostdeutschen sieht das jedoch ganz anders aus.

Eine weitere Unschärfe kommt dadurch zustande, daß ein Unternehmen während des Transformationsprozesses seine Identität wandelt bzw. verliert. Zu Beginn wurde im Jahre 1990 eine Zahl von ca. 8.500 zu privatisierenden Unternehmen genannt, zwischendurch gab die Treuhandanstalt eine Zahl von 11.000 an, und Ende 1994 weist sie als Gesamtportfolio eine Zahl von 13.815 Unternehmen aus. Dieser Zuwachs um mehr als 50 % ist vor allem durch die Zerschlagung größerer Unternehmen zustandegekommen. Und welche Qualität steckt hinter diesen schieren Zahlen? Einige gute Hotels funktionieren noch, andere Unternehmen erkennt man noch an ihren Produkten. In zahlreichen Unternehmen sind ein Zehntel der Beschäftigten verblieben, es gibt viele verlängerte Werkbänke. Nicht selten sind jene Fälle, wo neben dem Zehntel der Beschäftigten nur relativ gut erhaltene Werkhallen vom ehemaligen Unternehmen übrig geblieben sind. Vielfach aber war die Bausubstanz zu marode. Die Transformation bzw. Privatisierung besteht dann in nichts anderem als in der Umwandlung des „volkseigenen" bzw. Staatsbetriebes in ein Paket aus Beschäftigungs- und Investitionszusagen nebst Eigentümerwechsel bei betriebsnotwendigen Liegenschaften.

Seit Beginn der Transformation haben sich die gesetzlichen Rahmenbedingungen geändert. Der Netzplan (Abbildung 2) bildet die Situation im Jahre 1994 nach unseren Erhebungen ab. Daher spiegelt er den Transformationsprozeß approximativ wider und muß bei weiteren Änderungen der Regulierung modifiziert werden.

Eine hohe Aussagegenauigkeit zu erwarten, wäre unangemessen, und man muß bei der Interpretation der Ergebnisse zurückhaltend sein. Allerdings kann man bei GERT-Netzplänen durch den Ansatz einer Bandbreite von minimalen und maximalen Vorgangsdauern sowie von Wahrscheinlichkeiten die erwähnte Ungewißheit partiell berücksichtigen.

Eine Reihe wichtiger Vorgänge könnte noch präziser definiert werden. Ferner wäre es zweckmäßig, die Unternehmen als Objekt der Transformation genauer nach Klassen zu spezifizieren.

Problematisch ist auch, daß bisher nicht immer genaue Kriterien für den Entscheid dafür angegeben werden können, wann ein Vorgang abgeschlossen ist bzw. ob ein Knoten erreicht ist. Das gilt speziell für das wichtigste Endereignis, nämlich das positive Transformationsende. Für den negativen Fall, die Liquidation des Unternehmens, ist das Entscheidungskriterium recht eindeutig. Aber unter welchen Kriterien kann man ein Unternehmen als transformiert ansehen? Mancher meint, wenn es wettbewerbsfähig ist. Aber was heißt das? Auf welchen Märkten? Wie lange? Andere meinen, wenn es Gewinn erwirtschaftet. Wie wird der ermittelt? Wie hoch muß er sein? Auf welche Periode bezieht sich die Aussage? Wenn man an der Lösung dieser Probleme arbeitet, sollte man nicht zu hohe Erwartungen stellen: Einige der Probleme sind auch für Unternehmen ungelöst, die seit langem in der Marktwirtschaft operieren. Wir werten daher die vorgestellten Ergebnisse als einen fruchtbaren Ansatz, der einerseits eine gewisse Orientierung für die Untersuchung von Sequenzen von Transformationsschritten bietet, andererseits auch Anlaß für weitere Forschungen ist.

Um weitere Fakten für die Annäherung an die Bearbeitung dieser grundsätzlichen Probleme zu erarbeiten, scheinen zunächst folgende Forschungen empfehlenswert: *Erstens* sollten die in der obigen Vorgangsliste und im Netzplan angegebenen Expertschätzungen für minimale und maximale Dauern sowie die Wahrscheinlichkeiten der Vorgänge empirisch weiter untersucht und überprüft werden. In diesem Zusammenhang kann man auch die erwähnten Kriterien genauer fassen. *Zweitens* kann der bisherige Netzplan durch das geschilderte Verfahren der Aggregation und Desaggregation von Vorgängen für konkrete Unternehmen, Fälle und Probleme der Transformation spezifiziert werden. Die damit gewinnbaren Erkenntnisse können den bisherigen Rahmennetzplan modifizieren und verfeinern. Damit wird ein Forschungsprogramm fortgesetzt, das mit dem bisherigen Projekt der Volkswagen-Stiftung eingeleitet wurde. Gleichzeitig sollten bei den Modifikationen die Ergebnisse der makro- und institutionenökonomischen Transformationsdebatten berücksichtigt und eingearbeitet werden.

Die Möglichkeit der Anwendung von GERT-Netzwerken für die Untersuchung der Transformation von Unternehmen läßt zudem interessante Ergebnisse auf weiteren Forschungsgebieten erwarten:

- Controlling von Innovationsprozessen und Untersuchung der Frage: Wie läßt sich die „Time-to-Market" verkürzen?
- Quantitative Analyse der Frage: Wie kann man routinemäßige Genehmigungsverfahren in ihrem komplexen Zusammenspiel auf Unternehmensebene verkürzen?
- Modellierung der Netzwerke von Akteuren mit unterschiedlichen Entscheidungsoptionen (u. a. Prinzipal-Agent-Netzwerke).

Literaturverzeichnis

ALBACH, H. (1992): The Transformation of Firms and Markets – A Network Approach to Economic Transformation Processes in East Germany. The Uppsala Lectures 1992 in Business. Uppsala, Berlin.

ALBACH, H. (1994): The Managment of Transition in East German Firms. Paper presented to IFSAM's Second World Conference on Managment in Dallas, Texas on August 17th, 1994.

ALBACH, H.; P. WITT (Hg.) (1993): Transformationsprozesse in ehemals Volkseigenen Betrieben. Stuttgart.

ALBACH, H.; R. SCHWARZ (1994): Die Transformation des Humankapitals in ostdeutschen Betrieben. Wissenschaftszentrum Berlin, Januar 1994.

BELLAS, C.; C. SAMLI (1973): Improving New Product Planning with GERT Simulation. California Management Review XV(1973)4: 14-21.

CEHIC, C. (1993): Rahmenbedingungen des Transformationsprozesses. Koblenz, Berlin: Wissenschaftliche Hochschule für Unternehmensführung (WHU), Forschungsprojekt „Transformationsprozesse in ehemals Volkseigenen Betrieben", Working Paper No. 11, Dezember 1993.

ELMAGHRABY, S. (1977): Activity Networks. Project Planning and Control by Network Models. New York u. a.
O. V. (1994): Die letzte „Wasserstandsmeldung" der Treuhandanstalt. Treuhand-Informationen (1994)24: 4.
SCHMIDT, O. (1994): GERTSIM – eine Softwarelösung zur Simulation von GERT-Netzplänen unter MS-EXCEL. Koblenz, Berlin: Wissenschaftliche Hochschule für Unternehmensführung (WHU), Working Paper No. 13.
SCHWARZ, R. (1995): Chaos oder Ordnung? Einsichten in die ökonomische Literatur zur Transformationsforschung. Marburg: Metropolis-Verlag.
WITT, P. (1993): Die Planung von Transformationsprozessen mit GERT-Netzplänen. Koblenz, Berlin: Wissenschaftliche Hochschule für Unternehmensführung (WHU), Working Paper No. 7.

Franz W. Wagner / Ekkehard Wenger[*]

Theoretische Konzeption und legislative Transformation eines marktwirtschaftlichen Steuersystems in der Republik Kroatien

Die Verfasser haben als Mitglieder der Reformgruppe „Konsumorientierte Neuordnung des Steuersystems" (KNS) seit 1990 in Ungarn, Polen, Lettland und Kroatien die jeweiligen Finanzministerien bei Steuerreformvorhaben beraten. Die KNS-Gruppe verfolgte dabei die Leitidee einer in das System marktwirtschaftlicher Ordnungen eingefügten neutralen Besteuerung, von der keine verzerrenden Wirkungen auf Marktprozesse ausgehen sollen.

Im folgenden wird das dieser theoretischen Leitlinie weitgehend entsprechende Steuersystem Kroatiens vorgestellt. Außerdem werden erfassungstechnische Probleme bei der legislativen Transformation von im Wege der Modellbildung gewonnenen Einsichten dargelegt.

---

[*] Univ.-Prof. Dr. oec. publ. Franz W. Wagner , Wirtschaftswissenschaftliches Seminar der Eberhard-Karls-Universität Tübingen, Abteilung Betriebswirtschaftslehre, insbesondere Betriebswirtschaftliche Steuerlehre und Wirtschaftsprüfung, Mohlstraße 36, 72074 Tübingen.

Univ.-Prof. Dr. rer. pol. Ekkehard Wenger, Universität Würzburg, Lehrstuhl für Betriebswirtschaftslehre, Bank- und Kreditwirtschaft, Sanderring 2, 97070 Würzburg.

1. Reformaktivitäten der KNS-Gruppe in Osteuropa 1990-1995

Die sich im Herbst 1989 abzeichnende Notwendigkeit einer Neuordnung der Wirtschaft Osteuropas ließ erwarten, daß es auch zu Reformen der Steuersysteme kommen würde. Die Verfasser hatten auf der Tagung des Verbandes der Hochschullehrer für Betriebswirtschaft in Köln 1988 neue theoretische Grundlagen einer Reform der Unternehmensbesteuerung vorgestellt, die auf der Leitidee basierten, die Erhebung der Steuerlast stärker an den Ordnungsrahmen einer Marktwirtschaft anzupassen, als dies bei der gegenwärtigen deutschen Unternehmensbesteuerung der Fall ist, die erhebliche Wohlfahrtsverluste durch intersektorale und intertemporale Verzerrungen des Marktprozesses erzeugt.[1] Da von der Erwartung ausgegangen werden konnte, daß sich in Osteuropa marktwirtschaftliche Strukturen herausbilden würden, konnte grundsätzlich von der Annahme ausgegangen werden, daß sich die Leitidee einer intersektoral und intertemporal neutralen Besteuerung als geeignet für die Neukonzeption von Steuersystemen in den Ländern des ehemaligen Ostblocks erweisen würde.

Nach dem 1989 in Heidelberg durchgeführten Kongreß „Konsumorientierte Neuordnung des Steuersystems" (ROSE (Hg.) 1990; 1991) bildeten die Verfasser zusammen mit MANFRED ROSE, Heidelberg, und JOACHIM LANG, Köln, eine Arbeitsgruppe gleicher Bezeichnung (KNS). Die KNS-Gruppe nahm 1990 zunächst in privater Initiative eine Beratungstätigkeit in Budapest auf. Zur Unterstützung weiterführender Arbeiten erging noch in demselben Jahr ein Auftrag der Gesellschaft für Technische Zusammenarbeit (GTZ), Eschborn, der eine Einladung des ungarischen Finanzministers zugrunde lag. Das im Mai 1991 vorgelegte Abschlußgutachten (ROSE / LANG / WAGNER / WENGER 1991, 1992) faßte die Ergebnisse der Tätigkeit in Ungarn zusammen. 1990 und 1991 organisierte die Friedrich-Ebert-Stiftung zwei Konferenzen im polnischen Finanzministerium in Warschau, die ebenfalls der Erarbeitung von Empfehlungen für die durchzuführende Steuerreform dienten.[2] In der Folge wurde die KNS-Gruppe von der GTZ erneut beauftragt, einen Gesetzesvorschlag für eine in der Republik Lettland durchzuführende Steuerreform auszuarbeiten, der nach Durchführung mehrerer Konferenzen in Riga Ende 1992 fertiggestellt wurde (ROSE / ROLF / WAGNER / WENGER 1992). Im selben Jahr

---

[1] WAGNER (1989), WENGER (1989). Zur allokationstheoretischen Rechtfertigung dieser Leitidee vgl. WENGER (1986).

[2] FRIEDRICH-EBERT-STIFTUNG ET AL. (Hg.) (1991). Zu den Ergebnissen der polnischen Steuerreform vgl. SCHMIDT / WAGNER (1994).

legte JOACHIM LANG ein im Auftrag des Bundesministeriums der Finanzen verfaßtes Steuergesetzbuch vor, das die Bundesregierung zur Unterstützung von Reformbestrebungen in weiteren osteuropäischen Staaten verfügbar machte.[3] 1993 erhielt die KNS-Gruppe von der GTZ auf Anfrage des Finanzministers der Republik Kroatien den Auftrag, eine Begutachtung des bestehenden Steuersystems vorzunehmen und gegebenenfalls einen Reformvorschlag für ein neues Steuersystem auszuarbeiten.

Das Ausmaß der Umsetzung der erarbeiteten Empfehlungen in den verschiedenen osteuropäischen Staaten ist aufgrund der politischen Instabilität infolge verschiedener Regierungswechsel insgesamt nur schwer zu beurteilen, zumal neben der KNS-Gruppe zeitweise Vertreter des Internationalen Währungsfonds ebenfalls mit dem Entwurf von Reformvorschlägen beauftragt waren, die im Ergebnis teilweise gleichlautende, teilweise andere Empfehlungen enthielten.

Für die folgende Darstellung wurden die von der KNS-Gruppe im Entwurf ausgearbeiteten Steuergesetze der Republik Kroatien zugrundegelegt, bei denen die abgegebenen Empfehlungen in nahezu geschlossener Form in geltendes Recht umgesetzt wurden und überwiegend bereits Rechtskraft erlangt haben.[4]

Die KNS-Gruppe war während ihrer gesamten Gutachtertätigkeit von der Vorstellung geleitet, Empfehlungen hinsichtlich einer neutralen Besteuerung auszusprechen, derzufolge die Ausgestaltung der Steuerbelastung einzelne ökonomische Aktivitäten weder begünstigen noch diskriminieren sollte. Dieses Ergebnis wird nach Auffassung der KNS-Gruppe durch eine Konsumorientierung des Steuersystems mit einer weitgehenden Entlastung von Kapitalerträgen und einer stärkeren Belastung des Konsums am besten erreicht. Da die Besteuerung in Deutschland keiner konzeptionell konsequenten Entwicklung folgt, mußten sowohl die theoretische Konzeption als auch die legislative Transformation bisher in Deutschland nicht beschrittenen Wegen folgen; dies gilt insbesondere für die Unternehmensbesteuerung.

---

[3] Die Veröffentlichung erfolgte durch LANG (1993).

[4] Das Gewinnsteuergesetz und das Einkommensteuergesetz sind seit dem 1.1.1994 in Kraft (Narodne novine, Nr. 109/93). Das verabschiedete Umsatzsteuergesetz wird voraussichtlich am 1.1.1997 in Kraft treten.

2. Theoretische Konzeption eines neutralen Steuersystems

Der Entwurf einer grundsätzlich entscheidungsneutralen Besteuerung erfordert zunächst Annahmen über die wirtschaftliche Zielsetzung und den Alternativenraum von Steuerpflichtigen. Da das Neutralitätspostulat nicht auf die Unternehmensbesteuerung beschränkt werden kann, sondern als generelles Postulat zu betrachten ist, wird als Ausgangslage der Entscheidungsneutralität die Wirkung der Besteuerung auf die Entscheidungen des einkommenerzielenden und einkommenverwendenden Entscheidungssubjekts der mikroökonomischen Theorie gewählt. Hiermit wird der Einsicht Rechnung getragen, daß Steuern letztlich immer von natürlichen Personen zu tragen sind (ROSE 1994: 424).

Individuen stehen zunächst vor der Frage, ob sie einem über Marktprozesse formalisierten Einkommenserwerb nachgehen sollen, der in Kontrakt- und Residualeinkommen bestehen kann, oder ob sie als Selbstversorger im aus erfassungstechnischen Gründen steuerfrei bleibenden Privatraum tätig werden wollen. Hinsichtlich des über Marktprozesse erworbenen Einkommens ist zu entscheiden, ob dieses investiert oder konsumiert werden soll, wobei die Ersparnisbildung in Form von Investitionen wiederum innerhalb und außerhalb von Unternehmen vorgenommen werden kann. Investitionen in Unternehmen können bei einer neutralen Besteuerung folglich keinen steuerlichen Sonderstatus erlangen, da sie als eine mit anderen Investitionsalternativen konkurrierende und in ihrem Fortbestand jederzeit disponible Einkommensquelle angesehen werden.

Die entscheidungsneutrale Besteuerung von Unternehmen kann daher keinen eigenständigen Zwecksetzungen unterliegen, sondern hat sich nach der Steuerbelastung der anderen Handlungsalternativen von Kapitalinvestoren zu richten. Intersektorale Neutralität der Besteuerung ist dann erreicht, wenn die Einbeziehung von Steuern in den Investitionskalkül die Rangfolge der zur Wahl stehenden Handlungsalternativen nicht verändert. Um zusätzlich intertemporale Neutralitätseigenschaften der Besteuerung zu gewährleisten, muß die Transformation von Gegenwarts- in Zukunftskonsum durch Ersparnisbildung ebenfalls unbeeinflußt bleiben. Dies muß unabhängig davon gelten, ob der Zukunftskonsum aus privaten Kapitalanlagen oder aus in Unternehmungen investierten Mitteln gespeist wird. Da die intertemporale Neutralität auch durch eine rangfolgeinvariante Einkommensteuer nicht erreicht werden kann, ist für die Erfüllung weitgehender Neutralitätspostulate nur eine konsumorientierte Besteuerung geeignet.[5]

Hieraus wird deutlich, daß die Forderung nach Neutralität des Steuersystems nicht als Zielsetzung angesehen werden kann, die sich mit betriebswirtschaftlichen, also einzelwirtschaftlichen Kategorien begründen läßt. Vielmehr handelt es sich um eine Zielsetzung, der ausschließlich gesamtwirtschaftliche Effizienzvorstellungen zugrunde liegen und die aus dem Verständnis der Unternehmung als Glied einer marktwirtschaftlichen Ordnung endogen abgeleitet ist.[6]

Aus dem im Modell geführten Nachweis der Überlegenheit einer Konsumbesteuerung folgt im übrigen, daß für Institutionen wie Unternehmungen schon deshalb keine eigenen steuerlichen Desiderata gelten können, weil Institutionen steuerlich grundsätzlich nicht belastet werden sollen. Dies bedeutet aber nicht, daß sich das Steuersystem nicht der Institutionenebene in erhebungstechnischer Absicht bedienen könnte; doch muß die Funktion der Unternehmensbesteuerung in einem konsumorientierten Steuersystem hierauf reduziert werden. Die Unternehmensebene enthält folglich keine Merkmale, aus denen sich ein eigenständiger Maßstab steuerlicher Leistungsfähigkeit ableiten läßt; vielmehr liegen die zu treffenden Merkmale ökonomischen Handelns, die Besteuerungsziel sind, außerhalb der Unternehmen. Die Unternehmensbesteuerung muß sich an diesen Merkmalen orientieren und an die Zielsetzung einer Konsumbesteuerung der Anteilseigner angepaßt werden; dies bedeutet, daß bei der Gewinnermittlung Belastungsmodifikationen anerkannt werden müssen, die auf die steuerliche Behandlung privater Ersparnisse abgestimmt sind.

Dem deutschen Steuersystem ist die Vorstellung einer konsumbasierten Besteuerung keineswegs fremd. Dies zeigt sich schon an den zahlreichen Akzisen, die spezielle Formen des Konsums belasten; außerdem werden die Hauptsäulen des deutschen Steuersystems von der den Konsum belastenden Mehrwertsteuer und der Lohnsteuer gebildet, die bei vollständigem Konsum des Einkommens in ihrer Wirkung faktisch ebenfalls eine Besteuerung des Konsums zur Folge hat.

Im Gegensatz zum Arbeitseinkommen bleiben nach geltendem Recht die Erträge aus der privaten Kapitalbildung weitgehend steuerfrei (vgl. WAGNER 1989: 272f.). Dies gilt z. B. für

- die Abziehbarkeit von Vorsorgeaufwendungen als Sonderausgaben,

---

[5] Vgl. hierzu umfassend SCHWINGER (1992).
[6] Zu anderen betriebswirtschaftlichen Leitbildern steuerlicher Rechtskritik vgl. WAGNER (1995: 739ff.).

- die Steuerfreiheit von Wertzuwächsen bei Immobilien und Wertpapieren außerhalb der Spekulationsfristen,
- den bis zur Einführung der Zinsabschlagsteuer faktisch nicht durchgesetzten Besteuerungsanspruch auf Zinseinnahmen und die seit 1993 geltende, großzügige Gewährung von Sparerfreibeträgen,
- die nach wie vor bestehende Steuerfreiheit für Erträge aus Lebensversicherungen, sofern eine Laufzeit von mindestens 12 Jahren erreicht ist.

Auf Unternehmensebene ist die Orientierung der Gewinnbesteuerung am konsumierbaren Einkommen nicht so deutlich erkennbar. Zwar bilden z. B. über die Ertragswertabschreibung hinausgehende Sonderabschreibungen, die Passivierung von Pensionsrückstellungen und die Bildung steuerfreier Rücklagen konsumorientierte Elemente der Gewinnbesteuerung. Wegen der Ableitung der Gewinnbesteuerung aus der handelsrechtlichen Rechnungslegung mit der Besteuerung funktionsfremden Regelungszielen treten konsumorientierte Elemente in der Einkommensmessung jedoch nur sporadisch auf. So gibt es gegenwärtig z. B. keine rechentechnischen Vorkehrungen, um im Inflationsfall die Konsumierbarkeit des ermittelten Unternehmensgewinns konzeptionell zu kontrollieren, weshalb in Zeiten stärkerer Geldentwertung regelmäßig Gewinnkorrekturen gefordert werden (WENGER 1983; 1985; 1986; 1990).

Wenn in der aktuellen deutschen Reformdiskussion vor allem die Unternehmensbesteuerung für reformbedürftig gehalten wird, so läßt sich dies aus der intuitiv richtig erfaßten Einsicht heraus erklären, daß sich der Reformbedarf der Unternehmensbesteuerung aus der mangelnden konzeptionellen Sicherstellung der Konsumierbarkeit der Unternehmensgewinne ergibt. In der Regel ist den Befürwortern von Reformvorschlägen der programmatische Hintergrund ihrer Vorschläge nicht bewußt (EBD. 1983; 1985; 1986; 1990). Daher werden die eigentlichen konzeptionellen Defizite der Unternehmensbesteuerung in der öffentlichen Diskussion meist nicht in wünschenswertem Ausmaß deutlich.

3. Erhebungstechnische Alternativen der Konsumbesteuerung

Prinzipiell ist eine direkte persönliche und eine indirekte, auf Umsatzakten in Marktsystemen beruhende Konsumbesteuerung möglich.

Letztere wird im allgemeinen als durch eine Umsatzsteuer des westeuropäischen Typus verwirklicht angesehen. Grundsätzlich wäre es denkbar, die gesamte Konsumbesteuerung auf eine einzige Umsatzsteuer zu stützen. Weicht ein Steuerregime eines Landes, das ausschließlich auf der Umsatzsteuer basieren würde, jedoch sehr stark von dem benachbarter Länder ab, so ist mit Steuerhinterziehung durch unkontrollierte Importe und entsprechend hohen Kosten der Grenzsicherung zu rechnen. Bei Umstellung der Umsatzsteuer vom Bestimmungslandsprinzip auf das Ursprungslandsprinzip wäre eine solche Steuer bei geöffneten Grenzen wegen der außenwirtschaftlichen Wettbewerbsnachteile der inländischen Unternehmen nicht mehr praktizierbar.

Die Pluralität von Steuerarten erweist sich daher aus erfassungstechnischen Gründen auch dann als sinnvoll, wenn deren Besteuerungsziel materiell gleichgerichtet ist. Hinzu kommt, daß eine Mehrzahl von Steuern deren umfassende Hinterziehung erschwert, weil hierfür eine Mehrzahl entsprechender Arrangements erforderlich wird und damit die Organisationskosten der Steuerhinterziehung steigen. Insoweit sind einer Vereinfachung des Steuersystems durch Reduktion der Steuerarten und damit der praktischen Durchsetzung theoretischer Ideale erfassungstechnische Grenzen gesetzt.

Die KNS-Gruppe hat folglich dem Wunsch des kroatischen Finanzministeriums entsprochen, die Erhebung des Steueraufkommens in mehreren Abrechnungssystemen vorzunehmen. Aus diesem Grunde wurde eine Dreiteilung der konsumbasierten Steuererhebung in eine Gewinnsteuer für Unternehmen, eine Einkommensteuer natürlicher Personen und eine Umsatzsteuer gewählt.

4. Die Konzeption von Gewinnsteuer und Einkommensteuer

Die personenbezogene direkte Form der Konsumbesteuerung findet ihren konzeptionell klarsten Niederschlag bekanntlich in einer Cash-Flow-Steuer, bei der von den Einzahlungen alle investiven Auszahlungen abgezogen werden. In diesem Fall stimmt der brutto konsumierte Betrag mit der Steuerbemessungsgrundlage überein.[7] Da die persönliche Konsumbesteuerung in der Form einer „sparbereinigten Einkommensteuer" trotz ihrer konzeptionell bestechenden Einfachheit hohe Anforderungen an die lückenlose Erfassung des Rückflusses der investierten Beträge stellt, was sich insbesondere in Fällen der

---

[7] Vgl. als Übersicht WAGNER (1989).

Vererbung und Wohnsitzverlegung als Problem erweist, hat die KNS-Gruppe für den Entwurf des kroatischen Gewinnsteuergesetzes die Konzeption einer „zinsbereinigten Einkommensteuer" vorgezogen.[8] Bei dieser bleibt die traditionelle buchhalterische Gewinnermittlung weitgehend unangetastet und wird lediglich durch den Abzug von Zinsen auf das gebundene Kapital korrigiert. Bei Gleichheit von steuerlichem Korrekturzins und Marktzins wird eine Barwertäquivalenz gegenüber der Cash-Flow-Steuer hergestellt.

Das in der Literatur dokumentierte Berechnungsverfahren der Zinsbereinigung ist im Ergebnis der Besteuerung des Kapitalwertes von Investitionen äquivalent (WAGNER / WISSEL 1995). Durch Besteuerung des Kapitalwertes einerseits und die faktische Steuerfreistellung der „normalen" Kapitalverzinsung andererseits wird sowohl die intersektorale Investitionsneutralität als auch die intertemporale Konsumneutralität der Besteuerung gewährleistet.

Die Diskussion erfassungstechnischer Probleme legt eine weitere Differenzierung zwischen einer konzeptionell anspruchsvolleren Gewinnsteuer von Unternehmen und einer Einkommensteuer natürlicher Personen nahe.

4.1 Die Gewinnsteuer[9]

Der Gewinnsteuer unterliegen Selbständige und Unternehmer faktisch im Regelfall und unabhängig von der Rechtsform.[10] Ihre Bemessungsgrundlage wird mit Hilfe eines traditionellen bilanziellen Vermögensvergleichs ermittelt. Von diesem Bilanzgewinn ist dann aber noch eine kalkulatorische Verzinsung des zu Periodenanfang gebundenen Kapitals abzuziehen.[11] Der dabei zugrunde gelegte kalkulatorische Zinsfuß heißt in der Sprache des Gesetzes „Schutzzins"; er wird administrativ festgelegt und gleicht im Idealfall dem Kapitalmarktzins. Mangels funktionierenden Kapitalmarkts wird derzeit noch ein „synthetischer" Zins angesetzt; er setzt sich zusammen aus einer Realzinskomponente von 3 % p. a., die nach Maßgabe des Erzeugerpreisindex in einen Nominalzins umgerechnet wird. Da ein positives Eigenkapital aus der Perspektive einer Cash-Flow-Steuer

---

[8] Das Konzept wurde erstmalig vorgestellt von WENGER (1983) und BOADWAY / BRUCE (1984).

[9] Wegen eines Überblicks vgl. STÖCKLER / WISSEL (1995a) und (1995b). Eine ausführliche Darstellung der rechtlichen Grundlagen findet sich in INTFIS (1994b); die ökonomischen Konsequenzen werden analysiert von KIESEWETTER (1995: 66-117).

[10] § 2 Gewinnsteuergesetz (GwStG).

[11] §§ 7-9 GwStG.

einer verspäteten Anrechnung von Investitionsauszahlungen entspricht, bewirkt die Verzinsung des gebundenen Kapitals, daß die Gesamtheit aller Steuerzahlungen trotz unterschiedlicher zeitlicher Verteilung denselben Barwert aufweist wie bei einer Cash-Flow-Steuer. Damit kann intersektorale und intertemporale Neutralität gewahrt werden.

Der Begriff des bilanzierten Eigenkapitals umfaßt die gezeichneten Einlagen, alle Arten von Rücklagen und den laufenden Gewinn, nicht jedoch Rückstellungen.[12] Wie im deutschen Steuerrecht dürfen Entnahmen oder Einlagen in jeglicher Form den Gewinn nicht beeinflussen.[13] Eingelegte Eigenkapitalteile werden daher zeitanteilig ab dem Ende des Monats der Kapitalzuführung verzinst; Entnahmen kürzen das verzinsliche Eigenkapital bereits ab Monatsanfang, um Mißbräuchen und stichtagsbezogenen Manipulationen des Eigenkapitalbestands vorzubeugen. Außerdem wird das bilanzierte Eigenkapital als Bezugsgröße des Schutzzinses noch um den Wert der Anteile an gewinnsteuerpflichtigen Unternehmen und um ausstehende Einlagen gekürzt. Damit ist gewährleistet, daß der Schutzzinsbetrag auf dasselbe investierte Kapital nicht mehrfach geltend gemacht werden kann.

Laufende Erfolgsanteile aus Beteiligungen werden wie folgt erfaßt: Ist ein gewinnsteuerpflichtiger Unternehmer Mitunternehmer im Sinne des kroatischen Einkommensteuergesetzes, wird sein anteiliges Einkommen aus der Mitunternehmerschaft Teil seiner gewinnsteuerlichen Bemessungsgrundlage. Anteile am Erfolg gewinnsteuerpflichtiger Tochterunternehmen o. ä. werden im Gegensatz dazu aus der Bemessungsgrundlage eliminiert. Alle steuerrelevanten Sachverhalte in der Tochterunternehmung o. ä. werden entsprechend dem Prinzip der Einmalbesteuerung nur dort erfaßt und besteuert.[14]

Für gesellschaftsrechtliche Vorgänge im Sinne des § 12 Gewinnsteuergesetz (vgl. auch §§ 15-20 ORG) sind zwei Arten der steuerlichen Behandlung vorgesehen: Wird beim Käufer, Rechtsnachfolger usw. zu Marktwerten bilanziert, werden also eventuell stille Reserven aufgedeckt, hat der Veräußerer, Rechtsvorgänger o. ä. den Veräußerungserfolg (Gewinn oder Verlust) zu versteuern. Werden die Buchwerte des Rechtsvorgängers dagegen fortgeführt, gilt die Kontinuität der Besteuerung als gewahrt. Der Veräußerungserfolg u. ä. ist dann eine steuerlich unbeachtliche Vermögensänderung. Da der Zeitpunkt der Aufdeckung stiller Reserven in der zinsbereinigten Gewinnermittlung irrelevant ist, führen beide Verfahren zur selben Steuerbelastung.

---

[12] § 8 Abs. 1 Ordnungsrichtlinie über die Abrechnung und Entrichtung der Gewinnsteuer (ORG).
[13] § 5 GwStG.
[14] § 4 GwStG. Vgl. hierzu auch STÖCKLER / WISSEL (1995b: 5f.).

Verlustvorträge dürfen mit dem Schutzzinssatz aufgezinst werden, so daß gegenüber einem Sofortausgleich kein Barwertnachteil entsteht (§ 10 GwStG). Das Prinzip der Einmalbesteuerung bewirkt, daß auch Unternehmen desselben Eigners ihre Gewinne und Verluste nicht gegeneinander aufrechnen können, sondern Verluste nur vortragen können. Nachteile für den Steuerpflichtigen können insbesondere deshalb entstehen, weil Verluste längstens fünf Jahre vortragsfähig sind.

Die Gewinnsteuer ist grundsätzlich finanzierungsneutral. Fremdkapitalzinsen sind abzugsfähig, erhaltene Zinsen stellen Erträge dar. Ein Kredit zum Kapitalmarktzins hat trotz erfolgswirksamer Verbuchung keine Steuerwirkungen. Beim Gläubiger, der Eigenkapital verliehen hat, heben sich der Zinsertrag aus der Anlage und der Schutzzinsbetrag auf das investierte Kapital auf; der Schuldner ist indifferent zwischen Eigenfinanzierung und Aufnahme eines Kredits bei gleichzeitiger Anlage der eigenen Mittel am Kapitalmarkt. Der aus Sicht des Gläubigers positive Kapitalwert eines Kreditvertrags mit höherer Verzinsung wird bei diesem durch die Gewinnsteuer proportional gekürzt. Wegen des einheitlichen Gewinnsteuersatzes führt der Zinsaufwand beim jeweiligen Schuldner zu einer Steuererstattung in derselben Höhe. Der positive Kapitalwert einer Realinvestition wird also in dem Umfang, in dem er dem Fremdkapitalgeber zukommt, bei diesem besteuert. Unabhängig von der Verteilung des Kapitalwerts auf verschiedene Kapitalgeber wird entstandenes Konsumpotential damit grundsätzlich einmal proportional besteuert.

4.2 Die Einkommensteuer[15]

Ist der Umfang der Geschäftstätigkeit einer Personengesellschaft, eines Einzelunternehmers oder selbständig Tätigen zu gering, um die Kosten einer ausgebauten kaufmännischen Buchführung mit bilanzieller Ermittlung des Gewinns zu rechtfertigen, kommt das vereinfachte Ermittlungsverfahren für Einkommen aus Gewerbebetrieb und freien Berufen im Rahmen der Einkommensteuer zur Anwendung.[16] Es handelt sich dabei um eine realwirtschaftliche Überschußrechnung; Kreditbeziehungen werden also steuerlich nicht erfaßt. Von einer Cash-Flow-Steuer des R-Typs weicht das Verfahren dadurch ab, daß das Anlagevermögen nicht sofort, sondern nach Maßgabe eines gesonderten Anlageverzeichnisses zeitanteilig abgeschrieben wird. Dadurch entsteht dem Steuerpflichti-

---

[15] Für eine ausführliche Darstellung der rechtlichen Regelungen vgl. INTFIS (1994a); zu einer ökonomischen Analyse vgl. KIESEWETTER (1995: 66-117). Vgl. auch ROSE (1994).

[16] § 2 Abs. 6 GwStG und §§ 13-29 Einkommensteuergesetz (EStG).

gen kein Zinsnachteil, da auf den Buchwert des Anlagevermögens lt. Vermögensverzeichnis zu Beginn des Steuerjahres ein Schutzinsbetrag gewährt wird. Wie bei der Gewinnsteuer werden Zu- und Abgänge bei der Bezugsgröße der Schutzinsberechnung, hier also beim Anlagevermögen, zeitanteilig berücksichtigt. Für ein eigenfinanziertes Investitionsobjekt wird damit, sieht man von nichtverzinslichem Umlaufvermögen wie Kassenbestand und Warenlager ab, in jeder Periode dieselbe Steuerbemessungsgrundlage erreicht, als ob das Objekt der Gewinnsteuer unterläge.[17]

Auch bei der Auswahl der übrigen im Gesetz genannten Einkommensarten dominiert die Zielsetzung einer möglichst einfachen und nachprüfbaren Ermittlung der Bemessungsgrundlagen.

Unter Einkommen aus Vermögen und Vermögensrechten[18] fallen laufende Einnahmen aus der Vermietung und Verpachtung von Immobilien, beweglichen Sachen, Autorenrechten oder industriellen Eigentumsrechten. Das Einkommen wird mit 70 % der Mieteinnahmen u. ä. pauschaliert. Veräußerungsgewinne aus Immobilien und Vermögensrechten werden nur innerhalb einer dreijährigen Spekulationsfrist besteuert. Als Gewinn gilt der Veräußerungserlös abzüglich des aufgezinsten Anschaffungspreises (keine AfA).[19] Ein Veräußerungsverlust kann nur im Jahr seiner Entstehung mit Veräußerungsgewinnen artgleicher Vermögensgegenstände ausgeglichen werden. Einkommen aus dieser Einkommensart und solche aus selbständiger Tätigkeit können wahlweise der Gewinnsteuer unterworfen werden, so daß Steuerpflichtige eventuellen Nachteilen aus den Pauschalierungen und Vereinfachungen durch bilanzielle Gewinnermittlung ausweichen können.

Die dritte und letzte Einkommensart stellt das Einkommen aus nichtselbständiger Arbeit dar.[20] Die Steuer auf Löhne und Gehälter wird in einem dem deutschen Lohnsteuerabzug vergleichbaren Quellenabzugsverfahren durch den Arbeitgeber einbehalten. Renten und Sachleistungen werden wie Gehälter besteuert. Abzugsfähig sind im wesentlichen nur die Beiträge zu den gesetzlichen Sozialversicherungen.

Eine den deutschen Einkünften aus Kapitalvermögen entsprechende Einkommensart gibt es nicht. Das Prinzip der Einmalbesteuerung von Kapitalwerten in gewinnsteuer- oder einkommensteuerpflichtigen Unternehmen macht eine Erfassung von Residualan-

---

[17] Die Steuerzahlungen differieren wegen der unterschiedlichen Tarife im EStG und im GwStG.
[18] §§ 30-34 EStG.
[19] § 30 Abs. 2 EStG; es wird fälschlich mit dem Preissteigerungssatz statt dem Schutzinssatz aufgezinst.
[20] §§ 7-9 EStG.

sprüchen bei den Eignern von Unternehmen überflüssig. Die Nichterfassung von Kreditbeziehungen ist ohnehin ein allgemeines Charakteristikum der Einkommensteuer. Das ermöglicht eine erhebliche Vereinfachung der Erfassung des Einkommens und seiner Kontrolle. Im Gegensatz zur Gewinnsteuer wird Konsumpotential, gemessen als positiver Kapitalwert, in der Einkommensteuer bei dem Steuerpflichtigen erfaßt, der die vorteilhafte Realinvestition durchführt; dies gilt auch dann, wenn ein Teil des Vorteils an Fremdkapitalgeber weitergereicht wird. Grundsätzlich ist auch dieses Vorgehen finanzierungsneutral.

Verletzungen der Finanzierungsneutralität drohen nur dann, wenn zwischen dem Einkommensteuerpflichtigen und einem Gewinnsteuerpflichtigen Kreditverträge mit von Null abweichenden Kapitalwerten geschlossen werden (KIESEWETTER 1995: 91-98). Je nach Fallkonstellation werden Kapitalwerte dann doppelt oder überhaupt nicht mit Steuern belastet. Während die steuerfreie Auskehrung von Gewinnen aus dem Bereich der Gewinnsteuer durch Angemessenheitsprüfungen von Kreditverträgen grundsätzlich verhindert werden kann,[21] ist das erstgenannte Problem ungelöst. Wer sich zu einem Zins über dem Schutzzinssatz bei einem Gewinnsteuerpflichtigen (z. B. einer Bank) verschuldet, sollte für die Gewinnsteuer optieren, um die gezahlten Zinsen steuerlich geltend machen zu können.

Die Einkommen aus den verschiedenen Einkommensarten werden aufsummiert; ein eventueller Verlustvortrag aus selbständiger Tätigkeit wird abgezogen, und man erhält den sogenannten verlustbereinigten Gesamtbetrag aller Einkommen. Auf diese Größe wird ein zweistufiger Tarif angewendet, wobei bis zu einem Betrag in Höhe des dreifachen gesetzlichen Mindestlohns 25 % ESt anfallen und auf darüber hinausgehende Beträge 35 %. Von der unteren Tarifstufe dürfen vor Anwendung des Tarifs noch pauschalierte persönliche Abzugsbeträge für den Steuerpflichtigen und die von ihm abhängigen Familienangehörigen abgezogen werden, so daß man hier von einer Tariflösung der Freibeträge sprechen kann.

Der Steuersatz der Gewinnsteuer beträgt dagegen durchweg nur 25 %. Hinzu kommt, daß größere Gemeinden außerdem ein Hebesatzrecht haben, das lediglich die Einkommensteuer, nicht aber die Gewinnsteuer betrifft. Bei voller Ausschöpfung des Hebesatzrechts resultiert ein potentieller ESt-Spitzensatz von fast 38 %; in der Stadt Zagreb, für die eine Sonderregelung gilt, liegt dieser Satz bei fast 45 %. Wegen des Steuersatzgefälles zwischen Einkommensteuer und Gewinnsteuer sind bereits Ausweichhandlungen in großem Umfang zu beobachten.

---

21 Zu den diesbezüglichen Regelungen vgl. § 6 Abs. 1 GwStG.

Wo dies möglich ist, optieren ESt-Pflichtige für die GwSt, wo nicht, werden Einkommen im Sinne der ESt durch entsprechende Vertragsgestaltung in GwSt-pflichtige Gewinne umdeklariert.

5. Die Konzeption der Umsatzsteuer

Ausgangspunkt für die Konzeption der Umsatzsteuer war die Maßgabe des kroatischen Finanzministeriums, eine Konsumbesteuerung auf der Basis des westeuropäischen Verkehrsteuertyps zu entwickeln, um hiermit die Voraussetzung für eine Harmonisierung mit europäischen Umsatzsteuern zu schaffen.[22] Hinsichtlich der redaktionellen Ausgestaltung und Begriffstechnik mußte daher die 6. EG-Richtlinie als Grundlage dienen. Im Gegensatz zu einer auf der Einkommensteuer basierenden persönlichen Konsumbesteuerung, für die erst eine Konzeption geschaffen werden mußte, könnte bei einer Umsatzsteuer grundsätzlich das Ideal der Konsumbesteuerung bereits mit ihrer lückenlosen und gleichmäßigen Anwendung erreicht werden. Hierzu ist es erforderlich, auf unsystematische Steuerbefreiungen und Tarifdifferenzierungen weitgehend zu verzichten. Genau genommen wären für eine treffsichere Konsumbelastung durch eine Umsatzsteuer Korrekturen der gängigen westeuropäischen Umsatzbesteuerung notwendig, da eine exakt die Konsumausgaben belastende Umsatzsteuer das Vorsteuerabzugsrecht nicht von der Unternehmereigenschaft, sondern von dem Nachweis der Tätigung investiver Ausgaben abhängig machen müßte. Wegen der offenzuhaltenden Harmonisierungsfähigkeit der kroatischen Umsatzsteuer mit europäischen Ländern wurde auf eine derart erhöhte Treffsicherheit der Besteuerungsgrundlage verzichtet. Weitere Gründe für eine Abweichung von einer neutralen Besteuerung können sich durch Subventionsabsichten und durch erfassungstechnische Vereinfachungserwägungen ergeben.

Das kroatische Umsatzsteuergesetz belegt die dem deutschen Recht entsprechenden steuerbaren Tatbestände grundsätzlich mit einem Steuersatz von 22 % und enthält für steuerpflichtige Umsätze hiervon keine Ausnahme. Die einheitliche Tarifgestaltung sichert somit ein Höchstmaß an steuerlicher Neutralität. Die in Westeuropa verbreitete Tarifdifferenzierung mit entsprechend niedriger Belastung vor allem für Nahrungsmittel und einer Reihe steuerbegünstigter Güter erweist sich sowohl in allokativer als auch in verteilungspolitischer Absicht als ineffizient, da die sektorspezifische Steuerreduzierung auch Konsumenten zugute kommt, bei deren Einkommenssituation eine Suventionie-

---

[22] Vgl. als Überblick SCHMIDT (1995).

rung etwa des Nahrungsmittelkonsums nicht gewollt sein kann. Demgegenüber erweist sich die kroatische Lösung, derzufolge der Kreis subventionsbedürftiger Personen auf diejenigen beschränkt ist, die mit dem Existenzminimum auskommen müssen, als überlegen. Für die zur Bestreitung des Existenzminimums nötigen Konsumausgaben ist nach Einführung der Umsatzsteuer eine in der Belastungswirkung dem Vorsteuerabzug vergleichbare Rückerstattung der Umsatzsteuer durch eine Transferzahlung vorgesehen. Wegen der Beschränkung des begünstigten Personenkreises ist die gewählte Lösung fiskalisch ergiebiger und verteilungspolitisch zielgenauer. Da die Steuervergünstigung zudem an den Konsumausgaben natürlicher Personen und nicht an den Umsätzen einzelner Branchen anknüpft, werden gezielte distributive Effekte ohne allokative Verzerrungen bewirkt.

Bei der Festlegung der Steuerbefreiungen war neben den systematisch notwendigen Befreiungen von Exportumsätzen und Finanzdienstleistungen aus erfassungstechnischen und sozialpolitischen Gründen eine Reihe von weiteren Steuerbefreiungen erforderlich.

Zunächst erschien es sinnvoll, daß sich die Finanzverwaltung wegen der mit der Systemumstellung entstehenden Probleme auf größere Unternehmen konzentriert. Für Kleinunternehmer ist eine Steuerbefreiung der von ihnen ausgeführten Umsätze vorgesehen, dafür entfällt das Vorsteuerabzugsrecht. Jedoch kann von einer Option für die Regelbesteuerung Gebrauch gemacht werden. Damit wird in Kauf genommen, daß für Kleinunternehmer die letzte Stufe der Wertschöpfung unbelastet bleibt. Da bei der Privatisierung bisher staatlicher Wirtschaftszweige und einer zu erwartenden Vielzahl von Existenzgründungen die Identifizierung aller Unternehmer noch einige Zeit in Anspruch nehmen kann, ist durch die Versagung des Vorsteuersteuerabzugs für Kleinunternehmer zunächst ein gewisser Mindestbeitrag zum Steuersystem gesichert. Nach dem erfolgreich durchgeführten Systemübergang ist es möglich, die Umsatzhöchstgrenze für Kleinunternehmer sukzessive herabzusetzen und dadurch ihre Integration in das Umsatzsteuersystem bruchlos vorzunehmen, sofern sie sich nicht durch Ausübung der beschriebenen Option von selbst in das System integrieren.

Neben der erfassungstechnisch begründeten Steuerbefreiung der Kleinunternehmer wurde aus sozialpolitischen Erwägungen eine Steuerbefreiung für medizinische Leistungen von Ärzten und anerkannten Gesundheitsinstitutionen, für Leistungen anerkannter Sozial- und Jugendinstitutionen sowie von Ausbildungsinstitutionen für politisch notwendig gehalten. Aufgrund der Wahl institutioneller Abgrenzungskriterien für die Steuerbefreiungen konnte eine erfassungstechnisch weitaus einfachere Lösung als durch eine objektbezogene Regelung erzielt werden. Da diese Institutionen häufig defizitär arbeiten und hohe Vorleistungen ohne Vorsteuerabzugsrecht in Anspruch nehmen, ist der fiskalische Effekt dieser Steuerbefreiungen als tragbar anzusehen.

6. Ergebnisse und Konsequenzen

Die in der Republik Kroatien durchgeführte Steuerreform wurde möglich, weil die Konzeption der von der KNS-Gruppe für empfehlenswert erachteten neutralen Besteuerung den politischen Zielvorstellungen der Organe politischer Willensbildung in Kroatien weitgehend entsprach.

Dies schließt nicht aus, daß auch Neutralitätsverletzungen politisch und ökonomisch gewollt und begründet sein können. Hieraus kann jedoch nicht der Schluß gezogen werden, daß alle etwa im deutschen Steuerrecht angelegten Neutralitätsverletzungen tatsächlich begründet sind. Bei einem Großteil der einschlägigen Regelungen dürfte es sich um ungewollte und möglicherweise dem Gesetzgeber auch unbekannte Neutralitätsverletzungen handeln, die zu einer erheblichen intersektoralen und intertemporalen Fehlleitung von Ressourcen führen, da sie vermutlich von Steuerpflichtigen zu Anpassungshandlungen genutzt werden.

Die legislative Transformation des Reformwerks hat gezeigt, daß die für eine konsumbasierte Umgestaltung des deutschen Steuersystems vorzunehmenden Änderungen bei weitem nicht so einschneidend wären, als daß sich die Systemumstellung wegen zu hoher Übergangskosten nicht bewältigen ließe. Die wesentlichen Änderungen wären an der ohnehin für reformbedürftig gehaltenen Unternehmensbesteuerung vorzunehmen; die Versteuerung privater Kapitaleinkünfte könnte weitgehend in der bisherigen Weise erfolgen. Zudem hat sich herausgestellt, daß marktordnungskonforme Neutralitätsideale durch einfache Reformen der Besteuerung erreicht werden könnten.

Gleichzeitig hat sich aber auch gezeigt, daß aus erfassungstechnischen Gründen einige „Neutralitätsopfer" gebracht werden mußten und vermutlich auch bei der Reform des deutschen Steuersystems zu erbringen wären, weshalb eine perfekt zielgenaue Umsetzung theoretischer Ideale nicht vollständig sein kann. Dies bedeutet jedoch nicht, daß theoretisch fundierte Systeme gegenüber steuerungslos dahintreibenden Regelwerken nicht den Vorzug erhalten sollten.

Literaturverzeichnis

BOADWAY, R.; N. BRUCE (1984): A General Proposition on the Design of a Neutral Business Tax. Journal of Public Economics 24(1984): 231-239.

FRIEDRICH-EBERT-STIFTUNG ET AL. (Hg.) (1991): Niemiecki system podatkowy a reforma podatkowa w polsce. Warschau.

INTFIS (1994a): Schulungsbuch Kroatische Einkommensteuer 1994, erstellt von der IntFis Gesellschaft für Internationale Fiskalanalysen mbH, Hemsbach, im Auftrag der Deutschen Gesellschaft für Technische Zusammenarbeit (GTZ), Eschborn. Hemsbach, Eschborn.

INTFIS (1994b): Schulungsbuch Kroatische Gewinnsteuer 1994, erstellt von der IntFis Gesellschaft für Internationale Fiskalanalysen mbH, Hemsbach, im Auftrag der Deutschen Gesellschaft für Technische Zusammenarbeit (GTZ), Eschborn. Hemsbach, Eschborn.

KIESEWETTER, D. M. (1995): Die zinsbereinigte Einkommensteuer als Leitbild einer Steuerreform. Theoretische Begründung, Umsetzung in Kroatien, Konsequenzen für Deutschland. Unveröffentlichte Diplomarbeit, Tübingen.

LANG, J. (1993): Entwurf eines Steuergesetzbuchs. Bonn: Schriftenreihe des BMF, Heft 49.

ROSE, M. (Hg.) (1990): Heidelberg Congress on Taxing Consumption. Berlin u. a.

ROSE, M. (Hg.) (1991): Konsumorientierte Neuordnung des Steuersystems. Berlin u. a.

ROSE, M. (1994): Ein einfaches Steuersystem für Deutschland. Wirtschaftsdienst 74(1994): 423-432.

ROSE M.; J. LANG; F. W. WAGNER; E. WENGER (1991): Empfehlungen zur Reform des ungarischen Steuersystems. Heidelberg. DIES. (1992): Recommendations on the Reform of the Hungarian Tax System (englische Übersetzung). Eschborn.

ROSE, M.; E. ROLF; F. W. WAGNER; E. WENGER (1992): Neugestaltung des lettischen Steuersystems – insbesondere der lettischen Unternehmensteuern -. Heidelberg.

SCHMIDT, P. (1995): Kroatien – Gesetzentwurf zur Mehrwertsteuer. Ost-spezial (1995)2 v. 19.1.1995: 5-7.

SCHMIDT, P.; F. W. WAGNER (1994): Die Mehrwertsteuer in einer jungen Marktwirtschaft. Anmerkungen zum neuen polnischen Mehrwertsteuerrecht. Umsatzsteuer-Rundschau 43 (1994): 258-263.

SCHWINGER, R. (1992): Einkommens- und konsumorientierte Steuersysteme. Heidelberg.

STÖCKLER, M.; H. WISSEL (1995a): Kroatien – Gewinnbesteuerung. Ost-spezial (1995)1 v. 5.1.1995: 6-8.

STÖCKLER, M.; H. WISSEL (1995b): Die Gewinnbesteuerung in der Republik Kroatien. Internationale Wirtschafts-Briefe (14.6.1995)11: 527-536 (Fach 5, Kroatien, Gruppe 2: 1-10).

WAGNER, F. W. (1989): Die zeitliche Erfassung steuerlicher Leistungsfähigkeit. In: HAX, H.; W. KERN; H.-H. SCHRÖDER (Hg.) (1989): Zeitaspekte in betriebswirtschaftlicher Theorie und Praxis. Stuttgart: 261-277.

WAGNER, F. W. (1995): Leitlinien steuerlicher Rechtskritik als Spiegel betriebswirtschaftlicher Theoriegeschichte. In: ELSCHEN, R.; TH. SIEGEL; F. W. WAGNER (Hg.) (1995): Unternehmenstheorie und Besteuerung, Festschrift für Dieter Schneider. Wiesbaden: 723-746.

WAGNER, F. W.; H. WISSEL (1995): Entscheidungsneutralität der Besteuerung als Leitlinie einer Reform der Einkommensteuer. Wirtschaftswissenschaftliches Studium 24(1995): 65-70.

WENGER, E. (1983): Gleichmäßigkeit der Besteuerung von Arbeits- und Vermögenseinkünften. Finanzarchiv (N.F.) (1983)41: 207-252.
WENGER, E. (1985): Einkommensteuerliche Periodisierungsregeln, Unternehmenserhaltung und optimale Einkommensbesteuerung. Zeitschrift für Betriebswirtschaft 55(1985): 710-730.
WENGER, E. (1986): Einkommensteuerliche Periodisierungsregeln, Unternehmenserhaltung und optimale Einkommensbesteuerung. Zeitschrift für Betriebswirtschaft 56(1986): 132-151.
WENGER, E. (1989): Besteuerung und Kapitalbildung als intertemporales Optimierungsproblem. In: HAX, H.; W. KERN; H.-H. SCHRÖDER (Hg.) (1989): Zeitaspekte in betriebswirtschaftlicher Theorie und Praxis. Stuttgart: 279-295.
WENGER, E. (1990): Das Quellensteuerexperiment von 1987 – Theoretische Einsichten, empirische Befunde und steuerpolitische Schlußfolgerungen. Zeitschrift für Bankrecht und Bankwirtschaft 2(1990): 177-190.

Teil VI

Regulierungstheorien

Ekkehard Wenger[*]

Kapitalmarktrecht als Resultat deformierter Anreizstrukturen

Nach herkömmlicher Auffassung besteht die Aufgabe des Kapitalmarktrechts darin, institutionelle Rahmenbedingungen zu schaffen, die die Agency-Probleme von Finanzierungsbeziehungen verringern. Aus der Perspektive des Public Choice-Ansatzes ist freilich gerade nicht zu erwarten, daß Gesetzgebung und Rechtsprechung die ihnen gestellte Aufgabe erfüllen. Die Verwalter der Konzernkassen werden die ihnen anvertrauten Mittel nutzen, um die Gestaltung des Kapitalmarktrechts so zu beeinflussen, daß sie der Kontrolle durch die Anteilseigner möglichst weitgehend entzogen sind. Für den Rechtspolitiker bietet die Vergrößerung der Agency-Probleme von Finanzierungsbeziehungen die Chance, den Managern von Großunternehmen als Preis für deren Befreiung von den Kontrollmechanismen des Kapitalmarkts Beiträge zur Befriedigung bestimmter Wählerkreise abzuverlangen, die von den Aktionären bezahlt werden müssen. Vor diesem politökonomischen Hintergrund werden ausgewählte Fehlentwicklungen am deutschen Kapitalmarkt analysiert und die Interessenverflechtungen des hierfür verantwortlichen Personenkreises aufgehellt.

---

[*] Univ.-Prof. Dr. rer. pol. Ekkehard Wenger, Universität Würzburg, Lehrstuhl für Betriebswirtschaftslehre, Bank- und Kreditwirtschaft, Sanderring 2, 97070 Würzburg.

1. Der deutsche Kapitalmarkt als Spielwiese einer autonomen Schicht von Konzernfunktionären

The „tendency of corporations to develop into self-willed and possibly irresponsible empires, aggregates of enormous and largely uncontrollable power, is not a fact which we must accept as inevitable, but largely the result of special conditions which the law has created and the law can change."

Dieses Zitat aus der Feder FRIEDRICH AUGUST VON HAYEKs (1967: 311) könnte die Hoffnung erwecken, es sei für den Gesetzgeber ein leichtes, die institutionellen Rahmenbedingungen für die Tätigkeit großer Unternehmen so zu ändern, daß „Managementanreize und Kapitalallokation"[1] weniger beeinträchtigt werden als bisher. Tatsächlich wird kein ernstzunehmender Ökonom bestreiten, daß die Agency-Probleme zwischen Aktionären und Managern,[2] die verantwortungsloser Imperienbildung im HAYEKschen Sinne Vorschub leisten, in erheblichem Maße auf Einwirkungen des Gesetzgebers zurückzuführen sind. Aus spezifisch deutschem Blickwinkel hat WOLFRAM ENGELS diesen Sachverhalt wie immer sehr einprägsam formuliert:

> „Der Aktienmarkt ist krank. Das Aktiengesetz steht, statt unter dem Prinzip des Anlegerschutzes, unter dem des Managerschutzes. In Deutschland wird dem Eigentümer die Verfügungsmacht über sein Eigentum weitgehend entzogen." (ENGELS 1992: 162)

Nichts wäre nun leichter, als mit den zitierten Autoren und anderen Gesinnungsgenossen im Bunde nach Veränderungen der rechtlichen Rahmenbedingungen zu rufen, unter denen die deutsche Aktiengesellschaft arbeitet. Je nach politökonomischer Vorbildung wird man dann mehr oder weniger überrascht sein, wenn ein Redenschreiber aus dem Bundesjustizministerium seiner inzwischen ausgeschiedenen Hausherrin ein Bekenntnis in den Mund legt, das diese dann auch noch ausspricht:

> „In einem Wettbewerb um die effektivsten Organisationssysteme hat [...] sich unsere Aktiengesellschaft [...] im Vergleich zu Modellen aus anderen Ländern bewährt." (LEUTHEUSSER-SCHNARRENBERGER 1994: 4)

---

[1] So der Titel eines Aufsatzes aus dem Jahre 1987, der mit dem hier an den Anfang gestellten Zitat schließt; vgl. WENGER (1987).

[2] Vgl. dazu grundlegend JENSEN / MECKLING (1976); JENSEN (1993).

So viel Distanz zur Wahrheit wird man nicht einmal denjenigen vorwerfen können, die die Errungenschaften des realen Sozialismus priesen, als die sowjetische Besatzungszone dafür noch ihre eigenen Ministerien hatte. Tatsächlich sehen die Errungenschaften des realen *Kapitalismus* hierzulande nicht im entferntesten danach aus, als ob die für das Aktienrecht verantwortlichen Entscheidungsträger „Bewährung" für sich in Anspruch nehmen könnten. Setzt man den Marktwert des an der Aktienbörse gehandelten Risikokapitals ins Verhältnis zum Bruttosozialprodukt, so ergibt sich für Deutschland am Ende des Jahres 1993 eine Kennzahl von 0,24; die Börsenkapitalisierung beträgt also 24 % des Bruttosozialprodukts. Mit dieser Kennzahl liegt Deutschland außerhalb jenes Bereichs, der im zivilisierten Teil der Welt üblicherweise erreicht wird. Für Großbritannien, die Schweiz, die USA und Japan ergeben sich Werte, die mindestens dreimal und teilweise fast fünfmal so hoch sind.[3] Gemessen daran drängt sich die Frage auf, ob es als „bewährte" Errungenschaft gelten kann, daß es in Deutschland gelungen ist, zwei Drittel oder gar vier Fünftel der Finanzierungskraft des Aktienmarkts zu zerstören.

Selbst wenn die zitierte Verlautbarung der Justizministerin deren subjektiven Informationsstand widerspiegeln sollte, darf man getrost davon ausgehen, daß den Mitarbeitern ihres Hauses durchaus geläufig ist, wie der deutsche Aktienmarkt dahinsiecht. Je nach politökonomischer Vorbildung wird man nun wieder mehr oder weniger überrascht sein, wenn man erfährt, welche Schlußfolgerungen die zuständigen Beamten daraus ziehen.

---

[3] Diesen Zahlen liegt jeweils die rechnerische Börsenkapitalisierung zugrunde, wie sie sich aus einer schriftlich mitgeteilten Statistik der in Paris ansässigen „Fédération Internationale des Bourses de Valeurs" ergibt. Maßgeblich ist dabei die Gesamtheit der ausgegebenen Aktien aller börsennotierten Gesellschaften mit Sitz im Inland; die Bewertung richtet sich nach den Kursen vom 31.12.1993. Der Vergleich fällt für den deutschen Aktienmarkt noch weitaus ungünstiger aus, wenn man nicht die rechnerische, sondern die „tatsächliche" Börsenkapitalisierung wählt, zu der der jeweilige Aktienmarkt bei gegebenem Kursniveau theoretisch aufgekauft werden könnte. In diesem Fall kommt es nur auf den Teil der ausgegebenen Aktien an, der nicht von anderen inländischen Aktiengesellschaften gehalten wird, die selbst an der Börse notiert sind. Die danach gebotene Eliminierung der umfänglichen Beteiligungsverflechtungen zwischen deutschen Aktiengesellschaften reduziert das Volumen des inländischen Aktienmarkts nach vorläufigen Berechnungen des Autors mindestens um ein Viertel, möglicherweise sogar um die Hälfte. Für die anderen im Text erwähnten Länder sind genaue Zahlen nicht bekannt; dort erreichen die Überkreuzverflechtungen zwischen einheimischen Aktiengesellschaften aber bei weitem nicht dasselbe Ausmaß wie in Deutschland. Nur das ebenfalls für Überkreuzverflechtungen berüchtigte Japan bewegt sich insoweit in derselben Größenordnung; dort soll die „tatsächliche" Börsenkapitalisierung etwa 30 % unter der rechnerischen liegen; diese Angabe entstammt einer über Internet zugänglichen Datenbank von Nikko Securities Ltd. Nach älteren Daten aus dem Jahre 1985 sollen in Deutschland Überkreuzverflechtungen etwas mehr und in Japan etwas weniger als die Hälfte der rechnerischen Börsenkapitalisierung ausgemacht haben, während für Großbritannien und die USA Werte von 10% oder weniger angegeben werden; vgl. PROWSE (1994: 32).

Nach glaubwürdigen und mehrfach bekräftigten Presseverlautbarungen[4] will man im Justizministerium an „bewährten" Grundsätzen festhalten; es werde dabei keine Kompromisse geben. Im Gegensatz zur stark anlegerorientierten Tradition in den USA stehe in Deutschland die Bankenfinanzierung im Vordergrund; den Kapitalmarkt brauche man „nur als Ergänzung".

Daraus ist zunächst zu folgern, daß Anleger mit Residualansprüchen auch weiterhin eine Randerscheinung bleiben sollen. Um sie wirksam an den Rand zu drängen, müssen die „bewährten" Grundsätze des Managerschutzes hochgehalten werden. Da die hiervon begünstigte Personengruppe aber weniger Popularität genießt denn je,[5] wird die Schrottformel vom Vorrang des Gläubigerschutzes[6] auch in Zukunft als Tarnkappe benötigt, um die Wahrnehmung der Interessen von Konzernfunktionären politisch abzusichern. Offensichtlich steigt die Überzeugungskraft dieser Tarnkappe, wenn sie auch von denen für echt gehalten wird, die zum eigenen Vorteil an ihrer Vervollkommnung arbeiten.

Natürlich sind nicht immer und überall dieselben Tarnkappen in Mode, zumal es auch besser ist, wenn man mehr hat als eine. Zu Zeiten, als dies noch weniger Gelächter erregt hat als heute, hat man den Managern großer Aktiengesellschaften nicht nur den Gläubigerschutz, sondern gleich das Wohl der Allgemeinheit im Ganzen ans Herz gelegt und das auch noch kodifiziert. Nach der berüchtigten Gemeinwohlklausel des Aktiengesetzes von 1937 hatte der Vorstand einer Aktiengesellschaft die Geschäfte so zu führen, „wie das Wohl des Betriebs [...] und der gemeine Nutzen von Volk und Reich es erfordern".[7] Faktisch soll sich daran bis heute nichts geändert haben, wenn es nach den Vertretern der modernen Rechtswissenschaft geht, die sich bei der Unterstützung gemeinnütziger Tätigkeiten besondere Verdienste erworben haben. Nach wie vor fühlen sie sich an die Begründung zum Regierungsentwurf des Aktiengesetzes von 1965 gebunden; danach sei die Verpflichtung des Vorstands auf den „gemeinen Nutzen von

---

4 Börsenzeitung vom 3. Mai 1995: 1; Börsenzeitung vom 5. Mai 1995: 3.

5 Zur Illustration sei verwiesen auf die enormen Absatzerfolge des Journalisten GÜNTER OGGER mit dem Buch „Nieten in Nadelstreifen".

6 Um Mißverständnissen vorzubeugen, sei hier betont, daß im Rahmen einer effizienten Gestaltung finanzieller Beziehungen naturgemäß auch Gläubigerinteressen zu berücksichtigen sind. Zur Schrottformel degeneriert das Postulat des Gläubigerschutzes aber dann, wenn es als Allzweckwaffe zur Abwehr anderweitiger Anliegen eingesetzt wird. Dies gilt insbesondere für die zuvor zitierten Verlautbarungen aus dem Justizministerium, denen offenbar die Vorstellung zugrunde liegt, daß den Aktionären nicht einmal reine Informationsansprüche (!) zugestanden werden können, ohne in Gegensatz zu den Zielsetzungen des Gläubigerschutzes zu geraten; aus dieser Ideenwelt schöpft auch eine zur Verteidigung des gegenwärtigen Rechtszustandes in Auftrag gegebene Arbeit von EBENROTH / KOOS (1995: 13f.).

7 § 70 Abs. 1 AktG 1937.

Volk und Reich" im heute geltenden Aktiengesetz nur deshalb nicht mehr ausdrücklich aufgeführt, weil sie sich „von selbst verstehe".[8]

Ergänzend wird dazu noch mitgeteilt, die bis 1965 im Gesetzestext verbliebene Klausel sei auch dem heutigen Aktienrecht „immanent"; von daher müsse die vom Eigentum abgetrennte Leitungsmacht des Vorstands „als organisationsrechtlicher Ansatzpunkt für die Sozialbindung der AG begriffen werden."[9]

Es mag für Juristen besonders reizvoll sein, die Vorstellung zu pflegen, daß die Allgemeinheit davon profitiert, wenn die Leitungsorgane von Aktiengesellschaften auf unbestimmte Gemeinwohlziele verpflichtet werden statt auf die Interessen der Aktionäre; indessen hat auch eine weniger wertungsfreudige Wissenschaft, deren Angehörige sich in höherem Maße dem Gewicht von Fakten ausgesetzt fühlen (sollten), bis heute mit dieser Vorstellung zu kämpfen. Im laufenden Jahrgang der Zeitschrift für betriebswirtschaftliche Forschung setzt sich der Autor eines Finanzierungslehrbuchs (DRUKARCZYK 1995) mit einer Rezension auseinander, deren Verfasser die Orientierung der Finanzierungstheorie an den Renditeinteressen der Aktionäre rügt und ein Bekenntnis zum Standpunkt

---

[8] So unter Verweis auf die Begründung des Regierungsentwurfs MERTENS (1989: 18); noch aktueller und prägnanter insoweit KÜBLER (1990: 177). Die Regierung selbst hat im damaligen Gesetzgebungsverfahren wörtlich wie folgt argumentiert: Die vorgeschlagene Gesetzesbestimmung „überträgt die Leitung der Gesellschaft dem Vorstand [...] Diese Regelung entspricht dem geltenden Recht (§ 70 Abs. 1 AktG 1937). Daß der Vorstand bei seinen Maßnahmen die Belange der Aktionäre und der Arbeitnehmer zu berücksichtigen hat, versteht sich von selbst und braucht deshalb nicht ausdrücklich im Gesetz bestimmt zu werden. Gleiches gilt für die Belange der Allgemeinheit." Zur Dokumentation vgl. KROPFF (1965: 97).

[9] MERTENS (1970: 629). Unklar bleibt, ob der Autor inzwischen erkannt hat, welche Implikationen und Assoziationen sich mit diesen Formulierungen verbinden. Jedenfalls ist die 1989 erschienene Neuauflage des zitierten Werks nicht mehr so offensichtlich auf die Führerfigur zugeschnitten, die durch die Trennung von Eigentum und Leitungsmacht in die segensreiche Lage versetzt wird, dem Gemeinwohl auf Kosten der Eigentümer zum Durchbruch zu verhelfen. Keine Hemmungen vor einem unverhüllten Bekenntnis zum Führerprinzip finden sich beim ehemaligen Chefjustitiar der Siemens AG, KARL BEUSCH (1984: 12): „Schon 1928" habe man in der Literatur erkannt, „daß die umständliche Organisation der Hauptversammlung die Entschlußkraft der Aktiengesellschaft beeinträchtigen muß. Allein (!) da, wo der Verstand (gemeint ist offensichtlich der Vorstand, was womöglich deshalb nicht als korrekturbedürftiger Druckfehler aufgefallen ist, weil man in einschlägigen Kreisen die beiden Begriffe für austauschbar hält) die Generalversammlung fest in der Hand (!) habe, wie bei großen Unternehmen mit zersplittertem Aktienbesitz, bei denen der Einfluß des Einzelaktionärs fast ganz ausgeschaltet (!) sei, könne sich die Gesellschaft [...] im Kampf (!) am Markt behaupten. [...] Knapp 10 Jahre später erkannte auch der Gesetzgeber die Führungsschwäche (!) bei den Aktiengesellschaften. Im Rahmen der Gesamtreform 1937 wurde die Hauptversammlung weitgehend entmachtet (!) und der Vorstand als Unternehmensleiter verselbständigt (!). An diesem Grundsatz wurde auch bei der Aktienrechtsreform 1965 (!) nicht gerüttelt." (Zusätze in Klammern stammen vom Verfasser.)

des Betriebs in der ethisch-normativen Variante von HEINRICH NICKLISCH vermißt (HAHN 1994). Ob das Herausgebergremium der Zeitschrift mit der Veröffentlichung dieser Rezension tiefere Absichten verfolgte oder nur pluralistischen Neigungen huldigte, muß hier offenbleiben; jedenfalls hat es auch in der betriebswirtschaftlichen Diskussion nicht nur historische Bedeutung, daß die Verkündung von Gemeinwohlzielen für große Aktiengesellschaften mit der Vorstellung einhergeht, es ließen sich die Auserwählten finden, die mit ihrer hehren Aufgabenstellung wachsen. Der heldenhafte Kampf der Unternehmensführer für Gemeinwohl, Volk und Vaterland gilt nach diesen immer noch intakten Denkmustern vor allem der Unternehmung an sich, die losgelöst von marktwirtschaftlichen Allokationsmechanismen eigenen Maßstäben der Wirtschaftlichkeit folgt und in erster Linie auf die Sicherung ihres Fortbestands bedacht ist. Wenn solche Ideen auch heute noch für diskussionsfähig gehalten werden, muß man sich vielleicht demnächst auf eine Renaissance überlieferter Kampfparolen einrichten, nach denen die Aufgabe der Betriebswirtschaftslehre darin bestand, einen wissenschaftlich untermauerten „Standpunkt der Unternehmung"[10] mit finsterer Entschlossenheit gegen den „Dividendenhunger" von „Entnahmehyänen" zu verteidigen.[11]

2. Der Public Choice-Ansatz als Erklärungsmuster für weltweite Defizite bei der Unternehmenskontrolle

Man könnte versucht sein, die hartnäckige Persistenz zentraler Denkmuster aus dem Aktiengesetz von 1937 als spezifische Nachwirkung einer intellektuellen Geisterbahnfahrt durch die Gefilde teutonischer Ideologien abzutun. Ein Blick über die Grenzen lehrt indessen, daß man es sich so einfach nicht machen darf. Wohl mögen hierzulande die Bedingungen für ein Kapitalmarktsystem, das die Aktionäre zur Randerscheinung degradiert, seit Gründung des tausendjährigen Reiches besonders günstig gewesen sein; aber es wäre vermessen, sich der Illusion hinzugeben, daß jemals irgendwo auf der Welt das Kapitalmarktrecht primär unter dem Gesichtspunkt konzipiert und ausgelegt worden wäre, die Leitungsorgane von Aktiengesellschaften mit zersplittertem Anteilseigentum

---

[10] Vgl. etwa den Titel eines Buches von OSBAHR (1923): „Die Bilanz vom Standpunkt der Unternehmung" (!).

[11] Diese Formulierungen gehen zurück auf TER VEHN (1924: 373f.) und HOFFMANN (1929: 163) sowie WALB (1948: 92). Zu einer ausführlicheren Auseinandersetzung mit derartigem Gedankengut vgl. WENGER (1989).

so streng wie möglich auf die Vermögensinteressen der Anteilseigner zu verpflichten. Auch die USA als Herkunftsland dessen, was im Jargon trendbewußter Fremdwortbenutzer als „Shareholder Value"-Konzept[12] bezeichnet wird, machen da keine Ausnahme. Dort ist den Lobbyisten des Managerschutzes aus noch zu erläuternden Gründen zwar verwehrt, sich die Tarnkappe des Gläubigerschutzes überzuziehen; aber die größere und wirksamere Tarnkappe der Gemeinwohlverpflichtung erweist sich als kulturübergreifendes Bindeglied der Apologeten eines emanzipierten Managements. Die damit einhergehende Aushöhlung von Aktionärsrechten erweist sich demnach als Problem von weltweiter Bedeutung. JOSEPH GRUNDFEST, der mehrere Jahre in leitender Stellung für die amerikanische Börsenaufsicht tätig war, bringt seine einschlägigen Erfahrungen auf folgenden Nenner: „Investors' ability to monitor corporate performance [...] has been subordinated to the interests of other constituencies, most notable corporate management. The persistent theme of this corporate trend is that society cannot trust stockholders [...] to promote the public interest. Society is better served, according to this view, if management is sheltered from the discipline that results from active capital-market oversight".[13]

Im Zusammenhang damit erkennt GRUNDFEST eine ausgeprägte Tendenz des politischen Systems zur Abschirmung des Managements und zur Verschärfung von Agency-Problemen im Verhältnis zwischen Aktionären und Unternehmensleitung; im Hinblick darauf fordert er eine Ausdehnung des Arbeitsgebiets der modernen Finanzierungstheorie durch die Integration von Elementen des Public Choice-Ansatzes.[14]

Das einzig Überraschende daran ist, daß Forderungen dieser Art erst im Jahre 1990 Eingang in die Finanzierungsliteratur gefunden haben. Die Vorstellung, daß die Gestaltung des institutionellen Rahmens einer im Prinzip marktwirtschaftlich verfaßten Demokratie von Effizienzvorstellungen beherrscht wird, die von ethisch hochstehenden Politikern aus einem wie auch immer verstandenen Gemeinwohl abgeleitet werden, ist bereits Jahrzehnte zuvor aus dem Kreis ernstzunehmender Ideen ausgeschieden. 1957 hatte ANTHONY DOWNS mit seiner ökonomischen Theorie der Demokratie den Versuch unternommen, Defekte des politischen Prozesses mit Hilfe von Modellen individueller Nutzenmaximierung zu erklären (DOWNS 1957). 1962 sind JAMES BUCHANAN und GORDON TULLOCK mit „The Calculus of Consent", dem Grundlagenwerk der modernen „Public Choice"-Theory, an die akademische Öffentlichkeit getreten (BUCHANAN / TULLOCK

---

[12] Als geistige Grundlage für dieses Schlagwort gilt RAPOPORT (1985).

[13] GRUNDFEST (1990: 90f.). Der zitierte Autor war von 1985 bis 1990 Commissioner der United States Securities and Exchange Commission (SEC).

[14] Zu einem neueren Überblick über diesen Denkansatz vgl. JOHNSON (1991).

1962). 1965 hatte MANCUR OLSON in seinem gleichfalls grundlegenden Buch „The Logic of Collective Action" die Frage untersucht, unter welchen Bedingungen es wahrscheinlich ist, daß sich Gruppeninteressen wirksam organisieren lassen. Seit 1967 hat sich, wiederum angestoßen durch GORDON TULLOCK, jenes Spezialgebiet des Public Choice-Ansatzes entwickelt, das heute als „Theory of Rent-Seeking" bezeichnet wird.[15] Dort geht es um Aktivitäten von Interessengruppen, die gezielt in den politischen Prozeß investieren, um Veränderungen institutioneller Rahmenbedingungen herbeizuführen, die zwar gemeinschädlich sind, aber ihren Urhebern Sondervorteile verschaffen.[16] Aus der Sicht von Interessengruppen, die auf Rent-Seeking bedacht sind, steigt die Wahrscheinlichkeit für die Erringung von Sondervorteilen

- mit der Abnahme der Gruppengröße,
- mit dem möglichen Ausmaß des Sondervorteils je Gruppenmitglied,
- mit der Möglichkeit der Gruppenmitglieder, sich gegenseitig zu überwachen und Trittbrettfahrer zu disziplinieren,
- mit der Verteilung der negativen Effekte auf eine möglichst große Zahl von Betroffenen,
- mit der Undurchschaubarkeit des Umverteilungsmechanismus
- und schließlich mit der Schwierigkeit, Gegenkoalitionen zu organisieren.

Wendet man diese hauptsächlich auf OLSON und TULLOCK zurückgehenden Überlegungen auf das Kapitalmarktrecht an, so ist leicht einzusehen, daß es kaum ein Rechtsgebiet gibt, wo im Falle einer gezielten Einflußnahme auf Gesetzgebung und Rechtsprechung günstigere Bedingungen für eine gemeinschädliche Durchsetzung von Sonderinteressen herrschen. Die Sondervorteile einer interessengeleiteten Einwirkung auf das Kapitalmarktrecht fallen einer zahlenmäßig kleinen Gruppe von Konzernfunktionären zu, die sich im Wege der kollektiven Selbstbedienung einen gruppenintern festgelegten Feudalstatus zubilligen. Da sie laufend untereinander in Kontakt stehen und sich auf wechselseitiger Basis auf Einhaltung der Gruppennormen überwachen können, sind sie leicht organisierbar. Zudem konzentriert sich bei ihnen die Verfügungsgewalt über gigantische Kapitalsummen; daraus können anteilmäßig unbedeutende und dennoch im wahrsten

---

15 TULLOCK (1967). Der Ausdruck selbst, der sich trotz allgemeiner Unzufriedenheit und ständigen Auseinandersetzungen über seine inhaltliche Reichweite gegenüber alternativ vorgeschlagenen Begriffsbildungen durchgesetzt hat, geht zurück auf KRUEGER (1974).

16 Die Anwendung derartiger Überlegungen war bisher im wesentlichen auf traditionelle Problemfelder der Volkswirtschaftslehre beschränkt; vgl. etwa MONISSEN (1991).

Sinne des Wortes überwältigend hohe Beträge an Politiker, Ministerialbeamte, Angehörige von Aufsichtsbehörden, Journalisten, Wissenschaftler, Wirtschaftsprüfer, Rechtsanwälte und Richter abgezweigt werden, ohne daß im Einzelfall eindeutige Zusammenhänge zwischen Mittelvergabe und Zweckerreichung hergestellt werden können. Gleichzeitig verteilen sich die Nachteile eines ineffizienten Kapitalmarktrechts auf eine große Gruppe von Anlegern, die zur Gegenwehr oft schon deshalb nicht imstande sind, weil sie gar nicht durchschauen, mit welchen Mechanismen die Erträge ihrer Ersparnisse geschmälert werden. Selbst bei der verschwindenden Minderheit, die über die hierfür notwendigen Kenntnisse verfügt, sind die Anreize zur Gegenwehr nur sehr schwach ausgeprägt. Von einem Erfolg ihrer Bemühungen profitiert diese Minderheit nur zu einem winzigen Bruchteil; zuvor müßte sie aber enorme Investitionen tätigen, bevor die Aussicht besteht, die institutionellen Rahmenbedingungen zu ändern. Zudem stehen auch hier wieder individuell überwältigende Geldbeträge zur Verfügung, mit denen Investitionen in die Organisation von Widerstand aufgekauft werden können.[17]

Unter diesen Umständen ist nach den Erkenntnissen der Public Choice-Theorie zu erwarten, daß das Kapitalmarktrecht weniger als jede andere Rechtsmaterie aus der Perspektive des Gemeinwohls formuliert und angewendet wird. Dieser unerfreuliche Befund wird auch dadurch nicht geheilt, daß die Eigendynamik des politischen Prozesses Begehrlichkeiten auslöst, die die Kerngruppe der Begünstigten daran hindert, die auf Kosten der Kapitalanleger erzielte Beute für sich allein zu beanspruchen. Der Zugang zu den Schalthebeln der Kapitalmarktregulierung setzt die Angehörigen des politischen Systems insofern unter Zugzwang, als sie regelmäßig darauf angewiesen sind, zur Sicherung der eigenen Wiederwahl bestimmten Bevölkerungsgruppen Sondervorteile zuwenden zu können, ohne in die meist leere Staatskasse greifen zu müssen. Daraus ergibt sich ein massives Interesse an rechtlichen Rahmenbedingungen, die das Management großer Unternehmen vor dem Druck renditegesteuerter Allokationsmechanismen abzuschirmen

---

[17] Dies erweist sich als ständige Bedrohung für die Funktionsfähigkeit von Vereinigungen, die sich dem Schutz von Minderheitsaktionären verschrieben haben. Bei einheimischen Großunternehmen gehört es zum Standardrepertoire der Ausgestaltung gepflegter Aktionärsbeziehungen, daß wichtige Funktionsträger der Deutschen Schutzvereinigung für Wertpapierbesitz mit Beratungs-, Anwalts- oder Aufsichtsratsmandaten auf konstruktive Zusammenarbeit programmiert werden. Ausgewählte Beispiele für diese Praxis finden sich in Top Business (1993)3: 142-148. Wie sich einschlägige Peinlichkeiten in der Mitgliederzeitung der Deutschen Schutzvereinigung für Wertpapierbesitz niederschlagen, zeigt sich in einer Stellungnahme ihres Präsidenten OTTO GRAF LAMBSDORFF (1993). Dabei handelt es sich um einen Versuch zur Verteidigung eines LAMBSDORFF zur Seite stehenden Vizepräsidenten, der der Siemens AG als Prozeßanwalt zur Verfügung stand, um Informationsansprüche eines in Würzburg studierenden Aktionärs abzuwehren. Das Gerichtsverfahren endete mit einem spektakulären Einbruch in die Informationsverweigerungsfront deutscher Publikumsaktiengesellschaften; vgl. dazu WENGER (1993a).

vermögen. Für die Verwalter des Staatsapparats ist dabei entscheidend, daß wettbewerbsbedingte Anpassungsprozesse so lange wie möglich aufgehalten werden können, wenn sie zum Abzug von Kapital, zur Eintrübung von Standortperspektiven oder zum Abbau überdurchschnittlich dotierter Arbeitsplätze führen würden. GRUNDFEST sieht in der Kapitalmarktregulierung „a particularly valuable policy instrument for politicians subject to budget constraints who want to provide a long term and flexible benefit to a favored constituency, all without writing a check drawn on the governments treasury." (GRUNDFEST 1990: 101)

Können einschlägige Annehmlichkeiten auf breitere Bevölkerungsschichten verteilt werden, so hilft dies den scheinbar Begünstigten wenig; wer nicht zur Kerngruppe aus Konzernfunktionären und ihren engeren Hilfstruppen gehört, wird im allgemeinen keine ausreichenden Zugriffsmöglichkeiten auf die Regulierungsbeute haben, um seine individuelle Betroffenheit von den Konsequenzen einer verschlechterten Kapitalallokation ausgleichen zu können. Dessen ungeachtet hat die Möglichkeit zur Verstreuung von Annehmlichkeiten zur Folge, daß sich für politische Entscheidungsträger die Anreize verstärken, die Ausbeutung der Anleger zu erleichtern. Ihr Einfluß wächst in dem Maße, in dem sie Manager in die Lage versetzen, sich der Disziplinierung durch die Aktionäre zu entziehen. Aus dieser Sicht sind Politiker mit räumlich abgegrenzten Standortbindungen und kurzfristigem Zeithorizont nicht an der Lösung, sondern an der Schaffung und Vergrößerung von Agency-Problemen des Kapitalmarkts interessiert: „To politicians, agency problems represent entitlements to be allocated among favoured constituencies [...] Accordingly, there is no reason to believe that corporate agency problems can be resolved in an economically rational manner, or that the corporate governance process will, over time, tend toward greater economic efficiency." (GRUNDFEST 1990: 89, 110)

Warum diese Grundüberlegungen zu einer politischen Theorie der Kapitalmarktregulierung erst 1990 explizit in die Finanzierungsliteratur eingegangen sind, obwohl die allgemeine Theorie des Rent-Seeking wesentlich älter ist, läßt sich nicht mit letzter Sicherheit beantworten. Wenn man aus deutscher Perspektive Mutmaßungen anstellt, könnte man einen wichtigen Grund darin sehen, daß die Verortung der Theorie des Rent-Seeking in der Volkswirtschaftslehre zunächst ganz andere inhaltliche Ausrichtungen, wie etwa eine Beschäftigung mit der Regulierung von Monopolen und Außenhandelsbeziehungen, begünstigt hat.[18] Die Kenntnis von Details des Aktienrechts gilt gemeinhin nicht als besondere Stärke der Nationalökonomen. Bei Juristen und Betriebswirten mag dies anders sein; aber für die ersteren ist das Geschäft zu einträglich, als daß sie sich

---

[18] Vgl. etwa MONISSEN (1991). Die inhaltliche Ausrichtung einschlägiger Veröffentlichungen kann zurückverfolgt werden bis auf die Pionierarbeit von TULLOCK (1967).

darüber eine organisierte Diskussion wünschen könnten. Das mag man an den vielen Festschriften ablesen,[19] mittels welcher langjährigen Konzernjustitiaren akademische Ehrungen zuteil werden, die nur als besonderer Dank für eine herausgehobene Verantwortung bei der Alimentierung der Rechtswissenschaft verständlich sind.[20]

Betriebswirte könnten bei einer Mitwirkung an einschlägigen Diskussionen nur gewinnen; aber für gewöhnlich rechnen sie die Gestaltung institutioneller Rahmenbedingungen nicht zu ihren Aufgaben, sondern suchen nach optimalen Lösungen innerhalb gegebener Gesetze (vgl. WENGER 1989: 176ff.). Das verstellt den Blick zumal dann, wenn die Regulierung der Finanzmärkte bisher im wesentlichen ohne Beteiligung von Finanzierungstheoretikern stattgefunden hat.[21] Im Bereich der Rechnungslegung waren die einschlägigen Berührungspunkte immer etwas deutlicher zu spüren;[22] vielleicht ist das

---

[19] Exemplarisch sei verwiesen auf die Festschriften für WINFRIED WERNER, THEODOR HEINSIUS und KARL BEUSCH; dabei handelt es sich der Reihe nach jeweils um einen früheren Chefsyndikus der Deutschen Bank, der Dresdner Bank und der Siemens AG. Auffällig ist die hohe Überschneidung des Autorenkreises der drei Festschriften, die darauf schließen läßt, daß die Interessen großer Aktiengesellschaften an der Fortentwicklung der Rechtswissenschaft ebenso konzentriert wie homogen sind. Dies kommt auch darin zum Ausdruck, daß der ehemalige Chefsyndikus der Deutschen Bank zu den Herausgebern der Festschrift für seinen Kollegen von der Dresdner Bank gehört. Vgl. HADDING / IMMENGA / MERTENS / PLEYER / SCHNEIDER (1984), KÜBLER / MERTENS / WERNER (1991), BEISSE / LUTTER / NÄRGER (1993) sowie die für Fortschritte im deutschen Aktienwesen repräsentativen Zitate in den Fußnoten 8 und 9.

[20] Welchen Rechtfertigungsbedarf eine akademische Festschrift für einen Konzernjustitiar auslöst, erschließt sich jeweils aus dem Vorwort.

[21] Jüngstes Beispiel hierfür ist das „Gesetz für kleine Aktiengesellschaften und zur Deregulierung des Aktienrechts" vom 2.8.1994. Dieses Gesetz wurde im Eilverfahren und unter ausschließlicher Beteiligung interessierter Kreise aus Unternehmenspraxis, Rechtswissenschaft und Gewerkschaften durch die parlamentarischen Instanzen gepeitscht; vgl. SEIBERT / KÖSTER (1995: 21ff.). Das wichtigste Ergebnis dieser Maßnahme des Gesetzgebers ist ein gravierender Eingriff in das Bezugsrecht des Aktionärs bei Erhöhungen des Grundkapitals. Die ohne Anhörung oder gar Beteiligung von Finanzierungstheoretikern verfaßte Gesetzesbegründung weist haarsträubende ökonomische Defizite auf; zu Kostproben vgl. SEIBERT / KÖSTER (1995: 149ff.). So wird etwa im „Interesse der Gesellschaft, aber auch ihrer Aktionäre" die ausgesprochen skurrile Überlegung geltend gemacht, Zielsetzung einer Erhöhung des Grundkapitals sei eine „größtmögliche Kapitalschöpfung". Gleichzeitig hat ein im Namen des BDI sprechender Mitarbeiter der Dresdner Bank die beim Bezugsrechtshandel übliche Differenz zwischen Börsenkurs und niedrigerem Bezugskurs als „Verlust" (!) bezeichnet, der sich bei einer freihändigen Börsenplazierung unter Ausschluß des Bezugsrechts weitgehend vermeiden lasse; vgl. SEIBERT (1994). Diese Argumente wurden offenbar als schlagkräftig genug erachtet, um zu begründen, daß sich der Vorstand zukünftig in massiver Weise über die Vermögensinteressen von Minderheitsaktionären hinwegsetzen darf; vgl. dazu WENGER (1994); GÖTZ (1995: 1314f.).

[22] Allerdings sind die Unterschiede nur gradueller und nicht prinzipieller Natur. In seinem Erfahrungsbericht über das Zustandekommen des Bilanzrichtliniengesetzes schreibt CHMIELEWICZ (1988: 56): Rechnungslegungsgesetze entstehen „fast ohne Mitwirkung von Rechnungswesenfachleuten [...] aus dem Hochschulbereich [...] Die Beratungskompetenz wird auch auf betriebswirtschaftlichem Gebiet

der Grund dafür, daß man dort – wenn auch meist mit einem Augenzwinkern – schon seit einem Aufsatz von WATTS und ZIMMERMAN aus dem Jahre 1979 den „Market for Excuses" thematisiert hat (WATTS / ZIMMERMAN 1979). Hinter dieser niedlich klingenden Formel verbirgt sich der Sachverhalt, daß Praktiker bei der Durchsetzung ihrer Partikularinteressen das Bedürfnis entfalten, sich Rechtfertigungen zu verschaffen, die zumindest so klingen, als ob sie akademischen Standards genügten. Die Rolle des Wissenschaftlers bei der Deckung einschlägiger Nachfrage war den Vertretern des Rechnungswesens immer etwas vertrauter als den Finanzierungstheoretikern;[23] insofern können sie mit Recht beanspruchen, einen kleinen Ausschnitt aus der politischen Theorie der Kapitalmarktregulierung vorweggenommen zu haben.

Den vollen Einblick in die Notwendigkeit einer solchen Theorie haben wohl erst die Erfahrungen vermittelt, die man während der achtziger Jahre in den USA machen konnte, als sich der aufgestaute Unmut der Aktionäre über die Mißwirtschaft der Manager in einer Welle von spektakulären Übernahmen entlud, die den betroffenen Unternehmensleitungen wenig Freude bereiteten. Die sichtbare Antwort auf die damit verbundene Freisetzung wirtschaftlicher Kräfte war eine Flut von Anti-Takeover-Gesetzen in den einzelnen Bundesstaaten, mit denen die Rechte der Aktionäre beschnitten und die amtierenden Manager geschützt wurden. In zahlreichen Aufsätzen hat MICHAEL JENSEN die Anti-Takeover-Gesetze als gemeinschädliches Werk von „Special-Interest Groups" attackiert und schließlich das Stichwort „Politics of Finance" geprägt (JENSEN 1991; JENSEN 1993). Als eine der Gipfelleistungen der „Politics of Finance" sei eine in Pennsylvania verwirklichte Form der Kapitalmarktregulierung erwähnt, wo man die Träume des emanzipierten Managements sehr weitgehend verwirklicht hat: Nach dem dort geltenden Anti-Takeover-Gesetz ist die Organisation von Widerstand gegen die amtierende Unternehmensleitung mit dem Verlust des Stimmrechts in der Hauptversammlung und einer Herausgabepflicht für alle Veräußerungsgewinne bedroht, die ein abgeschreckter Angreifer in den ersten 18 Monaten nach seiner gesellschaftsrechtlichen Paralysierung erzielt (vgl. SZEWCZYK / TSETSEKOS 1992). Dieses Beispiel zeigt, wie harmonisch die Eigeninteressen des Managements zum kleinräumigen Standortegoismus von Provinz-

---

insbesondere von Juristen - oder auch von Soziologen oder Theologen - wahrgenommen, die dabei z. T. betriebswirtschaftliches Gedankengut verwenden."

[23] Allerdings wird selbst dort, wo die Einwirkung von Interessenverbänden auf den Gesetzgebungsprozeß überraschend deutlich kritisiert wird, der eigene Blickwinkel so beschrieben: Die Kommission Rechnungswesen im Verband der Hochschullehrer für Betriebswirtschaftslehre verfolgte bei ihrer Einflußnahme auf den Inhalt des Bilanzrichtliniengesetzes „zwar Forschungsinteressen [...] aber keine eigenen wirtschaftlichen Interessen." Zu dieser Selbsteinschätzung bekannte sich jedenfalls CHMIELEWICZ (1988: 57).

politikern mit kurzfristigem Zeithorizont passen und wie diese unheilige Allianz in kürzester Zeit zur Balkanisierung des Kapitalmarkts führen kann. Die Aktionäre der betroffenen Unternehmen haben hierfür mit einem Kursverlust von einem knappen Zehntel ihres Vermögens bezahlt (vgl. SZEWCZYK / TSETSEKOS 1992).

Derartige Erfahrungen dürften auch den Blick geschärft haben für die politökonomischen Aspekte anderer Formen der anglo-amerikanischen Kapitalmarktregulierung. So beschreiben ROE und GRUNDFEST eine ganze Reihe von Regulierungen, die die Einwirkung der Aktionäre auf das Management großer Aktiengesellschaften massiv behindern (ROE 1990; GRUNDFEST 1990). Auf vielfältige und hier nicht im einzelnen darstellbare Hindernisse stoßen insbesondere die Institutionen des Finanzsektors, die aufgrund ihrer Fähigkeit zur Bildung kleinerer oder größerer Pakete für eine aktive Rolle bei der Kontrolle großer Publikumsgesellschaften prädestiniert wären. Selbst dort, wo keine expliziten Regulierungen beachtet werden müssen, sind Finanzinstitutionen gut beraten, offene Konflikte mit Unternehmensleitungen zu meiden, weil sie andernfalls mit Reaktionen des politischen Systems rechnen müssen. Dies gilt nicht zuletzt auch für die Pensionsfonds von Staatsbediensteten, deren Verwalter sich im Glauben an ihre Unabhängigkeit vom Unternehmenssektor vorübergehend auf öffentlich wahrnehmbaren „Shareholder Activism" eingelassen haben, dann aber registrieren mußten, daß der Staatsapparat unter dem Einfluß der Managementlobby zurückschlägt. Seither bevorzugt Calpers, der bis dahin als besonders aggressiv geltende Pensionsfonds der kalifornischen Staatsbediensteten, eine „Quiet Diplomacy Strategy".[24]

Wenn in den USA mit Recht die Vorstellung herrscht, daß die Regulierung des Kapitalmarkts an schwerwiegenden und politökonomisch erklärbaren Defiziten leidet, erscheint es einigermaßen kurios, daß man sich bei der Suche nach Lösungen gerade in Deutschland umschaut, wo sich der Aktienmarkt in weitaus desolaterem Zustand befindet. Sowohl ROE als auch GRUNDFEST liebäugeln mit der vermeintlich hautnahen Form der Unternehmenskontrolle, wie sie unter dem Einfluß eines dichten Systems von Überkreuzbeteiligungen in Deutschland angeblich stattfinden soll (ROE 1990: 33; GRUND-

---

[24] Vgl. dazu ausführlich ROMANO (1995: insbesondere 47-49). Das Management von Calpers hat in dem bei ROMANO beschriebenen Konflikt mit dem politischen System zwar zunächst die Oberhand behalten, scheint aber aus der knapp vermiedenen Not inzwischen eine Tugend gemacht zu haben. Auf einer Investor-Relations-Konferenz in Frankfurt am 12.9.1995 erklärte ein Vertreter von Calpers, man ziehe ein Wirken „behind the scenes" einem publizitätswirksamen Vorgehen auf Hauptversammlungen vor; vgl. Handelsblatt vom 14.9.1995: 35. Auch wenn dies auf kurze Sicht für alle Beteiligten von Vorteil sein kann, wird die Eigendynamik einer ausschließlich „hinter den Kulissen" stattfindenden Interessenwahrnehmung mit der Zeit dazu führen, daß sich Fondsmanager und Unternehmensleitungen auf Kosten der Anleger näher kommen.

FEST 1990: 104ff.). Die vielen Beteiligungen der Deutschen Bank, die mit den eingeschränkten Betätigungsmöglichkeiten US-amerikanischer Finanzinstitutionen nicht in Einklang zu bringen wären, werden als potentielles Vorbild für eine wirksame Form der Unternehmenskontrolle angesehen. Ausgerechnet in diesem Zusammenhang wird dann auch noch vermerkt, bei welchem Anlaß sich die heilsamen Wirkungen einer Kontrolle durch die Deutsche Bank ganz besonders deutlich gezeigt haben sollen: ROE bezieht sich explizit auf die 1987 offen ausgebrochenen Streitigkeiten im Vorstand der Daimler-Benz AG, die bekanntlich durch eine Intervention des von der Deutschen Bank gestellten Aufsichtsratsvorsitzenden ALFRED HERRHAUSEN unterbunden worden sind (ROE 1990: 34). Die damals getroffene Entscheidung, EDZARD REUTER als Vorstandsvorsitzenden einzusetzen, war freilich der Ausgangspunkt des teuersten und publizitätsträchtigsten Desasters der Unternehmenskontrolle, das Deutschland bis heute vorzuweisen hat.[25]

Einschlägige Mißverständnisse sind in der anglo-amerikanischen Welt sehr verbreitet;[26] ihnen ist es wohl auch zuzuschreiben, daß MERTON MILLER die vom Aufsichtsrat der Metallgesellschaft geltend gemachte Unkenntnis der eingegangenen Öltermingeschäfte nicht damit in Einklang zu bringen vermag, wie man sich in Amerika die Beaufsichtigung deutscher Manager durch die Banken bisher vorgestellt hat.[27] Möglicherweise nimmt man jetzt auch im angelsächsischen Spachraum zur Kenntnis,[28] daß Überkreuz-

---

[25] Vgl. dazu unter anderem Manager-Magazin (1995)8; Der Spiegel (1995)31; Focus (1995)31; Stern (1995)33.

[26] Sie galten bisher als „conventional wisdom about German banks and investment finance"; so jedenfalls lautet die Überschrift des Einleitungskapitels einer einschlägigen Thesen eher kritisch gegenüberstehenden Buchveröffentlichung von EDWARDS / FISCHER (1994: 1ff.).

[27] Diese Einschätzung vertrat MILLER anläßlich eines Vortrags am 12.6.1995 an der Universität München; vgl. Frankfurter Allgemeine Zeitung vom 13.6.1995: 18.

[28] Insoweit bereits höchst ambivalent, aber immer noch voller Mißverständnisse EDWARDS / FISCHER (1994: 235): „The very small number of German companies which have a widely dispersed share ownership suggests that the failure of shareholders to monitor management is much less common in Germany than in the UK. [...] However, the extensive ownership of large shareholdings in German companies by other German companies means that this suggestion cannot be accepted without qualification. [...] German banks might then play an important corporate control role [...]" Mit den hierzulande üblichen Kontrollmechanismen wenig vertraute Autoren täten besser daran, sich an höchster Stelle Aufklärung über den Sinn von Bankbeteiligungen und sonstigen Überkreuzverflechtungen zu verschaffen. So schätzt der Vorstandssprecher der Deutschen Bank die Intensität seiner Kontrollaktivitäten folgendermaßen ein: „Wenn wir eine Beteiligung halten, hat das keinen Einfluß [...] Wir sind ein ganz normaler, ruhiger Aktionär, und das macht uns so beliebt." Bei wem diese Art der Unternehmenskontrolle besonders beliebt ist, zeigt sich am Beispiel der Continental AG, deren Verwaltung sich im Abwehrkampf gegen einen Übernahmeversuch von Pirelli voll auf den Vorstand der Deutschen Bank verlassen konnte: „We had 5 % [...] of Conti [...] We said to Leopoldo Pirelli that we

Kapitalmarktrecht als Resultat deformierter Anreizstrukturen 433

verflechtungen zwischen großen Aktiengesellschaften das genaue Gegenteil dessen bewirken, was man sich dort von der Beseitigung von Restriktionen im Finanzsektor erhofft. Kapitalsammelstellen verwalten stets nur anderer Leute Geld; deshalb ist es nicht damit getan, ihnen größeren Einfluß zu verschaffen, als ihnen derzeit in den USA zukommt.

Die entscheidende Frage bleibt, wie das Management von Finanzinstitutionen daran gehindert werden kann, sich mit den Leitungen großer Aktiengesellschaften gegen die Anleger zu verbünden oder auf deren Kosten Nichtangriffspakte zu schließen. In den USA mußte diese Frage bisher nicht gestellt werden; in Deutschland müßte sie gelöst werden – gegen den Widerstand der Unternehmensleitungen aller Aktiengesellschaften des finanziellen und des nichtfinanziellen Sektors, die nicht von privaten Großaktionären beherrscht werden. Eine Lösung im Sinne des Anlegers ist dabei naturgemäß um so unwahrscheinlicher, je stärker die Entscheidungsträger im politischen System mit finanziellen Anreizen konfrontiert sind, die von den Verwaltern der Konzernkassen gesetzt werden.[29]

---

would not dispose of our 5 % unless the management of Conti asked us to, and that until then we would keep it in the interest of Conti's management." Die beiden Zitate entstammen zwei Interviews mit HILMAR KOPPER; vgl. Finanz und Wirtschaft vom 25.9.1993: 17; Euromoney, January 1994: 44.

[29] Bemerkenswert erscheint in diesem Zusammenhang das Spendenverhalten der Deutschen Bank, die die Parteien der Regierungskoalition bedenkt, nicht aber die derzeit nach Verbesserungen der Unternehmenskontrolle und des Minderheitenschutzes rufende SPD; vgl. Süddeutsche Zeitung vom 14.2.1995: 22; Der Spiegel vom 17.4.1995: 53. Die Parteispenden repräsentieren in diesem Zusammenhang freilich nur die Spitze des Eisbergs; der intensive Widerstand gegen eine Offenlegung der Nebeneinkünfte von Abgeordneten, der anläßlich der jüngst gescheiterten Neuregelung der Diäten wieder sichtbar wurde, steht einem tieferen Einblick in die finanziellen Randbedingungen politischer Entscheidungsprozesse aus verständlichen Gründen entgegen; vgl. dazu Stern vom 12.10.1995: 200ff. Immerhin ist aus Bundestagshandbüchern erkennbar, daß sich die Mitglieder des Justiz-, Rechts- und Wirtschaftsausschusses des Deutschen Bundestags ungewöhnlich häufig durch Nebentätigkeiten oder eine frühere Berufstätigkeit im Finanzsektor auszeichnen. Umgekehrt sind in jüngster Zeit zwei Staatssekretäre aus dem Bundesfinanzministerium auf hochdotierte Stellen des Kreditgewerbes übergewechselt, dessen Regulierung in den Zuständigkeitsbereich genau dieses Ministeriums fällt. Auf derselben Linie liegt es, wenn ein noch amtierender bayerischer Finanzminister als ausdrücklich so bezeichneter „Chef-Lobbyist" (!) in den Vorstand eines großen Industriekonzerns einziehen soll. Einer seiner Amtsvorgänger verdankt engen Beziehungen zur Wirtschaft die zeitweilige Bestellung zum Mitglied des Vorstandes bzw. des Aufsichtsrates von zwei börsennotierten Aktiengesellschaften im Einflußbereich der Allianz AG Holding. Die Liste ließe sich beliebig fortsetzen; vgl. Amtliches Handbuch des Deutschen Bundestags, 12. bzw. 13 Wahlperiode; Frankfurter Allgemeine vom 19.10.1994: 20; Frankfurter Allgemeine vom 17.10.1995: 23; Manager-Magazin (1993)10: 13f. Die Unbefangenheit, mit der die Interessen des Kreditgewerbes in das für seine Regulierung zuständige Finanzministerium transportiert werden, wird in einer vom Bundesverband deutscher Banken herausgegebenen Zeitschrift in geradezu rührender Deutlichkeit zum Ausdruck gebracht: „Wiederholt hat sich der Verband mit überzeugendem Erfolg aus der Ministerialbürokratie rekrutiert; ande-

3. Ausgewählte Anwendungsbeispiele für die Wirksamkeit von Public Choice-Mechanismen im deutschen Kapitalmarktrecht

Indizien für die Wirksamkeit der hier interessierenden Gesetzmäßigkeiten sind vielfältiger Natur. In Betracht kommen unter anderem

- nachweisliche personelle und interessenmäßige Verflechtungen,
- auffällige Geheimhaltungsbedürfnisse,
- das Fehlen von Wettbewerb,
- der Ablauf von Gesetzgebungsprozessen,
- seltsame Gesetzesbegründungen,
- problematische Regulierungswirkungen und deren fortgesetzte Inkaufnahme trotz leichter Verfügbarkeit einschlägiger Erkenntnisse.

Auf die im folgenden dargestellten Elemente der Kapitalmarktregulierung treffen durchweg mehrere dieser Indizien zu. Ihre Auswahl ist durch persönliche Einblicke des Verfassers in die institutionellen Rahmenbedingungen des deutschen Kapitalmarkts geprägt und hat insofern nur exemplarischen Charakter. Dies muß schon deshalb hingenommen werden, weil ein Anspruch auf Vollständigkeit innerhalb eines Beitrags zu einem Tagungsband ohnehin nicht eingelöst werden kann. Systematische Untersuchungen müssen hier der zukünftigen Forschung überlassen bleiben; hier kann es nur darum gehen, ausgewählte Befunde des deutschen Kapitalmarktrechts in das Erklärungsmuster einzuordnen, das die Public Choice-Theorie liefert.

3.1 Der verwirrte Anleger als Leitbild handelsrechtlicher Publizitätsvorschriften

In einem Land, in dem der Prozeß der Verselbständigung der Manager auf Kosten der Privatanleger so weit fortgeschritten ist wie in Deutschland, wird man zunächst einmal erwarten dürfen, daß dem Anleger Informationen vorenthalten werden, die er vernünfti-

---

rerseits wurde ihm attestiert, als ‚Schule für Ministerialdirektoren' zu dienen." So jedenfalls WOLF (1991: 234); vgl. dazu auch BIHN (1995: 63f.).

gerweise zu erhalten wünscht. Eine Auseinandersetzung mit den Regelungen in § 131 Abs. 3 des Aktiengesetzes wird zeigen, daß dies gleich in mehrfacher Hinsicht gilt. Diese Vorschriften schützen die steuerlichen Wertansätze und etwaige sonstige Bezugsgrößen für die Abschätzung stiller Reserven vor den Einblicken neugieriger Aktionäre. Angesichts der besonders wirksamen Lobbyarbeit des Kredit- und Versicherungsgewerbes kann es nicht überraschen, daß dieser Schutz im Finanzsektor höher ist als bei den übrigen Aktiengesellschaften; aber schon für diese ergibt sich die im internationalen Vergleich höchst bemerkenswerte Situation, daß dem Eigentümer verwehrt ist zu erfahren, wieviel das Vermögen wert ist, das seine Angestellten für ihn verwalten.

Naturgemäß stößt es auf besonderes Interesse, wie der Gesetzgeber diese Situation rechtfertigt. Als einziges Argument zur Geheimhaltungsbedürftigkeit steuerlicher Wertansätze ist im Regierungsentwurf des Aktiengesetzes von 1965 folgende Überlegung zu finden:

„Durch Auskünfte über die steuerlichen Wertansätze oder die Höhe einzelner Steuern erhält der Aktionär leicht ein falsches Bild und wird zu der Annahme verleitet, der steuerliche Gewinn sei auch der betriebswirtschaftlich erzielte und gegebenenfalls zur Ausschüttung zur Verfügung stehende Gewinn. Da diese Annahme nicht gerechtfertigt ist, erscheint es richtiger, ihm statt eines Auskunftsrechts über steuerliche Wertansätze eine Handelsbilanz zu geben, die ihm Einblick in den nach betriebswirtschaftlichen Grundsätzen ermittelten Vermögensstand der Gesellschaft gibt." (KROPFF 1965: 186)

Das einzige vom Gesetzgeber vorgetragene Argument läuft also darauf hinaus, daß man den Privatanleger davor schützen muß, daß er sich durch zu genaue Kenntnisse steuerlicher Sachverhalte unnötig verwirren läßt. Deshalb muß sich der Aktionär mit einer zurechtfrisierten Handelsbilanz zufrieden geben, in der die besonders verwirrenden Informationen gar nicht erst auftauchen.

Dieses gesetzgeberische Grundmotiv wird nur geringfügig variiert, soweit statt steuerlicher Wertansätze aktuelle Marktwerte vor der Neugier der Aktionäre abgeschirmt werden müssen. Wenn die Buchwerte im Vergleich zu den Marktwerten stille Reserven enthalten, müssen diese geheim bleiben, weil der Begriff der stillen Reserven „mehrdeutig ist und seine Auslegung in der Praxis zu Schwierigkeiten führen kann". (KROPFF 1965: 187)

Die Verwirrung der Anleger über mehrdeutige Begriffe ist also der offiziell mitgeteilte Grund dafür, warum Informationen über vorhandene Marktwerte besser nicht ans Licht der Öffentlichkeit dringen sollten.

Unsubstantiierte Behauptungen über eine generelle Verwirrung der Anleger können angesichts des verfassungsmäßigen Schutzes von Eigentumsrechten in Art. 14 GG freilich keine legitime Erwägung darstellen, die eine Informationsverweigerung gegenüber den Inhabern solcher Rechte hinnehmbar macht. Nachdem gegen die einschlägigen Regelungen in § 131 Abs. 3 AktG Verfassungsbeschwerde erhoben wurde, schienen die zitierten Begründungen auch dem Bundesverfassungsgericht so wenig tragfähig, daß es zunächst einmal das aufwendigste in Betracht kommende Verfahren der „großen Anfrage" in Gang gesetzt und unter anderem eine Stellungnahme des Bundestags und des Bundesjustizministeriums eingefordert hat.[30] Solche Stellungnahmen werden nur dann eingeholt, wenn die Verfassungsmäßigkeit von Gesetzesvorschriften auch aus der Sicht des Verfassungsgerichts zweifelhaft erscheint. Obgleich es für eine definitive Prognose des Verfahrensausgangs noch zu früh ist, wird es in jedem Fall aufschlußreich sein, was Bundestag und Justizministerium zu ihrer Rechtfertigung zu sagen haben. Die Tatsache, daß sie elf Monate nach Eingang der Aufforderung immer noch keine Stellungnahme abgegeben und die hierfür gesetzte Frist bereits um mehr als sieben Monate überschritten haben, deutet auf eine gewisse Ratlosigkeit hin.

Die aktienrechtlichen Auskunftsverweigerungsrechte sind insbesondere für die Rechnungslegung von Unternehmen des Finanzsektors von Bedeutung, wo Deutschland sich vor allem auf der Ebene des europäischen Gemeinschaftsrechts immer wieder exponiert. So mußte etwa die Versicherungsbilanzrichtlinie gegen erbitterten deutschen Widerstand durchgesetzt werden, soweit sie die Aufdeckung der stillen Reserven von Versicherungsgesellschaften vorsieht.[31] Auch bei den Beratungen über die Bankbilanzricht-

---

[30] Schreiben des Bundesverfassungsgerichts vom 20.2.1995 in dem vom Verfasser angestrengten Verfahren 1 BvR 168/93.

[31] Vgl. hierzu die Art. 46 der EG-Richtlinie über den Jahresabschluß und den konsolidierten Abschluß von Versicherungsunternehmen vom 19.12.1991 (Versicherungsbilanzrichtlinie) - 91/674/EWG -, ABl. L 374 vom 31.12.1991: 7-33. Mit seinem Widerstand gegen diese Vorschriften stand Deutschland allein und wurde trotz heftiger Interventionen der deutschen Versicherungswirtschaft überstimmt. Die offizielle deutsche Reaktion auf diese Abstimmungsniederlage vermittelt aufschlußreiche Einblicke in das Verhältnis der Bundesregierung zum Aktienmarkt; vgl. dazu Frankfurter Allgemeine vom 20.6.1991: 16: „Staatssekretär Johann Eekhoff sagte, die Bundesregierung sorge sich um die „schwer überschaubare Eigendynamik", die durch die Angabe von Zeitwerten entstehen kann. So stünden den Versicherungen wohl Forderungen nach höheren Dividenden ins Haus." Ebenso bezeichnend ist die Art und Weise, wie die auf EG-Ebene verabschiedeten Vorschriften zur Offenlegung stiller Reserven in deutsches Gesetzesrecht umgesetzt wurden: Ganz offenkundig waren die zuständigen Entscheidungsträger bemüht, sich an den äußersten Rand dessen zu begeben, was sie mit dem Richtlinientext noch für vereinbar hielten. Hierzu ist mit zutreffender Begründung folgende Auffassung vertreten worden: Das Umsetzungsvorhaben in seiner konkreten Form „widerspricht der Intention der Versicherungsbilanzrichtlinie"; vgl. HESBERG (1994: 539).

linie hat die deutsche Delegation bis zum äußersten für die Beibehaltung der besonderen Bilanzmanipulationsmöglichkeiten der einheimischen Kreditinstitute gekämpft; hier konnte sie den anderen EG-Ländern einen Kompromiß abtrotzen in Form einer 1998 zu überprüfenden Übergangsregelung.[32] Gesetzestechnisch niedergeschlagen hat sich dieser Kompromiß in Form des § 340f HGB. Diese Vorschrift steht in der Tradition des früheren § 26a KWG, der die Rechte der Banken zur Legung stiller Reserven von den Beschränkungen des 1965 verabschiedeten Aktiengesetzes in wesentlichen Punkten freigestellt hatte. Mit den im Vergleich hierzu nur unwesentlich eingeschränkten Möglichkeiten, stille Reserven nach § 340f HGB zu bilden und bei Bedarf wieder aufzulösen, sollten die Bankfunktionäre auch weiterhin in die Lage versetzt werden, in schlechten Zeiten geschönte Jahresergebnisse auszuweisen.

Es liegt auf der Hand, daß dies rationale Anlageentscheidungen ebenso erschwert wie die Absetzung einer unfähigen Geschäftsleitung. Ganz offensichtlich hat sich der Gesetzgeber hier gegen die Anleger und für die politisch durchsetzungsstärkeren Bankfunktionäre entschieden. Die Begründung hierfür folgt dem für die deutschen Publizitätsvorschriften klassischen Leitbild vom verwirrten Anleger; denn zur Notwendigkeit geschönter Erfolgsrechnungen kann der noch zu § 26a KWG verfaßten Gesetzesbegründung folgende „Argumentation" entnommen werden:

> „Die [...] neuen aktienrechtlichen Bewertungsvorschriften [...] begrenzen abweichend vom geltenden Recht die Wertansätze nicht nur nach oben, sondern auch nach unten. [...] Von seiten der Kreditinstitute wurde geltend gemacht, daß das Ziel dieser Vorschriften, einen besseren Einblick in die Ertragslage der Gesellschaften zu vermitteln, bei Kreditinstituten [...] Bedenken begegne (!!). [...] Schon ein plötzlicher Rückgang der ausgewiesenen Gewinne könne die Öffentlichkeit beunruhigen. Müsse eine Bank sogar ei-

---

[32] Zu den Errungenschaften der deutschen Bankenlobby in dieser Frage vgl. Art. 37 der Richtlinie über den Jahresabschluß und den konsolidierten Abschluß von Banken und anderen Finanzinstituten vom 8.12.1986 (Bankbilanzrichtlinie) - 86/635/EWG -, ABl. L 372 vom 31.12.1986: 1-17. Bemerkenswerte Einblicke in die Entstehungsgeschichte dieser Vorschrift vermittelt ein aufschlußreiches Interview, das der Leiter der Betriebswirtschaftlichen Abteilung des deutschen Sparkassen- und Giroverbandes mit Ministerialrat HERBERT BIENER geführt hat, der in Brüssel an vorderster Front für die Bewahrung der Bilanzmanipulationsrechte der deutschen Bankfunktionäre gekämpft hat. Bieners Feststellung, die bilanzpolitischen Möglichkeiten seien mit der Bankbilanzrichtlinie „sogar eher erweitert worden", kommentiert der Sparkassenfunktionär wie folgt: „Das ist ein persönlicher Erfolg Ihrer Verhandlungsführung, zu dem wir Ihnen gratulieren [...] Aus den Reaktionen der Kreditwirtschaft ist erkennbar, daß man nach dem Kompromiß bei den ‚stillen Reserven' erleichtert ist [...] Für Ihren persönlichen Einsatz und Ihre Verhandlungsführung in Brüssel sind Ihnen die Kreditinstitute dankbar." Zur Dokumentation des Gesprächs vgl. KUNZE (1986).

nen Verlust ausweisen, würden mit Sicherheit Einlagen abgezogen. Größere Abzüge könnten zur Zahlungseinstellung führen und eine Sanierung notwendig machen. Dann sei das Vertrauen in das gesamte Bankgewerbe gefährdet."[33]

Möglich ist natürlich alles, und man kann die Kapitalmarktregulierung auch auf entlegene Sonderfälle abstellen, deren Existenz bis heute unbekannt geblieben ist.[34] Leider ohne Erfolg ist deshalb in der kritischen Literatur immer wieder gefragt worden, welche Plausibilitäten dafür sprechen, daß es deshalb zum Run auf eine Bank und anschließend womöglich zur Gefährdung des Vertrauens in das ganze Kreditgewerbe kommen soll, weil eine in Anspruch zu nehmende Reserveposition nicht still geblieben ist, sondern offen ausgewiesen und auch offen aufgelöst wird.[35] Jedenfalls wartet man bis heute ver-

---

[33] KROPFF (1965: 550), (Zusätze in Klammern vom Verfasser).

[34] Von Autoren, die die Besonderheiten der Rechnungslegung von Banken befürworten oder jedenfalls für erwägenswert halten, wird immer wieder das historische Beispiel des Zusammenbruchs der Danat-Bank im Jahre 1931 angeführt; vgl. etwa die Verweise bei BALLWIESER / KUHNER (1994: 69f., Fußnoten 43 und 50). Tatsächlich wurde die Danat-Krise nicht etwa durch Bekanntwerden eines bilanziellen Verlustausweises ausgelöst, sondern durch Bekanntwerden eines Kreditausfalls bei einem zusammengebrochenen Schuldner, dem Nordwolle-Konzern. Der Kreditausfall bei der Danat-Bank betrug das Doppelte ihres ausstehenden Nennkapitals; vgl. BORN (1967: 95f.). Es ist nicht im geringsten ersichtlich, was dieser immer wieder beschworene „Paradefall" einer Bankinsolvenz zur Begründung der These beitragen soll, eine Gewinnglättung mit Hilfe von stillen statt offenen Reserven sei geeignet, eine existenzbedrohende Krisensituation von einem Kreditinstitut abzuwenden oder sie jedenfalls unwahrscheinlicher zu machen. Abgesehen davon ist aus der gesamten Literatur kein einziger empirischer Fall bekannt, für den auch nur der Versuch unternommen wird, die leichtere Abwendbarkeit eines eingetretenen oder vermiedenen Bankzusammenbruchs für den Fall darzulegen, daß stille statt offener Reserven hätten mobilisiert werden können oder tatsächlich mobilisiert worden sind. Es ist nicht einmal ersichtlich, ob überhaupt jemals eine Bank deshalb zusammengebrochen ist, weil die Öffentlichkeit von einem Verlustausweis in einer gerade fertiggestellten Bilanz Kenntnis genommen hat. Wenigstens ein solcher Fall müßte schlüssig vorgetragen werden, bevor Veranlassung besteht, sich mit der von sehr viel schärferen Gültigkeitsvoraussetzungen abhängigen These auseinanderzusetzen, stille Reserven seien eine bessere Vorbeugung gegen Bankenzusammenbrüche als offene. Solange nicht einmal diese Minimalanforderung erfüllt ist, leisten die Gegner stiller Reserven bereits ein argumentatives Übersoll, wenn sie sich um den Nachweis bemühen, daß ein bilanzieller Verlustausweis für sich allein genommen noch lange nicht zum Zusammenbruch einer Bank führt; Belege hierfür finden sich etwa bei SÜCHTING (1981: 217). Insofern kann es keine Schwierigkeiten bereiten, die Aussagekraft der von SÜCHTING vorgetragenen Beispiele und die Bedeutung des in keiner Weise einschlägigen Danat-Falls gegeneinander abzuwägen. Nicht nachzuvollziehen ist deshalb, wieso ein Vergleich dieser beiden Fallgruppen schwerfallen soll; vgl. zu diesem Standpunkt BALLWIESER / KUHNER (1994: 70, Fußnote 50).

[35] Vgl. hierzu bereits STÜTZEL (1967: 329): „Wer stille Reserven präferiert, hat nicht darzutun, daß Reservepolster gut seien; wer für stille Reserven plädiert, hat darzutun, daß die Stille von Reserven besser ist als deren Offenheit."

geblich darauf, daß die Anhänger stiller Reserven wenigstens einen einzigen Fall angeben können, in dem ein bilanzieller Verlustausweis zu Lasten ausreichender offener Reserven zum Run auf eine Bank geführt hat, der mit stillen statt offenen Reserven hätte verhindert werden können.[36]

Vor dem Hintergrund solch peinlicher Beweisnot wäre es interessant gewesen, die Aktenlage bei den zuständigen Beamten daraufhin zu überprüfen, ob sie ihren Kampf für obskure Bankbilanzen auf Argumente oder gar dokumentierte Fälle stützen, die den Kritikern der stillen Reserven bisher verborgen geblieben sind. Aber auch insoweit müssen allzu neugierige Einblicke in die Position der Bankfunktionäre und ihrer beamteten Interessenvertreter zurückgewiesen werden. Schriftgut der Ministerien wird nämlich grundsätzlich erst nach 30 Jahren freigegeben, damit keiner der Verantwortlichen mehr in die Verlegenheit kommt, eine kompromittierende Aktenlage gegenüber der Öffentlichkeit rechtfertigen zu müssen.[37] Nun kann man in solchen Fällen prominente Bundestagsabgeordnete einschalten, um zu testen, ob sich das Justizministerium eine Offenlegung seiner Akten leisten zu können glaubt. Daraufhin wird dann seitens des Ministeriums mitgeteilt, daß Akten zu einem Forschungsvorhaben, das die 1998 anstehende Überprüfung deutscher Besonderheiten bei der Umsetzung der EG-Bankbilanzrichtlinie zum Gegenstand hat, dann freigegeben werden könnten, wenn ein amtliches Interesse an dem wissenschaftlichen Vorhaben besteht. Dazu führt die inzwischen aus dem Amt geschiedene Justizministerin dann folgendes aus: „Ein amtliches Interesse an diesem Forschungsvorhaben besteht seitens des Bundesministeriums der Justiz nicht."[38]

Man möchte also auch in Zukunft die der Lobby genehmen Gesetze machen, ohne von der Wissenschaft belästigt zu werden. Falls man die Wissenschaft überhaupt braucht, kann sich ja der Bankenverband rechtzeitig auf dem „Market for Excuses"[39] eindecken und dem Ministerium die passenden Forschungsergebnisse mitteilen. Welche das sind, ist nicht immer ganz klar, weil sich die Wünsche der Branche im Zeitablauf ändern können; rein vorsorglich ist aber im Auftrag der Gesellschaft für bankwissenschaftliche Forschung schon einmal eine Broschüre vorgelegt worden, in deren Vorwort der Ban-

---

[36] Ersatzweise müßte wenigstens plausibel gemacht werden, daß es im Geltungsbereich von Regelungen zum Schutze stiller Reserven Fälle gegeben hat, in denen ein Run auf eine Bank nur deshalb abgewendet werden konnte, weil nicht offene, sondern stille Reserven aufgelöst wurden.

[37] Vgl. hierzu Schreiben des Bundesministeriums der Justiz vom 30.9.1994 unter Verweis auf § 80 der gemeinsamen Geschäftsordnung der Bundesministerien, Allgemeiner Teil (GGO I).

[38] Von SABINE LEUTHEUSSER-SCHNARRENBERGER als amtierender Justizministerin persönlich unterzeichnetes Schreiben vom 12.1.1995 an UWE JENS, den damaligen wirtschaftspolitischen Sprecher der SPD-Bundestagsfraktion.

[39] Vgl. dazu Abschnitt 2 dieses Beitrags und die dortige Bezugnahme auf WATTS / ZIMMERMAN (1979).

kenverbandspräsident seine Zustimmung bekundet. Als Verfasser dieser Broschüre erbringen BALLWIESER und KUHNER den Nachweis, daß auch der „Market for Excuses" nicht friktionsfrei funktioniert. Nach ausführlich dokumentierten Bemühungen, der Nachfrage gerecht zu werden, ringen sie sich zu der Formulierung durch, daß von ihrer Seite „nicht der Schluß gezogen wird, daß das Instrument der bankspezifischen Stille-Reservenbildung mit Bausch und Bogen zu verwerfen sei" (BALLWIESER / KUHNER 1994: 123). In der Zusammenfassung ihrer Ergebnisse nennen sie dafür den folgenden Grund: „Die bankspezifischen Möglichkeiten zur Legung stiller Reserven lassen sich [...] damit begründen, daß im Falle einer Ertragskrise die Darstellung eines ausgeglichenen Ergebnisses von den Bilanzadressaten als Signal der Entwarnung interpretiert werden kann." An anderer Stelle heißt es dazu noch: „Gelingt trotz um sich greifender Gerüchte die Darstellung eines ausgeglichenen Ergebnisses, so *könnte* dies vom breiten Publikum als Anzeichen für die finanzielle Robustheit der angeschlagenen Bank angesehen werden. Dieses Signal ist *möglicherweise* dazu geeignet, die Reaktionskette, die zum ruinösen Einlegerrun führt, zu durchbrechen."[40]

Bei entsprechender Interessenlage hätten sich Bankenverband und Justizministerium nun mit der ergänzenden Prämisse behelfen müssen, daß die Bankkunden trotz brodelnder Gerüchteküche geduldig auf das Entwarnungssignal warten, das der nächste Jahresabschluß nach hinreichender Bilanzkosmetik vermitteln *könnte*; dann hätten sie die zitierten Ausführungen guten Gewissens mit einem wissenschaftlichen Nachweis für die Notwendigkeit obskurer Bankbilanzen verwechseln dürfen. Sie hätten sich dann auch nicht mehr daran stören müssen, daß der lange gesuchte Fall, in dem stille Reserven geholfen hätten und offene nicht, nach der Untersuchung von BALLWIESER / KUHNER wei-

---

[40] BALLWIESER / KUHNER (1994: 127, 119); Hervorhebungen vom Verfasser. Unabhängig vom Fehlen eines empirischen Gültigkeitsnachweises vermag die zuletzt vorgetragene Argumentation eine Überlegenheit von stillen gegenüber offenen Reserven schon dann nicht mehr zu begründen, wenn sich eine Auffassung als relevant erweist, die BALLWIESER / KUHNER auf S. 76 zitieren: Unter Verweis auf den Ausschuß für Bilanzierungsfragen des Bundesverbandes deutscher Banken wird dort ausgeführt, die Literatur spreche sich „für eine Angabe im Anhang oder Lagebericht aus, wenn die Auflösung stiller Reserven zu einem Jahresüberschuß führt, obwohl ohne deren Auflösung ein Verlust hätte ausgewiesen werden müssen." Wenn dies zutrifft, wird die „stille und heimliche" Umwandlung eines erzielten Verlusts in einen Gewinnausweis schon durch die Angabepflicht im Anhang oder Lagebericht unterbunden; die Auflösung stiller Reserven müßte also gerade dann offengelegt werden, wenn durch ein „Signal der Entwarnung" besondere „finanzielle Robustheit" demonstriert werden soll. Unterliegt die Auflösung von Reserven aber ohnehin einer Offenlegungspflicht, so kann die Überzeugungskraft des „Signals der Entwarnung" nicht mehr davon abhängen, ob stille oder offene Reserven aufgelöst werden; denn die Illusion, die Ertragslage sei „trotz um sich greifender Gerüchte" tatsächlich positiv, kann unter solchen Umständen jedenfalls dann nicht mehr vermittelt werden, wenn die Informationen im Anhang oder im Lagebericht von den Anlegern zur Kenntnis genommen werden.

terhin der Entdeckung harrt.[41] Angesichts der Gründlichkeit, mit der sich die beiden Autoren der Probleme des Bankensektors angenommen haben, spricht zwar alles für die Schlußfolgerung, daß es bis zur Fertigstellung ihrer Studie keinen solchen Fall gegeben hat; Bankenverband und Justizministerium verfügen jedoch über hinreichende Souveränität, ihre rechtspolitischen Zielvorstellungen unabhängig von solchen Einsichten zu formulieren.

Jedenfalls wird man BALLWIESER und KUHNER schwerlich für etwas in Anspruch nehmen können, worauf ihre Auftraggeber angewiesen waren, wenn man für stille Reserven einen wissenschaftlich untermauerten Anschein von Notwendigkeit aufrecht erhalten wollte. Die für diesen Fall in Angriff zu nehmenden Vorarbeiten leistete naturgemäß jene Disziplin, die die Bedürfnisse des „markets for excuses" insbesondere dort befriedigt, wo kraftvolle Bekenntnisse gefragt sind, die sich jenseits von Logik und Empirie bewegen: In einem letzten Rückzugsgefecht[42] gegen allzu neugierige Aktionäre beschworen die Juristen EBENROTH und KOOS die „erheblichen Gefahren für das Unternehmen", die mit einer Transparenz seiner Vermögenssituation verbunden wären; die hiervon zu befürchtende „Schädigung des ‚Good Will'" schien den beiden Rechtsgelehrten einleuchtend genug, um „ein grundsätzliches unternehmerisches Geheimhaltungsinteresse" zusammenzuphantasieren, „das mit dem Interesse an Unternehmensstabilität korrespondiert".[43] Nach solchen „grundsätzlichen" Feststellungen mußte naturgemäß offen bleiben, warum sich am Kapitalmarkt „guter Wille" einstellen soll, wenn Informationen verweigert werden, auf die ein rationaler Investor angewiesen ist.

Ebenso offen ist, welche Rolle diese Frage gespielt hat, als sich die Deutsche und die Dresdner Bank kurz vor Ende des Jahres 1995 entschlossen, den Freunden der deutschen Bilanzkultur eine „handfeste Überraschung"[44] zu bereiten. Jedenfalls hat man sich trotz aller wissenschaftlichen Vorarbeiten dazu durchgerungen[45], die vom Bankenver-

---

[41] Vgl. dazu Fußnote 33.

[42] Zeitlich parallel hierzu wurden Vorbereitungen getroffen, den Rückzugsgefechten durch Aufgabe der Front zu einem schnellen Ende zu verhelfen, wenn sich die Regulierungswünsche der Konzernfunktionäre ändern sollten. Der hierfür bestimmte Aufsatz erschien im Namen eines Vorstandsmitglieds der Deutschen Bank; vgl. KRUMNOW (1995).

[43] Sämtliche Zitate nach EBENROTH / KOOS (1995: 10). Die Autoren stützen ihre bekenntnisfreudige Verteidigung des geltenden Publizitätsrechts auf einen Stand der Betriebswirtschaftslehre, für den ein Beitrag von MELLEROWICZ aus dem Jahre 1970 in Anspruch genommen werden mußte.

[44] So jedenfalls wurde die Entscheidung der Deutschen Bank, ab sofort auf obskure Bilanzen zu verzichten und nach „International Accounting Standards" zu berichten, in der brancheneigenen Presse kommentiert; vgl. die Titelseite (!) der Börsenzeitung vom 20.12.1995.

[45] Sofern der Vorstand der Deutschen Bank nicht an kollektivem Gedächtnisverlust leidet, muß ihm diese Entscheidung um so schwerer gefallen sein, als er noch im Mai 1995 einen Antrag des Verfas-

band im Schulterschluß mit dem Justizministerium gehaltenen Stellungen zu räumen und auf die Inanspruchnahme der Verdunkelungsrechte aus § 340f HGB ab sofort zu verzichten. Ob diese Vorschrift unter solchen Umständen noch eine Überlebenschance hat, darf um so mehr bezweifelt werden, als sich abzeichnet, daß auch andere Banken die bisher so verbissen verteidigte Front aufgeben werden[46]. Allerdings sollte man sich keinen Illusionen darüber hingeben, daß die Orientierung des Gesetzgebers an den Interessen der Bankfunktionäre damit am Ende wäre; aber nachdem es diesen über 10 Jahre hinweg nicht gelungen war, die Anleger von ihren Leistungen zu überzeugen[47], sahen sie sich offenbar genötigt, dem wachsenden Druck aus dem Ausland nachzugeben und den Aktionären zu signalisieren, daß man in ihrer notorischen Verwirrungsanfälligkeit keinen hinreichenden Anlaß für Informationsverweigerung mehr sehen will. Der Beitrag des deutschen Gesetzgebers zur Lösung von Agency-Problemen auf Kapitalmärkten erscheint dadurch nur in einem noch grelleren Licht; das gesetzliche Leitbild vom verwirrten Anleger hat jedenfalls weiter an Skurrilität gewonnen, seit sich die Bankfunktionäre auch ohne gesetzliche Verpflichtung auf die so nachhaltig beschworene Gefahr einlassen wollen, von Leuten in die Tiefe gerissen zu werden, die zu genau Bescheid wissen.

3.2 Die schutzbedürftige Verwaltung als Leitbild der aktienrechtlichen Haftungsvorschriften

Trotz aller Auskunftsverweigerungsrechte ist nicht auszuschließen, daß der Aktionär doch einmal davon erfährt, daß der Verwaltung vorwerfbare Fehler unterlaufen sind. Dann besteht die Gefahr, daß er es wagt, gegen die Gesellschaft oder die Unternehmensleitung zu klagen. Solche Klagen sind beispielweise in den USA gang und gäbe, weil

---

sers, der Verwaltung die Inanspruchnahme von § 340f HGB per Satzungsänderung zu verbieten, mit folgender Begründung zurückgewiesen hat: „Der Umfang der Publizität und Auskunftspflicht ist gesetzlich festgelegt. Es besteht keine Veranlassung, unsere ohnehin schon darüber hinausgehende Informationspolitik zu ändern." Diese schriftliche Stellungnahme gegenüber der Hauptversammlung wirft aus heutiger Sicht die Frage auf, ob für die plötzliche Kehrtwende auch ein halbes Jahr später noch „keine Veranlassung" bestand; gegebenenfalls wäre zu klären, woher diese in der Zwischenzeit gekommen sein könnte.

[46] So hat etwa die Commerzbank im Anschluß an die Verlautbarungen der beiden anderen Frankfurter Großbanken postwendend „angedeutet, daß man den in 1994 bereits deutlich sichtbaren Trend hin zu einer transparenteren Rechnungslegung weiterzuführen gedenke"; dies jedenfalls meldet die Börsenzeitung vom 21.12.1995: 5.

[47] Keine deutsche Großbank-Aktie erreichte Ende 1995 den Kurs von Ende 1985. Angesichts der mageren Dividenden und Bezugsrechtserlöse bedeutet dies, daß die Anleger mit öffentlichen Anleihen deutlich besser abgeschnitten hätten und sich beträchtlicher Unmut aufgestaut hat.

dort entsprechende Anreize gesetzt sind, die die Verfolgung treuwidrig oder fahrlässig handelnder Unternehmensleitungen auch für Aktionärsminderheiten lohnend erscheinen lassen.[48] Diese Anreize fehlen in Deutschland. Die individuellen Kontrollrechte, die das Aktiengesetz enthält, sind so koniziperiert, daß sie nur von „altruistischen Querulanten"[49] in legitimer Weise wahrgenommen werden können. Das ist neuerdings sogar die offizielle Ideologie des Bundesgerichtshofs. Ein klagender Aktionär muß also sämtliche Prozeßrisiken übernehmen und muß beim Gang durch drei Instanzen im allgemeinen mit sechsstelligen Kostenbelastungen rechnen. Nur wenn er sich in vollem Umfang durchsetzt, profitiert er von einem Erfolg der Klage nach Maßgabe seiner Beteiligungsquote am Aktienkapital. Wenn er für sich selbst darüber hinausgehende Sondervorteile beansprucht, gilt er als „räuberischer Aktionär",[50] dessen Klage abzuweisen ist.

Es liegt auf der Hand, daß unter solchen Umständen zu wenig in die Kontrolle des Managements investiert wird, soweit sie auf dem Klageweg erfolgen muß. Statt dessen werden manche Kläger darüber nachdenken, wie man sich die Klagerechte abkaufen lassen kann, ohne als „räuberischer Aktionär" identifiziert werden zu können.

Festzuhalten bleibt, daß ein Aktionär, der sich legal verhält, für sich selbst grundsätzlich überhaupt nichts einklagen kann, falls er sich auf aktienrechtliche Anspruchsgrundlagen stützt. Dieser rechtspolitisch offenbar gewollte Schutz des Managements wird praktisch unüberwindlich, wenn die Aktionäre beabsichtigen, Mitglieder von Vorstand und Aufsichtsrat persönlich haftbar zu machen. Nach § 147 Abs. 1 AktG kann mit solcher Absicht überhaupt nur dann geklagt werden, wenn es gelingt, wenigstens 10 % des Grundkapitals für die Unterstützung einer Klage zu mobilisieren. Begonnen hatten die Beratungen über das 1965 verabschiedete Aktiengesetz noch mit einem Referentenentwurf,

---

[48] Es kann nicht überraschen, daß die Lobby der Konzernfunktionäre auch in den USA mit großer Intensität daran arbeitet, die Klagerechte von Aktionären auszuhöhlen; vgl. dazu GUNTZ (1995).

[49] Der Ausdruck „altruistischer Querulant" geht zurück auf eine Auseinandersetzung zwischen HIRTE (1988: 1474) und GÖTZ (1989: 261). GÖTZ vermerkt an der zitierten Stelle noch sarkastisch: „Der Gedanke, Altruismus als Voraussetzung erfolgreicher Rechtswahrung zu fordern, erscheint neu und begründungsbedürftig." Tatsächlich hat der Bundesgerichtshof kurz darauf diesen Gedanken unter Aufgabe seiner bisherigen Rechtsprechung aufgegriffen und unter Verweis auf HIRTE entschieden, daß aktienrechtliche Anfechtungsklagen rechtsmißbräuchlich und deshalb abzuweisen sind, wenn der Kläger versucht, „die verklagte Gesellschaft in grob eigennütziger Weise zu einer Leistung zu veranlassen, auf die er keinen Anspruch hat"; BUNDESGERICHTSHOF (1989: 297, 311).

[50] Zu diesem Ausdruck vgl. LUTTER (1988: 193). Angesichts der divergierenden Finanzkraft unterschiedlicher Aktionärsgruppen kann es nicht überraschen, daß in der etablierten gesellschaftsrechtlichen Literatur nur der „räuberische (Klein-)Aktionär" vorkommt, während der „räuberische Konzernherr" offensichtlich keinerlei Aufmerksamkeit erregt, obwohl seine volkswirtschaftliche Bedeutung ungleich größer ist; vgl. dazu WENGER / HECKER (1995: 79).

der Haftungsprozesse nur an den Nachweis von Aktien im Nennbetrag von 100.000 DM binden wollte.[51] Auf den Referentenentwurf hin hatten jedoch zahlreiche Wirtschaftsverbände in seltener Einigkeit eine gemeinsame Denkschrift verfaßt (BUNDESVERBAND DER DEUTSCHEN INDUSTRIE ET AL. 1959). Unter dem Eindruck heftiger Kritik an den aktionärsfreundlichen Tendenzen des vorgelegten Gesetzesentwurfs[52] zeigte sich der Gesetzgeber naturgemäß verständig für die Wünsche aus Kreisen der Wirtschaft. Eine erste Konzession bestand darin, daß im Regierungsentwurf die Klageschwelle auf einen Nennwert von 2 Millionen DM angehoben wurde (vgl. KROPFF 1965: 67, 214). Da auch dies dem Schutzbedürfnis haftungsunwilliger Konzernfunktionäre noch nicht ausreichend Rechnung trug, hielten es die zuständigen Ausschüsse des Deutschen Bundestags für geboten, „übermäßigen" (!) Erleichterungen des Minderheitenschutzes vorzubeugen; erst bei einer Mindestanforderung von 10 % des Grundkapitals sah man sich in ausreichendem Maße dagegen gewappnet, daß der „Mißbrauch von Minderheitsrechten" allzusehr „begünstigt" werden könnte.[53] Ganz im Einklang mit den Interessen der Konzernfunktionäre hat man den „Mißbrauch dadurch unterbunden, daß der Gebrauch selbst unmöglich gemacht" wird (TRESCHER 1995: 664).

Diese „Täterschutz"-Regelung (GÖTZ 1994: 1232) ist in jüngerer Zeit in die Schußlinie öffentlicher Kritik geraten. Dazu hat nicht zuletzt das Desaster bei der Metallgesellschaft beigetragen. Ganz abgesehen von den organisatorischen und finanziellen Schwierigkeiten einer Überwindung der 10 %-Schwelle wurde an diesem Beispiel eines deutlich: Oft ist es schon rein rechnerisch praktisch ausgeschlossen, 10 % des Grundkapitals gegen einen Aufsichtsrat zu mobilisieren, der sich mit Paketen entlastet, die unter seiner Kontrolle stehen. Angesichts dessen ist die Forderung nach Herabsetzung der Klageschwelle vielerorts auf Resonanz gestoßen. Bemerkenswert ist dabei, daß ausgerechnet der Präsident der Deutschen Schutzvereinigung für Wertpapierbesitz von neuem jene Bedenken anmeldet, die schon bei Verabschiedung des geltenden Rechts Pate gestanden hatten: Im deutschen Bundestag hat OTTO GRAF LAMBSDORFF die Gefahr mißbräuchlicher Klagen an die Wand gemalt, die drohe, wenn Organe von Aktiengesellschaften

---

51 Daneben sollten auch 10 % des Grundkapitals genügen; vgl. hierzu § 137 Abs. 1 nach der ursprünglichen Zählung im „Referentenentwurf eines Aktiengesetzes", veröffentlicht durch das Bundesjustizministerium am 7.10.1958.

52 So ausdrücklich der zeitgenössische Beobachter BUSSE (1962: 170): „Die Entwürfe sind heftiger Kritik aus den Kreisen der Wirtschaft begegnet, die ihrer unverkennbaren Tendenz(,) die Stellung der Aktionäre als wirtschaftliche Eigentümer zu stärken, entgegengetreten sind."

53 Vgl. KROPFF (1965: 67f.). Sicherheitshalber hat man die Klageschwelle noch durch abschreckende Kostenverteilungs- und Prozeßführungsregeln flankiert, die sich zu einer qualitativ hochwertigen Realsatire zusammenfügen lassen; vgl. dazu ausführlich GÖTZ (1994) sowie TRESCHER (1995).

leichter haftbar gemacht werden könnten.[54] Das mag vielleicht damit zusammenhängen, daß der Graf aus eigener Betroffenheit auch gegen eine Reduzierung der Höchstzahl von Aufsichtsratsmandaten pro Kopf kämpft.[55] Gerade ein Multi-Aufsichtsrat muß sich vor einer Verschärfung von Haftungsrisiken fürchten, wenn er mit dem heute üblichen Sorgfaltsniveau an seiner Belastungsgrenze angelangt ist.

3.3 Der besonders zuverlässige Bankangestellte als Leitbild einer Reform des „Depotstimmrechts"

Das Abstimmungsverfahren in den Hauptversammlungen deutscher Aktiengesellschaften hat mit der Ausgestaltung der Klagerechte vieles gemein. Hier wie dort sahen die Entwürfe zum Aktiengesetz von 1965 ganz anders aus als das Endprodukt. Genau wie bei den Haftungsregeln hat eine Denkschrift den Umschwung herbeigeführt, für die freilich der Bankenverband allein verantwortlich zeichnete (BUNDESVERBAND DES PRIVATEN BANKGEWERBES 1958). Wiederum ist die derzeit laufende Reformdebatte von durchsichtigen Interessenstandpunkten politischer Entscheidungsträger gekennzeichnet.

Bekanntlich hat es einen einfachen Grund, daß das „Depotstimmrecht"[56] in einschlägigen Kreisen verbissen verteidigt wird: Es ist ein ideales Vehikel zur Ausnutzung der Stimmen uninformierter Anleger für die Zwecke des Bevollmächtigten. Für die Banken als Stimmrechtsvertreter kommt es naturgemäß darauf an, daß die Mobilisierung von Stimmen passiv bleibender Aktionäre so wenig Kosten wie möglich verursacht. Da es

---

[54] Zum Vorschlag der SPD, mit einer Absenkung der Klageschwelle auf einen Nennwert von 1 Million DM dem Recht von Minderheiten auf Haftungsklagen einen gewissen Realitätsgehalt zu verschaffen, meint LAMBSDORFF (1995: 3091): „Sie eröffnen die Mißbrauchsmöglichkeiten der Aktionärsklage". Offenbar soll sich das Verhältnis zwischen Gebrauch und Mißbrauch auch weiterhin nach der von TRESCHER karikierten Devise richten; vgl. dazu das Zitat am Ende des vorigen Absatzes.

[55] § 100 Abs. 2 S. 1 AktG sieht gegenwärtig eine Höchstgrenze von 10 Mandaten vor. Vorschläge, diese Anzahl auf höchstens 5 zu reduzieren, sind auf den nachhaltigen Widerstand LAMBSDORFFS gestoßen, der selbst neun einschlägige Mandate hat: „Wir sollten es bei zehn belassen – das scheint mir vernünftiger". Folgerichtig hat auch die Deutsche Schutzvereinigung für Wertpapierbesitz ganz im Sinne ihres Präsidenten LAMBSDORFF für die Beibehaltung der gegenwärtigen Regelung plädiert; entgegengesetzte Interessen ihrer Mitgliedschaft, die deutlich artikuliert wurden, konnten sich nicht durchsetzen. Zu den Einzelheiten vgl. LAMBSDORFF (1995: 3093); Börsenzeitung vom 7.9.1995: 4.

[56] Unter Bankfunktionären wird der Ausdruck „Auftrags-" oder „Vollmachtsstimmrecht" bevorzugt. Der Ausdruck „Depotstimmrecht" wirft ein ungünstiges Licht auf eine Institution, an deren Beginn tatsächlich die vollmachtslose Usurpation von Stimmen aus depotmäßig verwahrten Aktien gestanden hatte. Alle späteren gesetzlichen Anforderungen an die Bevollmächtigung waren darauf angelegt, die einmal entstandene Machtkonstellation zu konservieren; vgl. WENGER (1992: 73).

mühsam ist, sich für jede Hauptversammlung eine gesonderte Vollmacht zu holen, hängt der Nutzen des Depotstimmrechts für die Bank davon ab, daß Dauervollmachten erlangt werden können, die auf einer Vielzahl von Hauptversammlungen nach den eigenen Vorstellungen ausgeübt werden können, solange der Kunde nicht plötzlich selbst aktiv wird. Da letzteres nicht nur unwahrscheinlich, sondern aus der Sicht des Durchschnittsanlegers sogar irrational wäre, wohnt der Dauervollmacht ein beträchtliches Mißbrauchspotential inne. Deshalb ist sie seit hundert Jahren immer wieder unter Beschuß geraten; dementsprechend sahen auch die ersten Entwürfe zum Aktiengesetz von 1965 ihre Abschaffung vor; nur noch Einzelvollmachten sollten die Banken zur Stimmrechtsausübung ermächtigen.[57] Wie schon so oft zuvor ist es den Banken aber auch 1965 gelungen, die Dauervollmacht über die damalige Aktienrechtsreform hinwegzuretten. Nur einmal alle 15 Monate muß dem arglosen Bankkunden eine Unterschrift abgeluchst werden; wenn man ihn oft genug mahnt oder ihm erklärt, daß er eine Unterschrift vergessen hat, verweigert er diese nur selten. Wer will sich schon mit seiner Bank anlegen, wenn er sie wieder braucht. Für den ganz besonders schwer zu überzeugenden Teil der Kundschaft werden dann noch dieselben Argumente bereitgehalten, die man mit Erfolg in den Gesetzgebungsprozeß eingebracht hat; angeblich kommt es darauf an, hohe Präsenzen herzustellen, um eine „Verödung der Hauptversammlung" oder gar Zufallsmehrheiten zu verhindern.[58] Aus gutem Grund vermieden hat man eine Auseinandersetzung mit der Frage, warum hohe Hauptversammlungspräsenzen aus der Sicht des Aktionärs zu besseren Entscheidungen führen sollen, wenn sie nur durch Depotstimmen zustande kommen, die die Depotbank ohne weiteres zweckentfremden kann.

Seit diese Frage in der öffentlichen Debatte eine Rolle spielt und das wahrheitswidrige Bestreiten erwiesener Mißbrauchsvorwürfe die Glaubwürdigkeitsdefizite des Bankensektors nur noch weiter verstärkt, ist das Depotstimmrecht zum ersten Mal ernsthaft gefährdet.[59] Gleichwohl werden von interessierter Seite schon wieder Rettungsversuche vorbereitet. Wie gewohnt sinnt man nach über kosmetische Korrekturen, die das gemei-

---

[57] Vgl. hierzu § 126 Abs. 1 nach der ursprünglichen Zählung im „Referentenentwurf eines Aktiengesetzes", veröffentlicht durch das Bundesjustizministerium am 7.10.1958.

[58] BUNDESVERBAND DES PRIVATEN BANKGEWERBES (1958: 17).

[59] Besonders unangenehm aufgefallen ist der für jedermann offensichtliche Interessenverrat, den das deutsche Bankensystem auf den Siemens-Hauptversammlungen der Jahre 1991 und 1993 beging, als es die Stimmen von Depotkunden zur Verteidigung und sogar zum weiteren Ausbau eines Stimmrechtsprivilegs der mit den Banken paktierenden Gründerfamilie einsetzte. Diese Dreistigkeit ist nicht einmal am Deutschen Bundestag spurlos vorübergegangen; vgl. dazu DEUTSCHER BUNDESTAG, 12. Wahlperiode, Protokoll der 155. Sitzung: 13187: „Das Verhalten der Depotbanken im Hinblick auf die [...] Siemens-Hauptversammlung [...] untermauert exemplarisch die Notwendigkeit einer gesetzlichen Neuregelung."

ne Volk beruhigen, aber gleichzeitig sicherstellen sollen, daß sich an der faktischen Machtverteilung nichts ändert. Unter diesem Gesichtspunkt hat man sich im Justizministerium eine höchst bemerkenswerte Lösung einfallen lassen. Danach soll das Depotstimmrecht zukünftig nicht mehr von einfachen, sondern von ganz besonderen Bankangestellten ausgeübt werden, für die man sich die Bezeichnung „Stimmrechtsmandatar" ausgedacht hat; die Besonderheit dieser „Treuhänder" der Depotkunden soll in ihrer rechtlichen Stellung innerhalb der Bank bestehen: „Unabhängig von den anderen Abteilungen [...] und weisungsunabhängig gegenüber dem Vorstand" sollen sie sein (FUNKE 1994: XIV). Nach dieser Logik könnte also ein „unabhängiger Stimmrechtsmandatar" aus dem Hause der Deutschen Bank gegen die Entlastung seines Vorstands RONALDO SCHMITZ als Aufsichtsratsmitglied der Metallgesellschaft stimmen. Wer diesen Vorschlag ernst meint, muß dem Bankgewerbe schon besonders eng verbunden sein. Grundlage für die „Lachnummer"[60] mit dem bankeigen-unabhängigen Stimmrechtstreuhänder ist denn auch eine Verlautbarung des Parlamentarischen Staatssekretärs im Bundesjustizministerium, RAINER FUNKE. Der Mann kommt aus einem namhaften Institut des Kreditsektors[61] und gilt in Abgeordnetenkreisen als Cheflobbyist der Branche. Wenn das zutreffen sollte, säße er jedenfalls auf der richtigen Stelle.

3.4 Der absolut unabhängige Richter als Leitbild für die Verteilung gerichtlicher Zuständigkeiten

Nach Vermittlung hinreichender Einblicke in die Entstehungsbedingungen des gesetzlichen Kapitalmarktrechts empfiehlt sich abschließend ein Blick auf die Rechtsanwendung durch die Gerichte. Auch hier ist der Gedanke des Managerschutzes in einem Ausmaß verwirklicht, das ohne Rückgriff auf politökonomische Überlegungen nur schwer zu verstehen wäre.

Wer als Aktionär seine Eigentümerrechte vor Gericht geltend machen will, ist von Bestimmungen des Aktiengesetzes und des Gerichtsverfassungsgesetzes betroffen, die jedenfalls dann zur Zuständigkeit einer sogenannten „Kammer für Handelssachen" füh-

---

[60] Mit dieser vielfach geteilten Einschätzung wird in der Presse u. a. der Gesellschaftsrechtler BAUMS zitiert; vgl. Handelsblatt vom 17.7.1995: 23.

[61] In den Angaben zu seinem beruflichen Werdegang findet sich eine Tätigkeit als „Syndikus der M. M. Warburg Bank"; vgl. AMTLICHES HANDBUCH DES DEUTSCHEN BUNDESTAGS, 13. Wahlperiode, Teil V: 138.

ren, wenn das beklagte Management dies verlangt.[62] Kammern für Handelssachen sind mit einem Berufsrichter und zwei ihm stimmrechtsmäßig gleichgestellten „ehrenamtlichen" Handelsrichtern besetzt; bei letzteren handelt es sich um ortsansässige Kaufleute, die im aktiven Geschäftsleben stehen. Was dies für den Aktionär bedeutet, wenn er gegen eine große Aktiengesellschaft klagt, die die Wirtschaft in der Region dominiert, ist nicht erläuterungsbedürftig. In solchen Fällen sitzen nahezu zwangsläufig die Geschäftsfreunde des beklagten Managements auf der Richterbank. Von den beteiligten Richtern und den zuständigen politischen Instanzen wird dies als ganz natürlich empfunden.

Solche Zustände sind Teil der einheitlichen Lebensverhältnisse im gesamten Bundesgebiet; nachdem hier aber ein Beitrag zu einer Tagung dokumentiert wird, die unter der Schirmherrschaft der Regierung von Rheinland-Pfalz stattgefunden hat, gebührt diesem Bundesland zweifelsohne der Vorrang, wenn der Bedarf an plastischen Beispielen gedeckt werden muß. Wer dort etwa gegen die BASF vor Gericht zieht, darf sich auf Verhältnisse einstellen, die die Frankfurter Allgemeine Zeitung anläßlich eines von dem Aktionär ERICH NOLD betriebenen Verfahrens sehr eindrucksvoll beschrieben hat:

> „Der 3. Zivilsenat des Oberlandesgerichts Zweibrücken hat dem Darmstädter Kaufmann ERICH NOLD die dienstlichen Äußerungen aller zwölf Handelsrichter bei der Kammer für Handelssachen des Landgerichts Frankenthal zu dem Gesuch ERICH NOLDS zugeleitet, die Laienrichter in Ludwigshafen als befangen zu erklären. [...] Aus den vorliegenden Antworten sieht NOLD seine Bedenken bestätigt. [...] Lediglich ein Handelsrichter erklärte, er habe als Ludwigshafener Bauunternehmer keinerlei Geschäftsbeziehungen zum Konzern. Zehn der Handelsrichter fügten jedoch hinzu, daß sie sich durch ihre Geschäftsverbindungen zur BASF keineswegs als befangen fühlten. [...] Besonders interessant ist die Äußerung eines Handelsrichters, der Geschäftsführer einer bedeutenden Firma ist. Er stellt fest:
>
>> „Alle Wirtschaftszweige in der Pfalz haben zur BASF Geschäftsbeziehungen. Wenn Herr NOLD alle Handelsrichter in unserem Raum Ludwigshafen / Frankenthal ablehnt, ist das seine Angelegenheit. Solche Handelsrichter aus unserem Raum, die keinerlei Beziehungen zur

---

[62] Je nach Art des Gerichtsverfahrens kann diese Zuständigkeit auch unabhängig vom Willen des Managements gegeben sein; vgl. hierzu die einschlägigen Vorschriften des Aktiengesetzes und des Gerichtsverfassungsgesetzes in § 132 Abs. 1 S. 2-4 AktG, § 306 Abs. 1 S. 2 AktG, § 95 Abs. 2 GVG, § 98 Abs. 1 GVG.

BASF haben, wird er kaum finden." (FRANKFURTER ALLGEMEINE ZEITUNG vom 2.11.1972: 16)

Dieser Befund stammt aus dem Jahre 1972 und gilt bis heute unverändert. Alle seitherigen Landesregierungen einschließlich der amtierenden decken die natürlichen Folgen einer Organisation des Rechtswegs, die den gemeinsamen Interessen der Konzern- und Justizfunktionäre überaus förderlich ist. Im Jahre 1994 gab das rheinland-pfälzische Justizministerium auf die Frage, wieviel Handelsrichter an den für die BASF zuständigen Kammern zur BASF Geschäftsbeziehungen unterhalten,[63] folgende Antwort zum Besten:

> Jedenfalls würde die „geringe Anzahl der Prozesse, bei denen die BASF beteiligt ist, nicht den erheblichen Aufwand rechtfertigen, um festzustellen, [...] welche ehrenamtlichen Handelsrichter des LG Frankenthal in geschäftlichen [...] Beziehungen zu dieser Firma stehen."[64]

Ein Abgeordneter der rheinland-pfälzischen Regierungskoalition kannte die Sachlage aber auch ohne aufwendige Erhebungen, da er früher selbst Richter war. In einer Sitzung des Rechtsausschusses des Landtags brachte er sein Verständnis für die Lage in Ludwigshafen auf folgenden Nenner: „Äußerst schwierig dürfte sein, im Raum Ludwigshafen einen ehrenamtlichen Richter zu finden, der noch nie Geschäftsbeziehungen zur BASF gehabt"[65] hat. Das könnte dann vielleicht der Grund dafür sein, warum die BASF von denen, die die Verhältnisse kennen, so selten verklagt wird.

Wie schon erwähnt, ist Ludwigshafen alles andere als ein Einzelfall. Es sind auch nicht nur die ehrenamtlichen Richter, die wirtschaftliche Beziehungen zu ortsansässigen Großunternehmen unterhalten. In Frankfurt hat sich herausgestellt, daß mehrere hauptamtliche Richter aus Treuhändertätigkeiten für die Hypothekenbanktöchter der Großbanken Gefälligkeitshonorare[66] beziehen.[67] Der Treuhänder einer Konzerntochter der

---

[63] Hintergrund der Anfrage war ein vom Verfasser im Jahre 1991 angestrengtes Verfahren gegen die BASF, an dem – natürlich – ebenfalls ein Geschäftsfreund der Gesellschaft als Richter beteiligt war; zu interessanten Einzelheiten dieses Verfahrens vgl. WENGER / KNOLL / KNOESEL (1995: 763-769).

[64] Schreiben des Justizministeriums des Landes Rheinland Pfalz vom 8.4.1994: 3.

[65] Wortmeldung des Abgeordneten DIECKVOSS, wiedergegeben im Protokoll einer Sitzung des Rechtsausschusses des Landtags von Rheinland-Pfalz im Jahre 1994.

[66] Über die verdienstvolle Tätigkeit der Richter liest man im Nachrichtenmagazin DER SPIEGEL vom 6.12.1993: 132: „Viel haben sie nicht zu tun. „Einige Unterschriften unter Computerlisten", sagt ein Treuhänder, „pro Monat vielleicht eine Stunde Arbeit". Dafür bekommen die Treuhänder, auch die Stellvertreter, [...] monatlich zwischen 1000 bis 2600 Mark". Nach einer dpa-Mitteilung vom 28.9.1995 werden die geleisteten Unterschriften sogar mit bis zu 4000 DM im Monat vergütet. Al-

Deutschen Bank ist durch zwei unter seinem Vorsitz ergangene Gerichtsentscheidungen zugunsten der Mutter aufgefallen.[68] Der Präsident des OLG Frankfurt ist für dieselbe Konzerntochter der Deutschen Bank als Treuhänder tätig (vgl. GESCHÄFTSBERICHT DER FRANKFURTER HYPOTHEKENBANK 1994: 5). Eingaben bei den zuständigen Ministerien werden zum Teil mit irreführenden Antworten bedacht[69]; zum Teil führen sie zu dem Ergebnis, daß Bundesrichter in Organen von Wirtschaftsunternehmen mitwirken, so zum Beispiel als Aufsichtsrat. Eine Aufdeckung der Namen lehnt das Bundesjustizministerium ab; das Recht der Richter auf informationelle Selbstbestimmung hat Vorrang vor dem Interesse der Öffentlichkeit an der Aufdeckung von Interessenverflechtungen zwischen Richtern und Großunternehmen.[70] Das gilt auch für besonders einträgliche Nebentätigkeiten von Richtern, wie Schiedssprüche und Schiedsgutachten, aus denen ohne weiteres sechsstellige Honorare winken, über die bisher eiserne Geheimhaltung gewahrt wird[71] – natürlich mit voller Rückendeckung der jeweils zuständigen Justizministerien. Aus politökonomischer Sicht ist dies absolut verständlich; wenn es allgemein akzeptiert ist, daß das Landwirtschaftsministerium die Interessen der Landwirtschaft ge-

---

lerdings sind diese Honorare nur die Spitze des Eisbergs; vgl. dazu Fußnote 65 und den zugehörigen Text.

[67] Derartiges gilt nicht nur für die Frankfurter Justiz, kommt dort aber wegen des in der Bankenmetropole gehäuften Bedarfs an Treuhändern öfter vor als anderswo; zuweilen werden nicht aktive, sondern pensionierte Richter für ihre Dienste belohnt. Nähere Einblicke in das deutsche Gerichtswesen vermitteln die Geschäftsberichte diverser Hypothekenbanken; vgl. z. B. Geschäftsbericht der FRANKFURTER HYPOTHEKENBANK AG (1994: 5); Geschäftsbericht der DEUTSCHEN HYPOTHEKENBANK AG (Frankfurt-Bremen) (1994: 8); Geschäftsbericht der RHEINISCHEN HYPOTHEKENBANK AG (1994: 5).

[68] Zum einen Fall vgl. FRANKFURTER ALLGEMEINE ZEITUNG vom 13.6.94: 13. Im anderen Fall wurde wurde das Urteil vom BGH aufgehoben; vgl. OBERLANDESGERICHT FRANKFURT (1993); BUNDESGERICHTSHOF (1993).

[69] Das hessische Justizministerium machte zunächst geltend, daß die Treuhänder der Hypothekenbanken vom Bundesaufsichtsamt für das Kreditwesen ernannt und von diesem auch bezahlt würden; indessen erfolgt die Bestellung der Treuhänder gemäß § 29 Abs. 2 des Hypothekenbankgesetzes ausdrücklich „nach Anhörung" der Bank. Zum Verdruß des Ministeriums gab das Bundesaufsichtsamt zur praktischen Vorgehensweise noch einige bemerkenswerte Zusatzinformationen: „Warum sollten ausgerechnet wir jemand eine Funktion zukommen lassen?" Ein zuständiger Beamter „hat noch nie erlebt, daß seine Behörde selbst einen Treuhänder ausgesucht hat. Selbst die Vergütung leitet die Behörde nur durch: Den Betrag läßt sie sich von den Instituten wieder erstatten." Vgl. dazu DER SPIEGEL vom 6.12.1993: 132.

[70] Schreiben der BUNDESMINISTERIN DER JUSTIZ vom 9.12.1992.

[71] Derartige Nebentätigkeiten werden üblicherweise nach der Gebührenordnung für Rechtsanwälte auf der Basis des Geschäftswerts des zu schlichtenden Rechtsstreits abgerechnet; die Genehmigung einschlägiger Nebentätigkeiten unterliegt strengster Geheimhaltung und fällt in die Zuständigkeit der Oberlandesgerichtspräsidenten, die, was diese besonders lukrativen Nebentätigkeiten angeht, in der Regel selbst an der Spitze der Einkommensskala liegen.

gen die Allgemeinheit vertritt, muß man sich auch mit dem bisher weniger geläufigen Faktum anfreunden, daß das Justizministerium die Interessen der Justiz gegen das Gemeinwohl durchzusetzen versucht.[72]

Der Petitionsausschuß des Deutschen Bundestags, der nicht so stark auf die Partikularinteressen der Justiz festgelegt ist, hat demgegenüber festgestellt, die Interessen der Richter an einer Geheimhaltung ihrer Nebentätigkeiten müßten hinter dem Interesse der Allgemeinheit zurücktreten. Er verlangt von der Bundesregierung gesetzliche Initiativen, nach denen richterliche Nebentätigkeiten wenigstens gegenüber verfahrensbeteiligten Prozeßparteien aufgedeckt werden und im übrigen generell eingeschränkt werden sollen. Insbesondere vertritt der Petitionsausschuß die Auffassung, es sei nicht auszuschließen, daß ein Richter, der eine Aufsichtsratstätigkeit ausübt, „sich bei Entscheidungen grundsätzlicher Art in diesem Bereich auf ‚einer Seite stehend fühlt.'" (PETITIONSAUSSCHUSS DES DEUTSCHEN BUNDESTAG 1993: 20f.)

Einschlägige Vorgaben des Petitionsausschusses will die Bundesregierung aber nicht umsetzen. Angesichts des Widerstands des Justizministeriums sieht sie bislang „trotz des Beschlusses des Deutschen Bundestags keinen Bedarf, das Deutsche Richtergesetz zu ändern."[73] Ebensowenig kann sich das Justizministerium mit einer Änderung des Gerichtsverfassungsgesetzes anfreunden, die notwendig wäre, um einem klagenden Aktionär die Konfrontation mit Richtern zu ersparen, die die beklagte Gesellschaft zu ihren Geschäftsfreunden rechnen darf. Dieses Problem wird mittlerweile auch in der juristischen Fachliteratur erkannt, wo man als Kommentar zu einem besonders unappetitlichen Fall[74] folgendes lesen kann:

---

[72] Dabei spielt es eine wichtige Rolle, daß sich die FDP als Partei der organisierten „Rechtspflege"-Lobby des Justizministeriums zu bemächtigen pflegt, wo immer dies (noch?) geht.

[73] Schreiben des Petitionsausschusses des Deutschen Bundestags vom 10.8.1994 an den Petenten WILLI S. GÖBEL.

[74] Zugrunde liegt hier eine vom Verfasser geführte Anfechtungsklage gegen die Entlastung des Vorstandssprechers der Deutschen Bank, HILMAR KOPPER, in seiner Eigenschaft als Vorsitzender des Aufsichtsrats der Daimler-Benz AG. Der Vorsitzende Richter hat in der ersten mündlichen Verhandlung den Standpunkt vertreten, der Sitzungsleiter einer Hauptversammlung sei einem Richter vergleichbar und deshalb befugt, die ersten Aktionäre länger reden zu lassen und späteren Rednern das Wort abzuschneiden - ebenso wie ein Richter die ersten Zeugen noch ausführlicher vernehme und spätere Zeugen sich dann womöglich überhaupt nicht mehr anhöre, wenn er den Eindruck habe, daß der Sachverhalt hinreichend aufgeklärt sei. Diese überraschende Vorstellung vom Sitzungsleiter, der seine Aktionäre „vernimmt", wurde verständlich, als sich herausstellte, daß an der Meinungsbildung des Landgerichts ein zweiter Richter beteiligt war, der hauptberuflich Vorstandsmitglied einer börsennotierten Aktiengesellschaft war; zudem gehörte diese Gesellschaft dem RWE-Konzern an, in dessen Aufsichtsrat zufälligerweise gerade HILMAR KOPPER saß, gegen dessen Entlastung sich die Anfechtungsklage richtete. Beim dritten Richter handelte es sich um einen mittelständischen Unter-

Die Handelsrichter „erscheinen [...] im Rechtsstreit des privaten Kapitalanlegers gegen die Aktiengesellschaft aufgrund ihrer berufsbedingten Interessenlage als dem Anliegen einer Partei näher stehend." (PFEIFFER 1994: 770)

Dies legt die Forderung nahe, die Zuständigkeit für aktienrechtliche Streitigkeiten auf Antrag des Klägers aus dem lokalen Einflußbereich der Gesellschaft herauszuverlagern; denn damit bliebe es ihm erspart, sich durch den lokalen Honoratiorensumpf hindurchprozessieren zu müssen. Das Justizministerium kann sich mit solchen Überlegungen überhaupt nicht anfreunden:

„Das [...] geforderte Verweisungsrecht ermöglichte dem Kläger [...] einem Richter auch ohne konkrete[75] Besorgnis der Befangenheit das Verfahren zu entziehen, weil seine Befangenheit bei Verfahren gegen Konzerne grundsätzlich vermutet würde. Eine solche gesetzliche Vermutung wäre geeignet, das Vertrauen in die Justiz erheblich zu erschüttern."[76]

Damit das Vertrauen in die Justiz nicht erschüttert wird, muß sich der Aktionär also auch in Zukunft damit abfinden, daß seine Streitigkeiten mit großen Aktiengesellschaften von deren Geschäftsfreunden entschieden werden.

---

nehmer, der ausgerechnet bei der Deutschen Bank so hoch verschuldet war, daß er ihr dingliche Sicherheiten stellen mußte. Der gegen alle drei Richter gestellte Befangenheitsantrag wurde vom Landgericht in vollem Umfang abgewiesen. Der Beschwerde gegen diese abwegige Entscheidung hat der zuständige Senat des Oberlandesgerichts nur hinsichtlich des Vorstandsmitglieds aus dem RWE-Konzern stattgegeben. Begründet wurde dies freilich nicht mit der bestehenden Interessenverflechtung, die das OLG durchaus hingenommen hätte; nur deshalb, weil sich der betreffende Richter noch schriftlich zu einer selbst für den Senat nicht mehr vertretbaren Äußerung gegenüber dem Beschwerdeführer hatte hinreißen lassen, hat der Senat dem Befangenheitsgesuch gegen diesen Richter stattgegeben. Nach der Beschwerdeentscheidung des Senats über das Befangenheitsgesuch hat das Landgericht in nur unwesentlich veränderter Zusammensetzung ein Urteil zur Hauptsache gefällt: Statt des Vorstandsmitglieds aus dem RWE-Konzern hat ein Direktor der Wüstenrot-Bank an dieser Entscheidung mitgewirkt. Die Wüstenrot-Bank hielt zum fraglichen Zeitpunkt eine indirekte Schachtelbeteiligung an der Mercedes AG Holding und gehörte damit zum Kreis der mittelbaren Großaktionäre der Daimler Benz AG. Zu weiteren Einzelheiten des Falls vgl. OLG STUTTGART (1994) und den zu dieser Entscheidung verfaßten Besprechungsaufsatz von PFEIFFER (1994). Die Angelegenheit schwebt seit Frühjahr 1995 beim Bundesverfassungsgericht.

75 Wie konkret die Besorgnis sein muß, ergibt sich im Umkehrschluß aus der Entscheidung des OLG STUTTGART (1994): Eine mittelbare arbeitsrechtliche Unterstellung, eine hohe Verschuldung gegenüber einem in den betreffenden Rechtsstreit verwickelten Bankhaus oder vergleichbar offensichtliche Interessenverflechtungen reichen noch lange nicht aus, um einen Richter los zu werden.

76 Schreiben des BUNDESMINISTERIUMS DER JUSTIZ vom 17.12.1993.

4. Eine Zukunftsperspektive

Wie sich gezeigt hat, vermitteln politikfreie Effizienzüberlegungen keine vernünftige Perspektive für die zukünftige Gestaltung des Kapitalmarktrechts. Zur Diskussion steht vielmehr eine zwangsläufige und anhaltende Erosion der Möglichkeiten der Aktionäre, ein emanzipiertes Management im Zaum zu halten, das über genügend Finanzmittel verfügt, um Gesetzgebung und Rechtsprechung zu steuern (vgl. GRUNDFEST 1990: 89, 110). Ist HAYEKs eingangs zitierte Botschaft vom Recht, das sich ändern kann, also nichts weiter als naiver Optimismus? Wer diese Frage verneinen will, muß eine Antwort darauf geben, wie er mit den polit-ökonomischen Gesetzmäßigkeiten fertig werden will, die Gegenstand des hier behandelten Themas sind. Er mag eine gewisse Hoffnung daraus schöpfen, daß diese Gesetzmäßigkeiten vor allem dort wirken, wo sich die Lobby schon eingenistet und mit der Verteilung von Annehmlichkeiten bereits begonnen hat. Deshalb wird es vor allem darauf ankommen, daß Gedeihen einschlägiger Subkulturen dadurch zu stören, daß neue Ebenen für neue Auseinandersetzungen gefunden werden. Wird in Parlamenten und Ministerien fast nur noch nach sachfremden Kriterien entschieden, ist der Gang zum Bundesverfassungsgericht ein Ausweg, der bereits Wirkungen entfalten kann, bevor es dort zu einer Entscheidung kommt.[77] Wenn dem herrschenden Honoratiorenkartell von dort Gefahr droht, so könnte das nicht zuletzt damit zusammenhängen, daß das Bundesverfassungsgericht bisher nicht der Ort war, wo die Auseinandersetzungen um das Kapitalmarktrecht geführt wurden. Damit öffnet sich ein Fenster, das Aussicht auf Abhilfe eröffnet. Nach einiger Zeit wird es sich wieder schließen. Die Konzernlobby wird sich um die Verfassungsrichter und deren Auswahl künftig genauso intensiv kümmern müssen wie bisher um die Richter des 2. Senats des Bundesgerichtshofs[78], wo aktienrechtliche Streitigkeiten in der Vergangenheit gewöhnlich zu en-

---

[77] Vgl. die Ausführungen im Zusammenhang mit Fußnote 30. Bundestag und Bundesjustizministerium dürften mit gewissen Schwierigkeiten zu kämpfen haben, wenn sie erneut ein ungebrochenes Bekenntnis zur Entrechtung des Aktionärs abgeben wollten, obwohl in einem bisher nie dagewesenen Ausmaß Aktionäre für die 1996 anstehenden Privatisierungsaktionen gewonnen werden müssen.

[78] Einen Höhepunkt dieser Bemühungen markiert das "ZHR-Symposium über Bank-, Kapitalmarkt- und Gesellschaftsrecht" im Januar 1993 in Glashütten, wo sich Richter des Bundesgerichtshofs vier Referate zum berüchtigten Fall „Girmes" anhören durften, aus dem sich eine erbitterte Auseinandersetzung zwischen dem Herausgeber des „Effektenspiegels" und der Deutschen Bank entwickelt hat. Nach Angaben im Vorwort des zu dieser Tagung erschienenen Hefts der „Zeitschrift für das gesamte Handels- und Wirtschaftsrecht" handelte es sich dabei um eine „geschlossene Veranstaltung"(!). Die Referenten, bei denen es sich zum Teil um Angehörige der Rechtsabteilungen von Frankfurter Großbanken handelte, schlugen sich deshalb im Ergebnis durchweg auf die Seite der Deutschen Bank. Dies schien um so dringlicher, als die unterinstanzlichen Gerichte in der fraglichen Zeit mit Recht den gegenteiligen Standpunkt zu vertreten begannen. Wunschgemäß fällte der BGH am 20.3.1995

den pflegten[79]. Aber wenn die einschlägigen Anpassungsprozesse abgeschlossen sind, werden sich wieder neue Schauplätze finden, auf denen die Lobby überrumpelt werden kann. Ohnehin hat die zunehmende Internationalisierung der Kapitalmärkte und die damit einhergehende Entnationalisierung des Kapitalmarktrechts bereits zu ersten Zusammenstößen mit ausländischen Lobbyisten geführt[80], deren Interessen jedenfalls in der näheren Zukunft nicht ohne weiteres gleichgeschaltet werden können. Auf diesem

---

ein Urteil im Sinne der Deutschen Bank. Auf Anfrage einer Vertreterin der Schutzgemeinschaft der Kleinaktionäre teilte der Präsident des Bundesgerichtshofs zu dem im Vorfeld dieses Urteils veranstalteten Symposium mit, eine derartige Zusammenkunft finde jedes Jahr statt; „für die Durchführung [...] stellen jeweils abwechselnd drei Banken ihre Schulungshäuser nebst Verpflegung zur Verfügung; [...] zu den Veranstaltungsteilnehmern gehören auch Richter des Bundesgerichtshofs." Zur Beschönigung des Sachverhalts weist der BGH-Präsident noch darauf hin, Banken seien in den entschiedenen Verfahren zum Girmes-Fall nicht „Prozeßpartei" gewesen, und die Tagungsbeiträge zu diesem Thema seien „durchaus kontrovers" gewesen. Verschwiegen wird dabei, daß die Deutsche Bank ein massives Interesse am Ausgang der entschiedenen Prozesse hatte und ein Prozeß gegen die Deutsche Bank und ihr Vorstandsmitglied CARTELLIERI noch beim Bundesverfassungsgericht schwebt; zudem hatten die angeblichen Kontroversen ausschließlich rechtsdogmatischen Charakter, ohne daß sich im Ergebnis auch nur ein einziger Referent gegen die Deutsche Bank gewandt hätte. Zu unbestritten gebliebenen Behauptungen, die Bundesrichter seien von den Banken üppig bewirtet worden, wird seitens des Petitionsausschusses des Deutschen Bundestag mitgeteilt: „In der Petition werden diesbezüglich keine konkreten Umstände vorgetragen, die den Verdacht erhärten könnten, daß die Bewirtung Auswirkungen auf die Unparteilichkeit der Richter gehabt habe." Nach dieser Logik wäre es dann zulässig, Richtern auch größere Annehmlichkeiten zuzuwenden, da ja nie bewiesen werden kann, daß es gerade die jeweiligen Annehmlichkeiten waren, die sich auf das Entscheidungsverhalten der Richter ausgewirkt haben. Zum Sachverhalt vgl. ZEITSCHRIFT FÜR DAS GESAMTE HANDELSRECHT UND WIRTSCHAFTSRECHT 157(1993)2: 91-195; WENGER (1993), BUNDESGERICHTSHOF (1995), Schreiben des Präsidenten des BGH vom 23.6.1995 an ANNELIESE HIEKE, sowie PETITIONSAUSSCHUSS (1994).

79 Daß sich dies ändern könnte, zeigt eine aus dem Rahmen fallende Reaktion des Bundesrichters HENZE (1995). Sie betrifft den Fall der Moto-Meter AG, wo der Großaktionär Bosch eine Liquidationsstrategie verfolgte, die nur als Mittel zur Umgehung der aktienrechtlichen Minderheitenschutzvorschriften verständlich ist; gleichwohl fand dieses Vorgehen die Zustimmung der Stuttgarter Justiz. Der 2. Senat des BGH, dem HENZE angehört, nahm die Revision gegen das betreffende Urteil des Oberlandesgerichts Stuttgart nicht zur Entscheidung an und nannte hierfür keine inhaltliche Begründung; vgl. BGH (1994). Nachdem hiergegen von mehreren Seiten, insbesondere auch von zwei Aktionärsschutz-Vereinigungen, Verfassungsbeschwerde eingelegt worden war, sah sich HENZE veranlaßt, einen Aufsatz zu schreiben, der sich nun doch an einer inhaltlichen Begründung versucht. Nachgewiesen ist, daß HENZE auf einem „Praktiker-Seminar", das von Vertretern großer Konzerne und den für sie tätigen Anwaltskanzleien gegen auskömmliche Bezahlung besucht werden darf, „die neuere Rechtsprechung [...] schwerpunktmäßig behandelt und ihre Bedeutung für die Unternehmenspraxis der Aktiengesellschaften herausstellt"; vgl. dazu den Einladungstext zum Praktiker-Seminar „Höchstrichterliche Rechtsprechung zum Aktienrecht" am 2.12.1992 in Frankfurt, wo HENZE als einziger Referent angekündigt war.

80 Vgl. beispielsweise die in Abschnitt 3.1 angesprochenen Auseinandersetzungen um die Bankbilanz- und die Versicherungsbilanzrichtlinie der EG.

Instrument wird man auf absehbare Zeit eine Vielzahl an Registern ziehen können. Wenn sich Deutschlands Großbanken neuerdings sogar mit dem Zusammenbruch ihrer vielgepriesenen Bilanzkultur abzufinden beginnen, so hängt das nicht zuletzt damit zusammen, daß der einheimischen Regulierungsbürokratie die einschlägigen Zuständigkeiten entglitten sind.

Literaturverzeichnis

BALLWIESER, W.; CH. KUHNER (1994): Rechnungslegungsvorschriften und wirtschaftliche Stabilität. Bergisch Gladbach.
BEISSE, H.; M. LUTTER; H. NÄRGER (Hg.) (1993): Festschrift für Karl Beusch. Berlin.
BEUSCH, K. (1984): Die Aktiengesellschaft – eine Kommanditgesellschaft in der Gestalt einer juristischen Person? Betrachtungen zum sogenannten Holzmüller-Urteil des Bundesgerichtshofes. In: HADDING, W.; U. IMMENGA; H.-J. MERTENS; K. PLEYER; U. H. SCHNEIDER (Hg.) (1984): Festschrift für Winfried Werner. Berlin: 1-22.
BIHN, A. (1995): Die deutschen Bankenverbände und ihr Einfluß auf die Gesetzgebung. Diplomarbeit. Würzburg.
BORN, K. E. (1967): Die deutsche Bankenkrise 1931. München.
BUCHANAN, J. M.; G. TULLOCK (1962): The Calculus of Consent. Ann Arbor / Michigan.
BUNDESGERICHTSHOF (1989): Urteil vom 22.5.1989, II ZR 206/88. In: Entscheidungen des Bundesgerichtshofs in Zivilsachen, Band 107: 296-315.
BUNDESGERICHTSHOF (1993): Urteil vom 30.11.1993, XI ZR 80/93. Betriebs-Berater 49(1994): 102-103.
BUNDESGERICHTSHOF (1994): Beschluß vom 5.12.1994, II ZR 8/94 (unveröffentlicht).
BUNDESGERICHTSHOF (1995): Urteil vom 20.3.1995, II ZR 205/94. Betriebs-Berater 50(1995): 1201-1208.
BUNDESVERBAND DER DEUTSCHEN INDUSTRIE; BUNDESVERBAND DES PRIVATEN BANKGEWERBES; BUNDESVEREINIGUNG DER DEUTSCHEN ARBEITGEBERVERBÄNDE; DEUTSCHER INDUSTRIE- UND HANDELSTAG; GESAMTVERBAND DER VERSICHERUNGSWIRTSCHAFT (1959): Gemeinsame Denkschrift. Köln, Bonn.
BUNDESVERBAND DES PRIVATEN BANKGEWERBES (1958): Denkschrift zur Reform des Aktienrechts. Köln.
BUSSE, A. (1962): Das Depotstimmrecht der Banken. Wiesbaden.
CHMIELEWICZ, K. (1988): Die Kommission Rechnungswesen und das Bilanzrichtliniegesetz. In: DOMSCH, M.; F. EISENFÜHR; D. ORDELHEIDE; M. PERLITZ (Hg.) (1988): Unternehmenserfolg, Planung – Ermittlung – Kontrolle. Wiesbaden: 53-87
DOWNS, A. (1957): An Economic Theory of Democracy. New York.
DRUKARCZYK, J. (1995): Theorie und Politik der Finanzierung – Stellungnahme zur Rezension von O. Hahn. Zeitschrift für betriebswirtschaftliche Forschung 47(1995): 483-485.

EBENROTH, C.; S. KOOS (1995): Die Verfassungsmäßigkeit des Auskunftsverweigerungsrechts gem. § 131 Abs. 3 AktG bei Aktionärsfragen bezüglich stiller Reserven. Betriebsberater 47(1995): Beilage 8.

EDWARDS, J.; K. FISCHER (1994): Banks, Finance and Investment in Germany. Cambridge.

ENGELS, W. (1992): Diskontierte Hoffnung. Wirtschaftswoche (22.5.1992): 162.

FUNKE, R. (1994): Reform des Depotstimmrechts in der neuen Legislaturperiode. ZIP – Zeitschrift für Wirtschaftsrecht 15(1994)20: XIV.

GÖTZ, H. N. (1989): Zum Mißbrauch aktienrechtlicher Anfechtungsklagen. Der Betrieb 42(1989): 261-267.

GÖTZ, H. N. (1994): Anmerkung zum Beschluß des Amtsgerichts Nürtingen vom 14.10.1993, G.Reg. I 1160/93 (Geltendmachung eines Schadensersatzanspruchs gegen einen Aufsichtsratsvorsitzenden). Der Betrieb 47(1994): 1231-1232.

GÖTZ, H. N. (1995): Neuere Rechtsentwicklungen für die Wahrnehmung von Aktionärsrechten. ZIP – Zeitschrift für Wirtschaftsrecht 16(1995): 1310-1315.

GRUNDFEST, J. A. (1990): Subordination of American Capital. Journal of Financial Economics (1990)27: 89-114.

GUNTZ, P. (1995): Das Ende des Anlegerschutzes in den USA? Zeitschrift für Bankrecht und Bankwirtschaft 7(1995): 206-210.

HAHN, O. (1994): Rezension von „Theorie und Politik der Finanzierung" (J. DRUKARCZYK). Zeitschrift für betriebswirtschaftliche Forschung 46(1994): 1085-1086.

HADDING, W.; U. IMMENGA; H.-J. MERTENS; K. PLEYER; U. H. SCHNEIDER (Hg.) (1984): Festschrift für WINFRIED WERNER. Berlin.

HAYEK, F. A. v. (1967): Studies in Philosophy, Politics, and Economics. Chicago.

HENZE, H. (1995): Auflösung einer Aktiengesellschaft und Erwerb ihres Vermögens durch den Mehrheitsgesellschafter. ZIP – Zeitschrift für Wirtschaftsrecht 16(1995): 1473-1481.

HESBERG, D. (1994): Ist die Externe Rechnungslegung der Versicherungsunternehmen überflüssig? In: HESBERG, D.; M. NELL; W. SCHOTT (Hg.) (1994): Risiko – Versicherung – Markt. Festschrift für Walter Karten. Karlsruhe: 523-541.

HIRTE, H. (1988): Mißbrauch aktienrechtlicher Anfechtungsklagen – Vom Querulieren und seinen Grenzen. Betriebsberater 43(1988): 1469-1477.

HOFFMANN, A. (1929): Der Gewinn der kaufmännischen Unternehmung. Leipzig.

JENSEN, M. C. (1991): Corporate Control and the Politics of Finance. Journal of Applied Corporate Finance (1991)4: 13-33.

JENSEN, M. C. (1993): The Modern Industrial Revolution, Exit, and the Failure of Internal Control Systems. Journal of Finance 48(1993): 831-880.

JENSEN, M. C.; W. H. MECKLING (1976): Theory of the Firm: Managerial Behavior, Agency Costs and Ownership Structure. Journal of Financial Economics (1976)3: 305-360.

JOHNSON, D. B. (1991): Public Choice: An Introduction to the New Political Economy. Mountain View / California.

KROPFF, B. (1965): Aktiengesetz. Düsseldorf.

KRUEGER, A. O. (1974): The Political Economy of the Rent-Seeking Society. American Economic Review 64(1974): 291-303.

KRUMNOW, J. (1995): Nuancen der Bankenpublizität in der EU-Bankbilanzrichtlinie und nationalen Umsetzung. Zeitschrift für betriebswirtschaftliche Forschung 47(1995): 891-898.

KÜBLER, F. (1990): Gesellschaftsrecht. 3. Aufl. Heidelberg.

KÜBLER, F.; H.-J. MERTENS; W. WERNER (Hg.) (1991): Festschrift für Theodor Heinsius. Berlin.

KUNZE, CH. (1986): EG-Bankbilanzrichtlinie verabschiedet, Interview mit Ministerialrat Herbert Biener. Betriebswirtschaftliche Blätter 35(1986): 508-510.

LAMBSDORFF, O. (1993): Den Schaden haben die Anleger. Das Wertpapier 41(1993)21: 58-59.

LAMBSDORFF, O. (1995): Redebeitrag im Rahmen der Aussprache des Deutschen Bundestags über den von der SPD eingebrachten Entwuf eines Gesetzes zur Verbesserung von Transparenz und Beschränkung von Machtkonzentrationen in der deutschen Wirtschaft. Sitzungsprotokolle des Deutschen Bundestags, 13. Wahlperiode, 39. Sitzung vom 19. Mai 1995: 3093-3095.

LEUTHEUSSER-SCHNARRENBERGER, S. (1994): Rede von Bundesjustizministerin Leutheusser-Schnarrenberger auf der Jahrestagung des Verbandes deutscher Hypothekenbanken am 28. November 1994, schriftliche Fassung des Redemanuskripts. Bonn.

LUTTER, M. (1988): Zur Abwehr räuberischer Aktionäre. In: 40 Jahre Der Betrieb, Festschrift, Stuttgart: 193-210.

MERTENS, H.-J. (1970): Kommentierung der §§ 76-94 des Aktiengesetzes. Kölner Kommentar zum Aktiengesetz. Band 1, 3. Lieferung. Köln.

MERTENS, H.-J. (1989): Kommentierung der §§ 76-94 des Aktiengesetzes. Kölner Kommentar zum Aktiengesetz. Band 2, 1. Lieferung. 2. Aufl. Köln.

MONISSEN, H. G. (1991): Rent-Seeking in General Equilibrium: A Didactic Illustration. Public Choice 72(1991): 111-129.

MORCK, R.; A. SHLEIFER; R. W. VISHNY (1990): Do Managerial Objectives Drive Bad Acquisitions? Journal of Finance 45(1990): 31-48.

OBERLANDESGERICHT FRANKFURT (1993): Urteil vom 11.2.1993, 6 U 180/91.

OBERLANDESGERICHT STUTTGART (1994): Beschluß vom 8.2.1994, 3 W 2/94. ZIP – Zeitschrift für Wirtschaftsrecht 15(1994): 778-780.

OLSON, M. (1965): The Logic of Collective Action. Cambridge / Massachusetts.

OSBAHR, W. (1923): Die Bilanz vom Standpunkt der Unternehmung. 3. Aufl., bearbeitet von H. Nicklisch. Berlin, Leipzig.

PETITIONSAUSSCHUSS DES DEUTSCHEN BUNDESTAGS (1993): Begründung einer vom Deutschen Bundestag am 23.6.1993 verabschiedeten Beschlußempfehlung des Petitionsausschusses vom 16.9.1993, Pet 4-12-07-301-27586, Protokoll des Petitionsausschusses Nr. 12/53: 17-22.

PETITIONSAUSSCHUSS DES DEUTSCHEN BUNDESTAGS (1994): Begründung einer vom Deutschen Bundestag am 16.6.1994 verabschiedeten Beschlußempfehlung des Petitionsausschusses vom 25.5.1994, Pet 4-12-07-3111-53772/37, Protokoll des Petitionsausschusses Nr. 12/75: 59-60.

PFEIFFER, TH.(1994): Der Handelsrichter und seine Unbefangenheit. ZIP – Zeitschrift für Wirtschaftsrecht 15(1994): 769-772.

PROWSE, S. (1994): Corporate Governance in an International Perspective. Basel: BIS Economic Papers No. 41.

RAPOPORT, A. (1985): Creating Shareholder Value. New York, London.

ROE, M. J. (1990): Political and Legal Restraints on Ownership and Control of Public Companies. Journal of Financial Economics 27(1990): 7-41.

ROMANO, R. (1995): The Politics of Public Pension Funds. The Public Interest (1995)Spring: 42-53.
SEIBERT, U. (1994): Kleine AG und Umwandlungsrecht von der Wirtschaft begrüßt: Hearing im deutschen Bundestag. GmbH-Rundschau (1994): R 34-35.
SEIBERT, U.; B. KÖSTER (1995): Die kleine AG. 2. Aufl. Köln.
STÜTZEL, W. (1967): Bemerkungen zur Bilanztheorie. Zeitschrift für Betriebswirtschaft 37 (1967): 314-340.
SÜCHTING, J. (1981): Scheinargumente in der Diskussion um stille Reserven. Die Betriebswirtschaft 41(1981): 207-220.
SZEWCZYK, S. H.; G. P. TSETSEKOS (1992): State Intervention and the Market for Corporate Control. Journal of Financial Economics 31(1992): 3-23.
TRESCHER, K. (1995): Aufsichtsratshaftung zwischen Norm und Wirklichkeit. Der Betrieb 48(1995): 661-665.
TULLOCK, G. (1967): The Welfare Costs of Tariffs, Monopolies and Theft. Western Economic Journal (1967)5: 224-232.
TER VEHN, A. (1924): Gewinnbegriffe in der Betriebswirtschaft. Zeitschrift für Betriebswirtschaft 1(1924): 361-375.
WALB, E. (1948): Finanzwirtschaftliche Bilanz. 2. Aufl. Duisburg.
WATTS, R. L.; J. L. ZIMMERMAN (1979): The Demand for and Supply of Accounting Theories: The Market for Excuses. Accounting Review 54(1979): 273-305.
WENGER, E. (1987): Managementanreize und Kapitalallokation. Jahrbuch für Neue Politische Ökonomie 6(1987): 217-240.
WENGER, E. (1989): Allgemeine Betriebswirtschaftslehre und ökonomische Theorie. In: KIRSCH, W.; A. PICOT (Hg.) (1989): Betriebswirtschaftslehre im Spannungsfeld zwischen Generalisierung und Spezialisierung, Festschrift zum 70. Geburtstag von Edmund Heinen. Wiesbaden: 155-181.
WENGER, E. (1992): Universalbankensystem und Depotstimmrecht. In: GRÖNER, H. (Hg.) (1992): Der Markt für Unternehmenskontrollen. Berlin: 73-117.
WENGER, E. (1993): Der Fall Girmes – ein Stück aus dem Tollhaus. ZIP – Zeitschrift für Wirtschaftsrecht 14(1993): 321-332.
WENGER, E. (1993a): Anmerkung zum Beschluß des Kammergerichts Berlin vom 26.8.1993, 2 W 6111/92 (Auskunftsanspruch des Aktionärs über Beteiligungen). ZIP – Zeitschrift für Wirtschaftsrecht 14(1993): 1618-1625.
WENGER, E. (1994): Schleichende Enteignung. Wirtschaftswoche (1994)50: 134-136.
WENGER, E.; L. KNOLL; J. KNOESEL (1995): Der systematische Besuch von Hauptversammlungen im Rahmen der betriebswirtschaftlichen Hochschulausbildung. In: ELSCHEN, R.; T. SIEGEL; F. W. WAGNER (Hg.) (1995): Unternehmenstheorie und Besteuerung, Festschrift zum 60. Geburtstag von D. Schneider. Wiesbaden: 749-774.
WENGER, E.; R. HECKER (1995): Übernahme- und Abfindungsregeln am deutschen Aktienmarkt. ifo Studien 41(1995): 51-87.
WOLF, H. (1991): Ein Verband macht Geschichte. Die Bank (1991): 232-234.

Rainer Elschen[*]

Taxation by Regulation und die Kosten der Staatsverbindung von Unternehmungen

„Taxation by Regulation" beinhaltet die Vorstellung, daß von einer Regulierung dieselben Wirkungen ausgehen wie von einer Besteuerung. Dies legt nahe, Steuern durch Regulierungen oder Regulierungen durch Steuern zu ersetzen. Entsprechendes müßte für Deregulierungen und Subventionen gelten. Wenn aber Regulierung und Besteuerung bzw. Subvention und Deregulierung nebeneinander bestehen, müßten sich auch die Gesamtkosten der Staatsverbindung einer Unternehmung errechnen lassen. In beiden Fällen liefert dieser Beitrag eine negative Antwort: Steuern und Subventionen haben im Vergleich zu Regulierungen und Deregulierungen Eigenschaften, die eine Substitution nicht zulassen. Auch die Ermittlung von Gesamtkosten der Staatsverbindung, wie sie für die Standortwahl sinnvoll sein könnte, ist unter Unsicherheit nicht möglich. Vertrauen in den Staat erlangt dann eine eigenständige Bedeutung als „ökonomische Institution".

---

[*] Univ.-Prof. Dr. rer. oec. Rainer Elschen, Martin-Luther-Universität Halle-Wittenberg, Wirtschaftswissenschaftliche Fakultät, Lehrstuhl für Betriebswirtschaftslehre, insbesondere Unternehmensführung und Unternehmensbesteuerung, Große Steinstraße 73, 06108 Halle (Saale).

1. Problemstellung

„Taxation by Regulation" überschreibt POSNER (1992: 359) ein Kapitel in seiner „Economic Analysis of Law". Darin sucht er den Steuercharakter staatlicher Regulierungen und den Subventionscharakter staatlicher Deregulierungen nachzuweisen. Folgt man seinen Überlegungen, dann scheint es möglich und bei der Standortwahl sogar nötig, die Steuerbelastung mit den regulierungsbedingten „Unternehmernebenkosten" zu einer Gesamtbelastung der Unternehmung durch die Staatstätigkeit zusammenzufassen.[1] Subventionen und Deregulierungen müßten als Entlastungen gegengerechnet werden. Zudem wäre es denkbar, Steuern durch Regulierungen und Subventionen durch Deregulierungen zu ersetzen und umgekehrt.

POSNERs Denkweise, die sich der verfügungsrechtlichen Theorie (Theory of Property Rights) bedient, hat ihr finanzwissenschaftliches Gegenstück in der Frage BLANKARTs: „Was kostet der Staat?" BLANKART (1994: 127, zum Folgenden 128). BLANKART stellt fest, daß bei Gesetzesvorlagen regelmäßig nur die unmittelbaren budgetären Kosten berücksichtigt werden. Bei Regulierungen hieße es dagegen auf die Routinefrage nach den Kosten regelmäßig und ganz lapidar: „keine".

Volkswirtschaftliche Kosten blieben dadurch unberücksichtigt (vgl. WEIDENBAUM 1979): (1) Administrative Kosten, (2) Bürokratieüberwälzungskosten und (3) Folgekosten der Regulierung, die durch Regulierungsvermeidung, Innovationsverzögerung und ein erhöhtes Unternehmerrisiko entstehen: „Richtigerweise sollten daher die Kosten der Staatstätigkeit sowohl die gesamten budgetären Kosten wie die gesamten Regulierungskosten enthalten" BLANKART (1994: 130).

Soweit die Staatstätigkeit als Standortfaktor empfunden wird, müßte es auch aus betriebswirtschaftlicher Sicht zu einer Zusammenfassung der gesamten Kosten der „Staatsverbindung" kommen. Dabei wären freilich die administrativen Kosten des Staates auszugrenzen und durch die aus dem Staatshandeln folgenden finanziellen Belastungen und Entlastungen der einzelnen Unternehmung zu ersetzen. Bürokratieüberwälzungskosten und Folgekosten der Regulierung wären jeweils nur insoweit zu berücksichtigen, wie sie die einzelne Unternehmung treffen.

---

[1] Untersuchungen, die nur auf die Unternehmensbesteuerung abstellen, würden dann zu kurz greifen, auch wenn sie zwischen verschiedenen Unternehmungstypen differenzieren; vgl. dazu etwa JACOBS / STENGEL (1994: 201).

Die Wirtschaftspresse legt jedoch beredtes Zeugnis davon ab, daß ein besonderes Gewicht auch der Stabilität und Vorhersehbarkeit der Veränderungen von wirtschaftlichen Rahmenbedingungen gelten muß. Neben Schlagzeilen wie „Investoren auch durch zuviel Regelungen abgeschreckt" (MÜLLER-STEWENS / GOCKE 1995) stehen solche wie „Internationales Kapital sucht stabile Rahmenbedingungen" (KUTZER 1995).

Im folgenden sollen in Kapitel 2 die Be- und Entlastungen der Unternehmung durch das geltende Besteuerungs- und Regulierungsrecht und durch Rechtsänderungen aufgezeigt werden.

Kapitel 3 behandelt die Frage, inwieweit Besteuerung und Regulierung bzw. Subvention und Deregulierung austauschbar sind, und widmet sich dem Problem, ob Regulierungen generell als belastend und Deregulierungen als entlastend empfunden werden.

Kapitel 4 diskutiert schließlich die Frage, ob hinter der Vorstellung von den „Kosten der Staatsverbindung" ein tragfähiges Konzept stehen kann, wobei auf das etablierte Konzept der „Kosten der Bankverbindung" Bezug genommen wird.

2. Be- und Entlastungen der Unternehmung durch geltendes Recht und Rechtsänderungen

2.1 Unmittelbare finanzielle Be- und Entlastungen

Unmittelbare finanzielle Wirkungen in der Beziehung zwischen Staat und Unternehmung gehen in erster Linie von Steuer- und Subventionszahlungen aus. Rechtsänderungen, wie die durch den „ökologischen Umbau des Steuersystems"[2], können diese Wirkungen zwischen den Entscheidungsalternativen (Effizienzwirkung) und den betroffenen Personenkreisen (Verteilungswirkung) verschieben.

Auch Regulierungen als staatliche Einflußnahme auf die Zuweisung von Verfügungsrechten (Marktzugangs- und Marktabgangsregulierungen), die Übertragung von Verfügungsrechten (Marktverhaltensregulierung) und die Durchsetzung staatlicher Ge- und Verbote können sich auf finanzielle Transaktionen zwischen Staat und Unternehmungen

---

[2] Vgl. dazu etwa die „Greenpeace Studie" vom DEUTSCHEN INSTITUT FÜR WIRTSCHAFTSFORSCHUNG (1994).

auswirken. Regulierungen führen jedoch auch zu Zahlungen an andere Unternehmungen, falls etwa Grenzwertvorgaben im Umweltschutz nur durch den Kauf von Filteranlagen eingehalten werden können. Verstöße gegen solche Vorgaben ziehen möglicherweise Bußgeldzahlungen an den Staat nach sich. Deregulierungen als Rücknahmen staatlichen Einflusses mindern zumeist umgekehrt den finanziellen Aufwand: für Genehmigungsverfahren, für die Inanspruchnahme durch Bußgelder und für Zahlungen an andere Unternehmungen.

Unterschiede zwischen Steuerzahlungen und Regulierungen bzw. Subventionen und Deregulierungen bestehen zudem darin, daß die unmittelbaren finanziellen Belastungen durch den Staat bei Steuerzahlungen und Subventionen selbst bei den nicht nach dem Leistungsfähigkeitsprinzip erhobenen *Lenkungsteuern* regelmäßig die durch Folgewirkungen bedingten Be- und Entlastungen deutlich dominieren, während bei Regulierungen und Deregulierungen die mittelbaren finanziellen Auswirkungen der Folgeentscheidungen im Mittelpunkt stehen. Bei Steuern, die nach dem *Leistungsfähigkeitsprinzip* erhoben werden, ist dagegen grundsätzlich Entscheidungsneutralität intendiert. Das bedeutet, daß die finanziellen Belastungen sich in den Steuerzahlungen erschöpfen sollen. Mittelbare finanzielle Folgewirkungen *sollen* sich gerade nicht ergeben (vgl. ELSCHEN 1991: 112f.).

2.2 Bürokratieüberwälzung

Sowohl im Rahmen der Besteuerung als auch im Zuge von Regulierungsmaßnahmen sind Unternehmungen gewöhnlich zur Mitwirkung verpflichtet. Die großen Mineralölkonzerne haben sogar zunehmend die Funktion von Außenstellen des Finanzamts.

Dennoch tragen nach empirischen Untersuchungen in Schleswig-Holstein nicht solche Großunternehmungen, sondern die Handwerks- und Handelsbetriebe die relativ größte Belastung je Beschäftigten infolge dieser Mitwirkungspflichten. Nach einer Untersuchung von KITTERER (1989)[3] lagen in der Industrie die Aufwendungen aus gesetzlichen Folgekosten im Jahre 1989 für unterstützende Verwaltungstätigkeiten mit nur 263 DM pro Beschäftigten und Jahr um 44,7 % *unter* dem Durchschnitt aller Wirtschaftszweige (Handel, Handwerk, Industrie, Dienstleistung), für Handel und Handwerk dagegen mit durchschnittlich über 600 DM pro Beschäftigten und Jahr um mehr als 40 % *über* dem Gesamtdurchschnitt. In einer 1992 von SEMMLER (1994) durchgeführten Fortsetzung

---

3   Zum Problem der Bürokratieüberwälzung vgl. auch DICKERTMANN / KÖNIG / WITTKÄMPER (1982).

dieser Untersuchung war der Aufwand in diesen Wirtschaftsbereichen bereits auf über 1.000 DM je Beschäftigten angestiegen. Innerhalb von drei Jahren ist das ein Anstieg von über 30 Prozent.

Erfaßt wurden in der Studie von SEMMLER (vgl. 1994: 3) Folgekosten im

- Steuer- und Abgabenbereich (durchschnittlich 68,2 % der Gesamtkosten),
- Personal- und Sozialbereich (durchschnittlich 18,5 % der Gesamtkosten),
- Statistikbereich (durchschnittlich 0,9 % der Gesamtkosten),
- Betriebsbereich (durchschnittlich 12,4 % der Gesamtkosten).

Auf externe Beratungskosten entfielen dabei 53,4 % der Gesamtkosten. Diese Leistungen wurden mit Marktpreisen bewertet, innerbetriebliche Leistungen mit dem Stundenlohnsatz. Anteilige Gemeinkosten blieben ausgeklammert. Verwaltungskosten im Zusammenhang mit *Änderungen* der gesetzlichen Rahmenbedingungen wurden allerdings einbezogen. Eine Unterscheidung von den laufenden Kosten auf der Basis des geltenden Rechts wurde nicht vorgenommen, so daß die durch die Anpassung an diese Änderungen bedingten Ausschläge der Belastung nicht erkennbar sind.

Demgegenüber kommt eine bundesweite, jüngst veröffentlichte Studie des Institutes für Mittelstandsforschung (vgl. dazu CLEMENS / KOKALJ 1995 sowie O. V. 1995) bei 542 Unternehmungen in der Verteilung der Bürokratiekosten auf die einzelnen Bereiche zwar zu ähnlichen Ergebnissen wie SEMMLER, im Ausmaß aber liegen die überwälzten Bürokratiekosten deutlich höher:

1. Von den gesamtwirtschaftlich auf 58 Mrd. DM geschätzten Kosten der Bürokratieüberwälzung tragen 96 % die mittelständischen Unternehmungen.

2. Die Belastung von durchschnittlich 4.000 DM pro Arbeitsplatz und Jahr steigt von 305 DM pro Arbeitsplatz und Jahr oder 0,1 % vom Umsatz bei Großunternehmungen auf fast 7.000 DM pro Arbeitsplatz oder 3,1 % vom Umsatz bei Kleinunternehmungen mit bis zu 9 Beschäftigten. Während die unentgeltliche Tätigkeit für den Staat bei Großunternehmungen nur 5,5 Arbeitsstunden pro Mitarbeiter und Jahr beansprucht, sind dies 62 Stunden bei Kleinunternehmungen.

Die erweiterte Mitwirkung im Sozialbereich (Pflegeversicherung), im Umweltbereich und bei der Kriminalitätskontrolle (Geldwäschegesetz) läßt auch in Zukunft eher höhere Bürokratiekosten erwarten, solange die Politiker diese gesellschaftlichen Kosten bei ihren Regulierungsentscheidungen nicht internalisieren.

Infolge der in allen Untersuchungen ermittelten relativen Mehrbelastung kleiner und mittelständischer Unternehmungen fordert der Bund der Steuerzahler:

1. eine Verringerung der Verwaltungsleistungen gerade für die kleinen bis mittleren Unternehmungen,

2. eine Vereinfachung der mitwirkungsgeborenen Verwaltungstätigkeiten insbesondere im Rahmen des Besteuerungsverfahrens und

3. *eine Entschädigung für die gesetzlichen Folgekosten,*

„um eine gerechte und gleiche Lastverteilung sicherzustellen" SEMMLER (1994: 9, vgl. zum Folgenden auch ebd. 12). Es wird daher gefordert, die Kosten der Bürokratie vollständig über das Steuersystem zu tragen.

Die Entschädigung für die gesetzlichen Folgekosten sei bislang unzulänglich. Denn die steuerliche Abzugsfähigkeit dieser Aufwendungen bringe nur eine Entlastung in Höhe des jeweiligen Grenzsteuersatzes. Und, so könnte man hinzufügen, das bedeutet vor allem bei schlecht verdienenden kleineren Personengesellschaften eine besonders hohe, durch „Steuervorteile" nicht kompensierte Restbelastung, während gutverdienende Großunternehmungen sogar höher entlastet würden.

Damit aber widerspricht die Effektivbelastung durch Bürokratieüberwälzung gleich in doppelter Hinsicht dem Leistungsfähigkeitsdenken: *Die Inhaber kleiner und schlecht verdienender Unternehmungen müssen bereits brutto je Beschäftigten eine höhere Verwaltungslast tragen. Bei deren steuerlicher Abzugsfähigkeit wird davon zugleich weniger kompensiert.* Dies führt zu einer im Vergleich zur Brutto-Belastung höheren Netto-Belastung, zu einer Wettbewerbsverzerrung zugunsten der Großunternehmungen der Industrie. Dazu paßt gar nicht, daß von jüngsten Bemühungen zur Unternehmenssteuerreform eine größere Entlastung von Großbetrieben behauptet wird (vgl. SPÖRI 1995).

Die Höhe der Bürokratiekosten dürfte jedoch auch bei gleicher Unternehmungsgröße beträchtlich schwanken. Wichtige Einflußfaktoren sind dabei die Effizienz der staatlichen[4] und der privaten Verwaltung, aber auch die „Kulanz" der staatlichen Verwaltung bei der Durchsetzung des Steuerrechts, die in Deutschland von Nord nach Süd zuzunehmen scheint (vgl. DITTMANN 1990). Insofern müßte sich für den Süden zusätzlich zu einer niedrigen Besteuerung auch ein günstigeres Bild bei der Bürokratieüberwälzung ergeben. Dies müßte bei folgerichtiger Betrachtung entweder zu einer ursachenbezogenen Anpassung der Verwaltungspraxis im Norden oder Süden bzw. zu symptomkurierenden, kompensierenden Be- oder Entlastungen des Staates führen, wobei die Ent-

---

[4] Effizientere staatliche Verwaltung dürfte auch die Bürokratieüberwälzung verringern. Zum Problem der staatlichen Verwaltungseffizienz vgl. etwa JANN (1994).

schädigungsforderung des Bundes der Steuerzahler (SEMMLER 1994) hier zu der Kompensationslösung führen würde.

2.3   Folgeentscheidungen

Die von WEIDENBAUM (1979) aufgezählten regulierungsbedingten Folgeprobleme für die Unternehmungen: (1) Innovationsverzögerung, (2) Risikoerhöhung durch Rechtsunsicherheit und (3) Anpassungsprobleme, treten insbesondere bei Rechts*änderungen* auf und betreffen auch die Problemfelder Besteuerung, Subventionierung und Deregulierung:

1. Wie stark gerade die Probleme der zeitlichen Verzögerung von Innovationen aus der Sicht der Praxis empfunden werden, das zeigt sich besonders in dem Beitrag „Deregulierung aus der Sicht der Wirtschaftspraxis" von CRONE-ERDMANN (1990). Trotz des allgemeinen Titels ist der gesamte Beitrag allein den Schwierigkeiten gewidmet, die sich aus der Verfahrensdauer bei regulierungsbedingten Genehmigungsverfahren ergeben.

Die Zeit ist heute für viele Unternehmungen zu dem wichtigsten strategischen Erfolgsfaktor geworden (vgl. KLENTER 1995). Mit durchschnittlichen Genehmigungsdauern von 12 Monaten, im Extremfall bis zu 42 Monaten bei Genehmigungsverfahren nach dem Bundesimmissionsschutzgesetz (BImSchG), dürfte dies kaum verträglich sein (vgl. CRONE-ERDMANN 1990: 51). First-to-Market-Strategien zur Erringung der Führerschaft bei Technologie und Kosten durch Fortschritt auf der Erfahrungskurve (vgl. dazu ANSOFF / STEWART 1967: 82 sowie SIMON 1989: passim) lassen sich bei solchen Fristen kaum noch betreiben, wenn im internationalen Wettbewerb keine vergleichbaren Fristen auftreten. Deutsche Unternehmungen erleiden einen strategischen Nachteil und fallen dadurch zurück.

Da eine Besteuerung des Schadstoffausstoßes solche Zeitnachteile nicht kennt, wäre sie mit einer genehmigungsgebundenen Regulierungsmaßnahme kaum vergleichbar. Umgekehrt sieht es bei Deregulierung und Subventionierung aus. Während die Deregulierung den Zeitbedarf herabsetzt, ist eine Subventionierung meist mit Antrags- und Bearbeitungsfristen belastet, ehe die Subvention rechtssicher erlangt werden kann. *Unter zeitlichen Aspekten sind also Besteuerung und Deregulierung den Alternativen Regulierung bzw. Subventionierung vorzuziehen.*

2. Unklarheiten über das angewandte Recht erzeugen Rechtsunsicherheiten, die wiederum Unsicherheiten in der wirtschaftlichen Einschätzung von Besteuerungs-, Subventi-

ons-, Regulierungs- und Deregulierungssachverhalten nach sich ziehen. Solche Rechtsunsicherheiten bewirken nicht nur Zeitverluste, wenn etwa Art und Inhalt der einzureichenden Unterlagen unklar sind (vgl. CRONE-ERDMANN 1990: 54). Sie bergen auch das Risiko einer Nichtgewährung der staatlichen Leistungen bzw. eines unerwarteten Aufwands bei der Unternehmung. Die Unterstützung durch sachkundige (Steuer-)Berater kann hierbei als eine „Versicherungsprämie" gegen einen Teil dieser Risiken verstanden werden. Die große Zahl der vor den Finanzgerichten jährlich neu anhängigen Prozesse[5] zeigt jedoch, wie groß die nicht versicherbaren Folgen der Rechtsunsicherheit selbst in einem so exakt geregelten Bereich wie der Besteuerung sind.

Bei Rechtsänderungen verschärft sich das Problem der Rechtsunsicherheit erheblich, zumal die richtige Einschätzung von Folgeproblemen der Rechtsneuschöpfungen nicht selten an der mangelnden Phantasie der gesetzgebenden Organe scheitert. Neuschöpfungen von Steuergesetzen[6] legen davon beredtes Zeugnis ab.

3. Von größerem Gewicht sind die mit Rechtsänderungen einhergehenden Anpassungskosten. Bei Lenkungssteuern und bei Maßnahmen der Verhaltensregulierung wird direkt auf eine Verhaltensanpassung abgezielt. Fiskalische Steuern sollen dagegen – wie erwähnt – entscheidungsneutral wirken. Anpassungskosten zählen hier zu den unerwünschten Nebenwirkungen. Anders als bei Lenkungsteuern sind sie keine bewußt in Kauf genommenen Folgen, um bestimmte Ergebnisse der Verhaltenslenkung sicherzustellen.[7] Als unerwünschte Nebenfolgen führen sie vielmehr zu sogenannten Zusatzlasten (Excess Burdens).

Die Gesamtbe- oder -entlastung durch Besteuerung, Subvention, Regulierung und Deregulierung ergibt sich nach der bisherigen Analyse erst durch die Gesamtschau von:

1. unmittelbaren finanziellen Be- und Entlastungen,

2. Aufwendungen infolge von Bürokratieüberwälzung und

3. „Folgewirkungen" durch Zeitverzögerungen bzw. -verkürzungen, Unsicherheitsvergrößerungen oder -verminderungen und durch Anpassungsaufwendungen.

Bevor jedoch die Frage nach den auf diese Weise zusammengefaßten „Kosten der Staatsverbindung" gestellt wird, soll intensiver nach der Äquivalenz von „Besteuerung

---

[5] Allein beim Bundesfinanzhof wurde ein Zugang im Jahr 1994 von 3.702 Verfahren registriert (vgl. BStBl. II 1995: 156).

[6] Vgl. z. B. § 10e EStG oder § 8a KStG.

[7] Zum Konflikt zwischen Lenkungs- und Finanzierungsfunktion der Besteuerung vgl. auch BENKERT (1991: 86f.).

und Verfügungsrechtsbeschränkung durch Regulierungsmaßnahmen", wie sie in POSNERs Überschrift „Taxation by Regulation" zum Ausdruck kommt, und der parallel dazu denkbaren Äquivalenz von „Subvention und Verfügungsrechtserweiterung durch Deregulierung" gefragt werden.

3. Austauschbarkeit von Belastungen und Entlastungen?

3.1 Besteuerung und Regulierung, Subvention und Deregulierung

POSNERs Behauptung von der „Taxation by Regulation" erscheint fragwürdig, wenn man bei den Zielen der Besteuerung an die fiskalischen Ziele denkt. Austauschbarkeit von Besteuerung und Regulierung legt nämlich nahe, daß man den Zusammenhang umkehren kann zu *„Regulation by Taxation."* So gesehen kommen für eine Äquivalenz von Besteuerung und Regulierung grundsätzlich *nur* die sogenannten *Lenkungsteuern* in Betracht. Zumindest vor dem ökologischen Umbau des Steuersystems dürften solche Steuern aber im Vergleich zu den nach dem Leistungsfähigkeitsprinzip erhobenen Steuern von geringerem Gewicht sein.

Sieht man den Ansatzpunkt der Besteuerung im Finanzmittelentzug bei Unternehmungen und Staatsbürgern, dann greift die Besteuerung unmittelbar in den *Bestand* eines Verfügungsrechts ein. Betroffen ist hier also das „Law of Property". Die *Übertragung* von Verfügungsrechten nach dem „Law of Contract" kann zwar bei der Besteuerung von Unternehmungsleistung oder Unternehmungsergebnis mehr oder minder direkt Gegenstand der Besteuerung sein, die Anreize wirken aber durch den steuerlichen Finanzmittelentzug dennoch über die Zuweisung von Verfügungsrechten zwischen Unternehmung und Staat, also über das Law of Property.

Regulierungen können dagegen sämtliche Bereiche der Verfügungsrechte betreffen – deren Zuweisung und Abgrenzung im Law of Property (Regulierung und Deregulierung im Marktzu- oder -abgang), die Bedingungen und Folgen ihrer Übertragung im Law of Contract und die *Voraussetzungen und Folgen ihrer Verletzung* im Law of Torts (Regulierung der Ahndung von Verstößen gegen Regulierungen).

Die Besteuerung wäre im Law of Torts nur anzusiedeln, falls man Bußgelder und Geldbußen bei der Verletzung von Verfügungsrechten als Lenkungsteuern (gegen eine solche Verletzung) betrachtete und den Freiheitsentzug als Quasi-Steuer in Geld umrechnen würde. Zweifellos ist ein Rechtsstaat bei Entschädigungen infolge eines ungerechtfertigt verhängten Freiheitsentzuges genau zu einer solchen Bewertung gezwungen. Das bedeutet allerdings noch nicht, daß diese Austauschrelation auch von den Haftentschädigten als adäquat bewertet wird.

Dennoch wird ein damit vergleichbarer Ausgleich im Falle der Bürokratieüberwälzung vom Bund der Steuerzahler gefordert (SEMMLER 1994). Da etwa bei der Wahrnehmung von Hilfstätigkeiten für den Fiskus kleinere Unternehmungen aus Handel und Handwerk finanziell besonders stark betroffen sind, müßte dieser Ausgleich durch Subventionen oder Steuererleichterungen nach größen- und branchenbezogenen Kriterien erfolgen, und nach der Untersuchung von DITTMANN (1990) müßte er sogar im Norden höher als im Süden ausfallen.

Ähnlich wie bei einer Haftentschädigung wird man dies jedoch nur in einer sehr pauschalen Form leisten können, bei der die Umstände des Einzelfalls nur unzureichend berücksichtigt sind. Rechtfertigt aber die Unmöglichkeit eines exakten Lastenausgleichs im Einzelfall auch, im geltenden Recht auf eine solche Entschädigung gänzlich zu verzichten, z. B. auf eine durchgängig und effektiv wirksame Unternehmensbesteuerung, die Kleinunternehmungen „fördert"?[8]

Wer eine Aufrechnung von Regulierungseffekten und Besteuerung für möglich hält, für den liegt auch die Frage nach einem Austausch von Besteuerung und Regulierung nicht weit. Offenbar gibt es jedoch Bereiche, in denen beide Lösungen gleichzeitig existieren, ohne für austauschbar gehalten zu werden. Im Rahmen der Drogenpolitik gibt es strenge Regulierungslösungen für „harte" Drogen (z. B. Heroin), aber auch für bestimmte „weiche" Drogen (z. B. Marihuana), die verdächtigt werden, den Einstieg in harte Drogen zu erleichtern. Von mancher Seite kritisiert, existiert dagegen für die „Kulturdrogen" Koffein, Tabak und Alkohol nur eine Besteuerung.

Dennoch sind bei Betrachtung der ökonomischen Wirkungen ähnliche Effekte zu beobachten. In beiden Fällen ergeben sich auf den „Drogenmärkten" höhere Preise und geringere Mengen als bei Abwesenheit von Regulierung oder Besteuerung. Daher stellt sich die Frage, ob das Drogenverbot für harte Drogen nicht durch eine fast prohibitiv hohe Besteuerung ersetzt werden sollte, zumal bei Verstoß gegen das Verbot innerhalb des Law of Torts ebenfalls eine der Besteuerung ähnliche Sanktionswirkung greift. Freilich wird dabei eine Geldstrafe in der Regel nicht zum Zuge kommen, sondern eine Freiheitsstrafe, die als „geldwerter Nachteil" gedeutet werden müßte.

---

[8] Die Größenabhängigkeit der Besteuerung ist im geltenden Recht durchaus ambivalent (VOLK 1986).

Die Besteuerung machte auf den ersten Blick den Zugang zu harten Drogen, anders als das Verbot, allein abhängig von der Fähigkeit und dem Willen, finanzielle Mehrbelastungen auf sich zu nehmen. Mithin wäre der Konsum harter Drogen durch sehr gut situierte Personen noch denkbar. Als vergleichbar könnte man bei einer Verbotslösung jedoch den Aufwand ansehen, die Verbotskontrollen zu umgehen. Unterstellt man, daß eine vollständige Verbotskontrolle nicht möglich ist, dann hätte man auch hier den Zugang zu Drogen im wesentlichen an die Fähigkeit und den Willen gebunden, die hohen Lasten der Verbotsumgehung zu tragen. Die schlechte Kontrollierbarkeit der Belastungshöhe dürfte keinen wesentlichen Unterschied bedeuten, weil man bei fast prohibitiven Steuern auch mit Steuerhinterziehung von erheblichem Ausmaß rechnen dürfte.

Einen Unterschied gibt es allerdings: Die Mengenbeschränkung des Verbots verursacht hohe Preise, während bei der Steuerbelastung der hohe Preis für eine Mengenreduktion sorgt. Insofern ist die Kausalität der Preis- und Mengenwirkungen zwischen Regulierung und Besteuerung umgekehrt. Doch wo liegt bei gleicher Gesamtwirkung hier noch ein Unterschied? Am Nebeneinander von Besteuerungs- und Regulierungslösung im Falle der Umweltpolitik könnte dies deutlich werden:

Der „ökologische Umbau des Steuersystems" wird hier weithin als die marktwirtschaftsadäquatere Lösung betrachtet (DEUTSCHES INSTITUT FÜR WIRTSCHAFTSFORSCHUNG 1994). In bezug auf die Marktadäquanz ist der oben erörterte Zeitvorteil der Besteuerung vielleicht sogar dessen wesentlicher, wenn auch häufig vernachlässigter Vorteil.

Konsequent ist die Besteuerungslösung unter diesem Aspekt freilich nicht. Denn was damit imitiert werden müßte, wäre bei folgerichtiger Betrachtung: *der Marktpreis für eine politisch als akzeptabel betrachtete Inanspruchnahme der Umwelt.* Deren Festlegung hätte aber ursächlich von der *Mengenkomponente* auszugehen.[9] Es soll ja schließlich die mengenmäßige Umweltbelastung (bzw. der mengenmäßige Drogenkonsum) reduziert werden. Diese Mengenkomponente ist aber nicht der unmittelbare Ansatzpunkt der Besteuerung, sondern der Ansatzpunkt der Zertifikatslösung, die zu einer Marktbewertung der Inanspruchnahme der Umwelt bei vorgegebener mengenmäßiger Gesamtbelastung führt. Bei der Besteuerung wäre die (kaum exakt prognostizierbare) Umweltbelastung lediglich Folge der Preiserhöhung von Umweltfaktoren, aber nicht Ausgangspunkt der Umweltschutzüberlegungen.

---

[9] Preis- und Mengenkomponente lassen sich freilich auch gleichzeitig einsetzen (vgl. dazu GAWEL 1994: 106).

Das alte Schema der volkswirtschaftlichen Produktionsfaktoren „Arbeit, *Boden* und Kapital" müßte spätestens dann in „Arbeit, *Umwelt* und Kapital" umbenannt werden, weil der Boden nicht mehr der einzige über einen Marktpreis gehandelte (knappe) Umweltfaktor wäre.[10]

Im Bereich von „Subvention und Deregulierung" ließen sich im Grunde ähnliche Überlegungen anstellen. *Subventionieren kann man allerdings auch dort, wo mangels vorhandener Regulierung das Mittel der Deregulierung gar nicht greifen kann.* Insofern gibt es auch hier grundlegende Unterschiede.

Wettbewerbsbeeinflussungen durch Subventionen an einen Wirtschaftszweig könnten auch durch Regulierungen *in einem konkurrierenden Wirtschaftszweig (!)* ersetzt werden. Insoweit müßte die Überlegung nach einem Austauschverhältnis zwischen „Subvention und Deregulierung" bzw. „Besteuerung und Regulierung" ohnehin so präzisiert werden, daß jeweils *der gleiche Adressatenkreis* betroffen ist. Denn die Regulierung in einem *anderen* Wirtschaftszweig (!) wirkt eher wie eine Subvention des betrachteten Wirtschaftszweigs. *„Taxation by Regulation" kann sich daher nur auf denselben Adressatenkreis beziehen.*

Unabhängig davon ist aber selbst bei gleichem Kreis von jeweils Betroffenen fraglich, ob Regulierungen immer wie eine Besteuerung bzw. Deregulierungen immer wie eine Subvention empfunden werden. Davon handelt das folgende Kapitel.

3.2 Finanzielle und regulative Beziehungen zwischen Staat und Unternehmung

Die Äquivalenz von Besteuerungslösung und Regulierung bzw. Subventionslösung und Deregulierung ist auch gegenüber demselben Adressatenkreis aus mehreren Gründen in Frage zu stellen:

1. Eine Deregulierung im Bereich des Schutzes der eigenen Verfügungsrechte (Law of Torts) dürfte anders als etwa eine Deregulierung im Bereich der Übertragung oder Nutzung von Verfügungsrechten meist als nachteilig bewertet werden, also wie ein „besteuerungsähnlicher" Tatbestand und nicht wie eine „Subvention". Eine Regulierung zur Si-

---

[10] Die volkswirtschaftlichen Lehrbücher verwenden in aller Regel noch das hergebrachte Schema der Produktionsfaktoren (vgl. dazu z. B. WOLL 1993: 54). BLÜMLE / PATZIG (1993: 367) betrachten als Produktionsfaktoren dagegen „Bevölkerung, Kapital und technischen Fortschritt". Hier fehlt selbst der Umweltfaktor Boden.

cherung der vollständigen Nutzbarkeit eigener Verfügungsrechte könnte dagegen als Subvention angesehen werden. So wäre es durchaus denkbar, daß ein erzwungener Persönlichkeitsschutz bei Politikern (z. B. Einbau von Sicherheitsglas in deren Privathäusern) von den Finanzämtern als geldwerter Vorteil und damit als Transferleistung bzw. als Subvention betrachtet würde.

2. Verhaltensregulierungen durch *freiwillige* Vereinbarungen zwischen Unternehmungen wird man eher *Subventionscharakter* zumessen müssen. Denn niemand würde einer solchen Vereinbarung ohne die Erwartung von Vorteilen beitreten. Dies kann nicht anders sein, wenn der Staat solche Regulierungen übernimmt. Dadurch allein werden aus Regulierungsvorteilen nicht unmittelbar Nachteile. Allerdings könnten sich im Zeitablauf Diskrepanzen ergeben, wenn der Staat die Beteiligten nicht auf deren Wunsch aus der Regulierung entläßt oder die Regulierung nicht ihren Wünschen anpaßt.

Es läßt sich z. B. begründen, daß Rechnungslegung von Unternehmungen auch aus freiwilligen Vereinbarungen unter Marktpartnern erwachsen könnte (vgl. HARTMANN-WENDELS 1992). Bei freiwilliger Rechnungslegung wird die Nutzen- die Kostenkomponente übersteigen, zumindest in den Erwartungen der Beteiligten. Dies könnte auch für eine Informationspolitik der Unternehmung gelten, die den gesetzlich erzwungenen Rahmen überschreitet. Hiervon kann das Management z. B. sinkende Kapitalkosten erwarten, weil das Börsenpublikum Kursabschläge wegen sinkender Informationsunsicherheit ebenfalls akzeptieren kann. Die staatliche Regulierung würde hier erst dann als Belastung wirken, wenn die einzelne Unternehmung einer solchen Vereinbarung nicht auch freiwillig beitreten würde.

Unfreiwilligkeit scheint bei der steuerlichen Rechnungslegung im Unterschied zur handelsrechtlichen Rechnungslegung *immer* gegeben, so daß auch die entstehenden Bürokratiekosten, wie unter 2.2 angenommen, steuerähnlichen Belastungscharakter hätten. Aber der Zusammenhang ist durchaus komplexer: Denn wenn die steuerliche Rechnungslegung Schutz vor willkürlichen Staatseingriffen bietet und Gestaltungsmöglichkeiten für die eigene Steuerlast eröffnet, kann man dann noch uneingeschränkt von einer Belastung infolge der Mitwirkungspflicht ausgehen?

Die Mitwirkung des Steuerpflichtigen hätte damit den Charakter einer Versicherung gegen staatliche Willkür und eines Gestaltungsprivilegs der Unternehmung. Aus dieser Sicht müßte hier eher ein Mitwirkungsrecht mit Subventionscharakter als eine Mitwirkungspflicht mit Steuercharakter gesehen werden. Und der Vergleichstatbestand wäre ein Staat ohne solche Mitwirkungsrechte der steuerpflichtigen Unternehmungen. Es ist daher bezeichnend, daß der Bund der Steuerzahler gerade nicht die Übernahme der gesamten Steuererhebungstätigkeit durch den Fiskus fordert, sondern eine Kompensation der privaten „Belastungen" (SEMMLER 1994). *Wenn aber Wert auf die selbständige Erhebungstätigkeit der Unternehmung gelegt wird, fragt sich, ob gleichzeitig behauptet werden darf, sie stelle eine vom Staat zu kompensierende Belastung dar.*

3. Verhaltens- oder Marktzutrittsregulierungen können nicht nur dann als Subvention empfunden werden, wenn *allein* andere Marktteilnehmer betroffen sind. Dasselbe könnte gelten, wenn *auch* andere Marktteilnehmer betroffen sind. So empfindet der Handel das Ladenschlußgesetz keineswegs durchgängig als belastend, ebensowenig wie das Verbot der Medienwerbung von den betroffenen Berufsgruppen, wie Steuerberatern und Wirtschaftsprüfern, immer als Belastung betrachtet wird (vgl. dazu etwa WITTSIEPE 1996).

Soweit Werbung lediglich dazu dient, Kunden auf die eigene Unternehmung aufmerksam zu machen, ist zudem zweifelhaft, ob die Gesamtheit individueller Unternehmungsentscheidungen zur Inkaufnahme von Werbeaufwand zu einem volkswirtschaftlich erwünschten Ergebnis führt. Ein Vergleich mag dies verdeutlichen:

Wenn jemand in einem Fußballstadion auf den vollbesetzten Rängen aufsteht, dann wird er von einer Person auf der Mittellinie des Platzes besser wahrgenommen, als wäre er sitzengeblieben. Stehen aber alle Zuschauer auf, so gilt dies nicht mehr. Käme nun der erste auf die Idee, sich auf eine Kiste zu stellen, so wäre der alte Aufmerksamkeitsgrad wieder hergestellt, solange nicht alle anderen wiederum dasselbe tun. Das wird allerdings der Fall sein, wenn die Ursache für die erhöhte Aufmerksamkeit erkannt ist.

Diese Argumentation ließe sich nun perpetuieren bis alle zwecks einer Verbesserung der individuellen Aufmerksamkeitserlangung auf einem riesigen Stapel von Kisten stehen und doch im Grunde schlechter gestellt sind als ganz zu Anfang, als sie bequem auf ihrem Platz saßen. Der gigantische Aufwand zur Aufmerksamkeitserringung war letztlich ohne die erwünschte Wirkung und dies, obwohl es aus der Sicht des einzelnen zu jedem Zeitpunkt vernünftig war, Werbeaufwand zu tätigen. Es ist möglich, daß alle Beteiligten am Ende froh wären, wenn eine staatliche Regulierung diese Form von individueller Aufmerksamkeitserregung durch kollektiven Zwang unmöglich machte.

In diesem Sinne könnte ein Verbot der Medienwerbung im gemeinsamen Interesse liegen, sofern man sicherstellen könnte, daß sich alle Wettbewerber daran halten.

Der Haken bei diesem Vergleich liegt freilich darin, daß Werbung nicht nur den relativen Aufmerksamkeitsgrad bestimmt, der einer einzelnen Unternehmung zukommt. Sie trägt auch insgesamt zu einer Dynamisierung des Wirtschaftsgeschehens bei, die in diesem Vergleich nicht erfaßt wird. Dennoch trifft der Vergleich eine Funktion der Werbung, bei der das Auseinanderfallen individueller und kollektiver Rationalität Regulierungswünsche erzeugen könnte. Wegen des „Subventionscharakters" dieser Regulierungen für die Beteiligten könnte man sich ein freiwilliges Zustandekommen vorstellen. Diese Zusammenhänge lassen bereits die Schwierigkeiten erahnen, die sich für die Zusammenfassung aller Steuern, Subventionen, Regulierungs- und Deregulierungsmaßnahmen zu den Gesamtkosten oder gar Gesamterträgen der Staatsverbindung einer Unternehmung ergeben.

4. Kosten der Staatsverbindung – Ein tragfähiges Konzept?

4.1 Kosten der Staatsverbindung – Kosten der Bankverbindung – Eine Parallele?

Um eine Lösungsmöglichkeit für das Problem „Kosten einer Staatsverbindung" zu finden, ließe sich daran denken, nach Parallelen in der Betriebswirtschaftslehre zu suchen. Im Bereich der Banken- und Finanzierungstheorie ist z. B. von den „Kosten der Bankverbindung" die Rede. Bezogen auf die Finanzierung einzelner Projekte schlagen sich die Kosten der Bankverbindung in den jeweiligen Kapitalkosten nieder.

Nach SÜCHTING (1995) bestehen diese Kapitalkosten aus *expliziten* Kapitalkosten, die unmittelbar im Zinssatz sichtbar würden, und aus *impliziten* Kapitalkosten, die sich zwar über ein Sicherheitsäquivalent in eine Risikoprämie umrechnen ließen, aber nicht schon im Zinssatz quantifiziert seien. Eine solche Quantifizierung impliziter Kapitalkosten sei zwar nicht leicht: „Derartige Schwierigkeiten erscheinen indessen nicht unüberwindbar" (SÜCHTING 1995: 513).

Als „implizite Kapitalkosten" werden dabei

1. die Anforderung unbelasteter Vermögensteile als Kreditsicherheiten,

2. die Möglichkeit der Einflußnahme auf die Geschäftspolitik und

3. die Ausbedingung von Zusatzgeschäften

angesehen, weil hierdurch der Unternehmung über die reine Zinsforderung hinausgehende Belastungen entstünden. Belastete Vermögensteile stünden z. B. für künftige Kreditsicherungen nicht mehr zur Verfügung.

Wenn es aber richtig wäre, daß diese Belastungen in äquivalente Zinsforderungen umgerechnet werden können, dann fragt sich, warum dies nicht durchgängig geschieht. Mit drei Argumenten läßt sich das begründen:

1. Eine Risikoprämie könnte eine Erhöhung der Effekte des Finanzierungshebels bewirken.[11] Dadurch geriete die Unternehmung bei rückläufigen Umsätzen und sinkender Gesamtkapitalrendite in Konkursgefahr, in die sie nicht käme, falls man mit den Instrumenten der Kreditsicherheit, der Einflußnahme oder der Zusatzgeschäfte gearbeitet hätte. Die Risikoprämie schaffte daher möglicherweise erst das Problem, für dessen Lösung sie gehalten wird.

2. Selbst wenn eine Bank über ihren gesamten Kreditbestand eine Risikoprämie verläßlich errechnen könnte, so müßten diejenigen, bei denen die Kreditvergabe kein Risiko darstellt, für die „kritischen Kunden" mitbezahlen. Sie würden sich daher einer Bank zuwenden, die auf solche Risikozuschläge verzichtet und für den Fall der Insolvenz z. B. Kreditsicherheiten vorsieht,[12] die nach ihrer Erwartung ohnehin nie in Anspruch genommen und für weitere Kredite nicht benötigt werden.

3. Die Umrechnung der Risiken aus notleidenden Krediten in eine Risikoprämie unterstellt, daß es sich um versicherbare Risiken handelt. Für das unternehmerische Risiko gilt das aber gerade nicht. Hieran scheitert insbesondere die Berechnung einer individuellen, auf den einzelnen Finanzierungsvertrag zugemessenen Risikoprämie. Zudem würde das Problem der Informationsasymmetrie über das unternehmerische Risiko verkannt, das den Sicherungsinstrumenten einen eigenständigen Status zuweist[13]: Wenn man für dieses Risiko ein Zinsäquivalent berechnen könnte, brauchte man die „impliziten Sicherungen" nicht. Wenn man aber die Sicherungen benötigt, kann man ein Sicherungsäquivalent auch nicht berechnen.

Dieser letzte Gesichtspunkt ist es insbesondere, der auch eine Umrechnung der mittelbaren Folgen staatlicher Tätigkeit in finanzielle Be- und Entlastungsgrößen fragwürdig werden läßt. Wenn gerade unter Unsicherheit eine solche Umrechnung nicht möglich

---

[11] Betroffen ist hier natürlich nicht die Kapitalquote, sondern die Differenz zwischen Gesamtkapitalrendite und Fremdkapitalzins. Ähnliche Wirkung hat die Besteuerung von Fremdkapitalzinsen durch die Gewerbesteuer (vgl. dazu ELSCHEN 1993: 605).

[12] Dieses Problem wird im Schrifttum unter dem Stichwort „adverse selection" behandelt (vgl. dazu AKERLOF 1970).

[13] Dies erkennt auch SÜCHTING (1995: 512) unter Berufung auf das Agency-Schrifttum. Umso weniger verständlich wird dadurch aber seine oben zitierte Auffassung zu der Quantifizierung impliziter Kapitalkosten.

ist, dann wahren Besteuerung und Regulierung sowie Subventionierung und Deregulierung ihre eigenständige Bedeutung.

4.2 Qualitative Merkmale der Staatsverbindung als selbständige Kategorien

Wegen der mangelnden Umrechenbarkeit der „impliziten Kosten" der Staatstätigkeit, die sich besonders bei Regulierungs*änderungen* zeigt, werden Vorhersehbarkeit und Vertrauen ähnlich wie die Komponenten der impliziten Kapitalkosten zu eigenständigen „ökonomischen" Kategorien in den Überlegungen der unternehmerischen Entscheidungsträger. *Denn die „Staatsleistung" ist wegen der Unterworfenheitsbeziehung im öffentlichen Recht ein Vertrauensgut von besonderer Bedeutung, da eine – im Vergleich zum Zivilrecht in der Bankbeziehung – erhöhte Abhängigkeit besteht. Vertrauen schafft hier eine Versicherung für Situationen, in denen ansonsten kein Versicherungsschutz existiert oder existieren kann, also auch im Falle nicht versicherbarer und damit auch im Sinne der Ungewißheitstheorie nicht quantifizierbarer Risiken* (vgl. auch SCHNEIDER 1995: 41-43, 198-204).

Vertrauensbildende Maßnahmen und Handlungen sind daher ein wichtiger und eigenständiger Faktor in der Beziehung zwischen Staat und einzelner Unternehmung. Je größer das Vertrauen ist, um so weniger Vorbehalte gibt es bei der Standortentscheidung, weil man erwartet, im Konfliktfall fair behandelt zu werden und sich vor willkürlichen Rechtsgestaltungen und unerwarteten und unfairen Rechtsänderungen sicher fühlt (vgl. WENIG 1994 sowie BARBER 1983).

Es stellt sich aus Sicht der einzelnen Unternehmung also die Frage, wie man Vertrauen in einen Staat begründen kann und welche Anforderungen ein Standort in dieser Hinsicht erfüllt oder erfüllen muß.

Qualitative Merkmale der Staatsbeziehung, die sich in der Institutionalisierung von Vertrauen in vertrauensbildenden Handlungen und Unterlassungen niederschlagen, sind wegen der nicht möglichen intersubjektiv akzeptierten Umrechenbarkeit als eigenständige Faktoren anzusehen.[14] Regulierungssicherheit und verlängerte Regulierungsdauer verbessern die Planbarkeit[15] und senken das Risiko von Fehlentscheidungen bzw. die An-

---

[14] Auf die transaktionskostensenkende Wirkung von Vertrauen hat auch COASE (1960) hingewiesen.

[15] ROSE (1985: 349) betrachtet Planbarkeit damit zu Recht als sinnvolle Forderung an den Gesetzgeber. Zum Begriff der „Planbarkeit" vgl. SCHNEIDER (1995: 30).

passungskosten. Einfachheit und Klarheit der Regulierungen senken die Bürokratiekosten bei den Unternehmungen (und beim Staat) und mindern die Risiken, die aus Interpretationsunsicherheiten entstehen. *Vor inhaltlicher Willkür schützen aber Einfachheit und Klarheit ebensowenig wie die Planbarkeit* (vgl. ELSCHEN 1991: 4*). Hier liegt daher der wesentliche Ansatzpunkt für die erwartungsstabilisierende Funktion des Vertrauens.*

Mangelnde politische Stabilität gefährdet dagegen all diese Vorteile. Als besonders problematisch in längerfristigen Beziehungen, wie sie mit einer Standortentscheidung einer Unternehmung fast immer verknüpft sind, erweisen sich dabei *nachträgliche Verböserungen* durch rückwirkende Gesetze. Über die enttäuschten Erwartungen im Einzelfall hinaus untergraben sie die Vertrauensbeziehung und belasten jede künftige Anknüpfung von Beziehungen zwischen dem vertrauensverletzenden Staat und der Unternehmung, selbst wenn in Zukunft eine kontinuierlichere und berechenbarere Politik beabsichtigt ist. Die banale Volksweisheit: „Wer einmal lügt, dem glaubt man nicht, und wenn er auch die Wahrheit spricht", zeigt deutlich einen auch wissenschaftlich untermauerten Tatbestand: *Vertrauen ist schwer zu erwerben, aber leicht zu verspielen* (vgl. WENIG 1994). Das politische Ränkespiel wird jedoch eher von Anreizen für politische Entscheidungsträger gesteuert als von den wirtschaftlichen Folgen des Vertrauensverlustes für die betroffenen Unternehmungen und den Staat. Daher liegt ein Ansatzpunkt zum Ausbau von Standortvorteilen auch bei entsprechenden Anreizen für Politiker, für eine vertrauensfördernde Politik zu sorgen. Radikale Politikwenden nach Neuwahlen gefährden eine solche Vertrauensförderung.

5. Fazit

„Taxation by Regulation": dieser Gedanke POSNERs ist unter mindestens fünf Gesichtspunkten präzisierungsbedürftig:

1. Sein Bezugspunkt kann nur eine Lenkungsteuer und keine Steuer nach dem Leistungsfähigkeitsprinzip sein.

2. Er kann nur gelten, wenn Besteuerung und Regulierung als Alternativen gegenüber demselben Personenkreis gedacht werden.

3. Er klammert einige spezifische Eigenschaften von Besteuerung und Regulierung aus, insbesondere den zeitlichen Aspekt und die umgekehrte Wirkungsbeziehung (Preis → Menge, Menge → Preis).

4. Er wird anfechtbar, wenn die Regulierung ganz oder teilweise auch freiwillig zustande gekommen wäre.

5. Er unterstellt eine Quantifizierbarkeit von Regulierungswirkungen in Zahlungsgrößen.

Die Annahme der Quantifizierbarkeit läßt daran denken, die gesamten besteuerungs- und regulierungsbedingten Lasten (einschließlich Bürokratieüberwälzung und Folgekosten) zu den Kosten der Staatsverbindung zusammenzufassen und subventions- und deregulierungsbedingte Entlastungen abzuziehen. Gerade unter dem Aspekt der Unterworfenheitsbeziehung zwischen Unternehmung und Staat im öffentlichen Recht ist die Quantifizierbarkeit angesichts echter Ungewißheit allerdings in Zweifel zu ziehen. Institutionelle Eigenschaften wie Einfachheit, Klarheit und Planbarkeit erhalten hierdurch eine eigenständige Bedeutung, ebenso wie das „Vertrauen" zum Staat, das Erwartungen stabilisiert gegen die Annahme willkürlicher und nachträglicher Veränderungen durch staatliche Entscheidungsträger.

Literaturverzeichnis

AKERLOF, GEORGE A. (1970): The market for „lemons": Quality uncertainty and the market mechanism. Quarterly Journal of Economics 84(1970): 488-500.
ANSOFF, IGOR H.; J. M. STEWART (1967): Strategies for a Technology Based Business. Harvard Busines Review 45(1967)6: 71-83.
BARBER, BERNARD (1983): The Logic and Limits of Trust. New Brunswick.
BENKERT, WOLFGANG (1991): Zur Vereinbarkeit umweltpolitischer und finanzpolitischer Funktionen von Umweltabgaben. In: BENKERT, WOLFGANG; JÜRGEN BUNDE; BERND HANSJÜRGENS (Hg.) (1991): Umweltpolitik mit Öko-Steuern? 2. Aufl. Marburg: 82-92.
BLANKART, CHARLES B. (1994): Öffentliche Finanzen in der Demokratie. 2. Aufl. München.
BLÜMLE, GEROLD; WOLFGANG PATZIG (1993): Grundzüge der Makroökonomie. 3. Aufl. Freiburg.
CLEMENS, REINARDT; LJUBA KOKALJ (1995): Bürokratie – Ein Kostenfaktor. Schriften zur Mittelstandsforschung Nr. 66 N. F. Stuttgart.
COASE, RONALD (1960): The Problem of Social Cost. Journal of Law and Economics 3(1960): 1-44.
CRONE-ERDMANN, HANS GEORG (1990): Deregulierung aus Sicht der Wirtschaftspraxis. In: STOBER, ROLF (Hg.) (1990): Deregulierung im Wirtschafts- und Umweltrecht – interdisziplinär betrachtet. Köln et al.: 47-58.
DEUTSCHES INSTITUT FÜR WIRTSCHAFTSFORSCHUNG (1994): Ökosteuer – Sackgasse oder Königsweg? Wirtschaftliche Auswirkungen einer ökologischen Steuerreform. Berlin.

DICKERTMANN, DIETRICH; HEINZ KÖNIG; GERHARD W. WITTKÄMPER (Hg.) (1982): Bürokratieüberwälzung. Stand, Ursachen, Folgen und Abbau. Regensburg.
DITTMANN, ARMIN (1990): Gleichheitssatz und Gesetzesvollzug im Bundesstaat. Föderative Ungleichheiten beim Vollzug von Steuergesetzen. In: MAURER, HARTMUT ET AL. (Hg.) (1990): Das akzeptierte Grundgesetz. Festschrift für Günter Dürig zum 70. Geburtstag. München: 221-239.
ELSCHEN, RAINER (1991): Entscheidungsneutralität, Allokationseffizienz und Besteuerung nach der Leistungsfähigkeit. Steuer und Wirtschaft 68(1991): 99-115.
ELSCHEN, RAINER (1993): Eigen- und Fremdfinanzierung – Steuerliche Vorteilhaftigkeit und betriebliche Risikopolitik. In: GEBHARDT, GÜNTHER ET AL. (Hg.) (1993): Handbuch des Finanzmanagements. München: 586-617.
GAWEL, ERIK (1994): Umweltallokation durch Ordnungsrecht. Tübingen.
HARTMANN-WENDELS, THOMAS (1992): Agency-Theorie und Publizitätspflicht nicht börsennotierter Kapitalgesellschaften. Betriebswirtschaftliche Forschung und Praxis 44(1992): 412-425.
JACOBS, OTTO H.; CHRISTOF STENGEL (1994): Aspekte der Unternehmensbesteuerung im internationalen Vergleich. In: DICHTL, ERWIN (Hg.) 1994: Standort Bundesrepublik Deutschland: die Wettbewerbsbedingungen auf dem Prüfstand. Frankfurt / M.: 193-229.
JANN, WERNER (1994): Moderner Staat und effiziente Verwaltung. Zur Reform des öffentlichen Sektors in Deutschland. Gutachten im Auftrag der Friedrich-Ebert-Stiftung. Bonn.
KITTERER, WOLFGANG (1989): Kosten der Bürokratieüberwälzung. Bund der Steuerzahler Schleswig-Holstein e. V. Kiel.
KLENTER, GUIDO (1995): Zeit – Strategischer Erfolgsfaktor von Industrieunternehmen. Hamburg.
KUTZER, HERMANN (1995): Internationales Kapital sucht stabile Rahmenbedingungen. Handelsblatt (24.5.1995) 100: 35.
LUHMANN, NIKLAS (1993): Risk: A Sociological Theory. Berlin, New York.
MÜLLER-STEWENS, GÜNTER; ANDREAS GOCKE (1995): Investoren werden auch durch zuviel Regelungen abgeschreckt. Handelsblatt (2.5.1995)84: 25.
O. V.: Bonn will Mittelstand entlasten. Handelsblatt (27.06.1995)121: 3.
POSNER, RICHARD A. (1992): Economic Analysis of Law. 4. Aufl. Boston et al.
ROSE, GERD (1985): Überlegungen zur Steuergerechtigkeit aus betriebswirtschaftlicher Sicht. Steuer und Wirtschaft 62(1985): 330-344.
SCHNEIDER, DIETER (1995): Informations- und Entscheidungstheorie. München, Wien.
SEMMLER, UTE (1994): Gesetzliche Folgekosten: Eine Fallstudie für Schleswig-Holstein. Kiel.
SIMON, HERMANN (1989): Die Zeit als strategischer Erfolgsfaktor. In: HAX, HERBERT; WERNER KERN; HANS-HORST SCHRÖDER (Hg.) (1989): Zeitaspekte in betriebswirtschaftlicher Theorie und Praxis. Stuttgart: 117-130.
SPÖRI, DIETER (1995): Die kleinen Betriebe dürfen nicht benachteiligt werden. Handelsblatt (2./3.6.1995)106: 6.
SÜCHTING, JOACHIM (1995): Finanzmanagement. Theorie und Politik der Unternehmensfinanzierung. 6. Aufl. Wiesbaden.
VOLK, GERRIT (1986): Der Einfluß der Betriebsgröße auf die Besteuerung. Der Betrieb 39 (1986): 2504-2508.

WEIDENBAUM, MURRAY L. (1979): The High Cost of Government Regulation. Challenge (1979)11-12: 32-39.
WENIG, ALOIS (1994): „Vertrauen" als ökonomische Kategorie. Antrittsvorlesung an der Martin-Luther-Universität Halle-Wittenberg am 27.04.1994.
WITTSIEPE, RICHARD (1996): Marketing-Praxis für den Steuerberater. Duisburg 1996.
WOLL, ARTUR (1993): Allgemeine Volkswirtschaftslehre. 11. Aufl. München.

Autorenverzeichnis

Abbadessa, P. 48
Abeltshauser, T. E. 258; 275
Adams, M. 29; 46; 158
Aderhold, J. 365; 375
Aggarwal, R. 200; 216
Akerlof, G. 202; 216; 474; 477
Albach, H. VI; 5; 12; 19; 68; 75; 161; 162; 173; 182; 194; 309; 318; 380; 397
Albach, R. 5; 12; 19; 161; 162; 173
Albert, M. 42; 46; 142
Alchian, A. 38; 66; 201; 205; 216
Alewell, D. 238; 254
Allen, F. 201; 216
Allen, S. G. 238; 254
Alt, R. XII; 17; 355; 358; 361; 363; 364; 365; 367; 368; 371; 373; 375
Alvesson, M. 361; 375
Andonis, A. 332; 341
Ansoff, I. H. 465; 477
Antal, A. 173
Aoki, M. 222; 232; 234; 254
Arens, N. 158
Argyris, C. 273; 275
Arnold, H. 156; 158
Aronson, E. 276
Assmann, H.-D. 6; 8; 19; 75; 128; 138
Auerbach, A. 77
Aufderheide, D. 82; 99
Autenrieth, C. 173
Axelrod, R. 239; 254

Bacchaus, J. 376
Backes-Gellner, U. 234; 254; 256
Backhaus, K. 5; 7; 19; 56; 75; 82; 83; 92; 99; 100; 376
Baetge, J. VI; 156; 158
Baitsch, C. 362; 375
Balderjahn, I. 118; 121; 131; 138
Ballwieser, W. 29; 44; 46; 63; 66; 75; 438; 440; 441; 455
Balz, M. 158
Bamberg, G. 183; 194
Baram, M. S. 132; 139
Barber, B. 475; 477
Barclay, M. 202; 216
Baron, D. P. 201; 216
Bartel, R. 141
Baumbach, A. 194
Bazerman, M. H. 271; 275
Beatty, R. P. 201; 216
Becker, A. 6; 377
Beckmann, M. 127; 139
Behrens, P. 58; 75; 139
Beine, F. 182; 194
Beisse, H. 61; 71; 75; 429; 455
Bellas, C. 397
Bellmann, L. 248; 254
Benkert, W. 466; 477
Bennigsen-Foerder, R. v. 107; 121
Bentele, G. 105; 121
Berg, O. P. 361; 375

Berle, A. 35; 46
Berlin, M. 158
Bernholz, P. 58; 75
Bertelsmann, K. 175
Besters, H. 101
Beusch, K. 423; 429; 455
Bewley, T. F. 76
Biener, H. 25; 26; 46; 437
Biering, B. 158
Bies, R. J. 9; 20
Bihn, A. 434; 454
Bitz, M. 182; 194
Black, B. 246; 254
Blankart, C. B. 460; 477
Blaurock, U. 27; 46
Bleicher, K. 271; 273; 275
Blien, U. 237; 254
Bluhm, K. 377
Blümle, G. 470; 477
Boadway, R. 406; 414
Böhm, J. 29; 35; 46
Böhmer, E. 13; 197; 204; 208; 210; 211; 216
Bohr, K. 5; 19; 65; 75; 76; 77
Booth, J. R. 201; 216
Born, K. E. 438; 455
Brandt, A. 123
Bratton, W. 35; 37; 39; 41; 46
Breuer, R. 130; 139
Brinkmann, T. 42; 46
Bruce, N. 406; 414
Bruder, H. 158
Buchanan, J. M. 6; 425; 455
Büchtemann, C. F. 234; 241; 254
Budäus, D. 5; 19
Bullinger, H.-J. 82; 99
Bunde, J. 477

Busse, A. 444; 455
Buttler, F. 256

Cable, J. 14; 19; 227; 228; 232
Callus, R. 241; 255
Capelletti 47
Cehic, C. XII; 17; 379; 385; 397
Chalk, A. J. 201; 216
Chandler, A. D. 339; 341
Chang, S. 205; 216
Charkham, J. P. 68; 75
Chemnitzer, K. 173
Chmielewicz, K. 28; 46; 60; 75; 258; 275; 429; 430; 455
Clark, R. C. 44; 46
Claussen, C. P. 181; 193; 194
Clemens, R. 463; 477
Coase, R. 6; 35; 37; 38; 46; 57; 75; 202; 475; 477
Coe, C. B. 337; 341
Coenenberg, A. G. 183; 194
Cohen, S. G. 270; 275; 276
Coleman, J. S. 9; 19
Cornett, M. 204; 216
Coulanges, P. 39; 46
Crone-Erdmann, H. G. 465; 466; 477
Crozier, M. 358; 362; 375
Curley, A. J. 200; 218
Currie, J. 254; 255
Cyert, R. M. 105; 121
Czap, H. 142

Daft, R. L. 361; 375
Daines, H. 46
Daines, R. 35; 36
Dann, L. Y. 204; 216
DeAngelo, H. 201; 204; 205; 216

DeAngelo, L. 201; 205; 216
DeBow, M. E. 40; 47
Demmke, C. 135; 139
Demsetz, H. 38; 66; 201; 205; 216
Denis, D. J. 206; 216
Denis, D. K. 206; 216
Denisow, K. 356; 377
Dennert, J. 64; 65; 75
Deppe, R. 376
Devries, J. 106; 122
Di Fabio, U. 138; 139
Dichtl, E. 478
Dick, G. 127; 139
Dicke, H. 128; 139
Dickens, W. T. 235; 239; 255
Dickertmann, D. 462; 478
Diergarten, D. 174
Dietl, H. 64; 77
Diller, H. 109; 121
Dillon, P. S. 132; 139
Dittmann, A. 464; 468; 478
Doerks, W. 198; 216
Dolles, H. X; 219; 223; 232
Domsch, M. 46; 47; 75; 76; 173; 174; 455
Dorndorf, E. 158
Dose, S. 273; 276
Dowling, M. J. 16; 321
Downs, A. 425; 455
Droege, W. 83; 100
Drukarczyk, J. 6; 19; 143; 154; 155; 158; 181; 182; 187; 194; 423; 455; 456
Dubiel, U. 376
Duke, J. 146; 158
Dülfer, E. 361; 375
Durkheim, E. 8

Easterbrook, F. H. 35; 36; 47

Ebenroth, C. 422; 441; 456
Eberl, P. 376
Ebers, M. 361; 363; 375
Eckardstein, D. v. 377
Edeling, T. 366; 375
Edwards, J. 432; 456
Edwards, P. K. 247; 255
Eger, T. 7; 20
Eggertson, T. 4; 19
Eidenmüller, H. 58; 71; 76
Eisen, R. 129; 139; 308; 318; 319
Eisenführ, D. 455
Eisenstat, R. A. 270; 276
Elixmann, D. 333; 342
Elmaghraby, S. 398
Elschen, R. XIII; 6; 18; 19; 49; 76; 194; 414; 458; 459; 462; 474; 476; 478
El-Shagi, E. 139
Endres, A. 129; 139
Engels, W. 142; 420; 456
Erichsen, H.-U. 133; 139
Erpenbeck, J. 357; 365; 376; 377
Etzioni, A. 39
Ewert, R. 64; 76
Ewringmann, D. 128; 140

Faber, M. 130; 139
Fama, E. 38; 201; 205; 216
Farny, D. 301; 304; 319
Faulhaber, G. 201; 216
Feld, L. P. 173; 141
Festinger, L. 271; 276
Fezer, K.-H. 69; 71; 76
Finsinger, J. 319
Fischer, K. 139; 432; 456
Fischer, L. 272; 276
Fischer, T. 13; 158; 179

Fishel, D. R. 35; 36; 47
Fishelson, G. 255
FitzRoy, F. 68; 76
Fogel 6
Förschle, G. 133; 139
Frank, R. H. 236; 255
Franke, G. 155; 156; 157; 158; 183; 194
Franz, H. 100
Freeman, R. E. 105; 121; 239; 255
Freimann, J. 105; 121
Frese, E. 262; 264; 270; 276; 277
Frey, B. S. 43; 105; 121
Frick, B. XI; 14; 233; 234; 236; 241; 244; 250; 253; 254; 255; 256
Friebe, K. P. 84; 100
Friedberg, E. 358; 362; 375
Friedman 27; 47
Friedrich, W. 356; 367; 368; 375
Funke, R. 447; 456

Gaugler, E. 277
Gawel, E. 128; 140; 469; 478
Gebert, D. 271; 272; 276
Gebhard, J. 187; 194
Gebhardt, G. 478
Gensicke T. 356; 376
Gephart, W. 8; 19
Gerke, W. 142
Gerlach, K. 237; 238; 255
Gernon, H. 29; 48
Gerpott, T. J. 342
Gerum, E. 5; 19; 277
Gessler, E. 182; 194
Gibbons, R. 237; 255
Giddens, A. 359; 375
Giersch, H. 39; 47
Gilson, R. 198; 204; 216

Gissel, H. 84; 100
Gocke, A. 461; 478
Gottesman, M. H. 254; 255
Götz, H. N. 429; 443; 444; 456
Götz, V. 27; 47; 444
Graf Hoyos, C. 276
Grinblatt, M. 201; 217
Grochla, E. 277
Groh, M. 60; 61; 76
Gröner, H. 458
Grossman, S. J. 68; 76; 202; 217
Grundfest, J. A. 425; 428; 431; 453; 456
Guntz, P. 443; 456
Gutmann, G. 357; 375

Habermas, J. 3; 7; 19; 32; 47
Hackl, F. 141
Hackman, J. R. 275; 276
Hadding, W. 429; 455; 456
Haffner, F. 357; 375
Hagedorn, J. R. 174
Hahn, O. 424; 455; 456
Hallay, H. 105; 121
Haller, A. 26; 47; 144; 158
Hansen, U. 11; 103; 105; 106; 109; 111; 117; 122; 123
Hansjürgens, B. 477
Hansmann, H. 35; 47
Hansmann, K. 135; 139
Hansmeyer, K.-H. 128; 130; 139; 140
Hanson, J. 35; 36; 46
Happ, W. 65; 76
Harris, M. 73; 76; 203; 217
Hart, O. D. 58; 68; 76; 202; 217
Hartlieb, B. 85; 86; 100
Hartmann-Wendels, T. 203; 471; 478
Hartung, H. 128; 139

Hauff, M. v. 142
Haugen, R. A. 68; 76
Havermann 25
Hax, H. 26; 47; 61; 69; 76; 143; 149; 183; 194; 414; 415; 478
Hayek, F. A. v. 6; 28; 96; 100; 420; 453; 456
Heck, R. 202; 218
Hecker, R. 443; 458
Heidenreich, M. 365; 367; 373; 375; 376; 377
Heigl, A. 5; 19; 194
Heilmann, H. 158
Heinen, E. 56; 76; 458
Helberger, C. 254
Hellwig, M. 33; 47
Helou, A. 223; 232
Helten, E. 317; 319
Henderson, G. 204; 217
Hentze, J. 364; 376
Henze, H. 456
Hermann, S. 133; 139
Herr, H. X; 219; 357; 376
Hesberg, D. 436; 456
Hess, H. 158
Hesse, K. 3; 19
Heyse, V. 356; 357; 365; 376; 377
Hildebrand, U. 182; 194
Hilker, J. 367; 374; 376
Hinten, P. v. 203; 217
Hirschman, A. O. 14; 32; 47
Hirt, D. 158
Hirte, H. 443; 456
Hoffmann, A. 424; 456
Hoffmann-Riem, W. 26; 32; 47; 135; 140
Hofstätter, P. R. 271; 276
Hofstede, G. 361; 376
Hohlfeld, K. 302; 319

Hohn, H.-W. 237; 250; 256
Höland, A. 241; 254
Holderness, C. G. 202; 205; 216; 217
Holmström, B. 58; 76
Holsendolph, E. 336; 342
Hommelhoff, P. 180; 182; 193; 194; 261; 276
Hopt, K. J. 63; 64; 76; 144; 153; 157; 158
Hovenkamp, H. 6; 19
Hübler, O. 237; 255
Hübner, U. 303; 319
Hueck, A. 194
Hueck, G. 180; 187; 194
Huff, M. 158
Hulpke, H. 127; 140
Hülsmann, A. 85; 100
Hunt, H. 146; 158
Hutchens, R. M. 236; 255
Hwang, C. Y. 201; 217

Ibbotson, R. G. 200; 211; 217
Imkamp, H. 112; 113; 122
Immenga, U. 429; 455; 456
Iocu 106; 122

Jackson, T. 158
Jacobs, O. H. 460; 478
Jaffe, A. B. 134; 140
Jährig, H. 144; 149; 156; 158
Jain, B. 200; 217
Janis, I. L. 272; 276
Jann, W. 464; 478
Janzen, H. 133; 134; 136; 142
Jarrell, G. A. 204; 217
Jens, U. 105; 122; 439
Jensen, M. 37; 38; 47; 67; 68; 76; 201; 202; 204; 205; 206; 216; 217; 420; 430; 456

Johnson, D. B. 456
Johnson, L. 39; 47; 425
Jordan, A. 159
Junkernheinrich, M. 141
Jürgens, P. 258; 276

Kaas, K. P. 113; 122; 129; 140
Kahn, L. F. 239; 255
Kahn, P. 28; 47
Kahn, S. 235; 255
Kahneman, D. 271; 277
Kahn-Freund, O. 33; 47
Kaluza, B. 305; 319
Kappler, E. 66; 76
Karl, H. 128; 140
Kasper, H. 361; 376
Katz, L. F. 92; 237; 255
Kelley, H. H. 272; 276
Kerkhoff, E. 171; 174
Kern, H. 366; 376
Kern, W. 414; 415; 478
Kersting, A. 137; 140
Kiesewetter, D. M. 406; 408; 410; 414
Kini, O. 200; 217
Kirchgeorg, M. 105; 122
Kirchner, C. 8; 19; 69; 75
Kirsch, G. VII
Kirsch, W. 458
Kitterer, W. 462; 478
Klages, H. 356; 376
Klaus, H. 180; 189; 194
Kleber, H. 25; 47
Klein, S. 309; 319
Klein, V. 174
Kleinaltenkamp, M. IX; 11; 81; 91; 92; 93; 94; 100; 101
Klemmer, P. 128; 140; 141

Klenter, G. 465; 478
Klimecki, R. 362; 376
Kloepfer, M. 129; 130; 136; 139; 140
Knappe, E. 139
Knoesel, J. 449; 458
Knoll, L. 449; 458
Koch, H. J. 47
Kohaut, S. 248; 254
Köhler, R. 271; 276
Kokalj, L. 463; 477
Kölsch, K. 159
König, H. 462; 478
Koos, S. 422; 441; 456
Korte, K.-R. 356; 377
Köster, B. 429; 458
Kotzsch, H. 304; 319
Koyama, A. X; 14; 219; 223; 232
Krahnen, J. P. 6; 19; 28; 48
Krebsbach-Gnath, C. 173
Kroeber-Riel, W. 112; 122
Krohn, W. 141
Kropff, B. 423; 435; 438; 444; 456
Krücken, G. 141
Krueger, A. O. 426; 456
Krüger, W. 270; 276
Krumnow, J. 441; 456
Kruse, J. 128; 136; 140
Kübler, B. 76
Kübler, F. 2; 20; 27; 30; 32; 43; 44; 48; 56; 69; 74; 76; 423; 429; 456; 457
Kuby, O. 106; 122
Kuhner, C. 29; 44; 46; 438; 440; 441; 455
Kunze, C. 437; 457
Kupfer, A. 329; 342
Kuron, I. 162; 173
Kussmaul 28; 48
Küting, K. 25; 26; 48

Autorenverzeichnis

Kutzer, H. 461; 478

Ladensack, K. 356; 376
Lahmann, K. 65; 77
Lambsdorff, O. 427; 444; 445; 457
Lampe, E.-J. 140; 142
Land, R. 366; 376
Lang, J. 400; 401; 414
Lang, K. 235; 255
Lang, R. XII; 17; 355; 363; 364; 365; 367; 368; 369; 370; 371; 374; 376
Laux, C. 67; 73; 77
Law, C. E. 324; 342
Lazear, E. P. 255
Lazear, R. M. 235; 239; 255
Leberl, D. 271; 275
Lechelt, R. 47
Lee, D. R. 40; 47; 101
Lehn, K. 204; 206; 217
Leland, H. 156; 159
Lenk, H. 132
Leutheusser-Schnarrenberger, S. 420; 439; 457
Liebert, T. 105; 121
Lindert, K. 364; 376
Lindzey, G. 276
Lipton 39; 48
Loewenstein, G. 236; 255
Loeys, J. 158
Löhr, A. 105; 118; 123
Löhr, H. 25; 48
Loistl, O. 155; 156; 159
Lorsch, J. W. 273; 276
Lösch, D. 356; 376
Loughran, T. 200; 217
Löwenbein, O. 237; 254
Lübbe, W. 49

Lübke, V. 109; 117; 122
Luhmann, N. 2; 7; 20; 27; 48; 53; 77; 478
Lungwitz, R. 365; 376
Lutter, M. 135; 140; 180; 182; 193; 194; 258; 276; 277; 429; 443; 455; 457

Maaz, H.-J. 356; 376
MacIver, E. 273; 276
Mackscheidt, K. 128; 140
Maly, W. 276
Mandler, U. 133; 139
Manne, H. G. 64; 77
Manstetten, R. 130; 139
Marburger, P. 127; 130; 139; 140
March, J. G. 105; 121; 342
Maring, M. 123
Mark, M. van 128; 140
Marra, A. 101
Marx, K. VI
Marz, L. 363; 367; 376
Matten, D. 130; 131; 132; 142
Maurer, H. 478
Mayer, C. 68; 77; 182
Mayer, D. 194
Mayer-Maly, T. 129; 140
Mayers, D. 205; 216
McBarnett, D. 48
McConnell, S. 254; 255
McKnight, L. 84; 92; 101
Means, G. 35; 46
Meckling, W. 37; 38; 47; 67; 202; 217; 420; 456
Meek, G. 29; 48
Meffert, H. VI; 105; 122; 376
Mellwig, W. 61; 77
Menon, A. 106; 123
Mertens, H.-J. 423; 429; 455; 456; 457

Mestmäcker, E.-J. 101
Meyer, E. 329; 332
Meyer, H. 375
Meyer-Dohm, P. 106; 122
Mielenhausen, E. 123
Mikkelson, W. 205; 206; 214; 217
Milgrom, P. 6; 20
Millon, D. 39; 47
Millward, N. 241; 255
Mintzberg, H. 267; 277
Mitchell, A. 39; 48; 158
Moll, P. 114; 122
Monissen, H. G. 426; 428; 457
Moxter, A. 61; 63; 75; 77; 194
Mueller, G. G. 29; 48
Müller, H. 318; 319
Müller, R. 9; 20
Müller-Graff, P.-C. 140
Müller-Hagedorn, L. 139
Müller-Stewens, G. 461; 478
Müller-Wenk, R. 105; 122
Musumeci, J. 204; 216
Myrdal, A. 174
Myritz, R. 356; 377

Nagel, K. 7; 20
Närger, H. 429; 455
Nell, M. 456
Netter, J. 204; 206; 217
Neuberger, O. 359; 377
Neumann, M. 5; 20
Nicklisch, F. 133; 140; 457
Nicklisch, H. 424
Nittinger, K. 15, 281
Nolte, H. 374; 377
Noth, M. 172; 140

O'Driscoll, G. P. 94; 101
O'Riordan, T. 134; 141
Obermüller, M. 151; 152; 153; 157; 159
Oettle, K. VI
Ogus, A. I. 7; 20
Okurasho 221; 232
Olbing, K. 159
Olson, M. 426; 457
Ordelheide, D. 5; 20; 455
Ortmann, G. 359; 361; 362; 377
Osbahr, W. 424; 457
Ott, C. 6; 7; 20; 49; 77; 134; 141

Park, P. 144; 158
Partch, M. 204; 205; 206; 214; 217
Patzig, W. 470; 477
Paul, H. 271; 273; 275
Peavy, J. W. 201; 216
Perlitz, M. 455
Perridon, L. 183; 194
Peter, L. 357; 377
Peters, H.-J. 133; 141
Peterson, P. 204; 217
Peterson, S. R. 134; 140
Pfarr, H. 175
Pfau, W. F. 84; 87; 101
Pfeiffer, G. H. 92; 101
Pfeiffer, M. 89; 101
Pfeiffer, T. 452; 457
Picot, A. 64; 66; 77; 458
Pleyer, K. 429; 455; 456
Plinke, W. 5; 19; 56; 75
Poensgen, O. 227; 232
Polinsky, A. M. 73; 73
Porter, M. H. A. 133; 141
Portney, P. R. 134; 140

Posner, R. A. 18; 57; 58; 71; 73; 77; 460; 467; 476; 478
Pospischil, R. 342
Poulsen, A. 204; 206; 216; 217
Press, E. 156; 159
Preusche, E. 365; 376
Probst, G. 376
Prowse, S. 421; 457
Pull, K. 6; 20

Rabe, T. 302; 319
Radnitzky, G. 58; 75
Raehlmann, I. 175
Raiser, L. 55; 78
Ramm, T. 47
Rapoport, A. 425; 457
Rapsch, A. 126; 141
Raviv, A. 73; 76; 203; 217
Regnet, E. 174
Reheusser, P. 155; 159
Reissig, R. 357; 377
Rendtel, U. 255
Rhodes, T. 144; 159
Richter, G. 175
Richter, R. 4; 20
Ricke, H. 331; 342
Riesenhuber, H. 89; 101
Riester, W. 162; 175
Ritter, J. 199; 200; 201; 208; 212; 216; 217
Rivoli, P. 200; 216
Rixius, B. 85; 87; 96; 100; 101
Rizzo, M. J. 94; 101
Roberts, J. 6; 20
Rock, K. 201; 217
Rödel, U. 376
Roe, M. J. 431; 457
Rojo, A. 48

Rolf, E. 400; 414
Romano, R. 34; 38; 48; 70; 74; 77; 431; 458
Römer, A. U. 137; 141
Ronellenfitsch, M. 127; 128; 129; 141
Rose, G. 478
Rose, M. 400; 402; 408; 414; 475
Rose-Ackerman, S. 7; 20; 30; 48
Rosenstiel, L. v. 269; 271; 272; 273; 276; 277; 376
Rothschild 202; 218
Ruback, R. S. 199; 203; 204; 218
Rudolph, B. 64; 77; 150; 342
Rühli, E. 34; 48
Ruud, J. S. 201; 218

Sabel, H. 159
Sadowski, D. VII; 1; 6; 20; 234; 240; 250; 253; 254; 255; 256
Samli, C. 397
Sanders, P. 258; 277
Sandhövel, A. 128; 141
Sanger, G. 208; 210; 211; 216
Sapolsky, H. M. 342
Sauermann, H. 78
Schäfer, H.-B. 6; 7; 20; 49; 77; 134; 141
Schanze, E. 8; 19; 58; 69; 75; 77
Schasse, U. 237; 238; 255
Schein, E. H. 361; 377
Scherf, H. 256
Scherm, E. 374; 377
Scherzberg, A. 133; 139
Schettkat, R. 161; 238; 256
Schink, A. 126; 141
Schmid, U. 142
Schmidt, K. 45; 48; 55; 77; 182; 192; 193; 195
Schmidt, O. 382; 398

Schmidt, P. 400; 411; 414
Schmidt, R. 377
Schmidt, R. H. 11; 51; 55; 66; 75; 77; 149; 159; 180
Schmidt-Assmann, H.-D. 28; 48
Schmidtchen, D. 7; 20
Schneider, D. 28; 48; 53; 61; 62; 63; 64; 72; 77; 128; 475; 478
Schneider, E. 78
Schneider, H. K. 139
Schneider, U. H. 56; 77; 429; 455; 456
Schnöring, T. 333; 342
Schoenheit, I. 106; 108; 109; 117; 119; 122; 123
Scholz, H. 159; 195
Schor, G. 72; 77
Schorsch, J. 123
Schot, J. 139
Schott, W. 456
Schreier, A. 133; 141
Schreyögg, G. 105; 123; 255; 269; 273; 277
Schröder, H.-H. 414; 415
Schröder, M. 130; 139; 478
Schuck, A. 144; 149; 156; 158
Schüler, W. XI; 15; 293; 295; 304; 319
Schulz, H.-J. 377
Schulz, R. 175
Schumpeter, J. 323
Schwarz, R. XII; 17; 379; 380; 385; 397; 398
Schwebler, R. 319
Schwinger, R. 403; 414
Seibert, U. 429; 458
Seidenfus, H. S. 140
Seifert, P. 356; 377
Semmler, U. 462; 463; 464; 465; 468; 472; 478

Senghaas-Knobloch, E. 367; 372; 377
Settnik, U. XI; 15; 293; 318; 319
Sheehan, D. P. 202; 205; 217
Shleifer, A. 67; 77; 203; 218; 457
Shonfield, A. 30; 48
Sicherman, N. 236; 255
Siegel, T. 76; 194; 414; 458
Simitis, K. 112; 123
Simon, D. 20
Simon, H. 465; 478
Simonis, U. E. 122
Sitkin, S. B. 9; 20
Smid, S. 158
Smith, C. 144; 159; 201
Smith, R. L. 216
Späth, G.-M. 82; 99
Spence, R. 202; 218
Spindler, G. 56; 78
Spöri, D. 464; 478
Stackelbeck, M. 175
Staehle, W. H. 271; 272; 273; 277; 376
Stavins, R. N. 134; 140
Steger, U. 137; 141
Stein, H.-G. 29; 30; 48
Steiner, M. 155; 156; 159; 183; 194
Steinmann, H. 105; 118; 123; 269; 277
Stelzer-O'Neill, B. 159
Stengel, C. 460; 478
Stephen 7
Stern 118; 123
Stewart J. M. 465; 477
Stieler, B. 356; 375
Stigler, G. J. 6; 57; 78
Stiglitz, J. E. 58; 78; 202; 218
Stober, R. 477
Stöckler, M. 406; 407; 414
Stoetzer, M.-W. 327; 342

Stoll, H. R. 200; 218
Stollmann, F. 133; 141
Stolz-Willig, B. 175
Stratemann, I. 356; 377
Stulz, R. M. 203; 205; 218
Stützel, W. 438; 458
Süchting, J. 438; 458; 473; 474; 478
Sugden, R. 93; 101
Summers, L. H. 67; 77
Swaab, E. 123
Sydow, J. XII; 223; 232; 255; 355; 358; 376; 377
Szewczyk, S. H. 430; 458
Szyperski, N. 276

Takla, L. 254; 255
Taupitz, J. 8
Tepper, M. 118; 123
ter Vehn, A. 424; 458
Terberger, E. 59; 67; 73; 78
Teubner, G. 7; 20; 27; 39; 40; 47; 48; 49
Theisen, M. R. 56; 78; 261; 277
Thibaut, J. W. 272; 276
Thibièrge 258; 277
Thießen, F. 12; 143
Thomas, A. 272; 273; 277
Thomé-Kozmiensky, K. J. 127; 141
Tinic, S. 201; 218
Toyokeizai 229; 232
Trenkle, T. 273; 277
Trescher, K. 444; 445; 458
Tschandl, M. 117; 123
Tschermak von Seysegg, A. 84; 101
Tsetsekos, G. P. 430; 458
Tullock, G. 425; 426; 428; 455; 458
Tversky, A. 271; 277
Tweedie, D. 26; 49

Uecker, P. 19
Uhlenbruck, W. 180; 195
Ulrich 105

Varadarajan, P. R. 106; 123
Varshney, S. 208; 210; 211; 216
Veit, O. 55; 78
Versteyl, L.-A. 131; 141
Vetsuypens, M. 204; 216
Vieregge, R. 126; 142
Vishny, R. W. 203; 218; 457
Vogel, A. 131; 142
Volk, G. 468; 478
Voskamp, U. 365; 366; 377

Wabnitz, H.-B. 9; 20
Wagner, D. 374; 377
Wagner, F. 29; 33; 42; 43; 49
Wagner, F. W. XII; 6; 17; 20; 76; 194; 399; 400; 403; 405; 406; 414; 458
Wagner, G. 255
Wagner, G. R. 12; 122; 125; 127; 129; 130; 131; 132; 133; 134; 136; 138; 139; 140; 141; 142
Wagner, H. 376
Wagner, W. 414
Wahlers, H. W. 258; 277
Walb, E. 424; 458
Wald, P. 365; 367; 374; 376
Walz, W. R. 10; 11; 23; 36; 49
Warner, J. 144; 159
Waskow, S. 135; 142
Wasner, P. 299; 319
Wasserloos, G. 82; 99
Watts, R. L. 28; 49; 430; 439; 458
Weale, A. 135; 142
Weber, M. 8
Weber, W. 277

Weber-Fahr, M. 9; 20
Weder, B. 39; 49; 63
Wegehenkel, L. 93; 101
Weiber, R. 83; 92; 99; 100; 101
Weick, K. E. 361; 375
Weidenbaum, M. L. 460; 465; 479
Weidenfeld, W. 356; 377
Weintrop, J. 156; 159
Weiser, C. 159
Weiss, Y. 255
Welch, I. 201; 218
Wendenburg, H. 131; 141
Wenger, E. XII; XIII; 17; 18; 202; 218; 399; 400; 404; 406; 414; 415; 419; 420; 424; 427; 429; 443; 445; 449; 454; 458
Wenig, A. 475; 476; 479
Werder, A. v. XI; 14; 257; 259; 260; 262; 263; 264; 265; 267; 271; 275; 276; 277
Werner, K. 123
Werner, W. 429; 455; 456; 457
Westphal, A. 357; 376
Whittington, G. 26; 49
Whyte, G. 272; 277
Wieacker, F. 32; 49
Wiedmann, K.-P. 105; 123
Wiese, H. 92; 101
Wilhelmsson, T. 49
Will, R. 123
Williamson, O. E. 36; 37; 38; 40; 49; 58; 68; 78
Wimmer, F. 118; 123
Winand, U. 276
Windeler, A. 377
Windolf, P. 237; 250; 256
Winkler, B. 302; 319
Winter, S. 36; 37; 49
Wissel, H. 406; 407; 414
Wiswede, G. 269; 270; 271; 272; 273; 277

Witt, P. 381; 385; 397; 398
Witte, E. VI; 326; 341; 342
Wittkämper, G. W. 462; 478
Wittke, V. 357; 365; 366; 377
Wittsiepe, R. 472; 479
Wöhe, G. 28; 49
Wolf, H. 434; 458
Woll, A. 91; 96; 101; 470; 479
Wuffli, P. A. 31; 45; 49
Wunderer, R. 356; 377
Würtenberger, T. 128; 142
Wynne, B. 134; 141

Zahn, E. 100
Zapf, W. 356; 377
Zeiske, K. 159
Ziegler, M. 142
Zimmerman, J. L. 28; 49; 430; 439; 458
Zingales, L. 202; 203; 218
Zöllner, E. J. 343
Zöllner, J. E. 16
Zweifel, P. 318; 319
Zybon, A. 159

Schlagwortverzeichnis

—A—

Abfallrecht 130; 140
Abfallwirtschaft 140f.
Abfindung 218; 240; 249; 458
Accounting 28; 47ff.; 61; 158f.; 214; 441; 458
Agency 58f.; 67; 74; 179f.; 189ff.; 255; 419ff.; 474
  - Costs 36; 47; 202ff.; 227; 231; 456
  - Theorie 58; 66; 200; 478
Akquisition 145; 308ff.
Aktien 13; 36; 198; 200; 208; 212; 285; 423; 442
  Stamm- 13; 198f.; 207; 210
  Vorzugs- 13; 198; 202
  -gattungen 197ff.
  -kurse 211; 219ff.
  -markt 203; 420f.; 431; 436; 458
  -gesellschaft 6; 14f.; 42ff.; 69; 99; 194ff.; 220ff.; 275ff.; 327; 337f.; 382ff.; 420ff.; 448ff.
Aktionär 37; 152; 203; 432f.; 442f.; 447ff.
  Minderheits- 203
Aktiengesetz 14; 202; 220ff.; 420ff.; 436; 443ff.
Allokation 4; 6; 106; 312; 420ff.; 458; 478
Alteigentümer 209; 386ff.
Altersversorgung 42; 249; 289
Amerika 64ff.; 286; 432 (s. a. USA)
Anbieter 10ff.; 82ff.; 108; 113; 294ff.

Anreiz 16; 108; 147ff.; 202; 343; 350; 427f.; 443; 467
  -strukturen 157; 419
Anteilseigner 44; 197; 219; 227ff.; 403; 419ff. (s. a. Aktionär)
Arbeit
  Teilzeit- 166ff.
  Tele- 169
  -geber 162ff.; 238ff.; 289; 409
  -nehmer VI; 12; 44; 162ff.; 222; 235ff.; 275; 377; 423
  -sgericht 173
  -smarkt 205; 234ff.; 253f.
  -sorganisation 166ff.; 373 (s a. Organisation)
  -srecht 1; 47
  -steilung 36; 82; 137; 264; 365
  -svertrag 170f.
  -szeit 161ff.
Assekuranzen 229f. (s. a. Versicherungen)
Auditing 12; 38; 130ff. (vgl. a. Überwachung)
Aufsichtsbehörde 299ff.
Aufsichtsrat 157; 219ff.; 259; 271; 432; 443ff.
Aufstiegsfortbildung 165 (vgl. a. Weiterbildung)
Aufwendungen 82; 88; 296; 305ff.; 462ff.

—B—

Bank
  -eneinfluß 29; 219
  -enrecht 224; 415
  -wirtschaft 194; 415; 456
Barwert 146ff.; 406ff.
Bedarf 5; 87ff.; 112; 122; 198; 234ff.; 312; 351; 437; 448ff.
  -serfüllung 94
Bedürfnisse 106; 118; 441
Behörde 30; 386ff.; 450 (s. a. Verwaltung)
Beruf 169ff.
  -sbildung 174 (vgl. a. Weiterbildung)
Beschaffung 82; 151f.
Beschäftigung 161ff.; 252; 256; 365; 428
  -sdauer 167; 170
  -sverhältnis 165; 236
Betrieb
  -srat 162ff.; 171ff.; 241ff.
  -sverfassungsgesetz 12; 162; 172
BFH 60f.
BGB 151ff.
BGH 152; 193f.; 450ff.
Bilanz
  -auffassung 60f.
  -kennzahlen 199; 206
  -theorie 62; 458
Board 14; 26; 61; 87; 208; 220ff.; 271; 275; 336 (s. a. Aufsichtsrat)
Börse 25ff.; 199; 207ff.; 313; 421; 425; 471
  -nzulassung 26; 48; 211
Branche 117f.; 156ff.; 199; 210ff.; 282ff.; 305ff.; 439; 447
Bundesregierung 65; 131; 174; 326; 401; 436; 451
Bundestag 76; 131; 174; 436ff.; 457f.

—C—

Cash Flow 12; 144ff.; 202ff.; 217; 405; 408
Chancengleichheit 135; 174
corporate control 432 (s. a. Unternehmenskontrolle)
corporate governance 46; 428
Covenants 12; 143ff.

—D—

Darlehen 179ff.
  Gesellschafter- 13; 179ff.
  -svergabe 186ff.
Deregulierung 14f.; 41; 90; 98; 128ff.; 279ff.; 317ff. 337ff.; 379; 389ff.; 429; 459ff.
Deutschland 2; 9; 13ff.; 25ff.; 29f.; 39; 42; 44; 46; 60f.; 66; 68f.; 84ff.; 100; 103f.; 117; 123; 126; 141; 144; 146; 198; 202; 216; 219f.; 224ff.; 233; 237; 241; 243ff.; 259; 273; 285; 290; 297ff.; 318ff.; 330ff.; 337f.; 342f.; 345; 352; 376f.; 401; 414; 420ff.; 431; 433f.; 436; 443; 464; 478
Dienstleistung 9; 82; 173; 296f.; 341; 345; 412; 462
  -sunternehmen 170
Diskriminierung 13; 168; 175

—E—

Effizienz 2; 7; 13f.; 34; 38ff.; 57; 74ff.; 177; 198ff.; 234; 253; 257ff.; 317; 322; 338ff.; 464
  -lohn 164; 169; 255
EG 12; 18; 26; 60ff.; 121ff.; 275; 283; 302; 319; 411; 436ff.; 454; 457 (s. a. EU bzw. Europa)

Eigenkapital 13; 67; 146; 153; 179ff.;
    300ff.; 406ff.
  -anteil 202; 230
Emission 146; 199; 207ff.
  -skurs 202ff.
Endvermögen 183ff. (vgl. a. Gesellschafterdarlehen)
Entlohnung 15; 20; 147; 237f. (s. a. Lohn)
Entscheidung
  -sproblem 260; 269
  -sprozeß 168; 267; 276
  -squalität 14; 263ff.
  -sträger 127; 147f.; 268; 421ff.
Entsorgungswirtschaft 142 (s. a. Abfallwirtschaft)
EU 26; 63; 126; 135; 141; 258; 286; 293; 298; 333; 386; 395; 456 (s. a. EG bzw. Europa)
Europa 15; 47f.; 74; 85; 101; 283ff.; 321ff. (s. a. EG bzw. Europa)

—F—

Finanzierung 19; 36; 55; 106; 115; 158; 180ff.; 350f.; 455f.; 473
  Eigen- 230f.; 408
  Fremd- 224; 478
  Unternehmens- 29; 36; 38; 56; 77; 197; 478
  -sverhalten 182
Finanzministerium 220; 231f.; 400; 433
Frauenförderung 174f.
Fremdkapital 38; 180ff.; 227; 309; 408ff. (vgl. a. Eigenkapital)

—G—

Gemeinwohl 32; 35; 39; 97; 422f.; 425; 451

Geschäftsprüfung 223
Gesellschaftsrecht 29; 36f.; 76f.; 221f.; 453ff. (s. a. Recht)
Gesetz 4; 24ff.; 61ff.; 126ff.; 194f.; 302ff.; 329; 409; 423ff.
  -gebung 5; 27; 32; 41; 49; 75ff.; 285; 419; 426; 453ff.
Gläubiger
  Fremd- 13; 179ff.
  -risiko 194
  -schutz 10; 25ff.; 44; 61; 179f.; 187; 422

—H—

Handlungsautonomie 126
Handlungsverantwortung 129
Harmonisierung 18; 139; 275ff.; 411
Hauptversammlung 220ff.; 259f.; 423; 430; 442; 446; 451 (s. a. Aufsichtsrat bzw. Board)
Hausbank 14; 29; 152; 225 (vgl. a. Mainbank)

—I—

Illiquidität 156 (s. a. Insolvenz bzw. Zahlungsunfähigkeit)
Implementierung 82; 91; 114; 358; 364; 375
Industriepolitik 81; 98
Information 19; 44; 58; 69; 78; 87; 91; 108ff.; 130; 158f.; 208; 216; 218; 232; 298
  -sasymmetrie 233ff.; 239; 474
  -skosten 36; 119
  -spflicht 119; 253
  -srecht 103ff.; 120 (s. a. Verbraucherinformation)
  -süberlastung 112; 120
Innenfinanzierung 30; 33

Innovation 18; 82; 92ff.; 100; 127; 282; 291; 331; 338; 344; 397; 460; 465
Insiderhandel 63ff.
Insolvenz 6; 69; 153ff.; 179ff.; 227; 474 (s. a. Zahlungsunfähigkeit)
 -ordnung 151; 154
 -recht 76; 143f.; 155ff.; 195
Investition 201; 211
 -spolitik 155; 318

—J—

Jahresabschluß 77; 197; 207ff.; 222; 436ff.
Japan 14; 42; 68; 220ff.; 285; 421

—K—

Kapitalmarkt V; 29; 36; 39; 41; 47; 67ff.; 194; 225; 227; 408; 419ff.; 441; 453
 -recht 18; 70; 419; 424; 426f.; 434; 453
Kapitalverflechtung 224
Keiretsu 14; 219ff.
Kleinaktionäre 202; 454 (vgl. a. Aktionär)
Kollektivvertrag 161ff.
Konkurrenz VI; 2; 10; 40; 74; 119; 312; 314; 329; 331; 370
Konsumenten 103ff.; 411 (vgl. a. Verbraucher)
 -verhalten 121f.
Kredit
 -geber 144f.; 152ff.; 227
 -nehmer 152f.
Kündigung
 -srecht 144 (s. a. Arbeitsrecht)
 -sschutz 242; 247; 252f.; 366

—L—

Leistung

 -sfähigkeit 91ff.; 155ff.; 261; 293; 304; 313; 352; 403; 414; 478
 -smotivation 167 (s. a. Motivation)
Liberalisierung 15; 31; 282ff.; 321; 324; 337ff. (vgl. a. Deregulierung)
Lohn 162ff.; 234; 253 (vgl. a. Entlohnung)

—M—

Management 12; 14; 20; 30; 35; 37ff.; 67; 99f.; 121; 123; 145f.; 150; 155ff.; 173; 201; 203; 205; 208; 216; 222; 226f.; 255; 264ff.; 287; 289; 296; 321; 348; 371; 375f.; 397; 427; 431; 433; 448; 453; 471
 -wissen 227
Markenartikel 121; 123
Markt
 -macht 15; 93; 308
 -versagen 40; 125; 128
 -wirtschaft 2; 103f.; 108; 120; 139ff.; 356; 376ff.; 396; 400; 414
Medien 9; 96; 108; 119; 289; 472
Mehrproduktunternehmen 15f.
Mitbestimmung 42; 66; 233; 235; 239; 242; 247; 255; 259ff.; 371
 -sgesetz 66
 -srecht 171
Monopol 2; 15; 137; 288; 303; 321; 325ff.; 428
Motivation 93; 97; 251; 265; 270; 273; 345; 377

—N—

Netzwerk 137; 331; 335; 382; 388; 394
Neuemission 199 (s. a. Aktiengattungen)
Norm 57; 84f.; 89ff.; 182; 311; 458
Normung 11; 26; 81ff.
 -sbedarf 88; 97

Schlagwortverzeichnis

—Ö—

Öffentlichkeit VI; 43; 86; 105; 119; 132f.; 301; 391; 425; 435ff.; 450

—O—

Opportunitätskosten 236; 268; 274
Ordnungsrecht 128; 478
Organisation 13; 26; 34; 36; 40; 56; 85; 105; 202; 206; 221; 258; 276f.; 332; 336; 350; 355; 370f.; 375ff.; 383ff.; 423ff.; 449
   -sform 35; 221; 232; 351
   -sstruktur 201; 208; 220
   -stheorie 10; 14; 259; 276; 361

—P—

Personal 20; 92; 233; 235; 240; 248; 250; 334; 339; 346; 351; 376; 463
   -politik 173f.; 250
Planwirtschaft 142; 356; 376; 380 (vgl. a. Marktwirtschaft)
Politik V; 3; 10; 19f.; 43; 47; 53; 108; 121; 123; 158; 194; 224f.; 283; 286; 291; 300; 302; 376f.; 455f.; 476; 478
   -verflechtung 139
   -versagen 6; 12
Portfolio 215 (vgl. a. Aktien)
Preis
   -bildung 35; 283
   -politik 301
Privatautonomie V; 4; 8; 13; 49; 140
Privatisierung 5; 9; 16; 17; 128; 289; 326; 345; 395f.; 412
Produktentwicklung 131
Produktion
   -spotential 185f.
   -sprozeß 170

Produktivität 12; 164ff.; 234ff.; 255; 282; 289; 291
Property Rights 4; 18; 28; 58; 66; 76; 460
Publizität 5; 10; 31; 116; 122; 141; 434; 437; 442; 456

—Q—

Qualifikation 193; 366

—R—

Rahmenbedingungen 34; 47; 56; 76; 93; 97; 108; 245; 247; 281; 283; 286; 308; 322; 341ff.; 358ff.; 396f.; 419ff.; 461; 463; 478
Rechnungslegung 6; 13; 25ff.; 105; 194; 222; 275; 302; 309; 319; 404; 429; 436; 438; 442; 456; 471
Recht
   öffentliches – 140
   Privat- 3; 19; 46; 128
   Wirtschafts- 3; 20; 78; 194; 453; 456ff.
   Zivil- 475
   -sprechung 4; 7; 13; 18; 41; 75; 144ff.; 180ff.; 419; 426; 443; 453f.
   -sschutz 129
   -ssicherheit 2; 19
   -sstaat 2; 30; 49; 139; 468
Regelungsbedarf 37; 97
Regulierung VI; 1; 3; 6f.; 12ff.; 30; 61; 90ff.; 125ff.; 198; 225ff.; 279f.; 293ff.; 317ff.; 337f.; 379; 396; 428ff.; 459ff.
   Selbst- 1; 11; 20; 79; 98; 135
   -swirkungen 125; 138; 434; 477
Reputation 38; 134; 137; 216; 236; 238; 252f.
Richtlinie 60; 63; 85; 100; 133ff.; 299ff.; 411; 436f.

Risiko 36; 39; 91; 113; 140; 144; 154; 164ff.; 199; 202; 211; 295f.; 456; 466; 474f.
   Ausfall- 164f.
   -kosten 304f.
   -politik 131; 134; 139; 478
   -prämie 296; 473f.
   -reduktion 11
   -steuerung 142

—S—

Sanierung 5; 154ff.; 192; 284; 289; 386ff.; 438
Schadensersatz 151ff.; 456
Selbstverantwortung 12; 125ff.
Shareholder 33; 48; 216ff.; 425; 431; 457 (s. a. Anteilseigner)
Shirking 164; 170
Signaling 122; 165; 216ff.
Sittenwidrigkeit 151f.
Sozialpolitik 53; 140; 375
Sparkassen 144; 314; 437
Staatsverbindung 18; 459ff.
Stakeholder 14; 33f.; 40f.; 48; 105; 120f.
Steuer 61; 75ff.; 139; 254; 405ff.; 461ff.; 476
   -system 18; 399ff.; 412ff.; 464
Stimmrecht 13; 197ff.; 221; 430; 446
   Depot- 228; 445ff.
Subventionen 18; 288; 459ff.; 470; 473

—T—

Tariflohn 169f.
Tarifvertrag 166
Taxation 459f.; 467; 470; 476 (s. a. Steuer)
Teilzeitarbeit 166ff.
Telearbeit 169

Transaktionskosten 12; 36; 58f.; 66; 73f.; 93; 101; 115; 125f.; 135; 147; 169f.
Transformation 16f.; 353; 377ff.; 413
Treuhandanstalt 9; 17; 368ff.; 386ff.; 398

—Ü—

Überreglementierung 127
Überwachung 36; 56; 205; 224ff.; 261; 271; 277; 302 (vgl. a. Auditing)

—U—

Umwelt
   -management 126; 130; 133; 136; 139; 142
   -politik 122; 139ff.; 469; 477
   -recht 26; 126ff.; 141; 477
Underpricing 199f.; 210ff.; 216; 218 (s. a. Emissionskurs)
Unternehmen
   -sentwicklung 115; 161; 215; 270f.
   -sfinanzierung 29; 36; 38; 56; 77; 197; 478 (s. a. Finanzierung)
   -skontrolle 198ff.; 424; 431ff. (s. a. corporate control)
USA 15; 16; 40; 43; 48; 69; 74; 116; 167; 198; 202; 237; 282ff.; 321ff.; 421ff.; 442f.; 456 (s. a. Amerika)

—V—

Verbraucher 11; 103ff.; 293; 297ff.; 317f. (s. a. Konsumenten)
   -information 108f.; 119ff.; 297f.
Verhandlungsmacht 146; 366
Verordnung 12; 125ff.; 130f.; 133ff.; 258; 277
Verrechtlichung 13; 20; 26; 56; 76; 177; 246
Versicherung 89; 319; 436 (vgl. a. Risiko)

-sprämie 171; 466

-sunternehmen 15; 295f.; 301; 304; 312; 319; 436; 456

Verteilung 208; 239; 251

Vertrag 2; 12; 20; 163; 166; 224; 295

-sfreiheit 2; 12

Vertrauen 19; 30f.; 168; 239; 317; 438; 452; 459; 475ff.

Vertretungsvollmacht 222f.

Verwaltung 4; 9; 30; 67; 297; 306f.; 348; 432; 442; 464; 478 (s. a. Behörde)

—W—

Weiterbildung 16; 343ff.; 377

Wettbewerb VI; 5; 15; 19; 31; 35ff.; 95; 168; 242; 246; 283f.; 288ff.; 317ff.; 337ff.; 346f.; 388; 420; 434; 465

-sfähigkeit 13; 89; 134; 281; 321; 339; 383; 393

—Z—

Zahlungsunfähigkeit 157; 182

Zertifizierung 132ff.